D1726358

KARL KERÉNYI

WERKE
IN EINZELAUSGABEN
*Band IV*

# KARL KERÉNYI

# APOLLON
# UND NIOBE

Mit 20 Abbildungen

*Langen Müller*

HERAUSGEGEBEN VON MAGDA KERÉNYI

© 1980 by Albert Langen · Georg Müller
Verlag GmbH, München · Wien
Gesamtherstellung: Jos. C. Huber, Dießen
Printed in Germany 1980
ISBN 3-7844-1756-6

# INHALT

# I

*So ist der Mensch, wenn da ist das Gut,*
*und es sorget mit Gaben*
*Selber ein Gott für ihn, kennet und sieht*
*er es nicht.*
*Fragen muß er zuvor –*

*Aber das Irrsal*
*Hilft, wie Schlummer, und stark machet*
*die Not und die Nacht.*

HÖLDERLIN

# VORREDEN ZU APOLLON

## (1937)*1

In einem der hier veröffentlichten Vorträge wird von arger Zumutung gesprochen, die es bedeute, in der Gegenwart weit inter-
essanterer Gegenstände den Meditationen eines Philologen zuzuhören. Die Zumutung ist diesmal noch größer, denn sie erscheint in der Gestalt einer ganzen Sammlung von kleineren
Schriften aus dem Gebiete der klassischen Altertumswissenschaft. Die Wiederveröffentlichung geschieht allerdings nicht
ausschließlich unter fachwissenschaftlichem Gesichtspunkte.
Hätte der Verfasser daran gedacht, all das von seinen zerstreut
erschienenen Aufsätzen in einem Band zu vereinigen, was er
ganz oder zum Teil noch vertreten zu dürfen glaubt, so müßte
er auch von philologischen Einzelinterpretationen mehr aufnehmen. D i e Zumutung hätte er aber nicht gewagt. Er wählte diejenigen Studien aus, welche mehr oder weniger eben Meditationen sind über Gegenstände der Altertumswissenschaft, als die
Wissenschaft der antiken Form des menschlichen Daseins aufgefaßt: Meditationen über antike Religion und Literatur, über damit verbundene prinzipielle Fragen der Religionswissenschaft
und Kulturforschung, über unsere Möglichkeiten existenzieller
Stellungnahme zur Antike und über die antike Stellungnahme
zum menschlichen Dasein überhaupt.
Der Verfasser ist der Überzeugung, daß die klassische Altertumswissenschaft auf jeder neuen Stufe, die sie in der Gesamt-
entwicklung der Geisteswissenschaften mit der Zeit erreicht, eine
neue Seite der Antike zu beleuchten und eben dadurch auch
Neues und Wichtiges aus diesem unausschöpflichen Schatz der
abendländischen Menschheit zur geistigen Gestaltung ihres eigenen Zeitalters hervorzuholen vermag. Dem Altertumsforscher
ist sein Standpunkt in der Begegnung solcher Möglichkeiten
durch seine Wissenschaft selbst bestimmt. Es gibt Gegenstände in
seinem Forschungsgebiet, es gibt geistesgeschichtliche Zeitpunkte,
die ihn zwingen, sich auf diese ihm eigentümliche Stellung in der
Weltordnung zu besinnen. Denn es kommt nicht immer bloß auf
das Methodische und Stoffliche — die Durchforschung des anti-

ken Materials unter neuen Gesichtspunkten und die Vermittlung neuen Bildungsstoffes an die eigenen Zeitgenossen — sondern manchmal auch auf die geistige Haltung an: auf die Selbstbesinnung und die Bewußtheit des Forschers, auf sein Wissen um die tiefsten Gründe und die höchsten Forderungen seines Gelehrtendaseins. Dann wird auch eine streng methodische Beschäftigung mit dem wissenschaftlichen Gegenstand zugleich zu einer Art des Meditierens, da die menschliche Existenz überhaupt gleichsam als zweiter Gegenstand in sie miteinbezogen wird.

Es will damit nicht gesagt werden, die in diesem Band vereinigten Studien seien eben deshalb ausgewählt worden, weil sie alle, oder zum Teil, jene geistige Haltung — mit antikisierender Bezeichnung: die ›apollinische‹ Haltung — voll verwirklichen. Das Apollinische wurde bei der Zusammenstellung dieser Vorträge (denn das sind sie fast alle) vielmehr aus dem Gesichtspunkte zum Hauptgegenstand gewählt, daß es selbst Objekt wissenschaftlicher Behandlung sein kann. Es wurden auch Studien über nahverwandte und angrenzende Gegenstände aufgenommen, wie über Artemisisches oder Musisches, nicht aber die »Gedanken über Dionysos«, die in einem anderen Werk weiter ausgeführt werden sollen, und nicht der Frankfurter Vortrag über »Dionysos und das Tragische in der Antigone«, da dieser in selbständiger Form veröffentlicht worden ist. Die dritte, die von meinen früheren Studien als dionysische in Betracht käme, wäre die »Orphische Seele«. Sie wurde in meinen »Pythagoras und Orpheus« aufgenommen. Dieser gehört noch in den ›apollinischen‹ Zusammenhang und bildet nur wegen seines Umfangs ein besonderes Heft der Schriftenreihe »Albae Vigiliae«. Das Dionysische erträgt und erfordert apollinische Haltung des Forschers im hier angedeuteten Sinne, wie jeder andere Gegenstand wissenschaftlicher Betrachtung.

Zu keinem anderen Standpunkt als zu diesem apollinischen bekennt sich der Verfasser. Er fürchtet dabei den mythologischen Namen nicht. Denn er weiß, daß es etwas anderes ist, das Wesen wahrhaft mythischer Gestalten zu erfassen, und wieder etwas anderes, neu ausgedachte Mythen leichtgläubigen Irrationalisten und ebenso leichtgläubigen Rationalisten vorzutäuschen: den einen etwa den Mythos vom Geist als Widersacher der Seele, den anderen den von den beiden einander bekämpfenden Mächten Logos und Mythos. Echt mythische Gestalten gehören einer Sphäre an, die sich weder auf das Rationale noch auf das Irrationale beschränkt: sie sind Realitäten, die die Wissenschaft in den verschiedenen Aspekten der Welt zu erkennen hat, ohne die Partei dieser oder jener Weltanschauung zu ergreifen.

Die gesamte Weltwirklichkeit in Seinsgestalten sehen: das ist freilich erst recht eine A n s c h a u u n g der Welt, eben die, welche dem Kosmos als dem Inbegriff der Wirklichkeiten der Natur ebenso wie des Geistes gerecht werden will. Die Annahme — die doch die nächstliegende und an erster Stelle zu erwägende immer war —, daß die Antike mit ihren vorphilosophischen oder nichtphilosophischen, unreflektierten Anschauungen von der Welt in einem wirklichen Kosmos verwurzelt ist, der sich auch heute noch in denselben zeitlosen Gestalten offenbart, verpflichtet den Forscher zu einer doppelten Treue: zur treuen Anhängerschaft an die Antike selbst und die gestaltreiche Welt. Ohne Sinn für die Wirklichkeiten des Kosmos und ohne Wege, sie als Gestalten des Seins zu erfassen, ist solche Treue unmöglich. Dazu hat der Altertumsforscher seine traditionellen Methoden zu verfeinern, bis sie sich — auch ohne diese Absicht — mit denen der Phänomenologie berühren. Eine andere Berührung ergibt sich mit der Kulturmorphologie. Gerade die traditionelle Auffassung der Altertumswissenschaft als Kulturforschung verbietet es, die neuesten Errungenschaften der Kulturwissenschaft beiseitezulassen.

Solcher Berührungen — auch derer, die unwillkürlich sind, wie mit der Phänomenologie, und auch derer, denen er wichtige Gesichtspunkte verdankt, wie der Kulturmorphologie oder der Auffassung des Georgekreises von der Dichtkunst — ist sich der Verfasser dankbar bewußt. Ebenso dessen, daß er in diesem kleinen Band nur Fragmentarisches und Unvollendetes — wie Meditationen ihrem Wesen nach sind — und nicht in allem völlig Einheitliches bieten kann. Die verschiedenen Studien waren verschiedenen Gelegenheiten angepaßt und bezeichnen verschiedene Stadien jener Anhängerschaft, von der eben die Rede war. Tiefer greifende Änderungen hätten aber jene Treue zum Kleinsten gefährdet, zu der man dem Objekt gegenüber nur in Augenblicken der frischen Ergriffenheit fähig ist. Wo ergänzende Überarbeitung des Textes notwendig war, ist dies nicht bei jeder Einzelheit, sondern nur im allgemeinen vermerkt. Die Anmerkungen am Ende der Sammlung beschränken sich hauptsächlich auf Stellennachweise. Die wichtigsten Hinweise wurden auch denjenigen Aufsätzen hinzugefügt, die ursprünglich ohne Anmerkungen erschienen sind.

<br>

(1941)*²

Der Dank an diejenigen, die das Erscheinen dieses Bandes 1937 angeregt und ermöglicht haben oder dabei behilflich waren, sei verbunden mit dem Dank an alle, die in ihm ein lesbares Buch über die Antike fanden. Das Buch führt nun sein nicht vorausberechnetes Leben weiter, der Verfasser kann und mag an ihm nichts Wesentliches ändern. Ergänzt wird es nur durch solche Stücke, die noch zu seiner Ganzheit gehörten.

Stilistisch wurde dies und jenes verbessert, in den Anmerkungen auch Neueres erwähnt, doch die Fassungen wurden nicht der späteren Stufe meiner Erkenntnisse angepaßt. Ich bin auch im Grundaufsatz über »Unsterblichkeit und Apollonreligion« zu den ursprünglicheren, freieren Ausdrücken zurückgekehrt. Es kommt mir viel mehr darauf an, daß der Leser einen individuellen Weg miterlebt, der sich durch alle Möglichkeiten eines Forscherlebens wie durch Windungen einer Spirale jenem Mittelpunkt nähert, von dem aus die Antike wirklich neu und lebendig erscheint, als darauf, daß er sich einer terminologisch erstarrten Lehre über die Griechengötter oder das Wesen der Kultur anschließt.

Ein neues Bild der Antike ersteht nur dadurch, daß mit dem Erschließen historischer Quellen das Sicherschließen von Quellen im Menschen selbst zusammenfällt. Ereignet sich das irgendwo irgendeinmal, so werden dadurch sogar solche, die aus dem Versiegen eine Tugend machen, berührt, ob sie es bekennen wollen oder nicht. Denn es gibt manche Formen der Berührung. Ich wünsche meinen Lesern, daß sie die ihrige mit freimütiger Hingabe verbinden können: in Mitmeditieren und Mitschwingenlassen ihrer Gedanken über die antike und die eigene Existenz. Vielleicht wird dann auch diese ihre sonst verborgenen Aspekte zeigen. Vielleicht weitet sie sich für die Wiederaufnahme längst verlorener Möglichkeiten des Lebens und Weltverstehens. Denn man eignet sich durch solche offene Hingabe nicht nur Kenntnisse an, noch weniger einen toten Humanismus. Er ist vielmehr eine schöne Möglichkeit, als Mensch reicher und in diesem Sinne nicht bloß humanistischer, sondern wirklich menschlicher zu werden und so dem Göttlichen zu begegnen: heute und immer die einzige Weise des lebendigen Humanismus.

(1953)

Die Betrachtungen »Über Mysterien des Humanen« — jetzt das erste Mal vereinigt und mit diesem zusammenfassenden Titel bezeichnet — wollen nicht zufällig die Zahl der Vorträge und Essays vermehren, die hier in dritter Ausgabe unter dem Namen »Apollon« erscheinen. Sie bauen den Weg, der mit diesem Buch innerhalb der klassischen Altertumswissenschaft betreten wurde, in der Richtung des Konkret-Humanen weiter[*3].

Der Leser sei gebeten, an nichts »Mystisches« dabei zu denken, noch weniger an Psychologismus oder — obwohl der Vortrag über das Geheimnis der Pythia auch diese Möglichkeit des Menschlichen in Betracht zieht — an Parapsychologisches. Zu einer Initiation kann und sollte auch das strengste wissenschaftliche Werk werden. Nichts, was das Wort »Mystagogie« in der Vorstellungswelt eines Humanisten erweckt, wird hier versucht oder beabsichtigt. Dem Verfasser lag es daran, von seinen späteren kleineren Arbeiten dem Buch das beizugeben, was dessen unbeabsichtigte Fortsetzung auf der gleichen Ebene der Intensität und der Vertiefung in den Gegenstand bildete, welche dieser Sammlung die Berechtigung zum Erscheinen gegeben hatte. Um »Mysterien des Humanen« ging es von Anfang an. Es wird wohl nicht schaden, wenn es bei der Beschäftigung mit dem Menschlichen in seinen antiken Gestaltungen noch bewußter und zugleich behutsamer — noch »religiöser« im ursprünglichen Sinne des lateinischen Wortes — darum geht.

Die Gelegenheit zu Verbesserungen blieb nicht unbenutzt, einer größeren Schlichtheit fielen Widmungen und Mottos der einzelnen Kapitel zum Opfer[*4]. Desgleichen einige allzu pedantische Anmerkungen und die Ortsangaben, die man in den früheren Ausgaben findet. Nirgends wurde hingegen dem vorwärtstastenden Früheren dieser Charakter genommen. Das Letzte wird auch mit dem Spätesten nicht erreicht. Es ist die Freude an der erreichten S t u f e, die das Buch mitteilen möchte: nunmehr auch die Freude, die die neu hinzugefügten Studien bei ihrem Entstehen dem Verfasser bedeutet hatten. So sei der Leser — das war das Wagnis des »Apollon« von Anfang an — in eine geheime Festfreude über das alte und zeitlose Göttliche und Menschliche, eine wissenwollende Leidenschaft für beide, mithineingezogen. In der älteren Studienfolge sind wohl noch Versuche bemerkbar, die klassische Altertumswissenschaft von der gleichen Leidenschaft durchdringen und sich erneuern zu lassen. Sie genügten, manche Altertumsforscher in einen dauernden Zustand der Gereiztheit zu versetzen. Aber auch sie waren nur eine notwendige Stufe dieser unakademischen, vielmehr den künstlerischen, religiösen und selbsterkennenden Menschen angehenden Betrachtungsweise der Antike.

Das Wort des Dankes an den Herrn Verleger, das ich noch hinzufügen möchte, ist sehr ernst gemeint. Das Buch ist zwar zum Teil neu, und es erlebt auch im ganzen eine Neugeburt, von manchen Schönheitsfehlern befreit, die die Zeitverhältnisse verursacht hatten. Immer eilig, in der zweiten Ausgabe sogar halb im Geheimen, wurde es gedruckt und, als humanistisch-oppositionelles Gelegenheitsbuch entstanden, war es auch stilistisch noch nicht ausgereift. Das Wagnis des eigenen Weges bleibt nichtsdestoweniger, und der Verfasser, der, seinen Lehrstuhl verlassend, freiwillig ins Exil zog, rechnet dies zu seinem größten Glück, daß er Verleger fand, die seine Wagnisse teilen.

Ponte Brolla bei Locarno, Schweiz

# ANTIKE RELIGION UND RELIGIONS-
# PSYCHOLOGIE

## 1

Eine allgemeine Betrachtung über die antike Religion soll vorerst das Allgemeinste über sie feststellen. Die Benennung selbst: die ›antike‹ Religion drückt zunächst nur etwas Negatives aus. Die beiden antiken Religionen, die griechische und die römische, haben dieses Negative gemeinsam, daß sie nicht mehr da sind, sondern vergangen, zugleich mit der antiken Kultur, dem gesamten geistigen und nicht nur geistigen Leben der Griechen und Römer. Diese Bezeichnung setzt aber auch etwas Positives voraus. Die antike Religion war so tief mit der antiken Kultur verbunden, daß sie mit ihr auch verschwinden mußte. Und sie blieb eben darum mit jener Kultur, die die antike fortsetzt, mit der abendländischen, doch noch irgendwie in Zusammenhang: sie ist die ältere Religion des abendländischen Menschen.

So dient das Studium der antiken Religion zwei Interessen zugleich: dem Interesse an unserer eigenen Kultur und dem Interesse an Religion überhaupt. Will ein Orientale die abendländische Kultur gründlich verstehen, so muß er auch die Ideen des Christentums studieren, ohne Hinsicht darauf, ob sie wahr sind oder nicht, aus Gründen der Kulturwissenschaft. Er muß die Wissenschaft von der christlichen Religion in Anspruch nehmen, um die christliche Kultur wirklich kennenzulernen. Er muß sich aber auch von der antiken Kultur Kenntnis verschaffen, und eine Kenntnis der antiken Kultur ohne die der antiken Religion gibt es nicht. Die Wissenschaft von der antiken Religion ist in diesem Falle ebenso der Wissenschaft von der abendländischen Kultur untergeordnet, wie auch die Wissenschaft von der christlichen Religion jener dienen kann.

Und auch umgekehrt: gerade die Wissenschaft von der Religion überhaupt kann der höchsten Errungenschaft der Wissenschaft von der Kultur, des Gesichtspunktes der Kulturmorphologie nicht entbehren. Die Grundthese der Religionswissenschaft ist, daß die Religion eine Welt für sich bildet, ebenso, wie etwa die Kunstwissenschaft lehrt, daß die Welt der Kunst eine besondere

Welt für sich ist. Und doch muß man sagen, daß diese beiden Welten durch eine dritte, durch die Kultur eines bestimmten Volkes, an einem bestimmten Ort und in einem bestimmten Zeitpunkt, immer in sich geschlossen werden. Nicht aber so, daß man nicht fühlte: ›Religion‹ und ›Kunst‹ ragen über die örtliche und zeitliche Bestimmtheit hinaus. Die Religions- und die Kunstwissenschaft will wissen, was Religion und Kunst, über Zeit und Ort erhaben, an sich ist.

Wir sind aber alle in einer bestimmten Kultur aufgewachsen und gleichsam in sie gebannt. Ursprünglich nicht einmal in eine so weite Kultur wie die abendländische, sondern in eine viel engere: als Südeuropäer in eine südeuropäische, als Nordeuropäer in eine nordeuropäische Kultur. Darüber hinauszugelangen, dazu verhilft die morphologische Kenntnis unserer eigenen Kultur, das Hinopfern jener Naivität, daß wir mit unseren Begriffen auch über die Grenzen unserer Kultur — etwa der christlichen Kultur — hinaus in allem maßgebend seien. In einer vielbenutzten Einleitung zum Studium der griechischen und römischen Religion liest man: »Wenn auch die griechische Religion im allgemeinen nicht recht geeignet war, eine tiefere Religiosität zu erzeugen, so hat man doch kein Recht, den Griechen Frömmigkeit abzusprechen[1].« Eine andere Autorität der antiken Religionsgeschichte spricht in gleichem Geiste von jener Eigenart der römischen Religion, daß sie »als Naturreligion dem inneren Leben eines religiös ergriffenen Menschen nichts zu geben hatte[2].« Die historischen Arbeiten beider Gelehrter haben zu der hervorragenden Stellung Schwedens in der Religionswissenschaft beigetragen. Andererseits waren sie beide in ihren Urteilen durch morphologische Grenzen, die sie hätten übertreten können, wenn sie sich ihrer bewußt geworden wären, mitbestimmt. Sie gingen unbewußterweise von dem eigenen Religions- und Religiositätsideal aus. Statt solche Urteile zu fällen, sollte man fragen: Ist die Kenntnis, die wir uns von der antiken Religion erwerben können, nicht vielmehr dazu gut, daß wir unsere eigenen Ideen von Religion und Religiosität prüfen und klären?

Ein Weg der neueren Religionswissenschaft, dies zu erreichen, war die Religionspsychologie. Man würde glauben, daß die Ergebnisse der religionspsychologischen Forschungen, die nach verschiedenen Grundsätzen und Methoden in verschiedenen Richtungen geführt wurden, auch die antike Religion irgendwie beleuchten. Sehen wir vorerst von den allgemeinen Bedenken ganz ab, die in der Religionswissenschaft selbst gegen die bisherige Religionspsychologie aufgebracht wurden[3]. Nehmen wir an, daß die Religionspsychologie das Ziel hat, uns eine wissenschaftlich richtige oder wenigstens brauchbare Idee davon zu geben, was Religion und Religiosität sei. Es ist aber gerade an dem Beispiel der Religionspsychologie zu zeigen, daß dieses Ziel unerreichbar bleibt, solange man einen Standpunkt nicht verläßt, den wir aus dem Gesichtspunkt der Kulturmorphologie als einen durchaus naiven Zustand bezeichnen dürfen.


## 2

In der nordeuropäischen Stadt Dorpat — mit estnischem Namen: Tartu —, in der Atmosphäre fester protestantischer Tradition, begann Karl Girgensohn seine religionspsychologischen Experimente. Er bearbeitete sie zu einem Grundbuch der experimentellen Religionspsychologie, betitelt: »Der seelische Aufbau des religiösen Erlebens«[4]. »Mit der Religion selber kann man überhaupt nicht experimentieren.« — so schrieb er — »Wohl aber kann man mit dem Menschen experimentieren, der religiöse Erlebnisse gehabt hat.« Man kann durch Experimente den religiösen Menschen und sein religiöses Erlebnis besser verstehen, außerdem kann man »mit Gedanken über die Religion experimentieren«. Girgensohn selbst und die Personen, mit denen er experimentierte, gehörten offenbar alle demselben engen Kulturkreis baltischer Protestanten an; ihre religiösen Erlebnisse waren die des lutherischen Bibelchristen. Diese Bezeichnung hat auch von dem Gesichtspunkt der Kulturmorphologie aus eine Bedeutung: die Methode Girgensohns als Psychologen verrät ebenso, daß er ganz diesem nordischen, bibelchristlichen Kreis angehört, wie seine nicht geleugnete protestantische Frömmigkeit. Sein Verfahren war, daß er durch religiöse Texte, die die Versuchspersonen lesen mußten, religiöse Erlebnisse hervorrief.

Wir wollen jetzt diese Methode nicht kritisieren und nehmen an, daß durch sie in j e n e m K r e i s e die sichersten Ergebnisse erreicht wurden. Man muß aber fragen, ob jene Ergebnisse auch außerhalb des Kreises protestantischer Bibelchristen gültig sind? Girgensohn gibt nicht, wie er meint, eine Charakteristik des seelischen Aufbaus religiösen Erlebens überhaupt, sondern nur dessen, was in einem bestimmten Kreis als religiöses Erleben gilt. Seine wichtige Schlußfolgerung lautet: »Ein einfaches religiöses Grundgefühl gibt es im praktischen Erleben ganz sicher überhaupt nicht.« Da er aber keinen katholischen Südeuropäer oder shivaitischen Inder experimentell beobachtet hat, muß man den Einwand machen: vielleicht gibt es nur in jenem nordeuropäischen Kreis kein einfaches religiöses Grundgefühl, in Europa oder außerhalb Europas ist oder war es möglicherweise doch vorhanden!

Die experimentelle Religionspsychologie Girgensohns war auf eine naive Weise absolutistisch. Sie rechnete nicht damit, daß sie unmittelbar nur an der Charakteristik eines kleineren oder größeren Kulturkreises arbeitete. Die Grenzen eines solchen Kreises zu übertreten: dazu ist die erste Bedingung, daß man dieser Grenzen bewußt wird. Ebenso absolutistisch ist jede Religionspsychologie, die mit Experimenten oder Fragebogen die religiösen Erlebnisse europäischer oder amerikanischer Durchschnittsmenschen untersucht. Den heutigen Zustand der Religion in Europa und Amerika kann sie statistisch feststellen, und sie charakterisiert auch morphologisch den religiösen Zustand gewisser Schichten der modernen Welt, ohne gerade dies zu wollen. Wenn es sich aber um eine Frage handelt, die über diese Kreise und Schichten hinausgeht, so sind ihre Antworten unbrauchbar. Eine allgemeinere Gültigkeit werden diese Antworten erst erhalten, wenn die Religionspsychologie selbst jene Grenzen beachten lernt, die wie jeder Erscheinung des Geisteslebens so auch der Religion in den verschiedenen Kulturformen gesetzt sind.

Der antike religiöse Mensch ist freilich Experimenten und Fragebogen nicht mehr zugänglich. Ein Urteil über die antike Religion auf der Grundlage moderner ›tests‹ ist ebensowenig wissenschaftlich, wie die angeführten Feststellungen von nordischen Gelehrten, die auf Grund ihrer eigenen, ungeprüften

18

Ideen über Religion und Religiosität urteilten, die Griechen und Römer seien zu einer tieferen Religiosität unfähig gewesen. Und doch spricht man heute von einem »Durchbruch zum antiken Mythos« oder, von der anderen Seite her aufgefaßt, davon, daß die antike Religiosität im abendländischen Menschen selbst durchbricht und, wenigstens auf Augenblicke, wieder zur Geltung gelangt. Ein berühmter, man muß aber auch sagen, ein tief religiöser Kenner der antiken Religion, Walter F. Otto, behauptet sogar, daß der religiösen Idee der europäischen Menschheit eigentlich die griechische Religion entspreche[5]. Ein Vortrag von ihm, in dem er dem modernen Menschen etwas der antiken religiösen Erfahrung Ähnliches zeigen will, gelte uns als ›test‹. Er nimmt als sicher an, daß einige unter seinen Hörern ihr eigenes Erlebnis darin wiedererkennen werden, was er schildert[6]. »Der Forscher, der Wissenschaftsfreund, schiebt am Abend seine Instrumente und Tabellen beiseite. Es fängt zu dämmern an. Er fühlt die Heiligkeit des hereinbrechenden Dunkels, sieht den ersten Stern flimmern und greift, fast unwillkürlich, nach den Gedichten Hölderlins. Er schlägt auf und liest:

> Ringsum ruhet die Stadt, still wird die erleuchtete Gasse,
> Und mit Fackeln geschmückt rauschen die Wagen hinweg.

Er liest weiter und weiter:

> Still in dämmriger Luft ertönen geläutete Glocken,
> Und der Stunden gedenk rufet ein Wächter die Zahl.
> Jetzt auch kommet ein Wehn und regt die Gipfel des Hains auf,
> Sieh! Und das Schattenbild unserer Erde, der Mond
> Kommet geheim nun auch, die Schwärmerische, die Nacht kommt
> Voll mit Sternen und wohl wenig bekümmert um uns
> Glänzt die Erstaunende dort, die Fremdlingin unter den Menschen,
> Über Gebirgeshöhn traurig und prächtig herauf.

Der Gelehrte legt das Buch weg. Die Welt um ihn ist verwandelt. Die Berechenbarkeiten der wissenschaftlichen Weltanschauung haben plötzlich keine Bedeutung mehr. Alles ist gestaltet, alles lebt, alles tönt. Das Alltäglichste hat großen Ausdruck und Würde, ja, eine geheimnisvolle Vornehmheit erhalten. Und auf diese klingende Welt blickt ein Riesenantlitz staunend herab — die Nacht.«

So kann auch dem modernen Menschen eine mythische Gestalt, eine Göttin, erscheinen, die nicht mit der naturwissenschaftlich aufgefaßten und bemeßbaren Nacht — im Grunde einem Negativum, der Abwesenheit des Tageslichts — identisch ist, und doch als »die Nacht« Wirklichkeit besitzt. »Aber was ist das für eine Wirklichkeit?« fragt Otto und beruft sich auf ein G e - f ü h l : man fühle, daß die vom Dichter heraufbeschworene »Nacht« das Wesen der Nacht besser treffe und ausdrücke als alle anderen Begriffe und Worte.

3

Es wäre nicht wissenschaftlich, das von Otto geschilderte Erlebnis ohne Überlegung als das antike religiöse Erlebnis aufzufassen. Und doch zeigt ein Vergleich gerade mit den Ergebnissen der Experimente von Girgensohn, wieviel näher dieses Erlebnis den Erlebnissen antiker Religiosität steht als diejenigen, die durch das Lesen von christlichen religiösen Texten in jenem baltisch-protestantischen Kreis hervorgerufen wurden. Das religionspsychologische Problem lautet bei allen — antiken oder modernen — mythischen Erscheinungen gleich: es ist das Problem des Gefühls der Realität, die sie begleitet. Mit diesem Realitätsgefühl beschäftigt sich vorwiegend jene großzügige bahnbrechende Religionspsychologie, deren hervorragender Vertreter William James war. Wir dürfen diese Religionspsychologie die illusionistische nennen, obwohl James selbst in den Illusionen der religiösen Menschen Realitäten erblickte, und zwar eine sich widersprechende Mehrzahl von Realitäten, die, in die Sprache der spätantiken Religion übersetzt, eine ganze Dämonenwelt bedeuten würde.

Wenn man aber diese weitere Konsequenz des Pragmatismus

von James nicht zieht — und das tun ja die übrigen namhaften Vertreter dieser Richtung[7] nicht — bleibt tatsächlich ein reiner Illusionismus übrig. Der Forscher hat bewußt oder unbewußt die vorgefaßte Meinung, daß alle religiösen Erfahrungen auf Illusionen beruhen, die Aufgabe des Religionspsychologen ist seiner tiefsten Überzeugung nach schon von vornherein dies: sich mit Illusionen zu befassen. Man löst als Religionspsychologe diese Illusionen auf. Bleibt am Ende das Gefühl der Realität der Illusion als etwas Unauflösbares übrig, so behandelt man auch dieses Gefühl schon auf illusionistischer Grundlage: man fragt, wie es komme, daß eine Illusion als ›real‹ empfunden werden kann.

So ist das grundlegende Kapitel von James' Werk über »Die religiöse Erfahrung in ihrer Mannigfaltigkeit«[8] nicht eine Studie über das Realitätsgefühl überhaupt, sondern über »die Realität des Unsichtbaren«. Wenn nur dieses spezielle Realitätsgefühl den Gegenstand der Religionspsychologie bildet, so trifft sie der Vorwurf des vorgefaßten Illusionismus mit Recht. Ein anderer Einwand gegen diese Art Religionspsychologie war, daß sie sich grundsätzlich mit abnormen Erscheinungen befaßt. ›Gesichte sehen‹ und sie als real empfinden ist nicht einmal unter tief religiösen Menschen eine alltägliche Erscheinung. Und es ist keine Erscheinung, die alle haben, sondern eine Abnormität.

Wenn wir aber ernstlich den Begriff der seelischen Realität in den Vordergrund stellen und sie zum Ausgangspunkt wählen, so können wir nicht bloß diesen, sondern zugleich einen viel stärkeren Einwand gegen die Religionspsychologie widerlegen und vielleicht die ganze religionspsychologische Forschung auf eine neue Grundlage stellen. Dieser Einwand gründete sich darauf, daß der Psychologe, wenn er sich ›als Psychologe‹ betätigt, immer einen Fremden, einen anderen beobachtet, auch dann, wenn er sich selbst wahrnimmt: »›psychologisch‹ sich zu sich selbst verhalten«, — sagt Max Scheler, der diese Einwände vorbringt[9] — »das ist: sich so zu sich verhalten, als sei man ein Fremder und anderer.«

Je mehr der Beobachtete ein anderer wird — bei Selbstbeobachtung: je mehr man von seinem beobachteten eigenen Selbst seine Personalität gleichsam zurückziehen vermag; bei Fremdbeobachtung: je mehr man von der Personalität des anderen absehen kann —, um so mehr wird er zum eigentlichen Objekt der psychologischen Wahrnehmung. Das psychologische Objekt *kat' exochen* ist der ›aliéné‹, der Wahnsinnige, und gerade das, wofür man seine eigene Person nicht einsetzt und niemals einsetzen würde: was den Beobachter theoretisch interessiert, aber ihn persönlich ganz ›kalt läßt‹.

Wenn dies tatsächlich so wäre und man als Psychologe nicht darüber reden dürfte, wofür man seine eigene Person einsetzt, oder dessen Sinn es ist, daß Leute dafür ihre Person einsetzen, dann wäre eine psychologische Betrachtung der Religion überhaupt undenkbar, es sei denn, man müßte unter Religion eine Seelenkrankheit, die Angelegenheit von mehr oder weniger ›aliénés‹ verstehen. Das Kennzeichen der seelischen Realität ist gerade, daß sie uns nicht ›kalt läßt‹. Unsere Kenntnisse von mathematischen Wahrheiten oder von den Entfernungen der Himmelskörper können ganz genau sein und uns doch ganz kalt lassen, für uns ganz ohne seelische Realität sein. Andererseits kann ein mystisches Erlebnis durch eine ganz besondere seelische Realität sich von einer Halluzination unterscheiden.

Es ist aber möglich, daß wir uns auch für eine kalte mathematische Wahrheit erwärmen. In diesem Falle setzten wir auch unsere Persönlichkeit dafür ein. Es kam schon vor in der Geschichte, daß man für solche seelischen Realitäten — ganz einerlei, ob sie wissenschaftliche oder religiöse Ideen waren — starb. Und man lebt immer für solche Realitäten. Jede Religion ist ein System von seelischen Realitäten, und jedes Leben, das gelebt wird in einem fortwährenden Einsatz der eigenen Person für Götter, Ideen, oder was immer durch solchen Einsatz als seelische Realität bezeugt wird, darf ein religiöses Leben genannt werden.

Die wissenschaftliche und die religiöse Haltung unterscheiden sich diesen Realitäten gegenüber insofern, als sich die Religion nur auf unsere eigenen seelischen Realitäten bezieht, die Religionswissenschaft aber, und überhaupt jede Geisteswissenschaft, es auch mit fremden seelischen Realitäten zu tun hat: mit seelischen Realitäten anderer. Diese fremden seelischen Realitäten werden daran erkannt, daß wir g e g e b e n e n f a l l s unsere Person für sie einsetzen könnten, wenn wir dies gerade jetzt praktisch auch nicht tun. Sogar die *alienatio mentis* besitzt für uns insofern eine seelische Realität, als unsere eigene Person durch den Gedanken b e r ü h r t wird: auch u n s könnte diese Art Veränderung betreffen . . .

Ist eine wissenschaftliche Behandlung der seelischen Realitäten auf dieser Grundlage nicht mehr ›psychologisch‹ im älteren Sinne des Wortes? Wir fanden hier eben die Grundlage für eine Religionspsychologie, die nicht die Wissenschaft der ›Illusionen der Seele‹, sondern die Wissenschaft der ›Realitäten der Seele‹ ist. Ich verstehe darunter eine Psychologie, die gerade für den Realitätscharakter einen Blick hat, durch den die Seele selbst ihre Realitäten von ihren Illusionen unterscheidet. Auch die Illusionen haben ja für die Seele einen eigenen Charakterzug: die Charakteristik des ›Vorübergehenden‹. Diese Charakteristik des Vorübergehenden empfindet man während und in der Illusion selbst — nie aber in der Religion, wenn sie als die eigene Religion erlebt wird.

## 4

Eine ›Wissenschaft der Realitäten der Seele‹ müssen wir fordern, wenn wir die antike Religion verstehen wollen. Andererseits liefert gerade die antike Religion zu einer solchen Wissenschaft das historische Material. Wüßten wir auch nichts Näheres von dieser Religion und der durch sie erzeugten Religiosität, so wäre doch zweierlei sicher: ein Positives und ein Negatives. Der schon betonte Zusammenhang der antiken Religion mit der antiken Kultur ist eine geschichtliche Tatsache. Dieser Zusammenhang zeigt sich nach beiden Richtungen hin positiv: die Ideen, die der antike Mensch von seinen Göttern hat, und der Kult, den er ihnen erweist, sind durch die antike Kultur bestimmt, andererseits bestimmen und durchdringen diese Ideen und dieser Kult das ganze antike Leben. In der antiken Kultur zu leben bedeutet — vor den Auflösungsperioden dieser Kultur — soviel wie religiös zu leben, in jenem Sinne, den wir dem religiösen Leben gegeben haben.

Das antike Leben war religiös in dem Sinne, daß der antike Mensch, ohne Märtyrer- oder Bekennerpathos, ununterbrochen seine Person für die Götter einsetzte. Doch wird dieses religiöse Leben zugleich durch ein Negatives charakterisiert: durch das Fehlen des Glaubens in dem Sinn, wie ihn die supranaturalistischen Religionen verstehen. Die supranaturalistische Gottesidee entspricht einem Glauben, der mit dem Realitätsgefühl nicht identisch ist. Nicht als ob supranaturalistisch gläubige Menschen in ihren religiösen Erlebnissen Realitätsgefühle nicht kennten! Diese Realitätsgefühle sind aber besondere Erlebnisse, die die supranaturalistischen Religionen von ihren Gläubigen nicht fordern. Sie gründen sich nicht darauf, sondern auf den ›Glauben‹. Ein Glaube, der den Zweifel nicht kennt, sei jämmerlich: »Ich mißtraue allen, die die Schwierigkeiten des Glaubens nie empfunden haben«, sagt ein Nachfolger Pascals[10] mit tiefer Einsicht in das Wesen des religiösen Glaubens. Dieser Glaube setzt das Gefühl der Irrealität, das er überwindet, unbedingt voraus: sonst ist er kein Glaube, dem eine wirkliche religiöse Bedeutung zukommt. Wie bedürfte man anders einer göttlich begründeten Autorität oder der göttlichen Gnade, um glauben zu können?

Die antike Religion kennt solchen Glauben nicht. Auch besondere, seherische Realitätsgefühle einzelner antiker religiöser Menschen erklären sie für uns nicht, denn auch solche Gesichte setzen schon die Ideen der antiken Götter voraus, die gewöhnlich auf eine ganz normale Weise als ›real‹ empfunden wurden. Was ist das für ein Realitätsgefühl? — so können wir unsere Frage psychologisch fassen. Wenn wir etwas Wesentliches von der antiken Religion sagen wollen, so müssen wir den Maßstab der Seele finden, mit dem gemessen ihr etwas ›real‹ oder ›irreal‹ vorkommt.

5

Es ist offenbar, daß auch dem Wahnsinnigen, dem seine eigenen Wahnvorstellungen höchst real erscheinen, nicht alles, was er weiß oder hört, ebenso real ist. Er mißt falsch, aber er mißt. Fragen wir uns selbst: was ist es, wofür wir im Gegensatz zum Wahnsinnigen, unsere Person einsetzen würden? Für ihn sind die Wahnvorstellungen vollgültige seelische Realitäten. Auch wir besitzen Vorstellungen, Ideen, die für uns seelische Realitäten sind. Wo liegt der Unterschied? Die Antwort muß lauten: in der Transzendenz. Die Wahnvorstellungen des Wahnsinnigen sind ›bloß seelische Realitäten‹, unsere seelischen Realitäten sind aber auf eine andere, nicht seelische Weise auch außerhalb unserer Seele real. Sie ›transzendieren‹, ihnen entspricht etwas auch drüben, jenseits der Grenzen der Seele: im Reich des Geistes, wo etwa die mathematischen Wahrheiten ihren Grund haben, oder in der Natur. Sie haben eine transzendente Stütze in einem dieser beiden Reiche.

Ganz ›grundlos‹ ist freilich nichts, was in der Seele einmal erscheint. Der Inhalt einer Erfindung wurzelt immer in tiefen menschlichen ›Gründen‹, und man kann theoretisch immer den Grund angeben, warum ein Traum oder eine Lüge gerade so, gerade mit dem betreffenden Inhalt geträumt oder gelogen wurde. Alles, was im Menschen geschieht, ist ja — sagen wir — eine ›menschliche Realität‹. Mit solchen Realitäten befaßt sich ganz besonders die psychoanalytische Forschung. Wenn sie die Elemente von Träumen, Phantasiebildern, Lügen, Scherzen herausanalysiert und den Grund solcher menschlicher Realitäten findet, sagt sie eigentlich etwas Selbstverständliches. Wenn aber eine solche menschliche Realität sich zu einer wirklichen seelischen Realität erhebt, so ist schon ein besonderes Problem da.

Um dies an einem Beispiel zu veranschaulichen: der Mythos von der Hochzeit des Himmels mit der Erde ist auf lauter erotischen Elementen aufgebaut. Soviel sehen wir auch unmittelbar. Wir wissen auch, daß diese Erzählung eine Erfindung ist. Es gibt aber vielleicht jemanden, für den diese Erzählung auf eine andere Weise ›real‹ ist. Er setzt dafür seine Person ein, jene Erzählung beherrscht und gestaltet sein Leben, wie dies mit den Orphikern der Fall war. Das Problem lautet: Wie kann eine ganz gewöhnliche menschliche Realität, eine mythische Erzählung etwa, zu einer solchen Macht gelangen, zu einer solchen seelischen Realität werden?

Hier müssen wir nun scharf unterscheiden und fragen: Wo ruht der Schwerpunkt der betreffenden seelischen Realität? In dem allgemeinen, für jeden Menschen realen Sinn der Erzählung, oder in der Erzählung, der Erfindung selbst? Unter ›Sinn‹ verstehe ich nicht etwas Rationelles, eine These oder Lehre. Er kann manchmal bloß durch eine irrationale Erzählung vollkommen ausgedrückt werden. Und als ›Sinn‹ ist er immer auch transzendent, nicht ›bloß seelisch‹, er hat irgendeinen Grund auch außerhalb der Seele des Erzählenden. Die erfundene Erzählung ist aber gerade als Erfindung, als »Lüge«, wie die Alten sagten, ›bloß seelisch‹. Jeder Mythopoet ist ein ›Lügner‹, er und seine Volks- und Zeitgenossen w i s s e n es (sie wären Abnorme, wenn sie es nicht wüßten), aber sie können davon ganz absehen, denn für sie ist der Mythos von der anderen Seite her wichtig: nicht darin liegt sein Schwerpunkt für sie, daß er die Schöpfung eines einzelnen ist, sondern darin, daß er von allen irgendwie real befunden wird.

Der Psychoanalytiker mag antike Mythen mit den Phantasien von Wahnsinnigen vergleichen und theoretisch keinen Unterschied finden. Praktisch unterscheidet er aber ganz genau zwischen dem Wahnsinnigen und dem durchschnittlich Normalen. Durchschnittlich normal waren die Alten, die ihre Mythen als real empfunden haben. Eine Theorie, die von diesem Unterschied absehen kann, muß an irgendeinem Punkt unvollständig sein: gerade dort, wo es sich um die Unterscheidung von Realitäten handelt. Die bloß seelischen Realitäten gehören in die Kompetenz des Seelenarztes. Wir aber suchen nach dem inneren Maßstab der Seele, womit sie das ›Reale‹ und ›Irreale‹ mißt, und der ist auf dem Wege der Psychoanalyse nicht zu erreichen, da dieser Maßstab gerade die Transzendenz ist.

Die Seele schenkt ihrer Natur nach nur dem Transzendenten Glauben, das heißt, wie ›Transzendenz‹ hier verstanden wird: dem Objektiven, nicht dem bloß Subjektiven. Es sind immer Wirklichkeiten der beiden Transzendenzen — des Geistes und der Natur —, die die Seele beherrschen. Den Maßstab der Seele dafür, was für sie real ist und was nicht, bildet also immer die eine dieser beiden Transzendenzen. Und doch scheint diese Feststellung psychologisch nichtssagend zu sein. Man vermißt dabei ein besonderes G e f ü h l der Realität. Daß ein solches Gefühl, wenn auch latent, wie etwa das Gefühl der Normalität, der Gesundheit, da ist, und daß die Seele es aus jenen Transzendenzen, und n u r a u s j e n e n b e i d e n, schöpft (die kranke Seele auf eine abnorme Weise): dies wird erst dann klar, wenn wir die Sache auch von ihrer negativen Seite her betrachten.

6

Ein besonderes Gefühl können wir seltener dann bemerken, wenn Maßstab und Gemessenes stimmen: wir bemerken jedoch immer etwas Besonderes, wenn das Gemessene n i c h t stimmt. Es erwacht in solchen Fällen d a s G e f ü h l d e s I r r e a - l e n[11]. Man würde glauben, daß bloß seelische Realitäten von solchen, die in jene beiden Transzendenzen hinüberreichen, in der Sphäre der Seele selbst voneinander nicht zu unterscheiden wären. Im Gegenteil: der wankende Boden der bloß seelischen Realitäten verrät sich ganz unmittelbar. Die Grundlosigkeit selbst, obwohl sie immer nur relativ ist und sein kann, taucht in der Seele auf Augenblicke positiv als seelische Realität auf, und sie lauert immer im Hintergrund der Wahnvorstellungen. Das Irrealitätsgefühl befällt die Seele ebenso real wie das Realitätsgefühl. Religiösen Ideen gegenüber ist es der religiöse Zweifel, den der Glaube überwindet. Die Seele erkennt aber ganz unmittelbar beide: das Irreale und das Reale, eben daran, daß sie ›transzendieren‹ oder nicht.

Man darf theoretisch behaupten, daß keine bloß subjektive Vorstellung als volle, unverblaßte, ungeschwächte und lückenlose seelische Realität ununterbrochen bestehen kann. Außer der krankhaften Verbundenheit mit einer bloß seelischen Realität gibt es freilich auch eine krampfhafte Anhängerschaft etwa von religiösen Lehren, die für die krampfhaften Anhänger nicht einmal seelische Realitäten sind. In solchem Falle kann der Psychologe immer den tiefen und realen Grund finden, warum man Anhänger ist, aber dieser Grund ist das Realitätsgefühl nicht. Das Realitätsgefühl ist eben nichts anderes, als das Gefühl des

Kosmos als kohärenten — lückenlosen und fortwährenden — Hintergrundes dessen, was der Seele erscheint, im vollen Sinne des griechischen Wortes: κόσμος ist die Wirklichkeit der Natur, die zugleich die Gültigkeit einer geistigen Ordnung in sich schließt.

Diese Ordnung zeigt sich in der Natur als Weltordnung. Man erfaßte sie nicht überall auf griechische Weise, mit derselben Klarheit und die Wirklichkeit fassenden Kraft des Geistes. Auch die Griechen faßten sie nicht von Anfang an so mathematisch, wie die Pythagoreer. Aber alle Weltordnungen — auch die altorientalischen, die altamerikanischen und die übrigen — sind insofern ›geistig‹, als sie Ordnungen sind und der ordnenden Tätigkeit des Geistes entsprechen. Von den verschiedenen Formen dieser Tätigkeit spricht man als von verschiedenen Formen des Denkens. Die Struktur einer solchen Denkform und des ihr entsprechenden Weltbildes kann man ebenso beschreiben wie die Struktur einer Sprache.

Man darf nur nicht vergessen, daß das Realitätsgefühl sich nicht allein auf der Ordnung, sondern zugleich auf dem Geordneten, nicht bloß auf dem Weltbild, sondern auf der Weltwirklichkeit gründet. Wenn das Weltbild sich mit der Zeit verändert, glaubt man immer, der wirklichen ›Welt‹ näherzukommen. Aus dieser Zuversicht entstehen jene katastrophalen Veränderungen des Realitätsgefühls, an denen Religionen zugrunde gehen. Die Realität einer religiösen Idee beruht nie allein auf der F o r m des Denkens, sondern ganz besonders darauf, daß diese Form als g ü l t i g empfunden wird. Mit anderen Worten: auf der intuitiven Gewißheit dessen, daß in dieser Form die w a h r e  W i r k l i c h k e i t  d e r  W e l t ausgesprochen wird.

›Intuitiv‹: mit diesem Wort betone ich bloß die Unmittelbarkeit, etwas Negatives: daß sich nämlich die Gewißheit weder aus einer rein logischen Spekulation noch aus der unbewußten Summierung verschiedener Erfahrungen ergibt. Man darf dabei an keine besondere Fähigkeit der Intuition denken. Intuitive Gewißheit bedeutet die Gewißheit darüber, wovon man gewissermaßen eingefaßt und ganz durchdrungen ist; darüber, was ebenso als unsere Funktion betrachtet werden kann wie wir als die seine: wie das ›Leben‹ oder die ›Welt‹ selbst.

## 7

Zusammenfassend dürfen wir sagen: Nur wenn man den Kosmos fühlt, fühlt man Realität. Und eben dies charakterisiert den antiken religiösen Menschen: seine Religiosität beruht auf der Gewißheit dessen, was in seiner Religion als Wirklichkeit des Kosmos ausgesprochen wird. An der Stelle des Glaubens hat er das Realitätsgefühl, das die antiken Göttergestalten begleitet.

Was ist aber in dieser Gewißheit, in diesem Realitätsgefühl das Spezifisch-Religiöse, das, was Rudolf Otto in seinem Buch »Das Heilige« gesucht hat? Gibt es überhaupt ein solches — Girgensohn hat es ja nicht gefunden —, so kann es erst dann gesucht werden, wenn wir auch von der antiken Religion einen psychologisch richtigen Begriff haben: von einer Religion nicht des supranaturalistischen Glaubens, sondern des Realitätsgefühls, dessen Grund letzten Endes der Kosmos ist.

Daß die antike Religion eine solche ist, damit habe ich eigentlich nichts Neues und Verwunderliches gesagt. Sie ist ja als Naturreligion bekannt.

Man hat freilich auch die Naturreligion auf eine naive Weise als supranaturalistische Religion aufgefaßt: man nahm an, daß auch der ›Naturmensch‹ mit seinen religiösen Handlungen und seinem ›Glauben‹ über die Natur hinausgriff. Vom Kosmos zu sprechen, schien unwissenschaftlich, denn gerade dieses antike Wort war mit modernen Nebentönen, mit allzuviel Schwärmerischem und Unklarem verbunden.

Wenn wir jetzt den Kosmos lediglich als den letzten Grund des Realitätsgefühls betrachten, so reinigen wir zunächst die Idee des Kosmos von allem Schwärmerischen und Unklaren. Das Wort soll hier nicht mehr und nicht weniger bedeuten als die d a s e i e n d e ,   w i r k l i c h e   W e l t .

Welche anderen Seiten des Kosmos noch, außer dem, daß er da ist und wirklich ist, in der antiken Religion zum Ausdruck gelangen, das kann nur das eingehende Studium der antiken Göttergestalten zeigen. Der Religionspsychologe wird sie nicht ohne Belehrung kennenlernen. Doch auch die erste Lehre, die uns die antike Religion gleich zum Anfang gibt, ist nicht zu verachten.

Die griechische Philosophie hat diese Lehre so gefaßt: »Es ist nichts stärker als das, was wirklich ist — τοῦ γὰρ ἐόντος ἀληθινοῦ κρεῖσσον οὐδέν«[12].

*1936*

# UNSTERBLICHKEIT UND APOLLONRELIGION

## 1

Der Wirkung des Phaidon, des großen platonischen Dialogs von der Seele, sich nicht hinzugeben, ist ebenso schwer, wie es leicht zu sein scheint, sich seiner Beweisführung zu verschließen. Kleombrotos von Ambrakia — so lautet ein Epigramm des Kallimachos — sprang in den Abgrund, nachdem er diese eine Schrift Platons gelesen hatte. Zweimal durchlas Cato von Utica den Phaidon, indem er sich zum Selbstmord vorbereitete, obwohl er kein Platoniker, sondern Stoiker war. Ähnlich machten es dem Tod entgegenschreitende große Männer der neueren Geschichte, die wohl den Zusammenklang der Stimmung des Phaidon mit dem unaustilgbaren christlichen Unsterblichkeitsglauben in sich empfunden haben. In seiner dichterischen Bearbeitung vertiefte Lamartine diesen Zusammenklang mit Tönen der Evangelien. Augenfällig hat der Phaidon einen religiösen Wert. Der Leser des Dialogs kann die Frage nicht vermeiden, die er an die Religionswissenschaft richten muß: Was ist von der Wirkung, dem Pathos und Inhalt dieses Werkes schon von vornherein aus der Atmosphäre der antiken Religion zu erklären?
Unsere Betrachtung geht vom Phaidon aus, er soll gleichsam den Grundtext bilden zu der folgenden Meditation. Es müssen daher als Vorbereitung zwei problematische Punkte ganz kurz aus allgemeinerem Gesichtspunkte besprochen werden: die historische Glaubwürdigkeit des Dialogs und die Bedeutung des Mythos im sokratischen Gespräch. Erst danach versuchen wir den Phaidon vom Standpunkt der griechischen Religion zu verstehen.
Die Forderung einer tieferen geschichtlichen Betrachtungsweise steht heute v o r dem ewigen Problem der kritisch-historischen Analyse: wie der lebendige ganze Sokrates des Phaidon zwischen sich selber und Platon aufzuteilen sei. Die Erlebnisschwere, die Lebens- und Todestiefe in seinen Worten wird sicher verwischt durch jene Analyse, welche zudem, nach so viel Jahren fast ausschließlich darauf verwendeter Mühe, keine sicheren Ergebnisse verspricht. Seitdem uns aber hervorragende Gelehrte, gerade die Vertreter des *common sense* in der Platonfor-

schung[13], darauf aufmerksam gemacht haben, daß jedes Wort des dem Tode entgegenschauenden Sokrates im Phaidon, unabhängig von platonischen Lehren, sein eigenes Zeugnis von der Unsterblichkeit der Seele sein k a n n, haben wir auch kein selbstverständliches Recht mehr, diesen Zweck und Sinn des platonischen Kunstwerks zu bezweifeln. Der äußere Rahmen ist eine Zueignung an solche Leute, die die Argumente des Sokrates in dieser Frage besonders zu würdigen wußten: an Pythagoreer. Die Darstellung tritt in ihrem Ganzen mit dem Anspruch der historischen Treue auf: die Teilnehmer und Zuhörer des Gesprächs werden als Zeugen sorgfältig aufgezählt. Von seinen eigenen Gedanken kann hier Platon höchstens deshalb auch für sich selbst Bezeichnenderes geben, weil er dazu in den tatsächlich verlauteten Äußerungen des Sokrates die Grundlage hatte. Wir vergessen auch seiner nicht, nur suchen wir die Mosaiklinien dort nicht, wo alles im Lichte des *sic moritur iustus* wie aus e i n e m Guß erscheint.

Unser Problem entspringt aus dem Geiste des platonischen Dialogs selbst. In einem sokratischen Gespräch — und gerade in seiner von Platon verewigten Form — stehen nicht bloß Einfälle, Gedanken, Lehrsätze gegeneinander, sondern Menschen, deren »Ja«, ihre Homologia auch vom philosophischen Gesichtspunkte aus nicht gleichgültig ist. Wird Kallikles im Gorgias überzeugt oder doch gezwungen, die Waffen zu strecken, so bedeutet das mehr, als ein Sieg des Sokrates über irgendeinen prinzipienlosen Abenteurer bedeuten würde. Wertvoll ist nur das Zeugnis eines Widersachers, der den Gegensatz aus bewußten Grundsätzen heraus mit einer Überzeugung vertritt, die in seinem Charakter wurzelt. Ein solcher Widersacher könnte im Phaidon nur Sokrates selbst sein: der prüfend widerlegende, volle Evidenz fordernde kritische Geist gegen die Pythagoreer, die Bekenner der Unsterblichkeit der Seele. Wir müssen der Frage gegenübertreten: Was überzeugte diesen Sokrates, den auch für uns richtunggebenden Forscher, schon von vornherein dermaßen, daß er noch Pythagoreer von der Unsterblichkeit der Seele belehrt? . . . Der griechische Gedanke, auch der abstrakteste, tritt uns mit menschlichem, möglicherweise sogar mit göttlichem Antlitz entgegen und fordert von unserer vollen Menschlichkeit Verständnis.

32

Aber gerade das religiöse Verständnis kann auf dem alten Wege nicht erreicht werden. Dies stellt sich sogleich heraus, wenn wir die religionsgeschichtliche Erklärung des Phaidon etwa dort beginnen wollten, wo man eine derartige Auslegung bisher gewöhnlich in Anspruch nahm: am Ende des Dialogs. Endmythen handeln bei Platon hier und anderswo vom Schicksal der Seele nach dem Tode. Diese sind es, welche nach verbreiteter Auffassung in erster Linie in den Kreis der Religionsgeschichte gehören. Es fehlt auf diesem Forschungsgebiete an wichtigen und interessanten Feststellungen tatsächlich nicht. Das Wichtigste von allem ist jedoch die Erkenntnis des Wendepunktes, den die Mythen der platonischen Dialoge in der Geschichte der griechischen Religion bedeuten. Bisher: »Der Himmel und die Erdentiefe voller waltender Gestalten, woraus alle Rettung, alles Hohe, aller Jubel, alles Grauen, ›alle Nahrung für die Seele‹ strömte ... die Vorzeit bis dahin ein ungeheueres Temenos mit einem Statuenwald von Urbildern, Vorbildern und Gewähren für die Gegenwart ...« So schildert den vorsokratischen Kosmos K. Reinhardt, sein ausgezeichneter Kenner[14]. Mit Sokrates beginnt die Umstellung in das Innere, in die Seele. Das neue Gebet lautet: »Gebt mir, o Götter, daß ich schön werde — innen ...«[15] Die in dieser Wendung nach innen sich neu gebärende griechische Seele ist — nach dem richtigen Wort Reinhardts — die Mutter der platonischen Mythen. »Aus und in der Seele reift und wächst die mythische Welt.« Die Mythen, die von Sokrates bei Platon erzählt werden, sind Früchte der neuen geistigen Entwicklung, sie stehen nicht v o r der Philosophie, als Voraussetzungen, sondern folgen ihr. Uns interessieren aber an erster Stelle die Voraussetzungen.

Diese untergeordnete Stellung des Endmythos betont Sokrates im Phaidon auch von einem anderen Gesichtspunkt aus. »Daß alles so ist, wie ich es erzählte«, — sagt er am Schluß des Mythos — »das zu behaupten ist für einen verständigen Menschen nicht schicklich.« Doch hat er es für wert erachtet, auch die Gefahr der bloßen Vermutung auf sich zu nehmen — das *dulce periculum* des mystischen Sprunges —, da das Bild, das er vom Schicksal der Seele im Jenseits entwirft, aus seinen vorhergehenden, ernsten Betrachtungen folgt: der Mythos aus dem Logos. Was Sokrates zu behaupten wagt, ist anderer Art. »Ich hoffe«, — sagt er am Anfang des Dialogs — »daß ich unter gute Menschen komme. Aber behaupten würde ich das nicht allzu fest. Daß ich jedoch zu Göttern komme, die mir gute Herren sein werden, das, wenn irgendetwas von diesen Dingen, wisset, daß ich das zu behaupten wage.« Und wie für ihn dem Dasein und der Güte der Götter im Tode — der Güte der Realität des Todeszustandes unabhängig von jeder märchenhaften Jenseitsvorstellung — kein Zweifel anhaftet, so gewiß ist für Sokrates das Dasein der Götter im allgemeinen: sie sind es, denen wir gehören, wie uns unsere Tiere. Das ist ein Wegweiser auch für diejenigen, die den Dialog vom Standpunkt der griechischen Religion aus verstehen möchten.

## 2

Die griechischen Götter — die »waltenden Gestalten« des vorsokratischen Kosmos, der Statuenwald der Urbilder und Vorbilder — sind nach dem Grade und der Bedeutung ihrer Realität am besten mit den platonischen Ideen zu vergleichen. Das Wissen um sie ist von höherer Art als die Pistis der platonischen Erkenntnistheorie, der bloße Glaube. Dieses griechische Wort ist später besonders im Christentum für den religiösen Glauben gebräuchlich. Aus einer Stelle des Gorgias[16] wird aber klar, daß die pythagoreische Lehre, die Platon als Muster vorschwebte, die Neigung zum Glauben, mithin auch den Glauben selbst, der niedrigsten, triebhaften Schicht der Seele zuschrieb[17]. Gegenstand der Pistis kann höchstens die von den Göttern kommende Offenbarung, Ermutigung, Versprechung oder eine Lehre über sie sein. Für das Anerkennen ihres Daseins, für Religion in diesem Sinne gibt es überhaupt kein griechisches Wort, eben weil für Griechen die Wirklichkeit der Götter nicht weniger fest ist als die der Welt, deren Aspekte sie bilden. Das normale Verhalten ihnen gegenüber heißt Eulabeia, Vorsicht[18]. Was die Grundlage der Kenntnis über die Götter ist, das läßt die religiöse, nachher auch rein geistige Bedeutung der »Theorie«, des griechi-

schen Wortes für Betrachtung, ahnen[19] ... Die Welt der Götter,
dann die Welt der Ideen: diese stehen nicht nur in geschichtlicher
und logischer Reihenfolge vor dem neuen Seelenmythos, sondern
auch nach ihrem Wirklichkeitswert. Die Frage der Philosophiegeschichte war bisher: Wieweit schöpfen die Unsterblichkeits-
beweise des Sokrates ihre Kraft aus der Ideenlehre? Dieser Frage entspricht genau unser Problem, das wir ganz scharf so zu
formulieren wagen: Wieweit wurzelt dieselbe Beweisführung im
Erlebnis der griechischen Gottesschau des Sokrates?

Dieser Meister der Bewußtmachung läßt uns keinen Augenblick
im Zweifel darüber, was jene mächtige Wirklichkeit war, aus
deren Erleben alle seine entscheidenden Überzeugungen von der
Seele herrühren. Die berühmten Betrachtungen zu Anfang des
Gesprächs über das richtige Philosophieren als Üben des Todes
berufen sich auf Erlebnisse, welche die Hinwendung zu einem
von allen anderen verschiedenen, ideenhaft für sich stehenden
Weltaspekt bedeuten. Die Annäherung an das reine Unkörper-
lich-Seelische, die Sehnsucht nach der von den Sinnen losgelösten
Einsicht, die bewußt fortschreitende Befreiung aus der Gebundenheit im Leibe, worüber Sokrates spricht, ist ein einziger Vor-
stoß nach aktiver und passiver Übersinnlichkeit. Diese Haltung
könnte in den Spruch des Paulus verdichtet werden: *non con-
templantibus nobis quae videntur, sed quae non videntur* — in
prägnanter lateinischer Übersetzung. Und Sokrates gewinnt dazu das wertende Bejahen seines pythagoreischen Gesprächsge-
nossen, das er nötig hat. Sein zentraler Beweis für die Unsterblichkeit der Seele greift später auf diese erlebnismäßige Wertung
zurück. Die Seele wird doch schon durch ihre Übersinnlichkeit
— die Unsichtbarkeit nach dem Wortlaut des Phaidon — unter
die göttlichen Dinge erhoben; sind doch die Wahrheit, die Ideen
selber unsichtbar. *Invisibilia non decipiunt* — dürfen wir wieder mit einem spiritualistischen Satz sagen. Der Kantsche Ge-
genbeweis über die bis Null reduzierbare einfache Seele kann
hier schon deshalb nicht auftauchen, weil einfach zu sein bis zur
Unsichtbarkeit eben Ziel und Intensitätsgipfel ist in diesem Dialog von Anfang an, Ziel, das eine nach vollkommener Besinnung
strebende Seelendisziplin sich gesetzt hat. Von der Erlebnis-
grundlage eines intellektuellen Asketenlebens und des Strebens

nach dem in ihm gegebenen Ziele nährt sich ein unerschütterliches Richtungsbewußtsein: unsichtbar zu sein ist der Weg des Ü b e r -(nicht Unter-)sinnlichen, der Weg der Göttlichkeit.

Welch eine seelische Realität im Phaidon der Anziehungskraft der über allem stehenden Verstandesreinheit innewohnt! Sokrates stellt sie bewußterweise in den Vordergrund. Sie durchleuchtet die ganze Todesbereitschaft und -vorbereitung dieses bittersüßen letzten Tages. Als seelische Wirklichkeit beherrscht sie auch uneingestanden den Gedankengang des Sokrates. Die sonst unerklärlichen Werturteile der theoretischen Beweisführung haben hier ihren Quell. Diese tödliche Sehnsucht nach Reinheit ist ebenso alles durchdringendes Element, Atmosphäre, Lebensader für den Phaidon, wie der Eros für den anderen großen platonischen Dialog von der Unsterblichkeit, das Symposion. Wir verstehen jetzt, wie Sokrates, der große Liebhaber der begrifflichen Klarheit, der Unsterblichkeitslehre zustimmen konnte, die er im Phaidon vorträgt. Nicht die biographisch-psychologische Erklärung haben wir dafür gefunden, warum uns Platon gerade mit diesem Sokratesbild beschenkt hat. Auch nicht die ideengeschichtliche Stelle des philosophischen Gehaltes des Phaidon. Wir gehen von dem als eine in sich geschlossene Welt gegebenen Kunstwerk aus und stoßen hier auf dem Wege vollen menschlichen Verständnisses auf eine höhere Wirklichkeit, die für uns durch Platons Begabung heraufbeschworen wird. Dieser Wirklichkeit hat einst das Leben und Sterben des Sokrates geschichtlichen Leib verliehen, und sie wirkt auch weiter, weil sie selbst Zeitloses ist, dessen Wirkung noch unabsehbar bleibt.

### 3

Die griechische Götterwelt ist so allumfassend, daß nicht nur Aphrodite und Eros — die Götter des Symposion — ihren Platz darin haben: sie enthält auch das Ziel und die transzendente Daseinsgrundlage der sokratischen Sehnsucht nach Reinheit. Vom griechischen Gott zeugt sein Kult. Auch bisher konnte nicht zweifelhaft sein, daß eine Seelenübung jener Art, worauf Sokrates im Phaidon anspielt, bei den Pythagoreern gebräuchlich war, und daß solcher Katharsis der Seele ihrem Ursprung nach eine religiöse Bedeutung zukommt. Doch faßt die Religionsgeschichte gewöhnlich derartiges kathartisches Verfahren, auch diese höchste Läuterung der Seele, als individuelle Magie auf, die nicht in die Atmosphäre der staatlichen Kulte der großen griechischen Götter gehört. Ganz wie die alten Komödiendichter, blickt man oft nur auf die rohen Äußerlichkeiten des pythagoreischen Asketenlebens und sucht keine Verbindung mit einer höheren Wirklichkeit, die Philosophenleben und Staatsreligion gleicherweise zu gestalten vermochte. Vielleicht fällt es nicht nur Fernerstehenden schwer, eine Haltung zu würdigen, die etwa bei den Jüngern des heiligen Franziskus von Assisi nur die Barfüßigkeit bemerken wollte, die Kathedralen aber, die sich in ihren Fußspuren erheben, nicht ... Der Altertumsforscher, der im Kornmeer des Stadtgebiets von Metapont die Spuren der schöpferischen Macht des Pythagoreertums sucht, entdeckt er nicht mit wahrer Entdeckerfreude die alleinstehenden gewaltigen Reste zweier Apollontempel? Das ›pythagoreische Leben‹ als Lebenstyp ist durch und durch, samt seinen asketischen Elementen, Apollonverehrung. Die Person des Pythagoras geht in der Legende in die Apollons über, nach Späteren durch Apollonsohnschaft oder wenigstens durch apollinische Geistesart. Dieser Zusammenhang verleiht all dem, was wir von Spuren des Pythagoreertums kennen, einen einheitlichen Sinn. Die innere Wahrheit der Legende ist, daß durch Pythagoras die apollinische Wirklichkeit sich philosophische Denkart und Lebensweise, Weltbild und Staatsform geschaffen hat[20].

Nicht jener Apollon soll hier gemeint sein, den Nietzsche uns schilderte. Jener Apollon der Traumwelt ist selber ein Traumbild. Aber auch des Inhaltlichen ungeachtet ist das Apollinische neben dem Dionysischen nicht bloß als eine von zwei möglichen ästhetischen weltgestaltenden Kräften zu fassen, der das Griechentum auch in der Gottesvorstellung Ausdruck gegeben hat. Schon eine geraume Zeit vor Nietzsche gelangte ein großer historischer Geist der Altertumswissenschaft, Karl Otfried Müller, zu der Feststellung, daß das im Kultus des Apollon »sich aussprechende Gefühl des göttlichen Wesens im Gegensatze zu dem der Naturreligionen ein supranaturalistisches« sei, »indem es ihm eine vom Leben der Natur verschiedene und außerhalb stehende Tätigkeit zuschreibt, ähnlich dem, aus welchem die Religion Abrahams hervorgegangen ist«[21]. Aus griechischem Gesichtspunkte müssen wir diese Formulierung ändern, ohne daß wir die Feststellung der Transzendenz preiszugeben brauchten. Apollon — und jeder Griechengott — ist ein Urbild, das das Griechentum erkannt hat als metaphysische Form erlebter seelischer Realitäten und plastisch geschauter Naturwirklichkeiten. Darum kann man ihn am einfachsten höhere Wirklichkeit nennen. Das Beiwort bezieht sich auf seine formale Transzendenz, ob er gleich sich in der Sphäre des Seelenlebens oder in der Natur als Realität offenbart. Die philologische Religionswissenschaft gelangte schon mit Walter F. Ottos Darstellungen griechischer Götter im wesentlichen zu diesem Standpunkt. Inwieweit das entsprechende Apollonbild auch in inhaltlicher Hinsicht Träger einer Transzendenz ist[22], wird uns deutlich, wenn wir nun die von der historischen Vollständigkeit geforderten Schattierungen auf Walter F. Ottos klassisches Apollonbild auftragen[23]. Einige skizzenhafte Striche genügen dazu. Wenn wir dadurch von ihm in der Gesamtwirkung der Darstellung abzuweichen scheinen, so wird das Ergebnis seiner Auffassung doch nicht widersprechen[24].

Apollons Beiworte sind Phoibos und ἁγνός. Er ist der reine, heilige, läuternde Gott. Seine Reinheit macht ihn dem Sonnenlicht vergleichbar. Doch der Heoos Apollon, die »morgendliche Gottheit«, ist, als ihm die Argonauten auf einer verlassenen Insel im Augenblick des ersten Morgengrauens begegnen, nicht der Nahende, sondern der Scheidende[25]. Die ferne Gottheit ist er, deren Orakelsprüche aus der Ferne treffen, und aus der Ferne treffen auch seine Pfeile — mit sicherem Tode. Der Hyperboreer entferntes Geisterland »jenseits der Berge« (das bedeutet dieses Wort) ist sein Reich. Das ist das Heim des vollkommenen Daseins und der Euthanasia, des seligen Sterbens, wo die Lebenssatten sich, fröhlich bekränzt, von einem Felsen ins Meer stürzen[26]. Die Griechen erkannten diese apollinische Welt im Schneeglühen nördlicher Landschaften wieder. Von dort kam Apollon jedes Jahr mit seinem weißen Schwanengespann in sein delphisches Heiligtum. Er kam zur Mittsommerzeit, in einem der großen Todesaugenblicke der griechischen Natur, wenn, hinter dem Vogelgezwitscher gleichsam verborgen, die alles tötende Hitze auf den durchgeistigt glühenden Bergrücken ihren Höhepunkt erreicht. Auch der Greif gehört ihm an: die phantastische Gestalt des übernatürlichen Wesens paßt zu Apollons Lebensfernheit. »Distanz« — hier sind Ottos Worte zu gebrauchen[27] —, »dieses Wort drückt unmittelbar nur etwas Negatives aus, dahinter aber steht das Positivste: die Haltung des Erkennenden. Apollon lehnt das allzu Nahe ab, die Befangenheit in den Dingen, den verschwimmenden Blick, und ebenso das seelische Ineinsfließen, die mystische Trunkenheit und ihren ekstatischen Traum. Er will nicht Seele (in diesem dionysischen Sinn), sondern Geist … In Apollon grüßt uns der Geist der schauenden Erkenntnis, der dem Dasein und der Welt mit einer Freiheit ohnegleichen gegenübersteht — der echtgriechische Geist, dem es beschieden war, nicht bloß so viele Künste, sondern schließlich auch die Wissenschaft hervorzubringen.« Das ist nicht bloß moderne Deutung. Apollon ist für die Griechen der Gott der geistigen Menschen. Nicht lediglich Gott der Dichter: auch Gott des Pythagoras. Mit dem primitiven Schäferdasein, womit man ihn neuerdings in Zusammenhang zu bringen versuchte, hat er nur soviel zu schaffen, als er der Sage nach bei Admet — ursprünglich einem Herrn der Unterwelt[28] — Schäferdienste tat. Die Ärzte haben besondere Beziehungen zu ihm. Die Anrede Paian begrüßt in ihm den Sieghaften und Heilenden. Und er ist auch Vater des chthonischen Asklepios, des großen Zweideutigen, der von der Krankheit befreit, sicher — wie der Tod Sokrates befreite. Mit dem Klang seiner Leier hält Apollon das All in Harmonie zusammen, sein Leierschläger ist der Sonnenstrahl. Und auf das Haupt von Zeus' Adler schüttet diese Musik die schwarzen Wolken des Traumes aus.

Das ist das Götterbild, dessen inneren Zusammenhang wir auch dann nicht zertrümmern dürfen, wenn wir die widersprechend scheinenden Züge nicht unterdrückt, sondern hervorgehoben haben .. Wir müssen an das Ideal der Unsichtbarkeit denken, das im Phaidon für den Philosophen die völlig durchsichtige Helle bedeutet, für gewöhnliche Augen aber die Finsternis und in diesem Sinne das Unsichtbare. Wir sind imstande, in der Religionsgeschichte Apollons Bild auf jener Stufe des Erkennens aufzusuchen, wo Finsternis nicht nur in das Licht hineinspielt, sondern es beherrscht. Diese Erkenntnisstufe ähnelt dem Standpunkt des körperlichen Menschen im Phaidon: sie ist die der primitiven Religion. Was auf höherer, hellenischer Stufe Erkennen und Schauen reiner Formen ist, das ist dort trübe Erfahrung und Gefühl. Dementsprechendes ist überall außerhalb der homerischen Religion zu erwarten, die die Griechengötter zum erstenmal in ihrer klassischen Gestalt spiegelte. Italien begegnete den hellenischen Göttern zuerst auf vorhomerischer Stufe[29] und hielt lange an der finsteren Seite Apollons fest. Auf dem Berge Soracte (Tafel 2) verehrte man Apollon als den Soranus Pater, der eins ist mit dem Herrn der Unterwelt. Seine Priester nennen sich dort Wölfe. In Rom ist er Veiovis, der Jupiter der Unterwelt. Das kapitolinische Asyl bei seinem Tempel steht unter dem Schutze des Deus Lucoris, und dieser Name weist auf Lykoreia, die Wolfsstadt über Delphi, hin[30]. In Italien ist Apollon ein finsterer, tödlicher Gott: selbst das vielwissende Lächeln des Apollon von Veji (Tafel 1) — das bewunderte »etruskische Lächeln« — ist ein Wolfslächeln. Wer mit Wölfen geht, dem folgt auch das alles verschlingende Todesdunkel nach. Dunkelheit und Wölfe, sie sind wie in eins verschmolzen: *lupi ceu raptores atra in nebula*[31]. Wo ist die Grenze zwischen Wolf und Finsternis in der »Wolfsfinsternis«? In Kleinasien gehört Lykien, dem Namen nach Wolfsland, dem Apollon an, ebenso wie das wolfsverehrende Lykaonien[32]. Leto, Apollons göttliche Mutter, kam in Wolfsgestalt nach Delos, um den Sohn zu gebären[33]. Sie kam aus dem Lande der Hyperboreer, die mit einem Wolfsnamen auch *Belcae* heißen[34]. Apollon selbst führte die Theräer als Rabe[35]. Die dunkeln Vögel, Rabe und Krähe, sind samt dem Wolfe seine heiligen Tiere, deuten sein Wesen an — wie auf der anderen Seite der Schwan. In Apollons Gestalt ist der todesbittere Odin der germanischen Mythologie eins mit dem weißen Schwanenritter der Todessüße: mit Lohengrin.

Hier liegt Apollons Geheimnis und hier auch das Geheimnis des Sokrates. Apollons Schwanenwesen ist ebenso urtümlich wie die Offenbarung der Todesrealität im tiefen Schlagschatten, der auf ihn fällt: in der Gestalt von Rabe und Wolf. Und gerade Sokrates ist der erste, der Rechenschaft ablegt vom seelischen Wirklichkeitshintergrund der Verbindung Apollons mit dem Schwan. Er löst kein Symbol auf — hier ist nirgends von g e m a c h t e r Symbolik die Rede —, sondern mit getreuer Naturkenntnis beschreibt und deutet er die Naturerscheinung des Schwanengesanges. »Sie singen auch schon vorher«, — heißt es im Phaidon — »aber wenn sie fühlen, daß sie sterben müssen, dann singen sie am meisten und schönsten: erfreut, daß sie zu den Göttern ziehen, deren Diener sie sind. Die Menschen jedoch in ihrer Todesfurcht erzählen auch über die Schwäne Lügen. Sie sagen, sie sängen über ihren Tod trauernd aus Schmerz. Sie bedenken nicht, daß kein Vogel singt, wenn es ihn hungert oder friert oder wenn er einen anderen Schmerz leidet, auch die Nachtigall und die Schwalbe und der Wiedehopf nicht, von denen es heißt, sie sängen ihre Trauer beweinend. Aber ich glaube weder von diesen, daß sie im Schmerze singen, noch von den Schwänen. Da sie doch Apollons Vögel sind, sehen sie die Zukunft und kennen so all das Gute, was im Tode unser harrt. Darum fühlen sie an jenem Tage höhere Glückseligkeit als in den Zeiten vorher. Ich aber halte mich für den Diener e i n e s Herrn mit den Schwänen, für desselben Gottes heiliges Eigentum.«

»Todesnähe, Todessehnsucht«: mit dieser Schwanengesangstimmung ist der ganze Phaidon erfüllt. Wer das Wichtigste über ihn sagen wollte, hat immer das sagen müssen[36]. Was wir jetzt erkannt haben, ist der wirkliche Gegenstand der Todessehnsucht des Sokrates: die L e b e n s j e n s e i t i g k e i t, die den Menschen seit Urzeiten anzieht mit dem vernichtenden Taumel des Untertauchens in Reinheit. Apollon, der Gott des Geistes, gibt das Wissen darüber, das Wissen über sein eigenes Wesen. Seine tödliche Wirklichkeit ist von anderer Seite her auch für das primitivere Barbarentum spürbar, wenn auch ohne schärfere Umrisse. Der Lebenstrieb erfühlt nur den lebensfeindlichen Wirklichkeitskern dieses größten Griechengottes nach Zeus — »das Finstere« des Phaidon. Es scheint, als ob zur Religion des vernichtend reinigenden Apollon der Unsterblichkeitsgedanke gar nicht dazugehörte. An der Vereinigung der beiden hat Pythagoras zweifellos persönliche Verdienste. Aus den Einwänden der pythagoreischen Genossen des Sokrates wird es offenbar, daß damals auch für die Anhänger des Pythagoras nur der apollinische Läuterungsprozeß von Wichtigkeit war. Dieser aber — wie im Buddhismus, wo wir genaue Parallelen zu den Einwänden finden[37] — kann bis zum Zunichtewerden führen. Nach Kebes kann die Seele sich in zahlreiche Körper kleiden und schließlich doch vergehen. Nach Simmias kann sie aufhören, wie nach dem Zerfallen des Musikinstrumentes die Harmonie.

Sokrates — eben mit seinem Unsterblichkeitsbewußtsein — steht doch mitten in der Apollonreligion. Apollon ist, vom Standpunkt der Seele gesehen, ein Aspekt des individuellen Aufhörens, einer Realität, die von der einen Seite her gesehen eine finstere Wirklichkeit ist. Sie hat jedoch auch einen ganz anderen Aspekt. Denn sie ist verbunden mit der höchsten Reinheitsaussicht: mit der Aussicht auf völlige Reduktion der Lebensmannigfaltigkeit. Darin verschwindet zugleich jede Dunkelheit. So erscheint Apollon, der Finstere und Klare, der Seele. Finsternis und Klarheit zugleich ist er seinem Wesen nach. Seine Gestalt begreift die Verwirklichung der vollkommenen Reinheit in sich. Wem diese Verwirklichung das Nichts ist, dem bedeutet die Apollonreligion nicht Unsterblichkeit, nur den Kult der metaphysischen Grundlage der Sehnsucht nach völliger Reinheit: Apollons selbst.

Aber für wen, wie für Sokrates, die »Reinheit selbst« diamantharte Wirklichkeit ist, für den ist in dieser Religion die Unsterblichkeit der Seele gegeben: die Seele tritt so mit der völligen Läuterung in etwas Seiendes ein . . . Die Forderung der apollinischen Reinigung bestand für den ganzen Menschen. Die Seele war darin mit inbegriffen: »Fremdling, rein tritt in das Heiligtum des reinen Gottes, nachdem du deine Seele mit Quellwasser benetzt!« Hier schöpft die vom Leibe noch nicht getrennt aufgefaßte Seele Läuterung aus dem Wasser . . Delphi, wo nach einem Epigramm der Anthologie[38] diese Stimme ertönte, war in der archaischen Zeit für die antike Welt tatsächlich Mittelpunkt der Religion allgemeiner Läuterung. Auf der Schwelle einer neuen Zeit erlebt Sokrates im Zustand der vom Leib immer mehr getrennten Seele, in der Phronesis, den apollinischen Schwung der Läuterung. Der nächste Schritt nach der Trennung aber ist schon der Satz von der Unsterblichkeit der Seele, nicht in dionysischem Sinne[39], sondern in der apollinischen Auffassung des Phaidon.

Delphi hat Sokrates anerkannt. Nach allem, was wir von delphischen Grundsätzen kennen, haben wir keinen genügenden Grund, das Bekenntnis der platonischen Fassung seiner Apologie anzuzweifeln, sein ganzes Wahrheitssuchen wäre Dienst des delphischen Gottes. In der zerstörerischen Wirkung seiner Menschen- und Lehrenprüfung ist sogar etwas Wölfisch-Apollinisches bemerkbar. Im Phaidon herrscht der andere apollinische Zug vor. Das Gespräch nahm schon seinen Ausgangspunkt davon, daß Sokrates im Kerker einen Hymnus zu Ehren Apollons gedichtet hatte. In tieferem Sinne ist der ganze Phaidon ein Apollonhymnus. In seinem Schwanenbekenntnis über den Schwanengesang nennt sich Sokrates, wie ein Priester des Gottes oder der von ihm besessene Seher, Apollons »heiliges Eigentum«. Nach der zur Legende gewordenen Gründungstat des Pythagoras lenkt dieses sokratische Erlebnis den Weg der Apollonreligion der großen Wendung zu: auf den neuen Seelen- und Ideenmythos hin, der an die Stelle der Schau der alten großen Götterwirklichkeiten tritt und sich vom delphischen Gotte doch nicht losreißt. Im Phaidon, wenn auch nicht körperlich, ist in jedem Worte unauslöschbar der große schöpferische Geist der Wendung zugegen, der Prophet, Dichter, Philosoph der apollinischen Transzendenz: Platon. Wir tun ihm nicht unrecht, wenn wir im Phaidon das Dokument der Apollonreligion erkennen. Platon ist, wie Pythagoras, Ἀπολλωνιακός[40]. Er ist der in den Schoß seines Meisters fliegende Schwan des akademischen Erosaltars, den Sokrates erträumte[41]; nach den Athenern Apollons leiblicher Sohn, dessen Geburt für Platoniker immer an Apollons Geburtstag zu feiern war[42]. Spätere wußten davon, daß dem alten Platon selber vor seinem Tode seine Verwandlung in einen Schwan träumte.[43]. Die Antike zauderte auch hier nicht, mit der Leichtigkeit der Legendendichtung den Zusammenhang zu betonen, den wir heute mit der Schwerfälligkeit von Problemstellungen und -lösungen rekonstruieren.

Zum Verständnis des Phaidon ist es unerläßlich, sich zu vergegenwärtigen, daß Sokrates in diesem Dialog ganz von der berückenden Schau jener geistigen Reinheit beherrscht wird, die für Ungeistige — und dessen ist er sich auch voll bewußt — nur etwas tödlich Finsteres bedeuten kann. Diesem Erlebnis als seelischer Realität entspricht Apollons Wirklichkeit. Wird ähnliches von Griechen oder Nichtgriechen je erlebt, so ist es immer eine wesentlich griechische Gottesschau, die in die Apollonreligion gehört, ob diese so genannt wird oder nicht.. Als geschichtliche Erscheinung macht freilich jede Religion den Weg der Erstarrung durch. Die Apollongestalt trat Sokrates nicht in jener aufgelösten Form entgegen, wie sie in unserer Analyse notwendigerweise erscheinen mußte. Und die Gestalten des »Statuenwaldes« wurden immer unbeweglicher statuenhaft. Doch begegnen sich hier nicht Fremde: der Mann des Geistes und ein Gott, der etwa nur gedankenlos verehrt würde. Als Grieche hat Sokrates — und sicherlich Platon — unmittelbares Verständnis dafür, was in dieser Religion das Wesentliche ist und mit dem sokratischen Erlebnis auch stimmungsmäßig zusammenhängt. All die besprochenen, sinnvollen Bekenntnisse zu Apollon bezeugen es. Frühere Pythagoreer und spätere Platoniker in religiös-bewegteren Jahrhunderten hielten sich an ihren Gott noch bewußter. Die vollständige Erstarrung kam erst mit der vollständigen Auflösung des Hellenentums.

5

Unsterblichkeit und Apollonreligion sind im Phaidon untrennbar. Der innere Zusammenhang mit der Ideenlehre wurde dadurch nicht weniger bedeutend. Er gelangte sogar zu neuem Sinn. Die Ideen sind die immanenten Gegenmittel des Griechentums gegen den Weg des Buddhismus. Das waren auch die Göttergestalten. Die Idee der Reinheit ist geradezu Rechtsnachfolger und in ihrer Daseinsform Abbild der höheren Wirklichkeit des großen Läuterers, der »reinen Gottheit«, des Phoibos. Und wie die im Symposion gefeierte Idee der Schönheit das Himmels- und Meereslächeln der alldurchdringenden Aphrodite zusammenfaßt, so quillt die tödliche Anziehungskraft des Übersinnlichen aus jener Gottheit, deren Kenntnis und Kult Sokrates mit der Gesamtheit des apollonverehrenden Griechentums verbindet. Der ganze Inhalt des Phaidon findet so seinen Platz unter den apollinischen Elementen der antiken Welt. Dem vielfarbigen Weltenball seines Endmythos ist das Bild ähnlich, das Menschheit und Natur, durch die griechischen Göttergestalten gesehen, zeigen. Das ins Dunkel spielende, durchsichtige Schimmern, das wir die apollinische Farbe nennen könnten, ist nur eine von den vielen. Über Apollon steht die umfassendere Wirklichkeit seines Vaters Zeus. Aber Apollons Sphäre ist es, wo Religion und Philosophie in dieser Weise zusammenfallen konnten, und wo das unwiderstehliche Pathos von Sokrates' letztem Gespräch zustande kam. In dieser Sphäre formen Pythia und athenischer Philosoph eine Einheit mit zwei Gesichtern. In ihr baut die griechische Wissenschaft seit Pythagoras ihren Kosmos auf, und den Frieden der Welt Augustus — nach der Legende Apollons Sohn, wie Platon[44]. Also verwirklichte jede antike Weltorganisierung die ordnunggebietende Geste des Apollon vom Giebel zu Olympia. Ordnung gebietet er, die tödlich ist für dämonische Zügellosigkeit, Ordnung, deren Tödlichkeit die der Zahlen ist. Sie bezeichnen den Weg jener Reduktion, die apollinisch ist in dem für uns erreichbaren höchsten Grad.

Der Gedanke der Unsterblichkeit a l l e i n ist nie apollinisch. Der vollständige Besitz der Geheimnisse des Alls ist schon Zeus eigen. Der eigenen geistigen Werte bewußt zu sein, Wolf zu sein der Ungeistigkeit gegenüber, Schwan vor der höchsten Reinheit des Geistes: das haben wir geerbt von der Antike als Apollonreligion.

*1933*

# HIPPOLYTOS

## 1

*Jeune tête aux chastes pensées*
*Plus pures que les fleurs des joncs,*
*Viens, que tes tempes caressées*
*Brillent dans l'ombre où nous plongeons!*

Die Bühne, auf der dieses Bild erscheint, ist zugleich die dritte der »drei Schicksalsstufen des stürmisch sich gestaltenden und umwandelnden griechischen Lebens« (so wurden die drei Tragiker genannt[45]). Bei Aischylos steht die Menschenwelt noch von Göttern durchwirkt und durchdrungen da. Wird sie gestaltet durch den Dichter, so hat dieser seine Kraft an einer Gestaltung zu erproben, die die Götter miteinbegreift. Sophokles ist der Dichter eines anderen Zustandes, der den Höhepunkt bildet für das menschliche Dasein, zugleich aber die drohende Nähe der Trennung von der Götterwelt bedeutet. So, wie Sophokles, fühlt niemand jene Trennung: darin spricht sich seine Zugehörigkeit zu der von Göttern durchdrungenen Welt aus. Doch würde er von diesem Gefühl nicht so tief ergriffen sein, wenn der Riß der Bedrohung nicht schon seiner Welt eigen wäre.[46].

Diese beiden Schicksalsstufen bereiten den Euripideischen Zustand des griechischen Daseins vor: den Zustand der bloß-menschlich gewordenen Menschenwelt. Die Götter trennten sich von ihr. Geblieben ist eine schmerzend-halluzinierend-denkende körperlich-seelische Masse ohne Grenzen, ohne Auswege, wenn die Götter, die sich von ihr getrennt haben, keine zeigen. Darum ist es nötig, daß sie erscheinen, wie sie es bei Euripides tun. Dadurch, daß die Lösung bei ihnen ist, zeigen sie die Unlösbarkeit des Bloß-Menschlichen. Ihre Wegweisung weist auf die vollständige Unwegsamkeit hin. Sie s i n d: es ist ja die grenzenlose Ungewißheit des menschlichen Zustandes, die ihre Existenz bezweifelt (»Was ist Gott, was nicht Gott, was in der Mitte: wer kann als Mensch sich rühmen, diese weiteste Grenze forschend erreicht zu haben . . . ?« — so fragt der Chor der Tragödie »Helena«[47]). Und sie sind wiederum n i c h t: denn es ist nur die menschliche

Aussichtslosigkeit, die ihre Existenz fordert. Sie sind die Grenze um die Menschenwelt herum, sie sind deren Hintergrund, auf eine ebenso unglaubliche wie natürliche Weise. Wer trüge und bewiese uns die ganze Macht des Seins, wenn nicht sie? Vielleicht die Menschheit, die lauter Krankheit, lauter Schwäche ist?

So wund und schmerzlich, so kraftlos-ausgeliefert ist das menschliche Dasein, das Euripides schildert: nicht erst jetzt sich von den Göttern trennend, von ihnen verlassen und, nachdem das Gleichgewicht der Himmlischen und Unterirdischen um den Menschen sich aufgelöst hat, niederstürzend als Opfer der Unteren[48], sondern in einem schlechthin ungöttlichen Zustand, in ständiger Aussichtslosigkeit. Wie es im »Hippolytos« heißt[49]:

Das menschliche Leben ist Jammer und Not,
Erlösung, Frieden ist nirgends.
Wohl gibt es ein andres, ein seliges Sein,
doch liegt es verborgen im Dunkel und Dunst.
Drum klammert die eitele Liebe sich fest
an den gleißenden Schimmer der irdischen Welt,
bloß weil sie ein anderes Leben nicht kennt.

Im Prolog der Tragödie reißt Aphrodite dieses Dasein auf: die Hand der Göttin zeigt auf das offenstehende Tor des Hades hin, das Hippolytos erwartet. Was sich vor uns auf der Bühne abspielen wird, ist nur dies: die Augen des Jünglings öffnen sich und erblicken das Hadestor. Das Dasein des reinen Jünglings Hippolytos, der geliebt und unschuldig verleumdet wurde von der Stiefmutter, endet jäh, denn der Verletzer jener mächtigen Form des Seins, deren Name Aphrodite ist, taugt nicht zum Dasein.. Doch vor dem Hadestor, gerade vor dem Hadestor, nimmt dieses bloß-menschliche Dasein eine ewige Gestalt an: es zeigt sich in jenem bloßen und wunden Menschentum, das der Dichter? die Zeit? das Schicksal? — diese drei vereinigt und untrennbar jeder Göttlichkeit entkleidet hatten, wieder etwas Göttliches. Es taucht gleichsam aus einem neuen Chaos empor.. Und der Glanz des vor unseren Augen geborenen göttlichen Wesens ist so frisch, daß in seinem Widerschein ein uraltes Götterbild feucht und lebendig in neuem Lichte erstrahlt. Die Augen des Hippolytos öffnen sich auf das Hadestor, unsere aber auf die ewige Gestalt der Göttin Artemis.

Die innerste Verwandschaft der Euripideischen Kunst — wie die jeder großen Dichtung — mit den mythenschaffenden Kräften bewirkt dieses griechische Wunder: sie entblößt das menschliche Dasein bis zu seinem schmerzhaften, wilden Boden so, daß schreckliche und glänzende Göttergestalten aus diesem wieder hervortreten können. An erster Stelle wäre von Medeia zu reden, wollten wir die ganze mythische Tiefe der Kunst des Euripides betrachten und nicht allein die Gestalt des Hippolytos, des jungen Jägers, der nur Artemis verehrt, die Frauen und die Liebe verachtet und sich weigert, der Aphrodite zu huldigen. Medeia war bereits eine Sonnentochter, bevor sie zur betrogenen Barbarin wurde und sich auf dem Grunde ihres bloßen Menschentums emporhob zu jenem Schrecklichen, das wieder mehr ist als Menschendinge[50].

2

Eine göttliche Gestalt war Hippolytos selbst in Troizen, in Sparta, aller Wahrscheinlichkeit nach auch in Athen, wo sich seine Verbindung mit Aphrodite im Kult erhielt. Aus einer Gottheit zum Heros wurde er durch die Trauerhandlungen seines Kultes. Euripides verschweigt das Lied der troizenischen Mädchen nicht, die den Hippolytos vor ihrer Hochzeit beweinten und ihm zu Ehren sich ihrer Locken beraubten. Von Hippolytos erzählte ihr Klagelied die allzumenschliche Geschichte, die man anderswo von anderen zu erzählen wußte: die Geschichte von der gierigen Liebe der reifen Frau, der die Unschuld des Jünglings nicht, aber sein Ruf und sein Leben zum Opfer fallen. Zumindest als einen Heros, als ein zwischen Göttlichkeit und Menschlichkeit schwebendes Wesen hatte Euripides den Hippolytos gekannt. Und seine vermenschlichende Kunst zeigt sich nirgends folgerichtiger und größer als darin, wozu er die Verbundenheit des einst göttlichen Hippolytos mit der Göttin Artemis umgestaltet. Die schwärmerische Hingabe eines Einsamen an e i n e Gottheit gehört wohl in eine Welt, von der sich die Götter bereits getrennt haben. In einer solchen Welt ist der Einzelgänger nicht notwendigerweise auch Feind der Götter, den sie verfolgen. Zu ihr passen die einsamen Gespräche des Jünglings mit Artemis, zu ihr der individuelle Kult und seine Erwiderung durch die Göttin.

Hippolytos wurde durch Euripides zu einer auch rein menschlich vollkommen begreiflichen Gestalt, so daß niemand mehr fragt: Wie konnte zu ihrer Struktur auch jenes Nicht-Menschliche gehören, das durch den Tragiker beseitigt wurde? Die Auferstehung des Hippolytos? Epidauros lag mit dem Heiligtum des Asklepios Troizen nahe genug und die Wiederbelebung des jugendlichen Opfers der Unschuld wurde jenem großen heilenden Gotte zugeschrieben: die Art der Auferstehung wird dadurch erklärt. Aber die Auferstehung selbst? War sie nicht Schicksal auch anderer jugendlicher Götter, die von Mädchen und Frauen beweint worden sind? Wer das ursprüngliche Wesen des Hippolytos allein aus dem Klagelied und dem Haaropfer der troizenischen Bräute verstehen will, auch er muß an Hymenaios denken, den »Geist der Hochzeit«, wie er genannt wurde. Ein sterbender und wiederauflebender Jüngling ist auch Hymenaios. Doch sein Wesen zeigt einen tieferen Zusammenhang mit dem anderen Geschlecht: es schlägt sogar um in Weiblichkeit. Nach der athenischen Legende rettete Hymenaios im Frauenkleid junge Mädchen[51]. Er war ihr Spielgenosse, und — die gleichen hochzeitlichen Umkleidungsszenen der Komödie zeugen davon — solche Spiele waren nicht ohne Bezug auf das hochzeitliche Geschehen selbst.

An Hymenaios, den im Hochzeitsgemach Sterbenden — denn auch dies wurde von ihm erzählt —, erinnert uns wohl das Schicksal des Hippolytos. Aber der Vergleich der beiden Gestalten läßt auch das Trennende hervortreten zwischen der Beziehung der Bräute zu Hippolytos und ihrem Verhältnis zu Hymenaios, das auf intimere Weise auf Geschlechtsunterschied und Geschlechtsgleichheit in einem beruhte. Es wäre sehr leicht und einfach zu denken: die Bräute beweinten am Grabe des troizenischen Heros ihre eigene Jungfräulichkeit, ihr Klagelied wäre »das Lied vom Tode der Jugend und der Reinheit«, und dann

— zum Zeichen tieferen Verständnisses — hinzuzufügen, die Mädchen hätten als Träger ihrer durchaus weiblichen Empfindung einen Jüngling — den Jüngling Hippolytos — geschaffen. Der troizenische Heros wird indessen gerade durch die Handlung der Mädchen als ein Wesen bezeichnet, das dem weiblichen Geschlecht feindselig gegenübersteht. Er fordert von den Bräuten das Opfer ihrer Schönheit, der Zierde ihrer Jugend. Solches Opfer gebührt — dem Opfer.

Das nur-männliche Wesen des Hippolytos ist mehr als Verkörperung von Mädchenfurcht und Mädchenträumen in einer Person. Seine Gestalt ist keine Schöpfung der Einbildungskraft junger Mädchen. In seinem Kult legt vielmehr uralte Frauenerfahrung Zeugnis ab von einer feindlichen Wirklichkeit, deren doppelte Grausamkeit darin besteht, daß ihr Dasein Begierde erweckt und daß dieses Dasein durch Begierde ausgelöscht wird. Es ist jedoch ein Dasein, von dem gesagt werden darf, zu ihm gehöre wesentlich das Ausgelöschtwerden, das Aufhören. Aber auch Wiederaufleben. Sterbende und auferstehende Gottheiten sind männliche Gottheiten. Das sich unterbrechende und rastende Dasein ist Männerdasein. Das Persephone-Schicksal der Frau bedeutet keine Unterbrechung, sondern Unterweltlich-Sein, Königinnen-Macht in der tiefsten, lebengebärenden, lebenverzehrenden Sphäre des Seins. Der Tod des Hippolytos ist Aufhören. Der ewige Vorwurf dessen, der immer wieder aufhören muß, lebt in der Opferhandlung des Haarabscherens, von der es so schwer ist zu sagen, ob es Ausdruck der Trauer oder der Reue ist, dermaßen sind die beiden eins.

Hippolytos' Wesen ist zweiseitig wie das Wesen des Hymenaios. Die zwei Seiten sind zwei Aspekte einer Gottheit, in der Männlichkeit an sich und für sich als ewige Gestalt erscheint. Von dieser Gestalt aus wird verständlich, daß nicht bloß jungfräulich reine Jäger mit Hippolytos ihrer Form nach verwandt sind[52]. Jungfräulich rein war der Jäger Melanion, dessen Frauenhaß der Chor der alten Männer in der »Lysistrata« des Aristophanes besingt. Ein zweiter Hippolytos aber ist auch Saron, mythischer König von Troizen, ein Jäger aus dem Kreise der Artemis, der mit seinem Tode an artemisische Gestalten wie Britomartis und Aphaia erinnert. Der Name Saron weist auf satyrhafte Geilheit: er ist nicht bloß ein Zeichen des weniger konsequenten Denkens primitiver Menschen. Eine zügellose oder zumindest tätige Männlichkeit spiegelt sich als ein Aspekt des Hippolytos selbst in seinen Namensverwandten. Auf eine andere Art offenbart sich darin dieselbe Wirklichkeit, die von der einen Seite her gesehen frauenfeindlich erschien. Es sind sicher keine nur zufälligen Namensverwandten, die in verschiedenen Sagen mit demselben Namen auftreten: der Hippolytos von Sikyon, Liebling des Apollon, der unter den Liebhabern der treulosen Aigialeia, der Frau des Diomedes, erwähnt wird; oder Hippolytos von Amyklai, Vater des Deiphobos, der wohl kein anderer ist als der in Sparta verehrte Hippolytos selbst; oder Hippolytos, Sohn des Aigyptos, Name in der Liste der Männer der Danaiden; endlich Hippolytos der Gigas, riesiger Gegner des Hermes im Kampfe der urweltlichen — und nicht weniger als Hermes selbst phallischen — Erdensöhne gegen die olympischen Götter.

In diesem Zusammenhang ist auch die Gleichsetzung des Hippolytos mit Virbius zu erwähnen, mit dem Kultgenossen der Diana am Nemisee in den Albanerbergen bei Rom. Virbius hieß nach antiker Tradition der auferstandene Hippolytos, den seine geliebte Göttin in diesem fernen Urwaldheiligtum verborgen hatte. Nicht nur in Italien, auch in Griechenland wußte man davon. Der Name Virbius, in griechischer Aussprache, kommt in Lakonien als Quell- und Flußname vor. Daß der Name ursprünglich auch peloponnesisch war; daß sein Träger zugleich mit der Göttin von dort nach Italien gelangte; daß seine Bedeutung die uralte Pferdegestalt eines ungestümen, zeugenden Gottes verrät[53] — diese gelehrte Annahme war aus vielen Gründen schon wahrscheinlich. Sie gewinnt noch an überzeugender Kraft, wenn die volle, göttliche Gestalt des Hippolytos vor unseren Augen auftaucht. In der Heldensage vermenschlicht, zum heroischen Jäger und Liebhaber auch des Wagenrennens geworden, verlor er die ursprüngliche Durchsichtigkeit seines griechischen Namens. Hippolytos heißt aber griechisch nicht ›der die Rosse freiläßt‹, sondern ›der wie ein Hengst freie und ungestüme‹, der wie ›das losgelassene Roß‹ in edler Tiergestalt ›zügellose‹ Gott.

Es scheint, als ob wir vom Hippolytos des Euripides weit abgeraten wären; als ob jener andere, rein wie Tau glänzende Aspekt seines Wesens mit diesem Extrem der Männlichkeit völlig unvereinbar wäre. Nicht einmal die Hippolytosgestalt des Euripides scheidet indessen aus dem Bereich des rein Naturhaften völlig aus. Aidos — die Keuschheit — ist in seiner Darstellung keine seelische oder sittliche Macht, sondern etwas Elementares: die Göttin »Keuschheit« ist es, die mit dem Wasser fließender Bäche die nie versehrte Wiese tränkt, wo der Artemis Blumen nur der pflücken darf, dem Unschuld nicht anerzogen, sondern angeboren innewohnt, wie Hippolytos[54]. Von dem einstigen Gott Hippolytos behielt Euripides nur den Menschen. Aus dem Bloß-Menschlichen, Naturhaften entstand unter seinen Händen die mythische Gestalt männlicher Reinheit, ideenhafter, als sie ursprünglich war, und doch zurückschlagend auf die alte, scheinbar widerspruchsvolle, wildere Hippolytosgestalt. In einer transparenteren Form, die die Dunkelheit verschwinden ließ, gelangte das Wesentliche zum Ausdruck, denn die Wirklichkeit blieb dieselbe und das Auge, das sie betrachtete, griechisch.

## 3

Ganz verständlich wird das Wesentliche in seiner Wirklichkeit, wenn wir fremde Mythen heranziehen, die das nicht geistig, bloß naturhaft Menschliche auch in ihrer klassischen Form roher und deshalb augenfälliger darstellten als die Mythen der Hellenen. Ein Hippolytostyp im babylonischen Gilgameschepos ist Enkidu. Sein ganzer Leib war mit Haaren bedeckt, das Haupthaar trug er wie ein Weib. Er kannte Land und Leute nicht, bekleidet war er wie ein Gott des Viehs. Er aß mit den Gazellen Kräuter, besuchte mit den Tieren die Tränke, freute sich mit dem Gewimmel des Wassers. Der Jäger rettete sich vor ihm und wagte die Tiere nicht mehr anzugreifen. Enkidu aus der wilden Natur zu reißen und zu bändigen vermochte man nur dadurch, daß man ihn verführen ließ. Als er nach den Liebesumarmungen von sechs Tagen und sieben Nächten sein Antlitz auf seine Tiere richtete[55],

Als sie ihn, Enkidu, sahen, eilten die Gazellen davon,
Das Vieh des Feldes wich vor seinem Leibe zurück.

Davor, was Enkidu geschah, und vor Schlimmerem noch, hütet
sich Gilgamesch und weist die Liebeswerbung der großen Göttin
Ischtar zurück:

Welchen deiner Gatten liebtest du ewig?
Welcher deiner Hirten gefällt dir immerdar?
Wohlan, aufzählen will ich deine Buhlen:

Dem Tamuz, deinem Jugendgeliebten,
Hast du Weinen Jahr für Jahr bestimmt,
Den bunten Hirtenknaben gewannst du lieb,
Du schlugst ihn und zerbrachst seine Flügel.
Im Walde steht er und ruft: »Meine Flügel!«
Du liebtest den Löwen — von vollendeter Kraft —:
Sieben und nochmals sieben Fanggruben grubst du ihm.
Du liebtest das Roß — das schlachtfreudige —:
Peitsche und Stachel und Geißel bestimmtest du ihm . . .
Du liebtest den Hirten, den Hüter,
Der dir Aschenbrot täglich hinschüttete,
Täglich dir Zicklein schlachtete:
Geschlagen hast du ihn, in einen Wolf ihn verwandelt.
Seine Hirtenjungen verjagen ihn,
Und seine Hunde zerbeißen ihm die Schenkel.

Wollten wir von Ischtar sagen, sie sei die Göttin der Liebe, so
wäre das zu wenig. Sie ist das Weibliche, dessen eine Seite ist es
nur, daß es mit seiner Liebe verzehrt und das männliche Dasein,
wie Kirke, zu einem tierischen verwandelt. Ein anderer Aspekt
des Weiblichen offenbart sich darin, daß die Göttin in die Unterwelt niedersteigt, sich allen Schmucks beraubt und die Natur
ersterben läßt, damit die Götter ihr zu Liebe Tamuz erwecken
und ihn schicken, um sie zu holen. Ischtar ist, in scheinbar launen-
haftem, periodischem Nacheinander, was die griechische Aphrodite und Artemis für sich sind: in ihrer Liebe aphrodisisch, in
ihrer Härte zu den geliebten Wesen artemisisch. Ihr Opfer, der

Hirte, der von seinen Hunden zerbissen wird, ruft Aktaion in die Erinnerung, ihre Macht über die Tierwelt Artemis selbst, die »Herrin der Tiere«. Ihr ganzes Wesen läßt uns verstehen, daß das Bloß-Männliche, das in der Gestalt des Hippolytos zeitlos erscheint, je mehr und ausschließlicher es männlich ist, um so mehr und ausschließlicher durch die feindlich entgegengesetzte Weiblichkeit bestimmt wird. Die Erzählungen von Phaidra und Hippolytos, von der Frau des Potiphar und Joseph sind im Grunde genommen humanisierte Ischtarmythen. Doch zum vollen Verständnis der Jünglinge, die da widerstehen, braucht man eine derartige Annahme nicht einmal: die sichtbare Übereinstimmung im Sinn und Wesen der Gestalten und Geschichten genügt.

Die griechischen Göttergestalten sind nie bloß die Nachbildungen der morgenländischen — auch Aphrodite nicht —: sie sind auf griechische Art und Weise erkannte Wirklichkeiten. Ist die Wirklichkeit in Babylonien und Hellas dieselbe, so macht den Griechengott doch die griechische Form: wird Aphrodite griechisch gesehen, so ist sie n u r die Erfüllung, der Augenblick des vollkommen Schönen, an dessen Besitz gemessen alles andere gleichgültig ist, gleichgültig Leben und Tod, Nachkommen und Vorfahren — sie aber ist dies ewiglich. Sie ist in der Struktur des Kosmos der Grund dafür, daß dieses Höchste eine zeitlose Möglichkeit bleibt, einst und jetzt und dereinst. Sie ist die Grenze zwischen dem, was dies noch nicht ist — bloß Verlangen nach, aber kein Dasein in dem Schönen, — und dem, was nicht mehr dies ist (sondern, beispielshalber, erfüllte Fruchtbarkeit). Solch ein Augenblick — doch ewiglich — und solch eine Grenze ist auch Artemis. Sie ist es, die als »Herrin der Tiere« in der altmediterranen Welt, in Kleinasien und lange noch in Hellas, Löwe und Löwin zueinander führt und sie unter das Joch des Zeugens und Gebärens zwingt. In der Ungebrochenheit der jungen Tiere ist sie ebenso da, wie in den Schrecken des Gebärens. In Artemis sind diese Schrecken und jene Ungebrochenheit auf der G r e n z e , im Gleichgewicht, wie auf eine unerhörte mathematische Formel gebracht (freilich faßt d i e s e Formel samt der Sinnfülle auch Lebensfülle in sich): Wert und Sinn der Ungebrochenheit, der menschlichen Unberührtheit werden durch das Schreckliche aufgewogen, das sie fernhalten. Aber auch umgekehrt: Wert und Sinn jenes Schrecklichen sind, daß es als Möglichkeit und Fähigkeit des Erlebens und Ertragens, oder des Daran-Sterbens, die Reinheit über das bloße Negativsein erhebt. Die Wurzel jener amazonischen Unbarmherzigkeit, die Jungfrauen eignet, ist ihr grausamer Gehalt. Grund und Möglichkeit solchen Gleichgewichts ist Artemis, im Augenblick der Vollkommenheit des Gleichgewichts ist sie da.

Artemis am nächsten steht die göttliche Jünglingsgestalt des Hippolytos. In ihr ist das Gleichgewicht der Fülle des Männerdaseins und der Möglichkeit seines Erlöschens, seines Verzehrtwerdens, ja, des Todes, vollkommen. Ohne die Kraft selbst drohte die Kraft nicht aufzuhören, und ohne ihr drohendes Aufhören wäre es keine so teuere, ein junges Leben erfüllende Aufgabe, sie zu wahren, im Besitz zu behalten, sie mit Artemis in Bergen und Wäldern und im Rund der Wagenrennen zu genießen ... Dieser Besitz ist kein Besitz von etwas Negativem, wie der Besitz des Schönen es auch nicht ist, obwohl wir uns darin selbst aufgeben. Der männlichen Keuschheit — der Keuschheit des Hippolytos — Wurzel ist die Möglichkeit, satyrhaft bis zum äußersten zu sein. Ist dies nicht verwunderlich? Oder fordert etwas anderes unsere Verwunderung heraus? In Anatole France' »Noces Corinthiennes« sagt es uns — wie auch die Worte, die als Motto vor dieser Betrachtung stehen — Artemis selbst. Sie sieht die Verwunderung des Mädchens voraus. Doch hätte sie das nicht auch von dem reinen Jüngling aller Zeiten prophezeien können: »La vierge solitaire et tendre ... elle s'étonnera d'entendre qu'elle fut impure en naissant — Das einsame und zarte Wesen ... wird es nicht staunend hören, daß es unrein« — nein! daß es bereits im Augenblick der Geburt e i n s war mit dem nur dem Anschein nach ganz Entgegengesetzten?

*1936*

55

Bei der Eröffnung einer Felsbilder-Ausstellung den Meditationen eines Philologen zuzuhören, dessen Studien die Grenzen der Vorgeschichte zwar oft berühren, aber immer nur berühren, könnte vielleicht als arge Zumutung aufgefaßt werden. Doch wenn einmal Wunsch und Vertrauen des Schöpfers dieser Ausstellung das gefordert haben, so gilt es, sich der ungewöhnlichen Lage zu fügen und Ungewöhnliches zu versuchen: Stellung zu nehmen in jener tiefsten erreichbaren Schicht des Entstehens von Werken der Kultur, wo Felsenmaler und Philolog, aber auch der Erschauer einer Göttergestalt, noch ganz unterschiedslose, undifferenzierte Quellen, Mittel oder Erleidende der Kulturschöpfung, wo sie — um dieses Wort gleich auszusprechen — »Ergriffene« sind.

Der Weg, den der Forscher zu wählen hat, um in jene Schicht vor- oder zurückzudringen, ist der Weg der Kritik, die nur dann wissenschaftlich vollwertig ist, wenn sie zugleich Selbstkritik ist. Wir wollen zunächst einmal kritisch erwägen: Was wissen wir vom Entstehen einer Felsmalerei? Kritik besteht in diesem Fall darin, daß wir uns beschränken. Wir wagen zunächst keine Aussagen über Beweggründe, Begleitumstände und vermeintliche Zwecke der Schöpfung und des Geschaffenen, denn wir wissen seit Heraklit: Was der beste Ratende kennt und festhält, ist nur Raten und nicht mehr. Auch die annehmbarste Hypothese ist nur als Hypothese annehmbar. Wir hüten uns sogar, einen S i n n im Geschaffenen erraten zu wollen, solange wir nicht etwas noch unmittelbarer Gegebenes, das einzige ganz unmittelbar Gegebene, nach aller Kritik Übrigbleibende festgehalten haben.

Was dieses nicht weiter reduzierbare Minimum sei, auf dem wir auf nacktem Boden stehen, wenn wir eine Schöpfung überhaupt als Schöpfung betrachten, das soll durch einige Felszeichnungen gleich erklärt werden. Ein Elefant aus der Pindalhöhle mit besonderer Darstellung des Herzens; Büffel, mit eingezeichneten Wurfwaffenspitzen: sie tragen gleichsam an sich den Zweckgedanken[56]. Wer wollte bezweifeln, daß solche Schöpfungen urweltlicher Künstler dem Jagdzauber dienen? Wir lesen sogar im Werke vom »Unbekannten Afrika«, wie ein solcher Jagdzauber von unserem großen Sammler und Erforscher der Felszeichnungen im Kongo-Urwald belauscht werden konnte...[57]

Doch wenn wir den Standpunkt der strengsten Kritik einnehmen, müssen wir folgerichtig sagen: die Verbindung jener steinzeitlichen Felszeichnungen mit dem uns geläufigen Zweckgedanken, und nicht nur das — auch ihre Verbindung mit einem Vorgehen, wie es im heutigen Kongowald beobachtet werden konnte, ist die reinste, wenngleich die wahrscheinlichste Hypothese. Der Sinn der Darstellungen aber — wird man mir einwenden — ist ja offenbar der, daß die dargestellten Tiere erlegt werden sollten! Ja, in diesem Falle wird der Sinn vielleicht offenbar sein. Es gibt indes in j e d e m Fall etwas, was sich mit noch größerer Sicherheit bezeichnen läßt, weil es viel unmittelbarer gegeben ist, ich meine den Zustand des Künstlers im Augenblick seines Schaffens.

Es bleibt keine andere Feststellung, die in jedem Fall jeder Kritik standhält, als die der nackten und einfachen Tatsache, daß der Künstler im Zustand eines »Beschäftigtseins« war: beschäftigt durch das Dargestellte, ergriffen von ihm. Minimal, fast trivial soll diese Feststellung verstanden werden, man darf in sie nicht mehr hineinfühlen als das, was die strengste und folgerichtigste Kritik übriglassen kann. Alles, was geboren wurde, zeugt davon, daß jemand mit ihm trächtig war. Und wer trug, der war nicht ganz frei. Ergriffenheit bedeutet immer ein Beherrscht- und Erfülltsein durch etwas; aber nicht unbedingt ein schweres, zwangsmäßiges, auch nicht immer ein leidenschaftliches, oft nur ein spielerisches. Frobenius, der Schöpfer dieser Sammlung von Felsbildern, der den Begriff der Ergriffenheit in die Kulturwissenschaft einführte, ging von dem Beispiel eines spielenden kleinen Mädchens aus[58].

Das Verhältnis von Wissenschaft und Ergriffenheit soll hier untersucht werden. Doch müssen wir noch einen Augenblick bei der steinzeitlichen Tierdarstellung verweilen. So selbstverständlich und wenig, fast nichtssagend die Feststellung an sich ist, daß die Felszeichner von ihrem Gegenstand ergriffen waren, so vielsagend kann sie auf einmal werden, wenn wir an die Darstellung mit diesem Gesichtspunkt herantreten: wodurch wurde der Darsteller ergriffen? Durch die Gestalt mächtiger Tiere, durch ihr Herz, den Angriffspunkt des Jägers. Die ganze Antinomie des primitiven Jägerdaseins drückt sich darin aus. Jeder Gegenstand, von dem man mit dieser Ausschließlichkeit ergriffen wird, wie die steinzeitlichen Künstler von Tieren, wird dadurch in eine höhere Ordnung gerückt. Darstellen ist in einem solchen Fall mit Anbeten synonym. Zugleich sind aber diese Dargestellten als Jagdbeute gekennzeichnet. Ich frage nun, ob jene Kunstwerke, von diesem Gesichtspunkt aus betrachtet, nicht viel mehr aussagen als vom Standpunkt des Zweckgedankens aus, oder überhaupt eines Sinnes, der der widerspruchsvollen Wirklichkeit gegenüber so arm ist wie der Zweckgedanke allein?

Wenn ich jetzt von der Ergriffenheit rede, möchte ich gerade hier einen entscheidenden Punkt klarstellen. Ergriffensein durch den Tierweltaspekt der Wirklichkeit, der zugleich der Nahrungsaspekt der Welt ist, bedeutet einen dumpfen und widerspruchsvollen Zustand. Das Zwangsmäßige der Ergriffenheit tritt darin viel mehr zutage als das Spielerische. Und dies um so mehr, je mehr das, was ergreift, die umfassende Bedeutung eines Weltaspekts erreicht. Es ist von jenem ersten Augenblick an, da es jemand auf die einfachste und natürlichste Weise ergriff, auf dem Wege, zu einem Gott zu werden. Denn in dem Maße, wie das Ergreifende in eine höhere Ordnung rückt, tritt der ergriffene Mensch in eine niedere Ordnung ein: in die Ordnung der sich jeder Ergriffenheit schrankenlos Hingebenden, der Vergottenden, die die Neigung haben, überall Götter zu sehen. Dumpfheit und hilflose Hingabe an die Widersprüche des Seins scheinen danach aus dem Wesen der Ergriffenheit zu folgen. Ist dies nur Schein, frage ich, hervorgerufen durch Beispiele, wie die des steinzeitlichen Künstlers oder gottergriffener Propheten und Dichter der historischen Zeiten? Wir möchten darüber Klarheit erlangen.

Uns wissenschaftliche Forscher »beschäftigen« ja auch unsere Probleme, wir geben uns ihnen hin, sind ergriffen durch sie, erfüllt von ihnen, wie von einem Weltaspekt, den wir unsere wissenschaftliche Weltanschauung nennen. Ist das also auch ein dumpfer und unfreier Zustand, voll von ungeklärten Widersprüchen? Ungeklärt soll er wenigstens nicht bleiben. Hier gilt es, die Kritik, so wie wir es gefordert haben, auch als Selbstkritik zu üben. Beobachten wir uns selbst. Nicht als »Gelehrte« im allgemeinen! Wer weiß, wie weit entfernt wir alle noch vom »wahren Gelehrten« sind, im sokratischen Sinne gesprochen! Nein, beobachten wir uns als eine Art und Gruppe von Forschern, für die gerade »Ergriffenheit« — wenn auch nur als »erklärende Hypothese« verstanden und nicht als »letzte Erklärung« betrachtet — doch das willkommene Wort war, das ersehnte Lösungen brachte und zu einer noch mutigeren Entdekkerarbeit anspornte.

Wenn wir von »Ergriffenheit« auch nur in jenem Minimalsinn sprechen, der sich äußerlich gar nicht vom »Beschäftigtsein« unterscheidet, so klingt dabei doch ein unbestimmbares, nichtbegriffliches, nur erlebnismäßiges Etwas mit, das eben die Wahl des Wortes »Ergriffenheit« bestimmte. »Ergriffen« — sagt Goethe — »fühlt man tief das Ungeheure«. All die Möglichkeiten, die bis zur Erkenntnis und Verehrung einer Gottheit führen, liegen hier in einem Keim verborgen. Die Frage ist durchaus berechtigt, ob der Forscher, der geneigt ist, Schöpfungen der Kultur durch Ergriffenheit zu erklären, diese Neigung nicht als angeborenen Charakterzug hat? Es gehört sogar zur Theorie der Ergriffenheit, zu behaupten, daß es ohne Fähigkeit zum Ergriffensein kein Begreifen dieses Kerns jeder Kultur gibt. Bedeutet nun diese Neigung und Fähigkeit — angeborene Dumpfheit und Unfreiheit? Welche Art von Gelehrten stellen wir dar, die wir nicht leugnen, das Ergriffensein als Erlebnis unseres Forscherlebens zu kennen und die dieses Ergriffensein in jeder Schöpfung der Kultur seit den Felszeichnungen der urzeitlichen Höhlenbewohner wiederzuerkennen vermeinen?

Wir trennen uns hier von den Tierdarstellungen. Die Dumpfheit und Unfreiheit, die durch die steinzeitliche Situation des Menschen im Kosmos bedingt wurde, erkennen wir nicht als die unsere an. Die Frage, die wir stellen, betrifft nur die Ergriffenheit selbst. Inwieweit folgt daraus, daß man »ergriffen wird«, eine Art Unfreiheit, und — wenn nicht Dumpfheit — eine fast traumwandlerische Unbewußtheit, also doch ein Zustand, der dem Manne der Wissenschaft nicht ziemt? Daß wir diese Frage überhaupt stellen, ist schon eine halbe Antwort. Denn mit ihr gelangten wir bis zu jenem höchsten Grad der wissenschaftlichen Bewußtheit, wo wir auch des letzten, unwillkürlichen Elementes unseres Gelehrtenlebens bewußt geworden sind. Bewußt, insofern wir ganz dicht an die Grenze herangetreten sind, wo das Undurchdringliche beginnt: eben das, was wir mit dem Worte »Ergriffenheit« bezeichnet haben.

Hier, im Herzen unseres wissenschaftlichen Erlebnisses, sind wir freilich in Unklarheit. In Unklarheit darüber, ob es nicht vielmehr die Aufgabe oder die Idee oder die Wahrheit, die wir gewählt haben und der wir unser ganzes Leben darbringen, selbst war, die uns gewählt hat. Diese Unklarheit ist um so unklarer, je mehr Klarheit wir darüber gewinnen, daß die wählend-gewählte Aufgabe wichtig, die Idee echt, die Wahrheit wahr ist. Hier sind wir unfrei: denn je klarere Einsicht wir erlangt haben, um so mehr fühlen wir uns ergriffen. Und zugleich um so mehr verantwortlich. Denn das Grundgefühl der Ergriffenheit ist dies: die Wahrheit hat mich gewählt und nicht ich sie. Und das ist zugleich das Gefühl dafür, daß wir diese Wahl verantworten können. Wir setzen dafür unsere Person ein: nicht auf Grund der Unklarheit und Unfreiheit, sondern auf Grund des klaren Erkennens und des freien Dienstes.

In diesem Grundgefühl ist das Erlebnis des religiösen und des wissenschaftlichen Menschen identisch. Der Unterschied liegt darin, daß die seelischen Realitäten, durch die die religiösen Menschen ergriffen werden, sich nicht auf das Gebiet der wissenschaftlichen Aufgaben, Ideen, Erkenntnisse beschränken. Das Gemeinsame aber ist, daß auch die Wahrheiten der Wissenschaft als seelische Realitäten wirken, das heißt: uns e r g r e i f e n und damit dem Schicksal der seelischen Realitäten unterworfen sind. Dieses Schicksal gehört zum Wesen der Ergriffenheit. Ich brauche nicht alles über seelische Realitäten zu wiederholen, was ich bei anderen Gelegenheiten ausgeführt habe, um kurz verständlich zu machen, was seelische Realität und was ihr Schicksal ist[59]. Wenn wir an die Vielzahl wissenschaftlicher Feststellungen denken — an Feststellungen von Entfernung und Bewegungen der Himmelskörper, an mathematische Wahrheiten, von denen wir Kenntnis haben, die uns aber kalt lassen — dann verstehen wir, daß es Wahrheiten gibt, die trotzdem keine seelischen Realitäten sind. Bedenken wir wiederum, daß jemand für wissenschaftliche oder philosophische Thesen auch schon sterben konnte, so haben wir eine Vorstellung davon, was für eine ergreifende seelische Realität doch eine solche Wahrheit besitzen kann. Die Qualität, die wir als ergreifende seelische Realität umschrieben haben, bedeutet nicht etwa minderen Wahrheitsgehalt, sondern jene besondere, wirkende Kraft dieses Gehaltes, deren Schicksal es ist, auf einmal zu erscheinen und mit der Zeit zu vergehen. Wenn wir als wissenschaftliche Forscher durch unsere Aufgaben und Ideen ergriffen sind, sogar eine besondere Fähigkeit und Neigung zur Ergriffenheit haben, so bedeutet das nicht unbedingt so viel, daß wir deshalb auch mindere Fähigkeit und Neigung zur Erkenntnis der Wahrheit besitzen, sondern etwas ganz anderes.

Es bedeutet sicherlich, daß die Wissenschaft dadurch in die Nähe der Religion rückt. Eine Frucht dieser Phase des Reifeprozesses unserer Wissenschaft ist das beginnende Verständnis für die griechische Religion. Denn jene Annäherung der Wissenschaft an die Religion, von der hier die Rede ist, besteht nicht im Suchen und Trachten danach, was die Wissenschaft selber nicht, die Religion jedoch sehr wohl besitzt, sondern im Gegenteil: es ist das Wiederauffinden von etwas, das unser Forscherleben besser bewahrt hat oder sicherer hervorbringt als das Leben des heutigen religiösen Durchschnittsmenschen. Vom Christentum oder den von ihm positiv oder negativ bestimmten historischen Wissenschaften aus führte kein Weg des Begreifens zu den höheren Wirklichkeiten des Kosmos und den ergreifenden Göttergestalten des Griechentums. Um nur ein Hindernis zu nennen: wie die Aspekte der wirklichen Welt, die in jenen Gestalten angeschaut wurden, überhaupt religiöse Verehrung hervorrufen konnten — das war auf der Grundlage einer bloßen supranaturalistisch-monotheistischen Religiosität unbegreiflich.

Im Ergriffensein erleben wir aber gleichsam den Anfang einer solchen Verehrung. Wenn wir die uns ergreifenden Ideen, neuentdeckte oder wiederentdeckte Aspekte der Weltwirklichkeit auch nicht mehr in die starren Umrisse von mythologischen Gestalten bannen, so wissen wir wohl, daß bis dahin nur ein Schritt

61

fehlt. Und das ist eben die Gefahr — wird man sagen —, die von der Seite der Ergriffenheit die Wissenschaft bedroht.

Ja, vielleicht — wenn jener Schritt unvermeidlich wäre. Das Forscherleben, das durch einen fortwährenden Zug des Ergriffenseins charakterisiert wird, ist auch ohne dies schon ein religiöses Leben — insofern jedes Leben, das in fortwährender Hingabe an wählend-gewählte Götter, Ideen, Aufgaben, Wahrheiten gelebt wird, ein religiöses Leben genannt werden darf[60]. Wir dürfen sogar den argwöhnischen Einwand umkehren und fragen: wäre es tatsächlich eine so große Gefahr, wenn Religion und Wissenschaft auf diese Weise — sich wiederfänden?

Fähigkeit und Neigung zum Ergriffensein bedeutet also in zweifachem Sinn die gegenseitige Annäherung der Wissenschaft und der Religion. Sie bereitete ein kongeniales, erlebnismäßiges Verständnis der antiken Religion vor, und sie macht zugleich einen Zustand der Wissenschaft möglich, der ohne Schaden der beiden — der Wissenschaft und der Religion — religiös genannt werden darf. Dieser Zustand an sich ist die eigentliche, wichtige Errungenschaft. Daß ihm zugleich eine Art Religiosität zugesprochen werden darf, ist nur ein Zeichen davon, um was es sich hier eigentlich handelt. Ein anderes Zeichen wird es noch besser beleuchten.

Vergessen wir nicht, daß jenes Mehr, wodurch eine Wahrheit ergreift, immer und wesentlich geschichtlich ist, bedingt durch die Zeit. Wir beobachten an dem charakterisierten Zustand die Wirkung einer Kraft, die bald diesem, bald jenem Wahrheitsgehalt eigen ist und dadurch die ganze Wissenschaft von Zeit zu Zeit umwandelt. Diese Kraft bringt in unser Forscherleben jene Paradoxie hinein, daß wir im Ergriffensein hellsichtig und zugleich befangen sind. Dieses undurchdringliche Element, das sich auch in dem von höchster Klarheit durchströmten Zustand unseres Ergriffenseins offenbart, wird einzig und allein durch sie, durch jene Kraft geschaffen. Das scheint ein Minus zu sein. Und doch tritt hier ein Mehr hervor, wie wir es zunächst rein analytisch feststellen mußten. Und damit erreichten wir den Beweggrund jeder geistigen Produktivität überhaupt. Wollten wir die Gelehrten in Ergriffene und Nichtergriffene wie in zwei Lager einteilen, so bedeutete dies soviel, wie sie in Produktive und Un-

produktive einzuteilen. Es handelt sich hier sogar um etwas noch
Wichtigeres. Wir müssen annehmen, daß eben jenes zeitbedingte
M e h r es ist, wodurch an Stelle einer reinen, wirkungslosen Anschauung immer wieder und überall Schöpfungen der Kultur ins
Leben gerufen werden. So birgt die Ergriffenheit Möglichkeiten
in sich, von denen die Wissenschaft nur die eine ist. Dadurch
aber, daß sie so sehr durch die Ergriffenheit »beschäftigt« ist,
wird auch die Wissenschaft für die Kultur selbst etwas mehr als
irgendeine der übrigen Erscheinungsformen der Kultur, sie wird
selbst fast zur Kultur. Von daher rührt ihre Religiosität.

Eine Wissenschaftlichkeit, die fast schon eine neue Kultur —
oder: vielleicht der Anfang einer neuen Kultur ist, das war,
wenn auch mit weniger Bewußtheit vom eigenen Wesen und
dem Wesen der Kultur, immer ein eingestandener oder uneinge-
standener Anspruch der Wissenschaft. Davon Bekenntnis abzulegen, ziemt uns nicht als Propheten oder Dichtern, sondern gerade als Männern der Wissenschaft, die in menschenmöglichster
Klarheit darüber sind, was ihr Forscherleben im letzten Grunde
bewegt. Sie gehen hellsehend und in freiwilliger Hingabe den
einen Weg, der in ihren schicksalsmäßigen Ergriffenheiten für
sie vorgeschrieben ist. Sie können nicht anders.

*1936*

## 1

Die problematische Lage der klassischen Studien in verschiedenen europäischen Staaten verdeckt nur allzusehr eine innere Krise, welche die Altertumsforscher selbst angesichts der neueren Entwicklung und des heutigen Standes ihrer eigenen Wissenschaft immer stärker empfinden müssen: es muß sogar die Frage nach der Möglichkeit dieser Wissenschaft gestellt werden. Handelte es sich um eine Wissenschaft in jenem engeren Sinne, den in Frankreich und England der Begriff *science* bezeichnet, so dürfte man freilich nicht von einer Krise, sondern allenfalls von einer Wandlung der Methoden und Auffassungen sprechen. Und es wäre müßig, die Möglichkeit einer Wissenschaft zu erörtern, die sich durch ihr Dasein unmittelbar als möglich erweist. Doch gerade mit der klassischen Altertumswissenschaft hat es seine eigene Bewandtnis.

Das Eigentümliche liegt hier nicht so sehr darin, daß die Bezeichnung »klassische Altertumswissenschaft« nur ein Sammelname für mehrere Wissenschaften ist, deren Gegenstand verschiedene Gebiete der griechischen und römischen Existenz bilden. Ebensowenig darin, daß diese Wissenschaften von verschiedenen Forschernaturen verschieden gewählt und zu eigenen »Altertumswissenschaften« oder »Philologien« vereinigt werden können. Das alles kommt auf anderen Forschungsgebieten ebenfalls vor. Das Eigentümliche liegt vielmehr in einer auffallenden Erscheinung der Geschichte der klassischen Altertumswissenschaft. Seit ihrer Entstehung als »klassische Philologie« gibt es unter ihren Vertretern immer eine Gruppe, die das Bedürfnis empfindet, ihre wissenschaftliche Weise der Beschäftigung mit dem Altertum als die allein berechtigte und unbedenkliche von anderen Weisen zu scheiden und zu unterscheiden. Man glaubt, auf die eigene Nüchternheit besonders bedacht sein zu müssen, um den Gefahren einer weniger nüchternen Annäherung an die Antike auszuweichen. Das Zurückweisen jeder Art von Scharlatanismus und unwissenschaftlicher Phantastik ist selbstverständlich und wiederum nicht für die klassische Altertumswissenschaft bezeichnend. Bezeichnend ist hingegen, daß sich diese abwehrende Haltung gegen Weisen der Annäherung an die Antike richtet, die in der Geistesgeschichte künstlerische oder im weitesten menschlichen Sinne philosophische Höhepunkte bedeutet haben; um nur zwei große deutsche Beispiele zu nennen: gegen Hölderlin und gegen Nietzsche.

Ein strenges Forschertum nimmt sich in acht vor allem, was gegen Grammatik und gesichertes historisches Wissen verstößt — und das ist nur billig. In neuester Zeit aber sucht man auch all das zu meiden, was nicht den Maßstäben der *sciences* im englisch-französischen Sinne (die nicht schlechthin die der exakten Wissenschaften, sondern etwa solche der Soziologie oder einer evolutionistischen Religionswissenschaft sind) zu entsprechen scheint. Das war namentlich in den Ländern der Fall, die unter dem gemeinsamen Einfluß von Deutschland und England standen. Sogar in Deutschland wurde eine entsprechende Orientierung der klassischen Altertumswissenschaft nach England hin bemerkbar. Und da in England die humanistischen Traditionen in der Altertumswissenschaft noch ununterbrochen weiterleben, fühlte man sich von dieser Seite her gegen weniger nüchterne deutsche Weisen besonders gefeit.

Wenn man jedoch die angedeutete Eigentümlichkeit der klassischen Altertumswissenschaft in Europa auch vom Gesichtspunkt des englischen Humanismus aus betrachtet, wird man gerade in ihr das Anzeichen einer inneren Krise erkennen. Denn es ist eben das Allzu-*science*-mäßige, wogegen man in England selbst schon die Stimme erhebt. Auch da wird die Wandlung der gelehrten Beschäftigung mit dem Altertum festgestellt: sie wird allmählich zu reiner *science*, zu bloßer Wissenschaft. Darin aber erblickt A. K. Thomson die Selbstaufhebung dessen, was jene Beschäftigung bis jetzt gewesen ist, nämlich[61]: »Eine auf Wissenschaft gegründete Kunst. Die eine von der anderen zu trennen« — so fährt der englische Humanist fort — »ist verhängnisvoll.« Er sieht darin das Ende. Seine Worte werfen ein Schlaglicht darauf, was die meisten Altertumsforscher, Philologen sowohl wie Archäologen, vor sich selbst verheimlichen möchten: daß die Beschäftigung mit großen Kunstwerken Wissenschaft und Kunst zugleich sein muß, und daß sie, wenn sie aufhört, beides zugleich zu sein, mit jedem

Fortschritt auch in einem wesentlichen Punkte scheitern wird. Sie erweist damit ihre eigene Unmöglichkeit.

In diesem Sinne stehen wir vor der Krise einer alten und immer jugendlichen, ehrwürdigen und eigenwilligen Lieblingsbeschäftigung des abendländischen Geistes: der klassischen Altertumswissenschaft.

2

So scharf und klar die angeführte Diagnose auch an sich ist, so scheint sie doch in ihrer Begründung an einer gewissen Einseitigkeit zu leiden. Für den Engländer ist die klassische Altertumswissenschaft vornehmlich Beschäftigung mit literarischen Kunstwerken. Er fordert von ihr ein inniges Verhältnis zur Literatur überhaupt und erwartet von ihren Vertretern literarische Kunstfertigkeit. »Es ist ihre Aufgabe«, — so schreibt Thomson — »wenn sie ihre Feste halten wollen, die Klassiker im Lichte des lebendigen Denkens mit der Kunst des Schriftstellers ihrer eigenen Generation neu zu erklären.« Diese ausschließliche Einstellung auf die Literatur ist nicht allein englisch, sie entspricht auch dem französischen Stil der klassischen Altertumswissenschaft, dem Ideal einer ansprechenden, ja höchst vollendeten *critique littéraire* der antiken Klassiker.

Solche Einseitigkeit ist im Ursprung der klassischen Altertumswissenschaft selbst begründet, die von der humanistischen Beschäftigung mit antiken Texten ausgegangen ist. Und man kann nicht genug betonen, daß ein wahrer literarischer Geist in diesen Studien auch heute noch fruchtbar sein kann. Nicht nur weil dadurch die klassische Altertumswissenschaft dem ewigen literarischen Hunger des europäischen Menschen statt der Steine Brot zu bieten vermag, sondern auch aus einem weit über den literarischen Gesichtspunkt hinausgehenden Grund.

Diesen Gedanken hat Nietzsche in Worte gefaßt und der Philologie zum Ziele gesetzt: »Daß es Bücher gibt«, — sagt er in der ›Fröhlichen Wissenschaft‹ — »so wertvolle und königliche, daß ganze Gelehrtengeschlechter gut verwendet sind, wenn durch ihre Mühe diese Bücher rein erhalten und verständlich erhalten werden — diesen Glauben immer wieder zu befestigen, ist die Philologie da. Sie setzt voraus, daß es an jenen seltenen Menschen nicht fehlt (wenn man sie gleich nicht sieht), die so wertvolle Bücher wirklich zu benützen wissen: — es werden wohl die sein, welche selber solche Bücher machen oder machen könnten.

Ich wollte sagen, die Philologie setzt einen v o r n e h m e n Glauben voraus — daß zugunsten einiger weniger, die immer kommen werden und nicht da sind, eine sehr große Menge von peinlicher, selbst unsauberer Arbeit voraus abzutun sei: es ist Arbeit *in usum Delphinorum*.«

Hier sind wir über eine bloß literarische Auffassung in jeder Beziehung weit hinaus. Aber wenn man die klassische Altertumswissenschaft als Philologie in Nietzsches Sinne auffaßt, ist sie nicht auch so noch — einseitiger Bücherdienst? Und sagt nicht Nietzsche selbst, daß der Mensch der Zukunft »energisch, warm, unermüdlich, künstlerisch, b ü c h e r f e i n d « sein soll? Gerade wenn wir die neuen Bücher über die alten Bücher lesen, Werke im französischen Stil der klassischen Philologie, empfinden wir allzu oft, wie eine bloß durch die Literatur selbst befruchtete Literatur ungenießbar und völlig bedeutungslos sein, ja sogar zur Selbstaufhebung werden kann, genau so wie eine zur *science* gewordene Altertumswissenschaft sich selbst aufhebt.

Darin kommt nicht etwa eine nur deutsche Wendung gegen die Bücher zum Ausdruck. Wir lasen André Gides feines und auch böses Gedicht von den Büchern in den *»Nourritures terrestres«*:

Manche Bücher liest man auf kleinen Brettchen,
An einem Schulpult sitzend.
Manche Bücher liest man auf dem Marsche
(Auch wohl wegen ihres Formates).
Einige sind für den Wald, einige für andere Landschaften.
Et nobiscum rusticantur, sagt Cicero.

Und so fort und fort, durch hundert Arten von Büchern bis zu jenem Buche

... das Johannes verschluckte auf Patmos
Wie eine Ratte, ich aber mag Himbeeren lieber.
Mit Bitternis belud sich daran sein Eingeweide,
Und danach hatte er viele Visionen.

Der europäische Mensch ist übersättigt mit Büchern, bitter geworden durch sie. Auf Büchern beruht seine Religion, seine Wissenschaft, sein Lebenserwerb und seine Erholung. Auf ihnen beruht selbst derjenige Teil unseres Lebens, den wir für unseren
innersten Besitz halten — auf dem Buche, dem lebenswidrigen,
so erscheint es uns, oder doch dem Widerpart des Lebens. Das
Problem des Buches ist nicht nur eine existenzielle Frage des
Philologen, sondern existenzielle Frage überhaupt. Betrachten
wir einmal das Buch selbst in einigen seiner Aspekte. Wenn wir
dabei zugleich eine Möglichkeit der klassischen Altertumswissenschaft finden — eben die Möglichkeit, wie vielleicht ihre Krise
überwunden werden kann —, so werden wir deshalb nicht behaupten, diese Möglichkeit sei die einzige.

3

Es gibt drei Aspekte des Buches, denen wir hier unsere Betrachtung widmen wollen: den äußeren, sinnfälligen — den Buchkörper; den allerinnersten — seinen unkörperlichen Inhalt; und als
dritten, gleichfalls unter die Sinne fallenden — den sprachlichen. Über diesen sprachlichen Aspekt soll zuletzt gesprochen
werden. Es ist der Buchkörper, durch den das Buch in die »sinnliche Tradition« des Altertums gehört; in seinen späteren Formen gehört es in die Tradition späterer Zeitalter.
Das Leben hat sich in jedem Zeitalter und jeder Kultur seit dem
Altertum eine eigene Buchform geschaffen, genau wie es sich eine
Tempelform, ein eigenes Wohnhaus oder eigene Trachten schuf:
Hüllen, die zu ihm gehören, wie zur Schnecke das Schnecken-
haus. Das ist das Wesen der »sinnlichen Tradition«: Leben hat
sie geschaffen, das in ihr wohnte und sich ihr wieder entzogen
hat. Jedes Stück dieser Tradition ist ein Lebensrest, der einen
Lebensaspekt und einen Todesaspekt hat: einen Lebensaspekt,

insofern er von dem Leben zeugt, das sich aus ihm zurückgezogen, einen Todesaspekt, insofern er als eine starre, leergewordene Hülle vor uns liegt. Er hob das Leben in die Erstarrung empor, und auf diese Weise erhielt er es — auf der Ebene eines langsamer sterbenden Lebens: des Lebens der Dinge. Das Buch als Antiquität ist ein hinterlassenes Stück antiken Lebens, ein aus seinem Zusammenhang gerissenes, hin und her getragenes, totes Ding, doch warm noch von der Wärme jener Menschen, die es verfertigt und gebraucht haben. Es »schmeckt« nach demselben Leben, ist nach der Seele des gleichen Lebens gebildet, das die ganze antike Kultur geschaffen hat; nicht anders als das Leben der Fichte die Fichte und den Fichtenzapfen bildet.

Eine auf uns gekommene Papyrusrolle bedarf als Stück der »sinnlichen Tradition« eigentlich keines Erklärers und Vermittlers: sie ist unmittelbar antik, für jedermann erkennbar. Sie, das Buch der antiken Dichter, der Gegenstand ihrer Liebe und Sorge, der Grund ihres Stolzes, war ein edles pflanzliches Geschenk südlicher Gewässer (und ist nicht auch dies schon etwas die Seele und den Geschmack Betreffendes im Vergleich zum Buch aus Lumpenpapier?) — leider indes ein gebrechliches, vergängliches Geschenk. An ihre Stelle trat das Buch der Byzantiner und übernahm den Text des antiken Dichters. Dasselbe tat später das Buch der Humanisten, zuletzt das moderne Buch. Alle sind sie Schneckenhäuser neuen Lebens. Den antiken Text nehmen sie bereits wie eine Art Fremdkörper in sich auf. Das neue Leben spiegelt sich in ihnen und wirkt mit seinen neuen Stilgesetzen schon im Abschreiber. Die karolingische Kultur war nicht antik, Byzanz war es ebensowenig, nicht einmal das Italien der Humanisten darf antik genannt werden. Was diese Welten wirklich kennzeichnet, ist ihr Unterschied von der Antike. Der antike Text war im antiken Buch zu Hause. Er ist das wahrlich aus seinem Zusammenhang gerissene, hin und her getragene Ding, das zurückzuführen wäre auf seinen eigenen Boden, zurückzuschreiben auf Papyrus, wenn es seinen wahren Charakter, den antiker »sinnlicher Tradition«, zurückgewinnen soll. Denn dieser Charakter ist es, den der Text verloren hat, als der neue Mensch einer neuen Welt ihn abschrieb und dadurch auch umschrieb zu einem neuen Buch.

Diese unerreichbare, doch zum Ziel gesetzte Zurückführung ist die Aufgabe des Philologen; sie darf zugleich der großen Aufgabe der klassischen Altertumswissenschaft zum Symbol dienen.

4

»Sinnliche Tradition« — sie bedeutet, daß erstarrte Reste einer geschlossenen, von jeder anderen verschiedenen Zeit-, Kultur- und Lebenseinheit noch vorhanden sind. Solche Tradition besitzen wir in den erhaltenen antiken Papyrusbruchstücken. Doch darf man das Buch — nicht nur das antike, sondern all die Bücher, die Nachfolger antiker Bücher sind, also eigentlich die abendländischen Bücher in ihrer Gesamtheit — von der unkörperlich-inhaltlichen Seite her gesehen als Träger noch einer anderen Tradition auffassen: einer »unsinnlichen«.

Von dieser als dichterischer Tradition gibt uns der Humanist und Dichter T. S. E l i o t in seinem Essay »Tradition and the individual talent«[62] den richtigen Begriff:

»Sie kann nicht vererbt werden, und wer ihrer teilhaft werden möchte, muß sie sich mit großer Mühe selbst erarbeiten. Zuallererst setzt sie den historischen Sinn voraus ... und der historische Sinn setzt seinerseits voraus, daß man nicht nur das Vergangensein der Vergangenheit, sondern auch ihr Gegenwärtigsein deutlich spüre; der historische Sinn ist eine Art Ansporn, nicht nur aus dem innersten Lebensgefühl der jeweils eigenen Generation heraus zu schreiben, sondern auch aus dem Empfinden dafür, daß die Gesamtheit der nachhomerischen Literatur Europas, und innerhalb ihrer die Gesamtheit der Literatur des eigenen Landes, sich in einem überzeitlichen Sinne gleichzeitig ausbreitet und eine gleichartige Ebene der Rangordnungen darstellt. Dieser historische Sinn, der eine Art Organ ist, genau so für das Zeitlose wie für das Zeitgebundene, und zwar für das Zeitlose und Zeitgebundene in ihrer Durchdringung — erst er bindet einen Dichter an die Tradition ...«

»Kein Dichter — und überhaupt kein Künstler — ist in seiner

vollen Bedeutung für sich allein zu erfassen. Seine Bedeutung, die Würdigung seines Wesens setzt die Erfassung seines Verhältnisses zu den früheren Dichtern und Künstlern voraus. Man kann ihn als einzelnen nicht voll würdigen; man muß ihn, der Gegenüberstellung und des Vergleiches halber, zusammen mit den Vorgängern betrachten ... Die Notwendigkeit, daß er sich in Ordnungen und Zusammenhänge einfüge, ist durchaus nicht nur einseitig; von den Nachwirkungen der Tatsache, daß ein neues Kunstwerk entstanden ist, werden zugleich auch alle vorangegangenen Kunstwerke mitbetroffen. Die vorhandenen Denkmäler der Kunst stellen mit- und untereinander eine ideale Ordnung dar, die dadurch, daß ein neues (ein wirklich neues) Kunstwerk sich ihnen zugesellt, eine gewisse Veränderung erfährt. Die bis dahin gültige Ordnung ist gleichsam abgeschlossen, bevor das neue Werk auftaucht. Damit sie auch nach dessen Erscheinen fortbestehe, muß die g a n z e bestehende Rangordnung einen, sei es auch noch so unmerklichen, Wandel erfahren ... Hat man sich einmal diese Idee der Ordnung, der höheren Form europäischer und englischer Literatur zu eigen gemacht, so wird man in der Behauptung nichts Widersinniges erblicken, daß die Vergangenheit durch die Gegenwart eine genau so große Umwandlung erfährt, wie die Gegenwart ihrerseits ihre Richtlinien von der Vergangenheit her empfängt.«

Hieraus erhellt die Kontinuität einer »unsinnlichen Tradition« in der Richtung sowohl des Fortschrittes wie der Rückwirkung. Gerade die zurückblickenden Hüter der großen europäischen Tradition, gerade die Philologen vergessen gewöhnlich jene Rückwirkung, obwohl das Gesagte für die abendländische Philosophie und Wissenschaft in noch höherem Maße gilt als für die Dichtung. Die Geistigkeit Europas geht von den Griechen und Römern aus, ihre Träger sind — in ihrer toten, erstarrten Form — die Bücher. Als sich ständig fortsetzende, immer wieder mit neuer Kraft angeeignete »Bildung« aber ist diese Geistigkeit keine tote, wenn auch körperlose Tradition, die durch jeden neuen Gedanken selbst bereichert und — modifiziert wird. Die klassische Altertumswissenschaft ist ein rückwirkendes Glied derselben »unsinnlichen Tradition«: sie erreicht in der Altertumswissenschaft ihr Selbstbewußtsein. Der klassische Philologe, der dieses Selbstbewußtsein sachkundig zu erwecken versteht, konnte mit Recht »der Philologe des europäischen Selbstbewußtseins« genannt werden. Doch auch er atmet und lebt so sehr in jener Tradition, daß sein eigenes Denken unmöglich davon zu trennen ist. Er denkt antik, doch notwendigerweise a n d e r s antik als die Griechen und Römer. Und daraus entspringt sein schwierigstes Problem.

Es war eine wichtige Feststellung Nietzsches, daß das 19. Jahrhundert nicht durch den Sieg der Wissenschaft, sondern durch den Sieg der wissenschaftlichen Methode über die Wissenschaft ausgezeichnet ist. Seitdem bildet »Wahrhaftigkeit«, unbarmherzige Wahrhaftigkeit hinsichtlich der Möglichkeiten und Hindernisse des Erkennens, eine Forderung, der gegenüber nur eine Wissenschaft von vollkommenster Methode, das heißt von vollkommenstem Selbstbewußtsein, ihre Stellung zu behaupten vermag. Die klassische Altertumswissenschaft war bis jetzt nicht immer philosophisch genug, um dieses Selbstbewußtsein zu besitzen. Sie hatte sogar dem naturwissenschaftlichen Denken ihres e i g e n e n Zeitalters nachgewiesen, wie sehr es a n t i k sei. Zuletzt wurde den Griechen die Erfindung eines dynamischen Begriffs der Bildung zugeschrieben, der der mit sich selbst identische, in seinem Wesen unveränderte Träger der ganzen »unsinnlichen Tradition« sein sollte. Mit alledem hatte man recht; unrecht aber auch wieder insofern, als man nicht bedachte, wie sehr das antike »naturwissenschaftliche« Denken oder ein dynamischer Bildungsbegriff, wie sie im 19. oder im 20. Jahrhundert nach den griechischen Quellen sachkundig »wiedergedacht« wurden, doch auch etwas anderes als antik sein m u ß t e n. Bezeichnenderweise war man nur dem gegenüber argwöhnisch, was dem eigenen *science*-mäßigen Denken zu künstlerisch erschien ...

Hier kann nun die Fragestellung nicht mehr umgangen werden: Ist Altertumswissenschaft überhaupt möglich? Sind wir imstande, in dem Fluß des europäischen Denkens, darin wir leben, das wahrhaft Antike noch immer wiederzuerkennen und es aus der ewig sich verändernden »unsinnlichen Tradition« herauszuheben? Aus dem unwillkürlich Weitergedachten und dadurch Modifizierten herauszuschälen die reine, ungetrübte antike Gestalt?

Wenn hier von der Möglichkeit der klassischen Altertumswissenschaft die Rede ist, so ist damit nicht die Möglichkeit eines endgültigen, vollkommenen W i s s e n s um das Altertum gemeint. Es handelt sich vielmehr um die Möglichkeit eines entscheidenden Schrittes: des Heraustretens aus einem späten Zustand der »unsinnlichen Tradition«, aus jenem Zustand, der unserer europäisch-amerikanischen Kulturform heute entspricht, jedoch ebensowenig antik ist, wie der karolingische, byzantinische oder der humanistische der Renaissance es war. Diese Möglichkeit wurde bereits durch die Erwähnung der »antiken Gestalt«, oder der »Gestalt« überhaupt, angedeutet. Es gibt für die »Gestalt«, die Form, oder wenn man will: die *Morphe,* ebenso einen besonderen »Sinn«: den morphologischen, wie es für die Kontinuität den historischen Sinn gibt. Als großer Klassiker des morphologischen Sinnes darf Goethe genannt werden. Und man darf von einem mächtigen Erwachen dieses Sinnes in Deutschland sprechen, wenn man etwa an die morphologische Kulturforschung eines Leo Frobenius denkt und an ihre anregende Begegnung mit bedeutenden deutschen Vertretern der Geschichtsphilosophie und der klassischen Altertumswissenschaft. Die Möglichkeit, auf die der morphologische Formbegriff hinweist, mag uns wiederum am Beispiel des Buches deutlich werden.
Das Buch — für uns Ausgangspunkt, Beispiel und Symbol zugleich — ist, insofern es ein Stück antiker »sinnlicher Tradition« darstellt, unmittelbar antik. Es weist einen S t i l auf, durch den sich eine geschlossene Einheit kennzeichnet, dergestalt, daß er die Zugehörigkeit auch des kleinsten Teiles zu dieser Einheit sicher bezeugt. Der morphologische Sinn richtet sich, wie auf alles Formhafte, so auch auf das Erfassen geschlossener Zeit-, Kultur- und Lebenseinheiten. Für eine morphologische Weltansicht ist der Stil — die konkrete Verwirklichung der Formhaftigkeit — nicht nur auf die Kunst beschränkt, sondern in seinem Wesen Lebensstil. Andererseits aber ist für die morphologische Betrachtung, so wie sie Frobenius in seiner Kulturgeschichte Afrikas auffaßt, d i e K u n s t d e r S i n n d e s L e b e n s . Der Gedanke ist nur folgerichtig, denn die Erfüllung eines wesentlich

formhaften Lebens kann nur die Kunst sein. Wollen wir das ergreifen, was der eigentliche Gegenstand der gesamten Altertumswissenschaft ist: das antike »Leben« in seinem besonderen Stil als die antike Art der menschlichen Existenz , so müssen wir uns von der Seite ihr nähern, wo sie nicht bloß »gedanklich« oder am meisten »gedanklich« erscheint und dadurch ausschließlich zur »unsinnlichen Tradition« gehört, sondern wo sie zugleich im höchsten Maße Kunst ist und reiner Formhaftigkeit die unveränderliche »Gestalt« darzutun vermag.

Das führt uns zum dritten Aspekt des Buches: zum sprachlichen. Als sprachliche Schöpfung ist das Buch »gedanklich« und Kunstwerk zugleich. Aber auch vom Inhaltlichen abgesehen gehört es zu beiden Arten der Tradition. Auch als Kunstwerk ist es ein Glied jener ideellen Ordnung, von der Eliot sprach, gehört also in dieser Hinsicht ebenfalls zur »unsinnlichen Tradition«: es bildet den Bestandteil einer Erbschaft, die man zu vermehren hat. Das ist zugleich ein Wink für die Philologen, sich an die Worte Nietzsches von den »königlichen Büchern« zu erinnern. Er hat königliche Bücher zu betreuen, deren Wert eine schon erreichte Höhe sichert: jene Höhe, die für den europäischen Menschen die »unsinnliche Tradition« bezeichnet. Weder der Philologe noch der Archäologe, der einen entscheidenden Teil der antiken »sinnlichen Tradition« betreut, würde seine Bestimmung erfüllen, wenn sein ganzes Wirken nicht ein einziger Hinweis wäre auf die antike Höhe. Die erste Voraussetzung des Kunstverständnisses ist der Sinn für Qualität.

Wozu der Philologe nicht weniger Kunstsinn braucht als der Archäologe, ist dies: Er muß fähig sein, die Sprachwerke als Schöpfungen zu würdigen, zu werten und zu verwerten, weil sie nicht weniger zur »sinnlichen Tradition« des Altertums gehören als die klarsten und eindeutigsten Denkmäler des antiken Stils: die Tempel, Statuen oder Gemälde. Sprachwerke von dieser formhaften, »gestalthaften« Art sind an erster Stelle die Bücher der antiken Dichter. Sie stehen nicht umsonst seit jeher im Mittelpunkt der philologischen Beschäftigung. Formhaft sind aber in hohem Maße auch die antiken Prosawerke. Auch die sachlichst stilisierten, wie das Geschichtswerk des Polybios oder die Aufzeichnungen nach den philosophischen Vorträgen des Aristoteles, sind immer noch formhaft genug, um das, was griechische Art überhaupt ist, nicht nur inhaltlich, sondern auch im Stil zum Ausdruck zu bringen.

Die klassische Altertumswissenschaft begann eigentlich damit, daß sie die Leistung Winckelmanns, des ersten großen Meisters der Betrachtung von Kunstdenkmälern des Altertums, auch auf die Beschäftigung mit den antiken Texten übertrug und die Empfänglichkeit der Philologen für das spezifisch Antike: den antiken Stil, verfeinerte. Ulrich von Wilamowitz-Moellendorff, der selbst eine ganz andere Geistesrichtung in der Altertumswissenschaft vertrat, hat diese Bedeutung Winckelmanns hervorgehoben. Doch die Wirkung von Goethes großem Zeitgenossen wird erst mit einem weiteren Schritt ihre volle Bedeutung erlangen, den die klassische Altertumswissenschaft noch zu tun hat und den sie teilweise schon tut. Der erste entscheidende Schritt war, diese aus einer Wissenschaft der Altertümer zu einer des »Altertums« zu machen; in diesem Sinn verstand auch Wilamowitz seine Philologie als die Wissenschaft des griechischen Altertums. Der nächste Schritt besteht darin, daß man jenes »Altertum« — das griechische und römische — als eine stilmäßig bestimmte Form der menschlichen Existenz begreift. An die Stelle der abstrakten Einheit jenes formlosen Sammelbegriffs: »Kultur«, die dem umfassenden, doch weniger künstlerischen Sinne eines Wilamowitz entsprach, muß eine lebendige und formhafte Einheit oder — wenn wir Griechentum und Römertum gesondert betrachten — Zweiheit treten. Man mag die stilmäßigen Einheiten innerhalb der großen Einheit des »klassischen Altertums« noch vermehren und gesondert von »hellenischer«, »altitalischer«, »altrömischer«, »hellenistischer«, »augusteischer«, »spätrömischer« Kultur reden, wenn man nur mit der Erkenntnis Ernst macht, daß sie alle, ausnahmslos, ihr Wesen durch ihre Kunstwerke offenbaren.

Wenn dadurch das Kunsterlebnis in den Mittelpunkt der Philologie rückt — wie es im Mittelpunkt der Archäologie stehen soll —, so ist das an sich nichts Neues in der Geschichte der klassischen Altertumswissenschaft. Aber die Beschäftigung mit dem antiken Kunstwerk — auch die philologische mit dem Sprachwerk — erhält hiermit einen neuen Sinn. Die hingebende Betrachtung des in der künstlerischen Schöpfung rein verwirklichten Lebensstils und sein unmittelbares Wirken auf uns ist der einzige Zugang zum Wesen einer sonst schlechthin unzugänglichen fremden Kultur, der einzige Zugang zu einem nicht modernisierten Altertum. Stil ist ein mit naturhafter Selbstverständlichkeit sich selbst auferlegter Zwang, der als Zwang weiterzuwirken vermag. Ihn auf uns wirken zu lassen, uns diesem Zwang hinzugeben: darin ist uns vielleicht die Möglichkeit gegeben, die fremde Lebensweise als eigene Erfahrung kennenzulernen. Solch ein Verfahren ist humanistisch, und insofern wiederum nichts Neues in der klassischen Altertumswissenschaft. Etwas Neues bedeutet es indessen, daß es uns nicht auf eine bloße literarische Form, auf eine erlernte und nicht erlebte antike Ausdrucksweise ankommt, sondern auf eine Lebensform und existenzielle Weise: auf die griechische oder römische, homerische oder vergilische, pindarische oder horazische Form des menschlichen Daseins. Gelingt es uns wirklich, auf den Höhepunkten des Kunsterlebnisses, wenn auch nur für Augenblicke, in den einleuchtenden und erhellenden Zwang solcher Formen einzugehen, so erschließt sich uns in ebenso vielen Formen die unerschöpfliche Wirklichkeit der gestalthaften Welt. Und es ist endlich wiederum nur humanistisch, ja antik, wenn wir auf die Wirkung der Vorbilder vertrauen: darauf, daß unmittelbare Schau einmal verwirklichter Gestalten uns dazu führt, auch unsere eigene Gestalt zu verwirklichen und aus der hellsichtigen Hingabe als »wir selbst« wieder aufzutauchen.

Wenn Bücher nicht weniger als die leuchtenden Werke der bildenden Künste das zu leisten vermögen, so ist zuletzt auch das Problem des Buches gelöst.


6


Überschreiten wir aber hier nicht die Grenzen der Wissenschaft? Für die klassische Altertumswissenschaft ist dies im Sinne von A. K. Thomson eher zu wünschen als zu befürchten. Eine wirkliche Gefahr wäre nur dann gegeben, wenn jenes »Mehr als Wissenschaft«, das die mit existenziellem Ernst betriebene Beschäftigung mit dem Altertum sein muß, sich nicht auf Wissenschaft gründete; wenn man ihm zuliebe etwas von den positiven und sicheren Errungenschaften der »nüchternen«, *science*-mäßigen Wissenschaftlichkeit preisgeben oder diese Errungenschaften nicht weiter vermehren wollte. Einer solchen Aufopferung der wissenschaftlich nicht unfruchtbaren, wirklich gesunden Nüchternheit soll durch diese Betrachtung nicht das Wort geredet werden. Altertumsforscher haben sich von jeher zu Platon bekannt. Das hat — auf seine eigene Weise — auch Wilamowitz getan. Auch heute kann es dem Philologen nicht verwehrt sein, die Welt als formhafte Wirklichkeit aufzufassen und in den sich verwirklichenden Formen das Wesen der historischen Erscheinungen zu suchen. Und so wird man ihm wohl auch erlauben müssen, in diesem Sinne das platonische Bekenntnis Hölderlins zu wiederholen: »Meine ganze Seele sträubt sich gegen das Wesenlose.«

Die philologische Aufgabe der klassischen Altertumswissenschaft erhält, von diesem neuen Standpunkt aus gesehen, nur noch größeres Gewicht: die königlichen Bücher rein zu erhalten und verständlich zu erhalten. Die große und umfassende altertumswissenschaftliche Aufgabe aber heißt: Zurückführung. Zurückzuführen gilt es unser körperloses Wissen, das wir vom Altertum ererbt haben, zu seinem antiken Körper, unser theoretisches Denken über seine griechischen Anfänge hinaus zu den nichttheoretischen, dafür aber unmittelbar geschauten Wirklichkeiten des antiken Daseins; auszuwählen und zu vereinigen, was ursprünglich zusammengehört; wiederherzustellen die Stileinheiten und ihre Formensprache von fremden Elementen zu reinigen; dieselbe Formensprache in der Religion und Philosophie, in den Göttergestalten und philosophischen Lehren zu erkennen und jene Sprache selbst als die antike Anschauung von der Welt zu begreifen; sich die Rhythmik des Blühens und Verblühens der in den historischen Erscheinungen verwirklichten Formen zu vergegenwärtigen und eine Geschichte des Altertums zu schreiben, die der Kontinuität und den Stileinheiten ebenso gerecht wird, wie sie den historischen und morphologischen Sinn befriedigt; endlich die antiken Formen selbst zurückzuführen auf ihren ursprünglichen Boden, zu jener Natur, die nicht nur ihr *milieu*, sondern ihr konstitutives Element ist.

Die Natur des Südens könnte zur »sinnlichen Tradition« des Altertums gehören — wenn sie nicht noch viel mehr wäre: jene unveränderte Wirklichkeit der Welt, die den antiken Menschen nicht nur als eine bloße Landschaft, sondern als eine Welt von wirkenden Gestalten umgibt. Die Naturwelt des Mittelmeers erklärt nicht diese oder jene Erscheinung der Mittelmeerkulturen, sondern sie ist in allen deren Erscheinungen gegenwärtig. Auch hier ist die Aufgabe der klassischen Altertumswissenschaft: Zurückführung. Der Naturhintergrund ist für sie nicht nur erklärender Kommentar zu den antiken Überlieferungen; man darf das Verhältnis sogar umkehren: diese Überlieferungen — auf ihren ursprünglichen Boden zurückgeführt — machen uns erst die antike Landschaft verständlich, so wie uns der Charakter des Kindes diesen oder jenen Zug des Vaters verstehen lehrt. Die Kunst ist der Sinn des Lebens — sie ist in diesem Falle auch der Sinn der griechischen und italienischen Landschaft[63]: des Südens in seinen beiden klassischen Erscheinungsformen, die das antike menschliche Dasein und seine hohen Werke gleichsam durchleuchten und sich in jenen Werken zu einer Zweiheit überzeitlich gültiger Wirklichkeiten erheben.

## 7

»Als ich im Schlafe lag, da fraß ein Schaf am Epheukranze meines Hauptes — fraß und sprach dazu: Zarathustra ist kein Gelehrter mehr.«

Der klassische Philologe sollte nie ohne Beschämung daran denken, daß diese Schilderung den Fall Nietzsche und die klassische Altertumswissenschaft versinnbildlicht: einen typischen Fall, auch ohne die Glorie eines Zarathustrahauptes. Seine Beschämung wird nur dadurch gemildert, daß es nie die Schuld der Wissenschaft selbst ist, wenn ein Mann wie Nietzsche aus dem Hause der Gelehrten auszieht und die Tür hinter sich zuwirft, sondern nur die der Gelehrten der Zeit. Die Wissenschaft selbst kann nicht lange hinter dem Ausziehenden zurückbleiben. Die klassische Altertumswissenschaft darf die Gefahren einer Selbstbesinnung und einer Betonung ihrer künstlerischen Komponente, durch die sie Nietzsches würdig wäre, nicht länger scheuen; gerade weil sie als Wissenschaft eine Höhe erreicht hat, wo sie von ihren Grenzen zwar jeden Scharlatanismus abwehren mag, nicht aber den belebenden Geist großer Dichter und Philosophen.

*1935*

# LANDSCHAFT UND GEIST

Das Problem von Landschaft und Geist, die Frage nach ihrer Beziehung zueinander, geht uns heute mehr denn je an. Es ist noch nicht so lange her, daß nur große Einzelne — große Einsame — mit der Landschaft gleichsam Bündnis geschlossen haben wie Nietzsche mit dem Oberengadin und Portofino. Heute zögen selbst die Universitäten aus Großstädten gern nach den Peripherien, ins Land hinein. Und zu Landschaft und Geist, zu dieser nicht weniger als zu jenem, s c h e i n e n wenigstens die ›Sommeruniversitäten‹ eine Beziehung zu haben. Das Trachten geistiger Menschen nach einer landschaftlich nicht gleichgültigen Umgebung kann nicht zufällig sein und erzielt auch wohl kein wirkungsloses Nebeneinander.

Z u f ä l l i g schon deshalb nicht, weil meistens gerade dies beabsichtigt wird: neben geistiger Arbeit Erholung und Ausruhen durch Ausschalten des Geistes, oder in erster Linie dies und d a - n e b e n ein unmittelbares Ausnützen der Ruhezeit durch leichte Beschäftigung des Geistes in diesem ungewöhnlichen Zustand und in der ungewöhnlichen Umgebung. Durch diese Absicht würde aber tatsächlich nur ein wesentlich zufälliges, ein bloßes Nebeneinander entstehen.

Solche Art Vereinigung von Ruhe und Beschäftigung könnte ja theoretisch in einer völlig landschaftslosen Riesenanstalt mit Sportgelegenheiten und Vorträgen oder Laboratorien ebenso erreicht werden . . .

Der Geist sucht die L a n d s c h a f t . Nur um sich auszuruhen oder von der Großstadt nicht gestört zu werden, wie man gewöhnlich denkt? Da ist zunächst die Frage: Ist Ruhe für den Geist überhaupt möglich? Spielen sich hinter der Ruhe, die er in der Landschaft findet, nicht vielleicht die größten Ereignisse ab? Wäre es nicht besser, wenn es sich um Geist im eigentlichen Sinne des Wortes, um schöpferischen Geist handelt, das Ausruhen in der Weise der großen Mystiker aufzufassen: als innere Ruhe in einem ganz anderen Sinne, als sie durch ein ideales wissenschaftliches Institut oder einen Ferienkurs unserer Tage gewöhnlich beabsichtigt wird? Wie verhält sich der Geist, der diese ›Ruhe‹ sucht, zur Landschaft?

Man erwartet vielleicht die Antwort auf diese Frage von der Lage derjenigen Klöster, die die Landschaft nicht etwa zu Zwecken der Landarbeit gewählt haben. Man beobachte die Landschaftswahl solcher Klöster in Griechenland, deren Lage nur aus der Absicht verständlich ist: völlige Ungestörtheit von der Welt zu finden. Man wählte dazu fast unzugängliche Bergeshöhen, einsame Gipfel, wo man eigentlich nur g e g e n die Natur wohnen kann. Man bevorzugte Wildnisse und solche Gegenden, die auf die Mönche keinen weniger chthonisch-dämonischen Eindruck machen mußten als früher auf die Heiden. Diese wählten solche Landschaften nur ungern zum Wohnort.

Die Antwort ist also nicht eindeutig. Die christliche Mystik benutzt die Natur zur Abkehr von der Welt, soweit möglich sogar zur Abkehr von der Natur selbst. Dasselbe wird auf eine großartige Weise von der Gotik erstrebt, die in ihrem Verhältnis zur Landschaft den Gegenpol bildet zu dem, was durch die prähistorischen Bauten Sardiniens ausgedrückt wird. Wir werden später auf diese Baukunst noch zurückkommen müssen, die das Verwachsensein mit der Natur ebenso zum Ausdruck bringt, wie die Gotik oder ein Kloster des Typs ›Simeon Stilitis‹ in Korfu die ersehnte Abgelöstheit von ihr. Darin offenbart sich aber nur eine Tendenz der christlichen Seele gegenüber der Landschaft. Denn sie wird zugleich von der dämonischen Seite der Natur angezogen. Was der christliche Mystiker in der Landschaft sucht, ist dies: eine innere Ruhe, an der die Natur bloß negativ teilhat dadurch, daß sie alles Störende, sogar sich selbst, zurückhält — und zugleich einen freien Platz zu Seelenkämpfen; Beruhigung des eigenen Dämonismus, wie die Natur etwa auf Seelenkranke beruhigend wirkt — und zugleich das Abbild dieses Dämonismus in der Natur.

Verhält sich der Geist zur Landschaft seinem eigenen Wesen nach so negativ oder so kompliziert? Kann er nichts Positives in der Landschaft finden? — Nicht nur eine Art Bildungsstoff, den man gleichsam lernt, sondern Anregung. Und was für eine Anregung! Man darf sogar von einer stillen und stummen Ekstase reden, zu der gerade der schöpferische Mensch durch die Landschaft hingerissen werden kann. Und zwar sehe ich hier vom Hingerissenwerden durch Alpengroßartigkeiten und -schönheiten oder durch Naturspektakel wie Vulkane und Dolomiten ab. Diese Art Entzückung ist eine komplexe und moderne Erscheinung, die in ihrer für die Neuzeit charakteristischen Form einer besonderen Untersuchung bedarf. Bekannt ist, daß sie diese Form erst in Rousseaus Seele erhielt.

Wenn wir uns einmal die Frage gestellt haben: »Was findet der Geist in der Landschaft?« — dürfen wir die Antwort weder im Mittelalter noch in der Neuzeit suchen, sondern eigentlich nur überzeitlich. Wir müssen in der Geschichte solche Beispiele auswählen, die paradigmatisch sind für jede Zeit.

Eine geistesgeschichtliche Rolle wurde der Landschaft durch Hippolyte Taine zugeschrieben; er hat sie auch theoretisch begründet und ausgeführt. Ihm schwebte eine großartige Einheit von menschlichem Leben und Natur vor Augen. In dieser Einheit sah er auch die geistigen Schöpfungen aus *race, milieu* und *moment* entstehen, nicht anders als dies sein berühmtes Axiom von Laster und Tugend sagt: sie seien Produkte wie Vitriol und Zucker. Sogar das Christentum hätten die Angelsachsen schon in ihrem natürlichen Temperament besessen. Bei der Ausbildung der englisch-christlichen Literatur tat dann auch die Landschaft das ihre . . .

Hier müssen wir noch einen Augenblick stehenbleiben, um unsere Frage von dieser Seite schärfer zu beleuchten. Inwiefern ist sie überhaupt eine g e i s t e s g e s c h i c h t l i c h e Frage? Für Taine spielt die Landschaft bei der Entstehung geistiger Schöpfungen neben *race* und *moment* eine gleichwertige Rolle. In diesem System aber ist für die Probleme des G e i s t e s eigentlich kein Platz. Geist als eine besondere, wenn auch vielleicht in der Natur verwurzelte Kraft existiert hier nicht, höchstens die Geisteshaltung, der *esprit* der verschiedenen Rassen. Ist aber dieser unser ›Geist‹, wodurch wir ›geistige Menschen‹ zu sein wähnen, etwa eine leere Hypostase? Hat es einen Sinn, über Taine hinausgehen zu wollen? Ist, was wir ›Geistiges‹ an uns haben, nicht nur das Produkt des Christentums, des bürgerlichen und am Ende des technisierten großstädtischen Lebens?

Damit wären wir auf dem Standpunkt von Ludwig Klages an-

gelangt und müßten den Geist als eine naturwidrige Kraft auffassen, im besten Falle als eine fortwährende Produktion der
Natur gegen sich selbst. Dieser ›Geist‹ ist es, der die Wälder
ausrottet, die Landschaft zerstört, das Leben vernichtet. Es ist
offenbar, daß Klages diesen Begriff vom Geist auf dem Grunde
des modernen, das heißt des Rousseauschen Naturgefühls gebildet hat. Wir müssen uns hüten, in unsere Betrachtung irgendwelche Art moderner Sensibilität einzumengen ... Um die Rolle
der Landschaft in der Geistesgeschichte zu untersuchen, dürfen
wir weder geistesfeindlich noch geistesfreundlich sein und auch
nicht im voraus systematisieren.

Von Taine nehmen wir bloß den Ausgang. Er führt in der Einleitung seiner Geschichte der englischen Literatur das Beispiel
von Goethe an, »der, bevor er seine Iphigenie schrieb, ganze
Tage darauf verwendet hat, die vollkommensten Statuen zu
zeichnen, und der am Ende, die Augen voll mit den edlen Formen der antiken Landschaft, im Geiste durchdrungen von der
harmonischen Schönheit des antiken Lebens, eine so vollkommene Aneignung der Gewohnheiten und Neigungen der griechischen Phantasie erreichte, daß er fast die Zwillingsschwester der
Sophokleischen Antigone oder der Göttinnen des Pheidias her-
vorbringen konnte«[64].

Dieses Beispiel setzt keine besondere Sensibilität außer der offenen, empfangenden Passivität voraus. Solche Passivität ist das
natürliche Verhalten der Landschaft gegenüber. Von Goethe
stammt die Äußerung von der Wirkung der freien Landschaft,
»des eigentlichen Ortes, wo wir hingehören«: »es ist, als ob der
Geist Gottes den Menschen dort unmittelbar anwehte und eine
göttliche Kraft ihren Einfluß ausübte«. Doch warnt Goethe
selbst davor, eine Sensibilität, die in der pathetischen Färbung
dieser Worte zum Ausdruck gelangt, einfach-natürlichen Menschen zuzutrauen. Er spricht davon, daß man der Pflanzenwelt
eines Landes einen Einfluß auf die Gemütsart seiner Bewohner
zugestanden hat. »Und gewiß!« — fährt er fort — »Wer sein
Leben lang von hohen, ernsten Eichen umgeben wäre, müßte ein
anderer Mensch werden, als wer täglich unter luftigen Bir-
ken sich erginge. Nur muß man bedenken, daß die Menschen
im allgemeinen nicht so sensibler Natur sind als wir anderen,

und daß sie im ganzen kräftig vor sich hingehen, ohne den äußeren Eindrücken so viel Gewalt einzuräumen. Aber so viel ist gewiß, daß außer dem Angeborenen der Rasse sowohl Boden und Klima als Nahrung und Beschäftigung einwirkt, um den Charakter eines Volkes zu vollenden.«

Beide Goethe-Zitate benutzt Frobenius in jener Betrachtung, die er dem »Lebensraum«, der »paideumatischen Umwelt« oder — um seine Terminologie zu übersetzen —: der Landschaft als Erzieherin gewidmet hat[65]. Neben Taine ist er der Klassiker der wissenschaftlichen Zusammenschau von Landschaft und Kultur. Aus diesem Gesichtspunkt ist sein »Unbekanntes Afrika« als grundlegendes Buch samt der *Histoire de la littérature Anglaise* zu nennen. In seiner Lehre vom Werden und dem Ziehen der hohen Kulturen nach dem Westen spielt »der Einfluß der wogenden, wellenbewegten Horizonte« Ozeaniens oder der Aegaeis und der Gegensatz dazu: das kontinentale Lebensgefühl auf dem Festland eine große Rolle[66]. Die Großzügigkeit dieser Auffassung steht außer Zweifel: sie ermöglicht erst das Einordnen auch der altamerikanischen Kulturen in einen weltumfassenden Zusammenhang. Uns geht hier aber nur jene ganz allgemeingültige, psychologische Errungenschaft an, die uns in der Lösung unseres Problems, der Beziehung von Landschaft und Geist, über Goethe und Taine hinausführen kann. Durch sie stellte Frobenius die kulturwissenschaftliche Wertung der Landschaft auf eine neue Grundlage.

Sie lag, wie jede derartige allgemeine Erkenntnis, schon in der Luft. Goethe selbst war die allgemeingültige Bedeutung dessen, was wir die offene, empfangende Passivität nannten, theoretisch nicht wichtig, obwohl er sie für sich, in seiner Betrachtung von Natur und Kunstwerken, ausübte. Er dachte, zum Offensein sei eine besondere Sensibilität notwendig, und nahm nicht an, daß die »kräftig vor sich hingehenden« Leute ebenso von jenem Göttlichen in der Landschaft durchweht werden könnten wie er selbst. Aber wenn dies in ihnen keine Emotion erweckt, so kommt das daher, daß sie fortwährend und einzig von jenem durchweht werden. Durchweht und erfüllt von etwas ist man eigentlich immer. Wenn nicht von der Landschaft, so von der eigenen Beschäftigung, wie ein Freibeuterheer in einer friedlichen Landschaft von Mord und Raub. »Der Gedanke ist Gedanke des Gedachten«, sagt einmal James Joyce, und dies könnte im Sinne der Kulturmorphologie verschärft fast lauten: »Der Denkende ist Gedanke des Gedachten.« Wir werden heute meistens auch in der Landschaft von dem modernen Wirtschaftsleben »gedacht«, »gedacht« von der Technik und von unseren Großstädten. Die Erkenntnis dieser »Besitzmacht jedes Objekts und alles Wahrgenommenen«, wie sie Frobenius nennt[67], führt uns vom Psychologismus weg und einem Realismus entgegen, oder mit Frobenius zu sprechen — da ihm »Realismus« gerade unsere Besessenheit von der Technik ist — zu Objektivismus anstatt des Subjektivismus.

Die Auffassung der Welt als einer ungeheuren Bildungsanstalt, in der Himmelskörper, Pflanzen, Tiere Erzieher der Menschen sind, lag Frobenius' deutschem Genius allzu nahe. Was er durch die praktische Anwendung dieser Weltauffassung — der Anwendung der erzieherischen Macht des Objekts — in der Kulturforschung erreicht hat, das zu würdigen ist hier nicht unsere Aufgabe. Etwas mehr aber müssen wir das beleuchten, wodurch er an unserem Weltanschauungswandel Teil hat; denn das führt uns zugleich der Lösung unseres Problems näher. Das ist die Entdeckung, die ein jeder machen muß, wenn er die scheinbare Objektivität — geübt aus der Befürchtung, daß er, wenn er sich hingibt, notwendigerweise subjektiv wird — dem Objekt gegenüber preisgibt. Dies darf der Gelehrte tun, seitdem er weiß, daß auch der scheinbar objektive Beobachter erfüllt ist von seinen eigenen Zielen und uneingestandenen Vorurteilen, von seinem sich wehrenden und beschützenden Ich. Wenn er aber mit der ganzen frei hingegebenen Kraftfülle seines Selbst dem Objekt gegenübertritt, entdeckt er, daß er vom Objekt ergriffen und vom Objekt heraus erkennend und zugleich schöpferisch wird.

Aus »Ergriffenheit« entstehen nach Frobenius die Kulturen. Der Ergreifende ist der Kosmos mit allen seinen Erscheinungen. Um so tiefer und schöpferischer wird der Mensch ergriffen, je mehr eigene Kraftfülle er hat, je begabter, je wesentlicher er ist. Ergriffenheit ist wissenschaftliche Erklärung des Ursprungs aller Kulturschöpfungen und zugleich die wissenschaftliche Möglichkeit dieser Erklärung. Durch sie wird Wissenschaft selbst zur Kultur, in ihren höchsten Leistungen künstlerisch wie die Kultur selbst. Sie muß aber doch Wissenschaft bleiben. Sie muß die Fähigkeit des Geistes zur reinigenden Kritik bewahren. Ihr kann auch die »Ergriffenheit« nur als eine erklärende Hypothese gelten, denn es gibt vielleicht eine Ergriffenheit, die über der Ergriffenheit steht; der Weg muß frei bleiben ...

Nachdem wir uns so die heutigen wissenschaftlichen Voraussetzungen, mit denen wir unserem Problem entgegentreten, klargemacht haben, darf nun vielleicht der Altertumsforscher einige Beispiele anführen, die er für paradigmatisch und deshalb zur Lösung des Problems geeignet hält. Für ihn ist die antike Landschaft ein Teil und Überrest — eine Art Tradition — der antiken Welt. Er hat die Aufgabe, diese doppelte Zeitgenossenschaft der Landschaft wissenschaftlich zu werten. In ihr hat er einen vollgültigen Zeitgenossen des Vergangenen gegenwärtig vor sich. Während ihn von der Antike sonst umwälzende Epocheneinschnitte trennen, trennt ihn von der antiken Landschaft keine geologische Umwälzung; wir gehören in dieser Hinsicht noch derselben Epoche an wie die antike Welt. Wir haben an dieser »Tradition« nicht allzuviel zu rekonstruieren. Natürlich sind auch hier Veränderungen, die zuletzt von Spengler[68] eindrucksvoll hervorgehoben wurden (Verkarstung, Ausbreitung der Wüste), nicht außer acht zu lassen. Die wissenschaftliche Aufgabe besteht darin, daß wir mit aller notwendigen Sorgfalt und Hingebung, in vollem Bewußtsein der Wichtigkeit und Schwierigkeit einer richtigen »Interpretation« die antike Landschaft kulturgeschichtlich zu werten versuchen, sie über Allgemeinheiten und hie und da eingestreute Bemerkungen hinaus — wie sie auch bisher in altertumswissenschaftlichen Werken üblich waren — bei der Würdigung der Antike reden lassen.

Da ist beispielsweise Sardinien mit einer typischen prähistorischen Kultur in der antiken Welt. Diese Kultur liegt in ihrer zu Stein gewordenen Form mitten in der sardinischen Landschaft vor uns; ihren ursprünglichen Zusammenhang mit der Natur können wir auf uns wirken lassen. Daß Bäume und Steinhaufen auf dieser mit chthonischem Wasser- und Totenkult erfüllten Insel den tiefsten blauen Schatten werfen, den ich in antiker Landschaft je gesehen habe, mag eine Beobachtung moderner Sensibilität gewesen sein. Doch ist eine charakteristische chthonische Richtung in dem Naturbild der Insel unverkennbar. Die niedrigen, gedrückten, knorrigen Bäume — wenn auch die Ursache dieser Formung die Winde sind — auf dem steinigen Plateau von Santa Vittoria di Serri stimmen zur Grundhaltung jener Religion, die ebenda ihr chthonisches Heiligtum unterirdisch angelegt hatte (Tafel 3).

Der Nuraghe, der in unzähligen kleinen und einigen Riesenexemplaren außer den unterirdischen Heiligtümern das kennzeichnende prähistorische Gebäude der Insel ist, wurde als Ausdrucksform der altsardischen Kultur schön charakterisiert[69]: »Seiner Grundform nach ein kegelförmiger Turmbau, in konzentrischen Steinlagen ohne Mörtelverband errichtet, stellt er eine zu Verteidigungszwecken geschaffene und ins Monumentale gesteigerte Weiterbildung des altmediterranen Rundhauses dar ... Unverkennbar ist bei ihm ein bewußtes Abzielen auf das Massenhafte und Übergewaltige, ja Übermenschliche. Wie der Umriß das Blockmäßig-Geschlossene, das Trotzige und Beharrende unterstreicht, so legt man augenscheinlich Wert darauf, möglichst gewaltige Quadern übereinander zu türmen. Und auch die ungefüge und ungeschlachte Ordnung, die ein solches Verfahren mit sich bringt, wird eher gesucht als vermieden. Von da ist es nicht mehr weit zu der ›zyklopischen‹ Bauweise der Burgen von Tiryns und Mykenai; es ist das Maßlose und Ungeformte gleichsam zum Prinzip erhoben.«

In seinem Zusammenhang mit der Landschaft betrachtet, ist der Nuraghe sozusagen die prähistorische Verwirklichung jenes idealen Turms in Shelleys Epipsychidion, den Aldous Huxley einem rationalen Renaissancegebäude gegenübergestellt hat:

Seems not now a work of human art,
But as it were titanic, in the heart
Of the earth having assumed its form and grown
Out of the mountain, from the living stone.

Tatsächlich scheint er »kein Werk humaner Kunst zu sein«. Er ist »titanisch« in jenem Sinne, in dem alle monumentalen Schöpfungen der prähistorischen Zeitalter einen titanischen Zug haben, als verkörperte sich in ihnen ein blinder, ungestümer Drang nach übermenschlicher Größe und Dauer. Geformt ist der Nuraghe »im Herzen der Erde«, insofern die Idee, nach der er gebaut wurde, ganz erdhaft ist: die Berge haben den Menschen diese Bauart gelehrt. Von ihrer Landschaft ergriffen, schufen die Träger der altsardischen Kultur Türme, die »aus dem Gebirge, dem lebendigen Stein, hervorwachsen«. Die kolossalsten, wie Lugherras, von wildem Gesträuch und Bäumen bewachsen, sind seit langem zu wirklichen Bergen geworden.

Mit Recht findet man solche Gebäude und die ganze Kultur, deren Ausdrucksform sie sind, »naturhaft«. Wo ein ganzes Nuraghensystem erhalten ist, tritt die Analogie mit einem natürlichen Zellensystem recht deutlich hervor. Wenn ich zur Erklärung dieser Bauweise die völlige Ergriffenheit von der Natur zu empfehlen wage, habe ich von der Beziehung von Geist und Landschaft nur soviel gesagt, daß die altsardische Baukunst desselben »Geistes« ist wie die sardinische Natur. Ihre Inspiration hatten die altsardischen Baumeister von ihrer Landschaft; sie ahmten ihre Berge und Höhlen nach und dachten »in Stein«, eigentlich nicht architektonisch, sondern nach Art der zellenbauenden animalischen Intelligenz. Darin gerade bildet ihre Kunst den Gegenpol zur Gotik, die in Stein dem Chthonischen, dem Stein- und Erdhaften entgegengesetzte Gedanken verwirklicht.

In der Mitte zwischen den beiden steht jene Baukunst, die der altsardischen ebenso gegenübergestellt werden kann, wie Huxley dem Turm Shelleys das elisabethanische Landhaus Crome gegenübergestellt hat[70]: die griechische Architektur[71]. »Zweierlei ist es, was hier allem Vorangegangenen gegenüber an Neuem geschaffen wurde. Einmal hat für jede architektonische Raum- und Massengestaltung fortan der Mensch das Maß der Dinge zu bedeuten. Seine körperlichen Proportionen liefern die Grundlage; nur von ihm und ihnen her ist nunmehr eine architektonische Formung möglich. Und auch dann, wenn sie sich ins Monumentale erhebt, überschreitet sie niemals den vorgeschriebenen Bereich, sondern steigert das menschliche Prinzip zur höchsten Größe und Würde. Als zweites aber tritt hinzu, daß die solchermaßen bestimmte Architektur sich als ein Kosmos eigener Art von dem Bereiche der Natur abhebt. Gegenüber ihrer Grenzenlosigkeit gilt dort eine feste Norm; gegenüber ihrer Unfaßbarkeit und Rätselhaftigkeit eine durchsichtige, weil vom Geiste her gestaltete Ordnung; gegenüber ihrem Werden und Vergehen das in der planmäßigen Fügung beschlossen liegende Element der Dauer.«

Die angeführten Worte beleuchten diese Architektur als eine Ausdrucksform der griechischen Kultur von ihrer dem prähistorischen Zustand fremden Seite her. Sie gestaltet die Natur nicht bloß nach Ameisen- oder Bienenart »naturhaft«, sondern »geistig«, nach den Gesetzen eines für sich bestehenden Kosmos, der in sich seine Dauer hat; man braucht sie nicht durch Stoff und Kolossalität zu erstreben. In dieser Hinsicht ist die griechische Architektur »geistiger« als die altsardische. Von der anderen Seite her ist sie aber nicht weniger »landschaftlich«. Wenn die Archäologen bei der wissenschaftlichen Aufnahme eines griechischen Tempels sich der Inspiration des Ortes gewöhnlich auch verschließen, so ist sie doch immer vorhanden: unbefangene Betrachter, die von jenem negativen Vorurteil frei sind, daß man die Schönheit der Lage nicht besonders in Betracht ziehen und damit die Wahl des Ortes erklären dürfe, können von dieser Inspiration Zeugnis ablegen.

Eine Art objektiven Zeugnisses dafür, daß antike Architektur durch die Ergriffenheit ihrer Schöpfer ganz organisch aus der Landschaft heraus entstanden ist, besitzen wir im Schicksal einiger ihrer höchsten Werke. Als Ruinen sind sie ebenso zur Landschaft geworden wie die Nuraghen Sardiniens, und viel mehr als etwa mittelalterliche tote Städte wie Ninfa oder Mistra. Diese werden von der Natur verschlungen, und erst völlig verschlungen und verschwunden werden sie zur Natur — nie aber zur »Landschaft« im gleichen Sinn wie die Tempel von Selinus oder Phigalia (Tafel 4). Ob sie einsam in der Wildnis, oder, wie das Basileiatempelchen, in den Weingärten Santorins liegen: niemals machen diese, niemals machen die ausgegrabenen Städte des Vesuvs den Eindruck eines Fremdkörpers in der Natur. Sogar die reinigende Arbeit der Zeit oder der Archäologen dient der Landschaft; die Heiligtümer der Pallas Athene auf der Akropolis von Athen oder Lindos, von den sie verdeckenden Bauwerken ihres Plateaus befreit, verraten in diesem Zustand den sinnvollen Zusammenhang des architektonischen Gedankens mit der Landschaft, ähnlich wie im Skelett der organische Sinn des Körperbaus erkennbar wird. Dadurch zeigen uns gerade die geistigen Gebäudeanlagen des Altertums unabsichtlich den Sinn der Landschaft selbst.

Die absichtlich auf die Landschaft eingestellten und berechneten Anlagen wie die römischen *castra stativa* tun eben dies — noch über ihr bewußtes Ziel hinaus. »Sehr gut gewählt!« — meint der Archäologe gewöhnlich überrascht. Als ob Zweckmäßigkeit in einem solchen Fall überraschend wäre! Überraschend ist, wie an einem solchen aus praktischem Zwecke gewählten Ort sich die Landschaft auf einmal gleichsam erschließt, da sie einen sinngemäßen Mittelpunkt erhalten hat . . Und es ist umgekehrt bemerkenswert, wie das antike Bauwerk — ob römisches Lager oder griechischer Tempel — durch die Landschaft ergänzt wird und in seinem landschaftlich umschriebenen Wirkungsbereich zu einem Sinn gelangt, der über den praktischen Zweck des Gebäudes hinausgeht: es wird gleichsam zum Schlüssel der von ihm aus erfaßbaren Welt.

Daß die Schöpfungen der antiken Skulptur und Dichtkunst gleichfalls im sichtbaren Horizont erst ihre Ganzheit haben und daß die griechischen Tragödien und Komödien die freie Luft nicht nur ertragen, sondern ohne den Landschaftshintergrund des antiken Theaters sogar etwas von ihrer Wirkung einbüßen — dies wird vielleicht, wenn einmal gesagt, den Kennern dieser Werke einleuchten. Antike Kunst ist »weltlich« und »diesseitig« gerade in diesem primären Sinn: sie ist zu Hause nur in der sichtbaren und dem Künstler landschaftlich gegenwärtigen Welt. Sie geht eigentlich nie über das hinaus, was auch landschaftlich ergreifen kann. Sie könnte als landschaftlich »begrenzt« bezeichnet werden, wenn die Andeutungsfähigkeit der Landschaft nicht unbegrenzt wäre. Das weltfernste Reich tödlich reiner, apollinischer Transzendenz, bis wohin griechisches Denken vorgedrungen ist — auch dieses wird angedeutet durch die fernen vom Hörensagen gekannten hyperboreischen Schneefelder, die den Gott jährlich nach Delphi entließen.

Denn es handelt sich hier um viel mehr, als um den gleichsam körperlichen Zusammenhang des antiken Gebäudes mit der Landschaft, um mehr als einen gemeinsamen Wirkungsbereich oder die dauernde Gegenwart eines atmosphärischen Hintergrundes. Die griechischen Götter selbst, die höchsten Errungenschaften griechischer Kultur und Ergriffenheit, auch sie haben, gerade als geistige Gestalten, eine eigentümliche Beziehung zur Landschaft. Von ihren Tempeln aus gesehen, ordnet sich diese zu einem sinnvollen Ganzen — zu einem ganz anderen als etwa von einem Lager aus beobachteten.

Hochgelegene Burgtempel, wie das Heiligtum der Aphrodite in Akrokorinth, vermögen als Mittelpunkte auch das aus der Landschaft zum Vorschein zu bringen und zu einer höheren Einheit — beispielshalber: zu einer aphrodisischen — zu organisieren, was auf eine Befestigung, bloß als das von ihr beherrschte Gebiet, nicht bezogen werden kann. Von Demeter- und Kore-Heiligtümern aus, die gewöhnlich nur ein wenig über die Ebene erhoben am Bergabhang, womöglich bei einem Höhleneingang stehen, kann die Landschaft nur demetrisch angesehen werden. Sie erschließt sich durch die Lage des Tempels als sein Wirkungsbereich schon so weit, daß sie bloß noch der geistigen Gestalt, der Göttergestalt, bedarf, um ihren Sinn ganz zu offenbaren. Wie erhebt sich die geheimnisvolle Schluchtenlandschaft von Delphi mit der strahlenden Felsenwand der Phädriaden durch die Anwesenheit Apollons zu dem, was sie uns als einzige und unvergeßliche unter allen Landschaften ist! In keinem menschlichen Werk hat sich das Prophetische, in dem sich Tiefen und Höhen zugleich aussprechen, so verewigt. Aber was wäre dieses Tal unter den unzähligen Griechenlands — ohne Apollon? Um das Ganze kurz zusammenzufassen: der griechische Tempel w ä c h s t aus der Landschaft hervor, als Werk des Geistes o r d n e t er sie zu einem sinnvollen Ganzen und in der Göttergestalt e r h e l l t sich dieser Sinn.

Wir sprachen am Anfang unserer Betrachtung von der Anregung, die die Landschaft dem Geiste gibt. Wir sehen jetzt: diese Anregung kann Anlaß zu einem hohen Grad geistiger Lebendigkeit, zu einer Art künstlerischer, die Wirklichkeit erkennender Schau werden, dazu, daß der Geist Gestalten erblickt, durch die ihm die Landschaft v e r s t ä n d l i c h wird. Er findet in ihr einen Sinn, den er nicht gewaltsam in sie hineinlegt, den er gleichsam aus ihr herauslöst. Dieser Sinn ist in der natürlichen Gestaltung der Landschaft begründet. Sein letzter Grund aber ist, daß die Welt in keinem ihrer Aspekte, auch in dem bloß landschaftlichen, sinnlos und deshalb nie völlig geistlos ist. So dürfen wir auf unsere Frage: »Was findet der Geist in der Landschaft?« — die kurze, bewußt vereinfachende Antwort geben: sich selbst.

*1935*

# DER ANTIKE DICHTER

Mit Dichtern sich zu beschäftigen, mit den ersten Dichtern Europas, war immer eine zentrale Aufgabe der klassischen Altertumswissenschaft. Die Wissenschaft der antiken Form des menschlichen Daseins gehört eben deshalb zu den existenziellen Wissenschaften, weil wir von ihr die Übermittlung jener ersten wesentlichen Antworten erwarten dürfen, die das römische und griechische Altertum auf die Fragen der menschlichen Existenz gab. Dies bezieht sich auch auf die Wesensfrage der Dichterschaft, mit anderen Worten darauf, was es bedeute, Dichter zu sein.

Horchen wir einer Stimme aus jenem Kreise, wo die Dichtung wieder zu einer hohen und würdevollen Realität wurde: »Wenn wir heute den Dichter wieder Seher nennen«, — so schreibt Friedrich Wolters[72] — »was verschlägt es, ob wir damit meinen: er ist von der Gottheit in ihr Geheimnis eingeweiht, oder: er sieht in allem Dasein das zutiefst Wirkliche — beides ist gleich fernab von einer Neuzeit, die im Dichter am liebsten den Fabulierer, also den Vortäuscher des Nicht- und Niemalswirklichen begreift.« Der erste Schritt wäre also, daß wir den Dichter nicht für den Menschen der Unwirklichkeiten halten. Wollen wir aber die antike Form der Dichterschaft verstehen, so ist auch der zweite Schritt von Wichtigkeit: das Wesen der in der Dichterschaft mitwirkenden tieferen Fähigkeit oder höheren Kraft in der göttlichen Gestalt zu erkennen, in der es das Griechentum plastisch sah und unmittelbar erfuhr.

Wir wollen diese göttliche Gestalt mit ihrem antiken Namen nennen: Wir reden von der Muse. In der Muse spiegelt sich all das, was das Dichten für die Griechen von jedem anderen menschlichen Wirken unterscheidet. Das Verhältnis des Dichters zur Muse drückt eben das aus, was in seinem Wirken anders ist als die übrigen menschlichen Betätigungen. Die griechische Bezeichnung für Dichten ist sonst bloß die Bezeichnung für das ›Machen‹, ποίησις, wie beispielshalber das Brot ›gemacht‹ wird. Das Gedicht ist das ›Gemachte‹ ποίαμη, der Dichter der ›Verfertiger‹, ποιητής. Die Bedeutung dieser Worte, wie die Römer sie übernehmen, beschränkt sich nur noch auf die Sphäre des Dichtens: *poesis, poema, poeta* sind Bezeichnungen, die sich nicht mehr auf gewöhnliches ›Machen‹ beziehen. Aber daß bei den Griechen unter allen menschlichen ›verfertigenden‹ (in der Grundbedeutung des Wortes ›poetischen‹) Betätigungen gerade das Dichten das eigentlichste ›Machen‹ blieb, das man gar nicht näher bezeichnen mußte — dies besagt an sich schon ziemlich viel. Nietzsche nennt in seiner frühen Schrift über den griechischen Staat den Menschen selbst ein Kunstwerk. Der Mensch ist nach ihm auf eine unbewußte Art wesentlich künstlerisch. Wenn menschliches ›Verfertigen‹ im Griechischen schon künstlerisches Schaffen bedeutet, liegt der Schluß nahe, der griechische Mensch sei eben jener ›Mensch‹ gewesen, von dem Nietzsche spricht: der geborene Künstler, dessen ›Machen‹, wenn er etwa seine Worte »machend« setzt, selbstverständlicherweise ein Kunstwerk, eine Dichtung hervorbringt.

Doch kann das Wort ›Machen‹, ›Verfertigen‹ die Auffassung der Griechen vom dichterischen Schaffen von einer ganz anderen Seite her beleuchten. Es wird dadurch nicht die unbewußte künstlerische Anlage gleichsam verraten, sondern gerade die vom Verstand gelenkte Absichtlichkeit, die Bewußtheit des künstlerischen Schaffens betont. Diese Absichtlichkeit — das Wollen der Grazie, Harmonie, Schönheit — bedeutet nicht unbedingt etwas grob Handwerksmäßiges. Aber etwas Ähnliches gehört dennoch zur Dichtkunst. Wie zutreffend bemerkt T. S. Eliot, daß »der schlechte Dichter oft unbewußt ist, wo er bewußt sein sollte, und bewußt, wo er unbewußt sein sollte! Beide Fehler machen ihn persönlich[73].« »Der Dichter besitzt keine Persönlichkeit, die auszudrücken wäre«, — erklärt dieser bedeutende Dichter und Kritiker — »sondern nur ein besonderes ›Medium‹, und es ist dieses ›Medium‹, in dem die Eindrücke und Erlebnisse auf eigentümliche Weise in neue Verbindungen treten[74].«

Im griechischen Dichter konnte die gefährliche Trennung und Verfehlung der Bewußtheit und Unbewußtheit — wenigstens vor dem alexandrinischen Zeitalter — gar nicht zustande kommen. Er arbeitete — ›machte‹, ›verfertigte‹ — bewußt und zugleich einer höheren Macht völlig hingegeben. War einer ποιητής, so war das vollkommen und gänzlich Geschenk der Muse. Der griechische Dichter ist der ›Prophet‹, der προφήτης und ὑποφήτης der Muse: er spricht aus, sagt nach, was die Muse weiß und nur ihm vernehmbar vorsagt. Was unser Zeitgenosse Eliot in vorsichtiger, farbloser Ausdrucksweise ›Medium‹ nennt, und was nichts anderes ist als der Ort der Verknüpfung der im Gedächtnis des Dichters verbliebenen Eindrücke und Erlebnisse: dies und noch viel mehr ist die Muse. Und ebensoviel mehr ist der Dichter, mit griechischem Auge betrachtet.

»Wenn Homer die Muse anruft, ihn zu belehren; wenn Hesiod erzählt, daß er den Gesang der Musen gehört habe und von ihnen selbst zum Dichter geweiht worden sei, so sind wir gewohnt, darin nicht mehr zu sehen, als die notwendige Folge eines Götterglaubens, der für uns keine Geltung mehr besitzt. Hören wir aber auf Goethe, wenn er ernstlich versichert, daß die großen Gedanken in keines Menschen Hand seien, sondern als Geschenk und Begnadung mit ehrfürchtigem Danke hingenommen werden müssen, dann lernen wir die Bekenntnisse eines Homer, eines Hesiod und vieler anderer in einem neuen Lichte sehen.« So schrieb W. F. Otto[75], und wir fügen noch jene Worte hinzu, die G. Simmel zur Charakteristik des dichterischen Ichs fand: »Als wäre er nur das Sprachrohr einer viel breiteren Macht der Notwendigkeit«[76].

Das Wesen der Muse oder der Musen ist der Inbegriff dieses von den Modernen so vorsichtig, farblos, unbestimmt ausgedrückten Übermenschlichen und Unwillkürlichen. Musen sind Göttinnen, inhaltsvolle Gestalten, nicht bloß die erfundenen mechanischen Beweger der wunderbar strömenden dichterischen Ader. Sie sind auch keine schmückenden Gestalten, die wie Nymphen auf Rokokodarstellungen den wasserspendenden Krug halten. Vielmehr sind sie dieses Strömen, nach dem Wort des ungarischen Dichters Berzsenyi über die Dichterschaft: »die strömende Fülle« selbst — die Fülle, die der Dichter nur zu übernehmen hat, denn sie kommt von selbst, wenn sie will. Unbestimmtheit zeigt sich für den Griechen nur in einem einzigen Wesenszug der Musen: eben in ihrer Fülle. Bald ruft der Dichter »die Muse« zu Hilfe und empfindet die Macht nur e i n e r Göttin, bald kennt er neun Musen. Mit besonderen Namen nennt sie zuerst Hesiod, aber ohne die einzelnen Gattungen und geistigen Betätigungen unter sie aufzuteilen[77]. An manchen Orten kannte man nur drei Musen mit ganz verschiedenen Namen[78]. Anderswo kannte man eine andere Zahl. Jene Eigenschaft, daß sie viel sind oder gerade drei — diese Zahl wird verdreifacht und macht die Neunzahl eines ganzen Tanzchors aus — stimmt mit der Dreizahl von Nymphen, Chariten, Horen, den Göttinnen der natürlichen Fülle und des Blühens überein. Die Vielheit der Götter drückt für die Alten auch dieses aus: die Fülle und Vielseitigkeit der gesamten Weltwirklichkeit.

Die Musen erscheinen nach dem Orte und nach der Art ihrer religiösen Verehrung als mit den Nymphen verwandte Wesen. Ihre Weiblichkeit bringt ihr tiefes Verbundensein mit der Natur zum Ausdruck. Doch sind sie in ihrem Wesen keine Verwandten der Rokokonymphen mit den wasserspendenden Krügen! Verwandt sind sie mit den Nymphen griechischer Gewässer und Bergquellen, deren Segen, Fülle und Frische sich in der Gestalt der Göttinnen reiner und voller offenbart, doch unterscheiden sich diese Göttinnen vom Element selbst nicht. Die Sage versetzt die Urheimat der Musenverehrung in die wilde Berglandschaft des Olymps, nach Pieria. Ihr Hauptkultort lag in der engeren Hellas auf dem waldigen Abhang des Helikons (Tafel 5), wo oben die Quelle Hippukrene, unten die wasserreiche Aganippe entspringt. Die Übereinstimmung ihres Wesens nicht nur mit der menschlichen »strömenden Fülle«, sondern auch mit der natürlichen Quellenfülle, macht sie wirklich zu Göttinnen.

Das Wesen der Musen zwingt uns, die Dichterschaft im natürlichsten Licht zu sehen: als allgemeine menschliche Fähigkeit, welche bis zu ihrem fünfundzwanzigsten Lebensjahr so viele und in so natürlicher Fülle besitzen, daß Eliot im Ernst über die besonderen Bedingungen reden durfte, mit deren Hilfe der Mensch auch nach diesem Alter Dichter bleiben kann. Ähnlich äußert sich Verwey, wenn er betont, die Idee der Dichterschaft sei nicht nur für den Dichter von Bedeutung, sondern für jeden Menschen. Sie sei die schaffende Einbildungskraft, die am unmittelbarsten in der Dichtkunst verkörpert wird, die aber als erster menschlicher Trieb mit dem Leben selbst zusammenfällt. Jeder Mensch hat Augenblicke, da er Dichter ist. Und derselbe

Verwey gelangt zu der Definition, die Dichterschaft sei nichts anderes als der eingeborene Glaube an die Göttlichkeit der Welt[79].

Durch das Wesen der Musen gesehen bedeutet Dichtung und Dichterschaft nicht nur menschliches Glauben und Wirken, sondern Weltwirklichkeit. Was im jungen Menschen, im verliebten Menschen, überhaupt im vitalsten Menschen — so nennt der spätere Nietzsche den Künstler — die Dichtung ist, dasselbe ist in der Natur die besondere Welt einer aus Kalkstein entspringenden klaren Quelle. Was hier blühendes Leben und Pflanzenfülle, Wasser, Blume, Gras, das ist in der Menschenwelt jenes ›Machen‹ der Griechen, die ποίησις. Das Wesen der Muse ist die höhere Wirklichkeit beider Weltoffenbarungen, der um die Quelle und der, die sich im Dichter entfaltet. Um diesen tiefen Zusammenhang der Quellenwelt und der Dichterwelt weiß das Griechentum. Für die Griechen vereinigt die Muse die Dichtung mit der Natur derart, daß bei ihnen die Dichtung die Natur nicht b e s o n d e r s zu besingen hatte und nicht b e s o n d e r s naturschwärmerisch zu sein brauchte. Mit ihr und aus ihr spricht die Natur über alles so natürlich, als spräche die Quelle oder das säuselnde Schilf.

Das ist nicht die griechische Theorie von der Dichtung, sondern die griechische Erfahrung von ihr als Weltwirklichkeit. Die Sprache, zumal die Prosa der Theorie, drückt sie nicht aus, wohl aber der Kult: die religiöse Verehrung der Musen. Die einfachste Theorie ist die mythologische Namengebung. Angeblich lautete der Name der ältesten drei Musen auf dem Helikon: Lernen, Gedächtnis, Singen. Dadurch wird wieder nur das Absichtliche, Bewußte, Handwerksmäßige der Dichtung betont. Hesiod, den — wie er von sich bekennt — die helikonischen Musen selbst singen lehrten und dem, wenn überhaupt einem, die helikonische Natur die volle Wirklichkeit der Muse offenbarte: auch Hesiod weiß es so, daß die Mutter der Musen Mnemosyne ist, das Gedächtnis. Das Wunder der Dichtung und das Wunder des Gedächtnisses sind einander eng verbunden. Dadurch wird aber wieder nicht bloß das Handwerkliche hervorgehoben, Mnemosyne ist für die Griechen eine wirkliche Göttin mit eigenem Kult: sie ist die Schutzgöttin einer kleinen Stadt im bergigen

Grenzgebiet von Boeotien und Attika, unweit von der boeotischen Lebadeia, wo die Quellen der Mnemosyne und der Lethe, des Gedächtnisses und des Vergessens fließen. Gedächtnis und Vergessen: auch diese sind keine bloß von psychologischer Gesetzmäßigkeit und von individueller Zufälligkeit abhängenden Angelegenheiten in der griechischen religiösen Weltanschauung, sondern das Individuum ist von der breiteren, in der Struktur der Welt verwurzelten Macht der Mnemosyne abhängig. Solche Abhängigkeit aber — die Abhängigkeit des Dichters von dem Gedächtnis und von dessen Töchtern, den Musen — macht ihn nicht kleiner, sondern größer, nicht unsicherer, sondern sicherer. Je vollständiger er sich den Wirklichkeiten des Kosmos überläßt, um so ruhiger kann er sich auf sie stützen. Für den Griechen aber ist hier die größte Vollständigkeit das Natürlichste.

Die musische Wirklichkeit wird durch die neun Namen der Musen von neun Seiten her beleuchtet. In jedem Namen zeigt sich ein besonderer Aspekt jener Weltwirklichkeit, die die Dichtung ist: In Klio das Gewicht des Dichterwortes, seine fern und lange wirkende Kraft; in Kalliope die Schönheit dieses Wortes; in Melpomene seine klingende Tonfülle; in Polyhymnia sein hymnischer Überschwang; in Terpsychore die Lust des zu ihm gehörenden Tanzes; in Euterpe die glückliche Ergötzung selbst, jene große durchdringende Freude, welche die Dichtung für die Menschheit ist; in Thaleia die mit den Pflanzen verwandte Frische und die blühende Festlichkeit der Poesie; in Erato die erotische Wärme nicht nur der Liebesdichtung, sondern jeder wahren dichterischen Schöpfung; in Urania endlich das, was in der Dichtung himmlisch ist ... Dieses ist am schwersten zu erklären, es ist aber nichtsdestoweniger ein wirklicher Aspekt der Poesie: ihre Verwandtschaft mit dem Himmel, die sich darin offenbart, daß jede echte Dichtung etwas von der Wirkung der Weite, der Bläue, der Höhe, des Besternten hat. All die Fülle, Bereitschaft, Reife, die die übrigen acht Musen ausdrücken, genügt ohne die neunte nicht:

Nun bist du reif: nun steigt die Herrin nieder

Zur Erfüllung, zur Vollkommenheit des Augenblicks, in dem das Gedicht, das ersehnte, zustande kommt, gehört noch eben

dieses Element, das einzig so ausgedrückt werden kann: »Nun
s t e i g t die Muse n i e d e r«. Stefan George spricht mit dieser
Zeile das Ganze aus, auch das, was in dem Dichter vor sich ging
(das Reifwerden), und auch das, wovon der Dichter weiß, daß
es Geschenk einer höheren und weiteren Sphäre ist als der des
individuellen Wollens. *Descende caelo et dic age tibia Regina
longum Calliope melos:* »Steige hernieder vom Himmel und
blase auf deiner Flöte, meine Königin Kalliope, ein langes
Lied ...«, so lautet es in der Sprache des Horaz. Dieses Unerklärliche und nur durch das Wort ›himmlisch‹ annähernd Aus-
drückbare wird auch von jenen griechischen Dichtern — von
Mimnermos und Alkman — angedeutet, für die der Vater der
Muse Uranos, der Himmel, ihre Mutter Ge, die Erde ist. Sie
lassen die Dichtung von den beiden Urgöttern abstammen, und
dadurch reihen sie sie ebenso unter die urtümlichsten Weltwirklichkeiten ein, wie es später die Romantiker tun. Die griechischen Dichter drücken es in der Sprache der griechischen Mythologie aus, die ihnen erlaubt, die reichste Wirklichkeit auf die
einfachste und unmittelbarste Weise zu fassen.

Nach Hesiod sind die Musen die Töchter der Mnemosyne und
des Zeus. Wenn der helikonische Dichter auf diese Weise die
Verbundenheit seiner Göttinnen mit dem Götterkönig, dem Be-
herrscher aller Weltwirklichkeiten betont, so schwebt eine weitere Seite der musischen Offenbarung vor seinen Augen: die Herr-
schermacht des künstlerischen Wortes. Die haben die Musen von
Zeus. Sie geben das Geschenk den Königen weiter, und das Königtum wird erst durch die Musen vollkommen: »Wessen Zunge
sie mit süßem Tau bestreuen, aus dessen Munde quillt honigsüß
das Wort, und alles Volk sieht auf ihn, wenn er Urteil
spricht[80] ...« In dem Leben, das Hesiod kennt, folgt der Dichter an zweiter Stelle nach den Königen. Der König selbst ist
zeusartig — oder sollte es sein, wenn er wirklich »König« wäre.
Die Musen aber stehen neben Zeus. Musisch zu sein, das gehört
bei den Griechen zu den Bedingungen des Herrschertums. Das
Musische bedeutet Lebensfülle und -höhe, ohne die keine
menschliche Vornehmheit vorstellbar ist — wenigstens mit griechischem Maß gemessen nicht. Grazie, Harmonie, Schönheit sind
die Zeichen d i e s e r Vitalität. Im Grunde ist es der Dichter,

der auf griechischem Boden wahrhaft König ist. Er herrscht hinter und über dem politischen Leben. Platon sieht klar, daß er i h n entthronen muß, wenn er an seine Stelle einen anderen musischen Menschen setzen will: den Philosophen. Das Musische des Philosophen ist aber ebensowenig einheitlich und unverwickelt wie das des Sophisten und Redners. Sie sind seine Mitwettbewerber im Kampf um die Herrscherstellung des Dichters.

Nach Platon verwickelt sich die Stellung des Dichters gleichfalls: dem griechischen Dichter gab die nicht bezweifelte Vornehmheit des in der Natur verwurzelten Musischen jenen inneren Halt, der ihm, und nur ihm, ermöglichte, seinen Kopf mit zeusmäßiger Würde zu tragen. Dieser Kopf konnte sich vor zeusartigen Königen beugen, ohne seiner Würde etwas zu vergeben. In seinem Musischsein wußte der Dichter von sich aus, was das Zeusartige, das wahrhaft Königliche sei. Er wußte aber auch, wodurch das reine Musischsein mehr ist als das Königtum: es erhob den Dichter in eine dauerhaftere Welt als die der Könige. Mit Platon begann eine Veränderung, die das Bewußtsein des Dichters vom eigenen Wesen erschütterte. Diese Veränderung wurde vollständig durch die Verwandlung der von der Dichtung erschaffenen dauerhafteren geistigen Welt zu einer Bücherwelt, sogar zu einer Welt der Bibliothek im alexandrinischen Zeitalter[81]. Nicht als ob die griechische Dichtung nicht schon früher geschriebene Literatur hervorgebracht hätte! Daß der musisch schaffende Mensch seine Zeusstirn vor dem Buche neigt, bedeutet ein neues verwickeltes Verhalten, bedeutet statt des königlichen Dichters den gelehrten Dichter.

Der Ausweg war nicht leicht und einfach. Die römische Dichtung hat ihn gefunden. Sie kehrt in der augusteischen Zeit zu einer Urform der dichterischen Existenz zurück: zum Vatestum (*vates* ist kein ausschließlich römischer Begriff: das Wort selbst stammt wohl aus dem Keltischen, durch seine Übernahme erkannten die Römer die mit ihm benannte Wirklichkeit an). Und sie kehrt zugleich zurück zur vorplatonischen Welt der griechischen Dichtung, in der der Dichter noch ungestört herrschte, gleichsam ein himmlischer Bruder der irdischen Herrscher: des Königs oder der Aristokratie, des Demos oder des Tyrannen. Dazu wird auch der römische Dichter: Vergil und Horaz neben Augustus.

In dieser Stellung ist er zugleich Offenbarer von Göttern, Ver-
künder und Darsteller ihrer Macht. Er wird das, was der antike
Dichter unwillkürlich, ohne besonderen religiösen Zweck, immer
war.

An dieser Stelle, wo wir den antiken Dichter in engster Beziehung zu den Göttern erblicken, können wir vielleicht auch die
bisher offen gelassene Paradoxie dieses Gesamtphänomens:
Muse-Dichter-Dichtung, wenn auch nicht auflösen, so doch etwas
klären. Das Musische erschien, nach seinem Kult zu urteilen, in
seinem Wesen als Natur: natürlich auch insofern es himmlisch
ist. Danach mag die Grundnatur des Menschen im Sinne des jungen Nietzsche, eben als Natur, musisch genannt werden. Die
griechische Theorie hielt demgegenüber die Bewußtheit und Absichtlichkeit im Schaffen des Dichters für wesentlich. In der gleichen Zeit kannte und verehrte das Griechentum die Muse als
Urquelle und Möglichkeit jeder dichterischen Schöpfung. Diese
zwei Aspekte der einen Wirklichkeit: »Dichtung« — welche beide übrigens nicht bloß das Griechentum in solcher Gegensätzlichkeit erkannt hat — scheinen einander unvermittelt gegenüberzu-
stehen.

Es ist aber nicht so. Als die Musen des Helikons ihr Wesen dem
Hesiod offenbarten, bekannten sie sich in klarer Form zur Bewußtheit und Absichtlichkeit. Diese Form schließt die höchste
Möglichkeit des Geistes ebenso in sich, wie jenes entgegengesetzte Extrem des Bewußten und Absichtlichen, das seinem Wesen
nach ganz instinktiv-naturhaft und ungeistig ist: das Lügen. Es
sei ihre Natur — so rühmen sich die Musen vor dem Hirten —
»viele Lügen sagen zu können, die der Wahrheit ähnlich sind,
und auch die Wahrheit selbst, wenn es so gefällt[82].«

Dichtung k a n n also lügnerisch sein, sie vermag aber auch die
Wahrheit zu sagen. Die mögliche Unwahrhaftigkeit des Dichters wird nicht verheimlicht. Um so wichtiger ist die Bemerkung,
die Dichtung sei, auch insofern sie Lüge ist, der Wahrheit ähnlich. Die Musen selbst nehmen eine Mittelstellung ein. Sie sind
Töchter des Uranos und der Ge oder des Zeus und der Mnemosyne, durch diese sind sie in die Struktur des Kosmos gleichsam
eingebettet. Sie sind im Tiefen, an den Quellen heimisch — tief
ist auch die Hippukrene auf dem Helikon —, gehören aber auf

den Olymp, wo sie die Götter ergötzen. Der Besuch auf dem Olymp ist etwas wesentlich Musisches. Die Muse ermöglicht dem Dichter, die Götter zu sehen, über sie zu erzählen. Was sie vermittelt, ist freilich keine sichere und vollgültige Wahrheit. »Also Schöpfung« — werden wir sagen. Denken wir aber über dieses Wort einen Augenblick nach! Würden wir etwas mit ihm benennen, das ganz und in jeder Hinsicht unwahr und unwirklich wäre? Schöpfungscharakter schließt den Wirklichkeitscharakter nicht aus. Im Gegenteil: undenkbar wäre eine künstlerische Schöpfung, die nicht aussagte, was in unserem Kosmos als wirklich gilt.

Das Musische ist nicht seinem Wesen nach wahrhaftig, sondern es kann sich von den Wirklichkeiten, deren eine auch es selbst ist, nicht losreißen. Vor höheren Wirklichkeiten wird die Muse dienend, wieder ihrem Wesen nach, dessen Naturhaftigkeit durch die weibliche Form betont wurde. Diese weibliche Form begründet zugleich naturhaft jenes dienende Verhältnis, das edelste Dienen, ob es Zeus, dem König, oder Apollon, dem Musagetes, gilt. Das denkbar Edelste und Zarteste ist das Verhältnis der Musen zu Apollon, der sie mit den Tönen seiner Leier beherrscht und lenkt — und zugleich ist es das Geheimnisvollste im Wesen des Apollon. Denn wie die Musen eine wesentliche Beziehung zu ihm haben, ohne die das Griechentum das Musische nie gedacht hat, ebenso hat er, der rein geistige Gott, mit der Erdentiefe und den aus ihr hervorsprudelnden Quellen unlösbare und unerklärliche Verbindungen. Delphi blieb immer ein gemeinsamer Kultort Apollons, der Erdgöttin und musischer Quellennymphen.

Bis zu diesem Punkt vermögen wir hier vorzudringen. Die Verbundenheit des Geistes und der Natur im Fall des Apollinischen und Musischen wollen wir hinnehmen, wie die übrigen Eigentümlichkeiten, die uns die antike Dichterschaft zeigt. Die griechischen Dichter tragen das dienende Verkündertum des Musischen, ohne religiöse Dichter im besonderen zu sein. Nicht bloß Apollon! — Hermes und Dionysos stehen dem Dichter ebenfalls nah. Was in der Dichtung mehr ist als quellenhafte Vitalität und mehr als jenes naturhaft Himmlische; was Leben und Tod umfaßt und über beiden ist: apollinische Reinheit des Geistes, her-

metisch durchdringende, spielerische Klugheit, dionysische Auf-
gelöstheit — all das ist das Reden dieser Götter durch den Mund
von Dichtern apollinischer, hermetischer, dionysischer Natur.
Das Wesen der Aphrodite und Artemis, der Demeter und Persephone erscheint in seiner reinsten Form gleichfalls in der Dichtung. Und der griechische und römische Dichter verzichtet nie
auf die strahlende Gegenwart göttlicher Gestalten: er ist immer
voller Mythologie, er bleibt immer Dichter der Götterwelt. Man
könnte es auch so ausdrücken, daß die antike Religion eine besondere Färbung und einen besonderen Gehalt der antiken Dichtung gibt, aber auch so, daß die antike Religion diejenige Religion ist, die den Dichter als ihren berufensten Propheten kennt.
»Der Dichter ist der religiöse Mensch schlechthin« — sagte man
im Georgekreis[83]. Der antike Dichter ist dies wirklich. Seine
Dichterschaft ist Religiosität. Und die Existenz dieses wesentlich
religiösen Menschen gründet sich auf jenes Wunder der in ihm
wirkenden Lebensfülle, das er nur in religiöser Form ausdrücken
kann: durch seine Musenreligion. Deshalb konnte die Wesensbe-
schreibung der Musenreligion zur Charakteristik des antiken
Dichters werden.

*1935*

Für »neue Hyperboreer«, wie sich Altertumsforscher der romantischen Zeit gerne genannt haben, für Söhne des Nordens, aber auch für Bewohner des halkyonischen Ungarns, die in einem entlegenen illyrischen Winkel der Adria das Schiff besteigen, um Hellas zu erreichen, beginnt mit Korfu die Welt der Odyssee. Wir empfinden es, ohne viel nachzudenken, ohne die Entfernungen von Ithaka, vom Peloponnes nachzurechnen. Wir sind darin rein gefühlsmäßig und unmittelbar sogar viel sicherer und ungestörter. Nicht anders als Gregorovius, der in Korfu umherwanderte, den Homer in der Hand, und daran glaubte, im Phäakenland zu sein, obwohl er die Gründe der Wissenschaft gegen die Identifikation kannte[84]. Wir selbst sind, wie Odysseus, ins Land der Phäaken gelangt, in das Land, zu dessen Wesen es gehört, daß hier zuerst Griechenland aus einer erträumbaren zu einer erreichbaren Möglichkeit wird, sich als Daseiendes meldet und uns in Atmosphäre, Sitte und Lebensweise der Bewohner nähertritt. Es ist eine Nähe — man möchte fast sagen: die noch mehr Griechenland ist, als Griechenland selbst. Denn sie läßt in der schon erreichten Wirklichkeit immer noch Raum für die Möglichkeit, für unsere Träume von Griechenland, für unsere Sehnsüchte nach ihm.

Damit ist freilich die Frage nach dem Grund der Gleichsetzung Korfus mit dem Phäakenland nicht wissenschaftlich beantwortet. Die Insel Kerkyra war für die Griechen der klassischen Zeit längst das Land der Phäaken, und das war sie bereits für die archaische Zeit. Thukydides berichtet nicht einfach von einer rein theoretischen Identifikation, sondern von einem Kult des Alkinoos und von dem Bewußtsein der Kerkyräer von ihrem Phäakentum, das damals allgemein anerkannt wurde[85]. Es war für sie eine Realität, die es ihnen zur Pflicht machte und ihnen zugleich die Zuversicht dazu gab, ihre Seemacht zu behaupten. Diese Selbstlegitimation der klassischen Korfioten durch ihren Phäakenruhm beweist, daß hier eine Tradition wirkt, die das volle religiöse Gewicht eines Mythos hat: das Koinon, die Gemeinschaft, der Kerkyräer setzt sich dafür ein, baut sich darauf eine eigene, unabhängige, der Mutterstadt Korinth spottende nationale Existenz auf.

So erscheint der Phäakenmythos des kerkyräischen Staates bei Thukydides in seiner vollen Bedeutung. Dieser Mythos gründete auf einer bestimmten Auffassung der Kerkyräer von der Odyssee und ihrer eigenen Insel. Je mehr man also die Schwierigkeiten erkennt, die einer gelehrten Identifikation von Korfu und Scheria, dem homerischen Phäakenland, entgegenstehen, um so mehr sieht man sich hier vor das Problem gestellt: haben die griechischen Siedler in Kerkyra schon in der archaischen Zeit so wenig Sinn für die dichterischen Feinheiten der Odyssee gehabt, daß sie die Erzählung von dem Phäakenland auf ihre eigene Insel beziehen konnten?

Das ging — meint man gewöhnlich — bei den Griechen sehr leicht. »Was in solchen Zeiten Schmeichelei und Eitelkeit erfinden, nehmen Familiengeist und vaterländischer Stolz in Pflege und Schutz auf« — so schreibt F. C. Welcker, der wissenschaftliche Begründer der Ansicht, daß die homerischen Phäaken gar nichts mit geschichtlichen oder vorgeschichtlichen Bewohnern einer geographisch bestimmbaren Insel zu tun haben[86]. Und er hat soweit recht, als der Phäakenmythos seine große Bedeutung in der klassischen Zeit der patriotischen Selbsttäuschung der Kerkyräer verdankte. Diese hatten einen sehr tiefen, geheimen Grund, ihre Täuschung zu pflegen: sie, die korinthischen Siedler, legitimierten damit ihre Untreue der Mutterstadt gegenüber. Aber die Gleichsetzung von Scheria mit Korfu ist wahrscheinlich älteren Ursprungs. Wilamowitz, ein Nachfolger Welckers in der Bekämpfung der Identifikation, macht die ältesten ionischen Kolonisten verantwortlich dafür, daß mythische Lokalitäten der Odyssee in Italien und Kerkyra angesetzt wurden[87]. Noch vor den Korinthiern kamen Eretrier aus Euboia zu der schönen und reichen Insel. Allen Anzeichen nach waren es also Ionier, die das Land der Phäaken in Kerkyra wiedererkannt haben. Das homerische Epos lag ihnen zeitlich und volkstümlich noch verhältnismäßig nah. Und gerade sie sollten die Schwierigkeiten der Gleichsetzung nicht bemerkt haben . . .?

Welches sind diese Schwierigkeiten? Schwierigkeit ist alles, was die Phäaken der Odyssee als ein Volk erscheinen läßt, das nicht unter Menschen, sondern in die Nachbarschaft der Insel der Seligen gehört. Wirken sie in der homerischen Darstellung geisterhaft, so wohnen sie nicht auf einer Insel, die man kolonisiert, sondern am Rand des Totenreiches, in einer Märchenwelt. So folgerte Welcker, indem er die Phäakengesänge der Odyssee sorgfältig interpretierte und besonders jene dichterisch wirkungsvollen Züge zur Geltung gelangen ließ, die das Heimbringen des Odysseus so geheimnisvoll und wunderbar erscheinen lassen. In der Nacht und im Zustand eines todestiefen Schlafes wird er von den Phäaken auf einem gedankenschnellen, durch Nebel unsichtbar gemachten Schiff nach Hause gebracht. Auf einen mit den Märchen der Romantik erzogenen Leser übt diese phäakische Art des Heimgeleitens eine geisterhafte Wirkung aus. Hätten aber die archaischen Hörer des Epos nichts davon bemerkt? Oder nimmt man mit Welcker und Wilamowitz nicht die richtige Stellung dem homerischen Epos gegenüber ein, wenn man solche Züge aus dem Gesamtwerk herauslöst und in ihnen eine Wirkung erkennt, die sie auf die ersten griechischen Kolonisten der Insel Kerkyra nicht ausgeübt haben?

Wir müssen zunächst darüber entscheiden: stellen wir uns das homerische Epos in der archaischen Zeit so tot vor, daß dichterisch wesentliche Züge an ihm damals schon ohne Wirkung waren, oder halten wir das für unmöglich? Die Entscheidung ist nicht leicht, weil jeder Erklärer einer Dichtung wissen muß, daß zum Wesen eines wirklichen Kunstwerks Vielseitigkeit gehört. Jede künstlerische Schöpfung ist eine Welt für sich, die einem späteren Betrachter dichterisch wichtige Züge offenbaren kann, welche früheren Genießern und Bewunderern ganz unbemerkt blieben. Der echte schöpferische Dichter kann zeitlich und volkstümlich Fernstehenden Wesentliches sagen, wofür Näherstehende mitunter kein Ohr haben. Was Shakespeare im »Sommernachtstraum« ausspricht, das brauchte nicht alles auf die Zuschauer im elisabethanischen Theater zu wirken. Vielleicht ergeht es dem Dichter der Phäakengesänge ähnlich.

Was ist uns die Odyssee? Wir sehen, daß wir mit unseren Teilfragen keinen Schritt weiterzukommen vermögen, solange wir über unsere S t e l l u n g  z u m  W e r k nicht klar geworden sind. Für Wilamowitz und die meisten Philologen, die die Tradition der alexandrinischen Homerkritik fortsetzen, ist die Ilias oder die Odyssee sozusagen ein zeichnerisches Werk, dessen Linien ursprünglich mikroskopisch richtig nach einem verfolgbaren Plan gezeichnet waren. Wo der nachprüfende Scharfsinn des Kritikers eine mikroskopische Unrichtigkeit entdeckt, eine Abweichung von der einzig möglichen Absicht des Verfassers, dort ist eine Fuge, die an dem ursprünglichen Text die Ein- oder Nachdichtung eines in das große eingearbeiteten kleinen Epos verrät. Diese Auffassung muß sich darüber klar sein, daß sie mehr alexandrinisch als archaisch ist. Sie legt den Nachdruck auf innere Konsequenz und Wirklichkeitstreue des Kunstwerks. Und sie hat damit recht. Je größer der Künstler, um so mehr hat er beides: er ist konsequent und treu. Doch schafft er nie eine bloße Struktur, die lediglich aus Konsequenz und Treue besteht, sondern immer eine besondere Welt, die wiederum einen Aspekt der gesamten Welt darstellt. Dieser Aspekt kann vielleicht mit der Farbenpracht der Malerei richtiger und treuer wiedergegeben werden als mit zeichnerischer Durchsichtigkeit, kann überhaupt eine besondere Art von Richtigkeit und Treue aufweisen: eben eine malerische. Gerade von der Odyssee darf dies gesagt werden, in jenem tieferen Sinn des Malerischen, in dem Altheim diesen Begriff auf chthonisches und italisches Wesen anwendet[88]. Ich versuche, von einer anderen Seite her mich nähernd, zu sagen, was für einen Weltaspekt die Odyssee uns offenbart.

Wie ungenügend und gewaltsam die nur auf Konsequenz achtende, für die Wirklichkeitsfülle eines Weltaspekts blinde, kritisch-philologische Auffassung ist, soll zunächst an einem Beispiel gezeigt werden. Wilamowitz glaubte eine besonders klar gezeichnete Linie in der Ilias verfolgen zu können, die folgerichtig zum Tod des Achilleus noch in demselben Gedicht führen mußte[89]. Es ist ja von Thetis vorhergesagt worden, daß er gleich nach Hektor sterben muß. Achilleus — für uns ist dieser Punkt ganz vornehmlich zu betonen — nimmt seinen Tod an: »Gleich soll ich sterben[90]...!« Doch wird die Handlung in unserer Ilias nicht konsequent bis zum Tod des Achill geführt. Wegen der Folgerichtigkeit wird eine ältere Form, eine Achilleis gefordert, in der am Ende Achilleus tatsächlich fiel.

Ein anderer großer Philologe zeigte uns sogar die Fuge, wo die Linie bricht und die ursprüngliche Zeichnung ihres durchsichtigen Sinnes verlustig geht[91]. Im XXII. Gesang, nach dem Tod des Hektor, will Achilleus die Griechen gleich zum Sturm gegen Troja führen. Er stockt aber mitten in der anfeuernden Rede[92] und erinnert sich daran, was folgen soll und in unserer Ilias tatsächlich folgt: Schändung von Hektors Leichnam und Spiele zu Ehren des Patroklos. Die ganze Fülle des heroischen Weltaspekts mit seiner Grausamkeit und agonalen Lebenssteigerung, mit seiner leidenschaftlichen Trauer und unberechenbaren Milde, mit all diesem angesichts des Toten und des Todes, bricht hier herein und macht die Ilias erst zu einem Welt-Gedicht — zu einem Gedicht, das eine Welt ist.

Dadurch wird jene Linie gebrochen. Hat sie aber nicht gerade in dieser heroischen Welt und gerade wie sie ist: gebrochen, ihren vollen Sinn? Nirgends zeigt sich jene kritische Homererklärung in ihrer ganzen Grobheit so wie hier. Sie vermißt die krasse, faktische Verwirklichung von Achilleus' Tod! Als ob das nicht viel mehr wäre, was die Ilias enthält: daß Achilleus seinen Tod auf sich genommen hat und daß sich alles angesichts dieses Todes abspielt! Sein mit offenen Augen gesehener Tod ist d e r Tod in der Ilias, auf eine viel eigentlichere Weise als ein Tod, der wirklich erfolgt, und eben darum ein höherer und wesentlicherer Tod als der Tod des Hektor. Er ist nur mit dem Fall Ilions vergleichbar, der in der Ilias ebensowenig erfolgt, ebenso über dem Gedicht schwebt wie der Tod des Achilleus. Angesichts dieses Todes nimmt die Welt in der Ilias einen heroischen Aspekt an, wird die Ilias auf die eigentlichste Weise zur Achilleis. Ihr felsenfester Hintergrund ist als unabwendbare, voll erkannte und frei gewählte Möglichkeit der Tod des Heros, von dem sich das heroische Leben in seiner einzigartigen, unersetzbaren Größe abhebt. Diese Lagerung des Todes und des Lebens als voneinander am schärfsten getrennter, entfernter und doch wesenhaft verbundener Gegenpole bestimmt unsere Ilias.

Die Odyssee wird durch eine ganz andere Lagerung derselben Pole bestimmt. Sie ist nicht das Gedicht vom heroischen Leben, das sich vom einmaligen, unabwendbaren Tod als seinem polaren Gegensatz abhebt, sondern das Gedicht vom Leben, das vom fortwährenden, überall gegenwärtigen Tod durchdrungen ist. In der Odyssee fallen die beiden Gegenpole zusammen. Die Welt der Odyssee ist jene schwebende Lebenswelt, die sich mit dem Tod berührt wie die rechte Seite eines Gewebes mit seiner Kehrseite. Sie besteht ebenso aus ihren Hinter- und Untergründen, den hinter und unter ihr gähnenden Schlünden, wie aus sich selbst. Über diesen schwebt fortwährend Odysseus. Nicht nur s e i n Dasein freilich ist in der Osyssee schwebend. Zwischen Leben und Tod schwebt Telemachos, schweben die Freier. Vornehmlich schwebend ist die Wartende: Penelope. Aber im eigentlichsten Sinn ist Odysseus der Mann des Schwebens über Schlünden und Abgründen.

Diese Abgründe sind in allen Situationen, mythischen Wesen und Lokalitäten, wo er nur hinkommt, verkörpert. Wenn es wahr ist — so beklagt sich ein moderner Geograph —, was die Philologen, Religionshistoriker und Sprachforscher vom Wesen der Skylla und Charybdis und der übrigen mythischen Gestalten der Odysseeszenerie ermittelt haben, so ist alles das nur Tod und Tod: »So kommt man zur Anschauung, als habe Homer überhaupt keine andere Aufgabe gekannt, als das Reich der Abgeschiedenen in immer neuen und schwerer zu enthüllenden allegorisierenden Varianten zu schildern[93].« Es ist in der Odyssee natürlich nicht von Totenreichallegorien in diesem Sinn die Rede, sondern von Todesmöglichkeiten, vom »Schweben zwischen Rettung und Untergang im Schreckensmeere«, wie ein älterer Darsteller der homerischen Weltkunde es ausdrückte[94]. Die unbefangene Betrachtung jener existenzialen Situation, die sich in den Abenteuern des Odysseus widerspiegelt, gibt den Mythologen und Sprachforschern recht. Es wäre freilich eine naive Auffassung, zu glauben, daß Kalypso, so wie sie die Odyssee schildert, eine Totengöttin ist. Im ganzen Weltaspekt der Odyssee gehört aber auch sie mit ihrer Höhle unverkennbar zu den Schlünden und Abgründen. Die Vögel der Kalypsoinsel sind nicht über ihr eigenes Wesen hinaus unsympathisch und passen nicht wider die Natur zu »Öd' und Einsamkeit«. Die Blumen, Kräuter, Holzarten, die erwähnt werden, sind nicht doppeldeutiger als in der Wirklichkeit, wo sie nach Begräbnis riechen. Sie fügen sich aber mit ihrer Doppeldeutigkeit in den Weltaspekt der Odyssee. Die odysseeische Situation läßt auch das Unsympathische und Finstere, den ewigen Grund zum Klagen für die Sterblichen, sich nicht auflösen und nicht verschwinden unter dem heiteren Himmel der Olympier.

Es wäre noch vom geistigen Verhalten des Schwebenden und Ewig-sich-Beklagenden zu sprechen: wie er die Ohren dem Sirenengesang, dem zum Ton gewordenen Tod, offen hält, wie er sich der Kirke mit vollbewahrtem Bewußtsein hingibt, wie er selbst das Reich der Toten aufsucht! Und es wäre dann zu sprechen vom Urelement der Abgründe und des Schwebens, das diesen Weltaspekt beherrscht: vom Meer, dem großen Zweideutigen. Wir sind aber schon so weit, daß wir uns jetzt vielleicht entschließen können, die Frage zu beantworten: War die Odyssee in der archaischen Zeit, dem Zeitalter der großen griechischen Kolonisation, schon so tot, daß jenes Wesentliche, das in ihr als Weltaspekt und existenziale Situation dichterisch festgehalten wurde, nicht mehr wirken konnte? So tot, daß man sie nur als eine interessante Reisebeschreibung und als eine erbauliche Familiengeschichte genoß? Hatte man eben damals keinen Sinn für das Schweben über Abgründen und kein Verständnis für ein Verhalten, das von der Todesgefahr zugleich positiv und negativ bestimmt war? Das Hingezogensein zum Unbekannten, selbst wenn es tödlich ist, und das Erleben der Schrecknisse dieses Tödlichen ist gerade in besonderem Maße Entdecker- und Kolonisatorenerlebnis.

Wenn es »Schiffermärchen« gab, die in der Odyssee verarbeitet sind, so waren sie sicher Ausdruck dieser beiden Erlebnisse. Es ist aber im Grunde nichtssagend und eine ganz müßige Erklärungsweise, sich auf unbekannte, unkünstlerische Ausdrücke derselben Urmotive zu berufen, wenn wir ja dem vollkommenen Ausdruck, der Odyssee, gegenüberstehen. Noch schlimmer ist es, zur Erklärung der Phäakengeschichte auf das »Schlaraffenland« hinzuweisen. Man setzt damit Kinderphantasien rein gastrischer Natur an die Stelle eines feinen dichterischen Gebildes, dessen Eigentümlichkeiten nicht auf diese Art verwischt, sondern einzeln und in ihrem Zusammenwirken verstanden werden sollen. Die erste Bedingung dafür ist, den odysseeischen Weltaspekt zu erkennen, dessen Wesen — das sehen wir jetzt wohl schon ein

— gerade der kolonisatorischen archaischen Zeit nicht verborgen bleiben konnte. Wie das Abenteuererleben seine Gefahren, die hinter jedem Felsen lauern, so hat die Welt der Odyssee hinter dem alles erfüllenden, leuchtenden Glanz des Meeres ihre Kehrseite, als eine immanente Möglichkeit, immer und überall.

Es gibt einen mittelbaren Beweis für diese Zweiseitigkeit der Odyssee. In einem Lande, das für das Finstere, Chthonische, Unterweltliche einen besonderen Sinn hatte, in Italien, wurde die Odyssee von ihrer Kehrseite her gesehen. Wir kommen immer mehr zu der Überzeugung, daß Livius Andronicus einen besonderen Grund hatte, gerade die Odyssee zu übersetzen. Warum wurde eben sie zur Übersetzung gewählt und nicht die Ilias, die ja viel mehr dem männlichen Ideal der altrömischen Gesellschaft entsprach? So stellte man die Frage und fand, wie jeder, der ernstlich eine Antwort sucht, den Grund in der ganz frühen, schon hesiodischen Identifikation mythischer Lokalitäten der Odyssee mit geographischen Punkten der altitalischen Welt[95]. Die Denkmäler zeigen, daß die Übersetzung des Livius Andronicus eher altitalischer als römischer Wahl und Vorliebe entsprach. Altitalische Eigentümlichkeit war es, ein Werk mit jener finsteren Kehrseite zu bevorzugen, und etruskisch, diese Kehrseite in den Vordergrund zu stellen. Die Blendung des Polyphem erscheint als Wandmalerei in der Tomba dell'Orco mitten in die Hadesdarstellungen eingefügt. Die Grausamkeiten des Kyklopen gehörten für den griechischen Dichter noch in diese Welt, wenn sie auch die äußersten sind. Die Etrusker erblickten in der Kyklopenhöhle etwas Höllisches, Jenseitiges und Unterweltliches. Solcher *interpretatio italica* entspricht im Grunde auch die geographische Identifikation der tödlichsten Odysseeszenerie mit italienischen Küstenlandschaften: die Bewohner selbst sahen dort überall »Totenberge«. Die spätere Auffassung, daß diese die »Gräber« des Misenus oder Palinurus seien, kann nur als Abschwächung einer früheren Anschauung verstanden werden, für die die beiden Vorgebirge — Capo Miseno und Punta di Palinuro — mit ihren riesigen Konturen Wohnorte von Toten waren.

Eine archaische Interpretation der Odyssee, die mit der Interpretation einer Landschaft zusammentrifft: damit ist auch der

Fall ›Korfu und die Odyssee‹ bezeichnet. Wenn wir uns jetzt den Phäakengesängen zuwenden, so sollen wir an sie nicht mit der Frage nach ihrer Entstehung herantreten, sondern unter dem Gesichtspunkt ihrer Wirkung. Sie sind für uns nicht das Ergebnis der Bearbeitung eines Stoffes, der trotz der künstlerischen Gestaltung noch in seiner ungestalteten Roheit zu erfassen ist. Sondern für uns sind die Phäakengesänge ein künstlerisches Gebilde, in dem jeder Zug in dem gestalteten Ganzen seinen vollen Sinn hat und seine Wirkung ausübt. Und von dieser Wirkung nehmen wir an, daß sie in der archaischen Zeit noch nicht erstorben war, sondern, wie die ganze Odyssee, sich eben damals in ihrer vollen Lebendigkeit behauptete, vielleicht sogar: entfaltete.

Welcker, der so entschieden die Nähe des Phäakenlandes zu den Inseln der Seligen betonte, war noch allzusehr mit der Frage der Herkunft beschäftigt. Er wollte in den Phäaken jene nordischen Totenschiffer erkennen, von denen Prokopios berichtet, sie führten die Verstorbenen von der diesseitigen Küste des Ozeans hinüber nach der Insel Brittia[96]. Von diesen sei die Kunde zu den alten Ioniern gelangt, die die »Dunklen Männer« — denn das bedeutet ja der Name Phaiakes —, das nebelhafte Volk einer fremden Sage, nach ihrer eigenen Mode und Lebensweise umkleideten. Vermutlich sind, nach Welcker, dieses Volk »die *ultimi Germaniae Hermones* des Mela, die dann von den Hermionen des Tacitus und Plinius als einem wirklichen deutschen Volk notwendig zu unterscheiden sind[97].« Was hätte aber Welcker geantwortet, wenn ein Vertreter der Ansicht, daß die Phäaken die ältesten Korfioten sind, den Einwand machte, an der felsigen, tödlichen Westküste von Korfu liege ja die Bucht Ermones?

Wenn wir solch gefährlichen Weg betreten und einen Schritt aus dem homerischen Phäakenland über die Grenzen des dichterisch Dargestellten hinaustun, verlassen wir auch den Bereich der wissenschaftlichen Erklärung. Nicht einmal auf das darf man bauen, was Wilamowitz aus der Welckerschen Interpretation allein behalten wollte: daß nämlich die Phäaken die »Dunklen« — und deshalb ein mythisches Volk — seien. Auch das ist noch in typischer Weise ein G r i f f   h i n t e r   d a s   K u n s t w e r k.

Gegen diese Folgerung konnte schon K.O. Müller einwenden, daß die »Dunklen« die antiken Schiffer ihrer Gewandung nach überhaupt sind[98]: *ferrugineus* ist nach Plautus der *colos thalassicus*[99]. Der Zusammenhang entscheidet wie bei der *cumba ferruginea* des Charon[100]. Ob Phäaken ›Dunkelmänner‹ oder ›Schifferleute‹ sind — oder beides in einem —, darüber gibt nur ihre G e s t a l t Auskunft, so wie sie vom Dichter dargestellt wird. Nicht geisterhaft, wohl aber gestalthaft sind sie, ›götternah‹[101] auch in dieser Hinsicht, und weit entfernt von der Gemeinschaft mit den Menschen. Nur weil er einzelne Züge ihrer Gestalt — einer Gestalt, die so nah den Göttergestalten ist — ergriff, konnte Welcker die Phäaken grundsätzlich von jedem irdischen Wohnort trennen. Und deshalb muß auch jene Interpretation, die nicht hinter das Kunstwerk greifen will, dort anknüpfen, wo er schon am Wesentlichen festhielt.

Nicht freundlich sind die Phäaken gegen die Menschen, sondern unfreundlich[102]. Und doch sind sie es, die jeden sicher heimgeleiten, der zu ihnen gelangt. Sie sind d i e sicheren Heimgeleiter, wie Alkinoos wiederholt aussagt[103]. Das ist eben das Erstaunliche an ihnen; darin offenbart sich das phäakische Wesen überhaupt am wirkungs- und geheimnisvollsten. Durch ihre Unfreundlichkeit wird ihre Distanz von der gewöhnlichen Sterblichkeit hervorgehoben. Und eben darum ist es undenkbar, daß sie nur da wären, um menschliche Wünsche zu erfüllen. Bestimmt sind sie in ihrem Wesen durch ihre Beziehung zu Poseidon. Ein poseidonisches Volk, würde man glauben. Aber das Erstaunliche ist wiederum der scheinbare Widerspruch: das unübertreffliche Schiffervolk der Phäaken lebt in ewigem Gegensatz zu Poseidon. Sie verehren ihn in einem schönen Heiligtum, wie auch die Athene, der ihre Frauen die Kunstfertigkeit in weiblicher Handarbeit verdanken. Ihr König stammt ebenso wie Polyphem, der Kyklop, von Poseidon ab. Dieser ist der Gott, der Macht hat, sie zu bestrafen, wie er — der Vater des schrecklichen Riesen — auch Herr ist über das Schreckensmeer. Aber das Sein der Phäaken steht zu dem Schrecken des Meeres, wie der Tag zur Nacht. Kyklopen und Giganten sind ihre feindlichen Nahverwandten. Ihre Seinsform ist der Gegenpol zum Abgründigen und Trennenden. Durch ihre wunderbaren Schiffe verbinden sie jene unerreichbare Ferne, wohin Rhadamanth entrückt wurde, mit Ländern der Sterblichen. Daß sie in der Nähe der Inseln der Seligen wohnten, ist damit nicht gesagt. Ihre Fahrt kennt keine Entfernungen und Hindernisse weder in der einen Richtung noch in der anderen, wo immer das Schweben zwischen Leben und Tod sein Ende erreicht.

Wenn es einen Gott gibt, dessen Wesen das Phäakentum zwar nicht b e s t i m m t , aber sich mit ihm berührt, so ist es Hermes. Nicht nur die Schiffe der Phäaken sind schnell — schnell und vernunftbegabt, wie Menschen —, sondern sie dürfen auch die Schnelle ihrer Füße rühmen[104]. Der Tanz, in dem die Phäakenjünglinge ebenso geschickt sind wie im Laufen, ist dem hermetischen Wesen ebensowenig fremd: Hermes führt auf manchen Darstellungen den Reigen der Nymphen. Das Phäakenleben kann charakterisiert werden mit den Worten, die Apollon im Hermeshymnus von der Wirkung der hermetischen Musik sagt: »Wahrhaftig, hier ist dreifacher Gewinn: Frohsinn und Liebe und Schlummer[105]!« Im Augenblick, in dem Odysseus in den Saal des Alkinoos tritt, bringen die Phäaken gerade dem Hermes vor dem Schlafe ein Trankopfer dar. Und als sie ihn später heimgeleiten, geschieht es in der Nacht und so, daß der Heimgeleitete tief schlummernd in ihrem Schiffe liegt. Solch nächtliches Heimführen scheint hier das Gewohnte zu sein, denn es wird sorgfältig von den Dienerinnen vorbereitet, und Odysseus gibt sich ihm wie einer unvermeidlichen Forderung hin. Darin zeigt sich eben der dritte erstaunliche Zug des phäakischen Wesens. Aristoteles hat daran Anstoß genommen[106]. Es paßt aber ganz besonders zur hermetischen Art, und es wird dadurch nicht weniger hermetisch, daß der Schlaf des Heimgeleiteten »so süß ist, dem Tode aufs genaueste ähnlich[107]«. Welcker versäumt auch nicht, den Philostratos zu zitieren, der in seinem »Heroikos« bemerkt, Odysseus sei »wie ein Toter aus dem Schiffe der Phäaken getragen worden«[108]. Dieser Zug der hermetischen Welt, die Todesähnlichkeit des Schlafes, wird aufgegriffen vom Dichter, damit sich daraus die wirkungsvolle Szene des Erwachens des Odysseus in Ithaka mit all ihren Überraschungen ergebe.

Ein hermetisches Volk sind die Phäaken, wenn auch die Hermeswelt viel reicher ist als das Phäakentum. Dieses mythische Volk

114

stellt jenen Gegenpol der abgründigen poseidonischen Welt dar, den ergänzenden Gegensatz zu den Schrecken des Meeres, die dem Odysseus ermöglichen, plötzlich und wunderbar, wie aus dem Tode, an der Küste der väterlichen Insel zu erwachen. Bitterkeit und Süße des Meeresaspekts der Welt hat er voll ausgekostet. Diese Süße und die hermetische Möglichkeit, doch nicht gefangen zu sein, wie bei Kalypso, sondern heimkehren zu können, verkörpern die Phäaken. Mehr über sie sagen zu wollen, hieße das vergröbern, was der Dichter selbst ausdrückte, und was seine archaischen Hörer als den Gegensatz zu den Schrecknissen ihres schwebenden Schifferdaseins wiedererkennen konnten.

Ein solches Volk aber, dessen Sein in einem Weltaspekt wurzelt, hat ursprünglich keinen näher bestimmten geographischen Wohnort. Es geht ja auch mit der Traumwelt um. Daher stammt wohl die alte Sklavin des Königshauses, die Eurymedusa aus Apeire[109]: »Grenzenlos«, das heißt chaotisch, ist der Hypnos, und so wird er auch von Odysseus bezeichnet[110]. Doch gehören die Phäaken selbst nicht zur chaotisch-gestaltlosen, sondern zur plastischen Welthälfte, wie Hermes oder Poseidon oder die übrigen homerischen Göttergestalten. Sie konnten auch, wie diese, die Landschaft finden, die ihrem Wesen entsprach. Erkannt wurde sie von den archaischen Griechen in Kerkyra. Und das ist kein Wunder. Denn sie hat beides: die Süße des Daseins in der Atmosphäre des weltweiten, fernen Meeres und die Möglichkeit, ja schon die Wirklichkeit der Heimkehr nach Hellas.

Korfu ist in diesem Sinne Odysseelandschaft. Wie das aphrodisische Wesen mit Akrokorinth, Eryx und Portovenere, so vermählte sich das Phäakentum mit der Insel Kerkyra. Ein vom Dichter rein geistig erschauter Aspekt der Welt erhielt hier durch die Natur Bestätigung, die kerkyräische Natur gelangte aber durch die Vermählung mit einer rein geistigen Gestalt zu ihrem Sinn[111]. Die phäakische Landschaft wurde in ihr zur geographischen Wirklichkeit, die sich schön einreiht in die Mitte zwischen der sirenischen Landschaft von Capri und der heroischen von Troja. Damit haben wir aber nicht mehr ihre geographische, sondern ihre ideale Stelle unter den klassischen Landschaften bezeichnet.

Nie hätten die Phäaken mit dieser Landschaft verbunden werden können, hätten sie je einen geisterhafteren Eindruck gemacht, als Schiffertum schon an sich, das ein endgültiges Abreisen oder die endgültige Heimkehr — *sub specie aeterni* dasselbe — andeutet. Das Nordisch-Gespensterhafte ist ebenso unvereinbar mit Korfu wie mit der Odyssee selbst. Doch fehlt das Tödlich-Abgründige auch dort nicht, wo Gärten des Alkinoos auch heute noch blühen. Das hermetische Wesen der Phäaken war nach zwei Seiten hin gewandt: es schloß die Möglichkeit der Heimkehr nach dem Reich der Sterblichen und nach den Inseln der Seligen zugleich in sich. Korfu ist ebenso eine nach zwei Richtungen gewandte Welt. Nach Griechenland ist sie mit ihrer Lebensseite offen (Tafel 6), dem chthonischen Italien aber mit ihrer felsigen Westküste zugekehrt, die die Hadesseite der Insel genannt werden darf (Tafel 7). Von dieser Seite her gesehen ist sie ja ähnlich jenem weißen Felsen, an dem entlang Hermes im letzten Gesang der Odyssee die Seelen der Freier nach den Asphodeloswiesen führt[112]. Zwei entgegengesetzte Aspekte der Insel — und doch sind sie nicht einfach deren Lebens- und Todesseite, sondern doppelseitig in ihrer Beziehung zum Leben und zum Tode.

Von ihrer Griechenland zugekehrten Seite her gesehen, die wir ihre Lebensseite nannten, kann Korfu als eine wirkliche Insel der Seligen bewundert werden. Dann würde sie aber, als Insel der Seligen, schon in das Reich der Entrückten gehören, jenseits der Welt des Lebens, die notwendigerweise auch die des Sterbens ist. Sie gehört natürlich in die Welt der Sterblichkeit, wo die Fülle des Lebens die Stärke des Todes bedeutet. Ahnte die Kaiserin und Königin Elisabeth, als sie das Heroon des Achilleus in ihrem alkinoischen Garten, in der Mitte dieser Fülle errichten ließ, etwas von der Kehrseite der überfließenden Fruchtbarkeit? Wußte sie vielleicht, daß Achilleus sterben mußte, »eben weil er so schön war« — wie Hölderlin sagt? Waren die aufgeschlossenen Tiefen ihrer Seele für die ganze schrecken- und staunenerregende Größe auch des anderen Aspekts der kerkyräischen Üppigkeit offen? Dieser trat erst später, an der üppigsten Stelle der Phäakenlandschaft so zum Vorschein, wie ihn die archaischen Griechen erfaßt hatten: in der Gestalt der Gorgo.

Die westliche Felsenwand glaubten wir als die Hadesseite der Insel bezeichnen zu dürfen. Sie mag dem herannahenden Schwimmer vom Meere her tödlich erscheinen. An ihr kann aber auch etwas unsagbar Süßes und Glückliches haften. Nicht nur das Sirenische, sondern etwas weit Höheres. Der Sprung vom weißen Felsen galt den Hellenen als ekstatischer Ausdruck jener Fülle des Daseins, die zur Befreiung vom Sein zwingt[113]. Phäakentum liegt und bleibt v o r diesem Sprung, es weilt ewig im Augenblick, wo Fülle schon zur Möglichkeit der Freiheit geworden ist, aber noch nicht zur Notwendigkeit der Befreiung von ihr. Es entspricht in der Sphäre der reinen Seinsformen vielleicht jenem Zustand des Schwebens, jener Bereitschaft, silbern, leicht wie ein Fisch, hinauszuschwimmen mit dem Nachen, wovon — als von »des Todes heimlichstem, süßestem Vorgenuß« — der deutsche Philosoph spricht:

Warm atmet der Fels:
   schlief wohl zu Mittag
das Glück auf ihm seinen Mittagsschlaf?
   In grünen Lichtern
spielt Glück noch der braune Abgrund herauf.

*1936*

# SOPHRON ODER DER GRIECHISCHE
## NATURALISMUS

### 1

Die neuentdeckten, ersten größeren Fragmente des Mimographen Sophron bilden für die allgemeine Literaturwissenschaft einen wichtigen Papyrusfund. Dies zu betonen und auszuführen, haben die Entdecker und ersten Leser der Fragmente sowie die Philologen, die sich nach ihnen mit den Resten befaßten, in der Mühe des Lesens und Erklärens, keine Zeit gehabt[114]. Auch diese Betrachtung, die das Versäumte nachholen will, muß zuerst noch Beiträge zum richtigen Verständnis dieser Fragmente und zur Lesung des einen von den beiden größeren liefern. Erst im Anschluß daran soll eine allgemeinere Würdigung versucht werden. Sie wird freilich nur eine vorläufige sein. Die Entzifferung weiterer Papyrusreste kann neue, genauere und tiefere Einsichten zeitigen. Das Rätsel aber, das die Überlieferung über Sophron den Philologen immer aufgegeben hat, ist durch das Bekanntwerden der neuen Fragmente doch schon zu einem wissenschaftlichen Problem gereift. Der Lösung dieses Problems vermögen uns die allgemeinen Gesichtspunkte, die gerade in der letzten Zeit gewonnen werden konnten, bereits etwas näher zu führen, als es früher — auch abgesehen von der Entdeckung der neuen, wichtigen Bruchstücke — möglich gewesen wäre.

Es genügt hier, daran zu erinnern, wie die Mimiamben des Herondas am Ende des vorigen Jahrhunderts begrüßt worden sind. Damals war man höchst zufrieden — oder unzufrieden — damit, in der griechischen Literatur endlich auch das »Modernste« wiedergefunden zu haben: einen Vorläufer des modernen Naturalismus[115]. Zu der Problemstellung, was das Wesen dieses griechischen Naturalismus und ob er mit dem modernen Naturalismus auf dieselbe Linie zu stellen sei, ist man dabei gar nicht gekommen. Und zwar aus zwei Gründen nicht. Erstens lebte man selbst zu sehr im literarischen Naturalismus, um ihn nicht für den natürlichsten Standpunkt zu halten, oder ihn etwa gar als dichterischen irgendwie problematisch zu finden. Zweitens ist die Kunst des Herondas an sich schon raffiniert genug; sein

Werk kann deswegen auch vom artistischen Gesichtspunkt aus als eine besonders kunstreiche dichterische Leistung erscheinen. Er nahm in ostgriechischem Milieu und in einer künstlerisch schon überreifen Zeit, zwei Jahrhunderte nach Sophron, jenes nachahmende Spiel auf, das durch den großen Syrakusaner in einem westgriechischen Dialekt literarisch geworden ist. Und so versuchte er — auf eine sekundäre und etwas komplizierte Weise —, in der Sprache und in einer Versform der ionischen Jambenpoesie etwas der rhythmischen Prosa des Sophron in Ton und Inhalt Entsprechendes zu schaffen. Durch ihn haben wir wenigstens an einigen erhaltenen künstlerischen Schöpfungen kennengelernt, was ein Mimos ist: ein von sprechenden und handelnden Personen getragenes Lebensbild, das auch ohne jede dramatische Verwicklung sein kann. Und das Wichtigste: diese Gattung beabsichtigt nicht ein komisches Verzeichnen, eine Karikatur, sondern naturgetreue Nachahmung. Was sie erreicht, ist eine sozusagen ›gespenstische‹ Ähnlichkeit. Darin besteht die eigenartige künstlerische Wirkung des Mimos. Und deshalb konnte Sophron auch eine Art wissenschaftliche Fortsetzung finden. Die charakterologischen Bestrebungen der peripatetischen Schule sind diese Fortsetzung, und ein Beispiel davon die »Charakteres« des Theophrastos, ein Werk, das für die Neuzeit besonders wirkungsvoll wurde.

Obwohl das alles wohlbekannt sein dürfte, muß es als Voraussetzung zu jeder Erklärung von Sophronfragmenten hier besonders betont werden. Es sei mir erlaubt, auch daran zu erinnern, was uns außerdem noch über Sophron und sein Werk feststeht. Sein Name ist der erste, der in der aristotelischen Poetik vorkommt. Gleich nach ihm folgt die Erwähnung des Xenarchos, seines Sohnes, der gleichfalls die Gattung des Mimos pflegte. In dieser Gattung erblickte Aristoteles die ›reine Poesie‹, die ohne metrische und musikalische Elemente schlechthin in der Nachahmung des Lebens besteht. Wir wußten also auch bisher, daß die griechische Literatur das Ideal des Naturalismus nicht nur in der sekundären Form der Mimiamben des Herondas, sondern auch in primärer, klassischer Einfachheit verwirklicht hatte. Sophrons Name war außerdem immer mit Platons Namen verbunden. Aristoteles behauptete die wesentliche Verwandtschaft

der platonischen Gattung, der Σωκρατικοὶ λόγοι — wir dürfen
es mit »Sokratischen Gesprächen« ebenso übersetzen wie mit
»Sokratischen Novellen« —, mit den Mimen des Sophron. Hinzu
kommt die Überlieferung, Platon selbst habe Sophrons Werk
aus Sizilien nach Athen mitgebracht. Seine Schüler verraten uns,
daß diese naturalistischen Mimen sogar ein *livre de chevet* des
Meisters waren. Auch er fand etwas Großes in ihnen, er, der
Begründer einer Weltanschauung, der — so scheint es — dem
Naturalismus völlig entgegengesetzt sein muß.

Und dies führt uns zu dem Problem. Unmöglich können wir
heute die Vorliebe eines Platon für Sophron leicht nehmen.
Ebensowenig dürfen wir eine antike literarische Erscheinung,
für die die moderne Benennung »Naturalismus« paßt, deshalb
auch ohne weiteres mit dem modernen Naturalismus gleichsetzen. Wir sind freilich selbst noch in diesem Naturalismus aufgewachsen. Die griechische Dichtung stellt für uns gewissermaßen
den Gegensatz dar. Der Standpunkt des antiken Dichters ist seit
Homer immer ein höherer Standpunkt gewesen. Dichtkunst bedeutete für die Alten — und nicht nur für die Alten — eine von
höheren Wesen ausgehende Inspiration, sie war »das lebendige
Bewußtsein der Gegenwart eines höheren Seins«[116]. Dieser göt-
ternahe Standpunkt des Dichters wurde von der modernen Literatur auch äußerlich aufgegeben, als an seine Stelle der Standpunkt der naturalistischen Dichtung trat: etwas, was dem
Standpunkt des Naturforschers gleich sein wollte. Mit den neuen
Sophrontexten erscheint aber der Naturalismus unmittelbar neben den klassischen Werken der griechischen Dichtkunst. Zum
ersten Mal tritt hier in der Geschichte der europäischen Literatur ein Naturalismus in Erscheinung. Eben durch dieses e r s t -
m a l i g e Erscheinen fühlen wir uns heute zu fragen veranlaßt:
Wurde mit diesem Naturalismus zugleich auch der frühere hohe
Standpunkt der griechischen Dichtkunst das erste Mal aufgegeben? Oder wurde dieser Standpunkt vom Dichter trotzdem beibehalten, und zeigt uns gerade der griechische Naturalismus das
W e s e n   e i n e s   N a t u r a l i s m u s ,   d e r   h o h e   D i c h -
t u n g   i s t ? Eine Antwort darauf können wir nur von den
Texten selbst erwarten. Sie müssen wir zuerst zu verstehen versuchen.

120

## 2

Das erste größere Fragment (τὰν τράπεζαν usw.), wozu noch ein kleines Fragment[117] gehört, ist mit dem Mimos Ταὶ γυναῖχες αἲ τὰν θεόν φαντι ἐξελᾶν (in vorläufiger Übersetzung: Weiber, die sagen, sie treiben die Göttin aus) zweifellos richtig identifiziert worden. Es gehört mithin zu einem ›Weibermimos‹. Und hier sei wieder etwas Allgemeines vorausgeschickt. Daß Sophron selbst, oder Apollodoros, der erste wissenschaftliche Herausgeber der Mimen, keinen geeigneteren Gesichtspunkt für deren Gruppierung fand, als den nach dem Geschlecht der Personen, ist bezeichnend genug. In den Mimen sollten eben nur diese P e r s o - n e n geschildert werden, wie sie im Leben vorkommen. Männer und Frauen haben auf eine sehr natürliche Weise ihre besonderen, getrennten Welten, und nicht nur in der Antike: in der einen herrschen männliche, in der anderen weibliche Gesichtspunkte. Dadurch kann eine vorwiegend männliche und eine vorwiegend weibliche Welt entstehen. Sie können auch beide nebeneinander in demselben Volksleben existieren. Sie sind auch in sich nicht so exklusiv, daß in einer Szene aus dem Leben und der eigenen Sphäre der Weiber nicht auch Männer eine Rolle spielen könnten, und umgekehrt. Wäre dies nicht der Fall gewesen, so hätte die Trennung schwerlich streng durchgeführt werden können: hier μῖμοι ἀνδρεῖοι, dort μῖμοι γυναικεῖοι. Das soll nur bedeuten: hier ›Szenen aus der Männerwelt‹, dort ›Szenen aus der Frauenwelt‹[118]. Es ist wohl möglich, daß Männer, oder wenigstens ein Mann, auch in diesem Mimos eine mehr oder weniger passive Rolle gespielt haben. Denn aktiv waren in der geschilderten Hexenszene sicher nur Weiber, unter ihnen besonders die Redende in unserem Fragment: sie ist hier das, was später eine Hexenmeisterin heißt. Die Hexenkunst gehört auch in der Antike entschieden in die weibliche Sphäre.

Und noch etwas, was die Geschichte der wissenschaftlichen Forschung in Bezug auf diesen Mimos betrifft. Solange man das neue längere Fragment nicht kannte, war man durch eine alte erklärende Bemerkung zu Theokrits ›Zauberinnen‹ beeinflußt und gleichsam gebunden, den Mimos von Sophron hauptsächlich in seiner Beziehung zu seinem angeblichen Nachahmer, Theokrit, zu denken. Die Bemerkung kann sich freilich auch nur auf die Übernahme einer Nebensache beziehen[119]. Von früheren Bemühungen um diesen Mimos war die Zuweisung einzelner Zitate dankenswert, besonders die Verbindung eines größeren Bruchstücks mit diesem Mimos, das sich bei Plutarch erhalten hat[120]. Wir werden es in die Handlung des Mimos einzureihen versuchen. Diese ist mit Hilfe der älteren Zitate und der neuen Papyrusbruchstücke in ihrem wahrscheinlichen Gang schon überblickbar. Die Einzelheiten sind durch Sachkundige, namentlich von einem großen Kenner der antiken Magie, Sam Eitrem, aus dem Gesichtspunkt der Zaubertechnik erklärt worden. Allmählich dringt auch die Erkenntnis durch, daß der Stilunterschied, der den Sophron von Theokrit trennt, mindestens ebenso wichtig und lehrreich ist wie die Feststellung der Abhängigkeit. Um den Sinn der Handlung klarzulegen, sind genug Ansätze da. Unsere Betrachtung hat hier zunächst die Aufgabe, das Verständnis für d e n  S t i l  d e r  H a n d l u n g  s e l b s t  zu fördern.

3

Zur Vorbereitung der Handlung gehört wohl das Zitat:

ὑποκατώρυκται δὲ ἐν κυαθίδι τρικτὺς ἀλεξιφαρμάκων.

Eine Dreiheit von Übel abwehrenden Mitteln ist drunten in einem Becher heimlich vergraben[121].

Das »da drunten« bedeutet wahrscheinlich »unter der Schwelle«. Es ist ein Schutzmittel und ein Ausdruck dessen, daß man sich wehrt. Aber man wehrt sich gewiß nicht mit der streng durchgeführten Logik entwickelter Zaubertechnik. Nach der Überschrift soll — so scheint es — »die Göttin ausgetrieben werden«, und sie wird durch dieses Mittel nicht in der Weise am Verlassen des Hauses gehindert, wie etwa Mephisto durch den Drudenfuß. Wir haben keine Berechtigung, uns die Auffassung dieser Beschwörerinnen von einer Göttin im klassischen Zeitalter des Griechentums so technisch und so niedrig vorzustellen. An den S t i l , der sich vom Späteren, schon vom Alexandrinischen unterscheidet, soll der Erklärer sich schon hier halten.

Ein weiteres, lückenhaftes Zitat bezieht sich gleichfalls auf etwas, das unter die Türangel geworfen wird:

ὑπό τε τὸ[ν στ]ρόφιγγα ὁρρ . . ποτεβλῆθεν [122]

Ein drittes Zitat:

πεῖ γὰρ ἁ ἄσφαλτος;

kommt auch im Papyrustext vor. Was wir durch den Papyrus als Neues erfahren, ist jedoch folgendes: Ein Grammatiker teilt unmittelbar nach diesem Zitat auch ein anderes mit. Es wird wahrscheinlich so richtig gelesen[123]:

πῦς εἱλισκοπεῖται;

Also ein Beispiel des Fragewortes πῦς neben dem auf πεῖ, keine Fortsetzung. Wahrscheinlich ist, daß auch dieses zweite Beispiel aus demselben Mimos des Sophron stammt wie das erste. Der Grammatiker hat wohl eben diesen Mimos für jene Beispiele durchgelesen. Der Sinn dieser Frage wäre: »In welcher Richtung dreht er die Augen?« Und dieser Sinn scheint im weiteren Verlauf des Mimos gegeben zu sein.

Wir können jetzt doch schon den zusammenhängenden Text des Papyrus weiter verfolgen. Der Ort ist das Innere eines Hauses[124]. Die Zeit: Nacht. Sie paßt zur Göttin, der hier ein Opfer vorbereitet wird: Hekate. Es spricht die Leiterin der Handlung, offenbar eine Hekate-Priesterin:

τὰν τράπεζαν κάτθετε
ὥσπερ ἔχει· λάζεσθε δὲ
ἁλὸς χονδρὸν ἐς τὰν νῆρα
καὶ δάφναν παρ τὸ ὦας·
ποτιβάντες νυν ποτ τὰν
ἱστίαν θωκεῖτε.

Den Tisch setzt hin
sofort; und nehmt

Salzkörnchen in die Hand
und Lorbeer neben das Ohr;
hintretend nun zum
Herde, setzt euch.

Die Haltung der sich beim Herd Niedersetzenden ist die der ἱκέται, der Schutzflehenden. Eitrem wird darin recht haben, daß der Herd hier den Altar vertritt, während der Tisch für das Räucherwerk und das zur Opferhandlung sonst Nötige da ist. Er wurde wahrscheinlich schon mit diesen Gegenständen hereingebracht[125]. Aber die streng logische Durchführung des Gedankens, daß sie dadurch »in nächste Nähe der unheimlichen Göttin gebracht werden«, wäre für diese Religion wieder allzu technisch. Die H a l t u n g  s e l b s t  der ἱκέται fordert Schutz, nicht magisch, sondern als eine sinnvolle Geste der Ehrfurcht, Unterwerfung und des Vertrauens, das auch für die Götter schon an sich verpflichtend ist. Wenn eine oder mehrere Personen durch die Zauberhandlung aus der Gewalt der Göttin befreit werden sollen, so sind diese nicht so sicher unter ihnen zu suchen, wie man zunächst glauben möchte. Diese Schutzflehenden sind viel wahrscheinlicher die Mitglieder der Familie, die, wie Plutarch einmal bemerkt, nur den Rauch und Rummel vom Hekateopfer haben[126]. Die Priesterin hat indessen auch eine dienende Person neben sich. Zu ihr spricht sie jetzt:

δός μοι τυ
τῶμφακες φέρ' ὦ τὰν σκύλακα·
πεῖ γὰρ ἁ ἄσφαλτος; — οὔτα. —
ἔχε καὶ τὸ δάιδιον· καὶ τὸν
λιβανωτόν· ἄγετε δὴ
πεπτάσθων μοι ταὶ θύραι
πάσαι. ὑμὲς δὲ ἐνταῦθα
ὁρῆτε· καὶ τὸ δαελὸν
σβῆτε ὥσπερ ἔχει· εὐκαμίαν
νυν παρέχεσθε

gib her du
das Zweischneidige, bring nun den Hund;
wo ist der Asphalt? — Hier. —

Halt auch die Fackel, und den
Weihrauch; auf nun
geöffnet seien mir die Türen
alle. Ihr aber hierher
blickt; und die Fackel
löscht sofort; Ruhe
soll nun herrschen

Das ekelhafte Hundeopfer und der dunkle Rauch des Asphalts
paßt wieder zum Wesen der Hekate. Die Stimmung aber ist
ernsteste Opferstimmung. Die beim Herd Sitzenden sollen auf
die Redende sehen und n i c h t auf den Herd, dem sich die
Göttin nähern wird. Die Haltung des Sichabwendens ist natürlich, wenn man auf die Erscheinung gespenstischer Mächte der
Nacht und Unterwelt rechnet[127]. Die Priesterin dagegen steht
der Erscheinenden gegenüber, und ihre folgenden Worte besagen, daß ihre Methoden vor Gewaltsamkeit nicht zurückschrek-
ken werden.
Hier ist eine prinzipielle Feststellung notwendig. Eine derartige magische Handlung unterscheidet sich für die Griechen von
einer rein religiösen Handlung dadurch, daß sie gewaltsam vor-
geht. Der Magier ist g e w a l t s a m und wissend: βιαίως
σοφός[128]. Das ist keine nur späte, theoretische Unterscheidung.
Sondern so ist die Haltung des Magiers, die der Grieche immer
als eine schreckliche Haltung empfunden hat. Es sind jedoch
dazu noch zwei Bemerkungen zu machen. Erstens, daß es Götter gibt, deren schreckliches Wesen ein so schreckliches Gebaren
hervorruft und sich darin spiegelt. Auch Hekate gehört zu diesen Wesen. Sie hat Seiten, die sich erst in den Gewaltsamkeiten
der Hexenkunst offenbaren. Ihre religiöse Verehrung kann zu
dieser Schrecklichkeit g e s t e i g e r t w e r d e n. Der Zweckgedanke spielt dabei kaum die schöpferische Rolle, wie auch in der
Entstehung des religiösen Kultes nicht[129]. In einzelnen Fällen
wird natürlich durch eine solche Handlung immer ein Ziel verfolgt. Die Handlung selbst steigert sich zu einem schrecklichen
und gewaltsamen Geschehen, weil sie durch das Wesen der Gottheit bestimmt wird, der sie gilt. Das ist gerade an Sophrons
Schilderung zu beobachten. Sie ist vom religionswissenschaftli-

chen Gesichtspunkt aus betrachtet auch deshalb von besonderem Wert. Zweitens muß bemerkt werden, daß die Haltung des Opfernden bei einer solchen Steigerung der Handlung für das griechische religiöse Empfinden immer eine Überhebung bleibt: ein Mensch kann sich mit einem Gott nicht messen. Ernst-religiöse Sprüche, etwa eines Pindar, drücken dieses Empfinden klar genug aus. Und wenn die Priesterin jetzt ihr gewaltsames Verfahren ankündigt, ist auch darin die Überhebung, sogar eine Art Prahlerei, unmittelbar zu spüren:

ᾶς κ' ἐγὼν
ποτ τάνδε π[υ]κταλεύ(σ)ω [130].

solange ich
mit dieser da ringe.

4

Die Handlung selbst vollzieht sich stufenweise. Die erste Stufe ist die Einladung der Göttin zum Opfermahl. Die ernste Opferstimmung ändert sich nicht. Sie ist die Grundlage, die auch die feierliche Sprache bestimmt:

πότνια· δείπνου μέν τυ καὶ
ξ]ενίων ἀμεμφέων ἀντα . . .

den tadellosen Geschenken teil . . .
Herrin, du an dem Mahl und

Die folgende Zeile ist einstweilen noch nicht sicher zu ergänzen. Aber hierher gehört der Sprache nach wahrscheinlich das Zitat: νερτέρων πρύτανις »Vorsteherin der Unterirdischen«, eine feierliche Anrede der Göttin. Was am kleinen Papyrusbruchstück verständlich ist, repräsentiert sicher schon eine viel weitere Stufe: die letzte der Steigerung. Dort erscheinen Anreden wie Μορμολύ[κα und κυναναι[δές. Das sind Bezeichnungen des We-

sens der Göttin von seiner schrecklichen Seite her: als »Schrek-
kensgestalt« und »hündisch Unverschämte«. Der Form nach
kann dies die ›Beschimpfung‹ (λοιδορία) der Göttin genannt
werden. Es sei betont, daß es doch kein leeres Schimpfen ist.
Dadurch werden wahre Eigenschaften der Göttin hervorge-
kehrt, die etwa in ihrer italischen Spiegelung klar erkennbar
sind[131]. Die Steigerung der Handlung drang immer tiefer zum
Wesen der Göttin vor.
Aber bis die ersten, feierlich erhabenen Anreden im Ringen der
Priesterin mit der Göttin zu dieser Stufe gesteigert worden sind,
muß vieles schon gesagt worden sein, was etwa die Mittelstufe
darstellte. Das erwähnte Bruchstück bei Plutarch ist wohl als
diese Mittelstufe anzusehen, wenn es irgendwo in einem So-
phron-Mimos stand:

αἴτε κἀπ᾿ ἀγχόνας ἀΐξασα
αἴτε καὶ[132] λεχόνα κναίσασα
αἴτε κἂν νεκρὸς ἀλαίνουσα[133]
ἀμπεφυρμένα ἐσῆλθες,
αἴτε κἠκ τριόδων
καθαρμάτεσσιν ἐπισπωμένα
τῶι παλαμναίωι συμπλεχθεῖσα[134]

ob du aus einer Schlinge hierhergesprungen,
ob nachdem du eine Wöchnerin bedrückt hast,
ob unter den Leichnamen spukend
blutbeschmutzt hereinkamst,
ob auch von Dreiwegen
durch Unreinigkeit hierhergezogen,
nachdem du dich an den Verruchten geklammert[135] . . .

Die Fortsetzung und der Hauptsatz fehlen. Das ἐσῆλθες kann,
wie man richtig sah, die Vorbedingung dazu sein, was der Titel
besagt: »Die Weiber, die sagen, daß sie die Göttin austreiben«.
Der Form nach soll diese Rede an die Göttin, wie Eitrem meint,
eine ›Verleumdung‹ (διαβολή) sein. Im engeren Sinn des Wortes ist sie es sicher nicht. Eine eigentliche διαβολή der späteren
Zauberpapyri besteht darin, daß derjenige, den man verfluchen
will, vor einer Gottheit verleumdet wird. Man wendet sich zur

Gottheit: »Jener (oder jene) hat von dir dies und dies gesagt, gegen dich dies und dies getan. Vergilt es!«

Aber auch in jenem weiteren Sinn ist dieses Textstück keine διαβολή in dem Sinne, daß »der διάβολος zeigt, daß er — oder sie — vom unheimlichen Treiben der Göttin, ihrem abscheulichen Essen und Trinken und unheimlichen Gelüsten völlig unterrichtet ist und noch mehr desgleichen vorbringen kann, wenn sie ihm — oder ihr — nicht willfährig ist«[136]. Die Priesterin hat allerdings einen rücksichtslosen Ton angenommen und tritt der Göttin gegenüber gebieterisch auf. Sie ringt mit ihr nicht etwa dadurch, daß sie ihr Wissen über sie zeigt, sondern indem sie sie immer härter anpackt und genauer trifft, wie ein Ringer und Faustkämpfer. Der S t i l ihres Verfahrens ist unmittelbar und nicht ausgeklügelt. Was sie sagt, ist sachlich. Es ist die Schilderung jenes schrecklichen Weltaspektes, dessen höhere Realität Hekate ist. Ἀπαγχόμεναι — also Selbstmörderinnen —, zugrunde gehende Wöchnerinnen, ›lebende Leichname‹, Blutschmutz und Unreinigkeit: auch diese bilden eine Seite der Weltwirklichkeit, und Hekates Wesen faßt auch diese in sich. Freilich auch anderes. Etwas von der nächtlichen Natur: all das Gespenstische einer Mondnacht, jenen Zauber, den das Wesen der Artemis[137] n i c h t in sich faßt. Hekate berührt sich mit Artemis dadurch, daß sie sie ergänzt.

Die Art einer διαβολή und das Wort selbst passen zum Stil der Methoden der Zauberpapyri, nicht aber zum Stil der von Sophron geschilderten Handlung. Zur Erklärung des Wortes συμπλεχθεῖσα wies man auf ähnliche Andeutungen der erotischen Exzesse Hekates in den Zauberpapyri hin. An sich können die Worte: τῶι παλαμναίωι συμπλεχθεῖσα auch soviel bedeuten, daß Hekate sich an einen ›Verruchten‹ angeklammert hat. Es wurde mit Recht betont, daß in diesem Fall von einem bestimmten ›Verruchten‹ die Rede sein muß. Aber von diesem Punkt an häufen sich die Unsicherheiten. Handelt es sich da wirklich um einen verruchten Menschen, und nicht vielleicht um ein ›verruchtes‹ und deshalb mächtiges Zauberwort, durch das die Göttin eingefangen und gleichsam — wie durch Fesseln — zusammengeschnürt wird[138]? Oder befindet sich jener Verruchte, falls doch von einem solchen die Rede ist, im Haus? Oder kam die

schädliche Macht der Hekate erst nach jenem Anklammern hinein und ist ein zweiter, von ihr Besessener da, vielleicht eine
besessene Frau? Wir können den Gang der unheilig-heiligen
Handlung mit ziemlicher Sicherheit verfolgen — ihre Anfangs-
und Endstufe, feierliche und schimpfende Anreden, sind gegeben. Ihren Zweck kennen wir nicht.
Auf das Erscheinen der Göttin ist zu beziehen das Zitat:

κύων πρὸ μεγαρέων μέγα ὑλακτέων.

»Der vor dem Hause mächtig bellende Hund« darf nicht ohne
weiteres so aufgefaßt werden, daß er die Göttin selbst sei. Dies
ist deshalb zu betonen, weil die »Herrin Hekate« in den Zauberpapyri als κύων μέλαινα angeredet wird[139]. Ihre Beziehungen
zum Hund sind bekannt. Sie wurden durch die Anrede
κυναναιδές gerade durch unseren Mimos in einem bestimmten
Sinn betont: im Sinn der Unverschämtheit. Hunde sind auch
die unverschämt Raffenden: die Harpyien[140]. Außerdem haben
Hunde mit Leichen und Aas zu tun: auf Schlachtfeldern, Be-
gräbnisplätzen, Müllhaufen. Die Unverschämtheit, Unreinheit,
Freßgier im hündischen Wesen drückt ebenso etwas der Hekate
Eigentümliches aus, wie gewisse Eigenschaften des Wolfes etwas
Apollinisches[141]. Dazu kommt, daß der Hund unter den Tieren
jene ›Nervosität‹ besitzt, die Geistererscheinungen spürt, ganz
besonders die Erscheinung der Hekate. In unserem Zitat ist d a -
v o n die Rede, wie an einer Stelle des Theokrit, die eben das
besagt.[142]. Aber auch die Erscheinung der Athena bei Eumaios
wurde außer von Odysseus nur von den Hunden bemerkt[143].
Wer kommt h i e r noch in Betracht, daß er die Göttin sieht?
Die Priesterin spricht in ihrer prahlerischen Weise von der Göttin als von einer Anwesenden schon am Anfang der Handlung.
Das ist noch keine Vision. Auf eine Vision weist vielleicht die
Frage: πῦς εἰλισκοπεῖται. War jemand da, den — oder die —
Hekate mit Besessenheit geschlagen hat, so konnte die Priesterin
fragen: »In welche Richtung dreht er — oder sie — die Augen?«
In jener Richtung entfernt sich die Göttin. Die Situation wäre
dann die gleiche wie im Orestes des Euripides, wo nur der Kran-
ke die Eumeniden sieht[144].

Es ist unnötig, zu betonen, daß die Einordnung dieses Zitats sowie des ganzen bei Plutarch erhaltenen Bruchstücks hypothetisch ist. Man darf sie dennoch nicht unberücksichtigt lassen. Sie sind jedenfalls ein Wink dafür, daß auch die kurzen Sätze des Sophron, wie wir sie aus den Papyri kennenlernen, einen literarisch wirkungsvollen Inhalt haben konnten. Wir brauchen über sie noch nicht enttäuscht zu sein. Wir brauchen auch nicht zu glauben, daß sie ohne die lebhafte Aktion des Schauspielers kaum verständlich seien[145].

5

Nun soll auch jene Frage besprochen werden, die schon durch die Überschrift selbst gegeben ist, aber erst nach der Gesamtinterpretation beantwortet werden kann: die Frage nach dem Standpunkt des Dichters. Laut Überschrift »sagen« die Frauen, daß sie die Göttin austreiben: ταὶ γυναῖκες, αἳ τὰν θεόν φαντι ἐξελᾶν. Ist aus diesem φαντί wirklich die Folgerung zu ziehen, daß Sophron hier eine »aufklärerische Haltung gegenüber unwürdigen Vorstellungen von der Gottheit« zeigt? Und daß diese Haltung »in der rationalistischen Luft des Koloniallandes entstanden war«? Dadurch wollte man auch Platons Anteil an Sophrons Kunst wenigstens teilweise erklären. Die allgemeine Voraussetzung zu Sophrons Kunst sei danach, »die Neigung, Rede und Glauben der niederen Schichten in ihrer Buntheit als ästhetisches Schauspiel zu genießen.« Diese Neigung verband man gleichfalls mit jener geistesgeschichtlichen Phase, die in Aufklärung und Sophistik zum Ausdruck kam. Es handele sich also um die geistesgeschichtliche Einordnung Sophrons.

Es ist zunächst zu bemerken, daß man dabei von einer ganz anderen Übersetzung des Titels ausging: »Frauen, die behaupten, die Göttin fahre aus«. Dies ist sprachlich möglich, sachlich aber unklar und unbegründet. Insbesondere hat man keinen zwingenden Grund gegen jene ungezwungene und sich auf das erste Hören darbietende Auffassung angegeben, daß nämlich der Sinn von ἐξελᾶν nicht »ausfahren«, sondern »austreiben« sei.

Wahrscheinlich bleibt, daß sich φαντί auf das »Austreiben« bezieht. Eine solche Handlung ist, wie oben betont wurde, für griechisches religiöses Empfinden an sich schon überheblich, mehr als menschlich. Ihre Ausführung wirkt in den Worten der Priesterin unmittelbar als Prahlerei. »Die Frauen b e h a u p t e n , daß sie die Göttin austreiben.« Ob sie es auf diese gewaltsame Weise auch können, ist eine andere Frage. Aber keine Frage bloß des neuen, rationalistischen Denkens, vielmehr eine Paradoxie der ›religiösen‹ Zauberhandlung, die zugleich heilig und unheilig ist. Es ist unnötig, den sophistischen Rationalismus heranzuziehen, solange die griechische Religion selbst als Erklärung hinreicht. So ist es auch im Fall der Einschränkung, die angeblich durch jenes ›sie behaupten‹ gemacht wird. Auf dieser Grundlage ist eine ›geistesgeschichtliche‹ Einordnung Sophrons unmöglich. Auch das ist freilich von geistesgeschichtlichem Gesichtspunkt wertvoll, wenn Sophrons Standpunkt von dem der griechischen Religion n i c h t getrennt wird.

Inhalt eines Mimos ist nie ein bloßer ›Glaube‹, sondern immer eine Handlung. Die Einschränkung durch φαντί ergibt für die richtige Auffassung nicht bloß des ›Glaubens‹ der Frauen, sondern der ganzen Handlung etwas Wichtiges. Durch dieses »sie sagen«, das im Griechischen auch »sie meinen« bedeutet, wird das ganze Gebaren der Priesterin und der übrigen Teilnehmer des Opfers zu einem nachahmenden Spiel, die im Mimos nachgeahmte Handlung selbst zu einer ›Nachahmung‹ (μίμησις). Nicht der Dichter — und der Schauspieler — ist hier ›Nachahmer des Lebens‹, sondern die lebenden Menschen selbst gebaren sich schon so wie bloße Nachahmer: sie handeln, a l s o b sie die Göttin austrieben. Diese Auffassung einer magischen Handlung ist nicht nur die griechische religiöse Beurteilung, sondern sie kann auch im modernen Sinn ›wissenschaftlich‹ genannt werden. Naturalismus und Wissenschaft berühren sich hier. Andererseits ist gerade diese Auffassung dem Idealismus des Platon ganz gemäß. Menschliche Handlung als bloße Nachahmung, und Dichtung als Nachahmung dieser — daran mag Platon in der Tat Freude gefunden haben. Es ist aber noch eine weitere Frage, ob Sophron auch im übrigen etwas Ähnliches durchblicken ließ, und den βίος, die menschliche Lebensweise, auch im allgemeinen in diesem Ton behandelte: in einem Ton, der der platonischen Anschauung von der Welt entsprach. Mir scheint, daß das zweite größere Bruchstück die positive Beantwortung dieser Frage sehr nahelegt. Diese Zeilen werden sogar erst verständlich, wenn wir sie jetzt unter diesem Gesichtswinkel betrachten.

6

Ich lege das Fragment so vor, wie ich es für lesbar halte. Ich bezeichne nur die eigenen Ergänzungen; die von Norsa und Vitelli nehme ich als sehr wahrscheinlich in den Text auf.

> οὐδέ χ᾿ ὕδωρ . . . ειος . . . ε .[
> δοίη· καταρρυφήσαι· τὸ γὰρ
> κακὸν γλυκύπικρον ἐὸν
> ἐπεπείγει· σπατιλοκολυμφεῦ
> μ[ε]ς δὲ [θα]μ[ὰ] χοδέυντες· ὁ γὰρ
> τῖλος ἀστατὶ κοχυδεύων
> ἀποτοσίτος ἀμέ πεποιήκει
> τ[. . . . . .]. ἄκος στ . [. ꞏ]ν

»Nicht einmal Wasser« — sagt hier jemand. Und etwas später: »würde geben«. Aus dem folgenden scheint es so, daß man hier eine Arznei lobt und empfiehlt: »Einschlürfen! Denn das Übel wird beschleunigt durch sie, die nämlich bittersüß ist. Wir schwimmen in Unrat so häufig χέζοντες. Denn die διάρροια τῆς γαστρός, die uns unregelmäßig überflutet, machte uns völlig unfähig zu essen und zu trinken[146].« Eine Krankheit, welche in Südeuropa besonders häufig ist und lebensgefährlich werden kann, wird hier genau, in den Worten eher sachlich als zurückhaltend und mit einem gewissen Pathos geschildert. Dennoch zeigt nichts, daß diese Schilderung nur auf das Lachen berechnet, also komische Skatologie wäre. Für solches Urteil geben die zwei zusammengesetzten Wörter keinen genügenden Grund. Ein Kompositum muß im Griechischen in der gewöhnlichen Rede nicht immer burlesk wirken. Es macht sie allerdings lebhaft und eindrucksvoll. Dieser Gebrauch der Komposita in unmittelbarer, gewöhnlicher Rede erklärt erst die gesteigerte, komische Form, welche bei Aristophanes erscheint und nicht umgekehrt. Die Krankheit ist hier ganz ernst gemeint. Im folgenden ist also auch ἄκος doch wohl als ›Heilmittel‹ oder ›Heilung‹ aufzufassen. Es handelt sich um eine gründliche Expurgation.

Wieder ist hier eine allgemeine Feststellung zu machen. Einen Mimos des Sophron nach der Analogie der attischen Komödie — und überhaupt der K o m ö d i e — beurteilen zu wollen, haben wir bis jetzt keinen Grund. Die Vorstellung von Sophron als Komiker, die ohne Überlegung auftaucht, muß mindestens vorschnell genannt werden. Ihrem W e s e n nach ist in der komischen Dichtung dionysische Steigerung zu erwarten[147], im Mimos aber lebenstreue Nachahmung. Er ist die Gattung des griechischen Naturalismus und zeigte uns in den bisher behandelten Fragmenten nichts besonders Komisches. Vielmehr scheint eine Art wissenschaftlichen Ernstes zu seinem Wesen zu gehören. Wir müssen also auch in den übrigen noch erhaltenen paar Worten desselben Mimos nicht unbedingt etwas Komisches suchen.

> [9][. . . .] μεσ· ἀσκοὶ πεφυσαμένοι
> ] δ’ ἐπανδύς· βιῆται [
> ] αμερον ὅ περ ἦς
> ] υδρηρον ἀδρυψον [
> ] . νεκεραυνω [.] εν
> ] . . . . . οδεστε . [
> ] δε . . νεδυν . .[

Die Zeilen 12 bis 15 enthalten offenbar das Rezept für die Herstellung der Arznei. Sie sind aus unserem Gesichtspunkt weniger wichtig als die 9. bis 11. Zeile. 9 wird von Norsa und Vitelli beispielsweise so ergänzt: [τί γὰρ ὦν] ἁμὲς oder [τί ὦν εἴ]μες. Der Sinn ist sehr wahrscheinlich: »Denn was sind wir?« Die andere Hälfte der Zeile kommt in einem angeblichen Spruch des Epicharmos vor: αὖτα φύσις ἀνθρώπων, ἀσκοὶ πεφυσαμένοι. Darin hat schon Wilamowitz ein umgestaltetes Zitat aus Sophron geahnt. Wir haben es jetzt in seinem ursprünglichen Zusammenhang. Leider ist der Text hier schon sehr fragmentarisch. Soviel sehen wir, daß das Zitat in seiner ersten Hälfte nicht wörtlich

133

ist. Wir haben jedoch keinen Grund anzunehmen, daß diese Hälfte nicht den ursprünglichen Sinn in anderer Form wiedergibt: »Das ist die Beschaffenheit des Menschen«. Das folgende ist also eine allgemeine Wertung des menschlichen Daseins. Es bezieht sich nicht bloß auf einen Fehler, beispielshalber die Gefräßigkeit. Davon steht in unserem Text kein Wort. Das Thema ist die menschliche Gebrechlichkeit überhaupt: »Aufgeblasene Schläuche« — das sind wir. Und der ungefähre Sinn der Fortsetzung: ›Man freut sich, wenn man »emportaucht« (ἐπανδύς nämlich aus Krankheit und Gefahr), dann »unterliegt er« (βιῆται) doch . .‹ Und ich ergänze die folgende Zeile ἐπ]άμερον ὅ περ ἧς — »Eintagswesen, was er war«.

Der Pessimismus dieser Zeilen ist freilich »nur« gnomisch: allgemeine Weisheit, nicht anspruchsvolle Philosophie. Diese Weisheit stimmt aber, auch unabhängig von meiner Ergänzung und Lesung, mit der ebenso allgemeinen, gnomischen Weisheit Pindars überein, in einer Ode, die von der religiösen Weltanschauung des Dichters ganz besonders beherrscht wird[148]:

$$\text{ἐπάμεροι· τί δέ τις}$$
$$\text{τί δ' οὔτις; σκιᾶς ὄναρ}$$
$$\text{ἄνθρωπος}$$

»Eintagswesen. Was ist man? Und was ist ›niemand‹? Eines Schattens Traum ist der Mensch.« ›Jemand‹ und ›niemand‹ ist eins.

Das ist bei Pindar Ausdruck apollinischer Weltanschauung. In dieser wird die Nichtigkeit des Menschen folgerichtig betont. Die Grundlage dazu ist die homerische Zweiteilung: auf der einen Seite die »leichtlebenden Götter«, auf der anderen die »elenden Menschen«. Wenn dabei noch der apollinische Aspekt der Götterwelt ins Auge gefaßt wird, dann tritt der gewaltige Unterschied noch mehr hervor: dort Macht, Beständigkeit, Reinheit — in der Menschenwelt Ohnmacht, Vergänglichkeit, Unreinheit. Auf unserer Seite das Nichts — aber der Himmel bleibt ewig: διείργει δὲ πᾶσα κεκριμένα δύναμις, ὡς τὸ μὲν οὐδέν, ὁ δὲ χάλκεος ἀσφαλὲς αἰὲν ἕδος μένει οὐρανός[149]. Selbsterkenntnis des Menschen: klare Erkenntnis dessen, was das menschliche Dasein ist — das ist der apollinische Weg, den tragische Dichtung, griechische Philosophie und Wissenschaft, den Sophokles[150] und Sokrates[151] und seine Nachfolger gegangen sind. Pindar feiert im Menschen den Glanz, der ihm von den Göttern, und ausschließlich von den Göttern, kommt: »Aber wenn Glanz von Zeus gegeben kommt, dann liegt leuchtendes Licht auf der Menschheit und eine milde Lebenszeit.«

Und Sophron? Wird seine Kunst durch diese Weltanschauung verständlicher als durch die des Aristophanes? Diese Frage erscheint berechtigt, wenn wir das bedenken, was sich aus der Interpretation des ganzen bekannten Stücks des zweiten Mimos ergab. Es handelt sich hier nicht bloß um den gnomischen Teil des Mimos. Dieser Teil ist nur die unmittelbare Aussage jener Anschauung, deren Illustration die Schilderung der Krankheit war: eines Zustandes, den der Dichter, so scheint es, für das menschliche Dasein charakteristisch fand. Die dadurch ausgedrückte Wertung und Gründlichkeit der Schilderung, die Tatsache selbst, daß Sophron das menschliche Leben mit solcher Sorgfalt beobachtet: dies alles liegt auf der Linie, die von Pindars apollinischer Weltanschauung zu Platon führt. Dagegen berührt sich Sophron mit der dionysischen Welt der Komödie nur an ihrer Peripherie. Seine Gestalten waren wohl Muster derselben sklavenhaften und kleinbürgerlichen Menge, die auf der komischen Bühne besonders seit der ›mittleren Komödie‹ herrschend wurde. Seine Kunst wirkte durch dieselbe hinreißende Kraft der dämonischen Nachäffung, die der dramatischen Nachahmung an sich schon eignet, auch wenn sie keine tragische oder komische Nachahmung ist. Um so wesentlicher ist der Unterschied. Die dionysische Atmosphäre der Komödie steigert alle Kleinlichkeit, Sklavenhaftigkeit, Dummheit, nur um das erlösende Lachen auszulösen, in dem diese vernichtet werden[152]. Das Maßhalten bedeutet in der neuen Komödie schon das Zurücktreten des Dionysos, die Annäherung Menanders an Sophron. Denn dieser bewirkt das G e g e n t e i l zur auflösenden Steigerung: er hält das Beschränkte und Elende f e s t. Dadurch bietet er die notwendige Ergänzung zur idealistischen Weltanschauung Platons. Die Schilderung der Welt nach Sophrons Art gehört, im Grunde genommen, zur apollinischen Weltauffassung des Griechentums.

## 7

Damit ist das Wesentliche auch vom griechischen Naturalismus überhaupt gesagt. Er hatte, als er in der Literatur das erste Mal erschien, den hohen Standpunkt der griechischen Dichtung noch nicht aufgegeben. Seine Voraussetzung ist die unerschütterliche Götterwelt in ihrer ungetrübten, apollinischen Reinheit. Sie ist der Hintergrund, von dem sich die Welt der Menschen in jener Weise abhebt, wie sie in Sophrons Mimen geschildert wurde. Eine solche Auffassung wird dem Inhalt unserer Bruchstücke am meisten gerecht. Und sie kann im allgemeinen mit Analogien aus der neueren Literatur gestützt werden.

In Thomas Manns Roman »Joseph und seine Brüder« äußert sich der »Führer«, in dem der Leser Hermes selbst erkennen darf, vom Standpunkt der Götter aus über das menschliche Dasein: »Solche Geschöpfe wie du« — sagt er dem Joseph — »sind nichts als ein flüchtig gleißender Betrug über den inneren Greuel alles Fleisches unter der Oberfläche. Ich sage nicht, daß auch nur diese Haut und Hülle vom Appetitlichsten wäre mit ihren dünstenden Poren und Schweißhaaren; aber ritze sie nur ein wenig und die salzige Brühe geht frevelrot hervor, und weiter innen wird's immer greulicher und ist eitel Gekröse und Gestank. Das Hübsche und Schöne müßte durch und durch hübsch und schön sein, massiv und aus edlem Stoff, nicht ausgefüllt mit Leimen und Unrat.«

In der Breughel-Studie eines seltsamen ungarischen Schriftstellers, der in seinem kunstgeschichtlichen Urteil irren kann, selbst aber Zeuge apollinischer Weltschau ist, heißt es[153]: »In der Entstehung des nordischen Genrebildes die Bedingungen der Natur zu suchen — das ist ein Irrtum der engen Befangenheit des vorigen Jahrhunderts. Wer sich einige flämische Bilder gut angeschaut hat, muß unbedingt fühlen, daß im Unmaß scheinbar drastischer bäurischer, oft unappetitlicher Szenen ein ganz seltsames, eigentümliches Gewicht, Bedeutung, Sinn liegt. Es gibt etwas, um dessentwillen der Maler die Szene, die er malt, ganz betont gegenwärtigmachen will; und wenn man noch besser zusieht, wenn man den historischen Ursprung der flämischen Malerei aufsucht, wenn man darüber nachdenkt, wie sie sich entwickelte, wovon sie ausgegangen, was ihre ewige Absicht ist: auf einmal versteht man das Geheimnis der Hochzeiten, Karnevalszenen, Kneipen, Zechen, die obszönen Zeichnungen, die fressenden und betrunkenen Bauern, schmerbäuchigen Weiber, unanständigen Kinder ... Das Genrebild hat sich von einem biblischen Hauptthema losgelöst und hat sich doch nicht losgelöst. Jede Tanz-, Zech-, Hochzeit-, Karnevaldarstellung ist nur samt ihrem Hintergrund ganz verständlich, der eine religiöse Szene schilderte. Wenn dieses Bild auch nicht mehr die drei Könige, die Grablegung, das Abendmahl schildert — eins von diesen ist da. Verborgen — ist es der wahre Hintergrund: der ewige Hintergrund. Es ist das Fundament, der Boden, wovon das Genrebild sich losgelöst hat — wesentlich, das heißt dem Anschein nach. In der Wirklichkeit, im Erlebnis hat es sich nicht losgelöst. Vom Bild ist das heroische Pathos der Religion, das Opernhafte der Historie weggeblieben und nur das Drastische blieb. Doch ist die christliche Mythologie in der Anschauung da. Um jedes Genrebild ist eine ›Kreuzigung‹, ein ›Bethlehemitischer Kindermord‹ oder eine ›Vertreibung der Wechsler‹ da. Die notwendige Ergänzung des Genrebildes ist in jedem Fall das religiöse Bild, und ohne dies ist es sinnlos. Denn alle Arten von Kneipen, Tanz, Saufgelagen, Obszönität erhalten nur in der religiösen Vision ihre wahre Bedeutung; darin wird die Zweiheit von Himmel und Erde offenbar, die Zweiheit von Gott und Mensch: die Ewigkeit und Vergänglichkeit, die Vollkommenheit und Gebrechlichkeit, die herrliche Erhabenheit und der plumpe Stoff.«

*1934*

# PLATONISMUS

Die Gedanken großer Philosophen haben ein zeitverbundenes und ein zeitloses Gesicht. Unter dem ersten dieser Aspekte sind sie immer Bahnbrecher einer neuen Weltanschauung. Vor allem brechen sie sich selbst Bahn. Zugleich aber bahnen sie auch denen den Weg, die auf sie folgen und durch die sie in irgendwelchem Punkte notwendig überwunden werden. Unter diesem Aspekt werden sie zuerst zeitgemäß, dann werden sie von der Zeit überholt und fallen den Späterkommenden zum Opfer, die lediglich dadurch, daß sie später gekommen sind, im Vorteil sind. Ein Fehler unseres Zeitalters besteht nach Hebbel darin, daß jeder Dummkopf etwas gelernt hat. Ein Kind kann heute, bloß weil es in die Schule gegangen ist, Platon überlegen sein. Das Denken entwickelt sich auch methodisch-formal, und sobald ein fruchtbarer Denker eine neue Stufe errungen hat, vermögen die nach ihm Kommenden über ihn wie über jeden großen Toten leicht zu triumphieren.

Unter jenem anderen Gesichtspunkt betrachtet aber ist jede große Philosophie zeitlos. Der große Philosoph ergreift stets eine zeitlose Möglichkeit der Welt: die Möglichkeit, daß sie auch so betrachtet werden kann, zu jeder Zeit, im Altertum wie heute. Und die Welt kann mit Recht und gutem Grund immer so betrachtet werden. Sie hat ihr Zahlengesicht: so schauten sie die Pythagoreer und so sehen sie auch moderne Physiker. Sie zeigt sich in ewiger Veränderung: den bewußten und unbewußten Herakliteern aller Zeiten. Sie hat ein Gesicht, das die nie ganz aussterbenden Platoniker erblicken und zu dem sie sich bekennen. Man kann sagen, auch Platon sei nur ein Platoniker gewesen und nur in jenem Sinne der »erste«, in welchem auch jeder nach ihm kommende Platoniker der erste sein s o l l t e. Indem er nämlich das Ideengesicht der Welt so erblicken sollte, als wäre er der allererste, als hätte jenes Gesicht noch niemand vor ihm, weder Platon noch irgendein anderer, erblickt.

Es gibt ein Ideengesicht der Welt: das Erblicken dieses Weltangesichts heißt uns Platonismus. Die Griechen haben es bereits vor Platon in ihren Göttern geschaut. Wenn man von da ausgeht, von wo auch Platon und sein von ihm so schwer zu trennender Vorläufer, Sokrates, natürlicher- und unbewußterweise ausgegangen sind: von der griechischen Existenz, so wird man nicht den Irrtum begehen, die »Idee« schlechthin mit dem »Begriff« gleichzusetzen. »Idea«, »Eidos«, diese beiden aus der gleichen Wurzel stammenden Wörter bedeuten ursprünglich den Gegenstand des Erblickens (ἰδών ist derjenige, der etwas erblickt hat), doch nicht bloß den des leiblichen, sondern auch den des geistigen Erblickens und Wissens (εἰδώς ist derjenige, der weiß). Nicht »Begriff«, sondern gewußte, mit den Augen des Geistes geschaute »Gestalt« ist die richtige Übersetzung von »Idea«[154]. Die Götter der Hellenen sind »Gestalten«, wie auch die Welt — mit Platons Augen betrachtet — »Gestalt« ist, insofern sie i s t. Doch sind die Götter reichere Gestalten. Sie sind einem Samenkorn, das die Struktur eines ganzen Organismus in sich enthält, oder einer komplizierten mathematischen Formel ähnlicher geartet als einer platonischen Idee[155]. Platons Ideen hingegen sind einfacher: sie sind mit dem »Einen« verwandt.

Anderer Art Ideen waren es also, die Platon erblickt hat, als jene früher geschauten, großartigen Ideen: die Götter Griechenlands. Auch er war indessen ein Ideenseher, ebenso wie vor ihm die ersten, festlichen Erschauer der klassischen Göttergestalten, jene hellenischen Urdichter und Urkünstler, die die olympische Religion ohne Gründerabsicht gegründet haben. Der Platonismus ist mit solchem Erschauen, mit dem eines Homer oder Hesiod, wesensverwandt. Wesensverwandt mit der Ideenschau großer Dichter und Künstler auch darin, daß er nicht ausschließlich das Erblicken des mit dem Sein jedes Seienden identischen Einen ist, wie es Thales im Wasser, Heraklit im Feuer geschaut haben (und diese Philosophen haben immer n u r dies geschaut), sondern die Schau von Ideen in Mehrzahl. Obwohl er den höchsten Rang des Einen erkennt, bleibt der Platonismus in seinem Wesen polytheistisch. Was für ein Erblicken und schauendes Wissen — ἰδεῖν und εἰδέναι — ist er? Nur wenn wir uns eng an das Vermögen des ἰδεῖν und εἰδέναι halten und nicht bloß an den geschauten und gewußten Inhalt, werden wir erkennen, was Platonismus ist.

Das Erblicken einer Idee ist nur dann echt, wenn es wirklich ein Er-blicken ist! Wenn es das erste, frische Hindurchdringen des Blickes durch etwas ist, das bis dahin undurchdringlich für uns war. Wir mögen hundertmal dieselbe Figur, dasjenige Symbol gesehen haben — und es ist in unserer Welt für das Auge des Platonikers a l l e s Symbol, alles Vergängliche nur ein Gleichnis —, man mag uns hundertmal gesagt haben, welche I d e e durch dies oder jenes »nachgeahmt« werden soll: die Idee muß von uns selbst erblickt werden, gleichsam erstmalig, als hätten vorher weder wir noch irgendein anderer vor uns sie je erblickt. Wir haben sie erblickt und — auf dieses »und« folgt jene grundlegende Paradoxie, die den Platoniker ebenso selig macht, wie den Christen sein »Er ist gestorben und — lebt«. Wir haben sie das allererstemal erblickt und — wiedererkannt. Wiedererkannt, da wir sie bereits kannten. Wir erinnern uns ihrer.

Folgen wir dem forschenden Sokrates, wie dies fast alle platonischen Dialoge tun. Sokrates sucht ununterbrochen, da er nicht kennt. Woher wird er aber wissen, daß er gefunden hat, woher weiß er überhaupt, was er sucht, wenn er es nicht kennt und nicht wiedererkennt? Er muß das Gesuchte auf irgendeine Weise schon besitzen. So folgern die Platoniker. Und ihre Schlußfolgerung lautet: jedes Erkennen ist Wiedererkennen, Sicherinnern an eine klar geschaute Idee. Wo und wann haben wir sie klar geschaut? In unserem früheren Dasein, dem wir nicht mit unserem Leib, sondern mit unserem älteren, anfangslosen Teil: mit unserer Seele entstammen. Aber auch wenn dieser Folgerung eine absolut überzeugende Kraft eignete, hätte sie nicht die Kraft, um selig zu machen. Die Reihenfolge ist vielmehr umzukehren. Das Folgern ist hier sekundär und nachträglich: etwas für die folgernden Köpfe. Die Überzeugung kommt aus tieferen Gründen: aus dem Erlebnis des Erblickens u n d Sich-Erinnerns unmittelbar. Dieses Erlebnis ist insofern »seligmachend«, als die Seele durch das Sich-Erinnern gleichsam in eine grenzenlose Vergangenheit, eine anfangslose Präexistenz mündet und von jeglicher Zeitgebundenheit frei wird. Die orphische Überlieferung der Seelenwanderung kam Platon sehr zustatten, doch ging er von ihr ebensowenig aus wie von bloßem Folgern. Seine ganze »Dialektik« wurde vom Verlangen nach dem wahren, seligmachenden Erblicken hervorgerufen.

Die Anamnesis, das Sich-Erinnern gehört zur Struktur des Erblickens der Ideen. Mit derselben Notwendigkeit gehört zum Platonismus die Vielschichtigkeit dessen, der da erblickt: eine vielschichtige Seele. Mit apollinischem Reinheitsbedürfnis verteidigt der Platoniker die Empfindlichkeit jenes innersten, rein geistigen Kerns, die Schärfe jenes Auges, das die Ideen geschaut hat. Die Seele seines Gegenpols, des Machtmenschen, ist für ihn eine durch die Narben der Leidenschaften schorfig gewordene, verhärtete Seele: ein Greuel. Die Seele ist nach Platon Gestalt: kein sich zerstreuender Stoff, nicht die Harmonie stofflicher Bestandteile, sondern Auge für das Nicht-bloß-Stoffliche. Freilich auch Empfängerin des schmutzigen Inhalts des Lebens, nämlich bei denjenigen, die nur dafür sind. Sie pflegen soviel davon aufzuspeichern als zum Ausbau einer ganzen Unterwelt genügt. Diejenigen hingegen, die für die Ideen offen sind, erwachen in dem Erlebnis des Erblickens dessen, daß sie die Ewigkeit, in der Form einer wunderbaren Fähigkeit zur Erinnerung, in sich selbst enthalten.

Beides: Erschauer und Erschautes, Seele und Idee sind für den Platoniker ewig. Sie sind ewig, wenngleich beide — die Seele auf dem Höhepunkt des Erlebens, den das Erblicken einer Idee bedeutet, die Idee in jenem Augenblick in dem sie wiedererkannt wird — in unserer vergänglichen Welt nur ein Aufleuchten des Ewigen sind. Von diesem Aufleuchten, von dem großen platonischen Erlebnis spricht der Brief »An die Verwandten und Freunde des Dion«. »Es gibt ja von mir«, schreibt Platon, »über jene Materien keine Schrift und wird auch keine geben. Denn in bestimmten sprachlichen Schulausdrücken darf man sich darüber wie über andere Lehrgegenstände gar nicht aussprechen, sondern aus häufiger Unterredung gerade über diesen Gegenstand sowie aus innigem Zusammenleben entspringt plötzlich jene Idee in der Seele wie aus einem Feuerfunken das angezündete Licht und bricht sich dann selbst weiter seine Bahn.« Wenn sich im Erblicken der Idee gleichsam ein Brunnenschacht bis in die tiefste Schicht der Seele geöffnet hat, so springt der Quell. Die Welt wird durchsichtig, die Seele gelangt in den Vollbesitz ihres Gedächtnisses. Durch beide zugleich, durch Welt und Seele, bricht die Idee durch, es ergießt sich die einzige Quelle des Wissens: das was i s t.

Die Welt i s t nur, sofern sie »Gestalt« ist, sofern sie Ideengesicht hat. Dieses Gesicht ist der eine ihrer Aspekte. (Der andere ist mit einem platonischen Ausdruck das Nichtsein, mit einem neueren: das Todesangesicht der Welt). Dieses größte Wort: »ist« kann in seinem vollen Sinne nur von den Ideen gesagt werden. Es gibt bei Platon nur noch ein einziges Wort, das sich mit ihm an Größe und Gewicht messen kann: das Gute. Die höchste platonische Idee ist diejenige des »Agathon«. Wenn man von ihr ausgeht, mißversteht man den Platonismus am leichtesten. Halten wir Platons »Agathon« für irgendein bei uns, in unserer Welt bekanntes — sinnliches oder sittliches — Gute, so sind wir im Irrtum. Was ist gut in der Welt der Ideen? Daß da alles »ist«, während in unserer Welt alles nur entsteht und vergeht. Das Gute der Ideen, im Gegensatz zum »Schlechten« der vergänglichen Wesen und Dinge, zu ihrer Minderwertigkeit, ist das S e i n. »Gut« und »ist« sind für Platon Synonyme. Nicht als ob alles Sein aus »lauter Güte« — im christlichen Sinne — entsprungen wäre, sondern weil das einzige echte »Agathon« die Vornehmheit des Seins ist, jener höhere Rang des Seins über allem Vergänglichen, welcher darin besteht, daß es i s t. Oder noch genauer: das Sein an sich, ohne jegliche Beziehung, in seiner absoluten Vornehmheit als Vorbild zeigen — das ist noch über dem Sein, das ist das »Gute«, dem das Sein jedes Seienden, das Sein der Ideen entstammt.

Nie wird den Platonismus verstehen, wer vom Rang des Seins keine Ahnung hat. Mehr als eine Ahnung kann niemand davon haben. So fern liegt Platons »Agathon« von der Welt der Vergänglichkeit. Vor ihm ist Parmenides, nach ihm sind Aristoteles und die übrigen großen Ontologen die Künder und Forscher jener Idee des Seins, das griechisch das »On« heißt. Charakteristisch bleibt für Platon, daß er im »On« selbst eine Qualität, diejenige, durch die das Sein vorbildlich »Sein ist«, nämlich das Gute, die absolute Qualität, höher setzt. Der Platonismus ist die Weltanschauung der Qualität, Qualität immer im positiven, wertgebenden Sinne verstanden. In Anbetracht der Wertunterschiede, die durch die verschiedenen Qualitäten bzw. aus ihrem Fehlen entstehen, könnten wir ihn auch die Weltanschauung der Hierarchie nennen. So beschaffen ist der Platonismus nicht zufolge eines Denkfehlers oder der Gewaltsamkeit eines Metaphysikers, sondern auf Grund der Überzeugung, daß höchste Qualität vollstes Sein, Mangel an Qualität — »Qualitätslosigkeit« — Nichtsein ist. In der geistigen Struktur des Platonikers liegt diese Überzeugung, die dennoch keine bloß subjektive Ansicht ist. In der Welt selbst gibt es Grund genug, sie so zu betrachten. Nach der griechischen Denk- und Daseinsstruktur ist diese Weltanschauung notwendig so zu fassen: reinste Form ist reines Sein, Formlosigkeit Nichtsein. Das Auge des Platonikers sucht die Qualität und erschaut die reine Gestalt.

Blickt er nach dem Feuer — um nur ein Beispiel zu nennen —, so möchte er durch alle Feuer die Feurigkeit schauen und erblickt — die Idee der Wärme. Die Welt, in der wir leben und sterben, ist im platonischen Weltbild eine fließende Welt, nicht anders als diejenige Heraklits. Ja, es gilt von unserer Welt eigentlich nur hier das »πάντα ῥεῖ«, denn Heraklit erblickt im Wechsel der Gegensätze das Ewig-Eine. Alles fließt in dieser Welt nach Platon, fließt und verwandelt sich, wie das Urelement der ionischen Philosophen. »Sie überreichen einander die Entstehung im Runde«, so lesen wir von den vier Elementen im Timaios. Sie verwandeln sich und finden doch den Weg zu sich selbst zurück. Immer wieder begegnen sie der Form des Feuers und stürzen sich in sie. Denn nur diese i s t : die Urform, die Idee, in diesem Fall die Idee der Feurigkeit. Sie ist ewig und steht außerhalb der beweglichen und veränderlichen Welt der Natur »ohne Entstehen und Vergehen, unsichtbar und den Sinnen nicht wahrnehmbar«. Platon versuchte diese Urform auch mathematisch auszudrücken: durch das Symbol des Tetraeders. Alle geometrischen Körper und Konstruktionen sind für Platon nur Vorbereitungen der Ideenschau. Hier finden auch die »Ideen« der neuesten Physik ihre Berührung mit dem Platonismus.

Alles in dieser Welt ist minderwertiges, minderseiendes Abbild der Ideen, der Urbilder. Das geistige Auge dringt durch die Nachahmungen bis zum Sein, bis zu den Urbildern vor. Dieses Auge ist zugleich Gedächtnis. Es gibt keine noch so verborgene und subtile Urform, mit der die Seele in der Ewigkeit nicht bereits in Berührung gewesen wäre. Und es gibt nur eine einzige Form, eine einzige Qualität, die auch das Auge des Körpers in den irdischen Abbildern erblickt: das Schöne. Diese Form und Qualität liegt uns am nächsten, liegt auf der Grenze unserer Welt der Ideen, der veränderlichen und der ewigen, der unechten und der echten Welt. Ihr Sinn ist nicht: zu trennen, sondern über die Grenze zu heben. »Das Schöne ist nichts als des Schrecklichen Anfang, den wir grade noch ertragen« — sagt ein moderner Dichter. Er nennt die Sphäre des Göttlichen schrecklich. In Platons Sinne ist das Schöne jener göttlichen Sphäre Anfang, deren Höhepunkt das »Agathon« bildet. Sogar Körper können unmittelbar an diesem Anfang teilhaben: die Körper schöner Lebewesen, die Gegenstände unserer Liebe. So hebt uns das Schöne über die Grenze hinüber: es erfüllt uns mit Verlangen, mit »Eros«. Dadurch bewegt das Schöne alles auf das Gute hin.

Das Weltbild des Platonismus wäre starr, wenn der Eros nicht sein notwendiger Bestandteil wäre: keine blasse, naturwidrige »platonische Liebe«, sondern eine Leib und Seele durchdringende, den Geist befreiende, bewegende Kraft. Unsere entstehende und vergehende Welt würde zwischen Sein und Nichtsein, den Ideen und dem Nichts schweben wie eine Morgen- oder Abenddämmerung zwischen T a g und N a c h t. Wir würden das Reich des Seins, der ewigen Gestalten, nur in der Ferne, hoch über den Sternen ahnen. Die Mathematik der Himmelsbewegungen würde es uns ahnen lassen, und in noch dunklerer Weise vielleicht auch unsere trübe Nachahmungswelt. Wir hätten unbewegt und hilflos unseren Tod zu erwarten, der uns in das Himmelreich der Ideen hinüberführte. So lebenslos, ja so lebenswidrig wäre das Bild, wenn wir von dem durch alle Dunkelheit dringenden Licht des Schönen keine Kenntnis hätten und des Eros vergäßen, den es entfacht.

Wen das Schöne dem »Agathon« zugewandt und der Eros in Bewegung gesetzt hat, dem wohnen die Ideen nicht mehr in unerreichbarer Ferne über den Sternen. Er hat den Weg zu ihnen angetreten, und wenn der Eros in ihm nicht an den engen Grenzen der Sphäre des Körpers erlischt, wenn ihm vielmehr das Schöne nur der Vorgeschmack des Guten war, dann gibt es für ihn kein Stehenbleiben auf diesem Wege. Der Blick dessen, der in solcher Bewegung ist, erreicht die Ideen, sein Gedächtnis erkennt sie als die eigenen. Das einmal entfachte Wissen wird zu

unaufhaltsamem Feuer, das im Wissenden alles Körperliche verzehrt. Die Welt der ewigen Formen macht ihn sich zu eigen.
Nicht als eine Traumwelt jenseitiger Belohnungen, sondern als
das wahre Sein, dessen Reichtum unvorstellbar war und uner-
schöpflich bleibt.

Platon selbst schuf kein System des Platonismus. Er wollte es
nicht, und er erklärt, daß er über das Wichtigste keine Schrift
verfaßt hat. Die Systematiker des Platonismus verfallen all-
zuleicht dem Irrtum, wörtlich zu nehmen, was nur Gleichnis
sein darf, und das Gerüst für den Bau zu halten. Auch mit
dieser Skizze sollte kein System des Platonismus gegeben werden. Sie versuchte nicht einmal die herausgegriffenen charakteristischen Elemente, etwa die Ideen, in jeder ihrer Beziehungen
und in ihrer ganzen Entwicklungsgeschichte zu beleuchten. Sie
beschränkte sich vielmehr auf ihre erlebnismäßigen Bedingungen. Denn der Platonismus ist ein immer wiederkehrendes, das
Dasein von Philosophen, Gelehrten und Künstlern erfüllendes
Erlebnis, eines der größten Erlebnisse der Menschheit schlechthin. Und es gehört zu den höchsten Hoffnungen der Menschheit, daß er immer wiederkehren k a n n, eine Hoffnung, die
das menschliche Leben auch in der dunkelsten Nacht noch le-
benswert macht.

*1940*

# ZUR EINFÜHRUNG
# IN DAS LESEN PLATONISCHER WERKE

»So wächst das Bedürfnis, in die Schule der Großen zu gehen. Die unmittelbare Vergangenheit studierte die Schriften Platons oft nur, um – bestätigend oder ablehnend – seine Gedanken dem eigenen System unterzuordnen; heute tun wir es, um von ihm zu lernen. Wir wollen erfahren, was er meint; nicht weil es historisch interessant ist, das zu wissen, sondern weil wir seines Gedankens zur Nahrung unseres Geistes bedürfen. Er ist größer als wir, sieht tiefer, denkt schärfer, ist von reinerem Wahrheitsgewissen geleitet und von höherem Lichte berührt: so hoffen wir, bei ihm Wahrheit zu finden. Ja noch wichtiger: von ihm zu lernen, wie man überhaupt die Wahrheit suchen, wie man blicken, denken, wägen und empfinden muß, um echte Wahrheit erkennen zu können.«

Romano Guardini: Zu Rainer Maria Rilkes
Deutung des Daseins, Kap. 4.

Der Standpunkt, den der Leser Platons einzunehmen hat, könnte im allgemeinen kaum schöner und richtiger bestimmt werden als mit diesen Worten. Es müssen ihm aber auch Worte von Platon selbst vorgelegt werden, die ihn auf das Lesen der platonischen Werke gleichfalls vorbereiten sollen. Schon zu den Lebzeiten Platons gab es fremde Darstellungen seiner Lehre, dilettantisch-anmaßende, doch wohl auch solche von philosophisch begabten Schülern, zu denen ein Aristoteles gehörte. Und da sagt der Meister, in dem großen selbstbiographischen Briefe an die Freunde Dions von Syrakus, dem siebenten der Briefsammlung, welche den platonischen Werken im Altertum beigegeben wurde: »Soviel kann ich nun sagen von allen, die schon geschrieben haben und die noch schreiben werden und vorgeben, sie wüßten, um was es mir gehe, da sie es von mir oder von anderen gehört oder selbst herausgefunden hätten: nach meiner Meinung verstehen diese nichts von der Sache. Keine einzige Schrift gibt es darüber von mir und es wird kaum jemals eine geben. Denn auszusprechen ist es keineswegs wie sonst das Gelernte, sondern wenn man sich mit dem Gegenstand durch lange Beschäftigung und Zusammenleben vertraut gemacht, dann entsteht plötzlich wie das Licht eines Feuers, das von einem springenden Funken entfacht wurde, in der Seele, und nährt sich selbst. Aber soviel weiß ich bestimmt, daß, wäre es in Schrift oder Wort auszusprechen, wäre ich es, der es am besten aussprechen könnte . . .«

Die Glaubwürdigkeit dieses Briefes ist kaum zu bezweifeln. Wer hätte ihn, ein wie die Paulusbriefe an eine treue Gemeinde gerichtetes Sendschreiben zur Rechtfertigung des Philosophen — und zugleich zu seiner Distanzierung von allen schriftlichen Werken, sogar von den eigenen — erfinden wollen? Und gerade der lernbegierige — von Platon zu lernen begierige — Leser, der jenes Eigentliche, um das es dem Philosophen ging, erfahren möchte, gerade er wird diese auf das Eigentliche sich so negativ beziehende Aussage ernst nehmen müssen. Wie wird seine Mühe belohnt, so muß er fragen, wenn er etwa Platons persönliche Gedanken über Liebe und Unsterblichkeit in den platonischen Schriften sucht? Platons weltliterarischer Ruhm beruht bekanntlich vor allem auf den drei Meisterdialogen, welche jene großen Themen unseres Menschentums behandeln: das Gastmahl und der Phaidros die Verliebtheit der Seele, der Phaidros und der Phaidon ihre Unsterblichkeit. Wird da dem Leser der griechische Philosoph zum Erkennen echter Wahrheit den Weg weisen können, ja auch nur wollen, ungeachtet seiner strengen Zurückweisung der Zumutung, seine Schriften enthielten, um was es i h m ginge?

Von »echter Wahrheit« wird bei dieser Fragestellung nicht gedankenlos gesprochen, als enthielte der Ausdruck eine überflüssige Wiederholung. »Echte Wahrheit« ist die gewissenhafte Bezeichnung des Anliegens, welches der letzten Phase unserer philosophischen Welterfahrung — der Philosophie als Existenz-Philosophie so weit wie möglich und nicht zum Philosophieren irgendeines Existenz-Philosophen gebunden gefaßt — entspringt. Mit diesem Anliegen, ob es nun in den vorausgeschickten Worten des Rilke-Interpreten so gemeint wurde oder nicht, wird uns die Philosophie zu einem bewußten philosophischen

147

Humanismus. Denn von »echter Wahrheit« spricht man, wenn man auch »unechte Wahrheiten« erfuhr. Und wir machen diese Erfahrung immer wieder, wenn wir die »Wahrheiten« in ihrem Getragen- und Ausgesprochen-Werden durch Menschen betrachten. Im Munde eines Lügners sind nicht einmal die mathematischen Wahrheiten echt, selbst sie bleiben von einem Anflug des Unwahren nicht unberührt, geschweige denn die philosophischen »Wahrheiten«. Dem unechten Menschen, dem Verlogenen oder dem, der unangenehme Wahrheiten nicht hinnehmen will, dienen sogar Mathematik und die exakten Wissenschaften zur Verfälschung des Seienden wie es ist. Und nie werden gerade die »Wahrheiten der Philosophie« von ihren Trägern, den Philosophen, zu trennen sein, immer wird es auch auf die »Echtheit« des Erkennen-Wollenden ankommen ...

Von diesem Gesichtspunkt aus ist jene Merkwürdigkeit der platonischen Schriften zu werten, daß in ihnen nicht Platon, sondern ein anderer philosophiert: Sokrates. Wenn dem so ist, daß sie nicht das enthalten, um was es Platon eigentlich ging, um so sicherer ist anzunehmen, daß sie als die Darstellung dessen beabsichtigt sind, um was es nach Platons Ansicht Sokrates ging. Platons Selbstdistanzierung von seinen eigenen Schriften im angeführten Brief ist dann keineswegs etwas nur Negatives: sie betont auch nachträglich noch den wesentlichen Zusammenhang zwischen dem, was er schriftlich festgehalten hatte, und einem anderen, den er in seinem Werk das Wort führen läßt — dem Sokrates. Es kommt ihm, wenn vielleicht auch nicht so bewußt, wie es uns heute darauf ankommen würde, auf die Echtheit dieses M e n s c h e n an, ihm, der in seinem Philosophieren so sehr der treue Schüler des Sokrates bleibt, daß er auf das rein theoretische, von einem redenden und für die Wahrheit einstehenden Menschen unabhängige Festhalten des ihm Wichtigsten für immer verzichten wird. Er weiß außer um die Unaussprechlichkeit seines eigenen philosophischen Erlebnisses wohl auch darum, daß das schriftliche Festhalten nur dann einigermaßen möglich wäre, wenn er auch den Philosophen — sich selbst — für die Zukunft festhalten könnte. Mindestens so, wie es ihm gelungen ist, die lebendige Gestalt des Sokrates festzuhalten.

Es war ein Gelingen, das mit künstlerischen Mitteln erreicht wurde, doch nicht etwa mit solchen, die bei den Griechen als dichterisch galten. Aus dem Gesagten folgt — falls wir nicht glauben wollen, daß Platon in seinen Werken überhaupt nichts Philosophisches beabsichtigte — daß er die Dialoge, deren Hauptperson Sokrates ist, als historische Dokumente von dessen Philosophieren gedacht hatte. Für die antike Art des Festhaltens von Geschichtlichem sind künstlerische Mittel kennzeichnend: sie ist in ihren klassischen Leistungen sowohl bei den Griechen wie bei den Römern dermaßen dramatisch, daß sogar die Frage erwogen wurde, ob nicht schon die Geschichte jener beiden Völker an sich dramatischer war, als die der modernen Staaten mit ihren Völkermassen. Sicherlich enthielt die griechische Philosophiegeschichte mehr dramatische Elemente als die Geschichte der Philosophie in irgendeinem anderen Lande, Elemente echter, von ganzen Menschen getragener Dramatik, die zum Stoff einer dramatisch-historischen Darstellungsweise wie geschaffen waren. Das Leben des Sokrates vornehmlich, des in aller Öffentlichkeit, unermüdlich gesprächsweise Philosophierenden bot solch einen Stoff, ja mehr als bloßen Stoff: eine Art Kunstwerk, durch seine Gabe zum mitreißenden mimischen Spiel und durch seinen existentiellen Ernst im gespielten philosophischen Drama zu einem einzigartigen, weltgeschichtlichen Schauspiel gestaltet.

Näherte ein Geschichtsschreiber wie Xenophon sich diesem Stoff, so entstanden daraus »Memoiren über Sokrates« in Dialogform, doch mit jener Fragwürdigkeit der historischen Darstellung, welche unvermeidlich ist, wenn der als »objektiver Zeuge« auftretende Beobachter eine vielseitige Wirklichkeit in den Rahmen seiner einseitigen Aufnahmefähigkeit hineinzwingt. Ein anderes Verfahren — und ein anderes Ergebnis — ist es, wenn ein Ergriffener und Mitgerissener, ein Zeuge seines eigenen existenziellen Mitschwingens sich durch das nie ganz zu erfassende Wirkliche weiten läßt. So verfährt der Künstler, wenn er Geschichtliches festhalten will. Er geht in dem zu Bezeugenden auf, verschwindet darin mit seiner Persönlichkeit und läßt es sich selbst bezeugen. Die Urform dieser Darstellungsweise ist die Ich-Erzählung der aufregenden Abenteuer- und Neuigkeits-Berichte, die später auch »Novelle« heißen werden und den Griechen seit den Erzählungen des Odysseus bei Alkinoos wohlbekannt sind. In den Gesängen der Odyssee, die sie enthalten, sind Held und Erzähler identisch. Und es gehört zur Charakteristik dieser Gattung der Erzählungen, daß die markante Person eines Erzählers oder ein bezeichnender Ort der Geschichten — wie die volkstümliche Gestalt des lydischen Sklaven Aisopos die »Aesopischen Fabeln«, die üppige jonische Stadt Miletos die »Milesischen Märchen« — sie gleichsam atmosphärisch umgibt und in einem gemeinsamen Rahmen verbindet. Wenn sie in Prosa erzählt werden, heißen sie griechisch immer logoi, von Sokrates als dem markanten Erzähler einer gewissen Art von Begebenheiten vorgetragen: Sokratikoi logoi.

Uns liegt näher, »sokratische Gespräche« dafür zu sagen, doch sind die »Sokratikoi logoi« im ursprünglichen Sinne der Bezeichnung, die bereits in Aristoteles' Poetik als Gattungsname eben dieser Art der in Prosa verfaßten Kunstwerke steht, »Sokratische Geschichten«: Berichte von erlebten Abenteuern des Sokrates, deren ureigenste Darstellungsweise nicht etwa das reine Zwiegespräch ist. Nicht einmal das griechische Wort »dialogos« würde das bedeuten, sondern nur »Gespräch« im allgemeinen. Vielmehr war die Ich-Erzählung des Sokrates die ursprüngliche Form des Festhaltens und der Wiedergabe solcher erlebter Gesprächsabenteuer. Von Sokrates wird im Phaidros ausdrücklich bezeugt, daß er leicht den Erzähler »Ägyptischer Märchen« und jeder Art der Geschichten, die griechische Erzähler vortrugen, spielte. Mit der Wiedererzählung der von ihm geführten Gespräche machte er dasselbe. Eine Urform der Erzählungskunst überhaupt, mit neuem, lebendigsten Gehalt gefüllt, erscheint durch ihn in der Geschichte der Philosophie, und durch diejenigen, die seine Erzählungen niederschrieben, auch in der Geschichte der Literatur. Platon war nicht der einzige, der auf solche Weise »sokratische Geschichten« für die Nachwelt zu erhalten versuchte. Er blieb aber der Sieger über alle anderen, der Klassiker dieser besonderen Literaturgattung, deren Vorhandensein der moderne Platonleser kaum bemerkt.

Die Urform bricht in solchen Dialogen Platons durch, in denen Sokrates von Anfang an die einzige zu uns sprechende Person, der Vortragende einer Ich-Erzählung ist. In seinen Worten wird sogleich auch der Ort der Geschichte angegeben. Die Atmosphäre der »sokratischen« und zugleich »athenischen« l o g o i ist da, mit den einfachsten Mitteln, wahrhaft klassisch evoziert, rein formell-literarisch betrachtet nicht anders als etwa in diesem uns wohlbekannten Beispiel einer nächstverwandten Gattung, eben der historischen Novelle: »Es war in Verona ...« Nur sind die Erzählungen des Sokrates durch die umstandslose Verwendung der Ich-Form urtümlicher: näher bleibend dem Märchen-Erzähler und uns unmittelbarer, als Person eine andere, gleichfalls interessierte Person ansprechend und dadurch mit der Atmosphäre zugleich auch eine existentielle Beziehung herstellend. »Ich kam von der Akademie in der Richtung des Lykeion auf dem Wege außerhalb der Stadt unter den Mauern und nachdem ich schon bei dem kleinen Tor war, wo die Quelle der Panops fließt, begegnete ich da dem Hippothales ...« — so beginnt der Dialog Lysis. Ähnlich der Charmides: »Bin am Tage vorher abends aus Poteidaia von dem Heere zurück, und da ich nach langer Zeit wiederum da war, ging ich wohlgemut dem gewohnten Zeitvertreib nach. Also trat ich in die Ringschule des Taureas gegenüber dem Tempel der Basile und fand da sehr viele ...« Und so auch die mächtigste »sokratische Geschichte«, die unter dem Titel »Staat« bekannt ist: »Ich ging gestern nach dem Piräus hinunter mit Glaukon, dem Sohn des Ariston, um die Göttin anzubeten und zugleich das Fest zu sehen, wie es gefeiert wird, da es jetzt das erste Mal begangen wurde ...«

Eine dieser reinen Ich-Form wahrscheinlich vorausgehende Variation ist die Art, wie Platon den Dialog Protagoras einleitet. Der Erzählung des Sokrates, die an sich schon eine Rahmenerzählung bildet und die vorgetragenen Gespräche mit einem Bericht von dem Tage des Sokrates seit seinem frühen Erwachen umfaßt, wird ein anderer Rahmen vorausgeschickt. Nur der äußeren Form nach ist dieser Rahmen dramatisch. Denn der »Freund«, der da auftritt und Sokrates neckend fragt: »Woher, Sokrates? Offenbar von der Jagd nach der Schönheit des Alkibiades?« — bleibt namenlos und wird nicht charakterisiert, im Gegensatz zu den Personen des Dramas, das sich erst durch Sokrates' mimisch vergegenwärtigende Erzählungskunst vorgetragen wieder abspielen wird. Der »Freund«, ja die Freunde mit ihm, in deren Namen er spricht und Sokrates zum Erzählen auffordert, sie vertreten in einer öffentlichen Halle Athens die Zuhörer, die immer da waren, wenn er erschien. Und sie waren auch diejenigen, welche, bei strengerer Ökonomie der Gattung, ebensogut unerwähnt bleiben konnten.

Die Erzählung von dem G a s t m a h l (nach dem berichteten Ereignis griechisch Symposion benannt) stellt eine Abwandlung der so wenig ökonomischen, doppelt umrahmten Erzählungsform dar, in welche hier sogar noch eine dritte Rahmenerzählung, der Bericht des Sokrates vom Gespräch mit Diotima, eingefaßt wird. Apollodoros berichtet vom Bericht des Aristodemos über die Gespräche bei dem Gastmahl, zu denen auch der Bericht des Sokrates von jenem Gespräch mit der Priesterin von Mantineia gehört. Die Leser orientalischer Märchenbücher, des Pantschatantra oder der Tausendundeinen Nacht, fühlen sich da heimatlich berührt und versichern zum voraus, daß daraus keine Schwierigkeiten des Verständnisses oder Hindernisse des Genusses entstehen werden. Doch trifft diese, auch kulturmorphologisch nicht sehr fern liegende Analogie, nur teilweise zu. Der äußerste Rahmen, das Gespräch des Apollodoros mit dem »Freund«, hat einen besonderen Sinn: durch ihn erhebt die ganze Erzählung, die aus formalem Gesichtspunkt in e i n e Reihe mit vielen orientalischen Märchen und unseren schönsten historischen Novellen gehört, einen vom Schriftsteller, von Platon selbst, mit großer Umsicht begründeten Anspruch. Den Anspruch darauf, historisches Dokument zu sein. Da wir schon orientalische Parallelen herangezogen haben, so erinnert die Art der Begründung an die der Beglaubigung der heiligen Überlieferungen des Islam: es wird jeder Tradition vorausgeschickt, wer sie durch wen vom Propheten erhalten und so weitergegeben hatte. Aus dem einleitenden Gespräch des Apollodoros mit dem »Freund« erfahren wir sogar noch mehr als bloß die Namen der Weitererzähler. Die Art ist griechisch, sie berücksichtigt auch die vollendete, unveränderliche künstlerische Form, und darum weist sich zuerst Apollodoros selbst aus, er sei nicht unvorbereitet, er habe die Erzählung, die er vortragen wird, auswendig gelernt. Seine Quelle sei Aristodemos, der an dem Gastmahl teilnahm und die dort gehörten Reden nicht nur ihm, Apollodoros, sondern auch anderen, so dem Phoinix, vortrug. Er, Apollodoros, habe außerdem noch den Sokrates über Einzelheiten ausgefragt und dieser habe alles bestätigt. Seinerseits habe er, Apollodoros, was er gehört, erst neulich dem Glaukon, dem Sohn des Ariston, unterwegs aus Phaleron nach Athen, weitererzählt. Glaukon ist Platons Bruder. Die Kette der Überlieferung, durch schwärmerische Verehrer des Sokrates und leidenschaftliche Behalter seiner Gespräche — und es gab bei ihm keine andere Möglichkeit des Behaltens als durch die Erinnerung — erreicht den Schriftsteller. Nicht nur Apollodoros: er, Platon weist sich aus.

Notwendig war diese Beglaubigung, weil das Gastmahl, das durch die Reden und Gespräche zu Ehren des Eros berühmt geworden ist, 416 v. Chr., im Siegesjahr des Tragödiendichters Agathon stattfand. »Als wir noch Kinder waren« — sagt Apollodoros dem Glaukon, und ein noch kleineres Kind war damals Platon, der jüngere Bruder des Glaukon, höchstens zwölf Jahre alt. Wenn ein moderner Philologe bemerkt: »Anachronismen sind sorglich vermieden — gerade eine Anspielung auf arkadische Verhältnisse, in der schon im Altertum ein Anachronismus gefunden ist, hat sich als ganz korrekt herausgestellt«[156] — so zeugt das nicht von kritischem Denken, sondern von einem völlig verdrehten, das eine besondere Bemühung Platons zur Vermeidung von Anachronismen annimmt, um nur das nicht hinzunehmen, was uns einwandfrei überliefert wird und was Platon, der gerade den modernen historischen Sinn noch nicht besitzen konnte, kaum so ohne jeden Anachronismus erfunden hätte. Daß der Bericht, den er in endgültiger künstlerischer Form festhielt, nicht in jeder Hinsicht ausführlich war, hören wir von Apollodoros: an alles, was jeder der Anwesenden bei dem Gastmahl geredet, erinnerte sich schon Aristodemos nicht mehr genau, noch auch er an alles, was ihm dieser hersagte. Er teile nur die Reden mit, die ihm besonders wert schienen, behalten zu werden. So traf schon die mündliche Überlieferung eine Auswahl, wie das in dieser Art der Tradition üblich ist, und wir werden wohl nie wissen können, wo Platons Künstlerhand noch weiter dazu geholfen hat, daß ein Stufenbau der Reden und Gespräche in strengster Ökonomie eines hohen Kunstwerkes vor uns steht. Zuerst wird die Liebe, wie sie die vornehme athenische Männergesellschaft in der verfeinerteren Form der in primitiven Männerbünden üblichen Knabenliebe kennt, in fünf Stufen gewürdigt: durch die einfache, wohlerzogene Frömmigkeit des Phaidros, dann in reflektierter Bewußtheit ethisch durch Pausanias, wissenschaftlich durch Eryximachos, mythologisch durch Aristophanes, dichterisch durch Agathon. Durch das Gespräch des Sokrates mit Agathon und durch seinen Bericht von seiner Unterredung mit Diotima — einer historischen Persönlichkeit[157] — werden diese Stufen zunächst philosophisch und theologisch überschritten, dann die Grenzen der traditionellen Liebessitten gesprengt und ein neues Stufentum eingeführt, von dessen höchster Verwirklichung die letzte Rede berichtet: die den Spott durch Spott in heilig-heiteren Ernst erhebende Lobrede des Alkibiades auf Sokrates. Sie zeigt die Verwirklichung im Leben des Sokrates und führt den hauptsächlichen Bezug der Erzählung gleichfalls auf den Höhepunkt: den Bezug auf Sokrates selbst.

Die bekannteste Form der sokratischen Gespräche — die dritte neben der reinen Ich-Erzählung und der mehrfachen Rahmenerzählung — liegt uns in jenem Dialog vor, der uns zugleich das anschaulichste Bild davon bewahrt hat, wie in demselben Kreise, dem die Teilnehmer des Gastmahls angehörten, auch schriftliche Liebesreden Gefallen fanden, wie sie auswendig gelernt wurden und die echten, gesprochenen, vom Zusammensein selbst eingegebenen zu verdrängen drohten: im Dialog P h a i d r o s. Der »Urheber der Reden« bei dem Gastmahl, der junge Phaidros, immer noch dem Arzte fügsam — oder vielleicht noch fügsamer geworden — begegnet auf seinem Spaziergang ins Freie dem Sokrates. Der Ort ihres Zusammenseins, das Atmosphärische als Gegenwart der Ortsgötter erlebt, wird in ihrem Gespräch so eindrücklich geschildert, wie in keinem anderen der »sokratischen Geschichten«. Doch berichtet über diese Gespräche nicht Sokrates selbst: daß Phaidros die geeignete Persönlichkeit war, sie wörtlich zu behalten und weiter zu erzählen, folgt aus dem Bilde, das Sokrates von ihm scherzend entwirft. Und seine zeitweilige ganz nahe Beziehung zum Künstler, dessen sichere Hand die charakteristischen Züge nachzeichnet, ist aus einem Liebesepigramm Platons bekannt. Diese Art der Darstellungsweise, die die Gesprächspersonen unmittelbar einführt und ihr kleines Drama vor unseren Augen nur durch ihre aneinander gerichteten Worte spielen läßt, entstand so, wie es uns der Rahmen des Dialogs Theaitetos schildert.

Es ist eine wichtige Schilderung, in der Platon nicht nur die Männer nennt, die ihn Lügen strafen würden, falls er Unwahres erzählen wollte, sondern auch auf eine andere Art der Überlieferung als die mündliche hinweist: auf die Aufzeichnungen philosophisch interessierter Sokratesanhänger. Zwei solche führen da das einleitende Gespräch. Ihm habe Sokrates selbst, so erzählt der eine, Eukleides in Megara, die Gespräche, die er mit dem jungen Theaitetos geführt, erzählt. Könnte er sie ihm, fragt sein Freund Terpsion, weitererzählen?

»EUKLEIDES. Nein, beim Zeus, wenigstens auswendig nicht, doch machte ich damals sofort, als ich nach Hause zurückgekehrt war, Aufzeichnungen und später, wie ich ruhige Zeit hatte, schrieb ich es aus der Erinnerung. Und dann, so oft ich nach Athen kam, fragte ich Sokrates wieder darüber aus, was ich nicht im Gedächtnis hatte, und machte, zurückgekehrt, Berichtigungen, so daß ich fast das ganze Gespräch schon aufgeschrieben habe.

TERPSION. Es ist wahr: ich hörte es von dir schon früher. Doch war ich immer nur mit der Absicht hier, dich zu bitten, daß du es mir zeigest. Jetzt aber, was hindert uns daran, daß wir es vornehmen? Ich muß mich ohnehin ausruhen, da ich von der Feldarbeit komme.

EUKLEIDES. Was mich betrifft, begleitete ich Theaitetos bis zum wilden Feigenbaum, so daß die Ruhe auch mir nicht unangenehm wäre. Doch gehen wir uns niederzulegen, und während wir ruhen, wird uns der Knabe vorlesen.

TERPSION. Es ist mir recht, wie du es sagst.

EUKLEIDES. Das Buch ist also, o Terpsion, dieses. Ich schrieb aber das Gespräch nicht so auf, daß Sokrates der Erzähler sei, wie er es mir erzählte, sondern so, wie er das Gespräch führte mit denen, die er als Gesprächspartner nannte. Er nannte als solche Theodoros den Geometer und den Theaitetos. Damit uns also in dieser Schrift die eingefügten Worte des Sokrates, wo er von sich sagt: ›und da sprach ich‹ oder ›und ich sagte darauf‹ oder auch von dem Antwortenden: ›er stimmte zu‹ oder ›er war nicht einverstanden‹, nicht stören, schrieb ich deswegen so, daß er mit ihnen das Gespräch führe, und ließ all das derartige weg.

TERPSION. Es ist in der Tat nichts Ungehöriges, o Eukleides.

EUKLEIDES. Nun, du Knabe, nimm das Buch und lies es vor.« Die auf diese Weise aus der sokratischen Wiedererzählungsart herausgelöste reine Form des Gesprächs macht Platon im Phaidros zweierlei möglich. Zunächst die Wiedergabe und das Hinstellen dessen, was nicht nur inhaltlich, sondern auch formell — als zum Lesen (freilich bei den Griechen: zum lauten Lesen) bestimmtes Wort — das absolut Unsokratische ist, ebendas, dem Sokrates auch im Kreise der für ihn Schwärmenden, der Nichtpolitischen, aber auch nicht handwerklich oder berufsmäßig-künstlerisch Tätigen, den Rein-Geistigen auf Schritt und Tritt begegnete. So gerade bei Phaidros, der mit einer aufregenden neuen Schrift des Redners Lysias, eines Berufsliteraten, spazieren ging, einer Schrift, die in ihrer formgewaltigen literarischen Kühnheit etwa mit André Gides »Immoraliste« zu vergleichen wäre. Doch wodurch diese Schrift und diese damals in Griechenland aufkommende Art überhaupt charakterisiert wird, ist ein über Gide weit hinausgehender — oder richtiger: unter ihm bleibender — Nihilismus, es ist jenes Un-Existenzielle, und daher auch Un-Leidenschaftliche, schlechthin, zu dem bewußte Wortbeherrschung, eine der Wurzeln jeder humanistischen Kultur, leicht hinzuführen vermag. Das vom Menschen entleerte Wort ist es, anstatt von Menschen nur noch von Konventionen getragen — denn weder Lysias noch ein späterer höfischer Worthumanist ist unkonventionell —, das zudem schon in das Reich des Existenziellsten und Leidenschaftlichsten, der Liebe, einzubrechen wagt. Dieses Wort darf in dem nach Phaidros benannten Dialog erscheinen und sich zur Prüfung stellen. Und Sokrates darf in der dramatischen Form des reinen Gesprächs — das wird noch auf diese Weise ermöglicht — ihm mit der vollen Macht s e i n e s Wortes entgegentreten: des Wortes, das noch so rein existenziell ist, so leidenschaftlich und geistig, gleichsam aus einer göttlichen Quelle schöpfend — diese Quelle will Sokrates, während er von jenem Worte mitgerissen wird, in den Quellgöttinnen des Ortes erkennen —, daß es sich scheut, je literarisch zu werden. Die Mischung von Prosa und Dichtung, zu der sich Sokrates in seiner durch Selbstironie gedämpften Ekstase hinreißen läßt, war für die Griechen, wenn nicht in einen kadenzierten Prosarhythmus rhetorisch eingefangen, wie in der Rede des Agathon im Gastmahl, völlig unliterarisch. Sokrates zeigt sich uns nun, wie sehr er auch seine Ekstase dämpft oder wie sehr er ihre Steigerung s p i e l t , dennoch in einem Zutand, in dem er sich in jenen kleinen Dramen, in denen er sich selbst als den Fragenden, Prüfenden, Suchenden vorführte, nie zu zeigen gewillt war: im Zustand des schöpferischen Überfließens, der geistigen Schöpfung einfachhin. Die einmal schon zitierte Bemerkung des Phaidros, daß Sokrates mit Erzählungen, mit ägyptischen oder von welcher Art immer, zu dienen leicht bereit war, weist auf eine positive, Mythen schöpfende oder umschöpfende Begabung in ihm, die er nie als dichterisch anerkannt hätte — eben weil sie so frei, so ungebunden war —, ohne die aber Platon »sokratische Gespräche« kaum so oft hätte in Mythenerzählungen ausklingen lassen. Nicht als ob jene großen Seelenmythen in den platonischen Dialogen, deren tiefste und ergreifendste den Höhepunkt des Phaidros bildet[158], reine Erfindungen des Sokrates oder gar des Platon wären. Sie waren auch ursprünglich beweglicher Stoff und entsprechen der unerhörten Forderung, die Sokrates im Phaidros jeder menschlichen Schöpfung, die zu Worten gebunden ist, stellt: daß sie nämlich nicht zu selbstherrlichen, unveränderlichen und starren Worten gebunden bleibe.

Eine unerhörte Forderung in Athen, da sie sich nicht nur gegen den Redner und Literaten, einen Lysias, sondern auch gegen den Dichter und Gesetzgeber — mit Namen bezeichnet: gegen Homer und Solon richtet. Zu ihr gelangt Sokrates durch die nur scheinbar rein technisch-formelle Analyse der Rhetorik im zweiten Teile des Dialogs. Es geht da eben um das Bloßlegen jener e i n e n Wurzel jeder humanistischen Kultur, der bewußten Wortbeherrschung, die wir schon genannt, und um das Zeigen ihrer Unzulänglichkeit, ja ihres inhärenten Nihilismus, wenn die a n d e r e Wurzel vernachlässigt oder ausgeschaltet wird. Was wir als die andere Wurzel des Humanismus kennen und, falls wir sie nicht kannten, hier, in dem Phaidros erkennen würden, ist die menschlich-bewußte, existenzielle Berührung mit dem Wirklichen: das Berührtsein durch Liebe, durch das Göttliche im Umgebenden und überhaupt durch das Wahre, das Seiende wie es ist. Dazu bekennt sich Sokrates im Phaidros und sagt und fordert Worte — »Reden« in der griechischen Doppeldeutigkeit des Wortes l o g o s, das sowohl das Gesagte als das Gedachte bedeutet, — das Wahre enthaltende, für sich sprechende und sich verteidigende »Reden«, die aus solcher Berührung entstanden sind. Es ist kaum zweifelhaft, daß Platon in jenem Brief, in dem er sich von allem Schriftlichen, sogar von den eigenen Schriften distanzierte, solche lebendigen »Reden« meinte, um die es ihm ging, und keine einzige in Worten festgesetzte, festzuhaltende Lehre. Einsichten wohl — diese aber, auch diejenigen, die man als die hauptsächlichen platonischen Lehrsätze kennt, wie die Annahme von ewigen, urbildhaften Ideen und von der dreigeteilten präexistenten und unsterblichen Seele, konnten dem Sokrates, dem echten und von Platon in seiner Echtheit geschilderten, schon aufgeleuchtet sein, doch in freiester Beweglichkeit, wie wir sie im Phaidros erleben.

Und wenn die genannten Lehrsätze auch nie als Dogmen, sondern eben als Annahmen, Hypothesen, dem Sokrates erschienen sind, so ist es doch von Bedeutung, daß er sie — die Ideenlehre und die Unsterblichkeitslehre (die Seele nicht mehr dreigeteilt betrachtet) — in seinen letzten Stunden, wie sie Platon in dem Dialog P h a i d o n verewigt hatte, seinen Freunden nochmals einzuprägen versuchte. Daß jedes Wort, das er da sagte, jedes Argument, das er da vorbrachte, ihm, und nicht erst Platon, gehören konnte und füglich auch gehörte, zeigte uns die philosophiegeschichtliche Analyse[159]. Auf die historische Glaubwürdigkeit gerade dieses Dialogs macht uns aber auch seine Einleitung, durch eine merkwürdige negative Art der Beglaubigung, besonders nachdrucksvoll aufmerksam. Sie ist eine ähnliche Rahmenerzählung, wie die am Anfang des Gastmahls, jedoch mit einer eigenen Atmosphäre. Man sitzt in einer öffentlichen Halle oder auf dem Dorfplatz der kleinen peloponnesischen Ortschaft Phlius zusammen, im Schatten mächtiger Berge, die nicht erwähnt werden, aber ebenso selbstverständlich da sind, wie die Linien der attischen Berge im Hintergrund der athenischen Gespräche. Der Erzähler kam aus Athen, einer der sich mit ihrem Kummer zurückziehenden Schüler des hingerichteten Meisters, Phaidon, vielleicht auf dem Wege nach seiner Vaterstadt Elis. Der zum Erzählen auffordernde »Freund« trägt den Namen Echekrates, zufällig ein Pythagoreer, den eine Geschichte, welche Bekenntnis zur Unsterblichkeit der Seele ist, nah angeht — falls es in der Entstehung von Werken wie der Phaidon überhaupt Zufälle gibt. Sei es nun Zufall oder Schicksal des entstehenden Werkes oder Platons besondere Absicht gewesen, eine Art Widmung an die Pythagoreer, deren es in Phlius mehrere, wohl auch unter den Zuhörern, die Echekrates vertritt, gab: geeignet ist die Situation dazu, daß auch der Leser alle Einzelheiten, die den Phliasiern erzählt werden mußten, erfährt. Auch die Namen der Zeugen, der Anwesenden in jenen Stunden. Platon selbst übernimmt eine solche Zeugenschaft in der Apologie, in der von ihm niedergeschriebenen und veröffentlichten Verteidigungsrede des Sokrates: er läßt sich da in der Rede selbst als Anwesenden nennen und gibt uns dadurch zu wissen, daß er ganz genau berichten kann. Hier, im Bericht des Phaidon hingegen vergißt er nicht die Bemerkung festzuhalten: »Platon aber, glaube ich, war krank.« Er, der Phaidons Bericht zum Kunstwerk erhebt, war nicht dabei, weiß daher auch nichts Besseres, Geheimeres als das, was alle, die zugegen waren . . .

Und so nehmen wir diese sokratischen Gespräche in die Hand: als Berichte von wahren Gesprächen, wenn wir sie nach Platons Absicht lesen wollen. Diese Absicht steht durch die Beglaubigungsapparate von drei so wichtigen platonischen Dialogen, wie das Gastmahl, der Phaidon, der Theaitetos, fest. Solche beglaubigenden Einführungen braucht kein Dichter, sondern nur, wer geschichtlich glaubhaftes Zeugnis ablegen will. Es ist wohl möglich, daß er vom Geschehenen dennoch nicht genau so berichtet, wie es geschah. Alle Zweifel, die jedem historischen Bericht gegenüber erhoben werden dürfen, sind da theoretisch berechtigt, berechtigt aber auch die Berufung auf die Erfahrung, die die Menschheit mit ihren großen Künstlern und deren Werken immer wieder macht: daß sie nämlich das Wesentliche unter allen menschlichen Festhaltungsmöglichkeiten noch am besten festhalten. In seinem literarischen Werke ist Platon Zeuge und Künstler zugleich, ein Berichterstatter, dem dies wesentlich war: das Wahrheitsuchen des Sokrates, und der uns ebendadurch in seiner Eigenschaft als Philosoph nicht weniger bewunderungswürdig erscheint. Ein Sokrates-Bild, an dem wir genau ermessen könnten, inwiefern es Platon gelang, seine Absicht zu verwirklichen, gehört nicht in den Bereich des wissenschaftlich Erreichbaren. Kritik heißt hier vor allem: um die Grenzen der historischen Erkenntnis wissen. Um so mehr darf unser Platon-Lesen dem p h i l o s o p h i s c h e n Sinn dieser Berichterstattung entsprechen, der in allen sokratischen Gesprächen Platons offenbar ist. Lassen wir uns durch den treuen Schüler mit dem echten Bild eines echten Wahrheitssuchers beschenken und nehmen wir teil am sokratischen Suchen der S a c h e wegen, der es gilt, des philosophischen Gegenstandes, welcher, wenn wir im Sinne des Sokrates und des Platon lesen, uns persönlich angehen soll: im Gastmahl, Phaidros, Phaidon die Liebe und die Möglichkeiten und Weiten der Seele, in anderen Dialogen anderes, doch das darüber Gesagte nicht n u r deshalb, weil es die Meinung dieses oder jenes Philosophen war. Es genüge uns — denn auch dies ist schon viel — daß es uns zugleich von zwei großen zur Prüfung vorgelegt wird und fragen und prüfen und suchen wir mit. Wir werden dabei teilhaftig auch des Schönen, das der mit griechischer Kunst festgehaltenen griechischen Existenz entströmt und, wenn der Wahrheitssucher das Ziel entweichen sieht, den berührten Menschen tröstet und stärkt.

1946

# DIE PAPYRI UND DAS WESEN DER
# ALEXANDRINISCHEN KULTUR

Daß der Gelehrte, der mit Codices zu tun hat, die Kulturgeschichte jener Zeiten und Länder berücksichtigen soll, in denen
seine Handschriften entstanden sind, wird sehr mit Recht betont[160]. Die gleiche Forderung stand für den Papyrologen immer
fest, und zwar als eine wissenschaftliche Aufgabe, welche aus
dem Zusammenhang einer besonderen Kultur mit den Papyri
hervorwuchs. Wilhelm Schubart formulierte sie in seiner Einführung in die Papyruskunde ganz klar[161]:
»Die Bücher, Briefe und Urkunden, denen die Papyrusforschung
gilt, stammen — mit wenigen Ausnahmen — aus Ägypten. Alles, was ihnen an Ergebnissen abgewonnen wird, reiht sich denjenigen Funden ein, die Ägyptens Geschichte und Kultur seit
ältester Zeit beleuchten, und setzt diese Reihe, die mit hierati-
schen Papyri und hieroglyphischen Inschriften beginnt, fort für
die Zeit, in der griechische Kultur sich beherrschend geltend
macht. Die Papyrusforschung darf niemals vergessen, daß sie
unter diesem Gesichtspunkt ein Teil der Ägyptologie ist. Freilich
zeigen die Funde auch, wieviel echt Hellenisches die in Ägypten
ansässigen Griechen bewahrt haben, und andererseits wesentliche Züge römischen Wesens in der Staatsverwaltung und im
Recht des späteren Ägyptens. Die griechischen literarischen Texte sind endlich derjenige Teil der Papyri, der die Verbindung
der Papyrusforschung mit der Wissenschaft vom Griechentum
am reinsten darstellt. Damit sollen aber« — wie Schubart ausdrücklich hervorhebt — »die literarischen Papyri nicht aus dem
Zusammenhang mit ihrem Fundort Ägypten gerissen werden. In
vielen Äußerlichkeiten verraten sie oft ihre Herkunft, und über-
dies sind sie für die Kultur des hellenistischen Ägyptens gewich-
tige Zeugen, wenn auch das, was sie dafür lehren, nicht so unmittelbar am Tage liegt, wie in den Urkunden.«
Es ist vielleicht an der Zeit, zu versuchen, etwas mehr über dieses »nicht unmittelbar am Tage Liegende« zu sagen, so daß wir
über die Äußerlichkeiten hinweg zu einem tieferen Sinn der
Kulturgeschichte gelangen. Ich meine damit, daß wir versuchen

wollen, auf dem Wege über die Masse unserer Papyri — und gerade diese Masse an sich in die Betrachtung einbeziehend —, uns dem Wesen der alexandrinischen Kultur zu nähern.

Wir müssen unsere Betrachtung von etwas weiter her beginnen, von altägyptischen Verhältnissen. Sie verhelfen uns dazu, unsere Betrachtungen ganz scharf zu fassen. Und zwar in erster Linie so, daß die große Masse der Papyri nicht einfach als ein Geschenk des toten Sandes in Ägypten — also im Grunde genommen als ein Geschenk des Zufalls — aufzufassen ist. Vielmehr bildet sie die Frucht einer besonderen Art lebendiger Kultur, eines eigentümlichen Kulturwillens.

»Als der alte Weise Duauf, der Sohn des Cheti, mit seinem Sohn Pepi, ›zum Hofe‹ fuhr,« — so lesen wir in Ermans »Ägypten«, nach dem Papyrus Sallier[162] — »um ihn in die ›Bücherschule‹ zu bringen, da ermahnte er ihn, ›sein Herz hinter die Bücher zu setzen und sie wie seine Mutter zu lieben, denn es gibt nichts, das über die Bücher geht‹.« Diese wichtigen Worte, mit ihrer im Altgriechischen unmöglichen Mahnung zum Bücherkult[163], sind die Übersetzung einer Autorität der Ägyptologie; wir dürfen sie ohne Bedenken zum Ausgangspunkt wählen. Dieselbe Autorität führt uns dann die Sachlage in dieser Weise aus: »Wo immer wir die ägyptische Literatur aufschlagen, überall und zu allen Zeiten tritt uns die gleiche begeisterte Verehrung für die Wissenschaft oder, konkret ausgedrückt, ›die Bücher‹ entgegen.« Und hier müssen wir gleich unsere zweite Beobachtung anstellen; zu einer dritten, die sich hier anschließen kann, werden wir am Ende unserer Betrachtung zurückkehren.

Diese zweite Beobachtung möchte ich als Frage formulieren: Ist es ratsam, an die Stelle des konkreten ägyptischen Ausdrucks ›Bücher‹ unseren Begriff der ›Wissenschaft‹ zu setzen? Zumal bei Erman schön ausgeführt wird, daß die Ägypter nicht die Wissenschaft an sich schätzten, sondern die Überlegenheit, die die Bücher dem Gebildeten über die ungebildete Masse verleihen. Und auch dies auf eine ganz konkrete Weise: »Wer gelehrte Studien getrieben hat und ein ›Schreiber‹ geworden ist, der hat damit die erste Staffel der großen Leiter des Beamtentums betreten, und der Zugang zu allen Ämtern des Staates steht ihm offen.« Wäre es also nicht ratsamer, statt die Beziehung der alten Ägypter zu ihren ›Büchern‹ unter das Schlagwort ›Wissenschaft‹ zu bringen, sie vielmehr an sich als etwas für die altägyptische Form des menschlichen Daseins Bezeichnendes zu betrachten?

Dieser Zug des altägyptischen Wesens ist den klassischen Philologen keineswegs entgangen. Theodor Birt würdigt ihn in seinen grundlegenden Werken über das antike Buchwesen und die Buchrolle in der Kunst. Eduard Norden, der im Lesen des Kindes in der IV. Ekloge etwas spezifisch Ägyptisches erblicken will, bemerkt mit Recht, daß der Riesenapparat, dessen die zwei ersten Ptolemäer für ihre Bibliotheksgründungen bedurften, abgesehen von dem Papyrusmaterial, in keinem Lande der damaligen Welt gleichermaßen möglich gewesen wäre. Er weist auf jene ägyptische Göttin Seschat hin, ›die Fürstin des Bücherhauses‹, die wahrscheinlich als »Muse« bei Horapollon[164] wiedergegeben wurde. Daß es sich hier um noch etwas mehr handelt, als die Möglichkeit von riesigen Bibliotheken, das versuche ich von einer anderen Seite her verständlich zu machen.

Ulrich Wilcken hat das Postulat einer antiken Urkunden-Lehre in einem Vortrag auf dem III. Papyrologentag begründet[165]. Diese Urkundenlehre muß zwischen griechischem und ägyptischem, zwischen ägyptischem und keilschriftlichem und persisch-aramäischem und römischem Urkundenwesen streng unterscheiden, um ihre gegenseitige Beeinflussung klar erkennen zu können. Die römische Urkundenlehre des republikanischen Zeitalters, die noch nicht existiert, wird mit allen ihren Einzelheiten, auch mit ihren Angaben über Äußerliches, wie Material, das altrömische Wesen sicher beleuchten, ebenso wie die ägyptische das altägyptische Wesen. Schon die vornehme Stellung der ägyptischen Urkundenlehre innerhalb der Ägyptologie wird etwas vom Wesen der ägyptischen Kultur verraten, unabhängig von jeder historischen Erklärung dieser Stellung, die auch an sich schon bedeutungsvoll genug ist.

Die üblichen Erklärungen, die für solche Tatsachen gegeben werden können, weisen nur auf weitere Faktoren des zutiefst liegenden Wesens hin, das schon durch die einfache Aufzählung der verschiedenen Einzelzüge ungefähr angedeutet wird. Wenn man beispielsweise von den Urkunden des Perserreiches redet, so spricht man notwendig von Keilschrift auf Tontafeln und von »der auf Leder geschriebenen aramäischen Sprache«[166]; und die ägyptische Urkundenlehre beschäftigt sich ebenso notwendig vorwiegend mit Papyri. Nicht als ob Ägypten keine Stein-, Ton- oder Lederurkunden kennte. Vorherrschend ist der Papyrus. Die natürliche Erklärung dafür hebt nur einen weiteren Faktor des ägyptischen Wesens hervor: die Natur selbst. Und man wird immer sagen müssen, daß die von der Natur ermöglichte Bevorzugung des pflanzlichen Materials zum Schreiben gerade für die ägyptische Kultur charakteristisch ist. Dieses Charakteristische, eben als Wesentliches, spiegelt sich auch im Mythos. Die Götter schreiben den Namen des Königs ›auf den ehrwürdigen Baum‹ in Heliopolis ›mit der Schrift ihrer eigenen Finger‹[167]. Wenn schon die Verwendung dieses Materials die ägyptische Kultur charakterisiert, so tut die große Rolle der Schrift und die Hochschätzung des Buches dies um so mehr. Ich brauche weitere, bekannte Tatsachen der ägyptischen Religion, welche — wie die Verehrung des Schreibergottes Thoth — diesen Zug spiegeln, hier nicht zu wiederholen.

Ägypten ist ein positives Beispiel dafür, daß das Verhältnis einer Kultur zu ihrer schriftlichen Ausdrucksform für das Wesen der betreffenden Kultur bezeichnend ist. Die Benutzung von Schriftzeichen und besonders das Maß der Benutzung wird nie vom utilitarischen Gesichtspunkt allein bestimmt. Ist dieser Gesichtspunkt vorherrschend, dann ist gerade diese Tatsache für die Beurteilung des Ganzen einer Kultur wesentlich. Dies kann an großen negativen Beispielen noch besser erläutert werden: in erster Linie am Verhalten der altmediterranen Hochkulturen zum Schreiben. Sie sind es, zu denen — nach dem Blick auf das schriftfrohe und fast zu einer Bibliolatrie bestimmten Altägypten — unsere Betrachtung sich hinzuwenden hat.

Man glaubt gewöhnlich, daß der Gebrauch der Schriftzeichen die ›Vorgeschichte‹ eines Volkes von seiner ›Geschichte‹ nur äußerlich trenne. Hätte es die Schrift früher erfunden oder früher übernommen, so hätte es schon früher ›Geschichte‹ gehabt. Nur soviel gibt man zu, daß die Schriftlosigkeit mit einem tieferen Stand der Kultur zusammenhängt. Von dieser ›primitiven‹ Kulturstufe führe die Entwicklungslinie — wenn das betreffende Volk einer Entwicklung überhaupt fähig ist — auf eine höhere Stufe, wo die Schrift die Ereignisse bereits festhalte und sie zum Rang der Geschichte erhebe. Wie verkehrt diese Auffassung ist, will ich nicht von der Seite der Geschichte her beleuchten, sondern von der Seite des Schriftgebrauchs her.

Es gibt Hochkulturen, die zwar Schriftzeichen kennen, die aber deren geistige Verwendung gleichsam zurückweisen und aus eigenem Willen — sagen wir wieder: aus einem eigentümlichen Kulturwillen heraus, worunter wir immerhin etwas ganz Unwillkürliches verstehen — ›prähistorisch‹ bleiben. Wie fragmentarisch immer unsere Kenntnisse von der altkretischen Kultur sind, ganz vom Zufall bestimmt sind sie nicht. Die Hauptorte dieser Kultur sind ausgegraben, und wir vermögen uns wenigstens von der proportionellen Stellung der schriftlichen Monumente unter ihren Denkmälern einen Begriff zu bilden. Ihre Zahl und Bedeutung ist im Verhältnis zu den nichtschriftlichen und trotzdem von einer hohen künstlerischen Kultur zeugenden Monumenten verschwindend klein. Die Untersuchungen von Evans[168] und Chapouthier[169] machen es sehr wahrscheinlich, daß die beiden bekannten Depots von Scripta Minoa in Knossos und Mallia Tondokumente geschäftlichen Inhalts bewahrten[170]. Dies wäre also ein bezeichnender Fall für den utilitarisch bestimmten Gebrauch der Schrift. Der naturhaft-künstlerische, nichtgeistige Charakter der altkretischen Kultur tritt dadurch um so klarer hervor.

Die sakrale Bestimmung einzelner Dokumente — wenn sie erwiesen wäre — würde ebenfalls nicht das sein, was wir die geistige Verwendung der Schrift nennen könnten; ebensowenig der Gebrauch von Inschriften zu sepulkralen Zwecken ohne literarischen Gehalt. Solche Inschriften fanden sich bisher in Altkreta nicht, wohl aber auf dem Gebiet einer anderen mediterranen Hochkultur: in Etrurien. Diesem einzigartig lehrreichen Beispiel für die Rolle der Schrift in der etruskischen Kultur müssen wir besondere Aufmerksamkeit widmen.

Und zwar wollen wir hier von Teilproblemen — wie das der anscheinend größeren Verbreitung der Schrift in der Gegend von Chiusi und Perugia[171] — absehen und uns nur das Hauptproblem vergegenwärtigen: hatten die Etrusker dank ihrer

Schriftkenntnis auch eine Literatur? Dieses Problem scheint mir nicht so einfach zu liegen, wie es Gustav Körte schien[172]. Aber charakteristisch sind immerhin die Tatsachen, die Körte betont: der im Verhältnis zu Griechenland geringe Gebrauch, den man von der Schrift machte. Der Umstand, daß sich unter den etruskischen Inschriften nur verschwindend wenige finden, die nicht Grabinschriften sind; schließlich, daß von diesen wieder nur wenige mehr als den Namen geben. Man glaubt also, daß die etruskische Literatur schwerlich über Ritualvorschriften und Divination sowie geschichtliche Aufzeichnungen wesentlich hinausgegangen sei[173]. Diese geschichtlichen Aufzeichnungen mochten ähnlich den aus Rom bekannten *magistratuum libri lintei* gewesen sein[174] — also wenigstens keine durchgeistigte Verwendung der Schrift, keine eigentliche Literatur[175].

Die Einwendungen gegen Körte beginnen dort, wo er scheinbare oder wirkliche Mißverständnisse, die sich in etruskischen Darstellungen griechischer Mythen finden, verallgemeinert und behauptet, daß die etruskischen Künstler nur nach bildlichen Vorlagen arbeiten und von deren Inhalt höchstens eine dunkle Ahnung haben[176]. Man konnte auf Grund der sprachlichen Formen zeigen, daß sich unter den Namen des griechischen Mythos im Etruskischen ungefähr drei große Klassen unterscheiden lassen: Namen, die mit den Formen der episch-literarischen griechischen Überlieferung übereinstimmen; solche, die dorischen Dialektkreisen entstammen; endlich eine letzte Klasse, die einen älteren Lautstand oder eine ursprünglich vorgriechische Form überliefert[177]. Daraus ergibt sich eine lange, lebendige Berührung der Etrusker mit literarischen Stoffen. Daß sie jene Göttermythen und Heldensagen, die in Griechenland zu reiner, durchgeistigter Literatur geworden sind, unmittelbar in den Dienst ihrer Lebensverschönerung stellten, dürfte ebenso sicher sein, wie es bezeichnend für das Wesen der etruskischen Kultur ist.

Es mutet anderseits nicht minder charakteristisch an, daß für die Etrusker die schriftliche Form der Literatur, das Buch, mit der Vorstellung des Todes irgendwie verbunden ist. Die schreibenden Gottheiten in der etruskischen Religion scheinen durchweg Todesdämonen zu sein. Eine neue sorgfältige Durchsicht der Darstellungen[178] bewies nur soviel, daß es unmöglich ist, die

166

Bücher, die diese Dämonen in der Hand halten, in allen Fällen inhaltlich übereinstimmend zu deuten. Sie tragen bald den Namen des Dämonen, bald des Verstorbenen, bald etwas anderes als Inschrift. Das Buch ist schon so sehr zum toten Attribut des Todesgottes und des Toten selbst geworden, daß es in sekundärer Weise auch widersprechende Inhalte haben kann. Deshalb glaubte ich in einer kleinen Arbeit über den griechischen Telesphoros, der gleichfalls das Buch trägt, diesen allgemeinen Ausdruckswert des Buches als eines Attributes hervorheben zu · dürfen: das Geheimnisvolle und die Hindeutung auf das Totsein[179]. Damit will nichts über den geschichtlichen Ursprung der sepulkralen Verwendung des Buches bei den Etruskern ausgesagt werden. Wir wollen nur das Charakteristische des letzten Ergebnisses festhalten: Schrift und Buch scheinen für die Etrusker viel eher geheimnisvolles, göttliches und zugleich tödliches Wissen anzudeuten als philosophische Wissenschaft und lebensfrohe Dichtung.

Und doch kannten und gebrauchten sie lebensverschönende, lebenssteigernde dichterische Stoffe .. Diesen Widerspruch aufzulösen vermöchte ich nur durch eine eingehende Charakterisierung des etruskischen Wesens[180], wie es sich uns in den Denkmälern offenbart. Hier genügt uns, wieder an einem schönen Beispiel gesehen zu haben, wie verschieden und zugleich wie charakteristisch sich das Verhalten der einzelnen Kulturen zur Benutzung der Schriftzeichen gestalten kann. Daß das der Etrusker — abgesehen von Erscheinungen vorgeschrittener Hellenisierung oder Romanisierung — im großen und ganzen wesentlich anders war als das Verhalten der Griechen, ist uns klar geworden. Wir stehen jetzt vor der Aufgabe, das Verhältnis der hellenischen Kultur zur Schrift in seiner Besonderheit zu erfassen.

Wie lange war die homerische Frage mit dem Problem des Schriftgebrauchs verbunden! Zuerst wollte man vermeintliche Schwächen der homerischen Poesie dadurch erklären, daß sie ohne Schrift entstanden sei, später dadurch, daß sie sich in ihrer letzten Ausgestaltung schon auf die Schrift stützte. Der junge Wilamowitz glaubte an einzelnen Teilen der Epen den ›Tintengeruch‹ zu spüren und seinen ›Kompilator der Odyssee‹ vermochte er sich lediglich als »das Gewächs eines tintenklecksenden saeculums« vorzustellen[181] — eine nur scheinbar historische, in Wahrheit modernisierende Auffassung, durch die hier das Besondere und Charakteristische ebenso verwischt wird wie durch die frühere, mehr romantische Betrachtungsart. Das Verhältnis des griechischen Dichters zum Buch änderte sich von Homer bis Platon im Grunde nicht, aber es war nie das Verhalten ›tintenklecksender‹ Jahrhunderte.

Die Frage, seit wann im Hintergrund des Epos das Buch stehe, ist gerade deshalb so schwer zu entscheiden, weil es immer im Hintergrund blieb, wesentlich nicht anders als bei der Lyrik oder beim Drama. Überhaupt ist das die für das klassische Griechentum bezeichnende Situation. Sie erinnert nur von weitem an die Stellung, die die Schauspielertexte im Leben des neuzeitlichen Theaters einnehmen. Diese Situation läßt sich auch im Fall der attischen Tragödie oder Komödie nicht mit der modernen Situation vergleichen. Hätte das hellenische Literaturwerk nicht als geistige Schöpfung in sich selbst den Anspruch auf Unvergänglichkeit — mit dem Wort Thomas Manns in seiner Storm-Studie: »den Unsterblichkeitscharakter« —, so wäre es gar nicht zu einem Literaturwerk geworden, auch die attische Tragödie und Komödie nicht. Die Eigenschaft der geistigen Schöpfung, mit der dieser Anspruch und Charakter wesentlich verbunden erscheint, ist die primäre, sie kennzeichnet schon die homerischen Epen. Ihr d i e n t das Buch, indem es, der ägyptische Fremdling in Griechenland, im Hintergrund bereitsteht, um der Göttin Mnemosyne behilflich zu sein und die Unvergänglichkeit auch äußerlich zu sichern. In dieser Weise e n t s p r i c h t das Buch zugleich einem geistigen Anspruch und ist mehr als ein dem ephemeren Zweck des Vortrags dienender Schauspielertext.

Man würde glauben, daß wenigstens die hellenische wissenschaftliche Prosa vom Buch abhängig sei, da sie doch zum Lesen bestimmt war[182]. Aber eine nähere Betrachtung bestätigt die eben gegebene Charakteristik auch von diesem Gesichtspunkt aus. Denn jener freie Flug des Geistes, der zunächst mit Homer in Griechenland erschien, tritt erst recht deutlich in der hellenischen Wissenschaft hervor. Die Tätigkeit des hellenischen Denkers und Forschers, die σοφίη und ἱστορίη, ist zunächst für sich selbst da und bedarf keiner äußeren Stütze. Es ist wieder nur das Gedächtnis der Menschen, das gestützt werden soll, damit sie die unvergänglichen Ergebnisse dieser Tätigkeit nicht vergessen. Dem entspricht auch das recht unpraktische ›Großrollensystem‹, das die ganze Forschung eines Herodotos oder Thukydides ungeteilt in ein Buch fassen konnte[183]. Wenn die Annahme in dieser Form auch übertrieben sein dürfte, da ein großes Werk auf mehr als eine Rolle geschrieben wurde: so spricht sie doch die Besonderheit des voralexandrinischen griechischen Buchwesens richtig aus.

Diese Besonderheit erklärt sich durch die schon bezeichnete Situation: die sekundäre und untergeordnete Stellung des Buches gegenüber der geistigen Tat, der Schöpfung und Forschung in der klassisch-hellenischen Zeit. Wir brauchen dabei gar nicht gewalttätig zu systematisieren und Zeichen der Wandlung in voralexandrinischer Zeit zu leugnen. Die bevorstehende Wandlung fühlt auch Platon, als er in seinem Phaidros den Sokrates sich wegen der Erfindung des ägyptischen Gottes Theuth-Thoth beklagen läßt, da sie — die Schrift — das Gedächtnis schädige[184]. Und wir haben keinen Grund, die Überlieferung zu bezweifeln[185], daß die »Gesetze« Platons von seinem Schüler Philippos von Opus schon in Bücher geteilt herausgegeben wurden[186]. Grundlegend bleibt aber jene wichtige Feststellung, daß das antike Buchwesen von den Ptolemäern bis auf Konstantin den Großen in seiner örtlichen Tradition einheitlich ist, indem es Athen ausschließt; Rom hat die Formen des Buchwesens von Alexandria empfangen. Bei den Anfängen Alexandrias scheint jene Kontinuität dagegen aufzuhören, sie läßt sich nicht mehr nach rückwärts verfolgen, und — so schließen die Untersuchungen Birts — wir wissen nicht, ob Alexandria seine Buchform aus Athen oder von den Priestern Ägyptens empfangen oder ob es sie vielmehr selbst geschaffen hat[187].

Hier, wo wir das Ergebnis unserer Betrachtung, sofern es das Wesen der alexandrinischen Kultur betrifft, gleichsam schon in der Hand haben, stehe jene dritte Beobachtung, die für den Schluß aufgespart wurde. Auch diese geht aus vom Widerspruch gegen die Übersetzung des ägyptischen Ausdrucks für ›Bücher‹

mit dem Wort ›Wissenschaft‹. Bedeuten denn nicht auch für uns Bücher, gerade als ›Bücher‹, eine überwältigende, wenn nicht sogar erdrückende Realität? Es sei an das Gedicht von André Gide über die Bücher erinnert, an die feinste Blasphemie gegen diese Realität im ersten Buch seiner *Nourritures terrestres* — und an Nietzsches Wort, daß der Mensch der Zukunft »energisch, warm, unermüdlich, künstlerisch, bücherfeind« sein soll. Man erinnert sich, wie das Problem des Buches und der Überwindung der Bücher mit dem Existenzproblem des Philologen und des Menschen überhaupt verbunden ist[188]. Wir leben im Zauber des Buches und der Bücher und vermögen auch ihre tödliche Seite zu empfinden, die die Etrusker ergriffen hatte. Wir verstehen, daß gerade in Ägypten, im Lande des Buches als einer höheren Realität, das ›Zauberbuch‹ und die große Menge der Zauberbücher entstehen konnte.

Wir haben somit alle Gesichtspunkte — auch der letzte ist keine rein subjektive Empfindung, sondern die Anerkennung einer Realität —, um jene Situation des Buches würdigen zu können, die für das alexandrinische Buchwesen und die gesamte alexandrinische Kultur charakteristisch ist. Was wir jetzt deutlicher sehen, ist dies: das Verhältnis dieser Kultur zum Buch weicht sowohl von dem altägyptischen wie von demjenigen ab, das für Athen und das klassische Griechentum bezeichnend war. Es ist also kein Wunder, daß ihm eine neue Buchform entspricht. In Alexandrien begegneten sich hellenische Geistigkeit und die zauberische Realität des Buches, wie sie in Ägypten wirksam war, als zwei lebendige Mächte. Hellenische Dichtung und Wissenschaft, deren Träger bis dahin der von ihnen ergriffene Mensch war, erhielt jetzt neben diesem einen neuen Träger: das vom griechischen Geist belebte, rationalisierte, durchformte Buch. Es diente dem Geist wie in Griechenland. Aber es blieb insofern doch ägyptisch, als es vornehm und hoch in seinem heiligen Haus, der Bibliothek, über seinen Dienern stand, den mit ihm beschäftigten Menschen, die ›ihr Herz hinter die Bücher setzten‹.

Es ist unnötig, auf die Einzelheiten der neuen Buchform einzugehen: ihre Handlichkeit, ihre Harmonie von Umfang und Inhalt, die bei der jetzt erst vorgenommenen Teilung der großen

alten Werke nicht zu erreichen war . . Alle diese Einzelzüge können in früheren Epochen schon vorbereitet sein: das neue Buch
in seiner neuen Situation drückt doch etwas wesentlich Neues
aus. Die Umsiedlung des geistigen Lebens auf den Papyrus —
wir könnten auch sagen: auf das Papier — als das Substrat einer
idealen Welt, und in die Bibliothek als eine besondere Welt, ist
in Alexandria ein für allemal geschehen. In der Masse unserer
Papyri greifen wir dieses Substrat mit Händen. Es offenbart
sich darin eine ganz neue Weltlage: nicht nur die neue Situation
des Buches, sondern auch die des Geistes. Fortan sind Dichter
und Gedichtbuch, Forschen und Bücherschreiben miteinander unlösbar verbunden.
Diese unlösbare Verbindung ist ein Zug, der der hellenischen
Kultur noch fehlt: er gehört zum Wesen der alexandrinischen.
Das alexandrinische Buch, zu dem uns unsere Betrachtung führte, ist der vollkommenste Ausdruck dieses Wesens. Und nicht
nur das! In seiner geistigen Bedeutung ist es schon unser ›Buch‹
— das erstemal in der Weltgeschichte: das Buch, das w i r schreiben, dem wir dienen, und das wir vielleicht auch überwinden,
um wieder zu einem dem hellenischen nicht unähnlichen Verhältnis zum Buch und zur Welt zu gelangen. Dieses Verhältnis
— oder wenigstens das Verständnis für ein solches — braucht
auch der Altertumsforscher. Sonst bleibt für ihn das Griechentum ein geschlossenes ›Buch‹ — keine schön leserlich gemachte
Papyrusrolle, Freude nicht bloß des Papyrologen, sondern der
ganzen der Antike offenstehenden Menschheit.

*1935*

171

# DIE PAPYRI UND DAS PROBLEM DES
# GRIECHISCHEN ROMANS

Die Bedeutung des alexandrinischen Papyrusbuches steht heute vor unseren Augen klar und fest da. Sie ist weltgeschichtlich. Diese gemeinsame harmonische Schöpfung des Hellenentums und Ägyptens bezeichnet die Umsiedelung des geistigen Lebens auf den Papyrus als das Substrat einer idealen Welt und dessen Festlegung in der Bibliothek. Dichtung und Gedichtbuch, Forschen und Bücherschreiben sind fortan unlösbar miteinander verbunden.

Es wäre freilich ein Irrtum, zu glauben, daß hohe Dichtung und philosophische Wissenschaft nicht vom Wesentlichsten, sondern durch bloße Erscheinungen einer Kultur bestimmt werden könnten: etwa dadurch, daß man geistige Werke schriftlich verfaßt und in Buchform herausgibt. Große Geistesschöpfungen stehen immer in unmittelbarer Beziehung zum W e s e n der Kultur. Sie drücken es manchmal t r o t z solcher Erscheinungen aus, die — obwohl in engster gegenseitiger Verbundenheit mit den geistigen Werken — im Verhältnis zu ihnen doch unwesentlich erscheinen müssen. Um ein Beispiel zu nennen: die Elisabethanische Bühnentechnik, selbst eine Erscheinung der Elisabethanischen Kultur, ist ganz unwesentlich im Verhältnis zu den ewigen Dichtungen Shakespeares. Das Wesentliche jener Kultur drücken am unmittelbarsten und vollkommensten d i e s e aus. Es gibt aber Elisabethanische Bühnenstücke, die über das gleichzeitige Bühnenwesen nicht hinausweisen; die mit jenem Theater, oder doch mit dem Theater im allgemeinen derart verbunden sind, daß man sagen muß: sie sind durch das zeitbedingte Technische oder durch das Technische überhaupt bestimmt.

Kennt man nicht eine antike Literaturgattung, die gleicherweise von technischen Voraussetzungen abhängt? Allerdings nicht vom Theaterwesen (denn die dramatische Dichtung der Hellenen schuf überhaupt erst ihre Bühnentechnik), sondern vom Buchwesen? Wenn es eine solche Gattung gibt, so scheinen es d i e Werke zu sein, die man die »griechischen Romane« nennt. Zur hohen Dichtung zählen sie ebensowenig wie die erwähnten Bühnenstücke. Sie bilden eine Unterhaltungsliteratur, die man weder in der Antike noch heute hochzuschätzen gewohnt ist. Um so leichter sieht man ihre Zeitbedingtheit ein, ihre Abhängigkeit von solchen Voraussetzungen, wie eine handliche, billige und angenehme Buchform es ist. Eine solche Form war bekanntlich das alexandrinische Buch, das richtige »Buch zum Lesen«. Die Geschichte des »griechischen Romans«, soweit wir sie kennen, fällt ganz in das Zeitalter dieser Buchform.

Es sind daher weder prinzipielle noch historische Bedenken zu erheben, wenn wir das Verständnis für diese problematische Gattung, für den griechischen Roman, mit einem Blick auf die Papyrusreste vorbereiten und ihnen eine Betrachtung widmen. Es ist sogar unvermeidlich, daß der Romanforscher heute solch eine papyrologische Betrachtung anstellt. Die ersten Papyrusbruchstücke mit romanhaftem Inhalt sind in den neunziger Jahren des vorigen Jahrhunderts, unmittelbar nach dem Erscheinen des allbekannten großen Werkes über den griechischen Roman[189], aufgetaucht. Sie haben die literargeschichtlichen Kombinationen jenes Buches, wonach die Gattung in den Rhetorenschulen der späten Kaiserzeit entstand, sogleich widerlegt. Seitdem hat man Neues und Entscheidendes vornehmlich von den Papyrusfunden erwartet. Es wurden auch von Zeit zu Zeit neue Bruchstücke gefunden: sie liegen bereits in zwei Sammlungen vor[190]. Die Frage ist, ob die Funde wirklich etwas Entscheidendes enthalten. Die Antwort muß vom Prinzipiellen ausgehen und dann das Äußerliche ebenso in Betracht ziehen, wie das Inhaltliche.

Die Betrachtungsweise, mit der wir zunächst bei dem Äußerlichsten verweilen, läßt sich auch positiv begründen. Wenn sie eine papyrologische Betrachtungsweise ist, so folgt daraus nicht, daß sie allgemeine Gesichtspunkte ausschließen müßte. Keine Wissenschaft kann auf die Dauer ohne allgemeine Gesichtspunkte bleiben. Auch die Papyrologie sollte erkennen, daß sie keine bloß von Zufälligkeiten bestimmte und beschränkte Polyhistorie ist. Außer den vielerlei Kenntnissen und den besonderen Fähigkeiten, durch die sie anderen Wissenschaften Hilfe leistet, hat sie selbst als Wissenschaft einen besonderen Aspekt der Welt zu fassen und zu erfassen. Schrift, Buch, Bibliothek sind Aus-

drucksformen von Kulturen, und wir dürfen es als eine weltgeschichtliche Wendung bezeichnen, wenn sie zu so bedeutenden
Ausdrucksformen zu werden beginnen, wie im alexandrinischen
Zeitalter. Die antike Welt nahm seitdem — neben anderen Aspekten: dem kriegerischen, politischen, wirtschaftlichen — immer mehr einen Aspekt an, der schriftlich, büchern, bibliotheks-
mäßig genannt werden muß. Dieser Weltaspekt stellt den geüb-
ten Augen des Papyrologen nicht nur technische Aufgaben, sondern auch ähnliche, wie das Künstlerische der Welt mit seinen
Stilunterschieden, mit seiner Entfaltung oder Dekadenz dem
Kunsthistoriker stellt. Auch der Papyrologe muß die verschiedenen Schrift- und Buchformen nicht ausschließlich zu chronologi-
schen Bestimmungen verwenden. Er hat sie darüber hinaus als
Zeichen veränderter Menschen- und Weltlagen zu verstehen.
Solche allgemeinen Gedanken über die Papyrologie führen an unseren Gegenstand unmittelbar heran. Denn was macht im letzten Grunde jenen Bücher- und Bücherei-Aspekt der Welt möglich? Die Fähigkeit des Menschen, sich im Schreiben und Lesen
auszuleben, eine Fähigkeit, die sich zu einer wunderbaren Ausschließlichkeit steigern kann: dazu, daß man nur in einer geschriebenen und gelesenen Welt lebt. Solche Steigerung ist erst
recht das Zeichen einer veränderten Weltlage, bücherfreieren
und bibliotheksloseren Zeiten gegenüber. Ich spreche nicht von
hohem geistigem Leben, das nie an Bücher und Büchereien gebunden ist; es liegt auch unabhängig davon aktives und passi-
ves, schaffend und genießend hingegebenes Leben in den Büchern aller Zeiten. Und gerade, wenn wir die passive und genießende Seite dieses Phänomens betrachten, müssen wir sagen,
daß entwickeltes Buchwesen nicht nur die technische Voraussetzung für die Existenz einer Unterhaltungsliteratur ist. Durch
die bezeichnete Fähigkeit hängen sie beide viel tiefer, in einer
ihrer Wurzeln selbst zusammen. Der erste große Roman der
Weltliteratur entstand aus einer Weltlage, die eben jene Möglichkeit für die europäischen Menschen erfüllte, ausschließlich in
einer bloß geschriebenen und gelesenen Welt leben zu können.
Man wird erraten, daß ich den Don Quijote meine.
Damit ist wenigstens e i n fester Punkt gegeben, von dem aus
man sich auch dem griechischen Roman ohne vorgefaßte Mei-

nungen und Urteile nähern kann. Die Ähnlichkeit der beiden Weltlagen — der früheren, aus der die antiken Romane entstanden sind, und der späteren, in der Cervantes lebte — springt in die Augen. Die Möglichkeit jenes besonderen und vornehmlichen Bucherlebnisses: des Romanerlebnisses, von dem wir reden, ist nur e i n Zeichen verwandter Weltveränderungen im nachklassischen Zeitalter des Griechentums und nach der Renaissance. Man glaubt auch andere Gemeinsamkeiten in der Gesamtkultur beider Zeitalter zu erkennen: Erscheinungen, die alle den gleichen Übergang bezeugen von wurzelhafterem und organischerem Kleinstaatleben in eine Zivilisation entwurzelter Großstadtbewohner, bloßer Atome und Massenwesen, wie es die Träger von Großmachtstaaten und ihrer Wirtschaften auch im Altertum waren. Dabei gibt es natürlich erhebliche Unterschiede, und wir wollen neben jenen Zeichen der Ähnlichkeit, der gleichen Weltsituation des Buches, auch d e n Unterschied nicht vernachlässigen, der die griechischen, überhaupt die antiken Romane, von der späteren europäischen Romanliteratur trennt.

Die uns bekannten Romane des Altertums sind keine »großen Romane« in dem Sinne, wie der Don Quijote. Die übrigen Unterhaltungswerke derselben Gattung, die nach den hohen Werken entstanden sind und heute noch entstehen, nannte man mit Recht die Karikaturen der »großen Romane«. Sie müssen das auch sein, seitdem völlig durchgeistigte Schöpfungen der Romanliteratur existieren. Solche unwillkürlichen Karikaturen mittelalterlicher Epik waren schon die Ritterromane, die Cervantes vorgefunden hat. Sein allzu eifriger Nachahmer brachte seinerseits gleichfalls nur eine unwillkürliche Karikatur des echten Don Quijote hervor. Denn tote Abbilder, die die Zeichen ihrer Abgestorbenheit und Sinnlosigkeit, die Merkmale der Auflösung in sich tragen, was sind sie anderes als Karikaturen? Der Don Quijote entstand, indem der schöpferische Geist der neuen Epoche sich jenes Verfallenen bemächtigte, das als Unterhaltungsliteratur der Zeit ihm entgegenströmte: er schuf daraus das lebendige Denkmal der neuen Weltlage für die Ewigkeit.

Der Unterschied der antiken Romane den späteren gegenüber besteht darin, daß sie weder Werke der Begegnung hoher, schöpferischer Geister mit verfallener, bloßer Unterhaltungsliteratur sind, wie die meisten großen Romane der Weltliteratur, noch selbst die Karikaturen solcher Werke. Wenn griechische Romane sich an die große Geschichtsschreibung oder an die große Dichtung anlehnen, wie Chariton an Thukydides oder Longos an die Bukolik, so ist das nicht dasselbe, wie das Verhältnis des falschen Don Quijote zum echten. Gerade wenn man die erwähnten Romanschriftsteller mit ihren angeblichen oder wirklichen Vorbildern vergleicht und annimmt, daß sie jene einmal ersetzten, muß man sagen, wie sehr sich die Z e i t verändert haben mußte, um das möglich zu machen! Man hat nicht das Gefühl, wie bei einem mittelmäßigen Romanschriftsteller der Neuzeit: wie wagte nur dieser nach jenen Großen, etwa nach Balzac oder Proust, die Feder zu ergreifen? Die berühmte Mittelmäßigkeit der bekannten griechischen Romane wirkt nicht als Unfug, der eigentlich gegen die Zeit selbst gerichtet ist (denn Karikaturen halten das schon Unzeitgemäße fest), sondern, wenn irgendwo, so bedeutet hier Mittelmäßigkeit die reine Anschmiegsamkeit an den Wellenschlag der Zeit.

Diese absolute Zeitbedingtheit der antiken Romanliteratur könnte auch so ausgedrückt werden, daß sie wie jede Unterhaltungsliteratur eine Modeliteratur war und nichts mehr. Man erwähnt sie eben deshalb nur ungern in einem Atem mit unseren großen Romanen, die nie eine bloß ephemere Bedeutung haben. Doch wäre »Modeliteratur« hier nicht die richtige Bezeichnung. Die moderne Modeliteratur ist eigentlich immer hinter der Zeit zurück, die sich in den Werken der Großen ankündigt. Die antiken Romane hingegen, obwohl sie keine führenden und richtunggebenden Werke sind, wie es Romane im neuzeitlichen Europa sein konnten, werden immer durch die spätere Entwicklung bestätigt. Die Tempelornamente des Diokletianpalastes in Spalato verkünden Jahrhunderte später die gleiche alldurchdringende Macht der Erosreligion, die wir bereits aus den ältesten griechischen Romanen kennen. Die Isisreligion erlangt ihre allgemeine Geltung im römischen Reiche erst dann, als ihr schon die Romanliteratur in Werken wie die Ephisiaka des Xenophon oder die Metamorphosen des Apuleius gehuldigt hatte. Zudem beweisen die Funde eine mehr als fünfhundertjährige Beliebtheit wenigstens des einen Romanschriftstellers Chariton, die doch mehr ist, als die Dauer einer Mode. All das führt über das bloß Modische hinaus und weist auf die Bedingtheit des antiken Romans durch die historische Zeit.

Nicht als eine leere Allgemeinheit, als eine selbstverständliche These der Kulturgeschichte ist das hier gemeint. Die historische Zeitbedingtheit bedeutet nicht nur, daß der griechische Roman als Gattung aus einer bestimmten historischen Weltlage entstand, aus einer ähnlichen, wie der ›große Roman‹ der Neuzeit! Die Beziehung zur Geschichte, zur jeweiligen Weltlage, in der er geschrieben wird, gehört zum Wesen des Romans, auch unabhängig von seinem Inhalt; sie ist von Anfang an da und hört auch nach dem historischen Augenblick der Entstehung der ganzen Gattung nie auf. Deshalb konnte eine verführerische Theorie des Romans, die freilich den griechischen Roman noch ganz unberücksichtigt ließ, auf geschichtsphilosophischer Grundlage geschrieben werden. Es ist uns hier um eine wesentliche Eigenschaft der ganzen, schwer zu bestimmenden Gattung zu tun. Und gerade dieses Wesentliche, das den antiken Roman mit dem neuen verbindet, hängt am engsten damit zusammen, daß das Romanerlebnis vom Buch und nur vom Buch ausgeht.

Denken wir an jenen anderen Typ der Erzählungen, dessen orientalische Vertreter manchmal nicht eben leicht von den antiken Romanen zu unterscheiden sind: an das Märchen. Es ist gleichfalls eine schwer zu fassende Gattung. Eines darf man aber von ihm mit Bestimmtheit sagen: das Märchen ist in seinem Wesen unhistorisch, auch wenn die einzelnen Fassungen und Märchenkompositionen die Merkmale ihrer Entstehungszeit an sich tragen. Das, was im Märchen märchenhaft ist, wird nicht durch die historische Zeit bestimmt. Vielmehr lebt das Märchen zu jeder Zeit in einem ihm gemäßen Abschnitt in der großen Zeitperiode des Jahres oder in der kleinen des Tages. Im Norden, wo die Winternächte so lang sind, wäre »Wintermärchen« die passende Bezeichnung für Märchen überhaupt. Leo Frobenius machte in Afrika die Beobachtung, daß Märchen nur im Halbdunkeln, Fabeln dagegen auch bei Tage erzählt wurden. Orientalische Märchenerzähler üben ihre Kunst in der Nacht. Zur Form des Märchens gehört wesentlich, daß es erzählt und nicht gelesen wird und daß es zu der ihm eigenen Zeit erzählt wird.

Die Schrift löst das Märchen aus diesen scheinbaren Äußerlichkeiten heraus und zerstört es dadurch. Das Märchenbuch bedeutet den Tod des Märchens und den Anfang einer zwitterhaften Gattung zwischen Märchen und Roman.

Das ist das ergänzende Gegenbild zum Roman. Denn dieser beginnt erst mit dem Romanbuch sein Dasein. Das Märchen spricht die heimlichen Wünsche und Befürchtungen des unhistorischen, ewigen Menschen in der Nacht aus. Es tut dies gemeinschaftlich und fast zeremoniell. Im Roman nimmt der historische Mensch seine Heimlichkeiten, die im tiefsten Grunde immer jene unhistorischen und ewigen Wünsche und Befürchtungen sind, in die Einsamkeit mit, um sie in der Form eben d e r Geschichte zu erleben, an der er sein eigenes Zeitalter und dessen wirkliche Geschichte am besten zu vergessen oder geistig zu überwinden und eben dadurch weiterzuführen vermag. Er liest vielleicht deklamierend, vielleicht zu zweien, wie Francesca von Rimini den Ritterroman. Aber Einsamkeit gehört ebenso zur Form des Märchens. Und trotzdem ist jene bloß geschriebene und gelesene Geschichte, die Romanerzählung, immer für das Zeitalter charakteristisch; sie hat, wenn auch nur eine negative Beziehung, immerhin eine Beziehung zur Geschichte. Und das wurde erst durch das Buch ermöglicht. Das Buch war der Weg aus der Gemeinsamkeit in die Einsamkeit, aus der naturhaft-periodischen Zeit in die historische Zeitspanne, aus dem Märchenerlebnis in das Romanerlebnis.

Daß die ältesten Bruchstücke griechischer Romane sehr viel von jenem Erlebnis verraten werden, dürfen wir nicht erwarten. Aber auch wenn wir uns auf das wirklich Erhaltene beschränken und auf der Trümmerstätte nichts aufbauen, was endgültig verfallen ist, überblicken wir doch ein Gebiet, das einen heute ganz anders an die antike Romanliteratur heranführt, als es allein mit Hilfe des großen Werkes von Erwin Rohde oder der neueren Spezialuntersuchungen möglich war. Die ganze Weite des neuen Blickes kommt erst allmählich zur Geltung. Sie bestätigt zunächst eben das, was hier prinzipiell über den geschichtlichen Charakter des Romans gesagt wurde.

Die Einförmigkeit jener stereotypen Erzählung vom getrennten, unter Versuchungen und Gefahren umherirrenden, endlich doch vereinigten Liebespaare, die uns in den durch die Byzantiner überlieferten griechischen Romanen entgegentritt, konnte den Eindruck einer schulmäßigen Beschränktheit machen, die im Vergleich mit dem Reichtum des neuzeitlichen Romans fast grotesk erschien. Daneben bestand die Möglichkeit, daß wir durch jene wenigen völlig erhaltenen Romane eher den Geschmack der Byzantiner als die Romanerlebnisse der Antike kennen lernen. Denn für die Auswahl durfte man die Byzantiner verantwortlich machen. Und das war nicht eben beruhigend.

Die erwähnte jahrhundertelange Beliebtheit des Chariton, die uns die Funde zeigten, wies auf eine andere Möglichkeit: daß die Byzantiner ein Werk übernahmen, das im Altertum selbst schon zu einem halbtausendjährigen Leben fähig war. Nicht alles gaben sie freilich weiter, was die gleiche Fähigkeit besessen hat. Jenes oberägyptische Pergamentbuch, das von der langen Beliebtheit des Charitonromans zeugt, enthält noch einen anderen. Als seinen Verfasser vermutet ein führender Papyrologe gleichfalls den Chariton. Er wäre also der erste bekannte Romanschriftsteller der Weltliteratur, der mehrere Romane verfaßte. Dies ist auch aus inneren Gründen wahrscheinlich. Der Inhalt der gefundenen drei Blätter des zweiten Romans spricht für frühe Entstehungszeit und am meisten für Chariton. Seitdem die von einem großen Philologen vorgeschlagene Ergänzung des dritten Blattes vom neuen Herausgeber beseitigt worden ist, sehen wir, daß die Heldin, Chione, in einer äußerst schwierigen Lage ist: sie hat keinen Grund, den einen Mann zu verlassen, und kann doch ohne den andern nicht leben. Die Situation ist nicht die einer Braut, sondern die einer jungen Frau. Für die frühe Zeit und gerade für Chariton ist das charakteristisch.

Wann aber war jene frühe Zeit? Auf Grund der ältesten Bruchstücke muß man Chariton vor 150 n. Chr. ansetzen. Es ist eine andere Frage, ob unmittelbar vor jener Zeit, oder beträchtlich früher. Die Fragmente des Ninosromans machen das Vorhandensein von Romanerzählungen schon im 2. Jahrhundert v. Chr. wahrscheinlich. Es kann gezeigt werden, daß die Wirkung solcher Erzählungen auf die unmittelbaren Vorlagen des Plautus oder auf diesen selbst ebensowenig ausgeschlossen ist, wie die Wirkung der attischen neuen Komödie auf den Roman. Dieser als die Epik des Privatlebens bildet gewissermaßen auch die Fortsetzung jenes bürgerlichen Dramas. Was nicht stark genug hervorgehoben werden kann, ist jedoch etwas anderes. Unabhängig von solchen Teilfragen, ob man den Chioneroman dem Chariton zuweist, oder das unterläßt, ob man ihn nach- oder vorchristlich ansetzt, lehrt uns der Fall dieses Romanschriftstellers, daß man ohne besondere Beweise nicht von der bloß ephemeren Bedeutung griechischer Romanwerke reden darf.

Die aufgefundenen Bruchstücke von Romanbüchern sind keine solchen Beweise. Von den kostspieligen kalligraphischen Prachtexemplaren ist es nicht notwendig, dies besonders zu sagen. Reste von solchen sind aber seltener, als Fragmente eines weniger feinen Romanbuchtypes, der dadurch entstand, daß man den Romantext auf die Kehrseite schon einmal verwendeter Rollen schrieb. Von solchen billigen »Buchhändlerexemplaren« glaubt man, daß sie die bloß ephemere Bedeutung des Textes bewiesen. Als ob billige Ausgaben von langlebigen Romanklassikern nicht ebenso möglich wären! Man denke etwa an das auf die Kehrseite geschriebene Oxforder Bruchstück der Hypsipyle des Euripides. Doch sind wir heute nicht allein auf derartige allgemeine Erwägungen angewiesen. Wenn der neue Herausgeber den Namen der Heldin des in Korfu spielenden Fragments richtig gelesen hat, so liegen uns Bruchstücke aus der billigen und aus der kostspieligen Ausgabe desselben Romans, des Parthenoperomans, vor. Sicherer und wichtiger ist noch, daß wir von einem der großzügigsten, ja dem universalsten der antiken Romane, dem Werke des Antonios Diogenes »Über die Wunderdinge jenseits von Thule«, gleichfalls ein auf die Kehrseite geschriebenes Blatt besitzen. Das alles zeigt nur die gewaltige Verbreitung jener Literatur, deren Trümmerfeld wir heute zu überblicken beginnen.

Bedenken wir nochmals die Zeitspanne, in der diese Literatur lebendig war. Sie begann, wenn nicht früher, so doch wenigstens im 2. Jahrhundert v. Chr., und der letzte Klassiker der griechischen Romanliteratur, den wir kennen, Achilleus Tatios, ist laut der Papyrusfunde nicht später als im 3. Jahrhundert n. Chr., eher früher anzusetzen. Also eine fast fünfhundertjährige Lebenszeit, wozu noch mehr als fünfhundert Jahre der Nachwirkung kommen. Es ist die ganze römische, geschichtlich gleichfalls eine gewisse Einheit bildende Zeit des Griechentums, deren intimste und lebendigste Literatur uns in den antiken Romanen bekannt wird, eine Literatur übrigens, die sich gar nicht auf die östliche Reichshälfte beschränkte. Schon Sulla und noch Diokletian durften ihre frische Blüte genießen. Daß Petron und Apuleius zu den Vertretern dieser Literatur gehören, unterliegt keinem Zweifel, wenn wir einmal deren Weite und Breite in jeder Richtung gewahr werden. Und auch das wird unmittelbar verständlich, daß die Römer in einer Gattung nicht völlig aufgehen, die der Ausdruck einer besonderen geschichtlichen Lage der griechischen Welt ist.

Diese Bedeutung der griechischen Romanliteratur als historischen Phänomens berechtigt dazu, daß man den griechischen Roman, wie dies mit dem neuzeitlichen geschah, auch geschichtsphilosophisch zu verstehen versucht. Er ist verbunden mit einem Zeitalter der griechischen Welt, dem schon zwei andere vorausgegangen sind. Das erste war das heroische Zeitalter des Griechentums, das zweite das politische. Dieses dritte darf negativ das unpolitische, positiv das erotische Zeitalter genannt werden. Alle drei Zeitalter besitzen ihre besondere Art der Epik. Zum heroischen gehört die große Epopöe, zum politischen die große Geschichtsschreibung, zum unpolitischen der Roman. Jede dieser Gattungen überlebt als literarische Form ihr eigenes Zeitalter. Ursprünglich, in ihrem eigenen Zeitalter, sind sie jedoch mehr als literarisch: sie sind unmittelbare Formen der Abhängigkeit von Gestalten, die das menschliche Leben in jenem Zeitalter beherrschten. So ist die große Epopöe von der zeitbeherrschenden Gestalt des Heros bestimmt, die große Geschichtsschreibung von der Herrscherin des politischen Zeitalters: der kämpfenden, schaffenden und leidenden Polis. Ebenso stehen als zeitbeherrschende Gestalten über dem unpolitischen Zeitalter und seiner Epik, dem Roman, die geliebte und liebende Frau und ihr Geliebter. Diese bezeugen ihrerseits die Macht eines wirklichen Gottes, des Eros, ebenso, wie der Heros die Herrlichkeit des göttlichen Seins und die Polis die ihrer eigenen Gottheiten bezeugt. Die Folgen solcher Abhängigkeit von zeitbeherr-

schenden Gestalten sind positiv und negativ. Positiv ist die Lebensfülle, negativ die Beschränktheit des Lebens auf e i n Prinzip,
die Einseitigkeit. Die lebendige große Epopöe ist mit ihren ewigen Kämpfen und Abenteuern nicht weniger einseitig, als der
griechische Roman mit den stereotypen Leiden und Freuden des
Liebespaares. (Daß der Unterschied des Heroischen von einer
bloß mit Liebe und Keuschheit beschäftigten Menschlichkeit auch
andere, gewaltige Unterschiede mit sich bringt, wird damit nicht
geleugnet.) Sinnvoll und verständlich werden die in ihrer Sonderbarkeit doch eintönigen Einzelheiten nur dem, der hinter ihnen die herrschende Gestalt sieht.

Viel größer wird die Freiheit und Verwendbarkeit der literarischen Formen, wenn sie, bloß literarisch geworden, nicht mehr
die Formen der Abhängigkeit von zeitbeherrschenden und le-
bensbestimmenden Gestalten sind: als sie aufgehört haben, Lebensformen zu sein. Die Epopöe selbst wird im Zeitalter der
Geschichtsschreibung historischer und bietet ihre eigenen Formen
der beginnenden Historiographie dar. Verwickelter ist die Lage
der griechischen Geschichtsschreibung am Anfang des unpolitischen Zeitalters. Sie hat in den weltpolitischen Zeitaltern der
neuen Reiche, namentlich des römischen, neue Möglichkeiten für
sich. Im ganzen wird aber auch sie freier und verwendbarer.
Man stellte mit Recht eine Erotisierung der Geschichtsschreibung
am Anfang der neuen Epoche fest[191]. Und es war die Historiographie, an die sich der griechische Roman im Hinblick auf die
literarische Form damals anlehnen konnte. Das war ebenso natürlich, wie zu ihrer Zeit die Historisierung der Epopöe und
die Anlehnung der Geschichtsschreibung an sie. Aber es sagt
ebenso nur Nebensächliches über den antiken Roman aus, wie
die erwähnten anfänglichen Nebenumstände nichtssagend sind,
wenn man das Wesentliche über die griechische Geschichtsschreibung erfahren will. Die prosaische »Unform« selbst als Form
der nach dem heroischen Zeitalter eintretenden allmählichen
Auflösung der festen Ordnungen des Göttlichen und Menschlichen gehört der Historiographie und dem Roman mit dem gleichen Recht an. Als eigene literarische Form für den griechischen
Roman blieben ausschließlich die immer wiederkehrenden inhaltlichen Elemente: jene stereotypen Leiden und Freuden, in

denen sich das Wesen der zeitbeherrschenden Gestalten kundtut. Durch die Erfahrungen, die man bei der Beschäftigung mit den Papyrusbruchstücken macht, wird dies Ergebnis bestätigt, und das über die herrschenden Gestalten Gesagte wird dadurch erst als eine geschichtliche Realität greifbar. Es ist immer unmöglich gewesen, von einem Bruchstück festzustellen, daß es zu einem Roman gehört, wenn es keins der stereotypen Elemente der bekannten griechischen Liebesromane enthält. Und es bekundet immer eine vorgefaßte Meinung vom Ursprung des griechischen Romans, wenn man durch solche sicheren Zeichen nicht charakterisierte Reste als Romanfragmente anspricht. Andererseits sind derart gesicherte Bruchstücke von so vielen Liebesromanen des bekannten Typs schon vorhanden, daß die geschichtliche Bedeutung dieser besonderen Art des Romans als d e s griechischen Romans auch dann nicht gemindert würde, wenn daneben noch andere Arten treten sollten. Volkstümliche Erzählungswerke wie die »wahre« Geschichte des trojanischen Krieges vom Kreter Diktys und der Alexanderroman oder die aus Anekdoten zusammengestückelte Biographie des Äsop sind bekannt und auch durch Papyrusbruchstücke vertreten. Sie machen schon den Eindruck von unwillkürlichen Karikaturen der großen Epopöe, der großen Geschichtsschreibung oder der ernsten, wissenschaftlichen Biographie, in erotischen Schilderungen manchmal des Liebesromans selbst. Die Gattung der Chariton, Xenophon von Ephesos, Heliodor, Longos, Achilleus Tatios, als die eigentliche künstlerische Form der Epoche, zeigt ihre Höhe und Geschlossenheit erst im Vergleich mit den erwähnten volkstümlichen Romanen, während diese eine Gelöstheit und doch den Zusammenhang mit der höheren Gattung zur Schau tragen, wie dies eben ganz niedrigen, an der Peripherie liegenden Erscheinungen eigen ist.

Es gab lange Zeit nur ein Papyrusbruchstück, das den griechischen Roman, und zwar gerade den Liebesroman, von einer neuen Seite her beleuchtet hat: das Fragment, dessen Held der Assyrerkönig Ninos ist. Dazu kam ein zweites aus einem anderen Roman, dessen Heldin Kalligone heißt. Dieses neue Fragment läßt uns auch die Bedeutung der Reste des Ninosromans besser verstehen. Gemeinsam weisen sie noch mehr auf die beide bestimmende Gestalt hin, als dies der Ninosroman allein tat. Und

183

so sind beide geeignet, diese Betrachtung mit der Verdeutlichung dessen, was unter einer »bestimmenden Gestalt« verstanden werden soll, abzurunden.

Im Ninosbruchstück sieht man einen Beweis dafür, daß selbst der griechische Liebesroman von der Historiographie ausgegangen ist. Ninos sei ja eine sagenhaft gewordene historische Gestalt, und in die Geschichte seiner Liebe — soviel entnehmen wir dem Bruchstück — spielen die Kämpfe mit den Armeniern hinein. Doch sieht man eben hier, wie nichtssagend eine solche Feststellung an sich sein kann. Geht man der Anlehnung an die Historiographie nach, so spürt man eher die völlige Entfernung von all dem, was für die Griechen Geschichtsschreibung war, als dessen Nähe. Fühlbar und feststellbar ist vielmehr die unmittelbare Nähe einer sagenhaften Gestalt, in der ein Typ der liebenden und geliebten Frau mythische Größe erhielt, oder sie aus den Zeiten einer mythischen Weltanschauung behielt. Die vierzehnjährige Braut des Ninos, die auf dem einen Blatt von ihrer Liebe noch nicht zu reden vermag und auf dem anderen Blatt schon ihre schwer zu beruhigende harte Natur zeigt, ist im Romanfragment selbst nicht mit Namen genannt. Wir wissen aber aus der Sage, daß sie nur die Semiramis sein kann, ein Urtyp des ewig unruhigen Weibes. Derselbe Typ tritt uns im neuen Bruchstück, durch eine maßlose Unruhe-Szene klar gekennzeichnet, aber auch schon völlig hellenisiert, entgegen. Es ist die Kalligone, die sich selbst wegen eines Mannes töten, und Eubiotos, ihren Beschützer, der sie daran hindert, mit eigenen Händen erwürgen will. Sie lebt im Lager, wie dies auch von der Braut des Ninos anzunehmen ist, ja, sie scheint die Heerführerin zu sein, wie es auch die Semiramis der Sage war. Denn es wird als Vorwand ihrer Unruhe von Eubiotos erfunden, sie habe über die Sauromaten, dieses mächtige Volk in Skythien, wo der Roman anscheinend spielt, schlechte Nachrichten erhalten. Eine derartige »geschichtliche« Situation — wenn auch bezeichnend für den Romanschriftsteller selbst — ist im Grunde genommen immer nur Vorwand im griechischen Roman. Die Hauptsache ist für Schriftsteller und Leser jene Idealgestalt, die in den unerhörtesten Lagen immer wieder die Macht des Eros beweist.

Einen anderen, viel weicheren Frauentyp, den Chariton zu seiner Romanheldin gewählt hat, den Typ der Kallirrhoe, kannte das Altertum gleichfalls als mythische Gestalt, lange bevor sie als Idealgestalt im Roman waltete. Auf diesen anderen Urtyp, die treue und leidende Göttin Isis, verweisen die völlig erhaltenen griechischen Romane. Jetzt, da uns die Bedeutung des Romans in der Geschichte des Griechentums durch die Papyrusbruchstücke deutlicher geworden ist, kann auch diese Anlehnung an ganz nahe, orientalische Gestalten schärfer gefaßt werden. Nach unserer Betrachtung bedarf es nicht mehr vieler Worte, um zum Schluß darüber das Wesentlichste zu sagen.

Zeitbeherrschende Gestalten sind in der eigenen Geschichte eines Volkes da, sie treten nicht von außen herein. Man erblickt sie über sich, gibt sich ihnen hin, lebt in ihrem Kult. Und man schafft ihre Mythen, solange das Zeitalter wirklich schöpferisch, solange es ein mythenschaffendes Zeitalter ist. Als das Griechentum für Zeitherrscherinnen, wie Isis und Semiramis es waren, reif geworden ist, lebte es nicht bloß in einem unpolitischen, sondern in einem unmythischen Zeitalter. Morgenländische Sage und ägyptische Religionspropaganda brachten ihm das Material, das seinen eigenen Idealen genau entsprach. Die Kalligone durfte mit Recht behaupten, sie sei eine Griechin. Denn jene Idealgestalten waren menschlich und griechisch gesehen. Ihre Geschichten erschienen nicht mehr als Mythen, doch wurden sie aus altem Mythenmaterial gebaut. Und das Griechentum, das sich über diesen neuen Erzählungen so gerne vergaß, träumte sich, in das Romanbuch vertieft, durch eine neue Art von Hingabe — eben die, die wir alle als Romanerlebnis aus eigener Erfahrung kennen — unmerklich in den Orient und in das Mittelalter hinüber.

*1937*

## 1

In der Geschichte des europäischen Geisteslebens ist es leicht, Kapitel zu finden, die voller Bewunderung für die römische Literatur sind. Ein alter niederländischer Plautus ist für mich das Symbol solcher Bewunderung; in Pergament gebunden, mit grünen Seidenbänden, verführerisch schön und sauber gedruckt: die vollständige Ausgabe des Gronovius aus dem Jahre 1664, mit Erklärungen der Wissenschaft der vorangehenden anderthalb Jahrhunderte. Die Einführungen zu den einzelnen Stücken können nicht stark genug betonen, daß die Handlung lustig und lieblich — aber boshaft und unanständig sei. »Gottes schrecklicher Zorn bestrafe diese Verkommenheit damit,« — sagt der Verfasser der Einführungen, der eifrige Humanist und Reformator Camerarius — »daß er sie in den größten Sünden sich ergötzen ließ.« Nichtsdestoweniger griff das sich erneuernde Christentum nach diesen würzigen Erzeugnissen des lateinischen Geistes, die am Anfang des 15. Jahrhunderts aus ihren klösterlichen Verstecken auftauchten. Jedes erhaltene Krümchen römischer Literatur wurde zum alltäglichen geistigen Brot. Es war wie der Wein, der das Gesicht der Rubensgestalten feurig macht. Catull diente mit stärkerem Getränk als Johannes Secundus, in dessen Gedicht-Küssen, in den eleganten niederländisch-neulateinischen »Basia«, die »tausend und noch hundert« wirklichen Küsse des veronesischen Dichters doch mit etwas literarischer Blässe auflebten. Auch das antike Heidentum hat noch in dieser Epoche eine eigentümliche Wirklichkeit. Muß doch im 17. Jahrhundert ein anderer niederländischer Humanist, van Dale, den Glauben an die Orakel der Alten bekämpfen!

Hier können wir vom günstigsten Standpunkt aus die Frage stellen: im 17. Jahrhundert ist noch Genießen, moralisches Beurteilen und Nachahmen der antiken Literatur, hauptsächlich der römischen, in völliger Unmittelbarkeit da, ohne jede historische Perspektive — u n d  j e t z t ? Der Historismus mit seiner Perspektive ist allerdings da. Aber wie nimmt sich die römische Literatur in dieser Perspektive aus? Die Wertung der römischen und der griechischen Literatur trennte sich in Deutschland seit der Mitte des 18. Jahrhunderts im gleichen Schritt mit der Entdeckung der griechischen Kunst. Von den griechischen Statuen Winckelmanns fiel das volle Licht auf die Werke der griechischen Dichtung. Vorläufig hatten die Römer noch ihren Anteil daran. Als sich jedoch der Abgrund zwischen dem ›griechischen Original‹ und der ›römischen Kopie‹ öffnete — dort eine Kunst, die die göttlichen Gestalten der Tempelgiebel von Olympia schuf, hier Steinmetzarbeit für römische Luxusgärten — da wandten sich alle Verehrer der Originalität in ihrer Seele vom Ganzen der römischen Nachahmungsliteratur ab. Es ist ein Glück, daß man auf diese Weise das geistige Leben Roms in die Geschichte des griechischen Geistes einfassen konnte als die folgenreichste Erscheinung des Hellenismus. So gewann die römische Literatur seit dem Ende des vorigen Jahrhunderts wenigstens für die wissenschaftliche Neugierde an Verführungskraft. Gerade vom Standpunkt unserer Kenntnis des Griechentums aus wurde es wichtig, die hinter den Nachahmungen sich bergenden Originale zu entdecken. Dazu noch etwas Ursprüngliches im Labyrinth der Nachahmungen aufweisen zu können: dies galt als eine um so kühnere, als die höchste wissenschaftliche Leistung. All das förderte das Verständnis der römischen Literatur. Die Kunst des Zeitalters allgemeiner Hellenisierung, die sogenannte hellenistische Kunst, namentlich wie sie sich mit ihrer späteren Blüte in den pompeianischen Wandmalereien zeigte, warf herrliche Farben auf die römische Literatur, seitdem es zur Gewohnheit wurde, diese als rein hellenistisch zu betrachten. Die fortschreitende Würdigung der eigenartigen italischen Kunst, im besonderen der römischen Skulptur, mußte dann allmählich doch zur Erkenntnis der Originalität eines Geistes führen, der nicht bloß der Geist des Hellenismus in Italien ist.

Nun wendet sich die Strömung auch innerhalb der literarischen Forschung. Es ist zwar noch nicht zu merken, daß sich die Darsteller der römischen Literaturgeschichte auch die Geschichte der italischen Kunst ständig vor Augen hielten. Aber die berühmte Ehrenrettung, die einer der hervorragendsten Vertreter der hellenistischen Auffassung römischer Literatur versuchte, befriedigt wohl niemand mehr. Sie bestand in der Behauptung, die römische Literatur sei eigentlich nicht weniger originell als die übrigen europäischen Literaturen, da doch wirklich originell nur die griechische sei, von der alle übrigen abhingen[192]. Man beginnt auch für die römischen Dichter die Anerkennung jener Ursprünglichkeit zu fordern, die, unabhängig von der Abstammungsgeschichte literarischer Stoffe und Kunstformen, nicht mehr bedeutet als die eigene Beziehung des Künstlers zu jener Welt, wo das Schöne zeitlos ist. Ob er von griechischen Meistern zur ewigen Welt der Schönheit hingeführt wurde oder ohne Muster dahin gelangte, die Teilnahme daran ist ihrem Wesen nach unmittelbar, der Dichter ursprünglich, und was er schafft *a thing of beauty — a joy for ever.*

Wahrlich, diejenigen, die durch Blut und Bildung mit dem Römertum enger verbunden sind, Italiener und Franzosen, entbehrten dort, wo sie die schaffende Kraft und die gestaltende Gegenwart des lateinischen Geistes spürten, niemals die Originalität. Ihr Vertrauen auf die Fähigkeit dieses Geistes, an der Welt des zeitlos Schönen teilzuhaben, bewahrte sie vor den Folgen eines allzu eifrigen Suchens nach griechischen Vorlagen: in ihrem Urteil und Genuß wurden sie nicht dadurch gestört, eher verfielen sie einer Übertreibung nach der anderen Seite hin. Wir dürfen uns nicht wundern, wenn wir Literarhistoriker treffen, die, in ihrem lateinischen Selbstbewußtsein beleidigt, die Anklage mangelnder Originalität zurückweisen und Bände über die römische Literatur vor dem griechischen Einfluß schreiben.

Unterdessen dringt die Wissenschaft immer weiter vor in ungeahnte Tiefen der Vergangenheit, aus denen sich der lateinische Geist — oder nennen wir ihn nach der greifbaren Seite seines Wesens: das Phänomen der Latinität — entfaltete. Die Archäologie geht hier voran, indem sie die von ihrem großen Meister Winckelmann erlernte andächtige Aufmerksamkeit mit dem Sammeleifer der ehrwürdigen bodenständigen Prähistorie in Italien vereinigt und auf die unscheinbarsten Scherben und Grabfunde ausbreitet. Unmittelbar nach ihr folgt die religionsgeschichtliche Forschung und vermag in den Spuren der Archäologen und Prähistoriker Wichtiges zu finden, indem sie die bahnbrechende Arbeit des orakelbekämpfenden van Dale fortsetzt. Solche Ausbreitung des wissenschaftlichen Interesses auf die vorgeschichtlichen Zeiten hat heute — wenigstens bei uns Nichtromanen, die auch im Genuß der Antike allzusehr von der Wissenschaft gelenkt werden — nebenbei eine schicksalsmäßig humane Aufgabe: sie löst von vornherein die Schwierigkeiten auf, durch die das Verhalten des naiven Genießers gegenüber der römischen Literatur gestört wurde.

Der nahm unwillkürlich Originalität dort an, wo er ein Geschenk des lateinischen Geistes zu erhalten wünschte, wo er etwas erwartete, weswegen er sich überhaupt nicht anderswohin wenden konnte, als gerade nach Rom. Das Phänomen der Latinität ist tatsächlich einzigartig, mit nichts anderem identifizierbar. Aber es ist vielseitig. Die römische Literaturgeschichte hat die Aufgabe, soweit sich dieses Phänomen in literarischen Werken offenbart, es in seiner Vielseitigkeit mit erlebniswarmer Darstellung verständlich zu machen und fühlen zu lassen. Die historische Auffassung versprach statt dessen bisher nur ›Hellenismus‹, griechische Literatur in lateinischer Sprache. Heute ist es möglich, etwas vom Phänomen der Latinität in anderen Erscheinungen des geistigen Lebens noch vor der Literatur zu ergreifen. Wir wollen den Versuch machen, aus den ersten Jahrhunderten Roms einen Blick vorwärts auf die Literatur zu werfen. Zu diesem Zweck muß schon Bekanntes — wenn auch nicht Allgemeingut der Gebildeten — zusammengefaßt werden. Wir trachten dabei nicht nach Vollständigkeit, wohl aber nach einem Verständnis, das Einführung zum Genuß sein kann. Wir wollen das G a n z e in dem Kern erfassen, aus dem der große Baum wächst. Jene Vielseitigkeit des Phänomens, von der wir sprachen, wird damit bei weitem nicht erschöpft. Vielleicht wird aber dieses »Ganze« doch lebendiger und lebenstreuer sein, als man sich gewöhnlich die römische Literatur vorstellt.

## 2

Nach Rom gelangen wir meistens von Norden her. Unternehmen wir diese Reise einmal so, daß wir unsere Aufmerksamkeit solchen menschlichen Spuren widmen, die in den tausendjährigen Schichten des Bodens verborgen und erhalten blieben. Das ist mit Hilfe der reichen Sammlungen italienischer Museen leicht zu erreichen.

Im nordöstlichen Italien, in der Gegend der Pomündung, sollten wir uns in gewisser Hinsicht noch zu Hause fühlen. Hier wie vielerorts südwestlich von der Donau liegen Siedlungen illyrischer Stämme. Diese indogermanischen Eroberer hielten seit dem Ende des 2. Jahrhunderts v. Chr. die ganze nach Osten gekehrte Seite der apenninischen Halbinsel in ihrem Besitz und hatten auch Verbindungen mit der westlichen Hälfte der Balkanhalbinsel, wo gleichfalls Illyrier wohnten. Aber schon am Anfang unserer Italienfahrt, im venetischen Gebiet, etwa im Museo Nazionale Atestino in Este, spüren wir die Realität einer höheren Einheit. Sie bewirkt, daß in Italien alles — welche Beziehung auch Sprachforscher und Archäologen mit anderen Ländern feststellen mögen — auf eine eigentümliche Weise italisch ist[193]. Eine um so beunruhigendere und zugleich beglückendere Realität, da sie schon in dieser frühen Zeit mit der ganzen Zukunft Italiens schwanger war.

Eine blendende Farbenpracht und Lichtfülle empfängt uns auf unserer Fahrt durch die chthonisch-feurige Gegend der südwestlichen Toscana. Denn wir schneiden auf unserer Wanderung in schnurgerader Richtung gleichsam den Tuff durch, aus dem seit Urzeiten ausgelöschte Vulkane die Landschaft nördlich von Rom gestalteten. In diesem vortrefflich aushöhlbaren, abgekühlten Lavamaterial häuften die Etrusker die Schätze ihrer Kultur auf — für das Leben im Grab. Dieses Schiffer- und Eroberervolk brachte den luxuriösen Lebensstil eines Seehandel und -raub treibenden, kriegerischen und herrscherlichen Adels vom Orient, aus dem reichen Kleinasien, mit sich. Die Etrusker dehnten den Machtkreis ihrer aristokratischen Stadtstaaten schon nach einigen Jahrhunderten ihrer Einwanderung im Norden auf die Poebene, im Süden auf Kampanien aus. Die erste Hälfte des 1. Jahrtausends v. Chr. ist ihre Glanzperiode in Italien. Am Anfang dieses Jahrtausends beginnt ihre Ansiedlung an hohen Stätten über dem Ufer des Tyrrhenischen Meeres und in der hügeligen, durch Plateaus charakterisierten Gegend nordwestlich vom unteren Lauf des Tiber.

190

Wenn wir von hier aus, von den Höhen des südlichen Etruriens, auf Roms Hügel herniedersteigen, gewinnen wir einen Aussichtspunkt, wo sich uns die Bedeutung des Ortes mit unvergleichlicher Anschaulichkeit offenbart. Daß der Tiber, der natürliche Weg zum nahen Meer, zwischen diesen Hügeln fließt, ist fast von minderer Bedeutung neben der Tatsache, die dem aus nordwestlicher Richtung Ankommenden in die Augen springt: Rom hängt mit Etrurien zusammen, es gehört zu Etrurien, wie das Burgtor zur Burg. Der oben herrscht, muß auch unten im Tor selbst Boden fassen, denn gelangt ein anderer unten zur Macht, so ist auch die Burg unhaltbar. Die abgesondert ruhende vulkanische Masse der Albanerberge erscheint von hier aus so klar wie nur möglich als der feindliche Gegenpol. Sein wolkenversammelnder Gipfel wurde zum Träger jenes Heiligtums, das die Stämme der Latiner, die Dialekte der lateinischen Sprache sprechenden Indogermanen vereinigte. Wer mit uns vom Norden Roms, etwa von der Hochebene der Etruskerstadt Veii kommend, zum Jupiter Latiaris auf dem Monte Cavo, dem alten Mons Albanus, hinüberblickt, wird jener Spannung inne, die vor uns gleichsam in der Landschaft vorgezeichnet liegt: Rom ist ein Glied Etruriens, doch beherrscht vom großen Gott, dem Geist des lateinischen Gegenpols.

Die Anwesenheit der Etrusker meldet sich nicht nur in den Gräbern, sondern seit dem 7. Jahrhundert v. Chr. auch in den Bauten des Palatins, im 6. Jahrhundert in der Kanalisierung des Forums, fortschreitend in immer steigendem Maße. Aus der ersten Hälfte dieses Jahrhunderts stammt dann auch die erste geistige Schöpfung, die in urkundenmäßig beglaubigten Kopien aus dem ältesten Rom auf uns gekommen ist — aus jener Stadt, zu der die beiden erwähnten Sabinergemeinden schon gehörten, der Mons Capitolinus aber nicht. An der Stelle des späteren Forums war noch Sumpf und Grabstätte. Die älteste erreichbare Ordnung der Feste ist diese Schöpfung: jener uralte Teil des römischen Kalenders, den man bis zum Ende des Altertums durch die Gestalt und Farbe der Buchstaben besonders bezeichnete.

Der altrömische Kalender ist für uns der erste Zeuge des geistigen Lebens von Rom. Er verbindet nicht bloß drei Gemeinden — die palatinische und die beiden Sabinergemeinden — in gemeinsamer Götterverehrung, sondern auf eine eigenartige Weise ganz Italien. Darin liegt seine Bedeutung für uns. Daß der römische Kalender schon in dieser ältesten Form die Schöpfung eines ordnungsliebenden Geistes ist, wird man kaum leugnen können[194]. Martius und October sind Monate des Mars. Der erste trägt auch den Namen des Kriegsgottes und in beiden wiederholen sich seine Feste. Der Frühlingsmonat ist für die Bewohner des kriegerischen Urroms die Zeit für den Auszug des Heeres, der Herbstmonat die Zeit der Rückkehr vom Raub. Mars ist ein echt l a t i n i s c h e r Gott, der Charakter seines Volkes spiegelt sein Wesen. In den Monaten Februarius und Maius kommen häufig die Festtage der Toten und ihre Gottheiten vor. Quirinus aber, dessen Verehrung gleichfalls mit Februar, dem Vorfrühlingsmonat, verbunden ist, war der Gott der ebenfalls kriegerischen Gemeinschaft der S a b i n e r : ihr Mars. Aprilis und December feiern reichlich die Erdmutter und ihre Gaben. Die Diva Angerona, ob sie zu diesem Kreis gehört oder nicht, ist ihrem Namen nach ebenso e t r u s k i s c h , wie die Sondergottheiten einer ganzen Reihe römischer Geschlechter es sind[195]. Die verschiedenen Erscheinungsformen der großen Erdmuttergöttin — Ceres, Tellus, Flora — sind von der Gestalt der Demeter, die eine gewaltige Rolle in der Religion der unteritalischen Griechen und Illyrier spielt, schwer zu trennen, ebenso der im Martius gefeierte Liber von Dionysos. Die ersten Vermittler griechischer Götterkulte nach Rom waren, so ist anzunehmen, Etrusker und Osker, die mit griechischer Kultur in unmittelbarer Berührung standen.

In diesen flüchtig herausgegriffenen Ergebnissen der Forschung ist für uns hier eines wichtig: wir erkennen, im Gegensatz zu der früher herrschenden Auffassung, im Grundstock der ältesten römischen Feste außer der Verehrung latinischer und sabinischer Götter auch die von etruskischen und griechischen Gottheiten. Sizilien und das südlichste Italien war seit dem 8. Jahrhundert mit Griechenstädten besetzt. Cumae, die Rom am nächsten liegende griechische Kolonie in Kampanien, war die älteste Gründung. Am Anfang des 6. Jahrhunderts v. Chr. gehört das Griechentum seit langem zu den festen Bestandteilen der altitalischen Kulturwelt. Diese sind damals in Rom, nach dem Zeugnis des ältesten Kalenders, alle schon beisammen: man darf von einer Art geistiger Anwesenheit des ganzen Italiens reden, samt Griechentum und Etruskertum, die mit der Welt des Ägäischen Meeres ihre alten lebendigen Verbindungen aufrecht erhalten. Kultureinflüsse, von verschiedenen Gruppen und Individuen getragen, von Völker- und individuellen Temperamenten gefärbt, bilden diese geistige Anwesenheit. Sie ist vorläufig nur im religiösen Leben und in der Kunst, später auch in der Literatur vorhanden. Sprache, Organisation, Rahmen bietet Rom, wo die Einflüsse verwandten Ursprungs — sie entstammen ohne Ausnahme der italischen Kulturwelt — sich treffen, Einheit und kristallisierenden Leitgedanken gewinnen. Die römische Literatur wird geboren, als Rom die literarischen Möglichkeiten ganz Italiens in sich versammelt und als Italien in Rom seinen Mittelpunkt findet. Das Phänomen der Latinität ist italisch und römisch. Das Italische in der Latinität bringt das Griechische mit.

Aber noch mehr als drei Jahrhunderte mußten unter etruskischer Herrschaft verstreichen, ehe alle Bedingungen einer Literatur lateinischen Geistes beisammen waren. Wollen wir einen klaren Begriff von den wichtigsten dieser Elemente haben, so müssen wir die Größe des etruskischen Einflusses begreifen, oder richtiger gesprochen: wenn auch nicht Roms Etruskertum, so doch sein Durchdrungensein vom Etruskertum.

Etrusker waren die drei letzten Könige Roms. Die offizielle römische Geschichte zeugt davon und findet an dieser Tatsache nichts Auffallendes. Der Name *Roma* selbst und der vom selben Wortstamm gebildete Name des Stadtgründers Romulus sind auch etruskisch. Etruskischen Namen hat der Berg, auf dem Rom gegründet wurde: der Palatin, und etruskisch ist die Gottheit: *Pales*, an deren Fest die Erinnerung an die Gründung geknüpft wird. Unter etruskischem Einfluß entwickelte sich das Dreinamensystem der Römer: das Führen dreier Eigennamen, von denen der zweite und der dritte weitere und engere Geschlechternamen sind. Der beträchtliche dem Etruskischen entlehnte Teil des lateinischen Wortschatzes zeigt die Vielseitigkeit des Einflusses. Etruskischen Ursprungs sind die Wörter: *lamina*

(Blech), *columna* (Säule), *fornix* (Gewölbe) — also Erzarbeit und Architektur, deren Denkmäler dies auch unmittelbar bezeugen; ferner: *miles* (Soldat), *veles* (Leichtbewaffneter) und *satelles* (Leibwache), wie auch das Tragen der *fasces* vor hohen Beamten des Staates etruskischer Brauch ist und etruskisch im allgemeinen jedes äußere Zeichen der offiziellen Macht in Rom. Etruskisches Wort ist *caupo* (Krämer und Schenkwirt), *histrio* (Tänzer und Schauspieler), *lanista* (Schlacht- und Fechtmeister), etruskische Wortbildung *levenna* (›Boheme‹), etruskisches Verbum: *amare* (lieben). Etruskische Kunst ist in Rom die Verschönerung des Lebens, die angenehme Steigerung seiner Aufregungen bis zu der blutdürstigen Zügellosigkeit der Gladiatorenspiele — ja das ist überhaupt d i e etruskische Kunst.

In den Dienst dieses Zieles stellten die Etrusker jeden erreichbaren Genuß griechischer Musik und Malerei. Zur Musik gehörte der mimische Tanz und die Schauspielerkunst. In welchem Grade wir darunter auch die eine geistige Welt schaffende Dichtkunst griechischen Typs verstehen dürfen, ist eine Frage, auf die die »Hier und Jetzt« genießende Stimmung des zeitlos gewordenen etruskischen Lebens auf den Gräberwänden eine wesentlich verneinende Antwort zu geben scheint[196]. Was alles konnte die römische Jugend von ihren Meistern lernen, als es in Rom — noch im 3. vorchristlichen Jahrhundert — ebenso Sitte war, sich die etruskische Sprache und Kultur in der Kindheit anzueignen, wie später die griechische! Die Schrift selbst übernahmen die Römer von den Etruskern, und es ist zu fürchten, daß gerade jene allzu materialistischen Grundelemente der römischen Bildung etruskischen Ursprungs sind, welche Horaz so ungehalten mit dem rein Künstlerischen der musischen Erziehung der Griechen vergleicht. Zweifellos ist es aber, daß die dichterische Welt der griechischen Mythologie und Heldensage, gleichfalls durch etruskische Vermittlung, in blühend-verführerischer etruskischer Hülle die lateinische Phantasie zu füllen begann. Der altlateinische Name des Ganymedes, des holden olympischen Schenken: *Catamitus* verrät etruskische Lautbildung. Es gab noch andere Wege, auf denen griechische Sagen und andere Elemente hellenischer Kultur Rom im 6. bis 4. Jahrhundert errreichten: der Name des Odysseus in der Form

*Ulixes* ist durch adriatische Illyrier, der Ruhm des troianischen Äneas von kleinasiatischen, nach Sizilien gewanderten, ebenfalls als ›Illyrier‹ zu bezeichnenden Altmediterranen, also eher durch italisch-griechische als durch etruskische Vermittlung herübergelangt — wenn er solche Vermittlung überhaupt brauchte. Doch war es die hellenisierende, nicht mehr griechische, nur mit griechischen Elementen durchsetzte etruskische Kultur, die in Rom ein geistiges Leben schuf, in dem jede spätere, reinere und unmittelbarere griechische Einwirkung Erfüllung und Reife bedeuten konnte, in dem aber zugleich ein tragischer Mangel und eine eigentümliche Spannung andauerten.

3

Das Latinertum Roms war seiner primitiveren Vergangenheit, deren einzelne Gewohnheiten sich im religiösen Brauch unverändert erhielten, auch dann noch bewußt, als es die etruskische oder von Etruskertum durchsetzte herrschende Schicht schon längst in sich aufgelöst und ihre Kulturansprüche sich angeeignet hatte. Aber jene Vergangenheit mit lebendigem Gehalt auszufüllen war nicht mehr möglich. Die neue etruskisch-griechische Kultur verdrängte die uralten Traditionen größtenteils aus dem Gedächtnis. Zahlreiche Völker Italiens verblieben noch jahrhundertelang in einem von etruskischer und griechischer Bildung weniger berührten Zustand. Die Zahl dieser ›Primitiven‹ wurde durch eine neuere Volkswelle, die in Oberitalien angesiedelten Kelten, vermehrt. Der städtische Römer fühlt in den halbwilden Bergbewohnern und den zurückgebliebenen Bauernstämmen die Verwandten. Er blickt stets mit jenem Heimweh nach ihnen, das noch die Germanendarstellung des Tacitus durchdringt. Will jedoch ein römischer Gelehrter oder Dichter in die Vergangenheit des eigenen Volkes eindringen, so gelangt er im wesentlichen nie tiefer als bis zur Schicht der etruskischen Kultur, zur Tradition einer zusammengesetzten Kulturwelt. Eine Wirkung wie die der Etrusker ist aus dem Leben eines Volkes nie mehr auszutilgen.

Daher rührt in der römischen Literatur die später immer wiederkehrende Sehnsucht nach der primitiven Einfachheit, der Wunsch nach dem Urzustand, den aber kein einziger Römer mit historischer Treue wiederzuerwecken oder mit Erfolg seinem Zeitalter aufzudrängen vermag. Denn mit dieser Sehnsucht lebt und wirkt ebenso unausrottbar die Liebe zum bequemen und künstlerischen etruskisch-griechischen Kulturleben zusammen. Werke, die in diesem oder jenem Grundgefühl verwurzelt sind oder beide — eine Art Puritanismus einerseits und einen sich als Selbstzweck setzenden Kulturhedonismus andererseits — unwillkürlich vereinigen: solche Werke bedeuten bleibende Farben in der römischen Literaturgeschichte und eine bleibende Spannung in der Geschichte des lateinischen Geistes. Zu dieser Spannung gesellte sich damals eine zweite, als jene Lernbegier, die das Latinertum in der Schule der Etrusker zum Kulturhedonismus: zum Genuß der Kultur, und zum Genießen als Kultur, hinführte, durch die Berührung mit reinem griechischem Geiste eine neue Bewußtheit erlangte. Der römische Staat forderte das geistige Leben seiner Bürger für sich. Diese Forderung entsprach seinem latinischen Kern ebenso, wie der Form des antiken Staates: ihr mußte sich auch das Etruskisch-Genießerische im römischen Wesen unbedingt und ohne Spannung fügen. Rom erbrachte für das geistige Leben ganz Italiens die strenge Gebundenheit an eine höhere, nicht bloß naturhafte Ordnung und Bestimmung: die Mission, dem römischen Staat zu dienen. Nennen wir diesen Anspruch Roms auf das geistige Leben seiner Bürger R o m a n i s m u s. Die auf griechische Weise ihrer selbst bewußt gewordene Lernbegier zeigte aber ein anderes, höheres Ziel auf, das weiter und edler ist als die bloße Aneignung von Kenntnissen. Das Römertum selbst erhebt das Streben nach diesem Ziel, im Gegensatz zur bloßen R o m a n i t a s des völlig und ausschließlich dem Staate sich Hingebenden, zur Weltanschauung der H u m a n i t a s. Es entsteht die bedeutendste der Spannungen: auf der einen Seite der *homo Romanus*, auf der anderen der *homo humanus*. In diesem prägnanten und positiven Sinne ist das Wort ›menschlich‹ erst vom lateinischen Geist geschaffen worden[197].

Kult der rohen Einfachheit und der Güter einer südlichen Hochkultur; des über allem stehenden staatlichen Interesses und des Ideals des vollkommenen Menschentums: von diesen vier geistigen Triebkräften sind die ersten drei älter als die römische Literatur. Alle vier, samt noch einem schwer zu benennenden Fünften, verleihen ihr jenen zugleich intellektuellen und künstlerischen Zauber, durch den sie unter allen späteren Literaturen an erster Stelle mit der griechischen wetteifern kann. Wie aber ist das Fünfte zu beschreiben? Es könnte auch als die berühmte formale Fähigkeit der Lateiner bezeichnet werden, wenn es nicht viel tiefer reichte, tiefer noch, als das innere Gleichgewicht eines Kunstwerks liegt: es ist die weit allgemeinere, das Künstlerische in sich schließende Fähigkeit zum existenziellen Gleichgewicht, die die Spannungen selbst zur Grundstruktur eines wesentlich ausgeglichenen Seins verwandelt.

Wir wollen damit nicht sagen, daß der einzelne Römer, wie Vergil oder Horaz, seine Humanität mit seinem Romanismus nicht zugleich besessen hätte. Im Gegenteil: Humanität und Humanismus sind ohne Romanismus undenkbar. Auf der Grundlage ihrer Romanitas gelangen diese beiden größten Dichter des Römertums zur höchsten Harmonie des lateinischen Geistes, die alle vier Komponenten vereinigt: den Puritanismus in der Schule Epikurs und Zenons zu philosophischer Weltanschauung verfeinert; den Kulturhedonismus als künstlerische Lebensform und schöpferische Tätigkeit, endlich die Humanität als das große Versprechen des welterlösenden Roms für die Menschheit. Dieses Versprechen schließt wiederum das Idyllische in sich, das den Puritanismus und Kulturhedonismus ineinander auflöst, den Gegensatz von Humanitas und Romanitas in der Möglichkeit eines arkadischen, götternahen Seins, eines »Goldenen Zeitalters«, gleichgültig macht.

Wegbereiter der werdenden Humanität Roms war neben der Lernbegier das Genießenwollen, neben Büchern und Lehrern die einschmeichelnde Kunst der Bühne: nicht nur Terenz — auch Plautus, der Boshafte und Unanständige. Aber auch die rein künstlerische Nachahmung griechischer Muster gehörte in Rom zur geistigen Haltung des humanen Lebens- und Kunstgenießers. Und als diese lateinische Geistigkeit — die Latinität auf ihrem Höhepunkt — im dichterischen Werke von Vergil und

Horaz, Tibull und Properz mit wesensmäßigem, klassischem Gleichgewicht ihren Ausdruck findet, tönt die stolze Stimme des erfüllten Romanismus nicht unharmonisch hinein ins stille Sichergötzen an einem frommen Leben nach den Gesetzen der südlichen Natur.

Die Möglichkeit und Verwirklichung dieser Harmonie ist vielleicht — am bündigsten zusammengefaßt — das ganze Phänomen der Latinität.

*1932*

# CATULLUS

Antike Überlieferungen über Catull sind kaum auf uns gekommen. Über ihn wissen wir recht wenig: um ihn wissen wir aus seinen Gedichten. Würde es sich lohnen, d i e s e s Wissen für ein noch so detailliertes Wissen über ihn einzutauschen? Oder das, was echte Dichtung ist, in eine falsche Biographie umzuwandeln? Man erwarte hier nichts dergleichen. Und erwarte vor allem keine Erörterungen zweifelhaften Wertes darüber, mit wem die Lesbia des Catull, von der wir zufällig wissen, daß sie im gewöhnlichen Leben Clodia hieß, identisch war: mit welcher von den mehr oder weniger berüchtigten historischen Clodien. Catull ist durchsichtig. Durchsichtig bis zu der äußersten Grenze, wo sich ein Einblick eröffnet bis zu den Wurzeln des italischen Seins, und durch dieses hindurch in die Tiefen der menschlichen Existenz überhaupt. Ein solcher Einblick ergibt sich überraschend und unerwartet hinter einer Zeile oder einem Wort. Ihn festzuhalten und in Sätze zu fassen ist beinahe unmöglich. Ein Versuch in dieser Richtung soll hier dennoch unternommen werden: er bleibt allerdings unvollkommen und mangelhaft, sofern sich nicht aus den Gedichten dem Leser selbst derselbe Einblick eröffnet.

»Dionysischer Efeu an seiner jungen Stirn: *hedera iuvenilia cinctus tempora*« — so sieht ihn sein später Nachfolger Ovid. Wenn wir noch bedenken, daß Catull — geboren im Jahre 87 v. Chr. — insgesamt nur dreißig oder höchstens dreißig und einige Jahre gelebt hatte, so glauben wir in ihm das klassische Beispiel dafür zu sehen, wie die natürliche Fülle der Jugend selbst zu Dichtung wird und als Dichtung zu einer solchen Fülle des Seins, nach der weiter zu leben überflüssig ist. Vielleicht wäre dies die treffendste Fassung der catullischen Existenz vom allgemeinsten Gesichtspunkte aus. Vielleicht — aber die allgemeinste Fassung ist zugleich diejenige, die das wenigste sagt. Die Kraftfülle der Jugend ist bei Catull nur Gelegenheit — und zwar nicht eigentlich zu dionysischem Efeu. Ovids Worte sind in Ovids Stil geprägt. Catulls Lebensstil verlangt nach keiner mythologischen Verzierung und Symbolik. Das Leben selbst ist hier, ohne die durchgeistigende Kraft des griechischen Gottes, zum Mythos geworden: geistig-durchsichtig bis zu seinen letzten Tiefen, aber in der Weise, daß es auch in die Zeitlosigkeit erhoben aus dem Stoffe der Zeit gebaut geblieben ist, mit allen inneren Widersprüchen des lebendigen Stoffes behaftet.

Wie ist nun dieser Stoff beschaffen? Es geht hier um den Stoff der italischen Götter. Wer wissen möchte, aus welcher Materie sie gebaut sind, der lese Catull. Das Höchste an Durchsichtigkeit ist im *Odi et amo* erreicht worden, in jenem catullischen Epigramm, das von den Philologen unter anderem auch wegen seiner verbalen Natur mit Recht bewundert wird[198]. Die zwei Zeilen enthalten acht Zeitwörter und kein einziges Hauptwort. Das Epigramm ist aus dem Stoffe der Zeit, aus unerstarrtem Leben gestaltet. Ich gebe hier das Gedicht im Urtext und in der wörtlichen Übersetzung eines großen Philologen:

> *Odi et amo. Quare id faciam, fortasse requiris.*
> *Nescio, sed fieri sentio et excrucior.*

> Hassen und lieben zugleich. Du fragst wohl, warum ichs so treibe.
> Weiß nicht. Daß es mich treibt, fühl' ich und martre mich ab.

In diesen Zeilen ist nichts Statisches, nur reine Dynamik, nur reine *durée*, nur ungegliederte reine Zeit. Doch keine gehaltlose Dauer, sondern ein ewiger, dämonischer Gehalt: *odi et amo*. Er besteht aus allen dreien: »hassen«, »und«, »lieben«.

Das catullische Epigramm — nicht nur dieses eine, sondern sämtliche — ist von einer tiefen Spannung, die gehaltlich in jenem »und« zum Ausdruck gelangt, die Gestalt betreffend aber darin, daß es wie eine in Stein gemeißelte griechische Inschrift erscheint, also die Form hat, die zwar seit jeher literarisch geworden ist, jedoch mit reinem Zeit- und Lebensgehalt erst hier erfüllt wurde. Verweilen wir ein wenig bei dieser Form. Die Spannung in *odi et amo* erscheint als ein natürlicher Zustand (was er im Grunde auch ist) angesichts des Gegensatzes, der zwischen diesem G e h a l t und der G e s t a l t besteht. Es ist zweierlei da: die Tatsache, daß jemand eben dieses Hassen und Lieben erlebt, und die zeitlose Geltung dieses Erlebnisgehalts. *Odi et amo* ... Der Wanderer blickt fragend auf das Denkmal (es könnte aus Stein sein, mit eingegrabener Inschrift), das diesen Widerspruch in derselben Weise in die Welt hineinruft, wie das Grabmal der Timonoe von Methymna verkündet, daß ein junges Wesen gestorben ist. Diese Tatsache kann nicht näher erklärt, nur durch Erzählen etwas weiter ausgeführt werden: so verhält es sich, nicht ich treibe es so, sondern es treibt mich, es geschieht mir. Und daß eben dieses geschieht und geschehen kann: i s t e w i g. Höchstens stirbt der daran, dem es geschieht. Aber auch das Daransterben ist in Ewigkeit gegeben. Was lediglich aus Zeit — aus Lebenszeit — besteht, ist zugleich zeitlos. Und was zeitlos ist, eben das vermag ein Epigramm zu verkünden, denn gerade s e i n e F o r m ist der Zeitlosigkeit angemessen. Die Gegensätzlichkeit wird aufgehoben in der Sicht von einem tieferen oder höheren Standpunkt aus.

Oft verlangt gleichsam der Gehalt des catullischen Epigramms nach seiner lebensnahen Urform:

> Wohltat erweise niemals — glaube nie an die Treue.
> Nirgendwo erntest du Dank — Wohltat hat keinen Wert.
> Sie bedrängt dich sogar — sie fügt Schaden dir zu.
> Keiner bedrängt mich mehr — keiner so unerbittlich,
> Als der, dem ich allein — war der einzige Freund.

So würde es lauten in einer sich der nicht-hellenisierten rhythmischen Form der italienischen Dichtung nähernden Prosa — wie Wehrufe einer Totenklage —, was in einem anderen Epigramm Catulls als der griechischen Form gemäße ewig gültige Lehre ertönt: *desine de quoquam quicquam bene velle mereri*. Und in dieser Endgültigkeit ist die Lehre noch schmerzlicher. Genau so kommt, was in der italischen volkstümlichen Form ein Spottlied wäre, bei Catull auf eine d e r V e r e w i g u n g i n d e r K r a f t g l e i c h w e r t i g e V e r n i c h t u n g hinaus. In der durch die griechische Form geschaffenen Spannung tritt erst recht deutlich hervor der bald schmerzliche, bald mörderische Wesenskern des italischen Lebensgehalts.

Beide: das Schmerzliche und das Mörderische sind Aspekte des Lebens — desjenigen Lebens, das sich im Grunde als *amo et odi* erweist. Es mag in der eleganten Form der Hendekasyllabi nach beiden Richtungen hin getrennt erscheinen: Freunden gegenüber als Liebe, Feinden gegenüber als Abscheu. In Jamben mag es als Schmerz oder als reinigender Zorn erklingen. Das Leben selbst, das da spielt und aufbraust, ist immer die selbe tödliche Urwirklichkeit. In seiner altitalischen Form ist es wie der Hengst der Grabmäler von Felsina, der sein Opfer mit der Fülle seiner Kraft zu erdrücken scheint[199]. Die schmächtige Figur des Toten liegt auf dem Rücken, über seinem Kopf steht der riesige Hengst, neben dem unmißverständlich die etruskische Todesgottheit herschreitet. Für fast jeden Ausdruck der mörderischen Grobheit von Catull ist ein Modell in der griechischen Literatur vorhanden. Daß Grobheit in einem Gedichtband mit literarischen Ansprüchen nicht unangebracht ist: gerade das hat Catull von den Griechen gelernt. Ein Urbild seiner mörderischsten Grobheiten könnte aber — ohne daß Catull selbst davon wüßte — auch der Hengst von Felsina sein. Es mutet einen wie eine Prahlerei von mythischen Ausmaßen an, wie Catull mit zweihundert Rüpeln fertig werden möchte: *non putatis ausurum me una ducentos ...?* Hierbei ist jedoch gar nicht die Zahl mythisch, sondern die Wirklichkeit, die Catull unwillkürlich heraufbeschwört: mythisch ist der Dämon, der durch die Dichtung Catulls hindurchscheint.

In ihr ist eben derjenige Zeitstoff durchsichtig geworden, der vermöge seines dämonischen Gehalts mehr ist als Dauer: er ist Leben. Der dämonische Aspekt des Lebens besteht darin, daß es zugleich auch Tod ist: es mordet und verzehrt sich selbst. Seine Höhepunkte sind Stellen, an denen es vollkommen umschlägt: Silenus erscheint auf etruskischen Grabmälern als Hades[200]. Ist es die Lederpeitsche des Lebens oder des Todes, die in den Händen der römischen Wolfsjünglinge, der Luperci, knallt? Und der Veroneser Jüngling in Rom — ist es nicht so, als wäre er die persönliche Erscheinung des Wolfs- und Bocksgottes Faunus? Man darf niemals an einen literarischen Faun mit süßlicher Sinnlichkeit denken, wenn von Catull die Rede ist. Catull steht in einem solch absolut unmittelbaren Verhältnis zu derjenigen

Welt, die ihr Gottesantlitz im römischen Wolfsfaunus enthüllt, daß man sagen darf: das dichterische Antlitz derselben Welt blickt uns durch alexandrinische Gestaltung, aber in der griechischen Form erst recht durchsichtig geworden, aus den catullischen Versen an. Auf diese Weise wird es vielleicht auch verständlich, daß der Lebensstil Catulls keiner mythologischen Verzierung und Symbolik bedarf. Es ist dieses Leben, das als gleichberechtigte Form neben die mythischen Gestalten tritt, und es ist seine Durchsichtigkeit, die einen Blick in diejenigen Tiefen gewährt, aus denen auch jene aufgetaucht sind.

Diese Klarheit seiner existenziellen Situation ist vielleicht die kennzeichnendste Eigenschaft Catulls. Deshalb zeugt er für uns auf eine dermaßen primäre Weise von der Welt mit dem Faunusangesicht: der Zeitwelt oder, historisch gesprochen, von dem italischen Aspekt der Welt in jenem Zeitpunkt, welcher der entzweigespaltenen Welt der Epoden von Horaz voranging[201]. Catull bezeugt die ungespaltene Einheit seiner Zeitwelt eben dadurch, daß er Gegensätzliches zugleich trägt. Und er ist Zeuge der Fülle derselben Welt auch über das Faunusangesicht hinaus in dem Maße, daß es uns verständlich wird, wie ein anderes Gesicht aus derselben Welt aufzutauchen vermag, ihr als ergänzender Gegensatz zugehört, sich zu ihr als sichere, helle, himmlische Hemisphäre herabneigt: das väterliche Antlitz des Jupiter. Dieses andere Gottesantlitz trägt den Zug, der sich bei Catull als die andere Möglichkeit des Lebens an seinem Höhepunkte — neben dem Umschlagen in den Todesbereich — erweist: die Möglichkeit, über sich selbst hinauszugehen und sich aus dem Zeitstoff zum Kosmos zu gestalten. In Rom ist diese Möglichkeit als eine durch Leben zu vergegenwärtigende Urwirklichkeit Gegenstand des Kultes. Auch sie ist für Catull ebenso, wie Venus bei ihm *sancta Venus* heißt, heilig: *sancta fides*.

*Fides:* Vertrauen, Zuverlässigkeit, Treue ... Die Philologie wies darauf hin[202], daß die hellenistische Welt, zu der auch Rom zu Catulls Zeit gehörte, zwischen Mann und Frau die Treue auf Grund eines Vertrags gekannt hat. Aus der Liebesdichtung der Römer ließ sich sogar darauf schließen, daß zwar nicht der Vertrag, sondern diese Art freier Verbindung selbst mehr bedeuten haben konnte als die Ehe. Sie konnte wohl bis zu jenem Grade durchgeistigt werden, der am klarsten und vollkommensten bei Catull zum Ausdruck gelangt, wenn er sagt: »Ich habe dich nicht nur so geliebt, wie mans gewöhnlich tut, *ut volgus amicam,* sondern wie der Vater seine Söhne und Schwiegersöhne«. Das ist eine Liebe, die feiner, zarter — und geistiger ist als eine rein körperliche Verbindung. Sie ist reines Wohlwollen, *bene velle,* der aufhebende Gegensatz zu *odi,* und ist mit Hassen unvereinbar. Es liegt hier tatsächlich eine Durchgeistigung vor, aber in einem anderen Sinne als diejenigen meinen, die auch hier nur von hellenistischen Voraussetzungen ausgehen. Es ist ein Umschlagen statt nach dem dämonischen *odi* nach der Richtung der anderen Möglichkeit hin, in die Sphäre der jovialen Wirklichkeit: in eine geistige Sphäre, die der Zeitwelt doch nicht fremd gegenübersteht. Ihr Stoff ist derselbe, den wir unter seinem anderen Aspekt als den dämonischen Gehalt der Zeit erkannt haben. Liebe bleibt auch hier Liebe, wo mehr lieben nicht *bene velle minus* bedeutet, sondern *fides* und reine *pietas.* Das Dasein ist aber auch in diesem Bereich ein Schweben über dem Orcus, der »alles Schöne verschlingt«. Die Kälte des dunklen Schlundes fehlt nicht hinter dem Glühen, seine reißende Nacht nicht hinter dem Tageslicht. Lieben, mit einer gleichsam religiösen Liebe — *pietas* —, wie Eltern und Kinder einander lieben, und trauern, wie Catull seinem Bruder nachtrauert, sind beide mit Notwendigkeit gegebene Seiten derselben Welt, die auch das *odi et amo* umgreift. Sie bedeuten kein Ausscheiden und keine Trennung von dieser Welt, sondern eine Entfaltung aus dem wölfischen Kreis des Faunus in einen umfassenderen Weltkreis, der auch jenen in sich schließt.

Auf diese Weise gehört Catull zu den Welt-Dichtern. Seine Welt ist aus Zeitstoff gebaut, aus rohem Leben-und-Tod, und vermag doch zum Kosmos zu werden; die in ihr verborgenen geistigen Möglichkeiten gestalten sie zum Kosmos[203]. Eine dieser Möglichkeiten ist die joviale Entfaltung, wie diejenige der Eiche über dem verzehrenden und faulenden Boden, oder die des taghellen Himmels im Gegensatz zur dunklen Unterwelt des sich selbst zerfleischenden Ungeheuers (wir kennen seine Bronzefigur im etruskischen Museum von Florenz): die Entfaltung des von Jupiter beherrschten Lebens über dem von der Lesbia verkörperten

Lebensbereich. Die zweite geistige Möglichkeit ist die des Durch-
sichtigwerdens. Catull hatte diese Möglichkeit der Zeitwelt entdeckt. Antik gesprochen könnte man sagen: das war das Geschenk der Muse an Catull, wie sie Horaz in den Oden die
Harmonie des goldenen Zeitalters geschenkt hat. Und doch kann
Catull seine Dichtung nicht wie Horaz als Geschenk der Muse
betrachten, gerade in dem nicht, was in ihr das Größte ist. Die
Durchsichtigkeit, die seine Dichtung zur Dichtung einer Welt
macht, ergibt sich unmittelbar aus seiner existenziellen Situation,
ist mit deren Klarheit identisch, läßt von deren Qualen nichts
verborgen bleiben. Sollte Catull sich beschenkt fühlen? Er ist
der erste Dichter, der sich selbst mit Worten anredet, wie diese:
*miser Catulle*, du armer Catull. Das schlichte »du« und die Anrede mit dem eigenen Namen, diese nahezu prosaische Form,
ist die einzig mögliche, die in dieser Situation nichts verfälscht
und die Durchsichtigkeit bewirkt. Darin liegt der Sinn dieser
Anrede überhaupt.

Für Catull ist nicht dies — dieses unbewußte Element seiner
Dichtung — das Wesen des dichterischen Wirkens, die musische
Kunst. In Italien ist die geistige Schöpfung viel eher Hervor-
bringung als Geschenk: der Akt eines bewußten Seelenzustandes
und nicht Selbstenthüllung der Idee. Ein solcher Seelenzustand
— *mens animi* — Catulls bringt die süße musische Frucht hervor. Auch Dante sagt noch in unverfälschtem Geiste Italiens:
*O Muse, o alto ingegno* ... Als wären sie eins: die Musen und
das *ingenium*, die *mens* des Dichters. Catulls Musen, die »gelehrten Jungfrauen«, sind aber doch mehr. Was vom Kunstwerk
den Schöpfer überlebt, ist ihre »Wissenschaft«. Diese Wissenschaft lebt in den Werken der alten großen Dichter: die Musen
sind in den Büchern da, denen sie ewigen Bestand verliehen haben. Diese Auffassung ist krasser als die von Horaz. In ihr
wirkt der Geist des italischen Handwerkertums, der älter ist als
die Klassiker des augusteischen Zeitalters und der diese überlebt.
Jener Geist knüpft das künstlerische Schaffen mit solch strenger
Ausschließlichkeit an handwerkliches Können und Tradition,
bewahrt aber in Können und Tradition etwas Göttliches.

Italisch ist die Dichtung Catulls auch darin, daß sie gelehrte
Dichtung ist und die strengsten Traditionen der griechischen

Dichtkunst fortführt. Die Gesetze der italischen Welt verwirklichen sich in der alexandrinischen Formgebundenheit selbst. Nicht anders, als es der besondere Stoff dieser Welt war — jener Zeitstoff, den zu umschreiben hier versucht wurde —, der Farben und Schatten dem am meisten hellenistischen Gedicht Catulls verleiht: dem Attis, und auch noch seiner Kallimachos-Übertragung, der Locke der Berenike, vor allem aber dem fast nicht mehr dichterischen, sondern malerischen Epyllion: der Hochzeit von Peleus und Thetis . . .

Soviel als Mitgebrachtes von der Reise, die der Verfasser mit seinem Catull von Rom aus durch Viterbo, Montefiascone, Assisi gemacht hat. Er suchte Catull in Italien und fand ganz Italien — sowohl Altitalien als auch das Italien der großen Malerei — in Catull. Schon das Arrius-Epigramm ließ ihn ahnen, wie sehr etruskisch noch das Italien Catulls war[204]. Sein *iter Catullianum* bestätigte ihm dies. Er fand den veronesischen Dichter da am meisten in Übereinstimmung mit Italien, wo es auch landschaftlich am meisten etruskisch ist: Vergegenwärtiger der catullischen Höhepunkte und Extreme. So ist Südetrurien, nicht aber Assisi. Mit diesem »Fund« kam er dorthin, wo Catullus in der Tat zu Hause war, wo seine Villa stand: nach Sirmione. Wie er den Dichter auf dem über dem See von Bolsena schwebenden Berg, in Montefiascone erlebte, das war auch hier in der Landschaft gegeben: in der die joviale Heiterkeit mit dem Hintergrund eines Wolfsschlundes vereinigenden, glühend blauen Atmosphäre dieses Ortes und dieses Sees, der für Catull selbst lydisches, das heißt etruskisches Wasser war —

*Salve o venusta Sirmio, atque ero gaude:*
*gaudete vosque o Lydiae lacus undae.*

1938

# 1

Drei lateinische Dichter sind es, die den geistigen Menschen Europas in dem Alter, in dem man sich der Dichtung zu öffnen beginnt, mit ihrer Wirkung ergreifen: Vergil — wie Gebet und Dichtung, wie eben das, was die mystische Seele in diesen beiden als Gemeinsames und Identisches empfindet; Catull — wie Leidenschaft und Dichtung; Horaz — wie Lebensweisheit und ... dürfen wir hinzufügen? ... »Dichtung«.

Wir haben uns seit der Romantik dermaßen daran gewöhnt, den Dichter von der inneren Seite, von den Gefühlswallungen her zu sehen, daß wir uns gar nicht mehr getrauen, die horazische Lyrik neben der catullischen als Dichtung zu empfinden. Seine Lehrer selbst waren es, die den geistigen Menschen des nichtlateinischen Europas sich diese Sonderbarkeit angewöhnen ließen. Es scheint uns aber heute fast, als wäre catullisches Feuer, catullische Unverschämtheit und Nichtachtung Cäsars gerade deshalb das höchste lyrische Ideal einer vertrockneten, papiernen Gesinnung geworden, weil es für sie unerreichbar ist! Findet nicht diese erschöpfte Mittelmäßigkeit ihre e i g e n e Beruhigung in Horaz, dem Dichter des goldenen Mittelmaßes? Stellt sie nicht sich selbst als Ideal hin, wenn sie von Horaz lehrt, er sei der Dichter gewesen, dem nur Jugend und Armut freche Worte in den Mund gaben, der aber sonst der Mensch der gelehrten Kunst und großer Verehrer Cäsars war?

Doch der junge und krafterfüllte Mensch fühlt das mit richtigem Instinkt, was der Sinn und die dichterische Berechtigung des horazischen Maßhaltens, der goldenen Mitte ist: das Vorhandensein dessen, worin man Maß halten soll. Die Neigung zur thrakischen Zügellosigkeit im Rausch, im Zorn, in der Liebe macht das horazische Lied zum Lied des Orpheus, zum Bändiger aller, die thrakische Möglichkeiten im Blute haben. Horaz selbst hatte solche Möglichkeiten bis zu einem gewissen Grade in seiner Natur. Sie sind jedoch in diesem Fall weder bloß persönlich noch bloß thrakisch. Die Spannung liegt gleichsam eine Schicht tiefer als die Ebene des Individuums: sie liegt im römischen Sein. Das

widerspruchsvolle Erbteil der bäurisch-latinischen und der etruskisch-genießerischen Vergangenheit des Römertums stehen hier
einander gegenüber. Das Ideal der primitiven Einfachheit und
die Liebe zum kunstvollen, bequemen Kulturleben bilden diese Polarität. Und es ist auch das andere Gegensatzpaar zugegen:
der Kult des römischen Wesens und des Menschlichen, des Romanum und des Humanum. In den großen römischen Dichtern
des augusteischen »Goldenen Zeitalters« lösen sich diese auseinanderstrebenden Elemente in vollkommene Harmonie auf, in
eine Harmonie, die vielleicht überhaupt das Wesen der Latinität
ist . . .[205] Aber den Gehalt eines wirklichen Goldenen Zeitalters
gibt erst Horaz der augusteischen Zeit. Er ist der Vates des Goldenen Zeitalters: sein Dichterprophet und Priester.
Er wird von Anfang an von einem klar und sicher geschauten
Mythos, von einer ergreifenden Offenbarung der Welt geleitet.
Am Beginn seiner Dichtung, in den »Epoden«, hat dieser Mythos für ihn zwei gleichermaßen dominierende Aspekte, ein
zweifaches Gesicht. Von der einen Seite: eine bis in die Wurzel
verdorbene, untergehende Welt, von der sich die Götter schon
längst getrennt haben; sie durchdringen sie nicht mehr mit ihrer
erhaltenden Kraft. Der Dichter, der in solcher Welt lebt, ist —
entsprechend seiner Vision — in dieser Periode seines Lebens
kein Verehrer der Götter. Andererseits — und das ist die positive Seite der Offenbarung — schweben vor ihm, in einer für
Tapfere vielleicht noch erreichbaren Ferne, die Insel der Seligen,
die Träger des ewigen Goldenen Zeitalters. Jupiter selbst hat
sie abgesondert von der untergehenden Welt als Wohnort derer,
die die Götter verehren. Wo die Welt noch göttlich ist, dort hat
die Verehrung der Götter ihren Grund . . .
Das ist der Inselmythos: das klare, fast geschaute Wissen davon,
daß Reinheit und Glück — mythologisch benannt: das Goldene
Zeitalter — irgendwo einen Platz innerhalb des Kosmos haben.
Ja dieser Platz ist der wirkliche Kosmos, anderswo überall zerfällt die Welt, sie modert gleichsam und treibt ihrem Ende zu . .
Die Wendung nach der »Insel« drückt zweifellos die vollkommenste, unbedingte, endgültige Verurteilung und Entsagung jener Welt gegenüber aus, die keine Inselwelt ist. Sie drückt dies
aus, auch wenn man von dieser Welt und ihrem nahen Ende

keine apokalyptischen Gesichte hat, wie jene waren, die vielleicht den Horaz berührten. Sein Gesicht vom Untergang der römischen Welt hat seinen tiefen Grund im Lebensgefühl des Dichters selbst. Aber eben deshalb konnte es mit dunklen Weissagungen des Ostens zusammentreffen. Und deshalb erzittert etwas wie das Gefühl einer verwandten Weltanschauung im Christen, wenn Horaz von einer Ursünde, der Ursache des Verderbens, spricht: vom Fluch des vergossenen Blutes, der sich seit Remus' Ermordung von Generation auf Generation vererbt.

Diese Weltanschauung des Horaz mit ihrem scharfen Dualismus steht dem Christentum viel näher als die Vergils in seiner berühmten Vierten Ekloge. Vergils Anschauung von der Welt ist eine ganz andere als die des Horaz oder des Christentums. Auch er wird vom Bild des Weltuntergangs ergriffen in jenem Gedicht, das ihm im Mittelalter den Rang eines heidnischen Propheten Christi verlieh. Aber »Weltuntergang« ist für sein Gesicht eine schlechte Bezeichnung. Das richtige Wort ist »Ende«, in demselben Sinn, wie ein Jahr sein Ende hat und dieses Ende ein Zeichen ist für etwas Neues: der Beginn eines neuen Jahres. Vergil fühlt die Erneuerung des erschöpften Kosmos — Horaz sieht ihn gespalten und in seinem Großteil endgültig verdorben. Nach Vergils Gefühl verwirklicht sich das neue Goldene Zeitalter in der Welt des Römers: die Kräfte des Kosmos lassen es schon reifen. Der Dichter selbst lehrt uns in seiner Georgica diese kosmischen Kräfte pflegen, baut in seinem Epos einen römischen Kosmos auf. Auch er begegnet sich mit den Weissagungen des Ostens[206]. Der Mythos vom Kinde dient ihm aber dazu, zurückzubiegen von der Richtung des Christentums zu dem in seinen Wurzeln noch gesunden Kosmos, dessen Erneuerung im gleichen Schritt mit dem Heranreifen des Neugeborenen vor sich geht.

Der Inselmythos ist viel mehr der Mythos des Westens als des Ostens. Er ist verwandt mit dem sich von dieser Welt abkehrenden Jenseitsglauben des Christentums, aber verwandt auch mit dem Hoffen griechischer Kolonisten, die nach jungfräulicher Erde suchen. Nicht zufällig wollte gerade der Empörer im Westen, Sertorius, auf die Suche nach den Inseln der Seligen gehen, und es ist kein Zufall, daß keltische Schiffer des Mittelalters den Weg betraten, den Horaz im XVI. Epodos weist. Wenn wir seinen Standpunkt mit dem des Christentums vergleichen, so zeigt er eben diese, noch darüber hinausgehende Doppelseitigkeit. Bald scheint es, als berühre er sich mit dem Christentum, bald ist er wieder weit entfernt von ihm. Sein Heidentum ist frei von orientalischer Dumpfheit, sein Mythos trägt, trotz der Verwandtschaft mit Keltischem und Romanischem, archaisch-hellenischen Stil. Sein Weg führte zurück zu den großen griechischen Dichtern der archaischen Zeit: zu Archilochos, Alkaios, Sappho. Und es konnte der Bau einer neuen Welt beginnen ebendort, wo er stand: in seiner Mittelstellung, die keine geistige Promiskuität bedeutet, keinen »Synkretismus«, sondern Weltlage und Weltaugenblick in der Mitte zwischen dem präalexandrinischen — archaischen und klassischen — Griechentum und dem Christentum.

Christlich mutet es an, wenn der nächste mächtige Wellenberg der horazischen Dichtung, die Odenperiode nach den Epoden, einen Bekehrungscharakter zeigt. (Zwischen den beiden Bergen bilden die Satiren ebenso das Tal, wie sich das hochschlagende Pulsieren der Oden im Wellental der Episteln beruhigt. Wir dürfen diese beiden Perioden einheitlich — wenn auch etwa zwischen Satiren manchmal noch Epoden gedichtet wurden — als Täler betrachten, denn der Dichter selbst empfand sie so. Er stellt, was er damals schrieb, als Prosa der echten Dichtung gegenüber. Täler waren es, in denen durch Lehren, Nachdenken, Selbsterziehung dem vorgearbeitet und daran weitergearbeitet wurde, was die Kraft und der Schwung der Odendichtung auf den Gipfeln schuf.) Jener Wellenberg der Odendichtung kann in der Tat als Bekehrung aufgefaßt werden, denn mit ihm kehrten die Götter wieder in die Welt ein: brachten ihre erhaltende Kraft zurück. Bisher fand Horaz an der Lehre Epikurs von den sorglosen Göttern Gefallen, die sich in den Zwischenräumen außerhalb der Welten aufhalten, da ihm die Welt das Bild der Gottverlassenheit zeigte; jetzt legt er Bekenntnis von der Macht Jupiters ab, der den heiteren Himmel mit seinem Donner erschüttert.

Gerade dieses Ergebnis seiner Bekehrung mutet wiederum nichts weniger als christlich an: daß die Welt wieder voll von Göttern ist, daß ihre Verehrung wieder festen Grund hat, daß sich neue Tempel erheben, daß die alten wiederaufgebaut werden müssen . . Und es mutet auch nicht christlich an, daß die Bekehrung des Horaz ein musischer Vorgang war[207]. Die Göttlichkeit der Welt, an die er wie jeder echte Dichter immer glaubte, die er aber in der ungöttlich gewordenen Welt nirgends erblickte, konzentrierte sich für ihn bisher gleichsam auf einen entfernten Ort, auf die Inseln der Seligen. Jetzt brach aus unerklärlichen Tiefen, aus den verborgenen Quellen der Vitalität des Dichters, wie ein Wellenberg die Odendichtung hervor und gab ihm die Göttlichkeit der Welt wieder, *hic et nunc*, plötzlich wie im Wunder. Die »süße Muse« tat das. Die Frömmigkeit des Horaz, die an die Stelle des pathetischen Glaubens an die »ferne Insel« mit dem Bewußtsein tritt: »die Insel ist hier und jetzt« — diese neue Frömmigkeit ist musischen Ursprungs. Seitdem Horaz »Freund der Musen« ist — und das ist er seit seinen ersten Oden — seitdem übergab er seine Untergangsstimmungen und -ängste den Winden: sie mögen sie alle davontragen!

War diese Veränderung im Lebensgefühl des Dichters auch durch die Freundschaft mit Mäcenas verursacht, so geschah doch alles auf die natürlichste Weise. Man vermutet viel von der Wirkung dieser Freundschaft — und kann n u r vermuten; denn wer weiß Bestimmtes über Ursachen, die die Quellen dichterischen Schaffens fließen lassen? Doch wenn auch das meiste davon zutrifft, sagt es dennoch nichts vom Wesen der horazischen Dichtung aus. Freundschaft wirkt allein schon Wunder, und die Art, wie Mäcenas für Horaz sorgte, verrät große Kennerschaft. Er sorgte für die Bedingungen der Vitalität des Dichters.

Es war diese Vitalität, die mit den ›Absichten‹ des Augustus zusammentraf: das Lebensgefühl des Dichters mit dem des Staatsgründers. Seine Bekehrung — das Umschlagen seines Lebensgefühls, eine gleicherweise typische Erscheinung der dichterischen und der mystischen Seele — machte den Horaz, den Vates, der vor kurzem noch zur Auswanderung angefeuert hatte, zum Vates, der das Wiederaufbauen der verfallenen Tempel fordert. Daß er dies vor dem Beginn der Bautätigkeit des Augustus tat, steht fest. Das dichterische Gesicht geht seiner Natur gemäß den Taten des Staatsmannes vor. Der Dichter erlebte die

Verwirklichung der neuen Welt, des neuen Goldenen Zeitalters in sich selbst schon damals, als Augustus kaum noch die ersten Bedingungen dazu schuf. Es war hier von einer und derselben Welt die Rede, die Horaz von innen sah, Augustus von außen baute.

Und dies mutet wieder christlich an in Horaz: die Inselgrenzen des neuen Goldenen Zeitalters so zu ziehen, daß sie die Schuldlosen, die reinen Seelen umfassen, abgesondert von all den von der Todeskrankheit der sich auflösenden alten Welt Angesteckten. Doch christlich mutet andererseits weder der Grund noch das Ziel der Absonderung an. Horaz suchte im Wellental der Satiren — und wie voll sind von allerlei lieblichem Reiz, von dem spielerischen Ernst und den ernsten Spielen einer hermetischen Intelligenz diese seine »Täler«! — auf dem Weg der Moralphilosophie seiner Zeit diesen Grund, und er versuchte ihn in der Talperiode der Episteln mit Hilfe derselben ›Weltweisheit‹ festzuhalten. Es war die Welle der Odendichtung, die ihn plötzlich emporhob in den Zustand des natürlichen Goldenen Zeitalters der Seele. Es ist kein Wunder, daß ihm — nach Sitte des Goldenen Zeitalters — der Wolf nichts antat. Er lief sogar davon, als Horaz, erfüllt von Liebe und Lied, herumwandelte. Die Ganzheit seines Lebens, die Reinheit von den Sünden der untergehenden Welt und diese liederreich-verliebte Sorglosigkeit sind zwei Bezeichnungen für denselben Zustand. Deshalb kann er überhaupt davon reden ohne prahlerisches Selbstbewußtsein oder bescheidentuerische Ironie. Nur wer wie die Kinder werden kann — mit der Gesinnung des Goldenen Zeitalters —, dem gehört das Himmelreich. Horaz' Berührung mit dem Christentum und sein Gegensatz zu ihm ist nirgends so gründlich wie hier. S e i n e »Seligen« — schon auf dieser Erde — sind die Dichter und die sich natürlicher Güter unschuldig erfreuen können. Wenn nur die Menschen lernen könnten zu genießen, still, mit Kennerschaft, bedenkend, wie schnell das Leben vergeht! Das ist nicht einfach epikureische Lebensphilosophie in dichterische Form gegossen. Wie auch das Lied von der Ruhe der reinen Seele, die in ihrer goldzeitalterlichen Gesinnung gelassen dem Weltzusammenbruch standhält, nicht einfach die Wiedergabe der stoischen Lehre ist! Was die philosophischen Schulen in

Horaz zu entfalten verhalfen; was, teilweise in ihre Schulterminologie gefaßt, in seinen Gedichten Ausdruck gewann; oder wozu sie wenigstens das Motto gaben: das ist mehr als Lebensweisheit. Es ist eine dichterische Weltanschauung, die völlig nur in dichterischer Form ausgedrückt werden konnte. Das Ziel der Absonderung auf Grund dieser Weltanschauung oder dieses Welterlebens ist nicht einfach die kynische — oder eine Art rousseauische — Rückkehr zur Natur, sondern eine natürliche und künstlerische gesellige Lebensform. Dafür ist die augusteische Staatserneuerung nur der Rahmen, die Kultur des augusteischen Zeitalters nur die nicht zurückgewiesene Bedingung. Das Muster solcher Lebensform war archaisch-griechisch. Das Lied von Alkaios und Sappho entsprang dem geselligen Leben des äolischen Adels, war der dichterische Ausdruck äolischen adligen Lebens. Das »äolische Lied« von Horaz forderte als seine eigene Vorbedingung etwas Ähnliches, etwas Organisches, das in Italien neu entsprießen sollte. Die Bezeichnung der augusteischen Zeit als Goldenes Zeitalter erhält einen tieferen Sinn erst durch jenes neue Leben, das Horaz begründet mit den Liedern, die er dem Kreis seiner Freunde und dem zukünftigen Rom singt: den Jungfrauen und reinen Jünglingen.

Völlig unchristlich ist endlich in Horaz sein hermetischer Zug. Er hielt als Dichter den Mercurius für seinen Beschützer und sich selbst für den bevorzugten Günstling dieses Gottes, einen *vir Mercurialis*. Das Intellektuelle seines Talents ist hermetische Eigenheit, die bei ihm keine Leidenschaftslosigkeit bedeutet, sondern nur, daß die Unbeugsamkeit seiner Leidenschaft fehlt. Diese Eigenart wird uns am besten durch seine Liebesdichtung verständlich, und seine Liebesdichtung wiederum durch jene hermetische Eigenheit: durch eine besondere Fähigkeit zum Schweben in der Mitte zwischen dem catullischen Höhepunkt und dem catullischen Tiefpunkt. Den Gegensatz dazu bildet eben die catullische Befangenheit, die ewige Gefangenschaft Catulls: sein dem Höchsten und gleichzeitig dem Niedrigsten Zum-Opfer-Fallen. Die Fähigkeit zum Schweben zwischen den Extremen befähigt den Horaz als Odendichter jener Regel genau zu entsprechen, die der wahrlich begeisterte Vates und Pindarnachfolger Hölderlin aufstellt: »Da, wo die Nüchternheit dich verläßt, da ist die Grenze deiner Begeisterung. Der große Dichter ist niemals von sich selbst verlassen. er mag sich soweit über sich selbst erheben als er will. Man kann auch in die Höhe fallen, wie in die Tiefe. Letzteres verhindert der elastische Geist, ersteres die Schwerkraft, die im nüchternen Besinnen liegt.«

Beide sind hermetische Eigenheiten: der elastische Geist und die scheinbar »nüchterne Überlegung« — in Wirklichkeit: das Erwägen im Halbdunkel der sich in die Berechnung zurückziehenden Seele. Und hermetisch ist auch eine weitere Eigenschaft des Horaz, die das Schweben zwischen den Extremen erst ermöglicht und die den anderen Gegensatz zur catullischen Gefangenschaft bildet: daß er nämlich in den Extremen h e i - m i s c h ist. Er darf sich in den reinsten Höhen eines Inseldaseins ebenso daheim fühlen wie in jener anderen Welt, wo Canidia, die Hexe, und Alfius, der Wucherer, sich betätigen. Der doppelten Ergriffenheit der Epodendichtung entspricht dieses Heimischsein des Dichters in zwei entgegengesetzten Welten. Horaz fiel keiner von den beiden zum Opfer: weder der Canidia-Welt noch jener extremen Form des Inselmännertums, die völlige Abkehr von der Welt fordert. Wie er auf dem abendlichen Forum herumstreichen konnte unter Canidia- und Alfius-Leuten, sich vergaffend in die wimmelnde Welt des Halbdunkels, ebenso vermochte er die Insel der Seligen zu finden: in sich selbst, in den gleichgesinnten Freunden und in der Natur. Von ihm darf gesagt werden, was er selbst in seinem Hermeshymnus von seinem Lieblingsgott sagte:

> ... *superis deorum*
> *Gratus et imis*

Gleich lieb war er den Göttern der höchsten und der tiefsten Welt. Und wie er unseren Ahnen lieb war, so wird er lieb bleiben wohl auch uns und unseren Nachkommen.

Vom Horatianismus als Lebensstil spricht man mit Recht[208]. Es ist in den Horazübersetzungen des achtzehnten Jahrhunderts — wenigstens in unseren ungarischen — etwas, das über den literarischen Stil hinausreicht und tiefer in der Geistigkeit des Jahrhunderts liegt. Zum Wesen dieses Horatianismus gehörte, daß diejenigen, die den Horaz n e b e n b e i auch übersetzten, »sich selbst gleichsam durch ihn betrachteten, ihre Lebensform nach der horazischen gestalteten.« In Ungarn vertrat diese Weltanschauung als erster ein Baron von Orczy. Ihr Vertreter ist freilich auch jener Virág, dessen vollständige Horazübersetzung dem ungarischen Horatianismus die Krone aufsetzt und ihn abschließt. Orczy ist Anhänger der französischen Aufklärung, Virág ein Mönch, der in seiner Übersetzung den heidnischen Urtext manchmal unwillkürlich christianisiert. Der Horatianismus ist für sie eine Lebensform, in der sie sich treffen.

Wollen wir die Gestalt des Horaz vor uns erscheinen lassen, wie sie zu sehen in der heutigen Lage der Altertumswissenschaft möglich ist, dürfen wir auch dieses Horatianismus nicht ganz vergessen. Aus ihm erklärt sich jenes allgemein bekannte Horazbild, das seit der Romantik noch zu seinem Nachteil modifiziert wurde. Auch diejenigen, die eine nähere Beziehung zum Dichter gewannen, gelangten meistens nur bis zu diesem Horaz des 18. Jahrhunderts. Es ist merkwürdig, wie wenig sich die Horazverehrung seitdem verändert hat[209]. »Horaz hat das Glück gehabt, von Menschen aller Art, die sich sonst um Dichter wenig bekümmern, von Welt-Erfahrungs-Geschäftsmännern, und zwar bis zum höchsten Alter hinan, unvergeßlich geliebt zu werden. Greise, die keinen Römer lasen, lasen ihn und hatten Stellen aus ihm im Munde...« So schreibt Herder zu Beginn der Achtzehnhunderterjahre, und er erwähnt auch die Jünglinge, denen Horaz das Herz raubt, und die gebildeten Frauen, die ihm hold sind[210].

Wie sehr auch in der horazischen Dichtung der Grund dafür vorhanden ist, daß ergraute Lebensphilosophen und die Gescheiten der Welt ihn lieben und zitieren, so dürfen wir doch nicht außer acht lassen, was der Benennung »Horatianismus« erst

Sinn gibt. Der »Horatianismus« scheint doch noch im 18. Jahrhundert eine fast religiöse Bedeutung zu haben, die später verlorengeht, aber junge Herzen werden im Grunde immer dadurch erobert. Er ist ebenso Weltanschauung und Lebensform wie jenes andere, dem er damals, besonders im protestantischen Deutschland, gegenüberstand, und das ihn durch seine Wirkung auch gestalten half, wie eben feindliche Richtungen auch voneinander abhängen. In diesem Fall war der Horatianismus bis zu einem gewissen Grade abhängig vom Pietismus: d e m gegenüber besaß er wirklich einen lebensgestaltenden und weltanschaulichen Sinn.

Der Pietismus wollte den im 17. Jahrhundert starrer und kirchlicher gewordenen Protestantismus wieder in eine das ganze Leben durchdringende reine Gesinnung umgestalten. All das, was nicht Gott zugewandte Gesinnung war, versuchte der Pietismus auch aus dem bürgerlichen Leben auszurotten. Er stand der Natur und Kultur feindlich gegenüber, sofern sie zur Quelle weltlicher Eitelkeiten und Vergnügen werden können. Er bekämpfte die geselligen Sitten des 18. Jahrhunderts, die damals schon stark unter dem Einfluß der Aufklärung standen. Der Pietismus ist die ältere Richtung, die Aufklärung die neuere. Das Ideal der Gesinnungs- und Seelenreinheit ist auch den Anhängern der Aufklärung nicht fremd. Sie faßten freilich die reine Gesinnung nicht in pietistischem Sinne auf und konnten mit Rousseau den Pietisten die mit Naturliebe gepaarte Seelenreinheit gegenüberstellen. Die Anakreontik war eine Art und Möglichkeit für die Anhänger der hohen bürgerlichen Kultur der Aufklärung, Bekenntnis von ihrem Wohlgefallen an den Genüssen eines gebildeten und leichten geselligen Lebens abzulegen. Dasselbe, vereinigt mit der Liebe zur Natur und zum Kult der Seelenreinheit, auszudrücken, sowohl gegen den Pietismus wie gegen die wilden Affekte der unkultivierten Seele — dazu verhalf ihnen die Nachfolge des Horaz.

Auf diese Weise gehen Horatianismus und Aufklärung im 18. Jahrhundert Hand in Hand. Damit ist nicht gesagt, daß die beiden unbedingt und immer zusammengehen. In Ungarn hat selbst der Katholizismus samt der lateinischen Barockdichtung gewisse horazische Formen übernommen. Diese Formen mit mehr horazischem Gehalt füllen bedeutete für die geistlichen Dichter keine Trennung von der kirchlichen Religion. Auch jener Horatianismus, der dem Pietismus gegenüberstand, besaß eine religiöse Färbung. In ihm wurde der Kult der Natur, des geselligen Lebens, der Freundschaft, der weltlichen Tugenden und der mit diesen verbundenen Seelenreinheit zu einem Lebensgehalt und dadurch zu einer Weltanschauung, die jener religiösen des Pietismus das Gleichgewicht halten konnte. Die ungarischen geistlichen Horazianer gelangten stufenweise, ohne ihre religiöse Überzeugung preiszugeben, ebendahin: ihr Horatianismus ist eine Ergänzung ihres Glaubens, er bildet mit diesem vereinigt ihre Weltanschauung.

Der Horatianismus geriet bis zu einem gewissen Grad dadurch unter den Einfluß des Pietismus, daß die Nachfolge des Horaz, zur Verteidigung vor pietistischen Anklagen, in sittlicher Hinsicht der christlichen Beurteilung angepaßt werden mußte. Horaz konnte nur dann zum Ideal und zu dichterischem Muster werden, wenn er den Pietisten gegenüber auch als sittlicher Mensch standhielt. Der große Verteidiger von Horaz ist Lessing[211]. Seine Verteidigung war wertvoll, denn sie befreite Horaz von Anklagen, die sich auf eine alte Interpolation der Biographie des Dichters stützten. Doch traf sie weit über das Ziel hinaus und wurde wirkungsvoller als es nötig war. Sie wollte Horaz auch von den Fehlern reinwaschen, die er selbst im Bewußtsein der von den Musen besuchten natürlichen Reinheit seiner Seele von sich erzählt. Zu diesem Zweck griff Lessing zu einer verhängnisvollen Methode: er berief sich auf jenen Rousseau, den man angeblich einmal gefragt hatte, wie es möglich sei, daß er ebenso die unzüchtigsten Sinngedichte wie die göttlichsten Psalmen schreiben könne; der französische Dichter soll geantwortet haben: Ich verfertige jene ohne Ruchlosigkeit, diese ohne Andacht.

Damit beginnt das wohlwollende Nichternstnehmen des Horaz. Nach Lessing ist der Mangel an Aufrichtigkeit eine natürliche Eigenschaft des dichterischen Genius. Auch Horaz scherze manchmal, wenn der Leser glaubt, der Inhalt des einen oder des anderen Liedes sei so wahr, wie er wirke. So wurde einer Erklärungsweise der Boden bereitet, die nach Geschmack und

Gefallen des Erklärers auch nichtsatirische Gedichte des Horaz zu ironischen Gedichten stempelt. Lessings Entschuldigung ist, daß er sich in einer sehr schwierigen Lage befand. Er mußte der pietistischen Auffassung gegenüber sogar das Recht der Liebesdichtung besonders verteidigen. »Ich habe für den Horaz schon viel gewonnen,« — schreibt er — »wenn der Dichter von der Liebe singen darf ...«

Wir wollen aber die Gestalt des Horaz mit heutigen Augen sehen. Dann kann freilich jener Einfall, der am Anfang unseres Jahrhunderts gerade das erste, ergreifend ernste Gedicht des Horaz, die Selbstvorstellung des Dichters als Vates, ironisch erklären wollte, nicht entschuldigt werden. Der Fall ist bezeichnend dafür, wie weit man noch in der Blütezeit der historischen Philologie vom wirklichen Verständnis des Horaz entfernt sein konnte. Denn es ist die Rede vom XVI. Epodos, von dem ein Horazkenner unserer Tage schön und richtig schreibt: »Wie im Pflanzenkeime zwar nicht die künftige Pflanze in ihrer Wirklichkeit, die ja von äußeren Einflüssen mitbedingt ist, und nicht die Materie enthalten ist, die sie sich einmal einverleiben wird, ähnlich birgt bereits das erste Gedicht des Horaz, das er der Erhaltung für wert gehalten hat, das sechzehnte im Epodenbuche, seine spätere Dichtung keimhaft in sich[212].« Wir dürfen auch sagen: es enthält den ganzen, ursprünglichen, echten Horatianismus. Wollen wir ihn erkennen, so müssen wir immer wieder von diesem Gedicht ausgehen.

Es soll niemanden irreführen, daß der Epodos, seiner Gattung nach, der jambischen Dichtung zugehört. Die Gattung des Archilochos kennt keine feine Ironie, kennt überhaupt keine Feinheit und am wenigsten eine solche, die man mißverstehen könnte. Jamben sind offen und grob. Das ist auch Horaz in diesem Gedicht, mit der Grobheit des Propheten. Und er ist nicht darin am rohesten und finstersten prophetisch, worin er Roms Zukunft sieht! Viel niederschmetternder ist der Rat, der sich der Weissagung anschließt und der noch viel mehr all das verurteilt, was in der Zeit des Horaz Rom ist. Der Dichter wendet sich mit seinem Rat nur an den »besseren Teil« des Bürgertums und das allein schließt schon die Möglichkeit der Ironie aus. Oder wollte er die Reisebereiten: die Tapferen, Gebildeten, Tugendhaften,

Frommen verspotten? Das Gedicht hebt auf jede Weise hervor, daß die Aufforderung zur Flucht nur an die noch Unverdorbenen gerichtet wird und nur bei ihnen Anklang zu finden hofft. Ihnen gibt Horaz den Rat zur Auswanderung, von ihnen fordert er den Schwur: nie die Segel nach dem Vaterland zurückzuwenden, den Greueln der zum Untergang verurteilten Welt den Rücken zu kehren und das zu suchen, was rein, jungfräulich, natürlich und glücklich ist — die Insel der Seligen.

Dieser Rat wurde auch im 18. Jahrhundert nicht als Hohn aufgefaßt. Friedrich der Große ahmt in einem großzügigen Gedicht *Aux Allemands* Horaz und seinen XVI. Epodos nach[213]. Er schrieb es im März 1760, als ihn die Koalition der Feinde, darunter die Mehrzahl der Deutschen, zu ersticken drohte. Er rät seinen Preußen, diesen Erdteil dem Frevel und Kriege zur Beute zu lassen und auszuwandern: unter einem glücklicheren Himmel, in Amerika oder im Orient, ein goldenes Zeitalter zu suchen. Friedrich verhöhnt seine Preußen nicht, er drückt auf diese Weise den Ekel vor der Welt der gegen ihn Verschworenen aus. So stark ist sein Ekel, daß er fast glaubt, jenen Rat geben zu müssen. Doch sagt er mit einer plötzlichen Wendung klar, daß er nicht ernstlich daran denkt:

> *Mais non, braves amis, une âme magnanime*
> *D'un dessein si honteux et si pusillanime*
> *Étouffe, lorsqu'il naît, l'indigne sentiment.*
> *Sauvons au moins l'honneur . . .*

Durch diese scharfe Kritik verrät Friedrich erst recht, wie ernst er den Rat des römischen Dichters auffaßte. Er ließ den Gedanken als dichterischen Ausdruck der Verzweiflung und des Ekels aufblitzen, während Horaz an ihm im ganzen Gedicht festhält.

Die wissenschaftliche Erklärung darf nur in einem von der Auffassung des Preußenkönigs abweichen, der ja seinen Horaz ganz nüchtern verstand und beurteilte. Sie muß dem positiven Teil des Rates größere Aufmerksamkeit schenken. Sie erinnerte schon früher daran, daß ein Führer des römischen Bürgerkrieges, Sertorius, sich angeblich mit einem ähnlichen Plan befaßte. Den

219

wichtigsten Schritt tat sie aber, als sie in dem einen Gedicht die ganze spätere Dichtung des Horaz, wie im Keime zusammengefaßt, erkannte. Dadurch verflüchtigt man den Rat des Dichters nicht ins Irreale und befreit sich doch von der materialistischen Auffassung der Auswanderung. Man braucht die Insel der Seligen nicht unbedingt im Ozean zu suchen, wenn man auch die »Auswanderung« gewählt hat. Das ganze Gedicht ist — so löst sich das Problem klar und befriedigend — »eine in räumlichen Anschauungen ausgedrückte Abwendung von dem schuldbeladenen, verderbenschwangeren Wesen und Treiben ringsum, ein Aufruf an die Wackeren, reine Bezirke des Lebens aufzusuchen«. Das ist in der Tat »der Inbegriff dessen, was Horaz in seinen späteren Gedichten tut«. Jene weisen wirklich »immer wieder auf reine, gesunde, sichere Bezirke des Daseins hin[214]«.

Daß an dieser Dichtung, die später nicht mehr mit solch jugendlicher Leidenschaft, sondern in fester und melodisch gewordener Überzeugung den Inselzustand besingt, gerade die »Welt-Erfahrungs-Geschäftsmänner« ihr besonderes Gefallen finden, ist nicht zum Verwundern. Die Sehnsucht nach Reinheit, nach natürlichem Sein und unschuldigen Freuden stirbt auch dann nicht im Menschen aus, wenn er sich ganz in der entgegengesetzten Welt verliert. Man wird aber dann darauf angewiesen, dieses Verlangen in der Phantasie zu erfüllen und sich in der anderen Welt literarisch auszuleben. Das wußte Horaz selbst sehr wohl, als er die übertrieben idyllische Schilderung des ländlichen Glükkes dem Alfius, dem gierigen Geschäftsmann, in den Mund legte. Er fühlte aber auch selbst die mächtige Wirklichkeit dieser Welt, die ihn mit ihren erschreckenden Gestalten — darunter mit der des Alfius — heimsuchte. Eben deshalb kann seine Dichtung den Gegenpol zu ihr bilden. Durch diese polare Stellung erklärt sich seine Überlegenheit in allen weltlichen Verhältnissen, sogar in seiner Freundschaft zu Mäcenas und Augustus, und nicht etwa durch die Anpassung an diese oder durch Selbstpreisgabe gegenüber den Mächten der Welt.

Es ist hauptsächlich der großen Wirkung Lessings zuzuschreiben, daß das Bild eines allzusehr die Macht verehrenden Horaz in der erklärenden Literatur und in der allgemeinen Bildung zu herrschen vermochte. Die Übertreibung hat ihren Ursprung bei den älteren Horazerklärern, die noch in der Atmosphäre der Renaissance-, Barock- oder Rokoko-Herrscherverehrung lebten. Sie nahmen die Geste eines ähnlichen Untertanentums bei Horaz an, ohne ihn deshalb rügen zu wollen. Darin war auch Lessing nicht anders. Im Gegenteil: er ist es, der Horaz' Gedichte vom Verlieren seines Schildes so auslegt, als wollte der Dichter, um Augustus zu gefallen, scherzend die Wahrheit verschleiern. Es wäre Taktlosigkeit dem Herrscher gegenüber gewesen, sich seiner republikanischen Taten zu rühmen, und deshalb hätte er lieber den Ruf der Feigheit auf sich genommen. Durch diese Auslegung nahm die Gestalt des Horaz auf einmal und zu gleicher Zeit an Tapferkeit, an Bescheidenheit und an Loyalität zu. Gegen eine so übertrieben wohlwollende Erklärung nützten die feinen Briefe Herders über das Lesen des Horaz zu wenig, unter anderem auch darüber, wie gerade »im Lobe Cäsar-Augusts sich die Anmut unseres Dichters auf ihrem Gipfel zeige[215]«.

Glaubwürdige Zitate aus Schriften des Augustus und Mäcenas, die in der antiken Horazbiographie erhalten blieben und entweder an den Dichter selbst gerichtet sind oder ihn betreffen, zerstreuen jeden Zweifel. Es wird aus ihnen klar, daß derjenige, der um den anderen warb und ihm den Hof machte, nie Horaz war. Wenn hier von Schmeichelei überhaupt die Rede sein darf, so ist es Augustus, der dem Dichter schmeichelt. »Wenn du auch unsere Freundschaft stolz verachtet hast,« — so schreibt er an Horaz — »so werden wir deinem Hochmut nicht mit Hochmut heimzahlen[216].« Andererseits hat die religionsgeschichtliche Forschung gezeigt, wie natürlich der religiöse Ton der den Augustus feiernden Gedichte ist in einer Zeit, die mit Weltuntergangsstimmungen und der Erwartung des göttlichen Retters erfüllt war. Doch ist es wieder zuviel des Guten, wenn moderne Religionshistoriker das Augustusbild seines eigenen Zeitalters derart mit dem Glanz von Erlösern jedmöglichen Ursprungs überschütten, als hätte man damals einem fast theologischen Glauben an sein Welterlösertum gehuldigt und als hätte Horaz diesen Glauben geteilt. Herder hatte seinerzeit viel mehr Sinn für den menschlichen Reiz und die humane Feinheit der Augustusvergottung des Dichters.

Das Verhältnis von Horaz und Augustus zueinander ist im

Grunde genommen kein Verhältnis von Menschen, sondern das von Werken. Die Bedeutung des Dichters ist aus diesem Verhältnis zu erkennen. In der heutigen Wissenschaft stehen zwei wohlbegründete Ansichten jener älteren Auffassung gegenüber, daß Horaz sich mit seiner Dichtung in den Dienst der Ideen und der Politik des Augustus gestellt habe. Diese neueren Ansichten ergänzen einander, beide drücken je eine Seite der geschichtlichen Wahrheit aus. Die eine hebt hervor, daß nicht der Wille des Machthabers oder die überzeugende Kraft der fertigen augusteischen Ordnung die Gesinnung der augusteischen Dichter und den in der Dichtung sich offenbarenden neuen Lebensstil hervorrief. »Denn längst bevor der junge Cäsar daran denken kann, Rom eine neue Form und Ordnung zu geben, beginnt dieser Stil und diese Gesinnung, der Wille zu Ordnung, Klarheit, Maß, zum Gesunden, Erhaltenden, Bestätigenden, in der Dichtung jener Dichter zu herrschen.« Zwischen dem Werk des Augustus und dem des Vergil und Horaz bestehe geradezu eine prästabilierte Harmonie[217].

Die andere Ansicht[218] geht noch einen Schritt weiter und weist darauf hin, daß die zeitliche Priorität der Dichtung noch mehr bedeuten könne als eine wesentliche Übereinstimmung. Manchmal erweist sich der Dichter als der Führer, dem der Herrscher folgt. Durch den Dichter wurden die Wünsche — die Forderungen der Geschichte — ausgedrückt, die Augustus erfüllt. Dadurch wird er erst zum ersehnten, zum geforderten Erfüller. Nach dieser Ansicht gingen aus religiösem Gesichtspunkt bedeutungsvolle, ja entscheidende Handlungen des Kaisers von Eingebungen des Dichters aus, mochten sie sich nun als Visionen des Kommenden geben oder als Mahnungen und Forderungen. Entscheidend ist, daß sie einer manchmal nicht unbeträchtlich früheren Zeit angehören als die Verwirklichungen.

Als Beispiel dient das Lied: »*Delicta maiorum*«, das die Minderung jenes im XVI. Epodos geschilderten Unheils, vielleicht eine Schicksalswendung, von der Wiederherstellung der vernachlässigten Heiligtümer erhofft. »Der Dichter« — so etwa lautet die Beweisführung dieser Horazauffassung[219] — »weiß freilich nichts von der Erfüllung solcher Wünsche, im Gegenteil: er wendet sich mit nachdrücklichem, an die Form göttlicher Weisungen erinnerndem Mahnwort an seine Zeitgenossen. Das Gedicht ist also geschrieben, bevor die Maßnahmen des Kaisers zur Durchführung gekommen — ja bevor sie auch nur geplant waren. Denn nur so wird es verständlich, daß die letzte Strophe von jeder hoffnungsvollen Äußerung absieht und sich in düsterer Schilderung weiteren Verfalles ergeht.«

Die Richtigkeit dieser Erklärung einzusehen ist nicht schwer, besonders wenn wir endgültig mit jener lessingschen Anschauung aufräumen, die Falschheit gehöre wesentlich dem dichterischen Genius zu, und wenn wir bei Horaz nicht eine besondere, raffinierte Technik zum Irreführen der Nachwelt argwöhnen. Heute weiß es die Literaturwissenschaft, eben weil sie den Unterschied zwischen Erlebnis und Dichtung klar sieht, daß die dichterische Gestaltung nicht fälscht, sondern das dem Dichter Wesentlichste ausdrückt. Horaz steht vor uns in seinen Gedichten wesentlich unverfälscht. Jetzt, nachdem die hauptsächlichsten Hindernisse zu seinem Verständnis beseitigt sind, wollen wir nicht weiter das Horazbild vergangener Jahrhunderte betrachten, sondern das zusammenfassend festhalten, was uns durch die Wissenschaft und durch ein erneuertes, lebendiges Verständnis für Dichtung heute geboten wird.

Nehmen wir unseren Standpunkt im zuletzt angeführten Gedicht. Wir sehen den Vates zwischen zwei Erlebnissen. Jenes Grunderlebnis des XVI. Epodos hat sich natürlich nicht geändert. Es war das Gesicht von einer in ihren Wurzeln verdorbenen Welt, das damals durch ein dichterisch-visionsartiges Wissen um die Insel der Seligen ergänzt wurde. Reinheit und Glück — das Goldene Zeitalter — mußte irgendwo einen Platz haben innerhalb des Kosmos. Seitdem erhielt jenes Wissen eine bestimmtere Gestalt in der Überzeugung, daß das Goldene Zeitalter hier und jetzt, in uns ist, in der Reinheit, Gesundheit, Unabhängigkeit unserer Seele. Dazu erzog sich Horaz in seiner Satirendichtung — die er selbst nie als Dichtung empfand — und er erlebte das in seiner Erfüllung, als ihn die Musen mit dem Geschenk der vollen Dichtung, der Odendichtung, besuchten. Das Erlebnis der reinen Dichtkunst erhob ihn plötzlich in den Zustand der natürlichen, goldzeitalterlichen Reinheit der Seele.

Damit kehrten für ihn auch die Götter, die er früher nicht verehrt hatte, in die untergehende Welt zurück.

Doch steht er noch immer vor dem anderen großen Erlebnis, das die vollkommene Wendung bringt. Gotteshäuser und Kultbilder stehen noch in Moder und Schmutz. Erst kurze Zeit darauf erlebt er das Große, daß sein dichterisches Goldenes Zeitalter ins Gefäß einer historischen Epoche hinüberfließt und, wenn es auch nicht füllend, doch mit dem Duft seines Glückes durchdringt. Das brachte die augusteische Ordnung. Durch sie erlangte das Vatestum des Horaz einen neuen Gehalt. Bisher stand er als einsamer Prophet der sich ins Verderben stürzenden Gemeinschaft gegenüber. Jetzt wird er zum Priester einer neuen Gemeinschaft, zum Lehrer einer noch nicht verdorbenen Generation, des Chors keuscher Jungfrauen und reiner Jünglinge.

Unterdessen gehört er aber immer auch den Freunden, und jeder seiner Leser wird zu seinem Freunde, den er den Genuß unschuldiger Lebensfreuden, das Maßhalten, die Zufriedenheit, die Bewahrung der Unabhängigkeit und Ungestörtheit der Seele lehrt. Das alles wäre in der Prosa vielleicht nur Gemeinplatz antiker Lebensphilosophie: bei Horaz ist es reines, dichterisches Erlebnis, ist ein einziges, ungeteiltes Erlebnis der Reinheit und des Glücks und daher der würdigste Gehalt eines Lebens. Dieser Horatianismus, eben als Weltanschauung, kann vollkommen und genau nur in dichterischer Form ausgedrückt werden. Als Kraft und Schwung seiner Odendichtung schon ermattet sind, spricht Horaz diese Weltanschauung immer noch in dichterischer Form aus. Aber nicht mehr in einer Form, die er für vollgültige Dichtung hielte. Wie er sich in den Satiren zu jener glücklichen Seelenreinheit erzog, mit der ihn die hohe Dichtung beschenkte, ebenso arbeitet er in der Zeit seiner dichterischen Briefe daran weiter.

In den Episteln zeigt sich der Horatianismus ganz als Lebensanschauung und Lebensform. Der Horatianismus des 18. Jahrhunderts erweckte vieles daraus zu neuem Leben. Doch minderte er den Ernst des Dichters selbst und christianisierte ihn. Der am meisten horazisch Empfindende unter den Horaznachahmern war auch damals jener Dichter, der sich am vollkommensten als Vates seines Volkes empfand — wie der ungarische Berzsenyi. Der vollkommene Horatianismus ist keine bloß individuelle, fast religiöse Sorge um das Goldene Zeitalter in uns, keine bloß das private Leben schmückende Lebensweise, sondern — in glücklicher Weltlage — auch das Durchtränken der ganzen Gemeinschaft des Staates und Volkes mit der Reinheit, die der Dichtung des Vates entspringt, und mit der die göttlichen Kräfte verehrenden Andacht. Wenn es eine Gemeinschaft gibt, die den Vates als ihren Meister annimmt und pflegt, so kann auch er sich nicht aus ihr herausreißen. Solange seine dichterische Kraft währt, gestaltet er die Jugend mit seinem Lied. Nimmt seine Kraft ab, so formt er seine Nachfolger mit seinem Rat. Deshalb widmet Horaz seinen längsten Brief der Theorie der dichterischen Kunst, der *ars poetica*. Als wollte er damit sagen: mögen die Götter uns Dichter geben, deren unser Staat bedürftig ist, denn sie sind es, die den Menschen erziehen zu reinem, glücklichem Dasein.

*1935*

1

Man hat mich aufgefordert, wenigstens nachträglich vom Thema des in Budapest gehaltenen *Entretien* des *Comité permanent des Lettres et des Arts* des Völkerbundes zu sprechen. Es sollte bei jener Gelegenheit besprochen werden *»le rôle des humanités dans la formation de l'homme contemporain«*. Der Fachmann fühlte aber in der Tat nicht das Bedürfnis, die Rolle des Pedanten zu spielen dort, wo er an den Erfolg durch eine akademische Klärung von Begriffen nicht zu glauben vermochte. Denn es wurde umsonst versucht, das in den Mittelpunkt der Diskussion zu stellen, was die französische Fassung des Themas umschreiben will: das Problem der humanistischen Bildung. Die Rolle der klassischen Gegenstände — *»des humanités«* — in unserer europäischen Bildung, ihr Schicksal in der Schule mußte ein aus viel höherem Gesichtspunkt zu betrachtendes, die Fragen der allgemeinen Bildung weit übertreffendes Problem hervorrufen: das Problem der Aufgaben und der Schicksale der Humanität und des Humanismus in unserer Welt überhaupt. Und es mußte damit hervorrufen auch jene Leidenschaften, Schmerzen, Ängste und Kampfgelüste, mit denen man Ideen nicht klärt, sondern verteidigt und geltend macht. Es mußte so kommen, besonders unter Franzosen, Spaniern, Italienern, sogar unter Engländern, Völkern west- und südeuropäischer Zivilisation, für die das Begriffspaar Humanität und Humanismus als humanistisches Ideal und Bestreben ein existenzielles Problem so wenig bedeutet, wie Bildungs- und Erziehungsprobleme überhaupt (das Wort »Bildungsproblem« ist bezeichnenderweise nur deutsch und unübersetzbar), es hat aber als humanitäre Forderung und als Grundlage gesellschaftlicher Einrichtungen, wenn auch nicht immer eine revolutionäre, so doch mindestens eine fortwährende politische Bedeutung.
Ich halte es nicht für meine Aufgabe, den Bedeutungsinhalt der Worte *humanitas* und *Humanismus* zu sondern. Ich nehme an, daß jeder dies in gegebenem Falle von sich selbst aus und unwillkürlich tut. Es ist immerhin beachtenswert, daß das Huma-

num als Ideal für den europäischen Menschen heute ebenso zweideutig und zweiseitig ist, wie es zu Ciceros Zeiten war. Es bedeutet ebenso eine an griechischen Formen erlernte literarische Verfeinerung, wie ein Verhalten des Menschen zum Menschen. Ich wünsche nicht zu erörtern, wie das römische Ideal der Humanitas, sowohl in dem ersten wie in dem zweiten, mit dem ersten untrennbar verbundenen Sinne im neuzeitlichen Europa eine geistige Strömung ins Leben rief, die den Namen Humanismus trägt. Von der Humanitas oder den Humanitasauffassungen und -idealen des Humanismus will ich nicht sprechen. Wie zeitgemäß aber eine Art Humanismus heute geworden ist, ersieht man daraus, daß wiederum viele seinen Namen im Munde führen, die für nichts in der Welt ihr Leben einsetzen würden, geschweige denn für das, wofür die alten Humanisten ihr Leben einsetzten. Ihnen scheint Humanismus seinem Wesen nach das nichtheroische Ideal zu bedeuten. Es soll aber doch einmal die Frage gestellt werden: Schließt das Wesen des Humanismus jeden Heroismus aus, oder gibt es von Anfang an ein konstantes Element im europäischen Humanismus, das die Möglichkeit einer Art Heroismus gerade für heute und für die Zukunft in sich birgt?

Die Anfänge von all dem, was sich in der Geschichte der europäischen Menschheit je Humanismus nennen durfte oder noch nennen darf, liegen im Altertum. Um unsere Frage zu beantworten, müssen wir in diese Anfänge mindestens so weit eindringen, bis wir das Verhältnis von Humanismus und Hellenismus klar zu erkennen vermögen. Verständlichkeitshalber werde ich das Wort Humanismus zur Benennung auch von Erscheinungen der Antike verwenden, wenn sie als Vorfahren des späteren europäischen Humanismus in Betracht kommen. Ich möchte dabei auf die Besonderheiten dieser Erscheinungen Gewicht legen, um sie als wirkliche Phänomene des antiken Daseins zu betrachten. Denn es liegt auf der Hand, daß es etwas — beispielshalber — dem italienischen Humanismus der Renaissance genau Entsprechendes im Altertum nicht gibt, wohl aber etwas, das wir aus irgend einem Gesichtspunkt als Humanismus erkennen können. Es ist ebenso möglich, daß auch dem »Humanismus« des Cicero — jenem Kult der Humanitas und jenem Ideenkreis des Humanum, dessen Wortschatz lateinisch ist und hauptsächlich aus Cicero bekannt — nichts Griechisches ganz genau entspricht. Man kann freilich etwas ganz Allgemeines, ein gemeinsam-antikes, sogar europäisches Bildungsideal herausarbeiten und zeigen, wie daran seit Homer alle teilnehmen, die auf irgendwelche Weise Erzieher waren[220]. Dieses Ideal verbindet auch Cicero mit griechischen Vorgängern. Aber mit seinem »Humanismus« gehört er in eine Reihe der Anschauungen vom Menschentum, die alle viel mehr bedeuten als Kapitel in der Geschichte der Pädagogik: sie sind zugleich Ausdruck verschiedener Phasen im Wandel der gesamten griechischen und römischen Kultur, sind verschiedene Aspekte antiker menschlicher Existenz und sollen auch so betrachtet werden. Dazu wird hier ein tastender Versuch gemacht, womit die Berechtigung des pädagogischen, die »Formung des Menschen« im Auge behaltenden Gesichtspunktes nicht in Zweifel gezogen werden soll.

Eine besonders betonte Anschauung vom Menschentum, die deshalb humanistisch genannt werden darf, ist in Rom älter als die Zeit Ciceros und Varros, unserer Hauptquellen für den Wortschatz der Humanitas[221]. Man sucht ihren Ursprung im Kreise des jüngeren Scipio, der im höchsten Grad »hellenistisch«, d. h. für die Aufnahme griechischer Gedanken empfänglich war. Für das weitere Vordringen bereitete es jedoch eine Schwierigkeit, daß man jenen Wortschatz, den man terminologisch für den gleichen Ideenkreis verwendet, bei griechischen Philosophen der hellenistischen Zeit nicht fand. Gegen eine Forschung, die sich allzusehr auf das Wortsammeln und die Deutung von Einzelwörtern stützte, konnte freilich eine grundsätzliche Einwendung gemacht werden: sie erfasse gerade nur jenes bestimmte, im Wort selber sich erhellende Stück Sein[222]. Man muß noch hinzufügen, daß auch ein solches Stück Sein erst im Zusammenhang eines Ganzen wirklich erhellt wird. Ein Gedankensystem stellt ein solches Ganzes dar. Aber es gibt auch sinnvolle Ganzheiten, die nicht einmal so weit begrifflich faßbar sind wie etwa die in eine Art Moralkodex zu fassende Weltanschauung des römischen Adels. Wir werden durch die Wortforschung selbst in eine Sphäre geführt, die viel weitere Bereiche des Seins mit ihren nicht nur begrifflichen Anschauungen umfaßt, als ein System philosophischer oder unphilosophisch-sittlicher Gedanken, und in der die Frage nach »Humanismus« doch historisch voll begründet ist. Die Sphäre liegt gleichsam um den Kreis des jüngeren Scipio und wird von den Gelehrten »Hellenismus« genannt. Welche Art Humanismus ist es — so stellen wir die Frage —, die der Hellenismus in sich begreift?

Als Kulturform gewinnt das Griechentum seit dem 4. Jahrhundert v. Chr. eine immer allgemeinere Geltung. Dies steht mit den Eroberungen Alexanders des Großen in Zusammenhang und mit der Herrschaft seiner Nachfolger über orientalische Reiche. Den Vorgang nennt man Hellenismus. Aber wenn man dabei nur an dies Griechisch-werden von Nichtgriechen denkt und den Hellenismus lediglich im Zusammenhang mit der Machtausbreitung zu verstehen sucht, vergißt man leicht das, was mindestens ebenso wichtig ist wie der Vorgang der Hellenisierung auf ungriechischem Boden: man vergißt den Hellenismus der Griechen selbst. Zum Verständnis des Hellenismus gehört die Unterscheidung seiner beiden Arten. Er ist zweifellos auch als das Griechentum von Nichtgriechen aufzufassen. Wenn wir uns die Großstädte vorstellen, die die Zentren des Hellenismus bildeten, wenn wir an die hellenistische städtische Kultur denken, wie sie in ihren Spuren seit dem 3. Jahrhundert v. Chr. auf dem Gebiet der antiken Welt überall zu finden ist, dann müssen wir auch von einem Oberflächengriechentum reden, von einer Kultur, die sich auf die Oberfläche zu beschränken scheint und die doch nicht ganz des »Humanismus« bar zu nennen ist. Bevor wir den Hellenismus als eine an sich vollkommene und selbständige Phase der griechischen Kultur betrachten, verweilen wir einen Augenblick bei diesem Oberflächenhellenismus der Nichtgriechen, hauptsächlich der Orientalen.

Nicht ganz des »Humanismus« bar — sagte ich, denn gerade in dieser Wendung liegt eine Bedeutungsmöglichkeit des Wortes »Humanismus«, die hier vornehmlich in Betracht kommt. Was ich meine, wäre in positiver Ausdrucksweise eher Philanthropie zu nennen. Wir stehen hier sogar auf einem Punkt, von dem aus auf das Wesen der griechischen Philanthropie überhaupt erst Licht fallen kann. Das Wort φιλάνθρωπος, Menschenfreund, gehört zu jenen, die charakteristisch sind für die Kultur des Oberflächengriechentums, für diesen Aspekt der hellenistischen Kultur, von der wir eben sprechen. Wer wird als φιλάνθρωπος bezeichnet? Die Götter und die göttergleichgestellten Herrscher[223]: diejenigen, bei denen es gar nicht natürlich ist, daß sie die Menschen lieben. Und sie tun es doch. Aus Freigebigkeit, als Zeichen ihrer Macht, als »Wohltäter« ganzer Städte und Völker. Die φιλανθρωπία bedeutet in ihrer Grundbedeutung keine Gleichgestelltheit mit den Menschen, bzw. mit den übrigen Menschen. Sie kann aber bedeuten: in der natürlichen Sauberkeit der Marmorbauten glänzende Städte und Erfrischung verbreitende Wasserleitungen. Die Griechen selbst hatten kein Wort für »Hygiene« (in dieser Form ist das Wort nicht griechisch), das Beiwort des Heilgottes Asklepios lautet: φιλάνθρωπος. Aber wenn sich die Philanthropie in ihm mit »Milde« paart, so ist das schon verdächtig. Denn die Milde ist charakteristische Eigenschaft von Göttern des Todes. Es ist dagegen reine Philanthropie — um etwas Vorhellenistisches zu erwähnen —, wenn die Athener für die Wanderer und Landleute von Attika Marmorbänke und Marmorbrunnen vor ihren Toren bauen und auch in der Torhalle der Akropolis für das Ausruhen der Heraufkommenden sorgen durch Holzsitze, die den Marmor noch menschenfreundlicher machten[224].

Ähnlicher Natur ist auch das, was wir den Humanismus des Oberflächenhellenismus nennen können. Uns erscheint diese griechische Art der Philanthropie selbst oberflächlich. Wahrlich: es ist nichts Seelisches in ihr, keine innige Annäherung, nichts von dem, wodurch die Philanthropie der Neuzeit so unausstehlich wird für die Empfänger der Wohltaten: nichts von einer Liebe, die außer der materiellen Überlegenheit des Vermögenden auch noch seinen Überfluß an seelischen Werten fühlen ließe. Der Hellenismus der in ihren städtischen und gesellschaftlichen Lebensformen griechisch gewordenen Orientalen und anderer nichtgriechischer Mediterranen darf eigentlich zu s e i n e m V o r t e i l oberflächlich human genannt werden. Jenes Mindestmaß an Humanismus, das wir in ihm anzunehmen berechtigt sind, ist zugleich ein Höchstmaß: die Gesamtheit aller lebenserleichternden Formen des griechischen städtischen Daseins, Formen, die nicht eine bloß technische Zivilisation bedeuten, sondern vollkommene Gesten und einen auch im kleinlichsten bürgerlichen Rahmen tadellosen griechischen Lebensstil.

Ob man sie lobt oder tadelt: man muß diese Art der Oberflächlichkeit — gleichsam die Oberfläche des ganzen Phänomens »Hellenismus« — in der Philanthropie der hellenistischen Welt erkennen und anerkennen. Die hellenistische Kultur, die den Segen eines zivilisierten Daseins auf Hellenen und erst jetzt zu Griechen werdende Barbaren gleicherweise ergießt, ist im griechischen Sinne φιλάνθρωπος. Sie ist menschenfreundlich, obwohl das nicht in ihrer Natur liegt, sondern nur aus der Fülle ihrer Souveränität entspringt. Die Philanthropie ist nur ein äußeres Zeichen davon, was das Wesen der griechischen Kultur der hellenistischen Zeit, das Wesen des Hellenismus der Griechen ausmacht. Die Kunst, die Dichter, die Philosophen — aber auch diese eigentlich unwillkürlich, über ihre eigenen Absichten hinaus — sind es, die uns zeigen, um was es hier geht. Um etwas, das ein anderes und viel mehr ist, als die Verbreitung der griechischen Kultur durch militärische, politische, wirtschaftliche Macht. Dichter und Philosophen sind das lebendige Bewußtsein des Hellenismus bis zu einem Grade, in dem eine Kultur früher überhaupt noch nicht bewußt geworden war. Wenn das Wesen des Hellenismus ein fast mikroskopisch s c h a r f e r  B l i c k ist, so sind sie das zu solch einem Blick befähigte A u g e . Die Kunst schreitet hier vor der Philosophie, die Stellung des griechischen Dichters ist dieselbe hohe Stellung über den Menschen wie in der klassischen Zeit, wenn sie auch im Wetteifer mit der Philosophie komplizierter, reflektierter und gelehrter geworden ist[225]. Die Philosophie konnte dem Dichter nicht nehmen, daß das Göttliche aus ihm rede, und so rede, wie ein Gott die Menschen sieht. Der Philosoph m ö c h t e höchstens gern dasselbe erreichen und dringt nach demselben Ziel vor, auf dem Wege wissenschaftlicher Forschung und philosophischer Askese.

Der scharfe Blick des Hellenismus ist zugleich human und inhuman, menschlich und unmenschlich. Nach außen gewann das Griechentum, als die Form zivilisierten Menschentums überhaupt, eine allgemeine Geltung. Zu gleicher Zeit mit diesem Vorgang, sogar vor ihm, verallgemeinerte sich der griechische Mensch in den eigenen Augen zu dem Menschen, der nicht nur als Bürger seines Staates Geltung hat, sondern zunächst bloß Mensch ist, und dann erst, als eine sekundäre Varietät der Gattung »Mensch«, etwa Spartaner oder Athener. Aber während, vom Standpunkt des Oberflächenhellenismus aus gesehen, der »griechische Mensch« aus seinen bis dahin wesentlichen politischen Beziehungen herausgelöst und zum Menschenideal wurde, zeigte sich in diesem Hellenismus, dem Hellenismus der Griechen — oder nennen wir ihn den Kernhellenismus im Gegensatz zum Oberflächenhellenismus? — gerade nicht das Ideale. Zu dem berühmten »Allgemein-Menschlichen« der klassischen Dichtung gelangte das Griechentum dadurch, daß es sein Auge zu Halbgöttern erhob, die ihm in ihrer heroischen Entblößtheit Idealgestalten darstellten. Jetzt zeigte sich dem neuen Blick plötzlich jede Varietät menschlicher Gesichter und kleiner Schicksale, interessant an sich, interessant sogar das Athenertum oder das Bürgertum überhaupt, als Varietät des menschlichen Daseins, wie etwa das Pädagogentum oder das Hetärentum solch eine Varietät ist.

Die wissenschaftliche Charaktersammlung und -darstellung, deren Denkmal die »Charakteres« des Aristotelesschülers Theophrastos sind, ist bereits ein unmittelbarer Ausdruck dieses »Humanismus«. Es liegt in ihm keine größere Liebe zu den Menschen, als die, welche der Botaniker für die Pflanzen hegt, die er beobachtet und beschreibt. (Theophrastos selbst war auch Botaniker.) Im Gegenteil: Was bis zu jenem Zeitpunkt die unbarmherzige Kunstübung mimischer Charakterologen war[226], zieht damit auf griechischem Boden am Anfang des hellenistischen Zeitalters in die Philosophie ein. Es ist ein kaltes, wissenschaftliches Menschenstudium, verschieden von dem, was Sokrates und die Sophisten einst getrieben haben. Menschenstudium, aber nicht für den Menschen, weder im Sinne des Sokrates noch der Sophisten. Ob der Mensch davon einen höheren oder niedrigeren Nutzen hat, bleibt ganz gleichgültig. Es ist ein höchst menschliches Studium, doch enthält es zugleich die völlige Distanz vom Menschen: eine enthüllend unmenschliche, jede verklärende Lüge vom Antlitz des Menschentums abreißende apollionische Ferne.

Die charakterologischen Studien des Theophrast sind nicht das, was die Darstellungen des hellenistischen Geisteslebens als die Philosophie des Hellenismus bezeichnen. Natürlich gab es eine eigene Philosophie der hellenistischen Zeit, die dem hellenistischen Menschen viel mehr bot als das kleine und nebensächliche, mehr kuriose als eigentlich philosophische Werk des Theophrast. Es waren noch die Philosophen da, bei denen man umsonst die Terminologie der ciceronianischen Humanitas sucht. Die Bedeutung der »Charakteres« des Theophrast erkennen wir eher daran, daß sie in ihrem Wesen mit der ganzen Kunst des Hellenismus in Einklang stehen. Wir denken zugleich an die Neigung und Fähigkeit zur mikroskopischen Darstellung in der Dichtung des Kallimachos, des Theokritos und Herondas[227]. Es genügt uns, jetzt einen Blick zu werfen auf die erste künstlerische Offenbarung dessen, was wir das Pathos des Humanismus nennen dürfen: auf die attische neue Komödie und ihren Meister Menander.

## 2

Wie unter den Herrschern Alexander der Große, so steht unter den Dichtern Menander am Anfang des Hellenismus. Er gehört mit seiner klassischen Klarheit noch zur großen athenischen Dichtung, gegenüber den komplizierteren alexandrinischen Dichtern. Was aber nach ihm kommt, ist ohne ihn kaum vorstellbar. Er ist es nun, der in einem einzigen Vers, gewollt oder ungewollt, einfach und unerreichbar den Grundsatz jedes zukünftigen Humanismus mit allen mitklingenden Tönen eines Kultes der Humanitas zusammenfaßt:

ὡς χαρίεν ἔστ' ἄνθρωπος, ὅταν ἄνθρωπος ἦι.

Die Verszeile ist als Zitat, ohne ihren ursprünglichen Zusammenhang, uns erhalten geblieben[228]. Wir können sie aus der Situation, in der sie in einem Drama des Menander gesprochen wurde, nicht erklären, denn jene Situation ist uns unbekannt. Eine Lehre von der Menschenwürde darf man darin nicht suchen, aber auch soviel darf man nicht behaupten, es gehe hier auf den einzelnen, der sich innerhalb der menschlichen Gesellschaft nett und freundlich benimmt. In den Bruchstücken des Menander und anderer Dichter der neuen attischen Komödie oder in ihren römischen Nachahmern ist natürlich der Gedankengang dessen, was wir Oberflächenhellenismus nannten, schon nachzuweisen. Für sie ist beispielshalber der Söldner mit barbarischen Sitten im Verhältnis zum zivilisierten Menschen kein Mensch, sondern — Soldat. Aus dieser Gegenüberstellung wird klar, daß nur der zivilisierte Mensch »Mensch« ist, aus dem Gegensatz des »Menschen« zum »Barbaren«, daß »Mensch« nur der Grieche ist. Es ist bei Menander zweifellos noch etwas mehr da, als das: eben das eigenartig Menandrische. Da wir es aus dem ursprünglichen Zusammenhang nicht können, müssen wir die Zeile aus diesem »Mehr«, dem aus a l l e n Fragmenten als »menandrisch« Erkenntlichen, zu verstehen suchen.

Solch ein menandrisches »Mehr« ist schon die vollkommene und klare Fassung, zu der man nichts hinzufügen, von der man nichts wegnehmen kann. Man kann den Vers, so wie er ist, als Einzelvers, nicht genügend oft wiederholen, seine Süße nicht genügend genießen. Er ist als Vers ähnlich jener Zeile aus Dantes Paradiso, die Matthew Arnold wegen ihres vollkommenen dichterischen Wohlklangs anführt:

*E la sua volontade è nostra pace.*

Wie dieser Dantevers aus sich den Frieden gleichsam hervorströmen läßt, so verbreitet die Menanderzeile das Wohlgefallen am Menschen, das man in sich zieht, wie einen frischen Duft. Aber wie schwer ist sie zu übersetzen! »Wie lieb ist der Mensch — wenn er Mensch ist!« Doch für χαρίεν ist »lieb, nett, teuer«, all das zu wenig oder zu viel, zu sehr gezuckert und zu unernst: χαρίεν ist ein Werk, an dem die Göttin Charis mitgeschaffen hat, etwas zwischen der Statue und der Blume. Und das Ende der Zeile: »Wenn er Mensch ist!« — als enthielte es den erleichternden Seufzer des Auftauchens aus der Masse von menschengleichen Wesen, die doch keine Menschen sind.

Solch »Wohlgefallen am Menschen« ist menandrisch. Aber jenes

»Mehr«, das überall in Menander, soweit wir ihn kennen, zu finden ist, zeigt noch etwas anderes dem Menschen gegenüber als Wohlgefallen an ihm: Distanz. Wenn wir besser zuhören, empfinden wir das sogar in dieser Zeile. Menandrisch ist das Wohlgefallen am Menschen aus einer Distanz, die nicht einfach unmenschlich ist oder bloß der Grund zu einer unmenschlichen Exaktheit (wie bei Theophrast), sondern viel mehr als das: denn sie ist zugleich Höhe, die Höhe der göttlichen Stellung des Dichters. Von da aus gibt es außer dem exakten Beobachten und dem klaren Sehen auch die Möglichkeit, am Menschen Genuß zu finden, einen Genuß, der das Herabblicken aus jener Höhe voraussetzt. Denn damit verbunden ist auch das vorhanden, was die notwendige Ergänzung dieses Genießens bildet und wovon Menander so erfüllt ist, daß wir es in dieser Zeile ebenfalls annehmen dürfen, getrauten wir uns es bis jetzt auch nicht wahrzunehmen: das Lächeln über den Menschen. »Was für ein liebes, teures, nettes — Ding ist doch so ein Mensch, wenn er Mensch ist!«

Was im Hellenismus — in jeder Art »Hellenismus«, der bis zu einem gewissen Grade Griechentum ist — »Humanismus« genannt werden darf, bleibt bis zu einem gewissen Grade immer »inhuman«, nicht im Sinne des Barbarentums, sondern im Sinne der Götter. Sogar die Philantropie blieb das. Ein merkwürdiger Humanismus, der immer ein wenig Sache der Götter ist! Der Mensch muß sich auf eine außerordentliche Höhe der Macht oder der Weisheit erheben, damit er, wie ein Gott, menschenfreundlich sein kann, Wohltäter der übrigen Menschen, oder wenigstens ihr klarblickender Betrachter mit jener Schonungslosigkeit, die klaren Augen eigen ist, wie das Lächeln auch, wenn die Musen es wollen. Der Humanismus wird erst in Rom zur Sache eines jeden, der »Mensch« ist; zu einer existenziellen menschlichen Angelegenheit und Lebensform, die mit einer anderen, ebenso existenziellen, in Konflikt geraten kann.

Es ist der Augenblick gekommen, in dem es unvermeidlich erscheint, der bisherigen philologischen Forschung gegenüber einen kritischen Standpunkt einzunehmen. Was ich bis zu diesem Punkt ausgeführt habe, stand zu den Ergebnissen dieser Forschung nicht in Gegensatz, und zu den s i c h e r e n Ergebnissen wird auch das folgende nicht in Gegensatz treten. Ein großes Verdienst der Forschung ist es, daß sie dem Ursprung der Humanitätsidee in den Bruchstücken der griechischen Komödie nachging und bis zu Menander gelangte[229]. Einzelne Spuren der positiven Wertung des Menschentums, die man etwa bei attischen Rednern und Schriftstellern des IV. vorchristlichen Jahrhunderts fand[230], sind nicht schwerwiegend genug, um uns von unserem Wege abzulenken, der noch innerhalb der Sphäre des Hellenismus nach Rom führt. Es bleibt aber fraglich, wieweit die Humanitätsidee, in ihrer existenziellen Spannung mit der Idee der Romanitas[231] oder auch nur in ihrer angenommenen Doppelseitigkeit — hier als griechische Geistesbildung, dort als adlig-römische Milde und Großzügigkeit[232] — wieweit sie im Kreis des jüngeren Scipio schon da war, und besonders fraglich, welche Rolle bei ihrer Gestaltung die griechische Moralphilosophie und unter den Philosophen des Hellenismus namentlich der Stoiker Panaitios spielte.

Was ein hervorragender Philologe von der »tiefen Seelennot« des jüngeren Scipio — des Publius Cornelius Scipio Aemilianus Africanus Minor — sagt[233], darüber brauchen wir nicht viel Worte zu verlieren. Denn von einer »Seelennot« wissen unsere Quellen nichts. Worüber Polybios, der große zeitgenössische Geschichtsschreiber der Epoche — des 2. vorchristlichen Jahrhunderts — als von eigenem, teurem, fast heiligem Erlebnis berichtet[234], ist etwas ganz anderes: es ist die Gestalt eines Jünglings, der mitten im Überfluß römischer Macht und wachsenden Reichtums wie eine Statue altrömischer Behutsamkeit dasteht. Der griechische Historiker selbst spricht über ihn das Wort εὐλάβεια aus[235], dem das römische *religio* in seiner Grundbedeutung ›sorgsame Achtung‹ genau entspricht[236]. Diese Situation an sich erklärt schon genügend, daß der Humanismus der neuen Komödie im Kreise um Scipio eine neue Bedeutung gewann. Es war nicht das Ganz- und Vollmenschliche als Norm, eher das Allzumenschliche oder Durchschnittsmenschliche als Mahnung, was man aus der Komödie entnehmen konnte. Auch das hatte aber in dieser Situation einen Sinn: ungefähr denselben, wie die negative Fassung des Pindar für die große griechische Geschichte: »Trachte nicht, Zeus zu werden[237]!« Im letzten Grunde sagt auch Menander nichts anderes als Pindar und vor diesem noch Delphi in Apollons Namen: »Mensch, erkenne, daß du bloß Mensch bist — erkenne deinen menschlichen Zustand!« Dem gab jetzt eine besondere Betonung nicht die griechische Moralphilosophie — wenigstens nicht sie an erster Stelle und besonders nicht die nach göttlicher Vollkommenheit strebende Stoa, zu der trotz seiner Mäßigung Panaitios gehörte, — sondern der steigende Bogen der Größe Roms, sein Schwelgen in erbeuteten Reichtümern auf der einen Seite, auf der anderen die uralte Vorsicht, womit der Mensch das menschliche Maß erkennen und — ja, dies war sicher schon eine vorphilosophische Aufgabe, wird aber von nun an immer wichtiger und philosophischer — es würdig erfüllen sollte.

Die attische neue Komödie hatte an sich keine mahnende Tendenz. In Menanders Augen ist der Mensch nicht mehr als ein Spielzeug in der Hand spielender Mächte. Doch das dionysisch Spielerische, mit dem er den Menschen über sich selbst mit den Göttern zusammen lächeln macht, verwandelt das harte Urteil des Lächelns in eine sich über das ganze menschliche Dasein ergießende Heiterkeit. Daß dieses Licht und Lächeln aus göttlicher Höhe zur Mahnung wurde, sogar zu gehaltvollerer Mahnung, als die bloß negative apollinische, dazu gab Ort und Zeit den Anlaß und die Möglichkeit. Die Zeit setzte an die Stelle des »Menschen, der das menschliche Maß hält«, das Ideal des Oberflächenhellenismus, den zivilisierten Menschen. Der Ort aber war Rom, das sich so gern mahnenlassende und zugleich mit solchem Kennertum genießende Rom. Es hat sich ja schon lange die Neigung zur Kultur des Genießens und zum Genießen der Kultur von den Etruskern angeeignet[238]. Jetzt bot sich Gelegenheit, das lebendige Bild eines zivilisierten Menschentums auf der Bühne zu sehen und das zu genießen, was in einer Komödie des Terenz gesagt wird — in einer Situation, die des menandrischen Lächelns würdig ist —: »Ein Mensch bin ich, nichts Menschliches liegt mir fern.« Auch unmittelbar zu genießen, verwirklicht als das Geschenk des auf Rom sich ausbreitenden Hellenismus!

So entstand allmählich jene existenzielle Situation, die nur bewußt werden mußte, damit die Humanitas als Idee erscheine, im Gegensatz zu und in Spannung mit einer anderen, die schwerer wog und bewußter war. So schwerwiegend und bewußt war diese andere Idee, daß die Humanitas, selbst im Zusammenstoß mit ihr, aus ihr Gewicht und Bewußtsein schöpfen konnte. Es ist die Rede von dem, was wir Romanismus nennen dürfen. Ein vollkommener Gegensatz zur Philanthropie der hellenistischen Stadt als die Inhumanitas latinischer oder volskischer Bergdörfer, läßt sich nicht denken. Worin mag die kyklopisch gebaute antike Norba hygienischer gewesen sein als die heutige Norma oder Sermoneta in ihrer steinigen Höhe, mit ihren feuchten, engen Gäßchen? Und dies schwierige, den Schmutz der Armut tragende bäurische Dasein war es, das der alte Cato bewußt dem Ideal der hellenistischen städtischen Lebensformen entgegenstellte. Seine Abneigung gegen die griechische literarische Bildung ist bekannt, bekannt auch, wie er sich am Ende doch ergab, da er ja im hohen Alter selbst das Griechische erlernte. Aber es war eigentlich nicht die griechische Sprachkenntnis, zu der die catonische Romanitas in Gegensatz stand, und es war nicht allein der Oberflächenhellenismus, mit dem sie zusammenstieß, und am wenigstens das, was wir den Kernhellenismus genannt haben; denn dieser bedeutete einen Grad von Griechentum, der überhaupt nur Griechen eigen war. Catos Widerstand und Kampf richtete sich gegen eine innere Haltung, die in dieser Gegensätzlichkeit in einem stetigen, nicht mit Catos Person verbundenen Kampf nicht nur Gewicht erlangte, sondern sich klärte und auf eine allgemeinere Weise zum »Griechentum der Nichtgriechen« wurde. Sie verwandelte sich aus einem Griechentum, das eine, wenn auch oberflächliche Hellenisierung, ein Aufgehen im griechisch sprechenden Oberflächenhellenismus erforderte, in ein Griechentum, das von den Griechen das nahm, was jedem Menschen auf Grund seiner menschlichen Natur gebührt, Vorrecht des Menschentums ist und der Weg dahin, wo die Hellenen als erste angelangt sind: sie verwandelte sich in *humanitas*.

Wollen wir den Konflikt ganz verstehen, so müssen wir nicht nur das wissen, was zur römischen Humanitas hinzugehörte, sondern auch das, wozu sie in Gegensatz stand. Es gehörte zu ihr natürlich literarische Bildung und der Sinn für das künstlerisch Schöne. Dieser stand an sich höchstens als eine Erscheinung

des italischen Kulturhedonismus zum catonischen Puritanismus
in Gegensatz. Aber aus den Wortsammlungen der Philologen erfahren wir noch viel Wichtigeres. Der Humanitas wird nicht
nur eine Reihe barbarischer Eigenschaften wie Anmaßung,
Hochmut, Grausamkeit, Härte entgegengestellt, sondern auch
die so sehr römische *severitas* und *gravitas*, die Strenge und die
Würde, sogar auch die hervorragende Eigenschaft der Helden
der Vorzeit, der *magnanimi heroes* und der Größen der römischen Geschichte: die *magnitudo animi*, der heroische Sinn. In
bezug auf das alltägliche Leben kann man die Werte, die zur
Humanitas in gewissem Gegensatz stehen, gerade auf deutsch
am treffendsten und bündigsten zusammenfassen in den Worten
»Amtswürde« und »Arbeitsernst[239]«. In Rom kennzeichnen diese Eigenschaften den *homo Romanus,* das Menschenideal mit
staatlicher Bestimmung. Sie bilden seine seelische Uniform, die
er in seiner Denkweise, in seiner Lebensordnung, in seinen Gesten gleicherweise trägt, in Gegensatz zu dem heiteren Wesen
des *homo humanus,* seiner Geistesfülle und Geschmeidigkeit.
Wenn Cicero die sokratische Ironie als *humanitas* bezeichnet,
steht er dem menandrischen Humanismus schon ganz nahe.
Denn Cicero ist es, der den existenziellen Gegensatz von *romanitas* und *humanitas* in sich erlebt. Er nimmt beide mit einer
fast konfessionellen Bewußtheit auf sich: er fühlt sich zu der
einen als *civis Romanus,* zu der anderen als *homo humanus*
v e r p f l i c h t e t. Den Unterschied der existenziellen Situationen von Cäsar und Cicero bestimmte Friedrich Gundolf[240]: In
Cäsar wirke das Römertum als Kraft, nicht als Lehre und
Wunsch. Er kann daher alles, was der Hellenismus bietet, skru-
pellos ergreifen, er bleibt auch in rein hellenistischen Lebens-
und Denkformen wesenhaft römisch. »Bei Cicero blieb aber gerade das Bewußtsein römisch und das Geblüt ward hellenistisch.
Statt eines römischen Täters mit griechischem Geist wurde er
ein hellenistischer Empfänger mit römischer Meinung.« Deshalb
mußte er das Römertum mit solcher Bewußtheit erleben und
bekennen. Und wir dürfen hier noch hinzufügen: deshalb mußte
sich der Hellenismus in ihm — und wohl auch in dem gleicherweise »hellenistischen« Marcus Terentius Varro, dem großen
römischen Gelehrten alexandrinischen Stils — zu einer ganz all-

gemeinen »Menschlichkeit« klären. Auf diese Weise geriet sein Hellenismus wenigstens nicht als Griechentum mit dem Römertum in Konflikt. Und deshalb mußte der zum Humanismus gewordene Hellenismus sich aus einem Recht zu einer Pflicht verwandeln: damit er dem Romanismus gegenüber ein gleiches Gewicht erlangte.

Cicero, wie nah er auch dem menandrischen Humanismus kam, verkörpert eine andere Art von Humanität. Er wollte dem reinen »Menschentum« das römische Bürgerrecht erwerben. Das war sein innerstes, sein echtestes Verlangen. Und er wurde auf eigene Weise der Schöpfer von einer Art »Katholizismus«, der es ebenso gelang, die Humanitas und die Romanitas in sich zu vereinigen, wie später dem römischen Katholizismus die Überreste des Romanismus mit dem Christentum. Der »Humanismus« der Südeuropäer bewahrte auch späterhin seine Verwandtschaft einerseits mit dem Oberflächenhellenismus, andererseits mit dem Katholizismus. Ich betone die »Oberfläche« hier wieder ganz ohne jede moralische Verurteilung. Gerade darin, daß dieser Humanismus sich auf die Oberfläche beschränkt, liegt zugleich eine Leichtigkeit — der Gegensatz zur Schwerfälligkeit und Lästigkeit —, die so natürlich ist, daß wir den Mangel an Tiefe kaum empfinden. Der Südländer ist human, ohne existenzielle Problematik, und sein Humanismus ist wirkungsvoll im Sinne jener Geschichte, die ein österreichischer Romanschriftsteller erzählte: In einem von Malern besuchten Kaffeehaus in Venedig fehlt eines Abends gegen alle Gewohnheit die Musik. Warum? *»Un pittore è morto* — ein Maler ist gestorben.« Ist das wirkungsvoll? In den beiden Bedeutungen des Wortes: als theatralische Geste, aber auch als ergreifende Offenbarung einer reinen und echten Menschlichkeit.


3


Nach Norden hin finden wir Formen des Humanismus, die existenzieller sind. Die sittlichen Begriffe, die zur Humanitas des ciceronianischen Zeitalters einen Gegensatz bilden, waren mit nächstliegenden modernen Worten deutsch auszudrücken. Aber ebenda, wo die Natürlichkeit der humanen Geste kleiner ist, weil die ganze Haltung des Humanisten aus größeren Tiefen hervortreten will; wo sie dies auf verwickelterem Wege tut und größere Hindernisse überwindet — ebenda erscheint der existenzielle Humanismus in seiner reinsten weltgeschichtlichen Form. Was der immanente Katholizismus Roms seinerzeit nur bis zur Spannung des ciceronianischen Erlebnisses gelangen ließ und was er dann auflöste in die Harmonie der Oberfläche — in eine auch zu i h r e m  V o r t e i l »oberflächliche« Harmonie —, diese aus tiefsten Abgründen entspringende hohe Form der Humanität reifte in Deutschland heran. Den reinen existenziellen Humanismus in seiner tragischen Vollkommenheit verkörpert Hölderlin. Den anderen Pol in der existenziellen Spannung des Gegensatzpaares bildet nicht mehr das Römertum, sondern in diesem Fall das Deutschtum. Den Maßstab der Größe eines Volkes bildet die Größe seines aus ihm entsprossenen Richters, den es noch über sich ertragen kann, und die Höhe jenes Ideals, an dem es auf diese Weise sich selbst mißt. Wie tief bestürzend, ebenso hoch erhebend ist jener Maßstab des Hyperion in seinem vorletzten Brief an Bellarmin: »Handwerker siehst du, aber keine Menschen, Denker, aber keine Menschen, Herrn und Knechte, Jungen und gesetzte Leute, aber keine Menschen...« Unter Ungarn werden wohl die Besten gerade in solch harten Dichterworten einen Höhepunkt echtesten nationalen Sinns wahrnehmen. Sie sind uns wichtig auch wegen des neuen Ideals des *homo humanus,* das sie voraussetzen. Seitdem die Humanitätsidee nicht mehr der Romanitas gegenüberstand, sondern einem mechanisch gewordenen bürgerlichen Dasein, hörte für die *magnitudo animi* die Notwendigkeit auf, außer heroisch gesellschaftlich zu sein. Sie wurde vielmehr zur Unmöglichkeit oder Sonderbarkeit in einem zivilisierten Dutzendmenschentum ohne südlichen Reiz und siedelte sich auf diese Seite um, auf die Seite Hyperions, zu den großen Einsamen der Menschheit, nach Hölderlin zu Nietzsche, der den Humanismus mit dem reinigenden Element einer schonungslosen Menschenkenntnis bereicherte. Damit wurde von den Schicksalen des europäischen Humanismus nicht einmal ein skizzenhaftes Bild gegeben. Ich sprach nicht von Goethe. Seinen Zeusblick, mit dem er auf die Menschen herniederschaute, vergessen diejenigen, die den Humanismus in einem auf kleinbürgerliche Weise reizlosen und spannungslosen — wenn auch nicht erregungsfreien — Dasein erblicken wollen. Da aber heute niemand mehr in goethischer Situation ist und unsere Betrachtung auf den heute und in der Zukunft möglichen Humanismus ausgeht, sei es mir erlaubt, den großen Schritt zu machen aus der Antike in die Jahre nach 1918. Von pädagogischen Bestrebungen namhafter Philologen jener Zeit will ich nicht reden, da ein Schulhumanismus sich zur jeweiligen Staatsmacht immer politisch und nicht existenziell verhalten muß. Damals erscheint aber im großen Bildungsroman jener bürgerlichen Zeit, im »Zauberberg«, die gespenstige Gestalt des Herrn Settembrini, des italienischen Humanisten, wie ein Versuch nicht lehrstuhlmäßigen, sondern ›literarischen Humanismus‹, der auch schon eine Versuchung ist, eine schon veraltete und ein wenig noch lächerliche Möglichkeit, aber immerhin eine Möglichkeit. Im Budapester *Entretien* legte sein Schöpfer ein Bekenntnis zum humanistischen Geist der europäischen Kultur ab, das — so müssen wir nach dem hier Ausgeführten auf Grund seiner historischen Merkmale feststellen — das Bekenntnis eines existenziellen Humanismus war. Ein solcher Humanismus ist in verschiedenen Formen da, und wir dürfen nach diesem kurzen Rückblick zu unserer anfänglichen Frage zurückkehren: birgt nicht der Humanismus die Möglichkeit einer Art von Heroismus gerade für heute und für die nächste Zukunft in sich?

Ich erwähnte den Namen Nietzsche nach Hölderlin. Der Weg führt über diese Höhepunkte wieder zum Humanismus des Hellenismus. Zum Lächeln der Götter und zur Ruhe der goethischen Situation können wir nicht verpflichtet werden; doch Auge zu sein und klarer Blick, dies folgt aus dem geistigen Wesen unseres Menschentums. Und dies ist heute, auch von seiner negativen Seite her betrachtet, ein Großes. Es ist soviel wie sich nicht blenden und nicht betäuben lassen, auch nicht von den mächtigsten Massenbetäubungsmitteln unseres Zeitalters; sich nicht in das Ungeistige vernarren und sich nicht von ihm irreführen lassen, sondern den geistigen Menschen in uns wahren und bewahren auch für die Möglichkeit, daß einmal — vielleicht — die Humanitas ihrem Gegenpol all die Einsichten, die sie im Kampf und in der Spannung mit ihm erlangte, heimzahlt und ihre Klarheit zurückströmen läßt auf die Seite, wo die Staaten gebaut und wieder verzehrt werden.

Ist das zu wenig für einen Humanismus? Ich befürchte eher, daß ich mit dieser Forderung das menschliche Maß des *homo humanus* verletzte und von der Aufgabe des *homo divinus*, des göttlichen Menschen, sprach. Cicero würde in Übereinstimmung mit dem ganzen Altertum gern die *divinitas* dem gönnen, der das Ideal der *humanitas* voll verwirklicht. Und er würde ihm in unserer Weltlage auch die *magnitudo animi*, den heroischen Sinn, nicht absprechen. Den *homo humanus* von heute und morgen verlangt es nicht nach solch besonderer Ehrung. Er ist der geistige Mensch. Er will alles Menschliche mit den Augen der Götter sehen und dennoch nicht vergessen, daß auch er nur Mensch ist unter den Menschen, mit einer Aufgabe für Götter beladen. Ob er je etwas mehr können wird, als dieses hohe Merkmal eines tragischen Menschentums in seiner vollen Klarheit und Reinheit bewahren, weiß ich nicht. Ich weiß nur soviel: das ist seine Pflicht, wenn es überhaupt eine Pflicht genannt werden darf, daß der Wolf Wolf, der Schwan Schwan bleiben muß.

*1936*

# DER GEIST

Vor einigen Jahren sprach man nur bezüglich der klassischen Altertumswissenschaft von einer Krise. Heute spricht man von der Krise der Geisteswissenschaften. Wir erleben heute lauter Krisen. Was bedeutet »Krise« überhaupt? Und was bedeutet sie auf Wissenschaften bezogen? Da wir während dieser »Krisen« unter so vielerlei Verwirrungen der Begriffe leiden, sei es mir erlaubt, zuerst von diesem Begriff das Notwendigste zu sagen, ehe ich auf die Frage eingehe: ist der noch schwierigere Begriff des Geistes ohne Verwirrungen und Verirrungen faßbar?

»Krise« ist κρίσις, in genauer Übersetzung dieses griechischen Wortes Scheidung, Zwiespalt, Streit, Wahl und sodann auch Entscheidung und Urteil als Richterspruch. Krise ist ein Zustand, in dem es keine unangefochtene Gültigkeit der Werte, Richtigkeit des Verhaltens gibt. Über dies alles muß erst entschieden werden und gerade d a ß entschieden werden muß und nichts mehr selbstverständlich ist, i s t schon eine Entscheidung g e g e n , ein Urteil in der Richtung der Verurteilung, ein Richterspruch ... von wem? Aus welchem Richterstuhl? Wenn irgendwo, so gilt es hier: die Weltgeschichte ist das Weltgericht. Oder mit weniger Hochschätzung der Kräfte, deren Äußerung die Geschichte bildet: das Weltgeschehen ist es, welches so entscheidet, daß über Gültigkeit und Richtigkeit von neuem entschieden werden muß. In bezug auf Wissenschaften bedeutet die Krise einen Zustand, in dem über ihre Berechtigung, über die durch sie ermittelten Werte — ob es den Wissenschaftlern gefällt oder nicht — öffentlich geurteilt wird. Geurteilt — im schlimmsten Fall mit tödlichem Stillschweigen.

Nicht das schlimmste, obwohl ein Zeichen der Krise, war es, als ein Buch über die klassische Philologie erschien, das sie in seinem Titel »Die Wissenschaft des Nichtwissenswerten« nannte (von L. Hatvany, 2. Aufl. München 1914: Anm. d. Hrsg.). Weit schlimmer ist es, wenn die Geisteswissenschaften heute nicht einmal jene Kritik hervorrufen, die lange vor dem Erscheinen des genannten Büchleins Nietzsche an der klassischen Philologie und der historischen Gelehrsamkeit überhaupt geübt hat.

Die Krise kann auch so groß sein, daß nur Eingeweihte darüber sprechen und daß die Öffentlichkeit sich darüber — ausschweigt. Man kann das alles, was die Geisteswissenschaften zu ermitteln vermögen, so wenig wissenswert finden, daß man sich um ihren heutigen Stand gar nicht mehr kümmert...

Womit beschäftigen sich denn die Geisteswissenschaften? Mit den Gebilden der Natur befassen sich die Naturwissenschaften. Dieses Sichbefassen selbst jedoch gehört schon einem anderen Bereich des Seins an als dem der Natur: einem Bereiche, welcher der Natur nicht widerspricht, und doch eine andere, nicht räumliche Erstreckung hat. Es ist das »Reich des Geistes«. Dorthin begibt sich auch der Naturforscher, indem er aus dem Naturphänomen ein geistiges Phänomen, ein sei es auch nur geringfügiges wissenschaftliches »Werk« schafft, wie es die bescheidenste naturwissenschaftliche Feststellung ist. Mit Werken, nicht nur mit wissenschaftlichen, sondern mit allen, die der Mensch je geschaffen hat, beschäftigen sich die Geisteswissenschaften. Und zwar, nach der heute allein als wissenschaftlich geltenden Auffassung, mit völliger Gleichgültigkeit dem Werte ihrer Gegenstände gegenüber.

Es schien ein Triumph des Geistes in den philologischen und antiquarischen Wissenschaften älteren Stils zu sein, als alle sprachlichen Werke und darüber hinaus noch alle Werke jedweder, auch der bescheidensten Kunstübung, sogar das Unkünstlerische und an sich Wertlose, war es einmal historisch da, als Geisteswerke und so als Gegenstände der Geisteswissenschaften aufgefaßt werden konnten: nicht nur die großen Dichtungen und Philosopheme, sondern auch alles, was neben ihnen und über sie geschrieben wurde, nicht nur die Schöpfungen der Meister, sondern auch die Machwerke der Schüler, ja die ganze Massenproduktion der Ungenialen jedes Zeitalters.

Die Zurückführung von all dem auf die Wirkung des Geistes — und gleich danach die Krise der Geisteswissenschaften gerade in den Ländern, wo dieser Triumph des Geistes stattfand: ist dies kein merkwürdiges Nacheinander? Vieles mag zur Krise beigetragen haben, aber keineswegs eine w i r k l i c h hohe Einschätzung des Geistes, seine wahre triumphale Erhöhung. In Wahrheit handelte es sich da um das Gegenteil, um eine deductio ad absurdum, die in der Gleichsetzung auch des Ungeistigen mit dem Geistigen, der Geistlosigkeit mit dem Geiste bestand. So kam es auch zum Kampf gegen den vermeintlichen »Geist« und zur Krise der Geisteswissenschaften.

Was i s t Geist? — müssen wir endlich allen Ernstes fragen. Fragen in der Erwartung einer Antwort, die irgendeiner unmittelbaren Erfahrung entspricht. Gibt es eine solche Antwort überhaupt? Darauf scheint eben das hinzuweisen, daß wir eine Unstimmigkeit, eine mit den musikalischen Fehlleistungen vergleichbare Dissonanz unmittelbar empfinden, wenn die literarische Massenproduktion der Ungeistigen als »Werk des Geistes« bezeichnet wird. Rein theoretisch, ohne oder gegen die Erfahrung dessen, was wirklich geistig ist, läßt sich ja dieser Widerspruch überbrücken; man kann den Geist als bloßen gemeinsamen Nenner für ein beliebiges Vielerlei so setzen und bestimmen, daß er zu jenem Zwecke paßt... Uns geht es aber nicht um eine Bestimmung des Geistes, die einer vorgefaßten Meinung von seinen Werken oder von einem sogenannten »Geistesleben in der Mannigfaltigkeit seiner Erscheinungsformen« (Nicolai Hartmann) genügt, sondern um eine solche, die einer seelischen Realität, einem unmittelbar erfahrbaren Etwas, benannt »Geist«, entspricht. Gibt es so etwas? Und ist es wissenschaftlich faßbar?

Als Wissenschaft käme hier, insofern es sich um eine seelische Realität handelt, die Psychologie in Betracht. Doch auch der Psychologie muß sich der Geist erst melden, er muß als seelische Realität und als von den übrigen seelischen Realitäten unterscheidbar in seiner Eigenart bezeugt sein. Das Auftauchen des Namens »Geist« genügt nicht. Denn nicht immer evoziert ein Name auch eine seelische Realität und nicht in jedem Zusammenhang dieselbe. Für das deutsche Wort »Geist« bleibt jedenfalls ein Negativum in allen Verwendungen bezeichnend. Es ist von einer möglichen Bedeutung in der Sphäre des Sinnlichen, von einer rein körperlichen Erfahrung, der Erfahrung des Wehens und des Atmens so gut wie völlig abgelöst. »Geist« als »ein gewisser hohl sausender Wind« bei norddeutschen Schiffern ist eine rudimentäre Einzelheit aus dem älteren, profanen Gebrauch. Luther achtet in seiner Bibelübersetzung darauf, daß er an der wichtigen Stelle des Johannesevangeliums, die wir gleich hören werden, das griechische Wort πνεῦμα in der »geistigen« Bedeutung als »Geist«, in der sonstigen als »Wind« wiedergibt, während auch er selbst früher noch mit Meister Eckhart von demselben Winde sagte, »der Geist geistet wo er will«.

Solche Unterscheidung und Beschränkung beruht auf Theorie, auf der feststehenden christlichen Weltanschauung: hie Geist (oder Geister), da Körper (oder leibliche Wesen). Die Unmittelbarkeit des Untheoretischen ist jedoch in den heiligen Texten des Christentums in einer Weise da, daß die Betrachtung über die Faßbarkeit des Geistes von ihnen ausgehen muß. Sie sind für die Wissenschaft unersetzlich, sowohl wegen der Art, wie sie vom Geist reden, als auch deshalb, weil die ganze spätere Geschichte des Begriffs »Geist« durch sie bestimmt wird. Ich gebe die beiden entscheidenden Texte in der Übersetzung des Göttinger Bibelwerks, und nur die Stellen, wo der »Geist« genannt wird, griechisch.

»Es war ein Mensch aus den Pharisäern mit Namen Nikodemus, ein Mitglied des Hohenrates der Juden. Dieser kam zu ihm bei Nacht und sagte zu ihm: Rabbi, wir wissen, daß du von Gott als Lehrer gekommen bist. Denn niemand kann diese Zeichen tun, die du tust, wenn nicht Gott mit ihm ist. Jesus antwortete und sagte zu ihm: Wahrhaftig, wahrhaftig, ich sage dir, wenn jemand nicht von oben geboren ist, kann er nicht das Reich Gottes sehen. Nikodemus spricht zu ihm: Wie kann jemand geboren werden, wenn er ein Greis ist? Kann er etwa zum zweiten Male in den Leib seiner Mutter eingehen und geboren werden? Jesus antwortete: Wahrhaftig, wahrhaftig, ich sage dir, wenn jemand nicht aus Wasser und Geist geboren ist (ἐὰν μὴ γεννηθῆι ἐξ ὕδατος καὶ πνεύματος) kann er nicht in das Reich Gottes kommen. Das von Fleisch Geborene ist Fleisch, und das von Geist Geborene ist Geist (τὸ γεγεννημένον ἐκ τοῦ πνεύματος πνεῦμά ἐστιν — Joh. 3, 1—6).«

Der Göttinger Kommentar bemerkt mit Recht, daß es hier — ganz unabhängig davon, wie man über die Geschichtlichkeit dieses Gesprächs denkt — um das Gesamtverständnis Jesu und seines Wortes geht. Die Gestalt des Nikodemus dient im wesentlichen dazu, den weiten Abstand zwischen dem, was Jesus verkündet, und dem, was auch die Besten unter den typischen Juden der Zeit aufnehmen können, aufzuzeigen. Es geht, so findet es der Erklärer ganz richtig, ein eigentümlich klarer und tiefer Wirklichkeitssinn und ein ernstes Verantwortungsbewußtsein der Wirklichkeit gegenüber durch das ganze Gespräch. Den in die Träumerei seiner Gelehrsamkeit versunkenen, im Grunde tief lebensfremden Nikodemus sucht Jesus dahin zu bringen, daß er sieht, was da ist. Mit diesem Wirklichkeitssinn wird das »von oben geboren sein« nicht nur durch »aus Wasser«, sondern auch aus »Geist« erklärt. Jene Weise des ganz Anderen da »oben«, durch die es hier unten in uns sein kann, wird dem Nikodemus durch dieses Wort nahegebracht, das im Aramäischen ebenso wie im Griechischen die Grundbedeutung »Wind« hat. Im folgenden setze ich gegen Luther, um πνεῦμα einheitlich wiederzugeben, das Wort »Geist« wieder ein, doch bitte ich, sich dessen zu erinnern, daß es auch »Wind« bedeuten kann. »Wundere dich nicht« — so lautet die Fortsetzung — »daß ich dir sagte, ihr müßt von oben geboren werden. Der Geist weht, wo er will, und du hörst seine Stimme, aber weißt nicht, woher er kommt und wohin er geht (τὸ πνεῦμα ὅπου θέλει πνεῖ, καὶ τὴν φωνὴν αὐτοῦ ἀκούεις, ἀλλ οὐκ οἶδας πόθεν ἔρχεται καὶ ποῦ ὑπάγει. In der Vulgata nicht etwa mit ventus, sondern mit dem doppeldeutigen spiritus wiedergegeben: spiritus ubi vult spirat et vocem eius audis sed non scis unde veniat et quo vadat.) So ist jeder aus dem Geist Geborene (οὕτως ἐστὶν πᾶς ὁ γεγεννημένος ἐκ τοῦ πνεύματος, sic est omnis, qui natus est ex spiritu. — Joh. 5, 7—8).« Das bedeutet, daß hier ein Zustand geschildert wird, in dem derjenige, der diese Erfahrung macht, völlig aufgeht, als ginge er in einem Winde auf, dessen plötzlichen Einbruch er erlebt. Es ist die Erfahrung der stürmischen Gegenwart von etwas ganz anderem »von oben«, das von einem unbekannten Ursprung aus nach einem unbekannten Ziele hin zieht. Dies Ziehen ist wie Wind und trotzdem etwas, das man irgendwie auch selber ist, indem man diese Erfahrung macht. Es ist »Geist«. Es »weht« und: »so ist ein jeder aus dem Geist Geborene«, er ist in dieser Weise und in diesem Zustand des stürmischen Da-Seins aufgegangen. Auch die figura etymologica im griechischen Text: τὸ πνεῦμα πνεῖ, wörtlich der »Geist geistet« in der Bedeutung: »das

Wehen weht«, hat hier ihren besonderen Sinn. Sie betont das Geschehen, das stürmische Hinziehen dieser Gegenwart. Das Wort πνεῦμα gerade in seiner Grundbedeutung »Wind«, evoziert hier ein »Ereignis«, das überhaupt nur durch ein »Gleichnis« ausgedrückt werden kann: einen sonst unaussprechlichen Vorgang. Ja, auch wenn er unmittelbar als Ereignis geschildert wird, auch dann kann der Erzähler aus dem Gleichnis nicht heraustreten.

»Als nun der Pfingsttag herbeigekommen« — so lautet die Erzählung — »waren sie alle an einem Orte beieinander. Da kam plötzlich hoch vom Himmel ein Brausen, als ob ein Sturmwind daherführe (ἦχος ὥσπερ φερομένης πνοῆς βιαίας) und erfüllte das ganze Haus, in dem sie weilten; und es erschienen ihnen Zungen wie vom Feuer, die sich verteilten und auf jeden von ihnen niederließen. Da wurden sie alle erfüllt von heiligem Geiste (ἐπλήσθησαν πάντες πνεύματος ἁγίου) und begannen in fremden Zungen zu reden, wie der Geist es ihnen in den Mund legte (καθὼς τὸ πνεῦμα ἐδίδου ἀποφθέγγεσθαι αὐτοῖς — Apg. 2, 1—4).« Wir dürfen hier von der Geschichtlichkeit des Ereignisses wiederum absehen und uns auf den Standpunkt des Erzählers stellen. Er will das unaussprechliche Ereignis, die Erfahrung jenes Geistes, der ihm »heiliger Geist« ist, evozieren, und das tut er gleich am Anfang als Einleitung zum Feuerwunder so, als schilderte er einen Sturmwind. Tut er dies auf Grund »vorstellungskräftiger Überlegungen«, wie der Göttinger Kommentar meint, so ist es ihm doch gelungen, die Unmittelbarkeit des Untheoretischen zu erreichen. Unsere erste Frage, ob es etwas unmittelbar Erfahrbares, benannt »Geist«, überhaupt gibt, darf auf Grund der neutestamentlichen Berichte unbedingt bejaht werden. Gäbe es nur das Sausen und Wehen des Windes und nicht auch eine ganz andere stürmische Gegenwart, wie hätte dann der Glaube aufkommen können, daß durch die Nennung der Lufterscheinung die Erfahrung von etwas ganz anderem evoziert werden kann?

Die Erklärer der Apostelgeschichte können freilich die vorchristliche Vorstellung der θεία ἐπίπνοια, des θεῖον oder ἱερὸν πνεῦμα des adflatus oder flatus divinus, und philosophische Lehren, die sich darauf gründen, zum Vergleich heranziehen. Solche Vergleiche sind, was immer sie sonst zur Quellenfrage beitragen, richtig aufgefaßt immer auch Hinweise darauf, daß es sich hier um eine menschliche Urerfahrung handelt, die immer nur durch Gleichnisse, am besten durch das Gleichnis des wehenden Windes, ausgedrückt werden konnte. Um eine Urerfahrung nicht im Sinne einer n u r urzeitlichen Erfahrung, sondern in dem der absoluten Unmittelbarkeit mit den zeitlosen Grundgegebenheiten der Welt. In diesem Sinne ist auch Lieben und Sterben eine Urerfahrung. Über Urerfahrungen in Gleichnissprache berichten heißt Mythologie. Gleichnissprache zeichnet sich dadurch vor der metaphorischen Sprache aus, daß Gleichnisse einen besonderen Bezug nehmen auf etwas Bleibendes in der Welt, die sie in einem ihrer Aspekte als ständig so-seiende zeigen. Sie sind nicht bloß ähnlich, sondern sie lassen das Zeitlose im Ähnlichen durchblicken und sie rücken dadurch selbst in die Zeitlosigkeit.

Dadurch erlangen Gleichnisse auch eine besondere Substantialität: als wären sie selbst ewig. So ist die Nacht in der Mythologie nicht etwa nur eine täglich gemachte Erfahrung, sondern die zeitlose Nacht jener Seinsstufe, die dem gestalteten, »lichten« Sein in jedem Werden vorausgeht und in jedem Entwerden nachfolgt. Sie ist als diese Seinsstufe oder -weise unabhängig von ihrer täglichen Verwirklichung, unabhängig von der Zeit überhaupt, gleichsam ein substantielles Etwas, welches zu uns aus einem »anderen Reich« immer »wiederkommt« . . . Ebenso verhält es sich mit dem Geist, mit dem Unterschied, daß wir dabei nicht an eine sinnliche Erfahrung denken, wie bei der Nacht, sondern immer an etwas aus einem »anderen Reich« Kommendes. Das Wort »Geist« i s t schon Mythologie, die Evokation einer Urerfahrung durch ein Urgleichnis, welches diese Art Substantialität zu erlangen seit jeher fähig war und nicht erst christlich ist.

Wollen wir Näheres über jene Urerfahrung ermitteln, so müssen wir solche heidnischen Texte verhören, die noch die große evozierende Kraft der Mythologie haben: der Gleichnissprache und des gleichnishaften, nach dem Unaussprechlichen hin durchsichtigen Geschehens und Handelns. Ein solcher Text ist Vergils Schilderung von Apollons Offenbarung durch die Sibylle im VI. Buch der Aeneis. Ich erinnere nur an das Wichtigste.

250

Vor allem scheint es wichtig zu sein, daß die Offenbarung von einem Orte zu erwarten ist, der viele Ein- oder Ausgänge hat. Es ist die berühmte Höhle im Berg von Cumae:

*quo lati ducunt aditus centum, ostia centum*
*unde ruunt totidem voces, responsa Sibyllae.*

In der Wirklichkeit sind es Schächte, die den Korridor des Grottenheiligtums durchbrechen und das Licht hereinlassen. Nach Vergils Schilderung sind es Türen, deren Funktion es ist, sich im Augenblick der Offenbarung zu öffnen. Das sagt die Sibylle klar. Sie spürt schon den Gott:

*poscere fata*
*tempus, ait, deus ecce deus.*

In Eduard Nordens Übersetzung:

Da rief die Jungfrau: »Jetzo gilts zu flehen
Um Schicksalsspruch. Der Gott! ha sieh, der Gott!«

*Cui talia fanti*
*ante fores subito non voltus, non color unus,*
*non comptae mansere comae, sed pectus anhelum,*
*et rabie fera corda tument, maiorque videri*
*nec mortale sonans, adflata est numine quando*
*iam propiore dei. Cessas in vota precesque,*
*Tros, ait, Aenea? cessas? neque enim ante dehiscent*
*attonitae magna ora domus.*

Sie rollte die Augen    sie wechselt die Farbe
Es flattert ihr Haar    es keucht ihre Brust
Im Wahnsinn wild    wallet ihr Herz.
Es wächst die Gestalt    ihr Rufen erhallt
Nicht irdischen Klangs:    es umweht sie der Odem
Des nahenden Gottes.    »Du säumst zu beten,
Gelübde zu bringen,    Trojaner Aeneas?
Du säumst? Nicht eher    erschließt dir die Schlünde
Donnererdröhnend    das riesige Haus.«

251

Die göttliche Gegenwart meldet sich in einem Wehen, das ihre Haare zerzaust, sie innerlich erfüllt und wie ein Segel schwellen läßt. Das ist aber nicht genug. Das ganze Heiligtum soll wie von Blitz und Donner erschüttert sein — das ist attonitae, welches uns an das »Brausen als ob ein Sturmwind dahinführe« der Apostelgeschichte erinnert — damit sich Tore und Türen öffnen. Auf das Wehen eines großen Windes weisen auch die Worte des Aeneas hin:

> *foliis tantum ne carmina manda,*
> *ne turbata volent rapidis ludibria ventis:*
> *ipsa canas oro.*

> Schreibe nur auf Blätter nicht die Sprüche,
> Daß der Wind sie spielend nicht verwirre:
> Künd' uns das Geschick mit deinem Mund.

Kein spielender Wind wird hier erwartet, vielmehr die stürmische Gegenwart des Gottes, unter dem die weibliche Natur der Sibylle tobend leidet:

> *At Phoebi nondum patiens immanis in antro*
> *bacchatur vates, magnum si pectore possit*
> *excussisse deum; tanto magis ille fatigat*
> *os rabidum, fera corda domans, fingitque premendo.*

> Doch die Prophetin in der Grotte
> Gab sich noch nicht dem mächtigen Gotte hin;
> Sie tobte furchtbar, ob sie nicht vermöchte
> Ihn abzuschütteln von der Brust: er zäumte
> Nur schärfer ihr den Mund und bändigte
> Ihr wildes Herz mit festem Zügelgriff.

Diese göttliche Gegenwart hatte plötzlich wie eine gewaltsame Zugluft die mächtigen Tore des Heiligtums aufgeschlagen, und die Offenbarung kommt durch die Luft dorthingeweht:

> *ostia iamque domus patuere ingentia centum*
> *sponte sua vatisque ferunt responsa per auras.*

Was geschieht hier? Es geistet — müssen wir sagen. Die durch neutestamentliche Texte bezeugten Merkmale der Erfahrung des Geistes sind da. Und darüber hinaus noch ein Kennzeichen, das dem Psychologen weniger befremdend erscheint als das Windige, das Luftige dieser Erfahrung, obwohl auch jenes scheinbar Elementische in dieselbe Richtung weist. Das neue Kennzeichen ist das plötzliche Sich-Auftun des Zugeschlossenen. Der Korridor wird frei und offen. Das Ungeahnte, oder mindestens Un-Gewußte und doch Erwartete tritt aus oder es tritt ein. Wir scheinen hier dem Un-Bewußten ganz nahe zu sein und den Weg erblickt zu haben, auf dem das Erfahrbare des Geistes — das Geisten des Geistes — psychologisch faßbar wird.

Seine Faßbarkeit durch die Mythologie erleben wir ganz unmittelbar, wenn uns Schilderungen wie diese auch heute noch mitreißen. Bei Vergil kommt es dabei nicht so sehr darauf an, daß wir durch das Toben der Sibylle in Mitleidenschaft gezogen werden, als vielmehr auf das Miterfühlen des Seelisch-Atmosphärischen, der umgreifenden Bewegtheit, die im Auftun und Offenbaren gipfelt. So erscheint uns der Geist, dieses zäheste, am wenigsten auflösbare Mythologem der europäischen Kultur, in mythologischen Ausführungen am vollständigsten vergegenwärtigt.

Durch Vergil gelangten wir schon in die Sphäre des Apollon. Der Widerstand der weiblichen Natur gegen die Geistesmacht, der uns im widerspenstigen Verhalten der Sibylle erschüttert, bleibt in Übereinstimmung mit den vielen Erzählungen von den unglücklichen Liebschaften des Apollon: ein psychologisches Problem für sich. Eine andere dichterische Darstellung, die der Apollonepiphanie auf Delos, weist auf das größte Problem hin, das die Erfahrung des Geistes der Psychologie bieten wird. Das ist der ständige Bezug des »Geistes« auf einen Gehalt, der in ihm als absoluter Wert auftritt und sich zugleich als Subjekt und Objekt des Geschehens, wofür kein besseres Wort zu finden war, als eben »Geisten«, zeigt. In Delos ist es Apollon, der ankommt und das Sichaufschließen der Türe, die dem »Geisten« eigentümliche offene und bewegte Atmosphäre mitbringt. Und er ist zugleich das Objekt der Geisteserfahrung, des Schauens, für die Wenigen, schon durch ihren eigenen Wert Ausgezeichneten, die diese Erfahrung zu machen fähig und würdig sind. Sagte nicht auch Christus zu Nikodemus: »Wir reden, was wir wissen, und bezeugen, was wir g e s e h e n haben (ὃ ἑωράκαμεν), und ihr nehmt unser Zeugnis nicht an« —? Es ist immer nur eine »kleine Schar«, die das absolut Wertvolle, das sich geistend zeigt, zu erblicken vermag.

Das größte Problem für die Psychologie ist, jeweils dem objektiven Gehalt der geistigen Erfahrung gerecht zu werden und das Geistige, weil es in seiner Erscheinung eine seelische Realität ist, nicht seines Eigenwertes zu berauben: nicht zu relativieren und verpsychologisieren. Die Mythologie hat es hier leichter. Für sie ist, was da geistet, selbstverständlich ein Gott und als Objekt selbstverständlich göttlich ... Ich führe die unsagbar feine Schilderung der delischen Epiphanie aus dem Apollonhymnus des Kallimachos nach Emil Staigers Übersetzung an, die uns Prof. Howalds schönes Kallimachosbuch mitteilt:

Welch ein Beben durchfuhr den Lorbeerbusch des Apollon!
Beben das ganze Gebälk! Entweicht, Unheilige, weichet!
Phoibos schlägt ja schon mit dem schönen Fuß an die Pforte.
Siehest du nicht? Süß neigte sich nieder die delische Palme,
Unversehens. Der Schwan indes singt schön in den Lüften.
Selber schiebet euch nun zurück, ihr Riegel der Tore,
Selber öffnet, ihr Schlüssel! Schon weilt der Gott in der Nähe.
Und ihr Knaben, bereitet euch zu Gesängen und Tänzen.
Nicht jedwedem, allein dem Edlen zeigt sich Apollon.
Wer ihn sieht, der ist groß, wer nicht sieht, der ist geringe.
Sehen werden wir dich, Ferntreffer, und nimmer gering sein.

Ich könnte hier Schluß machen — obwohl die älteren Texte über Apollon, vor allem die Homerischen Hymnen, noch tiefer in die Geheimnisse des Geistes führen würden —, wenn ich anfangs nicht von einer Krise der Geisteswissenschaften gesprochen hätte. Der Krise ging ein falscher Triumph des Geistes voraus. Man trennte den Geist durch eine papierne Vornehmheit vom tödlichen Ernste der unmittelbar erfahrbaren Wirklichkeiten des Lebens, verkannte in ihm eine Urerfahrung der Menschheit, welche, wie etwa auch die Urerfahrung der Liebe, nicht allen

in gleichem Maße zuteil wird. Es gibt Verdünnungen, wo es
Gotteslästerung ist, von Liebe — oder von Geist zu reden. Diejenigen, die sich mit Geisteswissenschaften befassen, haben vor
allen den Zugang zu den Quellen, wo jene Urerfahrung unver-
siegbar fließt. Dieses ewig Fließende und zum Mitergießen Mit-
reißende — das ist das minimale Kennzeichen des Geistes —
kennzeichnet auch die wahren Geisteswerke. Zu solchen sollen
sie uns immer wieder und wieder zurückführen, wenn sie ihre
Berechtigung behalten wollen, die Geistes-Wissenschaften.

*1943*

*Tafel 1*
Apollon von
Veii, Rom,
Villa Giulia.

*Tafel 2*   Soracte.

*Tafel 3* Giara di Serri (Sardinien).

*Tafel 4*  Tempel von Phigalia.

*Tafel 5*   Helikon mit dem Musental.

*Tafel 6*    Korfus »Lebensseite«.

*Tafel 7*  Korfus »Todesseite«.

*Tafel 8*  Leto, Niobe, Phoibe, Aglaie, Hilaeira als Knöchelspielerinnen. Malerei auf Marmor, nach dem Gemälde des Alexandros von Athen, gefunden in Herculaneum.

*Tafel 9, 1–2*  Münze von Pergamon.

*Tafel 9, 3*  Münze von Delphi.

*Tafel 10*  Omphalos auf Delos.

*Tafel 11, 1*　Relief aus Milet.

*Tafel 11, 2*　Wandgemälde in Pompeji.

*Tafel 12*  Die Göttin mit der Schale und ihr Gott.
Wandgemälde des Pammachius-Hauses (Ausschnitt).

*Tafel 14*  Schwimmende Göttin. Nachgezeichnetes Wandgemälde vom Monte Celio.

Pittura antica della medema stanza à S Gregorio nel monte celio

Tafel 15  Die Göttin mit der Schale ohne den Gott.
Nachgezeichnetes Wandgemälde vom Monte Celio.

*Tafel 16, 1*  Erotensarkophag im Thermenmuseum, Rom.

*Tafel 16, 2*  Die Göttin mit der Schale und ihr Gott auf einem Sarkophagrelief im Vatikan.

II

# VORREDE ZU NIOBE

Wenn der Verfasser sich erlaubt, innerhalb einer nicht allzu langen Zeitspanne schon zum dritten- oder viertenmal mit einer Sammlung von kleinen Schriften vor die Öffentlichkeit zu treten — »Apollon« 1937, erweiterte Ausgabe 1941, »Die Geburt der Helena« 1945 —, so glaubt er dies etwas ausführlicher rechtfertigen zu müssen als im letztgenannten Band. Da genügte ein Hinweis darauf, daß die in den Jahren 1943—1945 in nicht-philologischen Zeitschriften erschienenen humanistischen Aufsätze den Fachleuten sonst wohl unbekannt geblieben wären. Zum Teil verhält es sich jetzt ebenso. Doch greift dieses Buch gattungsmäßig eher auf jene Konzeption eines Bandes von ursprünglich selbständigen Betrachtungen über scheinbar ganz verschiedene Gegenstände, die doch um einen gemeinsamen Mittelpunkt kreisen, zurück, die dem »Apollon« zugrunde lag. Der Leser hatte damals — mitmeditierend mit dem Verfasser — einen individuellen Weg zu verfolgen, der sich durch alle Möglichkeiten eines Forscherlebens, wie durch Windungen einer Spirale dem Mittelpunkt näherte. Der Mittelpunkt aber war dort subjektiver gedacht: eine Begegnung der eigenen Existenz mit der Antike, ein Zusammentreffen, in dem mit dem Erschließen historischer Quellen das Sicherschließen von Quellen im Menschen selbst zusammenfällt.

Hier gibt es außer derselben Haltung zum allgemeinen Thema, zur »Antike«, näher bestimmt: zur antiken Religion und Humanität, ein besonderes Thema im Mittelpunkt, ein nicht leicht faßbares, dennoch objektives Problem, welches die in diesem Bande vereinigten Arbeiten von verschiedenen Seiten her in Angriff nehmen. Ein Problem allerdings, das dort, wo es hingehört, in der Einleitung jeder Geschichte der antiken Religion, sei es der griechischen oder der römischen, kaum noch gestellt wurde. Es ist das Problem des Menschen in der antiken Religion. Um zunächst dies faßbarer zu machen — das zentrale Thema, auf das sich hier mehr oder weniger alles bezieht: »der Mensch in der antiken Religion« — sei genauer gesagt, was unter »antiker Religion« zu verstehen ist. Es wird damit sowohl Materielles als auch Formelles gemeint. Erstens also — um von dem Faßbarsten auszugehen — all das, was in den Handbüchern über griechische, römische und sonstige, zum Teil frühere, zum Teil gleichzeitige mediterrane Religion steht oder als Material noch aufgenommen werden soll: Mythen ebensogut wie Riten. Die Nennung eines Gottes ist schon »Mythos«, und die Ausführung des »Mythos«, das »Mythologem«, mag es noch so sehr in reines »Poem« übergehen, gehört zum materiellen Bestand der antiken Religion, zuerst als beweglicher, lebendiger Stoff, das Leben der Götter selbst, sodann als Überlieferung, die von jenem Leben in zunehmender Erstarrung Zeugnis ablegt.

Weniger faßbar ist jene Form, die der antiken Religion als spontane innere und äußere, geistige und körperliche oder richtiger: geistig-körperliche Haltung des Menschen — eine andere bei dem Griechen und eine andere bei dem Römer —, jenem stofflichen Wachstum und später, in der Zeit der Erstarrung, dem Gebäude der antiken Religion zugrundeliegt. Den Versuch, solche Grundlinien, unreduzierbare Muster in dem überlieferten Stoff der griechischen und römischen Religion und in ihrer geschichtlichen Entwicklung selbst, aufzuzeigen — diesen Versuch machte der Verfasser in seinem Buch »Die antike Religion«. Es waren eher nur Andeutungen, wenn er die griechische Haltung als die eines Schauenden, seine Augen auf das Göttliche Öffnenden, die römische hingegen als die des Hinhorchenden charakterisiert hatte. In der Richtung jenes Schauens waren in der angeschauten Natur die gestalthaften Götter, in der Richtung des Hinhorchens die durch Naturzeichen gegebenen göttlichen Weisungen da: in beiden Fällen etwas Unsichtbares, in der Natur auf den Menschen Bezogenes und zugleich ein in Erzählungen und in immer wiederholten Handlungen sich darstellendes geistiges Gebilde. Kein Gedankengebäude, kein ausgedachtes religiöses System, sondern eine Art Behausung, die der Mensch sich unwillkürlich auf den Grundlinien seiner unausgeklügelten religiösen Haltung aufgebaut hatte.

Die Reste jener Behausung, den überlieferten Stoff der antiken Religion zu sammeln, zu sichten und chronologisch zu ordnen, war und bleibt eine gewaltige antiquarische und zugleich historische Aufgabe. Nicht minder wichtig ist die morphologische Aufgabe, wenngleich sie einer anderen, eher den sich entfaltenden Formen als dem bloßen zeitlichen Nacheinander zugewandten geistigen Haltung entspricht. Sie besteht in dem Nachzeichnen der erwähnten Grundlinien. »Der Mensch in der antiken Religion« bezeichnet eine dritte, vielleicht die humanste Aufgabe der Forschung. Der Forscher hat, falls er der antiken Religion wissenschaftlich ganz gerecht werden will, auch diesen Standpunkt einzunehmen: nicht bloß den des Antiquars und des Historikers und nicht nur den des Morphologen, sondern auch den des Menschen. Wie diente jene Behausung dem Menschen? Was erhielt der Mensch von jenem geistigen Gebilde — abgesehen von der Hilfe der Götter oder ihrer Beschwichtigung, die in der antiken Religion gesucht wurden? Ob man solches erhielt, bleibt immer Glaubenssache. Nehmen wir aber an, daß der antike Mensch nichts anderes durch seine Religion erreichen wollte, als Hilfe und Abwehrung. Die Frage danach, was die antike Religion dem Menschen tatsächlich bot, ist eine durchaus objektive Frage. Sie bot ihm B i l d e r. Welche A r t Bilder bot sie ihm? Und was war der Gehalt und die unwillkürliche Lehre jener Bilder: etwa der Bilder vom Ursprung des Menschen? Von seiner Stellung in der Welt? Von der ihn umgebenden Welt selbst, die später mit einem philosophischen Wort als »Physis«, »die Natur« bezeichnet wurde? Oder davon, was wir »Geist« nennen? Oder vom Sein der Menschen und vom Sein der Götter?

Lauter Fragen, die wir begrifflich stellen, da wir gewohnt sind, Antworten zu erhalten, die aus langer Denkarbeit hervorgegangen sind. Den Bildern, durch die der antike Mensch von seiner Religion g l e i c h s a m Antworten auf solche Fragen erhielt, gingen weder Fragen noch Denkarbeit voraus. Der Bilderreichtum namentlich der griechischen Religion ist dennoch da und er ist aus der vermeintlichen Zweckmäßigkeit der religiösen Gebräuche allein nicht zu erklären. Man fand jene Bilder eigentlich immer »tiefsinnig«, doch man beging schon bei den Griechen selbst und seitdem wiederholt den Fehler, zu glauben, die Bilder drücken etwas anderes, dahinter liegendes Begriffliches aus, das heißt: sie seien Allegorien. Die symbolischen Deutungen eines Creuzer sind allegorische Deutungen. Sie hatten in ihrer Zeit Erfolg, weil der »Tiefsinn« der mythologischen Bilder unmittelbar empfunden wurde. Und doch konnte Creuzer und konnten seit ihm alle symbolistischen Deutungsversuche widerlegt werden, weil sie im Grunde genommen Allegoresen waren und eine den Bildern vorausgehende Lehre annahmen. Wenn wir uns bescheiden, den Sinn der Bilder darin zu erkennen, daß sie überhaupt einen Bezug auf den Menschen haben, ohne einen absichtlich versteckten erdachten Sinn in ihnen zu suchen, führen wir nicht die Creuzersche Symbolik in die Wissenschaft von der antiken Religion wieder ein, sondern eben nur den Menschen selbst.

Es ging keine abstrakte Lehre dem konkreten und auch nachher nicht abstrahierten Gehalt der mythologischen Bilder voraus. Die Voraussetzung dazu, daß solche Bilder entstehen, ist der Mensch selbst. Er h a t seinen Ursprung, er s t e h t in der Welt als Mensch da, er i s t teilhaftig an Natur und Geist, um von dem Sein, das sein eigenes Sein ist und zugleich darüber hinausreicht, nicht zu reden. Ursprung und Menschentum, Natur und Geist, Dasein und Sein wissen um sich im Menschen, ehe noch dieser über sie nachgedacht hat. Sie bauten mit an jener bilderreichen Behausung, am geistigen Gebilde der antiken Religion, die tatsächlich sinnlos wird — ein *nonsens,* eine *action gratuite* des menschlichen Geistes, also eben das, wovon die Seelenforscher wissen, daß es solches nicht gibt — wenn man den Menschen daraus wegdenkt. Daher sei der Mensch jetzt in die antike Religion wieder hineingedacht. Er stehe im Mittelpunkt unseres Interesses so da, daß wir immer nach ihm fragen, wenn wir uns den verschiedensten und zum Teil sehr entlegenen Resten der antiken Religion widmen, die in diesem Buch dargestellt werden.

Der Leser möge außer dem gemeinsamen Hauptthema auch den verschiedenen Ausgangspunkten in den einzelnen Betrachtungen Verständnis entgegenbringen. Wenn wir der christlichen Religion und den orientalischen und vielen anderen Religionen der Erde eine mediterrane »antike Religion« gegenüberstellen, so laufen wir fortwährend Gefahr, die zeitlichen und örtlichen Verschiedenheiten der religiösen Phänomene zu vergessen, die wir mit dieser allzu abstrakten Benennung zusammenfassen. Eine Anschauung von jenem Konkreten, wofür wir keinen besseren Namen wissen, läßt sich nur gewinnen, wenn man sich entschließt, bald das Altmediterrane, bald das Römische, hier das Griechische, dort das Sardische aufzusuchen, oder im Forscherleben: wenn man schicksalhaften Versuchungen nicht widersteht, die bald hier-, bald dorthin führen. Doch glaube man nicht, daß der Verfasser nur gelockt wurde durch seine verschiedenen Gegenstände: er wurde auch getrieben durch das Interesse an dem Hauptthema, ein Interesse, das in ihm mit dem Abschluß dieses Rundgangs um den bezeichneten Mittelpunkt nicht ausgelöscht ist und das er auch in seinen Lesern entzünden möchte. In den Mitforschern so, daß sie den Menschen in der antiken Religion nicht vergessen, in den übrigen Freunden des Altertums so, daß sie dessen bewußt werden, was sie an der griechischen Mythologie vielleicht unbewußt anzog.

Und damit wurde kein nebensächliches Ziel dieses Bandes genannt. Es ist nicht irgendwelche philosophische Allegorese dieses Ziel, nicht einmal Symboldeutung für sich — selbst das Wort »Symbol« wurde möglichst gemieden, da es heute sehr verschiedenartig gebraucht wird —, sondern die Bewußtmachung dessen, was als griechische Mythologie einmal da war und in uns Menschen immer noch seine Entsprechungen hat. Bewußtmachung ist in diesem Falle Bereicherung. Nicht das Reicherwerden an mythologischen Kenntnissen, überhaupt kein Kenntnisreichtum wird damit gemeint. Dazu ist dieses Buch zu schmal und es wäre auch nicht veröffentlicht worden, wenn der Verfasser es nicht solchen Lesern in die Hand geben wollte, die auch jene andere Bereicherung suchen und daher verstehen, worum es — neben und mit dem Fortschritt der wissenschaftlichen Forschung — geht: um welche m e n s c h l i c h e Bereicherung. Sie werden sich aus diesen Worten erkennen: ich wüßte keinen gemeinsamen Namen für sie. Ihnen sei diese Sammlung gewidmet, ob sie Philologen oder Archäologen, Psychologen oder Philosophen, Forscher oder Laien sind.

Rom, den 19. September 1948

# NIOBE

O Niobè con che occhi dolenti
vedea io te segnata in su la strada
tra sette e sette tuoi figliuoli spenti!
Purgatorio XII 37–39

Dante hatte es mit der Gestalt der Niobe leicht. Das Bild der exemplarisch Bestraften war ihm ein Beispiel der göttlichen Gerechtigkeit. Ovid bot ihm den Text[241], und das Verhältnis des Christen zu seinem Gott ließ keine andere Konsequenz zu. Die Überhebliche, die nur eine Königin auf Erden war und dennoch göttliche Verehrung forderte; die sich durch sichtbare Vornehmheit, Macht und Kinder über die Unsichtbaren erhob: diese von der Sünde der s u p e r b i a Besessene gehörte mit ihrem berühmten, selbstverschuldeten Schmerz, wenn nicht in die Hölle, so doch ins Purgatorium. Und der Tod ihrer unschuldigen Kinder war kein größerer Vorwurf gegen die Gerechtigkeit Gottes als die Ermordung der Säuglinge von Bethlehem.

Leicht hatten es auch die Antiquitätensucher, die in der Vigna Tomasini am Lateran die seitdem vielbewunderten Statuen der Niobiden ausgruben[242]. Ihnen lag bloß daran, die ganze »Geschichte« zu finden: t r o v a r e  t u t t a  l a  s t o r i a. Unter den Altertumsforschern gab es gleichfalls manche, die da — wie jene c a v a t o r i im 16. Jahrhundert — nur eine s t o r i a unter den tausenden, tausendmal dargestellten Erzählungen der Alten sahen. Zu diesen gehörte Jacob Burckhardt nicht. Er nahm die Geschichte ernst und er fand sie gewichtig genug, um auf sie seine weltgeschichtliche Kritik der Götter Griechenlands zu gründen. »Schaut die trostlose Niobe« — so ließ er einen der Olympier sprechen —; »wir ließen ihre schuldlosen Kinder erschlagen, nur um der stolzen Mutter unsagbar wehtun zu können ... wir waren nicht gut, und darum mußten wir untergehen«[243]. Diese Auffassung weicht dem Schwierigen nicht aus. Winckelmann versucht noch auszuweichen, indem er das Ungeheuerliche, das Mutter und Kinder in »unbeschreiblicher Angst, mit übertäubter Empfindung« erleiden, zu Gunsten der Schönheit gleichsam verschwinden lassen will: »Ein solcher Zustand, wo Empfindung und Überlegung aufhört, und welcher der Gleichgültigkeit ähnlich ist, verändert keine Züge der Gestalt und der Bildung, und der große Künstler konnte hier die höchste Schönheit bilden, so wie er sie gebildet hat: denn Niobe und ihre Töchter sind und bleiben die höchsten Ideen derselben.«

Den Augen Winckelmanns, die an Berninische Pathetik gewohnt waren, erschien sogar das Werk eines Skopas, von dem die Originale der Niobidengruppe wohl stammten[244], nur als Verwirklichung des Schönen und nicht als Darstellung von etwas Schrecklichem und Schwierigem. Nehmen wir unseren Standort dort ein, wo dies menschlich so schwer zu Tragende sich wahrhaft in der höchsten Schönheit zeigte, welche die griechische Kunst je erreicht hatte. Der Thron des Zeus von Olympia — des Zeus des Pheidias — war mit dem Tode der Töchter und der Söhne der Niobe geschmückt[245]. Das Bild des höchsten Gottes, das den Griechen immer als das Erhabenste galt und von dem, wenn von irgend etwas in Griechenland gesagt werden darf: »Das Gottesbild sei nicht ein willkürliches Produkt der ›Phantasie‹, sondern eine Form, mittels welcher Gott und Mensch sich begegnen«[246] — dieses Bild ruhte über solchen Szenen. An den beiden Vorderfüßen des Throns waren die Kinder der Thebaner sichtbar, geraubt von den Sphinxen, die vermutlich die Armlehnen des Throns bildeten. Unter diesen Sphinxen sah man, friesartig dargestellt an den beiden Seiten der Armlehnen, wie angenommen werden muß, die Niobiden: die Söhne hinsinkend vor den Bogen des Apollon, die Töchter getötet durch die Pfeile der Artemis.

Waren es bedeutungslose Szenen, ohne Absicht und ohne Bezug auf das Gottesbild zum Schmuck des Thrones gewählt? Wäre dem so gewesen; hätte das als Schmuck Dargestellte seine Bedeutung nicht in einem überindividuellen Bezug, sondern in einer traurigen Geschichte, die vorzukommen pflegt und die dennoch nur die besondere Geschichte der armen, zufällig eben getroffenen Menschenkinder ist: wäre es dann noch S c h m u c k gewesen? Der Philosoph, von dem erzählt wurde, er sei früher Bildhauergeselle gewesen, Sokrates, stellte sich auf einen anderen Standpunkt: er richtete die Augen auf das Individuum, den

Einzelmenschen, die Einzelseele mit ihrem Schicksal, ihrer Schuld und Sühne. Und er mußte in seinem idealen Staat, den Platon schildert, folgerichtig vor allem die Niobe-Geschichte verbieten, wie sie von Aischylos auf die Bühne gebracht wurde.

War aber Pheidias, war die griechische Kunst auf ihrem klassischen Höhepunkt in Olympia immer noch so hart und unmenschlich, oder doch so unfühlend und gedankenlos, daß am Zeusthron, zur Verherrlichung des Vaters der Götter und Menschen, Jüngling- und Mädchenopfer dargestellt werden konnten? Denn darum geht es, nicht um gerechte Strafe, wenn man das Schicksal der Niobiden und der Kinder der Thebaner betrachtet, sei es als Schicksal einer Menschengruppe, wobei nach dem Wert des Einzelnen gar nicht gefragt wird, sei es als schreckliche Einzelschicksale, wobei das Individuum das Recht hat zu fragen: wie habe ich das verdient? Sokrates muß da die Berufung auf die Macht der Gottheit als Gotteslästerung brandmarken. Aber auch vorsokratisch gesehen: nicht einmal die Macht des Zeus, des Siegers über Titanen und Giganten, wäre durch das Hinfallen der Zarten und Unschuldigen verherrlicht! Es ist ein über den Gruppen- und Einzelschicksalen stehender Bezug, der in jenen Todesszenen vom Standpunkt einer hohen religiösen, weder moralischen, noch immoralischen, sondern objektiven Kunst aus sichtbar gemacht wurde, etwas Allgemeines, doch eben darum nicht weniger Schreckliches, menschlich nicht leichter zu Tragendes. Es ist das Allgemein-Menschliche, der berühmte Gegenstand der klassischen Kunst, nicht als Abstraktion oder gar als Ideal dargestellt, sondern gleichsam auf seinen Kern reduziert, in seinem Wesen zusammengefaßt. Dies konnte man am Thron des Zeus von Olympia betrachten: den menschlichen Zustand selbst in seinem Gegensatz zum göttlichen, in Bildern des Ausgeliefertseins, wie die Thebanischen Kinder an den Todesdämon und die Niobiden an zürnende Gottheiten ausgeliefert waren ...

Niobe, wenngleich unsichtbar, ist von den Niobiden nicht wegzudenken. Und es bleibt fraglich, ob die Gestalt der Mutter, deren Anwesenheit der Mordszene erst den Charakter einer Strafszene verliehen hätte, am Relief überhaupt dargestellt war. Der Bezug und die Bedeutung des Todes der Kinder am Zeusthron machen diese zu den Vertretern des Menschengeschlechts im Gegensatz zu den Göttern, ihre Mutter aber zur allgemeinen Menschenmutter. Eine Paradoxie, denn Niobe wird von der beleidigten Mutter des Apollon und der Artemis, von Leto, die Menschenmutter von einer Göttermutter, durch keinen »unendlichen Abstand« getrennt. Sie steht in allen Versionen ihrer Geschichte den Göttern nah, sei es als Tochter des Tantalos, sei es als Urfrau. Auch Ovid läßt noch die Tantalide mit ihrer göttlichen Abstammung kaum weniger als mit der Zahl ihrer Kinder prahlen. Die Sage von ihrer Verwandlung zu einem ewig tränenden Felsen in Kleinasien blieb für die Griechen ein Zeugnis ursprünglichen göttlichen Ranges: allzusehr war die große kleinasiatische Muttergöttin mit felsigen Bergen verbunden. Ihr stand Niobe dem Ort nach, wo ihr Felsbild gezeigt wurde — im Sipylosgebirge hinter Smyrna —, am nächsten. Und kleinasiatisch ist auch der Name »Niobe«: er zeigt dieselbe charakteristische Endung, wie der Name der Königin von Troja »Hekabe« und der großen Mutter der Götter selbst, die nicht nur Kybele, sondern auch »Kybebe« hieß.

Sophokles deutet noch jenen alten göttlichen Rang an, wenn er seine Elektra rufen läßt (150):

> Io, allduldende Niobe,
> Unter Göttern nenne ich dich,
> Die weint noch, ach, im
> Stein der Gruft.

Antigone, die lebendig begraben wird, vergleicht sich auf ihrem Wege zur Felsenkammer mit der Niobe (823):

> Jammervoll, so hört ich, sei
> Gestorben Tantals Tochter, die
> Fremd aus Phrygien kam, auf
> Sipylos' Höhen.
> Wie Efeu nämlich zäh der Fels
> Bewältigte sie,
> Regen zehrt,
> So sagen sie, und nimmermehr
> Weicht der Schnee. Sie netzet das Joch

267

Unter weinender Wimper. Ähnlich ihr
Begräbt mich ein Dämon.

Aber der Chor erhebt dagegen seine Stimme und ehrt die Niobe
als etwas Höheres:

Göttin ist die, von Göttern gezeugt,
Wir aber sind Sterbliche, sterblichen Stammes[247].

Es ist uns die Nachricht erhalten, daß der kleinasiatische Stamm
der Kiliker die Niobe als Göttin verehrte[248]. Woher immer sich
das Wissen um ihre Göttlichkeit nährte, ob von dem Felsbild
am Sipylos oder von ihrem Kult in Kilikien: in der griechischen
Tragödie lebt es noch. Deshalb ist es so bedeutsam, daß Aischylos, der als dichterischer Gestalter des Stoffes dem anderen großen Gestalter, Pheidias am nächsten steht, im Niobeschicksal
gleichfalls das allgemeine menschliche Los und nicht etwa eine
gerechte Strafe exemplifiziert. Ein Bruchstück aus seiner Tragödie »Niobe« ist auf einem Papyrusblatt wiedergefunden worden, und da wird dies klar ausgesprochen[249]. Der Redende ist
eine Gottheit[250]. Seine Worte sind an die Zuschauer gerichtet,
während Niobe drei Tage lang schon stumm am Grabe ihrer
Kinder sitzt. Welche Gottheit mag es wohl sein? Dies erhellt
vielleicht aus der über Göttlichem und Menschlichem schwebenden Klugheit der Worte und außerdem noch aus einem Vasen-
bild, das die an der Tragödie Beteiligten vereinigt[251]. Man sieht
da, im obersten Streifen über die irdischen Geschehnisse erhoben, Leto, Apollon und Artemis auf der einen Seite, Zeus und
Hermes auf der anderen. Der Götterbote spielte in mehr als in
einer Tragödie des Aischylos eine Rolle. Er ist es, der auch die
Lehre erteilen konnte, welche Sokrates in Platons »Staat« ver-
wirft:

Euch sag ichs, denn ihr seid nicht ungescheit:
Den Anlaß schafft der Gott den Sterblichen,
Wenn er ein Haus zugrunde richten will.

Der Anlaß zum Auftreten des Hermes ist wohl so zu denken,
daß das ungeheuere, schon seit drei Tagen dauernde stumme

Leiden der Niobe die Götter beunruhigte und Zeus daher seinen Boten zu ihr sandte. Auch damals, als Demeter um ihre Tochter trauerte und keine Nahrung zu sich nehmen wollte, waren die Götter bestürzt und taten alles, damit Trauer und Fasten ein Ende nehme. Die Geschichte der Niobe wird im letzten Gesang der Ilias gerade darum erzählt, weil auch ihr Fasten aufhörte (613):

> Doch gedachte der Speise die Trauernde, müde der Tränen[252].

Bei Homer wird dann noch die Version von ihrer Versteinerung im Sipylosgebirge hinzugefügt. Der Umstand, daß man auch von einer getrösteten Niobe wußte, erlaubt uns, sie wiederum neben eine große Göttin, neben die Demeter zu stellen. Je mehr aber das Leiden der Niobe sich als das Leiden einer Göttin erweist, um so bedeutsamer wird sein Charakter als Strafe. Denn die Verfehlung — welche immer sie war — war im Verhältnis zu ihren Folgen doch gering. Einer solchen Strafe unterworfen sein: dieses Menschliche trennt jenes Leiden von der Trauer der Demeter und stellt es zu einem Leiden, dem zwei Tragödien des Aischylos gewidmet waren: zum Leiden des Prometheus.

Es ist merkwürdig, wie noch das späte Altertum der Verwandtschaft der beiden Mythologeme bewußt war. Der Traumdeuter Artemidor teilte die Erzählungen nach bekannter Lehre[253] in drei Klassen ein: in wahre, in unwahre und in solche, »die oft erzählt und von den meisten geglaubt werden«. Von diesen aber nennt er nur zwei: die Geschichte von Prometheus und die von der Niobe[254]. Unter den Wandgemälden des einst berühmten, heute verfallenen Columbariums der Villa Doria Pamfili in Rom gab es nur zwei, die in der räumlichen Anordnung eine vollkommene Symmetrie zeigten[255]: die Befreiung des Prometheus und die Bestrafung der Niobe. Den Parallelismus und Kontrast der beiden Szenen wiesen die Archäologen Zug für Zug auf[256] und einer von ihnen fühlte sich dadurch schon zu Gegenüberstellung von Niobe und Prometheus geführt »als Urbilder des Weibes und Mannes in ihrem Streben und Dulden[257]«: eine schematische und moralisierende Vor-Erkenntnis dessen, was sich uns heute aufdrängt und was in dieser Betrachtung genauer und schärfer gefaßt werden soll.

Ein Bild des gefesselten Prometheus, den Herakles, der Befreier, anblickt, fehlte auch am Zeusthron von Olympia nicht. Nur entsprach es da nicht dem Untergang der Niobiden, sondern wohl dem himmeltragenden Atlas. Prometheus und Atlas waren die beiden Gestalten, die das archaische Weltbild der Griechen umrahmten: der Leidende auf der einen, der ewig sich Bemühende auf der anderen Seite. Mit diesen beiden und sonst nur mit menschlich-heroischen Szenen schmückte Panainos, der Bruder des Pheidias, die Balustrade, die den Thron umgab[258]. Es sind ganz anders geartete Zeugnisse, die uns davon überzeugen, Niobe gehöre als Urfrau zum griechischen Urmenschen. In den verschiedenen Landschaften Griechenlands gab es verschiedene Überlieferungen von einem ersten Menschen. In Argos hieß er Phoroneus, er gründete die erste Stadt, brachte das Feuer und opferte als erster wie Prometheus[259]. Mit diesem Phoroneus nennt Platon die Niobe als die ersten, vor der Deukalionischen Flut lebenden Menschen[260]. Nach einer Tradition wurde Niobe für die Mutter des Phoroneus gehalten, nach einer anderen für seine Tochter und die erste Menschenfrau, die von Zeus geliebt wurde[261]. In Böotien hieß der erste Mensch Alalkomeneus und als seine Frau wird auch Niobe genannt[262]. Bekannter ist sie ebenda als die Frau eines der Thebanischen Dioskuren, der Ur-Zwillinge Amphion und Zethos[263].

Was will aber dies besagen in der griechischen Mythologie: Niobe sei eine »Urfrau«[264] — »ein Urbild des Menschen«[265] — die »Urmutter des menschlichen Geschlechtes«[266]? Es bedeutet zunächst die Auflösung der Paradoxie, die darin besteht, daß Niobe eine Göttin ist und dennoch die Trägerin des schwierigen Menschenloses: schrecklich bestraft sein wegen menschlicher Verfehlung. So war auch Prometheus. Ein Gott war auch er, einer der ältesten Götter, der Titanen. Und unsterblich wie die Götter trug er die menschliche Art des Seins als etwas Ewiges. Nur die einzelnen Menschen galten den Griechen als Sterbliche: die menschliche Weise der Existenz war für sie ewig wie das Menschengeschlecht selbst. Wenn irgendeine »Welt«, so darf die griechische mit ihren Göttern eine »Welt des Menschen« heißen[267].

Listig und leidend, wegen seiner Listen maßlos bestraft, west das Menschliche in ihr. Und das Menschliche gehört so sehr zu ihr, daß der Mensch sich sogar am Himmel wiedererkennt. Er wieder-erkennt sich in dem Beweglichsten, Wandelbarsten, dem der Dun-kelheit am meisten Teilhaftigen unter den Gestirnen. Prometheus, der Vertreter des Menschengeschlechts unter den Göttern und im Streit mit Zeus, der sich für die Menschheit einsetzende Titan, er-scheint zugleich als ein mit dem Mond verbundenes nächtliches Wesen — so sei das schon Ausgeführte[268] kurz wiederholt.

Es sei — als Arbeitshypothese für die Mitforscher — eine Skizze der möglichen Entwicklung des Mythologems vom Streit zwi-schen Prometheus und Zeus, dem Vertreter des Göttergesch-lechts, gewagt. Man denke es in einem großen mythenge-schichtlichen Zusammenhang als eine Erzählung nach dem Typ des bekannten afrikanischen Märchens[269]. »Mond und Sonne« — so lautet das als Märchen erzählte afrikanische Mytholo-gem — »sind rechte Geschwister. Sie ersannen miteinander eine List. Der Mond sagte zur Sonne: Wir wollen unsere Kinder ins Wasser werfen. Die Sonne stimmte zu. Als die festgesetzte Zeit kam, versteckte der Mond seine Kinder, suchte weiße Kieselstei-ne und tat sie in einen Sack. Die Sonne aber wußte nichts da-von und nahm wirklich alle ihre Kinder und steckte sie in einen Sack. Dann machten sie sich auf den Weg und kamen an das Ufer des Flusses. Der Mond schüttete den Sack mit Steinchen aus in den Fluß. Dadurch wurde die Sonne betrogen und schüt-tete ihre Kinder in den Fluß ...« Daher kommt es, daß der Mond seine Kinder, die Sterne der Nacht immer um sich hat, während die Kinder der Sonne, die sie früher begleiteten, als Fische die Gewässer bevölkern und die Menschen ernähren. Darauf wurde die Sonne natürlich »zornig und griff den Mond an« ...

Hesiods Erzählung vom Streit des Zeus und des Prometheus in der Theogonie gibt die gleiche urmythologische Situation wie-der. Zwei mythologische Wesen, die gleichsam Geschwister sind — denn: »Gemeinsamen Ursprungs sind Götter und sterbliche Menschen«[270] —, unternehmen etwas Gemeinsames. Der eine von ihnen ist im Besitz des allsehenden Nus, der sonnenhaften Einsicht. Dennoch wird er vom anderen überlistet. Dieser hängt dann zur Strafe an eine Säule gekettet zwischen Himmel und Erde[271]. Seine Leber — jenes »Dunkle«, das Aischylos in seinem »Prometheus« ausdrücklich so bezeichnet[272] — wird am Tage vom Adler des Zeus verzehrt, und wächst in der Nacht nach. Die Situation des zwischen Himmel und Erde »hängenden« Mondes, dessen Dunkelheit bald abnimmt, bald wächst, ist im Leiden des Prometheus immer noch da, obwohl der Überlistete bereits ein geisttragender Gott ist und der andere, der Listige, mit dem leidtragenden Geschlecht der Menschen in eine Identität trat, die sein Wesen füllt. Wir nannten die griechische Welt mit ihren Göttern eine »Welt des Menschen«. Sie ist eine göttlich-menschliche Welt: selbst das Göttliche, das Nicht-Menschliche, Mehr-als-Menschliche in ihr vermag in menschlichen Formen zu erscheinen, und auch das Menschliche in ihr, ihre dunklere Hälfte, findet den Weg in solche Göttergestalten, deren Ort ursprünglich am Himmel war. Ein solcher Vorgang macht uns in Prometheus einen einstigen »Mondgott« als »Urmenschen« begreiflich.

Wie ist aber die Niobe als »Urfrau« zu verstehen? »Leto und Niobe, gar gute Freundinnen waren sie einmal« — so begann Sappho die Geschichte der Niobe in einem Liede, welches uns nicht erhalten blieb[273]:

ΛΑΤΩ ΚΑΙ ΝΙΟΒΑ ΜΑΛΑ ΜΕΝ ΦΙΛΑΙ ΗΣΑΝ ΕΤΑΙΡΑΙ

— doch sie gerieten bald in Streit. Den Grund des Streites gibt die ganze Überlieferung in der Zahl der Kinder an. Leto besaß deren nur zwei, freilich: Apollon und Artemis. Es war nicht zweifelhaft, welche der Freundinnen die siegreiche bleiben sollte. Aber wie schrecklich war die Niederlage der Niobe! Man liest davon im letzten Gesang der Ilias (605—612):

> Ihre Söhn' erlegte mit silbernem Bogen Apollon,
> Zornigen Muts, und die Töchter ihr Artemis, froh des Geschosses,
> Weil sie gleich sich geachtet der rosenwangigen Leto:
> Zween nur habe die Göttin, sie selbst viele geboren,
> Prahlte sie, des ergrimmten die zween und vertilgten sie alle.
> Jene lagen nunmehr neun Tag' in Blut; und es war nicht,

Der sie begrub; denn die Völker versteinerte Zeus Kronion.
Drauf am zehnten begrub sie die Hand der himmlischen
Götter[274].

Die Zahl der Kinder ist also zwölf bei Homer: eine homerische
»runde« Zahl, die von ihrem kosmischen Hintergrund, den
zwölf Monaten des Sonnenjahres nicht zu trennen ist; eine Zahl
der Ganzheit, wie dies etwa darin zutage tritt, daß Achilleus
am gewaltigen, auf einem Quadrat aufgebauten Scheiterhaufen
des Patroklos zwölf Trojanische Jünglinge opfert[275]. Neben der
Zwölfzahl spielen hier indessen auch 9 und 10 eine merkwürdige Rolle: neun Tage lang müssen die getöteten Niobiden unbegraben daliegen und erst am zehnten werden sie durch die
Götter des Himmels bestattet, da das Volk, welches das angeschaut hatte, versteinert wurde[276]. Die Übertragung der Versteinerung auf die vom Schrecken erfaßten Menschen beruht auf
einem uralten etymologischen Wortspiel, welches »Volk« (λαός)
von »Stein« (λᾶας) ableitete[277]. Ja es scheint, daß ursprünglich
die Niobiden es waren — und nicht ihre Mutter —, die versteinert wurden und d a s galt als Bestattung durch die Götter.
Das schreckliche Schicksal der Niobiden wird hier außerdem mit
einer genau bestimmten Zeit — einer Siegeszeit für Leto, Apollon, Artemis, Trauerzeit für Niobe — verbunden: die Bestattung am 10. Tage bedeutet eine Periode des Schreckens, welche
ein Drittel des nach der Weise des griechischen Kalenders dreigeteilten Mondmonates einnimmt. Die auffallendsten Varianten
der Zahl der Niobiden in der sonstigen Überlieferung[278] — 14,
18, 19, 20 — lassen sich gleichfalls aus der Verbindung mit Zeiteinheiten verstehen, die so zu denken ist, daß die Zahl von Tagen zur Zahl von Kindern wurde. In der älteren griechischen
Zeitrechnung lassen sich aus 7 Tagen und aus 9 Tagen bestehende Fristen, die nebeneinander laufen, feststellen[279]. Beide
Fristen als Zeiteinheiten lassen sich von dem siderischen Mondmonat ableiten. Dieser besteht aus den 27½ Tagen, in denen
der Mond erscheint: nach oben abgerundet und viergeteilt ergibt dieser Monat vier siebentägige, nach unten abgerundet und
dreigeteilt drei neuntägige Wochen oder Fristen. Die Zahl 14,
die im griechischen Kult und Mythos auch sonst eine Rolle

spielt[280], weist auf jene Vierteilung hin: danach würden die 14 Niobiden einer Monatshälfte entsprechen.

Der volle Mondmonat besteht jedoch nicht nur aus den Tagen, in denen der Mond erscheint, sondern auch aus mondlosen Tagen und er ist mit diesen mehr als 29 und weniger als 30tägig. Die Zahl 18 ergibt ²/₃ des siderischen Mondmonates, 20 aber ²/₃ des nach oben abgerundeten, 30tägigen Monates des praktischen griechischen Kalenders, während die Zahl 19 eine Korrektion von 18 in der Richtung des wirklichen, vollen Mondmonates darstellt. Die allen diesen Zahlen zugrunde liegende Zeiteinheit ist ein Monatsdrittel von 9 bis 10 Tagen. Diese Einheit spiegelt sich in der 9tägigen Fastenzeit der Demeter oder darin, daß Letos Wehen 9 Tage lang dauerten[281] und daß Apollon als Eikadios am 20. Tage des Monats — d. h. am 10. Tage des zweiten Drittels — geboren wurde (nach der anderen, auf der Vierteilung beruhenden Zeitrechnung ist der Apollon-Geburtstag freilich der 7.)[282]. Eine Zornperiode des Apollon — und zwar des Gottes in seinem finsteren, nächtlichen Aspekt[283] —, die 9 Tage lang dauert und am 10. aufhört, schildert die Ilias (I 53/4). Eine Glanzperiode der Artemis, die ebenso lang ist und gleichfalls am 10. Tag aufhört, ist aus kleinasiatisch-griechischen Kalendern zu errechnen: vom Einzug der Artemis am 6. des Monats (Eisiteria) bis zu ihrem Abzug am 15., dem Fest der Artemis Apobatieria[284]. Die Glanzperiode der Artemis ist zugleich eine Freudenperiode der Leto. Man liest es in der Odyssee, wo der Mond aus dem Hintergrund der Götterepiphanie schon verschwand und nur sein Glanz, wie aus einer unsichtbaren Quelle, die Szene füllt (VI 102):

Wie die Göttin der Jagd durch Erymanthos' Gebüsche
Oder Taygetos' Höhn mit Köcher einhergeht,
Und sich ergötzt, die Eber und schnellen Hirsche zu fällen;
Um sie spielen die Nymphen, Bewohnerinnen der Felder,
Töchter des furchtbaren Zeus; und herzlich freuet sich
  L e t o ...

Gehörten neun solche Tage, solche N ä c h t e der Leto, herrschte sie über diese mit ihrer Tochter und ihrem Sohn, so blieb die

Freundin mit ihren 18, 19 oder 20 doch die dunklere. Nach der Variante, die der Niobe nur 14 Kinder gab, ging es sogar nur um die Hälfte: der Leto gehörte dann die hellere, glorreichere, ihrer Rivalin die dunklere, fruchtbarere, von Kindern wimmelnde. So erscheint Leto in ihrer erfüllten Herrlichkeit als Gebärerin des schönen Sohnes und zugleich im Zeichen der Artemis, der jungfräulichen Geburtshelferin, gleichsam wieder aufglänzend in der Tochter. Wir kennen auch die dunklere Leto: die in Wolfsgestalt fliehende, die bedrohte und verfolgte[285]. Wo sie aber besonders verehrt wurde, in Kleinasien, darf man sie, wie auch Artemis, in einem viel konkreteren Sinne als in Griechenland eine große »Mondgöttin« nennen und ihr die Herrschaft über die Vollmondphase zuschreiben.

Als »Mondgöttin« erschien uns nun auch die Niobe, doch nur als die Göttin der dunkleren Hälfte oder der dunkleren zwei Drittel. Ihre Herrschaftssphäre ist die des abnehmenden Mondes, der wachsenden Dunkelheit. Erkennt man die »Urfrau«, die »Urmutter des menschlichen Geschlechtes?« Sie wurde dazu, eben weil ihr jene Hemisphäre zufiel. Wie sie ihr zufiel, darüber gab es eine Erzählung. Die Geschichte dieser, vielleicht ursprünglicheren Verfehlung der Niobe hat uns ein athenischer Maler des 5. Jahrhunderts erhalten[286] (Tafel 8). Eine Kopie seiner Komposition wurde in Herculanum auf Marmor gemalt gefunden. Man erblickt da Leto und Niobe mit drei anderen Freundinnen beim Knöchelspiel — einem Spiel, von dem bald mehr gesagt werden soll. Die Namen sind beigeschrieben und so wissen wir, daß die anderen drei Knöchelspielerinnen Aglaie, Hilaeira und Phoibe heißen. Man möchte gern erfahren, was für Wesen sie sind, diese Mädchen, welche die Spiele großer Göttinnen fortsetzen durften. Die Anwesenheit der Leto hebt die ganze Gruppe in die göttliche Sphäre oder doch in jene urzeitliche, in der noch kein Abstand zwischen dem Göttlichen und Menschlichen da war, keine Trennung zweier Hemisphären.

Es sind leuchtende und durchsichtige Namen, welche die drei Unbekannten tragen, und sie selbst sind zart und schön. Sie könnten die Chariten sein, da Aglaie nach Hesiod eine der drei Chariten ist und auch ihr Spielzeug, das Knöchelchen, einer der Chariten in Elis als Attribut beigegeben wurde[287]. Die zwei anderen aber gehören ihren Namen nach einer anderen mythologischen Schwesterngruppe an. Hilaeira und Phoibe hießen die zwei Leukippiden, welche die Dioskuren Kastor und Pollux sich raubten[288]. Als eine Tochter des Leukippos galt auch Arsinoe und so waren die Leukippiden gleichfalls drei Schwestern wie die Chariten[289]. Alle drei standen in eigentümlicher Beziehung zu größeren Gottheiten. Die beiden Dioskurenbräute, Hilaeira und Phoibe erscheinen untereinander eng verbunden und auch als Töchter des Apollon[290]. Arsinoe gebar dem Apollon nach messenischer Überlieferung den Asklepios[291]. Erst später hieß es, Hilaeira sei eine Priesterin der Artemis, Phoibe der Athene gewesen. In Sparta hatten sie selbst einen Tempel, in Argos standen ihre Statuen im Tempel der Dioskuren[292]. Ihre Namen sind Mondnamen. »Hilaeira« ist ein Beiwort der Selene[293], eine Bezeichnung des Vollmondes mit der Bedeutung »mild« und »gnädig«. »Phoibe« ist bei Hesiod die Titanin, von der Leto und ihre Kinder, Artemis und Phoibos Apollon abstammen. Diese große Göttin kann aber nicht als eine jüngere Mädchengestalt neben Leto und Artemis dastehen. »Phoibe« war ursprünglich die Mondgöttin, ohne feste genealogische Bezeichnung: darum trägt diesen Namen bei den römischen Dichtern Diana[294]. Hilaeira wurde der Artemis, Phoibe der Athena als Priesterin zugeordnet. Wenn man bedenkt, daß Athena ihr größtes Fest in der Zeit der Verdunkelung um den Neumond hatte, wird man die beiden Dioskurenbräute mit dem Umlauf des Mondes auf solche Weise in Beziehung setzen dürfen, daß der Phoibe die dunklere, der Hilaeira die hellere Hälfte zufällt. Konnte neben ihnen noch eine dritte Heroine als Leukippide gelten, so machte dies der Umstand möglich, daß die Griechen den Mondmonat sowohl in zwei Hälften als auch in drei Phasen zu teilen gewohnt waren.

Mit den Chariten verhält es sich ähnlich. Einmal in ihrer kultischen Beziehung zu den Dioskuren. Diese hatten ein gemeinsames Heiligtum mit ihnen in Sparta[295], ebenso wie mit den Leukippiden in Argos. Sodann variiert auch die Zahl der Chariten zwischen 2 und 3. Die Spartaner verehrten zwei Chariten[296]. Sie nannten sie Kleta und Phaenna: zwei Namen mit klarem Bezug auf die Mondgöttin. Diese war »Kleta«, die »Gerufene« — nämlich in der Neumondzeit[297]. Und sie war auch »Phaenna«, die »Glänzende«, so genannt wohl in der helleren, wie sie »Kleta« in der dunkleren Monatshälfte genannt wurde. Von den Athenern wird gleichfalls überliefert[298], sie hätten zwei Chariten: »Auxo«, die »Wachsende« und »Hegemone«, die »Voranschreitende«. »Auxo« ist der Mond in der ersten Monatshälfte: wachsend und das Wachstum fördernd. »Hegemone« ist in Sparta und in Arkadien ein Beiwort der Artemis[299], dessen Sinn darin liegt, daß der abnehmende Mond der Sonne voranschreitet. Er geht früher auf als sie und geht vor ihr unter. Meistens aber sind die Chariten drei. In dieser Zahl wurden sie im böotischen Orchomenos, auf ihrem berühmten Kultort verehrt. Als drei Schwestern kennt sie Hesiod, während Homer ihre Zahl unbestimmt läßt und die Mondbeziehung, wie auch bei Leto und Artemis, in sein Weltbild nicht aufnimmt. Auch die Namen, die Hesiod nennt — Aglaie, Euphrosyne, Thalie — spiegeln nicht mehr auf urtümliche Weise drei Mondphasen. Erfleht Pindar das »reine Licht der Chariten«[300], so meint er damit Geistigeres als das Mondlicht. Der Dichter Antimachos gibt wiederum Eltern der Chariten, die zu Mondgöttinnen passen: den Helios und die Aigle[301]. »Aigle« ist das »Licht«, auch das Licht des Mondes[302]. Doch selbst g e i s t i g bleibt das Geschenk der Chariten das n a t u r h a f t e s t e Geistige: die unbeschreibliche Charis. Solches hat der Reigen des wechselnden Mondes, das himmlische Urbild des Charitentanzes, in griechische Schau und griechische Bewegung aufgenommen, hervorgebracht.

Viele sind der schwesterlichen Dreiheiten der griechischen Mythologie, die jenen Ur-Reigen verkörpern. Zu diesen Dreiheiten seien die drei Spielgefährtinnen des Göttinnenpaares Leto und Niobe gestellt. Dreiheit und Paar erscheinen da vereinigt, doch gehören die Drei enger zusammen. Sie sind sichtlich die Jüngeren. Phoibe ist kleiner als Niobe oder Leto. Im Vordergrund knien Aglaie und Hilaeira. Sie sind ins Spiel versunken. Leto, Niobe und Phoibe stehen im Hintergrund. Die Situation ist vom Bilde klar abzulesen. Gespielt wird das Fünfsteinspiel. Fünf Knöchelchen werden dabei in die Luft geworfen und mit dem Handrücken aufgefangen. Nicht Aglaie und Hilaeira sind das erste Paar, welches hier spielte. Von einem früheren, unterbrochenen Spiel übriggebliebene Knöchel liegen auf dem Boden. Leto, die mit finsterem Gesicht Dastehende, tritt zwischen sie. Niobe, von Phoibe mild gedrängt, sucht die Erzürnte zu versöhnen. Leto und Niobe waren es offenbar, die das frühere Spiel gespielt und nicht beendet hatten. Denn jemand mußte verlieren und diejenige, die in jenem Spiel die Verlierende sein sollte, wollte nicht weiterspielen und beleidigte damit die schon Siegende. Es konnte nur die Niobe sein, die auf diese Weise die Gesinnung zeigte, welche sie für immer charakterisieren sollte: das immer nur siegen Wollen, die Philonikia. Die Jüngeren spielen weiter. Eine wird immer die Verlierende sein und weichen müssen. Und die Siegende wird mit der folgenden Partnerin weiterspielen, bis sie ebenfalls unterliegt. Die Runde wird jedoch wieder beginnen: ein Spiel — so erscheint es durch den Reigen der Drei- und Zweiheiten gesehen —, das nicht der Sieger allein, sondern auch der Verlierer gewinnt. Selbst Niobe möchte wieder eintreten in den Reigen, den sie unterbrach ...

Ihre tragische Verfehlung war, daß sie die Runde auseinanderfallen ließ. Sie wollte nur die eine Hälfte haben: die hellere. Und sie blieb auch in e i n e r befangen. Ihr Mythologem wird uns auf diese Weise sinnvoll. Als Mondgöttin, bei welcher der düstere Aspekt vorwog, gehört Niobe nach Kleinasien, wo sich die Spuren ihres Kultes erhielten und wo auch ihr Name seine sprachlichen Parallelen hat. Die Griechen aber erkannten in ihr die Ur-Menschenmutter, einen Aspekt des Weiblichen im Menschen: jenes Weibliche, das die Leiden auf der Erde als die Leiden einer Mutter, doch nicht als Geburtswehen, sondern als Seelenleiden trägt. Zu solcher Leidträgerin, angeschaut am Himmel, außerhalb des Menschen, wurde die Mondgöttin. Denn leicht füllt sich der Mondkelch in unserer Welt, wenn diese sich zu einer Welt des Menschen wie in Griechenland erhebt, mit Menschlichem. Wer da in e i n e Hemisphäre gebannt ist — und sei er ein Gott oder eine Göttin —, hat die ewige Wiederkehr nicht und beklagt erstarrt, ein Urbild des Menschenloses, das Sterben der Töchter und der Söhne unaufhörlich.

1946

278

Nachdenkliche Romfahrer des vorigen Jahrhunderts besuchten
gern das Columbarium der Villa Doria Pamfili an der Via Au-
relia und vertieften sich in die Betrachtung der flüchtig und
primitiv gezeichneten Gestalten der Niobe und des Prometheus.
Nicht etwa nur der philosophische Bachofen, der hier Inspiration und Stoff zu seiner Gräbersymbolik fand, sondern auch
Archäologen wie Brunn, Jahn, Stark waren von den beiden
Darstellungen tief beeindruckt. Ihr Nebeneinander mußte, im
Vergleich mit dem mehr zufälligen Durcheinander der übrigen
Szenen des Gewölbes[303], jedem Betrachter als betont erscheinen.
Ein Produkt derselben späten Zeit, das Traumbuch des Artemidor, führt wohl nicht ohne Grund gerade Prometheus und Niobe nebeneinander an, als Beispiele solcher Erzählungen, die »von
den meisten geglaubt werden«[304].
Die beiden schon im Altertum miteinander verbundenen Gestalten erscheinen besonders geeignet, prinzipielle Fragen der Wissenschaft der Mythologie an ihnen zu erörtern. Die Hauptfrage,
die dem Erforscher der Mythologie heute zur Beantwortung
aufgegeben ist, betrifft jene Welt selbst, der solche Bilder zuge-
hören. Welchen geistigen Wert hat die Welt der Mythologie für
uns? Welchen geistigen Wert — im emphatischen Sinne des Wortes »geistig«, wonach nicht die Häufung unserer Kenntnisse für
geistig erachtet wird, sondern der Fortschritt zu einer Klarheit,
die zugleich größere Weisheit bedeutet. Was den Griechen im
Bilde des Prometheus und der Niobe erschienen ist, braucht dabei nur andeutungsweise wiederholt zu werden. Es ist die mit
unvermeidlichem Leiden behaftete menschliche Weise des Exi-
stierens, die Prometheus uns in ihrer männlichen, Niobe in der
weiblichen Form zeigt. Jene Züge hervorzuheben, welche diese
beiden Urbilder vom traditionellen Bilde des Empörers und der
überheblichen Frau, von dem Prometheus Goethes und Shelleys,
von der Niobe Ovids und Dantes unterscheiden, soll in der folgenden grundsätzlichen Betrachtung nicht versäumt werden.
Zuvor aber müssen wir uns um die Klärung gewisser Begriffe

bemühen, die man bei der Behandlung von Themen wie diesen anzuwenden hat. Das Wort »Bild« gebrauchten wir und gebrauchen im Folgenden im Hinblick auf das Visuelle, das der mythologischen Tradition der Griechen besonders eignet: einer Tradition, die ja hauptsächlich von Bildhauern, Malern und sehr visuellen Dichtern, ja Bühnendichtern überliefert erhalten blieb. Unter dem Wort »Gestalt« verstanden und verstehen wir etwas nicht in gleichem Maße Visuelles. Die Gestalten, die den Namen »Prometheus« und »Niobe« trugen, standen nicht nur in sichtbaren Bildern da, sondern waren zugleich Held und Heldin gewisser Erzählungen, die in den mannigfaltigsten Variationen vorgetragen werden konnten und dennoch nicht weniger von der »Gestalt« des Helden oder der Heldin bestimmt waren. Diese Erzählungen, die man — mit der griechischen Wortzusammensetzung aus »Mythos« und »Logos« — am besten »Mythologeme« nennt, stellten die Gestalt ihres Helden oder ihrer Heldin nicht etwa nur so dar, als wäre sie ein bloßes »Bild«, sondern führten sie gleichsam in einem fließenden Stoffe aus.

Über »Mythos« und »Logos« höre man einen modernen Romandichter und Denker, Hermann Broch sprechen, in seinem bedeutenden Aufsatz »The Heritage of Myth in Literature«[305]: »Im Mythos werden die Grundwahrheiten der Seele ihr selber offenbar; sie erkennt sie in den Geschehnissen der Welt und der Natur wieder und verwandelt sie in Handlung. Der Verstand begreift in einem parallelen Vorgang die Prinzipien der Logik als s e i n e Grundwahrheiten; er erkennt diese Logik in der äußeren Welt in der Verkettung von Ursache und Wirkung und wird auf diese Weise fähig, sie zu meistern. Mythos und Logos sind die zwei Archetypen des Gehaltes und der Form, sie spiegeln einander gegenseitig und sind auf eine wunderbare Weise vereinigt in dem menschlichsten aller Phänomene: in der Sprache.« Mythologeme sind — um dies sofort hinzuzufügen — nicht weniger und nicht mehr »Mythos und Logos« als die Sprache selbst: sie vereinigen die innere und die äußere Welt und werden logisch verständlich erzählt. Über diese notwendige Einschränkung des heute allzufreien Gebrauchs des Wortes »Mythos« hinaus sei noch eine wichtige Unterscheidung gemacht: die Unterscheidung zwischen der Bedeutung, in der das Wort vom genannten zeitgenössischen Denker und jener, in der es von Jacob Burckhardt angewandt wird[306].

»Die wahre, unerreichbare Größe des Griechen ist sein Mythos; etwas wie seine Philosophie hätten Neuere auch zustande gebracht, den Mythos nicht.« Der »Mythos« im Sinne dieses schönen Satzes von Burckhardt neben die Philosophie gestellt, wird am besten mit dem längst eingebürgerten griechischen Wort »Mythologie« bezeichnet. An den Mythologemen, die den Gehalt des großen Mythos der Hellenen — ihre M y t h o l o g i e — ausmachen, hatte auch der Logos seinen Anteil. Und wie die einzelnen Mythologeme, so wurde auch die Mythologie eines Volkes — also der »Mythos« im Sinne Burckhardts — bestimmt durch Gestalten, die wohl in Bildern erscheinen konnten, aber auch als unsichtbare gestaltende Prinzipien wirksam waren. Die Psychologie glaubt heute zu erkennen, daß auch der »Mythos« im Sinne Brochs — die Mythologie der Seele, nicht nur die Mythologie eines bestimmten Volkes — daß auch diese in den Seelen lebende Mythologie von »Gestalten« bestimmt wird. Bestimmt, so lehrt diese moderne Psychologie, von formenden Elementen, deren Wirksamkeit in den Betätigungen der Seele, in ihren Träumen und Visionen ebenso wie in ihren künstlerischen Schöpfungen oder in der Gestaltung des Lebens der Einzelnen, immer wieder festzustellen sind. C. G. Jung hat solche bestimmenden Gestalten »Archetypen« genannt. Der Begriff soll, neben denjenigen des »Bildes« und der »Gestalt«, im Folgenden gleichfalls in Betracht gezogen werden.

Der Mythologie eines Volkes eignen drei Merkmale: sie ist nie ohne Logos, wenngleich voller scheinbarer Widersprüche; sie wird von »Gestalten« bestimmt, die — wie die Gestalten des Prometheus und der Niobe — die hauptsächlichen Widersprüche bereits in sich enthalten; und unter archaischen Verhältnissen, wie sie bei gewissen Völkern noch zu Anfang dieses Jahrhunderts anzutreffen waren, bestimmt sie ihrerseits das menschliche Leben. Die Mythologie der Seele zeigt dieselben Merkmale, wenngleich nicht mehr so rein und ungestört: sie ist nicht ohne Logos, wenn sie ihn auch in den Formen einer Nacht-Logik des Traums (so lautet die glückliche Ausdrucksweise Brochs) verbirgt; als gestaltende Prinzipien herrschen in ihr die Archetypen, die jedoch nicht ohne weiteres mit Göttergestalten gleichzusetzen sind; das Leben der Einzelmenschen steht zwar unter dem Einfluß der Archetypen, da sich aber dieser nicht in der Helle des Bewußtseins auswirkt, birgt er auch viel größere Gefahren für die Einzelnen und manchmal auch für die Gesamtheit, als die Wirkung jener bestimmenden Gestalten der Mythologie eines Volkes in sich barg, welche noch eine unmittelbare soziale Funktion ausübten. Die angedeuteten Gefahren gehören in das Gebiet der praktischen Psychologie und nicht in unsere rein theoretischen Ausführungen, deren Ziel freilich auch die Vermehrung der Helle durch begriffliche Klarheit ist.

Wir meinten vorhin jene urtümliche soziale Funktion der Mythologie, die Bronislaw Malinovski auf Grund seiner Erfahrungen geschildert hat. »Der Mythos in einer primitiven Gesellschaft« — so lernen wir aus seiner meisterhaften Darstellung[307] —, »das heißt in seiner lebendigen primitiven Form, ist keine bloß erzählte Geschichte, sondern eine gelebte Realität. Er ist nicht von der Art einer Erfindung, wie wir sie heute aus unseren Romanen kennen, sondern lebendige Wirklichkeit, von der geglaubt wird, sie sei in Urzeiten Ereignis gewesen und beeinflusse seither unablässig die Welt und die Schicksale der Menschen... Nicht eitle Neugier erhält diese Geschichten am Leben, die nicht als erfundene, aber auch nicht als wahre Erzählungen gelten. Vielmehr stellen sie für die Eingeborenen die Aussage einer ursprünglicheren, größeren und wesentlicheren Wirklichkeit dar, die das gegenwärtige Leben, Schicksal und Wirken der Menschheit bestimmt und deren Kenntnis die Menschen mit Motiven ritueller und sittlicher Handlungen sowohl wie mit Anweisungen zu deren Ausführung versieht.«

Damit sind wir bereits bei Prometheus. Denn was der Ethnologe Malinovski in bezug auf die mythologischen Gegebenheiten unter archaischen Verhältnissen feststellte, wie er sie auf den Trobriand-Inseln noch selbst beobachten konnte, paßt genau auf das Mythologem vom Opfer des Prometheus, dem Ur-Opfer der Griechen. Freilich: eine ethnologische Parallele besagt, selbst bei genauester Entsprechung der Form, nur dann etwas für das Verständnis des antiken Stoffes, wenn bei dem betreffenden anderen Volk ein ganz klarer Sinn demjenigen Sinn entspricht, der auf Grund der antiken Überlieferung wenigstens annähernd ermittelt werden konnte. Und es kann sich auch umgekehrt verhalten: es kann jener Sinn im Altertum klarer ausgesprochen sein als bei heutigen Primitiven. Gerade dieser Fall scheint bezüglich des Opfers des Prometheus vorzuliegen. Man erkannte die große Ähnlichkeit mit einem Jägerbrauch nordasiatischer Völker[308] und stellte verschiedene Vermutungen über den Sinn jenes nicht-griechischen Brauches an[309], die jedoch alle nicht zum paradoxen Charakter des prometheischen Opfers passen wollten: eines Opfers, das zugleich Betrug ist.

Dieser Charakter entspricht vielmehr einer Eigenschaft, die zur »Gestalt« des Prometheus gehört: der prometheischen Verwegenheit. Prometheus ist Betrüger und Dieb: diese Wesensmerkmale seiner Gestalt bestimmen alle Erzählungen, die von ihm handeln. Und der Sinn seiner seltsamen Opferhandlung, wodurch die Götter um die schmackhaften Teile des Opfertieres betrogen wurden, besagt nichts anderes als dies: daß das Opfer der Menschen das Opfer von verwegenen Dieben ist, Dieben an dem sie umgebenden Göttlichen, denen die eigene Verwegenheit maßloses, unvorhergesehenes Leid bringt. Das Feuer wurde ursprünglich zum Zwecke dieses Opfers gestohlen[310]. Doch der es stahl, Prometheus, brachte mit ihm zugleich den Menschen die Zivilisation. Zu der Gestalt des verwegenen Begründers der menschlichen Zivilisation gibt es genaue ethnologische Entsprechungen: ganz eklatant in der Person des Mondheros verschiedener nordamerikanischer Stämme[311]. Getrost dürfen wir also den Mondcharakter auch dem Prometheus zuschreiben, der ja in seinem griechischen Bilde noch erkennbar ist: an eine Säule gekettet hängt der titanische Meisterdieb zwischen Himmel und Erde und seine Leber, die am Tage vom Adler verzehrt wird, wächst in der Nacht[312].

Auch für die Griechen war die Erzählung von diesem urzeitlichen Opfer Aussage einer ursprünglicheren, größeren und wesentlicheren Wirklichkeit, durch die das Leben, das Schicksal und Wirken der Menschheit bestimmt wurde und deren Kenntnis die Hellenen mit Anweisungen für ihre Opferhandlungen versah. Die Entsprechung zu dem ethnologischen Stoff könnte kaum genauer sein. Wieder aber ist es das griechische Mythologem, das die Antwort auf die Frage enthält, wieso jene urzeitliche Begebenheit ein derart fortwirkendes Vorbild zu sein und Leben und Schicksal der Menschheit so entschieden zu bestimmen vermochte. Nicht zufällig vertritt Prometheus in diesem Mythologem vom ersten, vorbildlichen Opfer die Menschen. Vielmehr bildet er — das zeigt die Analyse der Erzählung bei Hesiod[313] — mit seinem Bruder Epimetheus und der Menschheit zusammen eine ungeschiedene Einheit. Epimetheus gehört zu Prometheus wie der andere Aspekt einundderselben »Gestalt«. Auch neben dem nordamerikanischen Mondheros erscheint, unsere Auffassung bestätigend, ein minderwertiger Bruder oder Begleiter. Die Doppelgestalt Prometheus-und-Epimetheus stellt das Menschengeschlecht, genauer: das Männergeschlecht dar, welches zur Strafe die erste Frau erhält. Schlauheit und Dummheit kennzeichnen, einander ergänzend, das Menschentum. Ohne prometheische Schlauheit und ohne epimetheische Dummheit gäbe es überhaupt keine Menschheit: Prometheus mußte das Feuer stehlen, Epimetheus das Weib in Empfang nehmen, die Verwegenheit des einen und die Nachlässigkeit des anderen waren unvermeidliche Bedingungen der Existenz derer, die eben darum ein unablässig gestraftes Dasein haben. Wer aber ist in der griechischen Mythologie das exemplarische Opfer einer Strafe, die ebenso gerecht und ungerecht, verdient und nicht verdient ist wie das Leiden, welches dem Menschen als Menschen zuteil wird? Auf einmal verstehen wir das B i l d des Prometheus: es ist das Bild der *condition humaine,* eines Zustandes, dem völlig zu entrinnen kein Mensch vermag.

Prometheus war für die Hellenen genau dasjenige, was in der späteren griechischen Sprache das Wort »Protanthropos« bezeichnete: der göttliche »erste Mensch«, ein »Urmensch«, der als himmlisches Wesen sich über die wimmelnden kleinen »Urmenschen« erhebt und sich zugleich für sie einsetzt, sich mit ihnen identifiziert[314]. Der gleiche Sachverhalt kommt zum Ausdruck, wenn er Vater des Deukalion und somit des Menschengeschlechts genannt wird[315]. Ihrerseits galt Niobe als die Mutter des Menschengeschlechts[316]. Und so zeigt ihr Bild die menschliche Weise des Daseins in ihrer weiblichen Spielart. Prometheus und Epimetheus repräsentieren dieselbe Weise vereint in einer männlichen Gestaltung. Das »Bild« ist indessen weder in dem einen noch in dem anderen Fall als eine bloße Spiegelung oder reine Abschilderung des menschlichen Zustandes zu betrachten, denn es hat einen über das Vergänglich-Menschliche noch hinausgehenden Gehalt. Träger der Bilder sind ein Gott und eine Göttin. Prometheus gehört in die Reihe alter Himmelsgötter, der Titanen, und darf als ein Aspekt des Mondes betrachtet werden. Die seltsame, in der ganzen griechischen Mythologie allein dastehende Geschichte von der Bestattung der Niobiden durch die Himmelsgötter in der Ilias und die in Zusammenhang damit — und mit ihnen — überlieferten Zahlangaben verraten, daß auch die Niobe einen Mondaspekt dargestellt hatte[317]. Es ist zwar in beiden Fällen das Ergebnis der Interpretation der Texte des Prometheus- und des Niobe-Mythologems, aber auch die Kenner der lyrischen Dichtung und der Träume werden den Satz bestätigen, daß gerade der Mondkelch mit all dem Dunklen und Schmerzlichen sich leicht anfüllt, welches das menschliche Dasein kennzeichnet.

Eine Welt des Menschen: das ist die Welt der Mythologie. Eine derart am Menschen orientierte, so offensichtlich anthropomorphe Welt, daß sie uns der Frage entbindet: ist sie nicht ein Werk des Menschen? Selbstverständlich ist sie das! Aber nicht der W u n s c h des Menschen war es, der dieses Werk ausschließlich oder doch vorherrschend bestimmte. Welcher »Wunsch« hätte Bilder hervorgebracht, wie die des Prometheus oder der Niobe? Freilich sind diese Bilder griechisch. Sie zeugen nicht von unbegründeter Furcht vor oder übermäßiger Beschäftigung mit dem Dämonischen, sondern von einer Art Realismus, der unter dem »Realen« zunächst das dem Menschen Unliebsame, das Harte und Nicht-Menschliche versteht. Die Erkenntnis des Harten und Nicht-Menschlichen ist mit der Gestalt des Prometheus vorausgesetzt, mitvorausgesetzt aber auch die Idee der Freiheit, die Prometheus verkörpert. Sein berühmter Trotz ist Ausdruck dessen, daß er von Anfang an g e g e n etwas steht: gegen das Harte und Nicht-Menschliche, gegen die Götter, die nicht Menschen sind wie er, der Gott-Mensch. Darin allein schon liegt die Aufhebung der Selbstverständlichkeit dieses Zustandes, die Idee der Freiheit. Sie gehört zum Wesen nicht nur des griechischen Prometheus, sondern auch des nordamerikanischen Mondheros, der bei den Menomini den Namen Mänäbus trägt. Von diesem lesen wir in jener Wiedergabe seines Mythologems, in dem der Wiedererzähler mit gutem Grund schon die griechisch-mythologische Ausdrucksweise verwendet[318]: »Schon bald nachdem er auf die Erde gesetzt ist und sich zusammen mit dem Wolf, seinem Begleiter, allen Anforderungen gewachsen fühlt, erhebt sich sein Selbstbewußtsein zu dem mehr als prometheischen Stolz: ›Es gibt keine Götter, wir selbst sind Götter!‹«

Eine höchst paradoxe Situation offenbart sich in solchen Mythologemen: in seinem Wesen die Idee der Freiheit enthaltend und dennoch so wenig abgesondert, so sehr v e r w o b e n weiß sich der Mensch in der Welt der Mythologie, daß er seinen Prototyp, den Vater des Menschengeschlechts und den Begründer der menschlichen Zivilisation, in einem Wesen verehrt, welches auf irgendwelche Weise mit dem Monde identisch ist. Wir müssen die Frage, die uns vom Anfang an gleichsam im Hintergrund beschäftigt, jetzt mit aller Schärfe stellen: Welchen geistigen Wert kann die wissenschaftliche Erkenntnis einer Welt haben, die ganz und gar auf dieser paradoxen Situation des Menschen beruht? Wäre es nicht besser, eine solche Welt, die Welt der Mythologie und der antiken Religion, mit allen Paradoxien, die sie enthält, als ein Nichtwissenswertes völlig versinken zu lassen? Im allgemeinen kann diese Frage mit einem Hinweis darauf beantwortet werden, daß W i s s e n noch nie der Wissenschaft — in unserem Fall: der Wissenschaft von dem Menschen, der Anthropologie, und der Wissenschaft von den antiken Menschen, der klassischen Altertumswissenschaft — geschadet hat. Doch um die Frage auch spezieller beantworten zu können, sei neben die Welt der Mythologie eine andere gestellt und die Situation des Menschen in der einen und in der anderen miteinander verglichen.

In der Spätantike, die in den heidnischen Gräbern das Bild des Prometheus und der Niobe nebeneinanderstellte, erschien die menschliche Existenz nicht tröstlicher und heiterer als in den Zeiten, die jene tragischen Szenen der griechischen Mythologie geschaffen hatten. Es tritt indessen die Möglichkeit einer neuen Situation des Menschen und mit ihr zugleich eine neue Art der

Mythologie oder vielmehr eine völlig andere Gattung, welche die Mythologie ablöst, eben damals in Erscheinung. Die neue Gattung heißt Gnosis[319]. Sie hat einen mehr der Mythologie und einen mehr der Philosophie zugewandten Aspekt.[320] Die neue Situation des Menschen wird in der Gnosis, die gern alte Mythologeme, meist orientalischer Herkunft, verwertet, in zwei Gruppen von Bildern angedeutet. Die eine Gruppe hat ein mythologisches Wesen mit dem Namen »Anthropos«, der »Mensch«, zum Helden, die andere berichtet von einer Göttin, die auch Helena genannt wird und ebenso wie der Gott Anthropos in die böse Welt geschleudert wurde und wie er befreit werden und wieder aufsteigen soll. So wird die Situation des Menschen auch in der Welt der Gnosis in männlichen und weiblichen Gestalten versinnbildlicht. Darauf beschränkt sich aber die Analogie, denn die Situation ist eine völlig andere als die war, welche durch die Gestalten des Prometheus und der Niobe angedeutet war. Der Mensch ist nicht mehr »verwoben«, sondern gänzlich abgesondert. Was ihm in der mythologischen Situation nur hart und nicht-menschlich gegenüberstand, wird jetzt böse und feindselig.

Es soll jetzt nicht gezeigt werden, wie sich die Welt für den Gnostiker verfinsterte und teuflische Züge annahm; nur die grundsätzliche Preisgabe des Kontaktes mit der Welt sei betont. Auch bleibe unentschieden, ob der Kontakt preisgegeben wurde, weil die Härte der Welt eine Unerträglichkeit erreichte, die schon an sich teuflisch war, oder ob die Welt erst verteufelt wurde, nachdem der Mensch selbst kontaktlos geworden ist. Die Situation der Kontaktlosigkeit wird von den Gnostikern mit einem Ausdruck bezeichnet, der im heutigen Stadium der europäischen Philosophie eine terminologische Bedeutung erlangt hat. »Gnosis ist« — so heißt es in den Exzerpten aus Theodot — »die Erkenntnis, wer wir waren, was wir wurden; wo wir waren und wohin wir g e w o r f e n  w u r d e n (ποῦ ἐνεβλήϑημεν)«[321]. Wobei nicht zu vergessen ist, daß die Gnosis, in der die klare Bezeichnung der Situation der »Geworfenheit« auf diese Weise auftaucht, der Philosophie gegenüber ebenso eine besondere Gattung darstellt, wie beide gegenüber der Mythologie.

Die bezeichnete Situation des Gnostikers darf insofern falsch genannt werden, als es auf der Erde kein Dasein gibt ohne synchronistischen Kontakt mit dem »umgebenden Göttlichen«, wie die Naturwelt um den Menschen im Sinne der Mythologie zu nennen ist, und ohne den genealogischen Kontakt innerhalb des Menschengeschlechts. Antik gedacht wäre dieser Zustand nicht etwa als »Befindlichkeit« zu bezeichnen, denn wer sich irgendwo befindet, kann deswegen noch immer die Eigenschaft eines »trüben Gastes« haben und das würde wiederum nur der Gnosis, nicht aber der Mythologie entsprechen. Durch den synchronistischen ebenso wie durch den genealogischen Kontakt ist eine vielfache Verwobenheit gegeben. Diese »Verwobenheit« ist die Voraussetzung der Mythologie. Der Gnostiker verneint sie und hält sich dafür um so fester an die jenseitige Quelle seiner Existenz. Dementsprechend verwendet er die Mythologie, um seiner eigenen, besonderen Art von Verbundenheit Ausdruck zu geben, als wäre auch diese eine »Verwobenheit«, nur eben mit einer übersinnlichen Welt. So bleibt die Mythologie auch innerhalb der Gnosis noch die Sprache eines menschlichen Zustandes, zu dem ursprünglich Verwobenheit in d i e s s e i t i g e m Sinne gehörte. Die Philosophie kann die Mythologie nicht in der Weise in sich aufnehmen, wie es die Gnosis vermocht hatte. Die Geschichte der Philosophie kennt einzelne Versuche großer Philosophen, mit der Mythologie umzugehen und sie der Philosophie gewissermaßen einzuverleiben. Es seien nur die beiden Namen Schelling und Nietzsche genannt, obwohl in der Geschichte der geistigen Wertung der griechischen Götterwelt auch die Verdienste Hegels von großer Bedeutung sind. Schelling ging es nicht um die Erhellung des menschlichen Zustandes, als er seine Philosophie der Mythologie schuf, sondern um die Mythologie selbst, was indessen zunächst noch die Aufgabe einer besonderen Wissenschaft der Mythologie sein muß, ehe es eine solche der Philosophie sein kann. Nietzsches Bemühung hingegen galt von vornherein dem menschlichen Zustand. Seine Art, die Mythologie in das philosophische Denken einzuführen, hängt indessen über die Philosophie Schopenhauers und deren christliche Vorgänger eher mit der Gnosis zusammen und nimmt — unbewußt — auf einer hohen, dichterischen Stufe gnostische Art wieder auf. Es ist gnostische Art, wenn er bewußt mythologische Namen wählt, um sie als Symbole im eigenen, für ihn charakteristischen Philosophieren zu verwenden[322]. Nur sucht er mit seiner »Ariadne« nicht, wie Simon Magus mit seiner »Helena«, die Verbindung mit der übersinnlichen Quelle seiner Existenz zu gewinnen, sondern mit einer anderen, die mit dem Worte »sinnlich« zwar nicht unrichtig, aber wohl ungenügend bezeichnet wäre, da sie mit dem sinnlichen auch einen seelischen Aspekt zeigt.

Prometheus und Niobe sind diejenigen mythologischen Gestalten, die zwei Eigenschaften der Mythologie am deutlichsten manifestieren: ihren paradoxen Realismus sowie die Tatsache, daß sie die Sprache des menschlichen Zustandes in jenem Aspekt ist, den wir »Verwobenheit« nannten. Die Voraussetzung philosophischer Wertung und Verwertung der Mythologie ist in der Erkenntnis dieser beiden Eigenschaften beschlossen. Dabei beleuchtet die Tatsache, daß die menschlichsten Göttergestalten der griechischen Mythologie ursprünglich Mondgottheiten waren, zugleich eine historische Entwicklung, die für die Griechen besonders kennzeichnend ist: sie zeigt, daß der Zustand des Menschen es war, was zur Zeit der Entstehung der griechischen Mythologie immer wichtiger wurde, wichtiger als die Begebenheiten am Himmel. Die Beziehung des Urvaters und der Urmutter zum Monde ergab sich aus der Interpretation der griechischen Überlieferung und fand ihre Bestätigung in ethnographischen Parallelen. Sie ist indessen einer älteren Welt zuzuweisen als dem hellenischen Kosmos, wo sie verborgen im Hintergrund bleibt. Zwei Urbilder der m e n s c h l i c h e n  W e i s e  d e s  D a s e i n s treten in den Vordergrund und werden zu Sinnbildern eines wissenden, griechischen Humanismus.

Das Wort »Urbild« hat in diesem Fall nicht dieselbe, doch eine ähnliche Bedeutung wie »Archetypus« in der Psychologie von C. G. Jung. Die Archetypen sind nach Jung bestimmende Formen der Seele, zugleich aber auch energiebeladene Mächte, die auch unerkannt in der Seele wirken. Ja sie wirken, solange sie im Unbewußten verbleiben, noch mächtiger als wenn sie einmal bewußt geworden sind. Der Psychologe hielt sich in seiner Forschung, die in immer tiefere Schichten der Seele vordrang, folgerichtig innerhalb des Menschen und stellte dessen genealogischen Kontakt auch theoretisch her. Die anthropologische Bedeutung der neuesten psychologischen Forschung — auch der von Leopold Szondi — besteht darin, daß sie den Kontakt des Individuums mit der Vergangenheit des Menschengeschlechtes wissenschaftlich verwertbar macht. Die psychologischen Begriffe des kollektiven Unbewußten und des damit zusammenhängenden Archetypus setzen diesen Kontakt voraus. Archetypen sind — laut der Hypothese Jungs — wirkende Mächte des ererbten Allgemein-Menschlichen in uns. Je tiefer man aber auf dem Wege der historischen Forschung in die Vergangenheit eindringt, um so offensichtlicher tritt einem die Verbindung von Bildern mit diesen Mächten entgegen, welche, insofern sie unbewußt wirken, auf Grund der angeführten Hypothese dem kollektiven Unbewußten zuzuschreiben sind. Unsre Zeit ist durch etwas anderes gekennzeichnet: durch »Tun ohne Bild« (Rilke, *Duineser Elegien* IX). Überall da jedoch, wo die Mythologie noch in die Gegenwart hereinreicht, handelt man immer noch nach Bildern.

Die Macht der Bilder beruht heute fast ausschließlich auf den Archetypen des kollektiven Unbewußten, mit anderen Worten: auf dem genealogischen Kontakt mit der Vergangenheit. In mythologischen Zeiten wuchs solche und noch größere Macht den Bildern nicht nur aus der Vergangenheit zu, sondern ebenso aus dem Kontakt mit Gegenwärtigem: aus dem, was wir synchronistischen Kontakt genannt haben und was Leo Frobenius auszudrücken suchte, als er von der erziehenden Macht der den Menschen umgebenden Naturwelt und von »Ergriffenheit« sprach[323]. In der Mythologie treten vollere Urbilder auf als jene Archetypen: welterfüllte Gestalten, machtvolle Weltaspekte, die durch Projektion seelischer Inhalte allein ebensowenig zu gewinnen waren wie durch — falls solches überhaupt möglich ist — kontaktloses Beobachten. »Welt« ist dabei im ursprünglichen Sinne des Wortes[324] immer als »Welt des Menschen«, und der Mensch im Zustand einer Aufgeschlossenheit zu verstehen, eines Offenseins nach außen, welcher nicht der »Geworfenheit«, sondern der »Verwobenheit« entspricht.

Die griechische Mythologie liefert uns den Beweis, daß dem Menschen in diesem Zustande sogar seine eigene Existenzweise gleichsam von außen her als ein Aspekt des wandelbaren, sich verdunkelnden Mondes, und dann als ein immer klareres, erfahrungsmäßiges Bild von der Art entgegentreten kann, wie menschliche Existenz sich seit Urzeiten verwirklicht. Ein solches der Erfahrung entsprechendes Bild ist auch ohne bestimmende Macht auf die Seele denkbar. Es braucht kein Archetypus zu sein oder dazu zu werden, es kann gleichsam draußen bleiben wie ein Fremder, der ohne Konsequenzen in unserem Leben auftritt und keine tieferen Spuren darin hinterläßt. So verhält es sich, um ein Beispiel zu nennen, mit jenem Mr. Antrobus Thornton Wilders, der eben noch »davongekommen ist«. Wir w i s s e n , daß wir, die Überlebenden des Krieges, es sind, die davonkamen − und dennoch! Unser Verhältnis zu diesem Mr. Antrobus, dessen Schicksal für uns eine Warnung von außen her ist, und das Verhältnis des Gnostikers zu s e i n e m Anthropos, der hierher geworfen wurde und erlöst werden und wieder emporsteigen soll, sind miteinander nicht zu vergleichen. Ja, noch u n s e r Verhältnis zum gnostischen Anthropos ist ein ganz anderes als dasjenige zu jener modernen Personifikation. Wir sind keine Gnostiker mehr − und dennoch tragen auch wir das Schicksal des Gottes »Mensch« als einen Aspekt unserer eigenen Existenz in uns. Wir können zu diesem Aspekt nein sagen, ja ihn völlig vergessen. Doch kann der gefallene und nach neuem Aufstieg verlangende Gott »Anthropos« im Menschen wieder erwachen und plötzlich da sein. Psychologisch gesprochen ist er ein Archetypus, eine bestimmende Form der Seele, eine in ihr schlummernde Macht, die sich auch rächen kann, wenn man sie gewaltsam ausschalten möchte.

Das Beispiel des »Anthropos« macht uns annähernd den Unterschied deutlich zwischen einem Bild, das nichts mehr ist als ein personifizierter, wenngleich vielleicht richtiger Begriff, und einem Archetypus. Prometheus, der verschlagene Gegner des Zeus, und Niobe, die hochmütige, wetteifernde Freundin der Leto, sind in jedem Mann und in jeder Frau angelegt. Sie stellen mit ihren gefährlichen Eigenschaften bestimmende Mächte der Seele dar und mögen mit allen ihren Gefahren jederzeit in menschlichen Charakteren erwachen. Ja sie sind als Möglichkeiten von Leiden und Leidenschaften der Seele mehr oder weniger das Schicksal eines jeden Menschen. Aber sie sind auch etwas mehr als Archetypen. Sie sind umfassendere − gleichsam dreidimensionale — Bilder des Menschen, die jene Charakterzüge in ihrem Zusammenhang mit dem menschlichen Dasein und in ihrer Auswirkung auf dieses Dasein sichtbar machen und sie für alle Zeiten als exemplarische Gestalten tragen. Und eben weil sie dadurch nicht nur den Menschen, sondern auch die »Welt des Menschen« spiegeln, sind sie griechische Göttergestalten, wie die großen Olympier selbst, deren Gestalthaftigkeit unserer Zeit Walter F. Otto dargetan hat. Gestalten, die kein Kultobjekt für Dämonenanbeter sind, sondern Gegenstand der Kontemplation für Weise. Und möglicherweise auch Helfer der Philosophen bei ihren Bemühungen um Erhellung des menschlichen Zustandes in allen seinen historischen und gegenwärtigen Aspekten.

*1946*

# URMENSCH UND MYSTERIUM

Für Dionigi
Rom, 29. I. 1948

Es ist uns aus der Antike — neben Schilderungen eines goldenen Zeitalters und einer glücklichen Nähe, ja Zusammenlebens von Menschen und Göttern[325] — ein Bild vom Urmenschen, vom Zustand der Menschheit in ihren Anfängen überliefert, das aus einer ganz anderen, nicht-mythologischen Denkweise entsprungen zu sein scheint und den wissenschaftlichen Gegenpol zu jenen traumhaften Vorstellungen von paradiesischen Urzeiten bildet. Lukrez, bei dem dieses Bild in schöner, dichterischer Form erhalten ist, wurde dadurch zum Vorläufer und im 18. Jahrhundert auch zum Anreger der modernen evolutionistischen Darstellungen des Urmenschen und seiner Verhältnisse. Er befindet sich auf dem Wege »From the Greeks to Darwin«, wie der Weg des evolutionistischen Denkens vom Biologen, Paläontologen und Schilderer des paläolithischen Menschen, Henry Fairfield Osborn, am Ende des 19. Jahrhunderts bezeichnet wurde[326]. Lukrez weist aber zugleich in die Vorgeschichte dieses Denkens und betont gewisse Züge, die uns zeigen, daß sogar dieser Weg und dieses Bild des Urmenschen aus der Mythologie herkommt.

Lesen wir sein V. Buch von jenem Punkt an, wo er von der jungen Erde, unserer eben entstandenen Welt zu erzählen beginnt (nach den einzelnen Abschnitten des lateinischen Textes lasse ich die philologisch genaue Übersetzung von Hermann Diels folgen und hebe darin die von Lukrez besonders betonten Züge hervor):

780 *nunc redeo ad mundi novitatem et mollia terrae*
*arva, novo fetu quid primum in luminis oras*
782 *tollere et incertis crerint committere ventis.*

Jetzt nun kehr ich zurück zu der Jugend der Welt und ich schildre,
Welche Geburten zuerst die noch weichen Gefilde der Erde
Wollten ins Licht neu heben und spielenden Winden vertrauen.

783 *Principio genus herbarum viridemque nitorem*
*terra dedit circum collis, camposque per omnis*
785 *florida fulserunt viridanti prata colore,*
*arboribusque datumst variis exinde per auras*
*crescendi magnum inmissis certamen habenis.*
*Ut pluma atque pili primum saetaeque creantur*
*quadripedum membris et corpore pennipotentum,*
790 *sic nova tum tellus herbas virgultaque primum*
*sustulit, inde loci mortalia saecla creavit,*
*multa modis multis varia ratione coorta.*
*Nam neque de caelo cecidisse animalia possunt*
*nec terrestria de salsis exisse lacunis.*
795 *Linquitur ut merito maternum nomen adepta*
*terra sit, e terra quoniam sunt cuncta creata.*
*Multaque nunc etiam existunt animalia terris*
*imbribus et calido solis concreta vapore;*
*quominus est mirum si tum sunt plura coorta*
800 *et maiora, nova tellure atque aethere adulta.*

Anfangs wirkte die Erde den Schimmer grünender Gräser
Rings um alle die Hügel; die blumigen Auen erglänzten
Überall über die Felder gebreitet in grünlicher Färbung.
Dann hub an für der Bäume Geschlecht ein gewaltiger Wett-
lauf;
Um in die Lüfte zu schießen, ward ihnen der Zügel gelockert
Gleich wie Federn und Haare einmal und Borsten sich bilden
Beim Vierfüßergeschlecht und am Leib der befiederten Vögel,
So ließ damals zuerst die jugendlich fruchtbare Erde
Gras und Gesträuche zunächst, dann lebende Wesen erstehen,
Die in vielerlei Arten sich zahlreich und mannigfach regten.
Denn es konnten vom Himmel die lebenden Wesen nicht
fallen,
Noch auch Bewohner des Lands aus salzigem Meere erstehn.
So bleibt übrig: d i e  E r d e  e r w a r b  m i t  R e c h t  sich
d e n  N a m e n
E i n e r  M u t t e r. D e n n  a l l e s  w a s  l e b t, h a t  die
E r d e  g e s c h a f f e n.
Und wenn jetzt noch der Erde unzählige Tiere entschlüpfen,

Welche der Regen erzeugt und der Sonne erwärmende Dünste,
Wundert's uns auch nicht weiter, wenn damals mehr noch und
  größere
Tiere entstanden vom Äther genährt und der jüngeren Erde.

801 *Principio genus alituum variaeque volucres*
    *ova relinquebant exclusae tempore verno,*
    *folliculos ut nunc teretis aestate cicadae*
    *lincunt sponte sua victum vitamque petentes.*
805 *Tum tibi terra dedit primum mortalia saecla.*
    *Multus enim calor atque umor superabat in arvis.*
    *Hoc ubi quaque loci regio opportuna dabatur,*
    *crescebant uteri terram radicibus apti;*
    *quos ubi tempore maturo patefecerat aetas*
810 *infantum fugiens umorem aurasque petessens,*
    *convertebat ibi natura foramina terrae,*
    *et sucum venis cogebat fundere apertis*
    *consimilem lactis, sicut nunc femina quaeque*
    *cum peperit, dulci repletur lacte, quod omnis*
815 *impetus in mammas convertitur ille alimenti.*
    *Terra cibum pueris, vestem vapor, herba cubile*
    *praebebat multa et molli lanugine abundans.*
    *At novitas mundi nec frigora dura ciebat,*
    *nec nimios aestus, nec magnis viribus auras.*
820 *Omnia enim pariter crescunt et robora sumunt.*

Erst kroch jetzt das geflügelte Volk und das bunte Gevögel
Aus den Eiern heraus, die bebrütet waren zur Lenzzeit,
So wie im Sommer Zikaden von selbst aus den rundlichen
  Larven
Schlüpfen, um Nahrung zu suchen und Lebensfristung zu finden,
So entstanden zuerst auch damals Tiere und Menschen.
Denn viel Wärme und Nässe war auch auf den Fluren vor-
  handen,
Und so wuchsen denn da, wo der Ort die Gelegenheit darbot
S c h l ä u c h e[327] hervor, die zur Erde hinab die Wurzeln ver-
  senkten.
Wo nun das Lebensalter der reifenden Jungen die Schläuche

Sprengte, indem sie der Nässe entflohn nach den Lüften sich
reckend,
Dahin lenkte von selbst die Natur die Kanäle der Erde
Und ließ dort milchähnlichen Saft aus der Öffnung der Adern
Fließen, so wie ja auch jetzt bei allen entbun-
denen Frauen
Süßliche Milch in die Brust sich ergießt,
weil hierin der ganze
Sonstige Nahrungsstrom aus dem weiblichen Körper gelenkt
wird.
So gab Speise den Kleinen die Erde und Kleidung und Wärme;
Lagerstätte gewährte des Rasens schwellendes Polster.
Aber die Jugend der Welt verhinderte Strenge des Frostes
Wie unmäßige Hitze und übergewaltige Stürme.
Denn gleichmäßig erwächst und erstarkt dies alles zusammen.

821    *Quare etiam atque etiam maternum nomen adepta*
       *terra tenet merito, quoniam genus ipsa creavit*
       *humanum, atque animal prope certo tempore fudit*
       *omne quod in magnis bacchatur montibus passim,*
825    *aeriasque simul volucres variantibus formis.*
       *Sed quia finem aliquam pariendi debet habere,*
       *destitit, ut mulier spatio defessa vetusto.*

Darum (ich sag es noch einmal) erhielt die
Erde den Namen
Mutter und trägt ihn mit Recht. Denn Sie
hat den Menschen geschaffen,
Sie auch alles Getier in fast regelmäßiger Wurfzeit,
Was da überall springt und tobt in den hohen Gebirgen,
Wie auch die bunten Gestalten der flüchtigen Segler der Lüfte.
Doch nun hörte sie auf, wie ein Weib das vom Alter
erschöpft ist,
Da auch bei ihr das Gebären sich einmal en-
digen mußte.

So erzählt Lukrez die Anthropogonie im Rahmen einer wissenschaftlichen Lehre von der Entstehung der Lebewesen auf der

Erde. Die Quelle dieser Lehre ist mit großer Wahrscheinlichkeit zu erschließen, denn diese wird noch einmal vorgetragen: in der Weltgeschichte des Diodor von Sizilien, eines griechischen Historikers der Zeit des Augustus[328]. Ihm wurde sie vermutlich durch Hekataios von Abdera vermittelt; dieser entnahm sie aus einer Schrift des großen Philosophen von Abdera, Demokritos, dessen wissenschaftlichem Denken eine solche Lehre durchaus würdig ist. Demokrit war auch für Epikur eine große Autorität, und die Hypothese von *uteri* der Erde und von der »Milch«, die sie zur Ernährung der ersten Menschen entwickelt habe, ist ausdrücklich als ein Gedanke Epikurs überliefert[329]. Danach war er selbst der Vermittler zwischen Demokrit und Lukrez und ihm gehörte — über die nüchterne, wissenschaftliche Lehre des Demokrit hinaus — auch schon jene Betonung, ja Ausmalung der mütterlichen Funktionen der Erde, die eher einem mythologischen als einem wissenschaftlichen Bild entsprechen. Bei Diodor fehlen diese Züge; sie fehlten also wohl auch bei Hekataios und Demokrit. Mit großer Liebe läßt hingegen Lukrez sie hervortreten, so daß wir sagen dürfen: er verbinde die naturwissenschaftliche Hypothese wiederum mit ihrem mythologischen Hintergrund, mit Erzählungen von der Abstammung der Menschheit von der Erde als der wahren Ur-Mutter.

Aus dem längeren Abschnitt, der bei Lukrez das Angeführte von der Schilderung des Urzustandes der Menschen trennt, haben wir noch die Zeilen zu lesen, die der außerordentlichen Fruchtbarkeit der Erde in der Urzeit gewidmet sind, Zeilen, die den Darwinisten Freude machen[330], da sie die Lehre in sich schließen, es hätte eine Selektion zwischen Lebensunfähigen und lebensfähigen Wesen zugunsten der Letzteren stattgefunden. Denn die Erde hätte auch Lebensunfähige hervorgebracht:

837 *Multaque tum tellus etiam portenta creare*
*conatast mira facie membris que, coorta,*
*androgynem, interutras nec utrumque, utrimque*
    *remotum,*
840 *orba pedum partim, manuum viduata vicissim,*
*muta sine ore etiam, sine voltu caeca reperta,*
*vinctaque membrorum per totum corpus adhaesu,*

*nec facere ut possent quicquam, nec credere quoquam,*
*nec vitare malum, nec sumere quod foret usus.*
845  *Cetera de hoc genere monstra ac portenta creabat,*
*nequiquam, quoniam natura absterruit auctum ...*


Einstmals schuf auch die Erde noch zahlreiche Wundergestalten
Wie zum Versuch, an Gestalt wie an Gliedern seltsam gebildet:
Hermaphroditen mit Doppelgeschlecht, doch zu keinem ge-
hörig,
Manche der Füße ermangelnd und andere wieder der Hände,
Einige mundlos stumm, blind andere ohne die Augen,
Andere steif, da jegliches Glied mit dem Leib war verwachsen.
Deshalb konnte ein solches Geschöpf nichts tun noch wohin-
gehn,
Noch der Gefahr sich entziehn, noch das, was es brauchte,
beschaffen.
Dieses und derart mehr, Mißbildungen, scheußliche Wunder,
Schuf sie umsonst; die Natur verweigerte ihnen den Nach-
wuchs ...


Hier schließt sich bei Lukrez die Lehre vom »survival of the
fit«[331] an, auf dieser nicht gerade wissenschaftlich anmutenden
Grundlage aufgebaut, die bekanntlich nur eine Auswahl aus
einem noch viel phantastischeren Bilde darstellt[332]. Die Auswahl
traf wohl Epikur selbst; das Vorbild ist in Bruchstücken aus der
philosophischen Schrift des Empedokles erhalten. Dieser erzählte von dem wundersamsten Urwachstum der Erde:


fr. 57[333]

ἧι πολλαὶ μὲν κόρσαι ἀναύχενες ἐβλάστησαν
γυμνοὶ δ᾽ ἐπλάζοντο βραχιόνες εὔνιδες ὤμων
ὄμματα τ᾽ οἶ᾽ ἐπλανᾶτο πενητεύοντα μετώπων


»ihr entsprossen viele Köpfe ohne Hälse, nackte
Arme irrten hin und her sonder Schultern, und
Augen allein schweiften umher der Stirn bar ...«

fr. 58

μουνομελῆ τὰ γυῖα ... ἐπλανᾶτο —

»vereinzelt irrten die Glieder umher ...«

Ihre Vereinzelung ist das Werk der einen der beiden Urkräfte des Empedokles: des Neikos, des »Hasses«. Es wirkt aber auch schon die andere Urkraft, Philia, die »Liebe«, denn sie trachten nach Vereinigung. Die Werke dieser Urkraft erscheinen dabei gleichfalls aus der Erde gewachsen:

fr. 61

πολλὰ μὲν ἀμφιπρόσωπα καὶ ἀμφιστέρνα φύεσθαι
βουγενῆ ἀνδρόπρωιρα, τὰ δ' ἔμπαλιν ἐξανατέλλειν
ἀνδροφυῆ βούκρανα, μεμιγμένα τῆι μὲν ὑπ' ἀνδρῶν
τῆι δὲ γυναικοφυῆ, σκιεροῖς ἠσκημένα γυίοις

»es wuchsen viele Geschöpfe hervor mit doppeltem Gesicht und doppelter Brust, Geschöpfe vorn Männer, hinten Ochsen tauchten auf, andere umgekehrt, Männerleiber mit Ochsenköpfen, Mischgeschöpfe hier männer-, dort frauengestaltig mit beschatteten Gliedern ihres Geschlechts versehen.«

Nicht weniger wundersam beginnt Empedokles seine Anthropogonie mit der Erzählung von undifferenzierten Klumpen, die das Feuer aus dem Innern der Erde emporwarf (fr. 62,4):

οὐλοφυεῖς μὲν πρῶτα τύποι χθονὸς ἐξανετέλλον ...

Diese waren solcher Art wie die Wesen, die Lukrez in den angeführten Zeilen schilderte und als lebensunfähig bezeichnete:

847    nec potuere cupitum aetatis tangere florem,
       nec reperire cibum nec iungi per Veneris res.

Denn zur ersehnten Blüte vermochten sie nicht zu gelangen, Noch sich die Nahrung zu schaffen, noch gar sich in Liebe zu paaren[334].

Die Frage, woher die Vorstellung von solchen Wesen stammt, ist unabweislich, es sei denn, daß wir hinnehmen, der Philosoph

299

erfinde das Unmögliche, um zu behaupten: es gab auch dies, nur konnte es nicht existieren. Es ist aber vorerst auch noch fraglich, ob die griechische M y t h o l o g i e so etwas enthielt wie die Vorstellung von »ganzen Wesen« (οὐλοφοεῖς τύποι), die dennoch u n f e r t i g sind. Das griechische Wort für unfertig ist ἀτελής, und es gehört nicht zum Wortschatz der griechischen Naturphilosophie. Wir sind einstweilen vor eine offene Frage gestellt: die Frage nach dem Ursprung solcher Wesen, da er weder in der Philosophie auf eine genuine Weise zu finden ist, noch in der als klassisch geltenden griechischen Mythologie.

Nachdem Lukrez nun ausführt, daß mythologische Zwitterwesen wie Centauren, die Scylla oder die Chimaira nie möglich waren, und deshalb auch nie existierten, kommt er zur Schilderung des Zustandes der ersten Menschen:

925 *At genus humanum multo fuit illud in arvis*
*durius, ut decuit, tellus quod dura creasset,*
*et maioribus et solidis magis ossibus intus*
*fundatum, validis aptum per viscera nervis,*
*nec facile ex aestu nec frigore quod caperetur*
930 *nec novitate cibi nec labe corporis ulla.*
*Multaque per caelum solis volventia lustra*
*volgivago vitam tractabant more ferarum.*
*Nec robustus erat curvi moderator aratri*
*quisquam, nec scibat ferro molirier arva,*
935 *nec nova defodere in terram virgulta, neque altis*
*arboribus veteres decidere falcibus ramos.*
*Quod sol atque imbres dederant, quod terra crearat*
*sponte sua, satis id placabat pectora donum.*
*Glandiferas inter curabant corpora quercus*
940 *plerumque; et quae nunc hiberno tempore cernis*
*arbita puniceo fieri matura colore,*
*plurima tum tellus etiam maiora ferebat.*
*Multaque praterea novitas tum florida mundi*
*pabula dura tulit, miseris mortalibus ampla.*

Aber das Menschengeschlecht, das damals noch auf den Feldern Lebte, war r a u h e r natürlich als Sprößling der r a u h e r e n E r d e,

Größere und stärkere Knochen befestigen innen den Körper;
Kräftige Sehnen im Fleisch verbanden die einzelnen Glieder;
Hitze und Kälte ergriff sie nicht leicht und die neue Ernährung
Schadete nichts; frei blieben sie auch von jeder Erkrankung;
Während unzähliger Jahre, die unsere Sonne am Himmel
Kreiste, verbrachten sie so wie die Tiere ein schweifendes Leben.
Niemand lenkte mit kräftiger Hand das gebogene Pflugholz,
Niemand kannte die Kunst, mit der Hacke das Feld zu be-
stellen
Noch auch neues Gesträuch in die Erde zu senken, noch end-
lich
Altes Geäst mit der Hippe aus hohen Bäumen zu schneiden.
Nur was Regen und Sonne verlieh, was die Erde von selbst
gab,
Ward als Geschenk von den Menschen zufriedenen Herzens
empfangen.
Meistens ernährten sie sich in den eicheltragenden Wäldern.
Auch ließ damals die Erde von Erdbeerbäumen die Früchte
Größer noch werden als jetzt, wo zur Winterszeit du die
Beeren
Sehn kannst, wie in der Reife sie purpurartig erstrahlen.
Noch viel andres erzeugte die blühende Jugend der Erde,
Gröbliche Kost, doch es war der elenden Sterblichen Reichtum.

Die Darstellung dieses voragrikulturalen Urzustandes und der
weitern Entwicklung der menschlichen Zivilisation füllt das V.
Buch des Lukrez. Die Übereinstimmung mit Diodor zeigt, daß
er — und vor ihm schon sein Meister Epikur — hier zu jener
nüchtern-wissenschaftlichen Quelle zurückgekehrt ist, die mit
größter Wahrscheinlichkeit Demokrit zugeschrieben werden
muß. Das Bild der Urmutter Erde wird aber dabei nicht zu
einer bloß wissenschaftlichen Vorstellung von fruchtbarem
Schlamm; sie bleibt hart, wie sie auch in der griechischen Mythologie als die Göttin Ge oder Gaia die harte Erde unter den
Füßen der Menschen ist. Das erste Menschengeschlecht erscheint
hier als dieser Härte würdig, sein Leben wird durch seine Abstammung bestimmt; und diese Abstammung wiederum durch
die mythologische Tradition griechischer Landschaften, vor al-

lem Attikas, der Landschaft Epikurs. Es ist die bekannte Tradition vom Autochthonentum, von der Geburt der ersten Ahnen aus der Erde des eigenen Landes: ein echtes Mythologem, dessen Bildhaftigkeit noch bei Epikur und Lukrez durchdringt, obwohl seine alte religiöse Bedeutung da keineswegs zutage treten kann.

Von einem e c h t e n Mythologem und nicht bloß von einer landschaftlichen Sage darf man hier deshalb reden, weil sich die politische Beschränkung auf den Ursprung der Bürger eines bestimmten Staates, als Begründung ihres besonderen Nationalstolzes — des Stolzes der nicht eingewanderten Urbewohner — bei näherem Betrachten als sekundär erweist. Es ist zwar weder von den Griechen noch von den Römern ein mythologischer Text erhalten, wie etwa der am Anfang der Bibel vom Ursprung der Menschen. Aber die Bezeichnungen des Menschen — griechisch ἄνθρωπος, lateinisch *homo* — lassen mit ziemlicher Sicherheit darauf schließen, daß einmal mythologische Erzählungen, die eben diese Benennungen begründeten, existierten. Das Wort ἄνθρωπος ist ein zusammengesetztes Wort aus ἀνθρ- und -ωπος. Der zweite Bestandteil (zu ὤψ »Gesicht«, »Antlitz«) weist auf eine Umschreibung, anstatt eines einfachen, direkten Appellativums: »der mit einem Gesicht von . . .« Die Einsetzung von ἀνδρ- (ἀνήρ, ἀνδρός) »der mit Mannsgesicht«, ist nicht nur sprachlich sehr schwierig[335], sondern auch sonst absurd. Die umschreibende Ausdrucksweise wäre nicht angewandt, wenn man nicht zum Raten zwingen, ein Rätsel aufgeben und dadurch etwas vom Menschen andeuten wollte, das nicht ohnehin offenbar ist, wie eben das »Menschengesicht« der Menschen[336]. Die Lösung des Rätsels — einer Art Kenning, wie das in der altnordischen Sagenpoesie hieß — war sicherlich eine Geschichte vom Wesen des Menschen, eine Erzählung von seinem Ursprung. Denn durch Ursprungsgeschichten wird das Wesen in der Mythologie ausgeführt. Wir kennen jenes Mythologem nicht; wir könnten höchstens raten, was jetzt vorzeitig wäre. Das Wort *homo* hängt mit *humus* »Erde«, dem griechischen χθών zusammen[337]. Das Mythologem, welches darin angedeutet, gleichsam zusammengefaßt wird, muß eine Abstammungsgeschichte gewesen sein, in welcher die Urmutter die Erde war.

Der lateinische Name des Menschen sagt uns also mehr als der griechische. Die Überlieferung dieser Abstammungsgeschichte ist hingegen griechisch und wurde in griechischer Form auch in die römische Literatur übernommen[338]. Griechisch ist vor allem die volksetymologische Ableitung des Wortes für »Volk« (λαὸς) von »Stein« (λᾶας), auf die bereits in der Ilias angespielt wird[339]. Sie liegt der Erzählung zugrunde, die heutige Menschheit sei so entstanden, daß das die Sintflut überlebende Menschenpaar, Deukalion und Pyrrha, Steine hinter sich warfen — die Gebeine der »großen Mutter« wie Ovid in Orakelsprache, *terra* durch *magna parens* ersetzend, die Metamorphose auslegt[340]. Die übereinstimmende Geschichte von der Entstehung der Idaioi Daktyloi, dieser zwerghaften Urwesen, zeigt, daß das Werfen auch eine Variation des Bildens aus Erde sein konnte und dieses wiederum gleich mit Entsprießenlassen aus der Erde: denn alle drei Handlungen erscheinen da gleichartig nebeneinander[341]. Der Stoff ist da freilich nicht »Stein«, sondern »Erde« oder »Staub«. Wenn er aber auch »Lehm« (πηλός) ist und die Bildung durch einen Künstler besonders betont wird, bleibt die Abstammung von der Erde im mythologischen Bilde das wesentliche Element.

Daraus, daß das Gebildetsein aus Erde für die Griechen nur eine Form der Abstammung von der Erdgöttin war, erklärt sich der Umstand, daß die Rolle des Prometheus als Menschenbildner in Griechenland so sehr und so lange im Hintergrund bleibt[342]. Die älteste Stelle, in der die Menschheit als »Lehmgebilde« (πλάσματα πηλοῦ) bezeichnet wird, gehört zu jener Parodie einer Mysterien-Prädikation über den Zustand der Urmenschen, von der bald die Rede sein wird[343]: ein Beispiel dafür, wie wenig das Mitwirken des Prometheus am Entstehen des Menschen aus der Erde an sich bedeutete. In der Erzählung des Sophisten Protagoras in Platons gleichnamigem Dialog wird als Schauplatz dieses Mitwirkens — der gemeinsamen Arbeit der Götter am Bilden der Lebewesen — das Innere der Erde bezeichnet[344]. So wichtig war im herkömmlichen mythologischen Bilde der Zug des Hinaufschickens, oder anders betrachtet, des Hervorsprießens von allem Lebendigen aus der Erde. Auch die Wächter des idealen Staates sollten glauben, daß sie, unter der Erde gebildet und bewaffnet, von ihr, der wahren Mutter emporgesandt wurden[345], wie die thebanischen Spartoi, die Sprößlinge aus der Drachensaat[346], oder der arkadische Urmensch Pelasgos.

Von diesem sagt uns der Epiker Asios, den Gottgleichen habe die schwarze Erde in den hochbewaldeten Bergen Arkadiens »emporgereicht«, damit das Menschengeschlecht entstehe[347]:

ἀντίθεον δὲ Πελασγὸν ἐν ὑψικόμοισιν ὄρεσσιν
γαῖα μέλαιν' ἀνέδωκεν, ἵνα θνητῶν γένος εἴη.

Pelasgos steht hier für die Pelasgoi, die sagenhaften Urbewohner Griechenlands überhaupt; und obwohl sein Name außerdem in noch 17 Genealogien vorkommt[348], wird uns diese Art seiner Geburt nur in Arkadien überliefert, offenbar weil sie ursprünglich nicht dem einzelnen Urmenschen, sondern den Arkadern als einem Urvolk zukam. Autochthonentum in diesem Sinne — daß sie nämlich von der Erde selbst Geborene sind — wird außer den Arkadern und den Thebanern, den Abkömmlingen der Spartoi, auch den Athenern und den Aigineten zugesprochen[349]. Von den Athenern wird ausdrücklich gesagt, nicht nur dieser oder jener ihrer Ahnen, wie etwa Erichthonios, sei durch die Erde »emporgereicht« worden (ἐκ τῆς γῆς ἀναδοθῆναι), sondern die »Urmenschen« (τοὺς πρώτους ἀνθρώπους) seien überhaupt dem attischen Boden entsprungen (ἀναφῦναι)[350]. Die Abstammung der Bewohner der Insel Aegina vollzog sich in Form einer Metamorphose. Zeus, so wurde erzählt[351], habe Ameisen in Menschen verwandelt, um seinen Sohn Aiakos mit einem neuen Volk zu beschenken. Das Anklingen des Volksnamens »Myrmidones« an μύρμηξ »Ameise«[352] half hier, das mythologische Bild der aus der Erde hervorkriechenden Urmenschen zu erhalten. Anderswo[353] bezeugt der Name eines Urvaters »Myrmex« dieselbe Anthropogonie; so in Attika selbst, wo in Komödien mit Titeln wie »Myrmekes« oder »Myrmekanthropoi«[354] die urzeitlichen Ameisenscharen auftraten. Das führt uns sogar zu Deukalion und Pyrrha zurück, denn die »Ameisenmenschen« des Komödiendichters Pherekrates sind ihr Volk, ob mittels Steinwürfe oder ohne das, jedenfalls durch die Erde geboren.

In Athens klassischer Zeit beruft man sich oft auf das Mythologem des Autochthonentums[355], und es geschieht in einem patriotisch religiösen Sinn, wenn die Parallele zwischen Frau und Erde so genau durchgeführt wird, wie in jenem Lob von Athen, das Sokrates in Platons Menexenos, angeblich mit Worten der Freundin des Perikles, der Aspasia, vorträgt. Man lese diese sorgfältige Begründung des Lobes (237 d):

„ἐν ἐκείνωι τῶι χρόνωι, ἐν ὧι ἡ πᾶσα γῆ ἀνεδίδου καὶ ἔφυε ζῶια παντοδαπά, θηρία τε καὶ βοτά, ἐν τούτωι ἡ ἡμετέρα θηρίων μὲν ἀγρίων ἄγονος καὶ καθαρὰ ἐφάνη, ἐξελέξατο δέ τῶν ζώιων καὶ ἐγέννησεν ἄνθρωπον, ὃ συνέσει τε ὑπερέχει τῶν ἄλλων καὶ δίκην καὶ θεοὺς μόνον νομίζει. μέγα δὲ τεκμήριον τούτωι τῶι λόγωι, ὅτι ἥδε ἔτεκεν ἡ γῆ τοὺς τῶνδέ τε καὶ ἡμετέρους προγόνους. πᾶν γὰρ τὸ τεκὸν τροφὴν ἔχει ἐπιτηδείαν ὧι ἂν τέκηι, ὧι καὶ γυνὴ δήλη τεκοῦσά τε ἀληθῶς καὶ μή, ἀλλ' ὑποβαλλομένη, ἐὰν μὴ ἔχηι πηγὰς τροφῆς τῶι γεννωμένωι. ὃ δὴ καὶ ἡ ἡμετέρα γῆ τε καὶ μήτηρ ἱκανὸν τεκμήριον παρέχεται, ὡς ἀνθρώπους γεννησαμένη· μόνη γὰρ ἐν τῶι τότε καὶ πρώτη τροφὴν ἀνθρωπείαν ἤνεγκεν τὸν τῶν πυρῶν καὶ κριθῶν καρπόν, ὧι κάλλιστα καὶ ἄριστα τρέφεται τὸ ἀνθρώπειον γένος, ὡς τῶι ὄντι τοῦτο τὸ ζῶιον αὐτὴ γεννησαμένη. μᾶλλον δὲ ὑπὲρ γῆς ἢ γυναικὸς προσήκει δέχεσθαι τοιαῦτα τεκμήρια· οὐ γὰρ γῆ γυναῖκα μεμίμηται κυήσει καὶ γεννήσει, ἀλλὰ γυνὴ γῆν: In jener Zeit, in der die ganze Erde allerlei Lebewesen emporsandte und entsprießen ließ, Tiere und Pflanzen, in dieser Zeit also erwies sich die unsrige in Bezug auf wilde Tiere unfruchtbar und rein, sie wählte indessen vor allen Lebewesen aus und gebar den Menschen, ein Wesen, das durch Vernunft über allen übrigen steht und als einziges Recht und Götter verehrt. Es gibt einen großen Beweis der Lehre, daß die Erde die Ahnen von uns allen gebar. Denn alles, das gebiert, hat auch die notwendige Nahrung für das, was es gebiert. Daran erkennt man auch, ob eine Frau wirklich gebar oder nicht und ein fremdes Kind als eigenes vorzeigt, daran nämlich, daß sie über die Quellen der Nahrung für das Geborene nicht verfügt. So beweist auch unsere Erde und Mutter genügend, daß sie Menschen gebar: sie allein trug schon damals als erste menschliche Nahrung, die Frucht des Kornes und der Gerste, mit der sich das Menschengeschlecht am schönsten und besten nährt, ein Beweis dafür, daß sie dieses Lebewesen wahrlich gebar. Und es ziemt sich viel mehr in Bezug auf die Erde solche Beweise hinzunehmen als in Bezug auf die Frau. Denn nicht die Erde ist die Nachahmerin der Frau im Fruchtbarwerden und Gebären, sondern die Frau die der Erde!«

Auf dieser mythologischen Grundvorstellung — die Frau ahme die Erde nach und nicht umgekehrt — beruht die Anthropogonie des Epikur und Lukrez noch ausschließlicher als die angebliche Rede der Aspasia. Die weise Rednerin beruft sich dabei auf das Sichtbare und Erfahrungsmäßige, die Fruchtbarkeit der attischen Erde und schließt aus der Eigenschaft der Ernährerin auf das nicht mehr Sichtbare und der Erfahrung Widersprechende, auf ihr Menschen gebärendes Muttertum. Die angeblichen Empiriker, Epikur und Lukrez, folgern aus diesem bedenkenlos geglaubten Muttertum: die Erde habe ihre Kinder mit eigener Milch ernährt. Das liegt der Mythologie näher als den Anfängen einer nüchternen Naturforschung bei Demokrit; ja es ist in der Betonung des Fehlens jeglicher Agrikultur die Nähe eines Mythologems spürbar, das die Sokratische Aspasia mit absichtlichem Schweigen übergeht: das Mythologem von der Einführung der Agrikultur durch Demeter, die große Göttin der Mysterien von Eleusis. Die Urmenschen, die wir bei Lukrez kennengelernt haben, sind βαλανηφάγοι »Eichelesser« wie die Urarkader, ja noch wilde oder verwilderte Bewohner Arkadiens in historischen Zeiten[356]; die nämlich, welcher sich Demeter noch nicht erbarmte. Der Umfang und die betonte Stellung, welche die Schilderung der rohen Nahrung der Urmenschen bei Lukrez einnimmt, sprechen dafür, daß sich Epikur nicht nur von Demokrit, sondern auch von einem Mythologem der Demeterreligion inspirieren ließ. Und dafür spricht auch der Umstand, daß die Schilderung des voragrikulturalen Zustandes der Urmenschen, der bei Lukrez eher schon etwas idealisiert erscheint[357], ihren ursprünglichen Sinn in der erwähnten religiösen Sphäre hat.

Die mythologische Erzählung, wie Ackerbau und eleusinische Mysterien — der Segen der Göttin Demeter — zu den Menschen kamen, variierte darnach, ob der Ursprung des einen oder des andern mehr in den Vordergrund gestellt wurde. Die heroische Version der heiligen Geschichte, wie wir sie im Demeterhymnus hören, spricht nicht vom Ursprung der Agrikultur. Die homerische Fassung der Erzählung setzt das Bestehen der Welt der Heroen voraus. Zu jener Welt gehörte neben Fleisch- auch Getreidenahrung, nicht aber das bäuerliche Interesse für den Akkerbau[358]. Während sich Demeter in Trauer um ihre geraubte Tochter Persephone aus der Gemeinschaft der Götter in ihr neues Heiligtum in Eleusis zurückzieht, — so erzählt uns der Homerische Hymnus (302 ff.) — hört die Fruchtbarkeit der Erde auf und die Feldarbeit wird umsonst getan. Untergang droht der Menschheit und Verlust der Opfer den Göttern. Nachdem Demeter darauf ihre Tochter aus der Unterwelt zurückerhielt, kommt die große Göttermutter Rhea zu ihr, um sie auf den Olymp zu holen und damit die Weltordnung wieder herzustellen. Rhea kommt am rarischen Feld — zwischen Athen und Eleusis — vorbei, dessen frühere und jetzt bald wieder einsetzende Fruchtbarkeit geschildert wird. Warum aber gerade dieses Feld so wichtig ist, wird nicht angedeutet[359]; das erfahren wir aus der andern, nicht-heroischen Version des Mythologems. Dennoch blieb die sonst überlieferte Verbindung und Reihenfolge der beiden Geschenke der Demeter auch im Homerischen Hymnus erhalten[360], indem die wiederkehrende Fruchtbarkeit der Erde und die Stiftung der Mysterien in engem Zusammenhang erzählt werden (470—482). Mit den Mysterien beschenkt die Göttin die königliche Familie von Eleusis, welche sie aufgenommen hatte und das Heiligtum auf ihren Befehl hin bauen ließ: eine Begründung, die nicht an die der andern Version heranreicht. So seien die Einzelheiten an Hand jener anderen Version erzählt, die spätestens dem 5. Jh. v. Chr. angehört[361], aber auch älter sein kann als die in homerischem Stil verfaßte.

Diese andere Version gilt als altorphisch. Alt, weil sie, wie gesagt, und wie bald noch weiter ausgeführt wird, den Athenern der klassischen Zeit schon bekannt war; orphisch, weil ihre versifizierte Bearbeitung den beiden heiligen Autoren der orphischen Religiosität, dem Orpheus und Musaios zugeschrieben wurde[362]. Die Versifikation lehnt sich an den Homerischen Hymnus an, was aber in diesem Fall nicht auch Aneignung des Homerischen Stiles bedeutet: der König und die Königin von Eleusis, die Demeter in ihr Haus aufnehmen, gehören nicht dem heroischen Weltbild an. Im Homerischen Hymnus hieß der König Keleos, und der Name an sich — gleichbedeutend mit »picus« der »Specht« — kann ursprünglich ebenso einem König mythologischer Waldbewohner und Urmenschen gehört haben, wie in Italien Picus und Faunus als Könige der Urbewohner galten[363]. Spätere Dichter wissen auch von den dürftigen Verhältnissen des Keleos[364], von seiner Armut, die gar nicht zum homerischen Stil paßt. Dieses stilwidrige Element ist der orphischen Version eigen. Darin erschien als der Mensch in seinen voragrikulturalen Urverhältnissen, welcher die ihre Tochter suchende Demeter aufnimmt, Dysaules, ein Autochthon auf dem damals noch unbestellten rarischen Felde. Er trägt einen redenden Namen, welcher denjenigen bedeutet, der einen schlechten Hof (αὐλή), eine elende Wohnung und armselige Hürde hat[365]. Seine Frau ist die Baubo, ein derb-schamloses Wesen, gleichfalls mit einem sinnvollen Namen, denn bei Empedokles stand er in der Bedeutung »Bauch«[366]. Ein Sohn dieses recht erdhaften Urelternpaares hütete jene Schweine, die beim Raub der Persephone von der Erde verschluckt wurden, und so konnte er Demeter auf die Spur ihrer Tochter führen[367]. Aus Dankbarkeit dafür schenkte die Göttin ihren zwiefachen Segen: die Agrikultur auf dem rarischen Feld und die Mysterien in Eleusis.

Der Dichter des orphischen Demeterhymnus hat mit dieser Version etwas aus bäuerlich-attischer Überlieferung hervorgeholt, das an sich nichts Orphisches ist. Die Kultur des Getreides — namentlich der Gerste — war eine Voraussetzung der Mysterien von Eleusis[368]. Die Schilderung des voragrikulturalen Zustandes der erdentsprossenen Autochthonen, der γηγενεῖς, hatte den Sinn, zu zeigen, wie hart und wie wenig menschenwürdig der Mensch lebte, ehe er die Geschenke der Demeter erhielt, als er noch ἀτελής war in den beiden Bedeutungen des Wortes, uneingeweiht und unfertig. Orphisch ist die tendenziöse Ausnutzung dieser Situation zur Schmähung der Uneingeweihten überhaupt: sie seien, wie alle jene Urmenschen, niedrige, kaum lebende, unfertige Wesen. Die Spuren einer so lautenden Mysterienprädikation lassen sich noch weiter in die frühklassische, ja archaische Zeit zurückverfolgen als die Erwähnungen des hart lebenden Urmenschen Dysaules. Und diese Prädikation macht uns erst verständlich, warum die Orphiker gerade die Dysaulesversion des eleusinischen Mythologems aufgegriffen und verbreitet haben.

Ein Vorbild für solche Mysterienprädikation — Schmähung der Menschen vom Standpunkt eines höheren Wissens aus — bot schon der homerische Demeterhymnus. Demeter, unerkannt als Amme in das Haus des Keleos aufgenommen, wollte Demophon, den jüngsten Sohn des Königs, unsterblich machen, indem sie ihn nächtlich ins Feuer legte. Die Königin, welche sie dabei überrascht, kann natürlich den Sinn der gefährlichen Handlung nicht kennen[369]; die Worte der erzürnten Göttin sind also aus menschlichem Gesichtspunkt nicht berechtigt, nur aus einem höheren, übermenschlichen (255):

νήϊδες ἄνθρωποι καὶ ἀφράδμονες οὔτ' ἀγαθοῖο
αἶσαν ἐπερχομένου προγνώμενοι οὔτε κακοῖο·
καὶ σὺ γὰρ . . .

»Unwissend sind die Menschen und unbedacht, weder das herannahende gute Schicksal vorauszusehn fähig, noch das schlechte: so auch du . . .« Der homerische Stil erträgt das noch zur Not[370], ganz sinnvoll erscheinen aber die Worte der Göttin erst in Bezug auf jenes besondere Schicksal der in Eleusis Eingeweihten, worauf gegen Ende des Gedichtes angespielt wird (480/1). Die orphische Version des Demeterhymnus bringt die Verse der Alltagssprache näher, indem er die dichterischen Wörter νήιδες und ἀφράδμονες durch das unmittelbar wirkende ἄφρονες ἄνθρωποι δυστλήμονες[371] ersetzt, und dadurch verrät sie sogleich die praktisch-religiöse Bedeutung eben dieser Prädikation. Sie betont neben der Unwissenheit der Menschen (ἄφρονες) auch ihr Leiden unter der Härte des Daseins (δυστλήμονες) und weist damit auf die beiden Mängel des urmenschlichen Zustandes hin. Dieser wird zu einem Motiv der Schmähung und kann fast nur mit dem Akzent der Schmähung erscheinen. Ein Beispiel für letzteren Fall enthält jenes späte orphische Lehrgedicht, in dem die Menschheit bei einer Aufzählung der Lebewesen, nach den Tieren und Vögeln erwähnt, folgendermaßen charakterisiert wird[372]:

. . . βροτῶν τ' ἀετώσια φῦλα
ἄχθεα γῆς, εἴδωλα τετυγμένα, μηδαμὰ μηδὲν

εἰδότες, οὔτε κακοῖο προσερχομένοιο νοῆσαι
φράδμονες, οὔτ᾽ ἄποθεν μάλ᾽ ἀποστρέψαι κακότητος
οὔτ᾽ ἀγαθοῦ παρεόντος, ἐπιστρέψαι τε καὶ ἔρξαι
ἴδριες, ἀλλὰ μάτην ἀδαήμονες, ἀπρονόητοι

»Und der Sterblichen nichtsnützige Stämme, Last der Erde, Schattenbildgeschöpfe, weder des herannahenden Übels inne zu werden klug genug, noch von weitem dem Übel auszuweichen, noch, wenn das Gute da ist, sich ihm zuzuwenden und zu tun wissend genug, sondern Unkundige, ohne Nutzen, nichts voraussehend ...«

Das späte pythagoreische Carmen Aureum wiederholt dies kurz und deutet wenigstens an, daß es nicht nur die vielen Elenden gibt (τλήμονας), sondern auch einige um die Erlösung aus dem Übel Wissende[373]. Unter den ältesten Philosophen sprach Empedokles eher bedauernd als scheltend von der Menschheit in ihrem unreinen Zustand[374]. Wenn aber Parmenides und Heraklit die Unwissenheit der Menschen, ihre »Taubheit« und »Blindheit« in Prophetenton schmähen[375], so tönt darin — rein stilistisch — die Sprache der orphischen Mysterienprädikation wider, deren bedeutsamste und reichhaltigste Reflexe dann bei Aischylos und Aristophanes zu finden sind.
Die weisen und übermenschlichen Vögel des Aristophanes leiten ihre kosmogonische Offenbarung, eine Parodie der orphischen Kosmogonie, mit folgender Anrede an die Menschen ein, die gleichfalls eine Parodie ist[376]:

ἄγε δὴ φύσιν ἄνδρες ἀμαυρόβιοι, φύλλων γενεᾶι προσόμοιοι[377]
ὀλιγοδρανέες, πλάσματα πηλοῦ[378], σκιοειδέα φῦλ᾽ ἀμενηνά,
ἀπτῆνες[379], ἐφημέριοι[380] ταλαοὶ βροτοί, ἀνέρες εἰκελόνειροι...

»Hört ihr Menschen, eurer Natur nach düsteren Lebens, gleich den Blättern, schmächtige Lehmgeschöpfe, schattenhaftes Gespenstervolk, Flügellose, Eintagswesen, elende Sterbliche, den Träumen gleiche ...«

Daß diese Prädikation ursprünglich gegen den Urzustand der Menschheit gerichtet war, d. h. gegen den Zustand, in dem sich

310

die jeweiligen Uneingeweihten befinden, oder mit anderen Worten, daß hier der Zustand der Urmenschen als eine verwerfliche und zu überwindende Unvollkommenheit und ein Noch-nicht-Fertigsein geschildert wird, erhellt aus dem Prometheus des Aischylos. Es sei vorausgeschickt und nachdrücklich betont, daß Prometheus weder nach Hesiod noch nach Aischylos der Schöpfer der Menschen ist; genauer gesagt, er hat keinen Anteil an der ersten Phase der Menschenschöpfung, welche nach der hier ausgeführten griechischen Auffassung ein Entsprießen aus der Erde war. Prometheus ist ein Gott, der sich mit den Erdentsprossenen identifiziert. Diese waren im Mythologem vom Feuerdiebstahl, das Aischylos dramatisierte (von Cicero das furtum Lemnium genannt[381]), vermutlich schon da. Von Lemnos, einer mit ihrer Insel identischen Göttin[382], wurde ein Urmensch Kabiros geboren[383], oder sie waren als Kabiren in Mehrzahl[384] die Söhne des vulkanischen Bodens von Lemnos, Feuerdämonen und phallische Wesen[385] zugleich. Ist das griechische Wort für »Mensch« auf ἄνθρ-αξ, »glühende Kohle, Glost« zurückzuführen[386] — eine Möglichkeit, die auszusprechen jetzt vielleicht gewagt werden darf —, so wären diese lemnischen Urmenschen jene Glostgesichter gewesen, an die der später nicht mehr verstandene Rätselname ἄνθρωπος erinnert. Dann wird auch verständlich, warum es in Hesiods »Tagen und Werken« heißt, Zeus hätte das Feuer vor den Menschen »verborgen«[387], ebenso, wie Demeter das Getreide, das die Menschen schon hatten, erst nachträglich »verbarg«[388]. Ursprünglich selbst feurig und dann durch das betrügerische Opfer des Prometheus völlig feuerlos geworden, wurden sie durch Prometheus, der das himmlische Feuer des Zeus stahl[389], gerettet.

Die Aischyleische Darstellung geht von der Situation des völlig feuerlosen Autochthonentums aus. Prometheus erzählt dem Chor, wie die Menschen waren, ehe er sie vervollkommnet hatte. Und er betont, daß seine Schilderung dennoch keine Schmähung (μέμψις) sein wird, eine Bemerkung, welche auf die damals schon vorhandene orphische Prädikation, die Schmähung des Urzustandes hinweist (443):

ἀκούσαθ' ὥς σφας νηπίους ὄντας τὸ πρίν
ἔννους ἔθηκα, καὶ φρενῶν ἐπηβόλους·
λέξω δὲ μέμψιν οὔτιν' ἀνθρώποις ἔχων,
ἀλλ' ὧν δέδωκ' εὔνοιαν ἐξηγούμενος·
οἳ πρῶτα μὲν βλέποντες ἔβλεπον μάτην,
κλύοντες οὐκ ἤκουον, ἀλλ' ὀνειράτων
ἀλίγκιοι μορφαῖσιν τὸν μακρὸν βίον
ἔφυρον εἰκῆ πάντα, κοὔτε πλινθυφεῖς
δόμους προσείλους ᾖσαν οὐ ξυλουργίαν,
κατώρυχες δ' ἔναιον ὥστ' ἀήσυροι
μύρμηκες ἄντρων ἐν μυχοῖς ἀνηλίοις ...

»Aber hört, was meine Schuld
An den Menschen ist, die, Träumer sonst und stumpfen
  Sinns,
Des Geistes mächtig und bewußt ich werden ließ;
Und n i c h t  z u m  V o r w u r f  für die Menschen sag' ich es,
Nur um die Wohltat meiner Gabe darzutun.
Denn sonst mit offnen Augen sehend sahn sie nichts,
Es hörte nichts ihr Hören; ähnlich eines Traums
Gestalten mischten und verwirrten fort und fort
Sie alles blindlings, wußten nichts von sonnigen
Backsteingefügten Häusern, nichts von Zimmrers Kunst;
Erdeingegraben wohnten sie, den wimmelnden
Ameisen gleich, in Höhlenwinkeln sonnenlos.
                              (Übersetzt von Droysen.)

Diese Schilderung des Autochthonentums, eines Zustands von
wahren Ameisenmenschen, machte bei späteren Tragikern, bei
Kritias und Moschion Schule[390]. Bei diesen taucht sogar eine
wörtliche Übereinstimmung mit einem orphischen Fragment
über die unreine Lebens- und Ernährungsweise der Urmenschen
auf.[391] Moschion widmete dem Thema der Nahrung, das den
Orphikern besonders wichtig war, spezielle Zeilen, so daß seine
und des Kritias Verse bereits als orphisch inspiriert gelten[392].
Diese beiden Dramatiker griffen auf orphische Quellen zurück,
nachdem der Prometheus des Aischylos die Darstellung des Ur-
menschentums im Ton der orphischen Mysterienprädikation in

die Tragödie eingeführt hatte. Rein sachlich sind alle drei Schilderungen — bei Aischylos, Kritias und Moschion — Vorläufer des Bildes, das Epikur und Lukrez vom Urmenschentum entwarfen. Die nicht zu verbergende Schmähung (μέμψις) im Ton des Prometheus verrät den religiösen Ursprung auch ohne wörtliche oder sachliche Übereinstimmung mit orphischen Bruchstükken. Das »sehen und doch nicht sehen, hören und dennoch nicht hören (βλέποντες ἔβλεπον μάτην, κλύοντες οὐκ ἤκουον)« ist religiöse Redeweise, die uns nicht umsonst an die Sprache der Bibel erinnert[393] und zugleich bei Heraklit und Parmenides ihre Entsprechung hat[394]. Ein Schrifttum, dem solcher Ton eigen war und das auch griechische Philosophen in ihrem Stil beeinflussen konnte, war nur das orphische. Auch die Betonung des Traum- und Schattenhaften (ὀνειράτων ἀλίγκιοι μορφαῖσιν τὸν μακρὸν βίον ἔφυρον εἰκῇ πάντα), wobei Aischylos mit Aristophanes übereinstimmt, kann nur auf eine orphische Quelle zurückgehen. So wurde der Zustand der ἀτελεῖς, der unfertigen Urmenschen geschildert, wenn das Vollkommenwerden durch Einweihung in die Mysterien als die zweite und abschließende Phase der Menschenschöpfung hingestellt werden sollte.

Der Prometheus des Aischylos vindiziert für sich diese zweite Phase und tritt damit in jenes Schema der griechischen Anthropogonie ein, das die orphische Dichtung schon vorfand, als sie die Periode zwischen den beiden Phasen — zwischen der Geburt aus der Erde und der Vervollkommnung durch Mysterien — so negativ darstellte. Das Dysaules-Mythologem zeigt das Schema ganz klar: die Muttergöttin der ersten Phase ist die Erde, eine Gebärerin zu tierischem, ungeweihtem, unvollkommenem Leben. Die Gefährtin solchen Lebens ist die Baubo. In der zweiten Phase tritt Demeter als die Muttergöttin eigener Mysterien auf und bringt Vervollkommnung und Weihe des Lebens durch die ἡμέρα τροφή, die menschenwürdige Speise, durch das Getreide, das mit dem Geheimnis ihrer Mysterien wesentlich verbunden ist. Moschion nennt in seiner Schilderung dieser zweiten Phase — nach ihm einer Phase der ganz rationell gefaßten Menschheitsgeschichte — mit dem Getreide auch den Wein als Zeichen und Mittel der Zivilisation[395]. Die Überzeugung, daß der Mensch erst durch Brot und Wein zum zivilisierten Menschen wurde, taucht in der antiken Literatur auch ohne ausgesprochenen Bezug auf bestimmte Mysterien — die Mysterien der Demeter und des Dionysos — immer wieder auf, und vermag auch so einem Lehrgedicht über den Ackerbau, wie Vergils Georgica eine gewisse Weihe zu verleihen[396]. Zu Dionysosmysterien hatte die orphische Dichtung engste Beziehungen. Wenn in jenem Schema, das auf Grund des orphischen Demeterhymnus rekonstruiert werden kann, dennoch die Göttin allein die Vervollkommnung spendet, so muß das seinen besonderen Grund haben; einen Grund, den vielleicht das Auftreten der Kabiren als einzuweihende Urmenschen beleuchtet.

Die Urmenschen der griechischen Mythologie, die ein später Prosahymnus aufzählt[397], sind zum Teil Einzelgestalten, wie der eleusinische Dysaules, der arkadische Pelasgos, der böotische Alalkomeneus — ein dem Prometheus und dem Odysseus verwandtes schlaues Urwesen —, zum Teil sind es dämonische Scharen, wie die idäischen Kureten und die phrygischen Korybanten. In dieser Aufzählung erscheint der Kabiros in Einzahl als lemnischer Urmensch; nach der Kultlegende des thebanischen Kabirion aber waren jene Menschen der Urzeit, zu denen Prometheus auch gehörte und zu denen Demeter ihre Mysterien brachte, Kabiren[398]: ein zweites klares Beispiel der Menschenwerdung in zwei Phasen. Die charakteristischen Darstellungen der im Kabirion gefundenen Vasenscherben zeigen sowohl den großen Kabiros, den göttlichen Vater und eingeweihten Mann, als auch einen wilden, fast nach den demokritisch-epikureisch-lukrezischen Vorstellungen gebildeten kleinen Urmenschen mit dem sprechenden Namen »Mitos«, der »männliche Same«[399]. Sie zeigen weiter die einzuweihenden Kabiren in embryonenhaften und zugleich übermäßig phallischen Zwerggestalten und auch ihre Doppelgänger, die Pygmäen — die Zwerge der griechischen Mythologie — in nicht weniger grotesk-lächerlichen Szenen[400]. Wir erkennen den vollen Sinn dieses Stils: so werden ἀτελεῖς, Unfertige, Uneingeweihte dargestellt. Zu diesen Ur-Menschen, die vor allem Ur-Männer sind, kommt die Weihe und Vollendung erst durch eine mysterienkundige, höhere Frauengestalt.

Es bedeutet keinen Widerspruch, wenn die Kabiren einerseits zu den männlichen Schwarmgeistern gerechnet werden, welche die kleinasiatische Göttermutter begleiten, zu den Kureten und Korybanten[401]; und wenn sie andererseits zu den idäischen Daktylen, den schon erwähnten erdentsprossenen zwerghaften Urwesen[402] gehören. Beide Verbindungen sind durchaus sinnvoll und stehen in Einklang damit, daß die Kabiren wesentlich »unfertig« sind. Jene dämonischen Schwärmer, Kureten und Korybanten, waren nicht weniger männlich und zeugungslustig als die Daktylen, obwohl sie als Geister oder — im primitiven Kult — Träger der Schwirrholz-Geister[403], die durch die große Mutter erst geboren werden wollten, in diesem vorgeburtlichen Zustand gespensterhaft-unvollkommen sein mußten. Die Daktyloi Idaioi — die »Idäischen Finger« — sind aber als erdentsprossene oder durch die Hand einer Göttin[404] aus der Erde gebildete Phallen zu erkennen[405]. Sie waren die Diener und Throngefährten (πάρεδροι) der Göttermutter[406], als Ur-Schmiede kaum weniger feuriger Natur als die lemnischen Kabiren, und dennoch als bloß »Daktyloi« bloße Glieder und keine fertigen Wesen. Was sie in reiner Form darstellen, das ist der autochthone »Urmensch«, wie er ursprünglich vorgestellt wurde. Ein Aperçu des an seinen Intuitionen tragisch zugrunde gegangenen Hans von Prott bewahrheitet sich wohl: alle Autochthonen seien ursprünglich Daktylen. Das besage der Begriff »αὐτόχθων«[407].

Das ist der mythologische Stoff, aus dem eine Anthropogonie gebildet werden konnte, wie die des Empedokles, nach welcher einzelne Glieder aus der Erde wuchsen. Im Kultleben entsprach diesem Stoff die Lehre, die nicht Eingeweihten seien nicht volle Menschen; im Denken über die Urgeschichte der Menschheit entstand daraus das Bild vom Zustand der Urmenschen, wie ihn etwa der Prometheus des Aischylos schildert. Worauf es aber bei der vollen wissenschaftlichen und menschlichen Wertung dieses Stoffes ankommt, das ist das gestaltende Prinzip, das dem ganzen Material erst Sinn verleiht: die nicht nur griechische Anschauung[408], daß zum Menschwerden aus dem Urmenschen eine zweite Formung, Schöpfung oder Geburt notwendig ist. Bei den Griechen war diese zweite Formung die Heiligung durch das Brot und durch das Geschenk der Mysterien, auf dem nach dieser Anschauung, nicht weniger als auf dem Ackerbau selbst, die

Zivilisation beruht. Der Mensch kommt aus der Erde, doch zum Menschen wird er erst durch die zweite Phase seiner Erschaffung: durch eine demetrische oder eine prometheische Vollendung, welche letztere freilich einer besonderen Weihe bedarf[409], um nicht bloß die Quelle neuen Leidens zu sein.

*1947*

# DIE GÖTTIN NATUR

Schön ist, Mutter Natur, deiner Erfindung Pracht!

Ach, warum, o Natur, unzärtliche Mutter,
Gabst du zu dem Gefühl mir ein biegsames Herz?

Klopstock

Die vorausgeschickten zwei Zitate aus Klopstock[410] geben die
Grenze zwischen dem antik-klassischen Begriff von der Natur
und dem neueren, romantischen genau an. Antik ist der Begriff
der kunstreichen Erfinderin »Natur«. Der neue Begriff ist da,
insofern die Natur mit dem Herzen in Korrelation gesetzt wird.
Unsere Betrachtung gilt dem antiken Begriff, dem eine dermaßen gestalthafte Realität eignet, daß er, wenn auch nicht unter
die Götter der klassischen panhellenischen Religion, so doch in
das völlig ausgebaute griechische Pantheon Aufnahme fand.
Eine klare und fest umrissene Gestalt kann auch Widerspruchs-
volles umfassen, nur muß dessen Widerspruchsfülle dem Geiste
als unabweisbare Realität erscheinen. Und das ist der Fall mit
dem Begriff »Natur«. »Was die Natur uns zeigt« — schrieb
Goethe zehn Jahre früher als das berühmte Fragment »Die Natur« in seinem Kreise entstand — »ist Kraft, die Kraft verschlingt; nichts gegenwärtig, alles vorübergehend, tausend Keime zertreten, jeden Augenblick tausend geboren, groß und bedeutend, mannigfaltig ins Unendliche, schön und häßlich, gut
und böse, alles mit gleichem Recht nebeneinander. Die Kunst
entspringt aus den Bemühungen des Individuums, sich gegen die
zerstörende Kraft des Universums zu erhalten«[411].
Goethe und das Fragment über die Natur zeigen uns noch anschaulicher als Klopstock, wie weit der antike Naturbegriff in
die Neuzeit hineinreicht und was das Neue ist, das sich an das
alte Bild heftet. Wenn der »Natur« von Goethe die »Kunst«
entgegengestellt wird, so trat sie nicht anders als vorhin zum
Herzen, nunmehr in eine neue Korrelation auch zum Geiste.
Der Antike und unserem Europäertum gemeinsam bleibt, daß
für uns d i e Natur als ein in seiner Widerspruchsfülle gestalthaft umrissener Begriff überhaupt existiert. »Nur der europäi-

sche Mensch besitzt diese Begriffe«; — so lautet eine treffende Bemerkung über »Natur« und »Geist« von Walter F. Otto[412] — »der Orient hat, trotz scheinbarer Analogien, nichts Entsprechendes; ja sie sind die eigentlichen Symbole des Unterschiedes zwischen dem europäischen und dem orientalischen Menschentum. Für den Orientalen ist der Gegensatz ein ganz anderer. Er ist der Sinnenwelt, der Welt des Elementaren, in einem Maße vertraut und verhaftet, für das der Europäer kein Verständnis finden kann. Sie umfängt ihn mit unendlicher Lust und mit unendlichem Leid, und sie schenkt ihm ein Wissen, vor dessen geheimnisvoller Tiefe wir erschauern. Ihr entgegen steht die Welt des ganz Anderen, die Welt der Verneinung, des Ansichhaltens, der Erlösung, der absoluten Befreiung von allem Sinnlichen und Sinnhaften, des endgültigen Auslöschens. Hier ist kein Raum für das, was wir Natur nennen, wofür denn auch der Orientale kein Wort besitzt.«

Ottos Gedankengang dient uns auch weiter noch zur Klarstellung des uns und den Griechen gemeinsamen Naturbegriffes. »Natur« — so fährt er fort — »ist nicht ohne Geist. Natur ist nicht in der Unmittelbarkeit des Sinnlichen. Natur ist Gestalt, eine Neugeburt des Elementaren, des unmittelbar Sinnlichen, aus dem Geiste. Darum, und nur darum, weil diese Neugeburt geschehen ist, gibt es einen Mythos von der Natur im griechischen Sinne und gibt es eine Wissenschaft von ihr. Beides kennt man nur in Europa, und beides ist dem griechischen Geiste entsprungen. Wir dürfen uns hier, da wir selbst Europäer sind, mit wenigen Worten begnügen. Denn was wir unter Natur zu verstehen haben, lehrt uns jedes Lied seit Jahrtausenden, und lehrt uns die Naturwissenschaft, die seit ihrer Begründung durch die Griechen geradezu zur Signatur Europas geworden ist. Aber wir wissen auch, daß diese Natur, obwohl sie ohne Geist nicht da wäre, mit dem Geiste im Kampfe liegt. Denn, trotzdem sie als Gestalt aus dem Geist geboren ist, hat das Elementare in ihr, das Urphänomen des Körperhaften und Sinnlichen, sein eigenes Schwergewicht. Und so entsteht der Kampf, und er wird fortgekämpft werden, solange es den europäischen Menschen, den Erben des Griechentums, gibt. Hier lautet die Parole nicht, wie im Orient: hie Weltlichkeit, Sinnenfreude und Sinnentrug, hie

Weltflucht, Absage, Ausscheiden aus dem Kreis alles Diesseitigen! sondern: hie Natur, hie Geist. Aber im Gegensatz zu der Alternative des Orients gilt hier der Satz: keines ohne das andere. Die Natur bedarf des Geistes, um offen, klar, gestalthaft, und damit Gegenstand der Ehrfurcht wie der Forschung zu sein. Und der Geist bedarf der Natur als des mütterlichen Grundes, auf dem er ruht.«

Fraglich erscheint uns in diesem Gedankengang nur, ob ein Dualismus, wie der griechische von »Natur« und »Geist«, in welchem der »Geist« griechisch nur als der alles spiegelnde, allwissende Nus des Zeus gefaßt werden kann, ein Dualismus also, der nichts anderes als »Sein und Gewußt-Sein« ist[413], die Möglichkeit eines »Kampfes« zwischen den beiden überhaupt zuläßt? Wie Goethe und Hölderlin diesen Dualismus hinnehmen, — der junge Goethe so, daß er die »Kunst«, die Betätigung des Geistes, »gegen die zerstörende Kraft des Universums«, gegen die Natur hält, Hölderlin so, daß er in seinem Gedicht »Natur und Kunst oder Saturn und Jupiter« dem jüngeren Prinzip, dem Gott des »Geistes« zuruft:

Und willst du bleiben, diene dem Älteren

— tritt darin ein neuer, nicht-antiker Zustand zutage. Es ist der Zustand nach dem Christentum, welches den Dualismus »Natur und Geist« für uns Europäer so gestaltet hatte, daß er zugleich den »Kampf« bedeutet zwischen der auf das »Urphänomen des Körperhaften und Sinnlichen« reduzierten »Natur« und einem von dem »mütterlichen Grunde« derart abgelösten »Geist«.

Selbst wenn der Dualismus im bewußten Gegensatz zum Christentum prinzipiell verworfen wird und das Individuum sich nicht als Träger des Geistes, sondern als Sprachrohr der Natur hinstellt, wie im erwähnten Fragment »Die Natur«, bleibt noch etwas Unantikes übrig, das dem christlichen Dualismus »Geist gegen Natur« entspringt, ein Umschlagen des Kampfes in einen zwiespältigen, unantiken Kult, gleichsam den Kult einer großen Hetäre, die zugleich eine verantwortungslose Gebärerin ist. Die höchsten Töne wird diese christlich bedingte, moderne Haltung bei Nietzsche, im zweiten Tanzlied des Zarathustra finden:

» — wer haßte dich nicht, dich große Binderin, Umwinderin, Versucherin, Sucherin, Finderin! Wer liebte dich nicht, dich unschuldige, ungeduldige, windseilige, kindsäugige Sünderin!« So heißt es da von dem »Leben«, der großen Mit- und Gegenspielerin des dionysischen Philosophen[414]. Doch sei der moderne gestalthafte Begriff von der Natur, ehe wir uns dem griechischen Begriff und der griechischen Göttin zuwenden, kurz noch so betrachtet, wie er der Goethezeit, dem antiken Vorbild näher und von ihr doch verschieden erschien.

Das Fragment »Die Natur« wurde im »Tiefurter Journal« (Ende 1782 oder Anfang 1783) bekanntlich anonym veröffentlicht. Goethe nahm es später in seine naturwissenschaftlichen Schriften auf, obwohl er bekennen mußte (24. Mai 1828), er könne sich »faktisch nicht erinnern«, daß er diese Betrachtungen verfaßt hätte. »Allein« — fügt er hinzu — »sie stimmen mit den Vorstellungen wohl überein, zu denen sich mein Geist damals ausgebildet hatte.« Der Verfasser war wahrscheinlich ein junger Schweizer, der aus dem Zürcher Kreise Lavaters zu Goethe nach Weimar kam, ein seltsamer Theologe und ewig verliebter Schwärmer, namens Christof Tobler. Frau von Stein nennt ihn (28. März 1783) als »Verfasser von dem tausendfältig ansichtigen Bilde der Natur«, und der Basler Apotheker Bernhard Huber schickt seinem Werke »Funken vom Herde seiner Laren« (Basel 1787) mit Nennung Toblers als Verfasser dieses Motto voraus: »Die Natur hat gedacht und denkt beständig. Sie hat sich einen eigenen alleinzufassenden Sinn vorbehalten, den ihr kein Mensch ganz abmerken kann«[415]. Man erkennt die kühnere — und deshalb wohl: ursprünglichere — Fassung der Sätze, die im Fragment »Die Natur« so zu lesen sind: »Gedacht hat sie und sinnt beständig; aber nicht als ein Mensch, sondern als Natur. Sie hat sich einen eigenen, allumfassenden Sinn vorbehalten, den ihr niemand abmerken kann.« Und da zu den Werken, die Christof Tobler aus dem Griechischen übersetzte, auch die »Hymnen des Orpheus«, unter ihnen ein Hymnus an die Göttin Physis, die Natur, gehörte[416], nannte man neuerdings das Fragment über die Natur eine Predigt über diesen alten Text[417].

Eine sorgfältigere Betrachtung zeigt eher eine Übereinstimmung zwischen dem Fragment »Die Natur« und Cicero, De natura deorum, dann aber einen Unterschied der Auffassung, welcher das Fragment besonders vom Hymnus an die Physis trennt. Der Vergleich weniger Sätze überzeugt uns davon. »Natur!« — so beginnt das Fragment — »Wir sind von ihr umgeben und umschlungen — unvermögend, aus ihr herauszutreten, und unvermögend, tiefer in sie hineinzukommen. Ungebeten und ungewarnt nimmt sie uns in den Kreislauf ihres Tanzes auf und treibt sich mit uns fort, bis wir ermüdet sind und ihrem Arme entfallen.« Sachlich ist dies dasselbe, was Cicero De nat. deor. II 22 *ipsius mundi, qui omnia complexu suo coercet et continet, natura,* das heißt: die große, umfassende Natur nennt, mit Hinzufügung der Bemerkung von Cotta (III 11, 27), die Natur ziehe und treibe mit ihren Bewegungen alles mit sich fort *(omnia cientis et agitantis motibus et mutationibus suis).* Der Tanz kommt unter den bildhaften Elementen, die Cicero zur Schilderung der Physis auf Grund seiner griechischen Quellen verwendet, nicht vor. Der Hymnus an die Göttin Physis enthält nicht nur das Beiwort: κινησιφόρε, das Tobler mit »Immerbewegte« wiedergibt, sondern Zeilen, die in Toblers Übersetzung lauten (6/7):

Unaufhaltbar im Laufe, führst die Sterne der Nächte;
Wandelst geräuschlos dahin auf der leichten Spitze der Fersen!

und (22):

Schnell ihre Schritte wälzend in unaufhörlichen Kreisen.

Daran kann man aber sogleich auch den gewaltigen Unterschied in der Auffassung ermessen. Im himmlischen Tanz der Gestirne wird der Mensch nicht gewaltsam mitgerissen, er wird in jene Höhen überhaupt nicht erhoben. Das Bild der hetärenhaftgewaltsamen Tänzerin, die ihren Tänzer zum Tode ermüdet aus ihren Armen fallen läßt, ist neu, sie ist die Vorläuferin der Heldin des zweiten Tanzlieds von Zarathustra.
Sie erscheint im Fragment als eben das, worüber Toblers Freund Bernhard Huber an Lavater schrieb (18. Mai 1782)[418]: »die große Gauklerspielerin, die mit jedem ihrer Geschöpfe ein großes tragikomisches Spiel treibt.« »Sie spielt ein Schauspiel«; —

so heißt es im Fragment — »ob sie es selbst sieht, wissen wir nicht, und doch spielt sie's für uns, die wir in der Ecke stehen.« Goethes Eindruck war, als er es nach 45 Jahren als »eigenes« wieder las (24. Mai 1828): »Man sieht die Neigung zu einer Art von Pantheismus, indem den Welterscheinungen ein unerforschliches, unbedingtes, humoristisches, sich selbst widersprechendes Wesen zum Grunde gedacht ist, und mag als Spiel, dem es bitterer Ernst ist, gar wohl gelten.« Doch gerade dieses humoristische Sichselbstwidersprechen liegt von der antiken Auffassung und ganz besonders von der des orphischen Hymnus weltweit entfernt. Wir fühlen uns eher an eine Äußerung des alten Goethe selbst erinnert, die er Soret gegenüber tat (2. August 1831): »*La nature, ajoute-t-il, est une jeune fille un peu coquette qui nous attire à elle par mille agaceries, mais au moment où l'on croit la posséder elle se dégage de nos bras et nous n'avons saisi qu'une ombre.*«

Die Derbheit fehlt auch im Fragment nicht. »Sie spritzt ihre Geschöpfe aus dem Nichts hervor und sagt ihnen nicht, woher sie kommen und wohin sie gehen. Sie sollen nur laufen; die Bahn kennt s i e.« Das Wort vom Menschen, der nicht weiß, wohin sein Weg ihn führt, ist antik: es stammt von Heraklit und ist auch stoisch, da Marcus Aurelius es zitiert[419]. Bei Cicero, De nat. deor. II 22, liest man die stoische Lehre, die Natur sei insofern kunstreich als sie ihre eigene Bahn hat: *hac quidem ratione omnis natura artificiosa est, quod habet viam quandam et sectam, quam sequatur.* Das bezieht sich auf »jede Natur«, auf die Natur der Einzelwesen. Die große Natur ist nach der Lehre des Stoikers Zeno nicht bloß kunstreich, sondern eine Künstlerin, die für das Bestehen und die Schönheit des Alls sorgt: *natura non artificiosa solum, sed plane artifex ab eodem Zenone dicitur, consultrix et provida opportunitatum omnium ... primum ut mundus quam aptissimus sit ad permanendum, deinde ut nulla re egeat, maxime autem ut in ea eximia pulchritudo sit atque ornatus.* Zu ihren Künsten gehört, daß sie die zwei Geschlechter geschaffen hatte (II 51, 128): *nam primum aliae mares, aliae feminae sunt, quod perpetuitatis causa machinata matura est.* In diesem Bezug erlaubt sich der Akademiker Cotta die Derbheit, die Natur gleich-

sam ihre eigene Kupplerin zu nennen (I 27, 76): *sed tu physice non vides, quam blanda conciliatrix et quasi sui lena sit natura?* Von dieser Art Derbheit enthält die Hymnik der Orphiker, ja auch des Epikureers Lukrez in seinem Prooemium an Aphrodite — einem Hymnus auf die Göttin Natur — nichts. Toblers Übersetzung des Beiwortes der Physis ὠκυλόχεια als »schnelle Gebärerin« ist verfehlt: die »schnellen Geburtshelferinnen« Prothyraia und Artemis werden im Hymnenbuch sonst so genannt. »Samenreich«, πολύσπορος, ist die Göttin Natur in ihrem Hymnus wohl, doch wie weit bleibt dies noch davon, was wir von ihr im Fragment lasen: »Sie spritzt ihre Geschöpfe aus dem Nichts hervor . . .«! Andererseits unterscheidet sich der Ton des Fragmentes, wo es von der Beziehung der Natur zur Liebe spricht, sowohl von der sachlichen Derbheit des Cotta als von der religiösen Höhe des Lukrez: »Ihre Krone ist die Liebe. Nur durch sie kommt man ihr nahe. Sie macht Klüfte zwischen allen Wesen, und alles will sich verschlingen. Sie hat alles isoliert, um alles zusammenzuziehen. Durch ein paar Züge aus dem Becher der Liebe hält sie für ein Leben voll Mühe schadlos.« So spricht der immer verliebte Tobler in jener romantischen Verehrung der Liebe, die zur neuen Korrelation zwischen Natur und Herz gehört. Und es ist der Spinozismus, der das Herz hier der Natur gegenüber unterwürfig macht. Der Ruf des stoischen Weisen zu s e i n e r Gottheit »Natur«: »Führe mich!«[420] ertönt in dieser neuen Situation christlich weich, doch dem Sinne nach gegenchristlich: »Sie hat mich hereingestellt, sie wird mich auch herausführen. Ich vertraue mich ihr. Sie mag mit mir schalten. Sie wird ihr Werk nicht hassen. Ich sprach nicht von ihr. Nein, was wahr ist und was falsch ist, alles hat sie gesprochen. Alles ist ihre Schuld, alles ihr Verdienst!«
Das christlich-gegenchristliche Unantike an der neuzeitlichen »Mutter Natur« wurde uns durch all diese Zitate aus dem Fragment »Die Natur« vielleicht faßbar. Die Widerspruchsfülle wird darin bis ins Schmerzliche gesteigert: »Sie ist alles. Sie belohnt sich selbst und bestraft sich selbst, erfreut und quält sich selbst.« Die Distanz von der Göttin »Physis« des orphischen Hymnus könnte kaum schärfer zum Ausdruck gebracht werden, als durch den Vergleich dieses wonne- und qualvollen, belohn-

ten und bestraften Seins mit jenen Eigenschaften einer Göttin, die im Hymnus durch die widersprechenden Bezeichnungen: »Allbezwingerin, Unbezwungene; Allen Wesen gemein und unmitteilbar alleine« ausgesprochen werden. Wer im modernen und im antiken Text nur den gleichen antithetischen Stil bemerkt, sieht wenig. Wir werden noch versuchen, die antike »Göttin Natur« auf Grund des von Tobler übersetzten Hymnus näher kennen zu lernen. Aus den Cicero-Zitaten trat uns Antikes schon entgegen: das Bild einer großen Künstlerin, Walterin, Hüterin und Kupplerin. Doch unser Weg soll uns durch ältere philosophische Zeugnisse vom griechischen Naturbegriff führen. Denn obwohl wir uns um das antike Bild bemühen, dürfen wir auch des weniger Bildhaften nicht vergessen, das im griechischen Wort Physis dem Geiste als Gestalt festgefügt erscheint.

Es ist ein philosophisches Wort, dieses Urwort »Physis«, und der griechische Naturbegriff ein philosophischer Begriff, wie nur wenige. Das Wort beschenkte und bestimmte in diesem Fall mit seinem begrifflichen Gehalt den Philosophen. »Ich beherrsche die Sprache nicht;« — so lautet das Bekenntnis eines modernen Denkers von diesem Verhältnis[421] — »aber die Sprache beherrscht mich vollkommen. Sie ist mir nicht die Dienerin meiner Gedanken. Ich lebe in einer Verbindung mit ihr, aus der ich Gedanken empfange, und sie kann mit mir machen, was sie will. Ich pariere ihr aufs Wort. Denn aus dem Wort springt mir der junge Gedanke entgegen und formt rückwirkend auf die Sprache, die ihn schuf. Solche Gnade der Gedankenträchtigkeit zwingt auf die Knie und macht allen Aufwand zitternder Sorgfalt zur Pflicht.« In einem nie übertroffenen Maße besaßen diese Gnade griechische Wörter wie Physis und Logos. Das Verhältnis der archaischen Philosophen zu ihnen konnte nur so sein, wie eben geschildert wurde, doch ohne die moderne Bewußtheit, ohne das Wissen darum. Dieses Wissen müßten wenigstens nachträglich die Philologen haben, die sich mit der Geschichte solcher die Philosophie schaffenden Wörter befassen.

*

Die Situation, in der das Wort Physis in der griechischen Literatur zuerst ausgesprochen wird, ist nur zufällig symbolisch. Zufällig ist es ein Gott, der wissende Gott Hermes, von dem es bei Homer (Odyssee X 304) heißt, er hätte dem Odysseus »die N a t u r« einer heilsamen Pflanze, des Zauberkrautes Moly gezeigt:

καί μοι φύσιν αὐτοῦ ἔδειξε.

Nicht zufällig ist Hermes der Zeiger eines Zauberkrautes. Uns geht es hier indessen weder um Zauber noch um Kraut, sondern darum, daß — zufällig — ein göttlicher Wissender die »Physis« zeigt. Die Bedeutung des Wortes ist dabei so klar, wie nur möglich: die Beschaffenheit, die »Art des Seienden«, genau wie der Sinn der »Physis« bei den archaischen Philosophen wiederzugeben ist[422]. Ein Wissender zeigt einem Unwissenden, woran ein so — und immer so — beschaffenes Seiendes, in diesem Fall eine Pflanze zu erkennen ist:
Ihre Wurzel war schwarz und milchweiß blühte die Blume. Der Physis eignet Beständigkeit: sie i s t so. Die Philosophie, die diese ganz allgemeine Bezeichnung für das »so sein« gebrauchen wird, ist vom ersten Augenblick an eine Ontologie. Sie muß es sein, mit der ganzen Problematik der späteren, »bewußten« Ontologie. Diese Problematik — die Fraglichkeit des Seins selbst und die seiner Erkennbarkeit — kann im Worte »Physis« schon bei seinem ersten »Vorkommen« gezeigt werden.
Es handelt sich da um die Physis, um das »so sein« einer Pflanze, eines »G e w a c h s e n e n.« An »wachsen«, »hervorsprießen«, freilich auch an »wachsen lassen« und »hervorsprießen lassen«, als Grundbedeutung von »Physis« zu denken lag dem Griechen immer nahe, da die Wurzel »phy-« eine solche Bedeutung in seiner Sprache, in Zeitwörtern und im Verbalnomen »Phyton«, »Pflanze«, trug. Aristoteles leitet die e i n e Bedeutung der Physis, nämlich die mit »Genesis«, »Geburt, Entstehen« gleiche, von dieser Verbalwurzel ab. Doch das ist bei ihm eher Wissen als unmittelbares Sprachempfinden. Er würde diesen Sinn — das »Werden« — in der »Physis« nur dann unmittelbar empfinden, wenn das »y« darin lang wäre[423]. In der verwandten lateinischen Sprache hat dieselbe Wurzel, in der Form f u -, die Bedeutung: »gewesen sein« (f u i s s e), d. h. nach

römischem Denken: des vollendeten, endgültigen Seins. Das griechische Nomen Physis enthält das »so s e i n« gleichsam im Vordergrund, ohne daß »das so w e r d e n« im Hintergrund völlig verschwunden wäre. Ein durch das »Sein« beherrschtes »Werden« ist die Physis, wie sie gerade auch als die »Physis« einer Pflanze gezeigt werden konnte. Wollte man jedoch dabei dem »Werden« — im Sinne von »wachsen«, da von einem »Gewächs«, einer Pflanze die Rede ist — die Herrschaft in der Bedeutung zuschreiben, so wäre das gegen den von den Griechen empfundenen Sinn des Wortes. Dieses konnte das Bedeutungselement »Werden« auch völlig verlieren, während es als bloßes »Werden« seines Sinnes entleert gewesen wäre. Angeblich sprach Philolaos so von der »Physis« der Zahl: γνωμικὰ γὰρ ἁ φύσις ἁ τῶ ἀριθμῶ καὶ ἡγεμονικὰ καὶ διδασκαλικά — »denn die Natur der Zahl ist kenntnisspendend, führend und lehrend«. Er meint damit ein »so sein«, hinter dem kein »so werden« mehr spürbar dasteht. Ohne moderne Voreingenommenheit für das organische Wachsen als Welterklärungsprinzip kann bei Homer aus dem Wort »Physis« das »Pflanzliche« nicht herausgehört werden[424].

Dem »so sein« entspricht bei Homer das »wissen darum« — zufällig eines göttlichen Wissenden. Die »Physis« nimmt danach im griechischen Dualismus »Sein und Gewußt-sein« die Seins-Seite ein. Sie ist dennoch etwas Verborgenes, insofern nicht die Art eines einzelnen Seienden, sondern d i e Beschaffenheit, das »so sein« überhaupt gemeint wird. Dem etymologischen Sinn der »Physis« könnte auch in diesem Fall die Übersetzung: »Gewachsenheit« mehr entsprechen als »Beschaffenheit«. Ihre genaue griechische Bedeutung kann indessen nur mit mehreren Worten umschrieben werden: als »So-sein, wie es eigentlich i s t , indem es immer so w i r d«. Das ist die Physis, von der Heraklit wußte, daß sie sich verborgen zu halten liebt: φύσις κρύπτεσθαι φιλεῖ (fr. 123 Diels). Sie zu erkennen und den gewöhnlichen Sterblichen zu zeigen bedarf es eines besonders Wissenden, eines Wissenden, in dem der Grieche einen göttlichen Menschen, ja einen Gott zu verehren sich nicht scheut. Daher auch das große Selbstbewußtsein eines Heraklit, der verkündet, ein jegliches nach der Physis zu unterscheiden und zu sagen,

wie es ist: διαιρέων ἕκαστον κατὰ φύσιν καὶ φράζων ὅκως ἔχει (fr. 1).
»Nach der Physis« und »wie es ist« sind gleichbedeutende Wendungen. Jenes »s o sein« aber, das sie bezeichnen, ist tiefer gelagert als das den gewöhnlichen Augen Offenbare, es wird nur dem schärferen Blick göttlicherer, gewissermaßen dem Hermes der Odyssee ähnlichen Menschen zugänglich[425].

»Sein« und »Werden«, »Verborgen-sein« und »Gewußt-sein«: solche Widerspruchsfülle kennzeichnet den griechischen Naturbegriff, solche bildet den Gehalt des Wortes »Physis«. Und dieses enthält sie einfach, mit der größten Leichtigkeit und Unmittelbarkeit, die völlig spontanen und nicht etwa von Philosophen erfundenen Wörtern eignet. Wenn die archaischen Philosophen ihren Werken den Titel »Von der Physis« gaben, machten sie dadurch ihrem Publikum unmittelbar verständlich, worum es ihnen ging: eben darum, was der Grieche völlig unreflektiert mit dem selbstverständlichen Wort »Physis« nannte. Das »s o ist es«, ohne dafür einen menschlichen Urheber angeben zu können, heißt auf griechisch »Physis«. In der Physis konnte die Macht der Götter, konnte eine allbeherrschende Notwendigkeit, ja die höchste Weisheit erkannt werden, es hieße aber der ursprünglichen Spontaneität griechischer Wort- und Begriffsbildung Gewalt antun, wenn man die »Physis« erst aus dem Gegensatz zur Macht des »Nomos«, der »Sitten und Gebräuche« der Völker begreifen und auch in ihr die Hypostase einer Macht ohne Form erblicken wollte[426]. Die Antithese »Physis gegen Nomos« beruht darauf, daß man das wahre »so s e i n«, dem menschlichen, bloßen Schein entgegensetzte[427]. Und nachdem die Physis, die wahre und verborgene, diese Antithese gleichsam hervorgerufen hatte, trat auch sie dadurch aus ihrer tieferen Lagerung mehr auf die Oberfläche, wurde zum oberflächlicheren Naturbegriff der Sophisten, das Urwort wurde zum Schlagwort.

Sowohl Aristoteles als Platon bemühten sich, den älteren, philosophischen Naturbegriff genau zu umschreiben. Die einander widersprechenden beiden Aspekte der Physis — das »Werden« und das »Sein« in ihr — faßt Aristoteles so: »die Physis im Sinne der Genesis (des »Werdens«) ist der Weg in die Physis (d. h. in das »Sein«)[428]«; dann aber auch so: es muß etwas geben, aus dem alles Übrige entsteht, während es unvermindert besteht, und dieses ist die Physis, sei es als Ur-Stoff (πρώτη ὕλη), sei es als Form (εἶδος), sei es als Wesen (οὐσία), je nach der Auffassung des Philosophen. Nimmt man an, das »Wesen« sei die Zusammensetzung, so ist die Physis die Ur-Zusammensetzung ( πρώτη σύνθεσις )[429]. Platon löste die Schwierigkeit der Definition von etwas derart Widerspruchsvollem so, daß er die Physis als Genesis bestimmt, doch als Genesis im Bereich der Ur-Dinge: φύσιν βούλονται λέγειν γένεσιν τὴν περὶ τὰ πρῶτα[430]. Ur-Dinge (τὰ πρῶτα) sind das Feuer nach Heraklit, die Luft nach Anaximenes. Nach Platon könnte auch die Seele zu den Ur-Dingen gehören und somit ganz besonders »nach der Physis sein« (εἶναι διαφερόντως φύσει), d. h. »sein« per definitionem, wie die Atome, die Ur-Dinge des Leukippos und des Demokritos. Diese werden gleichfalls ausdrücklich »Physis« genannt[431], genauer — nach Epikur — die Atome, der leere Raum und was mit ihnen geschieht: *naturam esse corpora et inane quaeque iis accidant*[432]. Wenn Empedokles die Physis den Sterblichen ebenso abspricht, wie den Tod als Ende (fr. 8 Diels), so tut er dies offenbar, weil sie auch für ihn jene Genesis ist, die in den Bereich der Ur-Dinge — nach ihm: der vier Elemente — gehört.

Wir sehen, wie diese widerspruchsvolle Physis, in Atome, Leere und Bewegung aufgelöst, zum wissenschaftlichen Naturbegriff viel späterer Zeiten werden konnte. Wie war es aber mit ihr, so müssen wir fragen, vor den Atomikern, vor Empedokles und außerhalb der ionischen Naturphilosophie, bei dem ersten Ontologen, der »Sein« und »Werden« schied: bei Parmenides? Man sagt wohl richtig: er war der erste, der die Frage nach der Physis als Frage nach dem Sein stellte und beantwortete[433]. Dabei umging er zuerst das Wort und den Begriff, die doch da waren, er ließ sie gleichsam hinter sich, als er auf dem Sonnenwagen durch das »Tor der Pfade des Tages und der Nacht« fuhr, um die Offenbarung darüber zu erhalten, von dem einzig die Aussage gilt, daß es i s t . In der zweiten Hälfte seines philosophischen Offenbarungsgedichts aber kehrt er doch zurück, und da gilt es »die Physis des Äthers« zu künden und »alle Zeichen im Äther und das vernichtende W i r k e n der reinen Fackel der heiligen Sonne und w o h e r  s i e  e n t s t a n d e n , und das schweifende W i r k e n des rundäugigen Mondes und seine Physis ... auch den rings umfassenden Himmel, w o h e r e r w a r d und wie die Ananke Führung ihn zwang, die Begrenzung der Gestirne zu sein« (fr. 10 Diels). »Wirken« (ἔργα) und »Physis« — diese bald als Beschaffenheit gemeint, bald als Genesis und als solche auch ausgeführt (»woher sie entstanden«, »woher er ward«) — werden unterschieden. Es ist also bei Parmenides auch die »Physis« da, zwischen dem wahren Sein und dem »Wirken« gelagert, doch von jenem Sein getrennt, scheinbar ein leergewordener Begriff ...

Zugleich mit dieser seinsentleerten »Physis« erscheint auch das Bild einer Göttin. In der Kosmogonie, in der Parmenides die Physis als Genesis schilderte, nahm sie die mittelste der gemischten Sphären ein[434]. Ihre Funktion war — nach dem Doxographen, der wohl die umschreibenden Worte des Aristotelesschülers Theophrast wiedergibt —, der Urgrund der Bewegung zu sein, also ebendas, was nach Aristoteles die Physis ist[435], und der Urgrund auch der Genesis. Die »Bewegung« gehört in jener Paraphrase zu einer Umdeutung im Sinne des Aristoteles, die »Genesis« entspricht genauer der Schilderung des Parmenides (fr. 12, 3—6):

ἐν δὲ μέσωι τούτων δαίμων ἣ πάντα κυβερνᾶι·
πάντα γὰρ ἣ στυγεροῖο τόκου καὶ μίξιος ἄρχει
πέμπουσ᾿ ἄρσενι θῆλυ μιγῆν τό τ᾿ ἐναντίον αὖτις
ἄρσεν θηλυτέρωι

»—in der Mitte aber ist die Göttin, die alles steuert; überall waltet sie nämlich der schmerzlichen Geburt und der Mischung: sie sendet das Weib dem Manne zur Paarung und den Mann dem Weibe.« Nach Platon müßte der Name dieser Göttin »Genesis« lauten[436]. Nach dem Aristoteleskommentator Simplikios war sie sogar eine Göttin der Wiedergeburt[437], etwa der großen Seelenmutter der Pythagoreer Demeter oder Rhea Kybele gleich[438]. Doch nannte Parmenides selbst sicher keinen bestimmten Namen. Dies folgt daraus, daß Theophrast, oder wer immer den Auszug verfertigte, den wir lesen, mehrere erwähnt: diese »Daimon Lenkerin« sei dieselbe, die bei Parmenides sonst

die »Schlüsselhalterin Gerechtigkeit«, κληιδοῦχος Δίκη, oder Ananke, die »Notwendigkeit« heiße. Beide Benennungen drücken
mögliche Aspekte der großen Lenkerin und Herrin der Mischung aus. Ließ sie aber Parmenides ohne eigentlichen Namen,
so war das Bild seinen Zeitgenossen wohl vertraut genug. Eine
Antwort auf die Namensfrage werden wir erst erhalten, wenn
wir die Gestalten nacheinander folgen lassen, die das Bild in
der philosophischen und dann auch in der religiösen und in der
Zauberdichtung weitertragen.

Es ist eine mythologische Gestalt, von der von nun an die Rede
sein muß, eine Gestalt, die neben dem Urwort und philosophischen Begriff »Physis« auftauchte, die sich aber auch in engerer
Beziehung zu diesem zeigen wird. Die Kinder, die Parmenides
ihr zuschrieb[439], passen als Sprößlinge und Ausgeburten zu einem
mythologischen Urwesen: der Krieg, die Zwietracht, der Tod,
der Schlaf, das Vergessen und das Altern, alle kommen in der
Kinder- und Enkelschar der Göttin Nacht bei Hesiod vor[440].
Auch Eros, von dem es bei Parmenides hieß, daß die Weltlenkerin ihn »als ersten aller Götter ersann« (fr. 13):

πρώτιστον μὲν ῎Ερωτα θεῶν μητίσατο πάντων

— auch er war nach einer alten, von Aristophanes parodierten
orphischen Kosmogonie ein Sohn der Nacht[441], nach anderen
freilich ein Sohn der Aphrodite, der Göttin, die Plutarch in der
Schilderung des Parmenides wiedererkennen zu können glaubte[442]. Die Stellung, die ihr Parmenides in seiner Kosmogonie
zuweist — in der mittelsten der gemischten Sphären —, kennzeichnet die Herrin der Mischung, doch Mischung ist bei ihm
auch ein Kennzeichen des Mondes[443]. Dieser nimmt im fertigen
Weltbild dieselbe Stellung ein, wie die Lenkerin in der Kosmogonie. Der erste Text der nach Parmenides folgenden philosophischen Dichtung, den wir vorzulegen haben, wird die gleiche kosmogonische Situation zeigen: die »Genesis im Bereich der
Urdinge«, wie Platon die »Physis« der älteren Philosophen bestimmt.

*

Es ist Empedokles, der bald nach Parmenides, in derselben west-griechisch-süditalischen Kulturwelt lehrende Philosoph, der in seiner Kosmogonie das Wirken einer Herrin der Mischung schilderte[444]. Sie war für ihn eine der beiden Ur-Mächte, die im Bereich der vier Elemente, der Urdinge nach Empedokles, waltete. Die andere, Neikos, der »Streit«, bewirkte die Trennung, sie die Vereinigung. Der Philosoph nennt sie Philotes oder Philia, die »Liebe«, die Menschen aber — so erfahren wir von ihm (fr. 17, 24) — auch Gethosyne, die »Freude«, und Aphrodite. Ein anderer, mythologischer und philosophischer Name für sie ist »Harmonie«. Neikos stört den Urzustand des Weltkerns, des mythologischen Welteis, das bei Empedokles kugelförmig ist, den Namen Sphairos trägt und »im festen Verließ der Harmonie liegt, froh der ringsum herrschenden Einsamkeit« (fr. 27, 3/4). Denn Neikos bringt Bewegung in den Sphairos und dadurch entsteht ein Wirbel. Die Fortsetzung dieses kosmogonischen Vorgangs zeigt uns das Wirken der Philotes eben als der »Herrin der Mischung« (fr. 35, 3—7):

ἐπεὶ Νεῖκος μὲν ἐνέρτατον ἵκετο βένθος
δίνης, ἐν δὲ μέσηι Φιλότης στροφάλιγγι γένηται,
ἐν τῆι δὴ τάδε πάντα συνέρχεται ἓν μόνον εἶναι,
οὐκ ἄφαρ, ἀλλὰ θελημὰ συνιστάμεν᾽ ἄλλοθεν ἄλλα.
τῶν δέ τε μισγομένων χεῖτ᾽ ἔθνεα μυρία θνητῶν

»— sobald Neikos in die unterste Tiefe des Wirbels gekommen und Philotes in die Mitte des Strudels gelangt ist, da schließt sich dies alles rings um sie zur Einheit zusammen, doch nicht auf einmal, sondern wie eins aus dem anderen sich willig zusammenfügt. Aus dieser Mischung ergossen sich die unzähligen Scharen sterblicher Geschöpfe ...«
Hat die Göttin, die bei Parmenides ungenannt in der griechischen Philosophie erschien, durch diesen Philosophen, der sie unter vielen Namen in einem einzigen Sinne versteht und preist, etwas gewonnen oder eher nur verloren? Die Philotes allein, wie sie Empedokles in diesem einzigen Sinn benennt, ist als »Prinzip der Liebe« eindeutig, doch keine gestalthafte Göttin mehr, selbst wenn sie mit der Aphrodite, der unmittelbar ge-

nossenen und in hellenischer Frömmigkeit gefeierten Freude
des Weltalls gleichgesetzt wird. Es wird auf diese Weise der
eigentliche, klassische Einzug der Liebesgöttin in die philosophische Dichtung der Antike nur vorbereitet. Er erfolgt dann im
hymnischen Prooemium des ersten Gesanges des Lukrez. Der
römische Epikureer führt als Dichter jene philosophisch-mytho-
logische Tradition fort, die bei Parmenides ihren Anfang nimmt.
Er tut dies mit seinem Venushymnus am Anfang eines Lehrge-
dichtes, das weder Gottheiten, die sich um die Sterblichen kümmern, noch die Philotes als kosmogonisches Prinzip im Sinne
des Empedokles anerkennt. Ein scheinbar sinnwidriges Spiel,
welches erst sinnvoll wird, wenn wir die wahre Gestalt dieser
Göttin, ihr mit dem Begriff »Philotes« nicht zu fassendes Wesen erkennen[445].

> *Aeneadum genetrix, hominum divomque voluptas,*
> *alma Venus, caeli subter labentia signa*
> *quae mare navigerum, quae terras frugiferentis*
> *concelebras, per te quoniam genus omne animantum*
> *concipitur visitque exortum lumina solis*
> *(te dea, te fugiunt venti, te nubila caeli*
> *adventumque tuum, tibi suavis daedala tellus*
> *summittit flores, tibi rident aequora ponti,*
> *placatumque nitet diffuso lumine caelum;*
> *nam simulac species patefactast verna diei,*
> *et reserata viget genitabilis aura Favoni,*
> *aeriae primum volucres te, diva, tuumque*
> *significant initum perculsae corda tua vi;*
> *inde ferae pecudes persultant pabula laeta*
> *et rapidos tranant amnis: ita capta lepore*
> *te sequitur cupide quo quamque inducere pergis;*
> *denique per maria ac montes fluviosque rapacis*
> *frondiferasque domos avium camposque virentis,*
> *omnibus incutiens blandum per pectora amorem,*
> *efficis ut cupide generatim saecla propagent)*
> *quae quoniam rerum naturam sola gubernas,*
> *nec sine te quicquam dias in luminis oras*
> *exoritur, neque fit laetum neque amabile quicquam,*

*te sociam studeo scribendis versibus esse*
*quos ego de rerum natura pangere conor* ...

Mutter der Aeneaden, du Wonne der Menschen und Götter,
Lebenspendende Venus: du waltest im Sternengeflimmer
Über das fruchtbare Land und die schiffedurchwimmelte
    Meerflut,
Du befruchtest die Keime zu jedem beseelten Geschöpfe,
Daß es zum Lichte sich ringt und geboren der Sonne sich freuet
(Wenn du nahest, o Göttin, dann fliehen die Winde vom
    Himmel,
Flieht das Gewölk, dir breitet die liebliche Bildnerin Erde
Duftende Blumen zum Teppich, dir lächelt entgegen die
    Meerflut
Und ein friedlicher Schimmer verbreitet sich über den
    Himmel.
Denn sobald sich erschlossen des Frühlings strahlende Pforte
Und aus dem Kerker befreit der fruchtlose West sich er-
    hoben,
Künden zuerst, o Göttin, dich an die Bewohner der Lüfte,
Und dein Nahen entzündet ihr Herz mit Zaubergewalten.
Jetzt durchstürmet das Vieh wildrasend die sprossenden
    Wiesen
Und durchschwimmt den geschwollenen Strom. Ja jegliches
    folgt dir
Gierig, wohin du es lenkest; dein Liebreiz bändigt sie alle;
So erweckst du im Meer und Gebirg und im reißenden Flusse,
Wie in der Vögel belaubtem Revier und auf grünenden Feldern
Zärtlichen Liebestrieb in dem Herzblut aller Geschöpfe,
Daß sie begierig Geschlecht um Geschlecht sich mehren und
    mehren)
Also lenkst du, o Göttin, allein das Steuer des Weltalls,
Ohne dich dringt kein sterblich Geschöpf zu des Lichtes
    Gefilden,
Ohne dich kann nichts Frohes der Welt, nichts Lichtes
    entstehen;
Drum sollst du mir Helferin sein beim Dichten der Verse
Die ich zum Preis der Natur mich erkühne zu schreiben.

333

Dieser Wunsch des Dichters, die Göttin soll seine Helferin sein, ist schwer in Übereinstimmung zu bringen mit seiner Überzeugung, die Natur der Götter sei so beschaffen, daß sie seit aller Ewigkeit der Ruhe genießt, fern und unberührt von unseren Sorgen (I 44):

*omnis enim per se divom natura necessest*
*immortali aevo summa cum pace fruatur*
*semota ab nostris rebus seiunctaque longe . . .*

Es sei denn, daß es außer den Göttern, welche die Menschen verehren, obwohl sie sich um sie, zwischen den Welten, in den *intermundia* ruhend, nicht kümmern, auch eine — nach späterer philosophischer Ausdrucksweise — immanente Macht gibt, die auch ungebeten schenkt, und d e r gegenüber der seiner Beschenktheit bewußte Philosoph, d i e s e göttliche Macht gleichsam nur bejahend, ausrufen kann: D i c h wünsche ich mir als Helferin! Das ist freilich die äußerste Grenze, bis zu der sich einer aus der Gefolgschaft Epikurs ohne Inkonsequenz hinreißen lassen durfte. Fast bis dahin gelangte auch der Meister mit seiner berühmten Danksagung, die noch angeführt werden soll. Wenn Lukrez als Römer und Dichter diese Grenze mit seinem Gebet um Frieden doch überschreitet, so berührt das unsere Frage nach dem Wesen der göttlichen Macht nicht, die er als die Venus der Römer preist.

Auf den ersten Blick scheint es so, als wollte Lukrez keine andere Ur-Macht besingen als vor ihm schon Empedokles, sein Vorgänger in der philosophischen Dichtung. »Man nennt sie Freude und Aphrodite« — Γηθοσύνην καλέοντες ἐπώνυμον ἠδ' Ἀφροδίτην, so hieß es bei dem Griechen[446]. Und bei dem Römer: *alma Venus, hominum divomque voluptas, neque fit — sine te — laetum neque amabile quicquam.* Das *amabile,* »zur Liebe Reizende«, ist die »Philotes« in den Dingen, freilich nicht im Bereich der Ur-Dinge. In der (in Klammer gesetzten) Ekphrasis wird ihr Wirken ausgeführt, freilich wiederum nicht bei der großen Weltentstehung, sondern zur Zeit der kleinen, jährlichen Kosmogonie: »*ver illud erat* — Frühjahr war es, als die Welt geboren wurde« — liest man bei Vergil[447]. Und eben dadurch, daß diese Göttin in der Welt unserer Sterblichkeit unmittelbar und erfahrungsgemäß wirkt, erscheint sie nicht nur als mit der römischen Venus, der Ahnin der Nachkommen des Aeneas gleich, sondern sie erweist sich uns, historischen Betrachtern, als mit der Weltlenkerin, der δαίμων κυβερνῆτις des Parmenides identisch. Sie ist eine »Herrin der Mischung« in einem krasseren, alltäglicheren Sinne als bei Empedokles: *per te quoniam genus omne animantum concipitur.* Und wie jene bei Parmenides für die »Genesis« selbst gelten konnte, rühmt Lukrez seine Venus vor allem als Genetrix und schildert in ihr eine Göttin der Geburt, jedoch nicht im Sinne einer Geburtshelferin, sondern in einem weiteren Sinn als die Göttin der Entstehung überhaupt: *nec sine te quicquam dias in luminis oras exoritur.*

So rühmt Lukrez in der Venus Genetrix der Römer eine Göttin der Genesis im philosophischen Sinne. Er rühmt sie im Stil religiöser, hymnischer Prädikation als die »einzige«, die das Weltall lenkt — *quae quoniam rerum naturam sola gubernas —,* doch er rühmt sie in wörtlicher Übereinstimmung mit Parmenides (δαίμων ἥ πάντα κυβερνᾶι). Bedeutungsvoll ist auch die Wiederholung dieser Prädikation von Lukrez selbst mit einer anderen Benennung der Gottheit, die da gepriesen wird[448]. Zuerst war es die Venus, die die *rerum natura* steuert — mit griechischen Namen: Aphrodite, die die Physis lenkt —, und eben darum wünschte der Dichter der Natur, daß sie ihm helfe. Später (V 77) ist es die Natur selbst, die das Steuer hält, von ihr spricht Lukrez wie von einer lenkenden Göttin: der *Natura gubernans.* Und da würde das Wort Genesis für die Wiedergabe nicht mehr das passende sein, vielmehr — wie bei der *rerum natura creatrix* (I 629 und V 1362) — der Name Physis. Die zweite Wiederholung der Prädikation in adjektivischer Form und mit der Nennung einer anderen Göttin verbunden, einige Zeilen weiter (V 107) als *Fortuna gubernans,* wird vollends verständlich, wenn wir in der Weltlenkerin des Lukrez kein einseitiges Prinzip wie die Philotes, auch keine eindeutige Göttin Genesis, sondern die Physis erkennen[449], in der widerspruchsvollen und eben darum unwillkürlich mythologischen Auffassung Epikurs.

Es ist die Göttin Physis, an die Epikur seine berühmte Danksagung richtete (fr. 468 U.): Χάρις τῆι μακαρίαι Φύσει, ὅτι τὰ ἀναγκαῖα ἐποίησεν εὐπόριστα, τὰ δὲ δυσπόριστα οὐκ ἀναγκαῖα — »Dank der glückseligen Physis, daß sie das Notwendige leicht zu beschaffen, das schwer zu Beschaffende nicht notwendig macht.« Das Lob dieser Göttin leitet sinnvoll das große epikureische Lehrgedicht von der Natur ein. Den Widerspruch, wodurch die Verflachung dieser Urgestalt zu einem bloß philosophischen Begriff verhindert wurde, faßt ein Lukrezkommentator scharf und richtig: »as the epicurean nature is at the same time blind chance and inexorable necessity«[450]. Tyche, »chance«, und Ananke, »necessity«, gehören zum Wesen der großen Ungebeten-Schenkenden. Gerade die Epikureer aber sind nicht diejenigen, die uns über die Vorgeschichte mythologischer Gestalten Aufklärung geben, selbst wenn es sich um eine derart unauflösbare handelt, wie diese, welche sich nach dem strengen Parmenides auch dem grundsätzlich ebenso strengen Epikur, gegen die Grunderkenntnisse beider, aufzwang. Lukrez griff in seinem Venushymnus höchstens bis auf Parmenides zurück, falls er dies überhaupt tat, und das Bild ihm nicht — wie schon Parmenides und seinen Zeitgenossen — anders vertraut war[451]. Es sind viel spätere Schriften, die seinen mythologischen Ursprung beleuchten. Der Wißbegierige muß sich zu ihrer Studie bequemen: zu einer Studie, die mehr religionsgeschichtlich als philosophiegeschichtlich sein soll, obwohl die Göttin nunmehr meistens ihren philosophisch so gehaltvollen und gewichtigen Namen »Physis« trägt.

*

Die Texte, die man als Beweise anführt, daß V e n u s und N a -
t u r a , Aphrodite und Physis nicht nur für Lukrez gleichwertig waren, liegen zeitlich und geistig vom römischen Epikureer recht fern. Es sind spätantike Zaubergebete: ein »herbeizwingender Zauber« und »Zwanggebet« und ein »Schalenorakel« der Aphrodite[452]. Wie unepikureisch und unklassisch solche Zauberschriften auch seien, man muß doch daran denken, daß Lukrez selbst, seiner Biographie nach, einem aphrodisischen Zwang und Zauber zum Opfer fiel. Die Zauberhymnen, die man zur Bereitung eines Liebestrankes sprach, wurden nicht erst in den letzten Jahrhunderten des Altertums erfunden, obwohl sie uns nur

in den spätesten Redaktionen erhalten sind. Sie schöpfen in ihrer uns bekannten Form reichlich aus allen möglichen orientalischen Religionen, sie zeigen aber auch Beziehungen zwischen hellenischen Göttergestalten auf, die für eine ältere, eher volkstümliche als klassische griechische Mythologie bezeichnend sein können.

In dem hier anzuführenden »Zwanggebet« erscheint Aphrodite, auch als »Allmutter Natur« angerufen, und übt jene, auch ihrer hellenisch-mythologischen Gestalt gemäße Funktion aus, die Parmenides seiner Herrin der Mischung zuschrieb (IV 2915):

ἀφρογενὴς Κυθέρεια, θεῶν γενέτειρα καὶ ἀνδρῶν
αἰθερία, χθονία, Φύσι παμμήτωρ, ἀδάμαστε
ἀλληλοῦχε, πυρὸς μεγάλου περιδινήτειρα

— — — — — — — — — — — — — — — — —

κινεῖς δὲ τὸν ἁγνὸν ἵμερον εἰς ἀνδρῶν ψυχὰς
ἐπὶ δ'ἄνδρα γυναῖκας . . .

Schaumgeborene Kythereia, der Götter Mutter und der
    Menschen,
Ätherische, Chthonische, Allmutter Physis, Unbezwungene,
Zusammenhaltende, die das große Feuer im Kreise
    umtreibt . . .
Du lenkst auch das heilige Sehnen in die Seelen der Männer
    und die Frauen hin zum Mann . . .

Dieser »herbeizwingende Zauber« ist mit Rauchopfer zum »Stern der Aphrodite«, dem Planeten Venus verbunden. Im »Schalenorakel« scheint dieselbe Göttin, Physis und Aphrodite genannt, mit dem Monde identisch zu sein (IV 3230):

ἐπικαλοῦμαι καὶ τὴν τῶν ἁπάντων διογενῆ Φύσιν,
δίμορφον, ἀμερείην, εὐθείην, ἀφρωραίαν Ἀφροδίτην, δεῖξαί μοι
τὸ καλόν σου φῶς καὶ τὸ καλόν σου πρόσωπον . . .

ich rufe an auch die Zeus entsprossene Physis des Alls, die doppelgestaltige, unteilbare, schnelle, schaumschöne Aphrodite, mir zu zeigen Dein schönes Licht und Dein schönes Antlitz . . .

Die Identifikation ist nicht nur gelegentlich, sie kommt als philosophische Lehre auch in der höheren Literatur vor[453] und wird im Mondhymnus eines anderen »herbeizwingenden Zaubers« deutlich ausgesprochen (IV 2556):

παγγεννήτειρα καὶ ἐρωτοτόκει᾽ Ἀφροδίτη
λαμπαδία, φαέθουσα καὶ αὐγάζουσα Σελήνη . . .

alles zeugende und Liebe gebärende Aphrodite,
Fackelträgerin, leuchtende und strahlende Selene . . .

In einem großen »Gebet an Selene« — »bei jeder Zauberpraxis verwertbar« —, das auch mit dem eben zitierten Hymnus identische Zeilen enthält, doch den Namen Aphrodite nicht, bezieht sich die Anrufung »Allmutter Natur« auf die Mondgöttin. Von diesem hymnischen Zaubergebet seien hier Anfang und Ende angeführt (IV 2786):

Ἐλθέ μοι, ὦ δέσποινα φίλη, τριπρόσωπε Σελήνη,
εὐμενίηι δ᾽ ἐπάκουσον ἐμῶν ἱερῶν ἐπαοιδῶν·
νυκτὸς ἄγαλμα, νέα, φαεσίμβροτε, ἠριγένεια
ἡ χαροποῖς ταύροισιν ἐφεζομένη, βασίλεια,
Ἡλίου δρόμον ἴσον ἅρμασιν ἱππεύουσα,
ἡ Χαρίτων τρισσῶν τρισσαῖς μορφαῖσι χορεύεις
ἀστράσι κωμάζουσα, Δίκη καὶ νήματα μοιρῶν
Κλωθὼ καὶ Λάχεσις ἠδ᾽ Ἄτροπος εἶ, τρικάρανε

— — — — — — — — — — — — — — — — — — — — —

ἵλαθί μοι καλέοντι καὶ εὐμενέως ἐσάκουσον
ἡ πολυχώρητον κόσμον νυκτὸς ἀμφιέπουσα,
δαίμονες ἣν φρίσσουσι καὶ ἀθάνατοι τρομέουσιν
κυδιάνειρα θεά, πολυώνυμε, καλλιγένεια,
ταυρῶπι, κερόεσσα, θεῶν γενέτειρα καὶ ἀνδρῶν
καὶ Φύσι παμμήτωρ· σὺ γὰρ φοιτᾶις ἐν Ὀλύμπωι,
εὐρεῖαν δὲ τ᾽ ἄβυσσον ἀπείριτον ἀμφιπολεύεις,
ἀρχὴ καὶ τέλος εἶ, πάντων δὲ σὺ μούνη ἀνάσσεις·
ἐκ σέο γὰρ πάντ᾽ ἐστὶ καὶ εἰς σ᾽ αἰώνιε, πάντα τελευτᾶι,
ἀέναον διάδημα ἑοῖς φορέεις κροτάφοισιν,
δεσμοὺς ἀρρήκτους ἀλύτους μεγάλοιο Κρόνοιο

καὶ χρύσεον σκῆπτρον ἐαῖς κατέχεις παλάμαισιν.
γράμματα σῶι σκήπτρωι αὐτὸς Κρόνος ἀμφεχάραξεν,
δῶκε δέ σοι φορέειν, ὀφρ' ἔμπεδα πάντα μένοιεν
'Δαμνώ, Δαμνομένεια, Δαμασάνδρα, Δαμνοδαμία.'

Nahe mir, liebe Herrin, dreigesichtige Selene,
und erhöre in Güte meine heiligen Zaubergesänge:
Schmuck der Nacht, Neue, Licht den Sterblichen Bringende,
   in der Frühe Geborene,
auf wildblickenden Stieren sitzende, Königin,
die auf dem gleichen Weg wie Helios im Wagen einherfährt,
die du in den drei Gestalten der drei Chariten tanzest,
mit den Gestirnen schwärmend, Dike und Gespinst der Moiren,
Klotho und Lachesis und Atropos bist du, dreihäuptige

— — — — — — — — — — — — — — — — — — —

sei gnädig mir, der dich ruft, und erhöre mich gütig,
die du der vielfassenden Welt nachts waltest,
vor der die Dämonen erschauern und die Unsterblichen er-
   zittern,
Männer verherrlichende Göttin, Vielnamige, Schöngeborene,
Stieräugige, Gehörnte, der Götter und Menschen Erzeugerin
und Physis, Allmutter: denn du wandelst im Olympos
und suchst den weiten, unermeßlichen Abgrund auf.
Anfang und Ende bist du, über alle herrschest du alleine;
denn von dir ist alles, und in dich Ewige, endigt alles.
Ein ewiges Diadem trägst du um deine Schläfen,
unzerreißbare, unlösliche Bande des großen Kronos,
und ein goldenes Szepter hältst du in deinen Händen.
Die Inschrift hat Kronos selbst rings deinem Szepter einge-
   graben;
er gab es dir zu tragen, auf daß alles ewig bestehe:
»Zwingerin, Mutbezwingerin, Mannbezwingerin, Zwang-
   bezwingerin.«

Übereinstimmungen zwischen diesem Zauberhymnus an die Selene und dem orphischen Hymnus an die Göttin Physis werden

uns erst später deutlich werden und die Berechtigung der Frage bestätigen, die sich angesichts der vorgelegten Zaubertexte erhebt: welche Göttin ist die dem philosophischen Namen »Physis« ursprünglich entsprechende mythologische Gestalt? Aphrodite oder die Mondgöttin? Eine sichere Antwort kann auf Grund der Zaubergebete kaum gegeben werden. Zwei weitere Texte, gleichfalls aus der Zeit der Dekadenz, doch nicht aus der Zauberliteratur, bringen die Lösung näher.

Der eine Text ist der Pythagoras zugeschriebene Hymnus an die Physis in der lyrischen Hymnensammlung des Mesomedes. Dieser wirkte als Musiker und Dichter solcher Hymnen um die Mitte des 2. Jahrhunderts n. Chr.[454] Der fiktive Autorenname Pythagoras weist auf die Literatur hin, wo die ausführlichere Vorlage dieses bis zur Unverständlichkeit kurz gefaßten und zum Teil auch unverständlich überlieferten Gedichtes zu suchen war. Die Bezeichnungen »pythagoreisch« und »orphisch« kommen jener Literatur mit dem gleichen Rechte zu[455]. Der aus 24 lyrischen Zeilen bestehende Hymnus zerfällt deutlich in zwei Teile: die ersten 14 Verse feiern die große Göttin, die nach dem Titel nur die Physis sein kann, die übrigen 10 den Sonnengott. Der Grund, warum ein Gebet an die Sonne mit dem an die Göttin verbunden wird, erhellt aus dem Gedicht des Mesomedes nicht. Die Göttin wird zuerst ohne Eigennamen angerufen (1—3):

> Ἀρχὰ καὶ πάντων γέννα,
> πρεσβίστα κόσμου μᾶτερ,
> καὶ νὺξ καὶ φῶς καὶ σιγά
> Urgrund und Ursprung[456]
> alt-ehrwürdige Mutter der Welt,
> Nacht und Licht und Schweigen!

Diese letzte Zeile ist nicht unanschaulich, sie evoziert die Vorstellung einer Mondnacht. Das Undeutliche liegt in den folgenden drei Zeilen, nach den ersten beiden Worten und vor der Anrufung mit dem Namen einer großen Muttergöttin:[457]

> ἃ φρουρεῖς † πάντα μῦθε
> ἠδ' ἀγγέλλεις τοὺς Ζηνός
> παῖδας †, κυδίστη Ῥείη.

die du Wacht hältst — — — — —

— — — — — — —, rühmlichste Rhea.

In der Mitte ist der Text fehlerhaft überliefert. Die Unklarheit, mit der das Wachthalten der Rhea im folgenden begründet wird, ist der Kürze zuzuschreiben, welche die lyrische Zusammenfassung eines dem damaligen Hörer bekannten mythologischen Stoffes charakterisiert:

δέχει γὰρ πάντας μύθους
μειλικτοὺς ἀνδρῶν ἔργοις.
Du nimmst ja alle Reden entgegen,
die vermischt sind mit den Taten der Menschen[458].

In den letzten sechs Versen dieses ersten Teiles des Hymnus
wird dann um eine »gerade Linie« für die Seele, »wahrheitsgetreue Beweglichkeit der Zunge« und Gesundheit der Glieder,
namentlich der Gelenke, »zum Maß dieses Lebens«, gebetet:

καί μοι πρῶτον μὲν ψυχά
ὀρθὰν βαίνοι πρὸς γραμμάν
ἀψευδεῖ γλώσσης ῥύμηι·
γυίων αὖθις δ’ ἀσκηθεῖς
γόμφοι τ’ εἶεν καὶ ταρσοί
ζωᾶς ἐς μέτρον τᾶσδε.[459]

Aus dem Sonnengebet, welches den zweiten Teil bildet, sei hervorgehoben, daß der Gott als Aion, Paian und Titan angerufen wird, und daß der Betende von sich als »elendem Menschen
in Fesseln« spricht und dadurch sich zum »pythagoreischen«
oder »orphischen« Glauben ausdrücklich bekennt (15—24):

σὺ δ’ ὦ λαμπραῖς ἀκτῖσιν
γαῖαν πᾶσαν πυρσεύων
Αἰὼν ἀσβέστων φλογμῶν,
ταῖς σαῖς δέρκευ με γλήναις
ὄλβον χεύων εὐαγῆ
τῶι σῶι, Παιάν, βακχευτᾶι.

εἰς σὲ ζωὰν γὰρ τείνω,
γυίοις ἐνναίων ῥευστοῖς.
οἴκτειρον τόσσον, Τιτάν,
ἀνθρώπου δείλου δεσμόν.

Der du mit deinen lichten Strahlen
die ganze Erde beleuchtest,
Aion mit unlöschbaren Flammen,
blicke mit Augen auf mich,
reinen Glanz hingießend,
Paian, deinem Schwärmer!
Denn auf dich hin richt' ich mein Leben
in meinen fließenden Gliedern weilend.
Erbarme dich so lange, Titan,
über des elenden Menschen Fesseln!

Diese enge Verbindung der Göttin Natur und des Sonnengottes
in einem und demselben Hymnus erscheint bei einem späteren
Dichter, der von Mesomedes keineswegs abhängig ist, in einer
höchst anschaulichen mythologischen Situation. Im Jahre 400 n.
Chr. feierte der römische Dichter Claudian das Konsulatsjahr
seines Gönners Stilicho — eben das Jahr 400 —, indem er schilderte, wie der Sonnengott aus der Höhle der »unendlichen
Zeit«, des Aion, mit dem Jahre des Stilicho die Reihe der goldenen Jahre hervorholt. Das Bild einer »Höhle der unendlichen Zeit« konnte Claudian auch der Mithrasreligion entnom-
men haben[460]. Doch vor dem Eingang der Höhle hält eine Göttin Wacht — *custos sedet* —, die hier *Natura* heißt, in anderem
Zusammenhang aber, als Mutter des Jupiter, auch Cybele[461],
die Rhea der Griechen. Die Göttin und ihr Wachthalten entsprechen der Göttin und ihrem Wachthalten bei Mesomedes. Hier
wird zunächst die Szenerie ausführlicher geschildert( De cons.
Stil. II 424):

> *Est ignota procul nostraeque impervia genti,*
> *vix adeunda deis, annorum squalida mater,*
> *immensi spelunca aevi, quae tempora vasto*
> *suppeditat revocatque sinu. Complectitur antrum,*
> *omnia qui placido comsumit numine, serpens*

*perpetuumque viret squamis caudamque reductam*
*ore vorat tacito relegens exordia lapsu.*
*Vestibuli custos vultu longaeva decoro*
*ante fores Natura sedet, cunctisque volantes*
*dependent membris animae.*

»Es liegt unbekannt in der Ferne, uns Menschen unerreichbar, kaum zugänglich den Göttern, die Höhle des unendlichen Aion, die graue Mutter der Jahre, die die Zeiten aus ihrem Riesenschoß entläßt und sie wiederum dorthin zurücknimmt. Die Schlange umfaßt die Höhle mit alles in Ruhe verzehrender, göttlicher Gewalt, ewige Kraft wohnt unter ihren Schuppen, in den Schwanz beißt sie mit dem Munde, lautlos zurückgehend zum eigenen Anfang. Als Wache im Eingang sitzt die greise Natur mit schönem Antlitz vor der Türe, von allen ihren Gliedern hängen beflügelte Seelen.«
Orientalische Züge sind da nicht zu verkennen: orientalisch ist das Bild des Uroboros, der in den eigenen Schwanz beißenden Schlange der Ewigkeit, und auch die Schilderung des uralten Zeit- und Himmelsgottes, die sich den angeführten Zeilen anschließt. Das Orientalische vereinigt sich indessen mit Altgriechischem, das mythologische Bild der Höhle, welches Griechen und Persern gemeinsam ist, bildet die Grundlage zur Vereinigung westlicher und östlicher Elemente, Rhea Cybele als große Seelenmutter mußte für die älteren Pythagoreer angenommen werden — wir erwähnten sie zu den Versen des Parmenides über die Herrin der Geburten und der Mischung —, hier erscheint sie in einem ausgeführten Bild und empfängt den Sonnengott (441):

*Illius ut magno Sol limine constitit antri,*
*occurrit Natura potens seniorque superbis*
*Canitiem inclinat radiis . . .*

»Als der Sonnengott auf der großen Schwelle jener Höhle stehen blieb, lief ihm die Herrin Natur entgegen und neigte, sie, die ältere, das weiße Haupt vor den herrlichen Strahlen . . .«
Bei Mesomedes war diese Situation — die Rolle der Göttin Na-

tur als älterer und doch der Sonne huldigender Gottheit — nicht klar ausgedrückt, den Sonnengott aber ruft er als »Aion« an: eine Identifikation, die älter ist als die mythologische Dichtung des Claudian (sie ist auf den Münzen der römischen Kaiser seit der Mitte des 3. Jahrhunderts n. Chr. da[462]) und älter als der Hymnus des Mesomedes. Der Umstand[463], daß ein älterer Sonnengeburtstag, das spätere christliche Epiphanienfest, in Alexandrien, wahrscheinlich seit der Gründung der Stadt, als Geburtstag des göttlichen Kindes »Aion« gefeiert wurde, ist nur aus der gleichen Identifikation erklärlich. Aion, der Gott der unendlichen Zeit — immensum Aevum — und Höhlengott bei Claudian, und der Sonnengott wurden, längst vor Mesomedes, im Augenblick ihrer Geburt, in ihrer Epiphanie als identisch erkannt. Und gerade als neugeborenes Kind gehört Aion in eine Höhle, in den mythologischen Ur-Ort, wo in der griechischen Mythologie der verborgene Sohn der Rhea Kybele, Zeus, sich befand, ehe er als neuer Weltherrscher offenbar wurde. Claudian hat uns diese Urszenerie erhalten, ein anderes ursprüngliches Moment, das Erscheinen des Sonnenlichtes selbst aus der Höhle, ließ er, seiner eigenen dichterischen Komposition zuliebe, fallen.

Eine gemeinsame Quelle muß für beide Dichter angenommen werden, aus der beide die Verbindung von Physis und Helios, Claudian dazu noch die Situation vor einer Höhle und Mesomedes die Gleichheit des Helios und des Aion in dieser Situation entnahmen. Diese Quelle wurde im orphischen Mythologem von der Höhle der Nacht erkannt[464] und konnte nur wegen der orientalischen Ausschmückung bei Claudian in Zweifel gezogen werden, obwohl sich der römische Dichter auch sonst als Kenner der orphischen Bücher erweist[465]. Jetzt, nachdem die Wacht haltende Göttin auch bei Mesomedes erschien und sein dem Pythagoras zugeschriebener Hymnus die Verehrung der Urgöttin mit der des Lichtgottes verbindet, kann kein Zweifel mehr aufkommen. Die Zeus-Höhle der griechischen Mythologie[466], mit manchen Kulthöhlen der alt-kretischen Religion, namentlich mit einer im kretischen Ida-Gebirge gleichgesetzt, wurde in der orphischen Literatur so ausgedeutet, daß man in sie den Bereich des Urgrundes von allem Sein versetzte. Auf Grund später Zitate aus einem großen kosmogonischen Gedicht ist uns einiges von dieser orphischen Ur-Höhle und von einer vor ihr Wacht haltenden Göttin bekannt[467].

In der Höhle haust die Göttin Nyx, die Nacht, ja es hausen da drei Nyktes, drei Göttinnen »Nacht«, doch sie herrschen da nicht allein, sondern sind mit dem Prinzip des erscheinenden Lichtes, seinem Ur-Grunde in der Ur-Finsternis, dem Phanes verbunden[468]. Es sei vom Alter wenigstens des Kernes dieser Kosmogonie bemerkt, daß Aristoteles in seiner Metaphysik sich ernstlich mit den »Theologen, die alles aus der Nacht entstehen lassen« auseinandersetzt[469]. Seine Kritik betrifft eben das, was im Bild der Höhle der Nacht, als Ursprungsortes alles Seienden mythologisch erzählt wurde. Zu diesem mythischen »Ort« gehörten — außer der einen oder der verdreifachten Göttin Nyx — zwei weitere Göttinnen. Die eine, die Berggöttin Ide wird von unserem Gewährsmann, einem späten Platonerklärer[470], nur als die Schwester der anderen, der in Platons Phaidros genannten Adrasteia, erwähnt[471]. Beide sind verschieden benannte Erscheinungsformen der großen kleinasiatischen Muttergöttin Rhea Kybele; diese wurde als Göttin des kleinasiatischen Ida-Gebirges, als Meter Idaia, und — in der Gegend von Kyzikos — als Adrasteia verehrt[472]. Adrasteia war nun die Göttin, der ein orphisches Gedicht v o r der Höhle der Nacht, in deren Eingang einen eigenen »Ort« gab. Während in der Höhle selbst Phanes thront und die Nyx ihre Orakel den Göttern erteilt, beherrscht Adrasteia die Menschen vom Eingang aus[473].

»Adrasteia« war ursprünglich wohl ein kleinasiatischer Name, doch konnte er auch griechisch verstanden werden und dann bedeutete er »die Unentrinnbare«. Trug die Göttin im Eingang des Ursprungsortes diesen Namen, und nicht den Namen Rhea, wie bei Mesomedes, so wurde dadurch nicht der Aspekt der Gebärerin in der großen Mutter festgehalten, sondern ein anderer, der wiederum auch dem Mesomedes vorschwebte. Er sagt ja, die Göttin, die da Wacht hält, nehme die mit Taten vermischten Reden der Menschen entgegen. Es ist der Aspekt einer gestrengen Herrin und Richterin, in dem die göttliche »Mutter« auch erscheinen kann. Geboren werden ist: unter bestimmte Gesetze des Lebens fallen. Wer uns gebar, ließ uns unter diese Gesetze fallen: sie war, sie i s t unsere unentrinnbare Schicksalsherrin, sie setzte die Gesetze unserer Sterblichkeit, unseres im voraus begrenzten und durch alle Notwendigkeiten gebundenen DaSeins fest. Das ist das Wesen der Adrasteia. Platon nennt sie als Gesetzgeberin an einer bedeutsamen Stelle (248 c), wo die Vorausbestimmung des Menschen durch die Präexistenz seiner Seele gelehrt wird. Doch nicht die Präexistenz allein entscheidet da, sondern das Verbundensein mit der Präexistenz, mit dem Ursprung, durch die vor dem »Ursprungsort« sitzende, im Eingang herrschende Adrasteia, durch die »Mutter«: das heißt bei Platon θεσμὸς Ἀδραστείας . . .

So führte uns der Weg auf der Suche nach der ursprünglichen G ö t t i n Physis durch späte Zaubergebete und durch nicht viel ältere Dichter der römischen Kaiserzeit doch zu einem Aspekt der alten kleinasiatischen Muttergöttin Rhea Kybele, in dem die Griechen vor Platon schon die Unentrinnbarkeit der das menschliche Leben bestimmenden Gesetze — Gesetze unseres seelischkörperlichen Daseins — erblickten. Die Frage, ob Rhea Kybele dem Monde oder der orientalischen Aphrodite näher steht, ist kaum mit ausschließlicher Eindeutigkeit zu beantworten. Sie erscheint auf Monumenten als Mondgöttin gekennzeichnet[474], und ihre Liebe zu Attis verbindet sie mit dem Mythenkreis der orientalischen Aphrodite. Die Zaubergebete bekennen sich eben dadurch, daß ihnen bald die Mondgöttin, bald Aphrodite als »Physis« gilt, auch unwillkürlich immer noch zur großen altkleinasiatischen Göttin, einer fast allseitigen Mond- und Frauengottheit. Die Adrasteia wird indessen auch ausdrücklich mit Physis gleichgesetzt. Als Zeugnis darf die Zusammenfassung der orphischen Kosmogonie durch Hieronymos und Hellanikos[475] gelten. Es heißt darin von der Ananke, sie sei dieselbe wie die Physis und die Adrasteia[476]. Die Adrasteia war schon für den Stoiker Chrysippos mit Heimarmene, Ananke, Pepromene, dem verschieden benannten Schicksalsgesetz identisch[477] und dieses wiederum schon für den Gründer der Stoa, Zenon, mit der Pronoia — der Vorsehung — und der Physis gleich[478].

\*

Damit sind wir bei den Grundlagen jenes orphischen Hymnus auf die Natur angelangt, den Christof Tobler übersetzte[479]. Diese Grundlagen sind, wie die des ganzen orphischen Hymnenbuchs, in dem das Gedicht steht, orphisch und stoisch[480]. Stoisch ist dabei das philosophische, das heißt profan-wissenschaftliche Weltbild, orphisch hingegen eine sich entfaltende Götterwelt, die sich vom stoischen Weltbild in besonders charakterisierten Göttergestalten abhebt. Die Charakterisierung durch die Häufung aller möglichen Anrufungen läßt uns freilich die Grundgestalt nicht immer leicht erkennen. Wir werden darauf achten müssen, welche Anrufungen nur der Physis, welche auch anderen Gottheiten des Hymnenbuchs gelten und welche jene anderen sind. Die Hinweise findet der Leser in den Anmerkungen zum griechischen Text[481] und die Toblersche Übersetzung wird unsere Betrachtungen über die Göttin Natur abschließen[482].

Ὦ Φύσι, παμμήτειρα[483] θεά, πολυμήχανε** μῆτερ,
οὐρανία[484], πρέσβειρα[485], πολύκτιτε δαῖμον ἄνασσα,
πανδαμάτωρ[486], ἀδάμαστε*[487] κυβερνήτειρα**, παναυγής**,
παντοκράτειρα[488], τετιμένη, ὧ[489] πανυπέρτατε[490], πᾶσιν,
ἄφθιτε*[491], πρωτογένεια*[492], παλαίφατε**, κυδιάνειρα**[493],

ἐννυχία[494], πολύτειρε**[495], σελασφόρε*[496], δεινοκάθεκτε**,
ἄψοφον ἀστραγάλοισι ποδῶν ἴχνος εἰλίσσουσα,
ἁγνή[497], κοσμήτειρα*[498] θεῶν, ἀτελής**[499] τε τελευτή*,[500]
κοινὴ*[501] μὲν πάντεσσιν, ἀκοινώνητε** δὲ μούνη,
αὐτοπάτωρ**, ἀπάτωρ**, ἀρετῆι πολύγηθε μεγίστηι[502],
εὐάνθεια**, πλοκή**, φιλία**, πολύμικτε**, δαῆμον**,
ἡγεμόνη[503], κράντειρα[504], φερέσβιε*[505], παντρόφε*[506] κούρη[507],
αὐτάρκεια**, Δίκη[508], Χαρίτων πολυώνυμε πειθώ[509]

αἰθερία**[510], χθονία καὶ εἰναλία μεδέουσα,
πικρὰ**[511] μὲν φαύλοισι, γλυκεῖα** δὲ πειθομένοισι
πάνσοφε[512], πανδώτειρα[513], κομίστρια**, παμβασίλεια[514],
αὐξιτρόφος[515], πιείρα** πεπαινομένων τε λύτειρα[516],
πάντων μὲν σὺ πατήρ, μήτηρ, τροφὸς ἠδὲ τιθηνός*[517],
ὠκυλόχεια[518], μάκαιρα, πολύσπορος*[519], ὡριὰς ὁρμή[520],
παντοτεχνές**, πλάστειρα**, πολύκτιτε** πότνια δαῖμον,

347

άιδία⁵²¹, κινησιφόρε**, πολύπειρε*⁵²², περίφρων**,
ἀενάωι στροφάλιγγι θοὸν ῥύμα δινεύουσα,
πάνρυτε**⁵²³, κυκλοτρής**, ἀλλοτριομορφοδίαιτε**,
ἔνθρονε**⁵²⁴, τιμήεσσα**, μόνη τὸ κριθὲν τελέουσα⁵²⁵,
σκηπτούχων ἐφύπερθε βαρυβρεμέτειρα** κρατίστη**⁵²⁶
ἄτρομε**, πανδαμάτειρα⁵²⁷, πεπρωμένη**, αἶσα**, πυρίπνους*⁵²⁸,

άίδιος ζωὴ⁵²⁹ ἠδ᾽ ἀθανάτη τε πρόνοια**⁵³⁰,
πάντα σοι ἐστί⁽⁵³¹ τὰ πάντα σὺ γὰρ μούνη τάδε τεύχεις.
ἀλλά, θεά, λίτομαί σε, † σὺν εὐόλβοισιν †⁵³² ἐν ὥραις
εἰρήνην ὑγίειαν ἄγειν, αὔξησιν ἁπάντων.

Die kunstreiche Erfinderin Natur, die Polymechanos, ein Begriff, mit dem die Stoiker die Nachwelt beschenkten, und von
dem unsere Betrachtung ausging, steht schon im ersten Vers des
Hymnus da und taucht später als Weltschicksal, Weltfeuer,
Weltvernunft und nicht weniger Vater als Mutter auf. All das
ist stoisch. Im dritten Vers offenbart sich die Kyberneteira, die
»Daimon Lenkerin« des Parmenides und die *Natura gubernans*
des Lucrez zuerst dem Namen nach, dann aber im elften Vers
auch aphrodisisch, als Herrin der Mischung. Dennoch lassen sich
nicht aus dem orphischen Aphroditehymnus Parallelen zu ihren
vielen bedeutsamen Anrufungen anführen, sondern aus Hymnen
an einen Kreis von Göttinnen, die bald als Aspekte einer einzigen
großen Muttergöttin, bald als Aspekte des Mondes erscheinen.
Daß die unter vielen Namen verehrte altkleinasiatische »Mutter
der Götter« es ist, die solche Aspekte mit dem Aphrodisischen
vereinigt, wußten wir bereits, als wir an den Hymnus herangetreten sind. Nicht dieser Hymnus hatte sie uns entschleiert.
Ganz im Gegenteil: er zeigte sie uns in vielen Schleiern, in mythologischen und philosophischen. Doch auch so bezeugt er, daß die
Physis zwar aus einem U r w o r t zu einem rein philosophischen
Begriff wurde, wenn sie aber in einem U r b i l d erscheint, so
ist es wohl nicht zufällig und nicht äußerlich nur das B i l d
d e r M u t t e r, sondern ein ganz bestimmtes Mutterbild, ein
von den Zügen der stumpf gebärenden Mutter Erde ebenso be-
freites wie vom Niobe-Zug der leidenden Mütter:

O Natur, du Mutter von allem! Allwirkende Göttin,
Reich an Künsten, und altgeboren, und immerschaffend!
Allbezwingerin, Unbezwungene, leuchtend und leitend!
Allbeherrscherin, Allgepriesne, Erste von allem!
Unvergängliche, Erstgeborene, blühend und uralt,
Unaufhaltbar im Laufe, führst die Sterne der Nächte;
Wandelst geräuschlos dahin auf der leichten Spitze der Fersen!
Heiliger Schmuck der Götter, du endloses Ende von allem;
Allen Wesen gemein, und unmittelbar alleine!
Selbergezeugte[533], Vaterlose, ewige Urkraft,
Blütenerziehend, leibverflechtend, alles vermischend,
Anfang und Vollendung, das Leben erteilend und Nahrung,
Allgenugsam, gerecht, und der Grazien liebliche Mutter,
Herrschend im Himmel und auf der Erde, und herrschend
    im Meere!
Strenge und bitter den Bösen, Gehorchenden gnädig und
    lieblich!
Du Allweise und Gabenreiche, herrschende Göttin;
Nährerin dessen was wächst, Erlöserin alles Gereiften[534]:
Vater bist du und Mutter von allem und Amme von allem!
Frauenhelferin[535], samenreich und zeitenerfüllend;
Künstereiche, Gestaltenbildende, immer im Schaffen;
Ewige Immerbewegte, an Kräften reich und an Klugheit;
Schnell ihre Schritte wälzend in unaufhörlichen Kreisen;
Rundvollendete, immerströmend, Gestalten verwandelnd;
Herrlichthronende, die allein vollführt ihren Willen
Allezeit; über die Herrscher erhaben, mächtig und donnernd,
Unerschütterlich, festgegründet, flammenausatmend,
Allbezwingend, ewiges Leben, unsterbliche Weisheit!
Alles ist dein. Denn du allein bist die Schöpferin Alles.
Darum, o Göttin! fleh' ich dich an, daß du bringst mit den
    Zeiten
Frieden und Gesundheit, und allen Dingen das Wachstum.

*1946*

Eins der ungelösten Probleme, die uns das Verständnis des römischen Festes der Lupercalia auch heute noch erschweren, liegt
bereits in den ersten Zeilen unserer ausführlichsten Quelle, in
Ovids Fasti, II 267/8 da:

> *Tertia post Idus nudos aurora Lupercos*
> *aspicit, et Fauni sacra bicornis eunt.*

»Die Morgenröte am 15. Februar erblickt die nackten Luperci
und die Zeremonien des zweihörnigen Faunus werden begangen« — begangen durch diese nackten Männer, die als Vollführer der Begehung den Namen des Wolfes (l u p u s) in ihrer religiösen Benennung tragen, während der Gott, dem sie da dienen,
nicht als Wolf, sondern mit Hörnern gedacht wird. Es ist kein
Zweifel darüber möglich, daß diese Hörner die eines Ziegen-
bocks sind. Ziegenopfer, Ziegenfell, Ziegenblut spielen in den
Zeremonien des Tages eine derart charakteristische Rolle, daß
römische Gelehrte das Wort L u p e r c a l i a geradezu davon
ableiten wollten: *quasi luere per caprum*[536].
Sprachwissenschaftlich einwandfrei ist von allen Etymologien,
die für l u p e r c u s in alter und neuer Zeit vorgeschlagen wurden, nur die Ableitung aus l u p u s nach der Analogie von n o -
v e r c a aus n o v u s[537]. Danach wären die Luperci: l u p i . Eine
Bezeichnung, zu der auch ihre Charakterisierung durch Cicero
P r o C a e l i o, 11. 26 paßt: *Fera quaedam sodalitia et plane*
*pastoricia atque agrestis germanorum Lupercorum, quorum coitio*
*illa silvestris ante est instituta quam humanitas atque leges.* »That
the wolf was the animal of the fugitive, the exile and the outcast
from human society has long been known« — so wurden die dies-
bezüglichen Erkenntnisse der Altertumsforscher in der letzten
gründlichen Untersuchung über die hier in Betracht kommenden
Etymologien, ohne Beachtung dieser Cicero-Stelle zusammengefaßt[538]. Doch wandte Sir James George Frazer in seinem Fasti-
Kommentar gerade gegen die einfache, die Bedeutung des Grund-
wortes l u p u s beibehaltende Ableitung ein: »if the Luperci
personated any animal, it was apparently not the wolf, but the

goat; for they sacrificed goats, were clad in girdles of goatskin, wielded thongs of goatskin, and were popularly known by name (c r e p p i) which seem to have signified ›goats‹. How could they be called Wolves?«[539] So fand er die sprachwissenschaftlich unhaltbare Erklärung von A. Schwegler[540] — l u p e r c u s als Zusammensetzung von l u p u s und h i r c u s wie »Wolfsbock« — noch eher annehmbar. Er stützte sich dabei auf eine völlig unbelegte Hypothese von W. Mannhardt[541], der annahm, das eine Collegium der Luperci, das der Quinctiales, habe ursprünglich aus »Wölfen«, das andere, das der Fabii, aus »Ziegenböcken« bestanden und die beiden vereinigt seien Luperci genannt worden. Eine reine Erfindung aus Verlegenheit, in welche uns die paradoxe Tatsache versetzt, daß die Luperci im Kult als »Wölfe« und »Böcke« zugleich, also — nicht dem Namen nach, sondern als Vollführer einer Reinigungs- und Befruchtungszeremonie der Funktion nach — wie »Wolfsböcke« erscheinen.

Dieses scheinbar widerspruchsvolle, aus Sinn und Wirkung der Naturerscheinung »Wolf« nicht zu erklärende Phänomen der römischen Religion ist nicht wegzuleugnen. Und das Widerspruchsvolle wurde dadurch kaum gemildert, daß es gelungen ist, in Faunus selbst einen »Wolfsgott« zu eruieren. Die ursprüngliche Bedeutung seines Namens als ›Würger, Wolf‹, wurde gefunden[542] und dadurch bestätigt, daß auch er, der Gott Faunus, in der Überlieferung Lupercus heißt[543]. Ursprünglich dienten die Luperci als »Wölfe« einem Gott »Wolf«, sie stellten ihn kultisch dar. Die nächste Analogie, die dazu angeführt wurde[544], bilden die h i r p i S o r a n i, die Priester des Gottes vom Berge Soracte[545]. Servius übersetzt den Namen dieser Priester — sicherlich gleichfalls einer f e r a s o d a l i t i a — als »Wolf« und bestimmt ihren Gott als den großen Unterweltsgott: *nam lupi Sabinorum lingua vocantur hirpi. Sorani vero a Dite, nam Ditis pater Soranus vocatur: quasi lupi Ditis patris.* Dazu konnte wiederum an den mit Wolfskopf oder im Wolfsfell dargestellten Unterweltsgott der Etrusker erinnert werden[546]. Ja man darf dann noch auf weitere Zusammenhänge hinweisen, die diesen »Wolfsgott« in der Umgebung von Rom und in Rom selbst mit gewissen, ganz charakteristischen Zügen erscheinen lassen. Bei Vergil Aen. XI 785 wird er angerufen:

*summe deum, sancti custos Soractis Apollo.*

Das Wandeln durch Feuer, worauf sich sein Verehrer dabei beruft, ist eine Reinigungszeremonie, im Sinne jener Worte Ovids (Fasti, IV, 554): *purget ut ignis.* So erschien der Wolfsgott am Soracte in einem Aspekt, in dem nicht erst Vergil den reinen und reinigenden Gott Apollon — den gerade in diesem Bezug, als Vernichter alles Unreinlichen, besonders wölfischen[547] — erkannte. In Rom ist derselbe dunkle Gott in Veiovis, einem »unterirdischen Zeus«[548] und jungen Juppiter[549] wiederzuerkennen, der da sogar in der Gestalt des griechischen Apollon mit Bogen — doch auch mit einer Ziege — dargestellt wurde.[550] Faunus und Jupiter hatten auf der Tiberinsel ein gemeinsames Heiligtum[551]und dieser »Juppiter« war eben kein anderer als Veiovis, zu dem sich da sicher nicht zufällig der auch in Epidauros mit Apollon zusammen verehrte Sohn, Asklepios, gesellte.[552] Und erst wenn man davon ausgeht, daß in Veiovis nicht nur ein dunkler Apollon, sondern auch der Wolfsgott von den Römern selbst erkannt oder von alters her gewußt wurde, versteht man den Sinn einer seltsamen Entwicklung in der Geschichte der Luperci. Im Jahre 44 v. Chr. wurde ein drittes Collegium der Luperci, neben dem der Quinctiales (oder Quintilii) und der Fabii (oder Fabiani) das Collegium der Luperci Julii zu Ehren des Julius Caesar gegründet, eine Institution, die den Tod des Dictators nicht überlebte[553]. Eine religiöse Begründung aber mußte diese Institution haben, und die war die besondere Verehrung des Veiovis durch die g e n s   I u l i a , bezeugt durch eine Inschrift der g e n t i l e s   I u l i e i aus republikanischer Zeit in Bovillae (CIL. 14, 2387). In griechischem Stil drückte sich diese Verehrung später im betonten Apollokult des Augustus aus[554], auf altrömische Weise in der Einführung einer neuen Confraternità von »Wölfen«.

Die historische Evokation solch eines Wolfsgottes als ursprünglicher Gottheit der Lupercalia, mildert das Widerspruchsvolle in den Begehungen des Festes mit seinem Ziegenopfer und mit allem damit Zusammenhängenden, wie gesagt, kaum. Wollte man vom Naturhaften hier völlig absehen und in dem »Wolf« und den »Wölfen« einfachhin Seelentiere und Totengeister erblikken[555], so würde dies das Problem nicht lösen, denn man müßte in diesem Fall doch weiter fragen, wie konnte der von Menschen dargestellte gespenstische Unterweltswolf letzten Endes dermaßen verschiedene Gestalten annehmen, wie in Soranus und Veiovis den des Apollon und in Faunus den des Pan? Wir möchten daher auch weiterhin nicht diese beiden griechischen Gestalten in den Vordergrund stellen, sondern bei den charakteristischen Tieren des römischen Kultes bleiben und das Problem ihres Erscheinens an demselben Fest zu lösen versuchen. Unsere Betrachtung zeigte, daß man dabei mit historischer Methode vom Wolf ausgehen muß. Ein Wolfsgott wurde uns geschichtlich greifbar und in Zusammenhang mit ihm eher Reinigungs- als Fruchtbarkeitsriten.

In der Sphäre eines Wolfsgottes wäre ein Wolfsopfer zu erwarten. Es ist uns überliefert, daß Apollon in Argos Wolfsopfer erhielt[556]. Doch konnte bei der Erforschung religiöser Bezüge, in denen die Wolfsgestalt einer Gottheit — etwa des göttlichen Stammvaters — eine Rolle spielt, beobachtet werden, daß das wilde Tier oft durch seinen domestizierten Nächstverwandten, den Hund ersetzt wurde[557]. In Griechenland erscheint als ein heiliges Tier des Apollonsohnes Asklepios nicht etwa der Wolf, sondern ein Hund[558]. Am Lupercalienfest fehlt das Hundeopfer nicht. Plutarch, der darüber berichtet[559], erklärt es mit Berufung auf die griechische Auffassung von Hundeopfern als Reinigungsriten. Der Reinigungscharakter der Lupercalienzeremonien steht durch viele ausdrückliche Zeugnisse fest[560]. Der Name des Monats, dessen Mitte die Feste des Faunus einnehmen — am 13. Opfer an Faunus auf der Tiberinsel, am 15. Lupercalia —, F e b r u a r i u s , gehört zu F e b r u u s und f e b r u u m . F e b r u u s bedeutet »den Reinigenden«: den Dispater (wie auch der Soranus römisch wiedergegeben wurde), den Unterweltsgott in seinem Aspekt als »Reiniger«; f e b r u u m ist »das Reinigende«, das Werkzeug der Reinigung. Am Lupercalienfest dienten Riemen als Peitschen aus dem Fell der geopferten Ziege zu diesem Zweck. Die nackt, nur mit einem Lendenschurz aus demselben Fell gegürtet herumrennenden Luperci schlugen damit die Begegnenden und reinigten sie dadurch. Dieses Tun hieß f e b r u a r e , mit einem Verbum, das sich zu Februus verhält wie das griechische φοιβάζειν, welches die Bedeutung »reinigen« auch hat, zum Beinamen des Apollon: Φοῖβος. Die nächste Parallele, welche diesen Reinigungsritus völlig verständlich macht, wurde von W. F. Otto gefunden[561]. Es ist eine Wundergeschichte, die unter den Schriften des Plutarch überliefert wurde[562]. Ein Mädchen, das bezeichnenderweise den Namen Valeria Luperca trägt, sollte in Falerii der Juno geopfert werden. Ein Adler läßt einen Hammer auf den Altar fallen. Durch den Schlag mit diesem Hammer heilt Valeria Luperca die Pestkranken: d. h. sie reinigt sie von der Pest. Der Hammer ist ein Attribut des etruskischen Unterweltsgottes, von vielen Darstellungen wohlbekannt. Die Methode ist die, welche als Orakelspruch des Apollon sprichwörtlich wurde: ὁ τρώσας καὶ ἰάσεται — der Verwundende wird auch heilen[563]. Die Identität des Schadenden und des Heilenden kann nicht nur in demselben Agens — einer Gottheit oder einem Menschen — erkannt, sondern sogar durch dasselbe Werkzeug ausgedrückt werden. So heilt auch in jener Sage, die von dem erwähnten Orakelspruch erzählt, nach einer Version die Lanze des Achilleus die durch sie geschlagene Wunde des Telephos[564]. Ein ebenso ambivalentes Werkzeug wie diese Lanze ist der Hammer der Valeria Luperca und die Riemenpeitsche der Luperci. Die Ambivalenz ist zugleich die der Gottheit, der die beiden Reinigungswerkzeuge eigen sind. Die Peitsche aus Ziegenfell gehört freilich zu einem göttlichen Wolf, wird von menschlichen Wölfen gehandhabt und läßt das Problematische des Lupercalienfestes auch in dieser Einzelheit hervortreten.

Das Gesamtbild, das es uns zu verstehen gilt, besteht aus allen überlieferten Einzelheiten, von denen hier eben nur das ausgewählt wurde, was einen Widerspruch in den Lupercalienriten zeigt. Die Ambivalenz wäre in dieser religiösen Sphäre kein unerträglicher Widerspruch, sie wäre an sich nichts Unnatürliches. Unnatürlich erscheint uns nur, daß der Kult derselben Gottheit als charakteristische Ausdrucksform bald den Wolf, bald die Ziege verwenden kann. Wenn wir uns nun auch weiterhin streng an das Naturhafte halten, werden wir eines das Gesamtbild betreffenden Unterschiedes gewahr, der die Lupercalia von anderen Kulten des Wolfsgottes trennt, vor allem von jenem Kulte, der diese Gottheit als den Apollo des Soracte, einen wie die Pest tödlichen und wie Feuer reinigenden Unterweltsgott erscheinen ließ. In der von Servius erzählten Kultlegende vom Soracte ist auch von einer Wolfshöhle die Rede, die man als eine Art Unterweltstor schilderte: *halitum ex se pestiferum emittentem*[565]. Darin drückt sich der tödliche Eindruck einer öden Felsenlandschaft aus, in der sich der Kultort des Soranus befand[566]. Den Pesthauch braucht man dabei ebensowenig wörtlich zu nehmen, wie etwa den Spalt und die Dünste in Delphi.

Das Fest der Lupercalia wurde in der Tat an einer Wolfshöhle, dem Lupercal gehalten. Aber welch ein Unterschied der Natur der beiden Kultorte: der Soracte-Landschaft und dieses Winkels am Palatin! Man lese nur seine üppige Schilderung bei Dionys von Halikarnass, Ant. Rom., I 32! Vergil verewigte die angenehme Kühle des Ortes mit den Worten (Aen. VIII 343): *gelida sub rupe Lupercal*. Die Quellen rieselten da noch zur Zeit des Augustus so reichlich, daß man sie durch bedeutende Kunstbauten ableiten mußte[567]. Der heilige Baum, der ursprünglich zu diesem Kultort gehörte, war ein Feigenbaum, *ficus ruminalis* genannt. Man weiß, wie eng beide — Höhle und Baum — mit dem Ursprung von Rom verbunden sind. Es sei hier nur an etwas rein Naturhaftes erinnert, das erst im Frazerschen Kommentar in den Vordergrund gestellt wurde: an die Zugehörigkeit der Feige zu einem besonderen südlichen Kreis der Kulturpflanzen[568]. Und Beachtung verdient auch die engste Verbindung von Feige und Ziege in der Sprache der römischen Agrikultur, in der der männliche Feigenbaum, der sog. wilde Feigenbaum, c a p r i f i c u s , Ziegenbockfeige, die künstliche Befruchtung des weiblichen Feigenbaums c a p r i f i c a t i o heißt[569]. Wenn man auch die Folgerungen, die der große Kommentator hier aus seinen südlichen Parallelen zieht, nicht ungeprüft übernehmen möchte, so erhält doch ein auch sonst naheliegender Gedanke dadurch ein besonderes Gewicht: der Gedanke nämlich, daß die Ziege in den Lupercalienriten als ein bezeichnendes südliches Element aufgefaßt werden könnte. Auf die Betrachtung der Feige sei diesmal verzichtet und nur dieser Gedanke als die Lösung unseres Problems kurz begründet.

355

Wir gingen von dem Wolf als bestimmender Tiergestalt der Lupercalienzeremonien aus. Sie erschienen unter diesem Aspekt als Reinigungsriten, die Männer und Frauen gleicherweise betrafen. Es ließen sich nähere Parallelen vom italischen Gebiet, weitere aus dem Bereich des Apollon-Kultes anführen. Danach scheint es fast, als wäre der Glaube, daß der reinigende Schlag im besonderen den Frauen gelte und sie fruchtbar mache[570], ein gleichsam unorganischer Zuwachs zum allgemeineren religiösen Gehalt des Festes. Gegen diesen Schein spricht, daß die Handlung auch als Reinigungsritus ausdrücklich auf die Frauen bezogen wird: *Lupercalia, quo die mulieres februabantur a lupercis*[571]. Es ist offenbar, daß das Fest auf diesem Grund durch eine gleichfalls das Frauentum berührende christliche Feier, die *Purificatio Mariae Virginis* am 2. Februar ersetzt wurde[572]. Die große »Gereinigte« am Lupercalienfest war ursprünglich Juno, die als Göttin verehrte Weiblichkeit der römischen Frauen überhaupt. Sie trägt daher auch den Namen *Iuno Februata*[573], und dies beweist noch mehr als alle ausdrücklichen Zeugnisse, daß der weibliche Bezug des Festes das Wesentliche ist. Das Ziegenfell, aus dem die Riemen geschnitten wurden, galt als a m i c u l u m  I u n o n i s , ein Bestandteil ihrer Kleidung, und schmückte ihr Kultbild in Lanuvium[574]. Und so ist es durchaus natürlich, daß die daraus verfertigte Peitsche auch in einem besonderen, nur für die Frauen geltenden Sinne ambivalent war: der Ausdruck der Aggression im Sinne des Todes und der Reinigung und zugleich in dem des Lebens und der Zeugung. Natürlich ist im ersten Sinne eine Wolfserscheinung, im zweiten eine Bockserscheinung. Ovid betont den Bezug auf Leben und Zeugung sogar als den hauptsächlichen, indem er die Gründung des Festes auf einen Orakelspruch zurückführt, der nicht deutlicher sein könnte, und ihn der Juno zuschreibt (Fasti II 441):

*Italidas matres, inquit, sacer hircus inito.*

Es handelt sich dabei um nichts Unorganisches, um keinen Widerspruch der verschiedenen Elemente des Festes, vielmehr um eine urtümliche Anschauung, um einen Aspekt des Wolfes selbst. Darüber belehrt uns die vergleichende Betrachtung der lateinischen Sprache. Sie ermöglicht uns in prähistorische Zeiten vorzudringen, in welchen die Vereinigung der scheinbar widersprechenden Elemente des Lupercalienfestes erfolgte. Im Lateinischen gibt es für Ziege, Ziegenbock zwei solche Wörter, die in verwandten Sprachen andere Tiere bedeuten. Dem c a p e r entspricht rein lautlich im Griechischen κάπρος, der Eber. Da die in germanischen Sprachen lautlich entsprechenden Wörter »Ziegenbock« bedeuten[575], ist hier die Richtung des Bedeutungswandels — »männliches Tier« als Grundbedeutung und daraus erst »Ziegenbock« oder umgekehrt — nicht leicht zu erkennen. Nicht so im Fall des h i r c u s. Dieses Wort ist nichts anderes als jene Bezeichnung für Wolf — lautgesetzlich ihr genau entsprechend —, mit dem die Sabiner auch die Wolfspriester, ihre eigenen Luperci, benannten: h i r p u s. Ursprünglich war es wohl die Bezeichnung einer Eigenschaft des Wolfes, nämlich des Struppigen an ihm[576], und eben darum auch die eines seiner Aspekte. Erst nachher, im Leben der nördlichen Einwanderer in der südlichen Natur, in der mehr die Ziege herrscht, wurde h i r c u s zum Bock. Der Widerspruch zwischen Wolf und Ziege löst sich so historisch auf. Die Verwandlung des Wolfes in den Bock ist im Grunde genommen ein Naturphänomen, dessen Schauplatz freilich in der Seele liegt. Eine volkstümliche französische Redewendung aber evoziert uns den Wolf immer noch so gesehen, wie damals, als der Ziegenbock ihn im römischen Kulte zu vertreten begann: »Elle a vu le loup, se dit d'une fille qui a eu des galanteries.«[577]

Lauro e Fontana, Tegna, Ostern 1946

# APOLLON-EPIPHANIEN

## 1. Vorbemerkung

*Dein Buch wird nur von ihm beschrieben,*
*Der wehend naht ...*

*Th. H. v. Hoch*

Dem Vortragenden wurde die Aufgabe gestellt, in einem bestimmten, beschränkten Rahmen Zeugnisse der griechischen Mythologie zum Thema »Geist« anzuführen. Der mythologischen
Betrachtungsweise bietet gerade dieses Thema einen besonderen
Aspekt, eben jenen, mit dem es nicht in der Philosophiegeschichte, sondern in der Religionsgeschichte erscheint. Setzen aber beide Aspekte, mit allen ihren Schattierungen, den Modifikationen,
welche die Bedeutung des Wortes »Geist« im Wandel ihrer Geschichte erlitt, nicht etwas Gemeinsames voraus, das unabhängig
von dieser sprachlichen Bezeichnung, die der Vortragende notge-
drungen verwendet, allgemein-menschlich gegeben ist? Jene Modifikationen sind verschiedenen, bald religiösen, bald philosophischen, bald mehr erfahrungsmäßigen, bald rein theoretischen
Ursprungs und können nur deshalb nebeneinander weiterleben,
weil sowohl die Erfahrung des Geistes als die Theorien über
ihn für die Sprechenden verblaßt sind. Sie alle werden erst verständlich, wenn man sie gleichsam im Augenblick ihrer Entstehung bei den Philosophen, bei Dichtern oder in religiösen Quellen erfaßt, sonst bilden die Bedeutungsnuancen bloßes Wörter-
buchmaterial, keinen lebendigen Stoff einer wissenschaftlichen
Evokation. Und es müssen von Zeit zu Zeit nicht nur diejenigen,
die das Wort »Geist« aussprechen, sondern auch die, die täglich
mit Geist umzugehen glauben, daran gemahnt werden, daß mit
diesem so vieldeutig gewordenen Wort immer noch etwas unmittelbar Erfahrenes gemeint werden kann.
Es sei nur an die Nicht-Verfügbarkeit des geistigen Ereignisses
erinnert, an den Umstand, daß »die Erkenntnis nicht dort auf-
leuchtet, wo unser Wunsch und Belieben es haben möchte, sondern wo sie uns gegeben wird«[578]. Dies hätte freilich keine besondere Bedeutung, wenn es sich dabei um Zufälliges handelte, wie

etwa Einfälle sind, und nicht um Erwartetes, ja im Falle der wissenschaftlich gesuchten und gefundenen Erkenntnis sogar um Vorbereitetes. Diese Paradoxie der Nicht-Verfügbarkeit des Erwarteten und Vorbereiteten gibt auch dem inhaltlich völlig irreligiösen, auf das Hiesige — um dieses Wort mit Rilke zu gebrauchen — gerichteten geistigen Ereignis einen Charakter, der ihm mit einer bestimmten Art der religiösen Epiphanien gemeinsam ist. Mit solchen Epiphanien nämlich, bei denen das Erscheinende, in das Hiesige gleichsam einbrechende Höhere mit seiner Gegenwart nicht bloß sich selbst offenbart, sondern es überhaupt öffnet und mit Licht durchdringt. Auch der profan Erkennende bleibt ja völlig auf das durchleuchtete Hiesige gerichtet, und dennoch wird er wie von einem Höheren zur Schau und Durchdringung genötigt und befähigt. Hier ist eben der Punkt, wo auch der Gelehrte und Philosoph nur in einer religiösen Sprache reden kann. Man tut dies gewöhnlich in jener christlichen Ausdrucksweise, die uns historisch über die Grenzen der profanen Geistesgeschichte hinaus, zu einer urtümlicheren Phänomenologie des Geistes hinführt, indem sie von der Quelle des geistigen Ereignisses als von etwas Wehendem, von einer wie Wind mitreißenden, stürmischen Gegenwart spricht: »Denn der Geist weht, wo er will.«

Diese Sprache des Johannisevangeliums (3, 8) und die Schilderung der Apostelgeschichte vom Ereigniswerden dieses Gleichnisses (2, 1—4) zeigen uns, welche kräftige, von Naturerscheinungen entnommene Ausdrucksweise der Epiphanien-Charakter solcher Ereignisse ursprünglich brauchte, nach denen dann bei christlichen Kulturvölkern auch völlig profane Erlebnisse der Erkenntnis »geistige Ereignisse« genannt wurden. Die seelische Realität dieser Art der Epiphanie muß unabhängig davon, ob das Nikodemus-Gespräch und das Pfingstwunder irgendwie historisch sind oder nicht, auf Grund der beiden, den Leser unmittelbar ergreifenden und in ihm menschliche, nicht unbedingt auch christliche, Resonanz erweckenden Texte anerkannt werden. Hält man in der antiken Religion Umschau nach Epiphanien, die phänomenologisch gleichfalls durch eine windartige Erscheinung des erwarteten und vorbereiteten Nicht-Verfügbaren charakterisiert sind, so wird man genötigt, sich mit Apollon zu befassen, vor allem mit Vergils Darstellung der Apollon-Epiphanie im Heiligtum von Cumae, welches ähnlich wie das Haus, in dem die Apostel versammelt waren, erschüttert wird, wenn der Odem des nahenden Gottes die Priesterin umweht: *adflata est numine quando iam propiore dei* (Aen. VI 50).

Mit den beiden neutestamentlichen Zeugnissen und diesem heidnischen beschäftigten sich frühere Betrachtungen des Vortragenden, welche die Überschrift »Der Geist« tragen[579]. Er erlaubt sich in dieser Vorbemerkung nur noch an die phänomenologisch gleiche Schilderung des Epiphanie-Erlebnisses eines modernen Dichters zu erinnern, an den Bericht von der Entstehung der Duineser Elegien in Duino und besonders im Château de Muzot: »Alles in ein paar Tagen, es war ein namenloser Sturm, ein Orkan im Geist (wie damals in Duino)«[580]. Das Wort »Geist« allein war für den Dichter nicht orkanhaft genug, wohl aber das geistige Ereignis selbst. — Statt solch orkanhaft Geistigem werden hier griechische Dichtertexte mit Apollon-Epiphanien gewählt, die phänomenologisch wenig oder nichts mehr mit Windartigem zu tun haben. Die Frage ist: Wie werden sie uns erscheinen, wenn wir an sie im Zeichen des »Geistes« herantreten? Der Anfang soll mit dem Text genommen werden, in den die früheren Betrachtungen mündeten und der jetzt in der vollendeten Übersetzung von Emil Staiger mit der Evokation der klassischen Apollon-Gestalt unsere Betrachtungen einleiten soll[581].

## 2. Apollon-Hymnus des Kallimachos

Welch ein Beben durchfuhr den Lorbeerbusch des Apollon!
Beben das ganze Gebälk! Entweicht, Unheilige, weichet!
Phoibos schlägt ja schon mit dem schönen Fuß an die Pforte.
Siehest du nicht? Süß neigte sich nieder die delische Palme,
Unversehens. Der Schwan indes singt schön in den Lüften.
Selber schiebet euch nun zurück, ihr Riegel der Tore,
Selber öffnet, ihr Schlüssel! Schon weilt der Gott in der
                            Nähe.
Und ihr Knaben, bereitet euch zu Gesängen und Tänzen.
Nicht jedwedem, allein dem Edlen zeigt sich Apollon.

Wer ihn sieht, der ist groß, wer nicht sieht, der ist geringe.
Sehen werden wir dich, Ferntreffer, und nimmer gering
                                        sein.
Laßt die Leier nicht schweigen und nicht verhallen das
                                        Schreiten
Eurer Füße, da nun Apollon einkehrt, ihr Kinder,
Wollt ihr Hochzeit feiern dereinst, und silberne Locken
Schneiden, und sollen auf altem Grund die Mauern
                                        bestehen.
16  Loben muß ich die Kinder; nicht länger schweigen die
                                        Saiten.

Nun verstummet und hört das Lied zu Ehren Apollons.
Auch das Meer verstummt, wenn Dichter rühmen die Leier
Und den Bogen, Gerät des Lykoreischen Phoibos.
Thetis, die Mutter, beweint nicht länger in Klagen
                                        Achilleus,
Hört sie den Ruf: Hiê, Paiêon! Hiê Paiêon!
Auch der Fels vergißt, der tränenreiche, die Leiden,
Der an Phrygiens Bergen lehnt, befeuchteter Marmor,
Und ein Weib war einst mit schmerzlich geöffnetem Munde.
Rufet: Hiê! Hiê! Schlimm ist's wider Selige kämpfen.
Wer mit den Seligen kämpft, mit meinem König wohl
                                        kämpft der.
Wer mit dem Könige kämpft, kämpft wohl mit Phoibos
                                        Apollon.
Gnädig wird sich Apoll dem Chor, der ihm zu Gefallen
Singt, erweisen. Er sitzt zur Rechten des Zeus und
                                        vermag es.
Und nicht einen Tag nur, wird der Chor ihn besingen.
31  Rühmenswert ist der Gott. Wem fiele das Singen
                                        beschwerlich?
  Golden ist der Mantel Apolls und golden die Spange,
Auch die Leier, dazu der Köcher und lyktische Bogen,
Golden sind die Sandalen: denn reich an Gold ist Apollon.
Reich an Besitz: du magst den Beweis dir in Delphi ver-
                                        schaffen.
Ewig jugendlich, ewig schön! Nie haben des Phoibos

Blühende Wangen je von Flaum die Spuren befallen.
Seine Haare benetzen den Boden mit duftenden Ölen.
Aber es trieft nicht Fett herab von den Locken Apollons,
Sondern die Panazee ist's. Wo immer die Tropfen zur
Erde
41 Rinnen, in jener Stadt muß alles Leben gesunden.
Keiner beherrscht so mancherlei Kunst wie Phoibos
Apollon.
Bogenschützen sowohl wie Dichter sind ihm befohlen —
Phoibos nämlich führt den Bogen und meistert die Leier —
Sein sind Seher und sein prophetische Frauen. Von
Phoibos
46 Lernten die Ärzte die Wissenschaft, den Tod zu ver-
zögern.
Phoibos rufen wir auch als Gott der Herden seit alters,
Seit er am Amphryssos die Pferdegespanne gehütet,
Ganz in Liebe entbrannt zum unvermählten Admetos.
Reicher an Vieh wird bald die Weide werden; den Ziegen
Fehlen die Zicklein nicht, den grasenden, wenn sie Apollons
Apollons
Auge beim Weiden behütet; und nimmer der Milch ent-
behren
Noch der Lämmer die Schafe; nein, alle werden sie tragen.
Und die ein einziges nur geboren, gebären bald zweie.
54 Phoibos Schritten folgten die Menschen, wenn sie der
Städte
Umkreis maßen. Denn stets ist Phoibos gnädig der Städte
Gründung; und Phoibos selbst errichtet die Fundamente.
Mit vier Jahren schon hat Phoibos im schönen Ortygien,
Nah dem gerundeten See, das erste Bauwerk geschaffen.
Artemis jagte und trug die Köpfe kynthischer Ziegen
Haufenweise heran; Apollon baute den Altar.
Aus den Hörnern schuf er den Grundstein und fügte die
Stufen,
Fügte die Wände auch ringsum aus Hörnern zusammen.
Also lernte Phoibos zuerst Fundamente errichten.
Phoibos entdeckte dem Battos auch meine fruchtbare
Heimat.

Und ein Rabe führte das Volk auf dem Zuge nach Libyen,
Fliegend zur Rechten des Gründers; und unseren Königen,
schwur er,
Einst die Stadt zu verleihn. Apollons Schwur ist
verläßlich.
Phoibos! Viele sind, die dich Boêdromios nennen.
Klarios nennen dich andre. Der Namen sind überall viele.
Mir aber heiße Karneios, gemäß der heimischen Sitte.
Sparta ist dein erster Sitz, Karneios, gewesen.
Thera war der zweite, der dritte aber Kyrene.
Aus dem sechsten Geschlecht nach Ödipus hat dich von
Sparta
Einer nach Thera geführt zur Gründung. Aber von Thera,

Bracht' Aristoteles dich, der starke, ins Land der Asbysten,
Baute dir dort einen Herrschersitz, gar prächtig, und setzte
Opfer ein in der Stadt, o Herr, alljährliche Feiern,
Wo nun in Menge die Stiere, zur Seite sinkend, verenden.
O Karneios! Du oft Gerufener! Deine Altäre
Tragen im Frühling alle die Blumen, welche die Horen
Unter des Westwinds Hauch erwecken in duftenden
Farben,
Lieblichen Krokus im Winter. Dir brennt ein ewiges Feuer,
Und nie breitet die Asche sich auf die Kohlen von gestern.
Hoch erfreute sich Phoibos, wenn des Karneischen Festes
Tage kamen und wenn die gegürteten Männer Enyos
Mit den blonden Fraun von Libyen tanzten im Reigen.
Aber den Dorern war es noch nicht gelungen, der Quelle
Kyre zu nahn; sie bewohnten das schluchtenreiche Azilis.
Phoibos erblickte sie dort und zeigte sie seiner Gefährtin
Hoch vom zackigen Fels Myrtusa herab, wo des Hypseus
Tochter den Löwen erschlug, der Eurypylos' Rinder ge-
mordet.
Göttergleicheren Tanz hat Phoibos nimmer gesehen,
Keiner Stadt so viel an Gut wie Kyrene beschieden,
Eingedenk des Raubs vor Zeiten; und keinen der Götter
96 Haben die Battiaden je höher geehrt als Apollon.
Jetzt erschallt das ›Hiê, hiê Paiêon‹, weil diese

Worte das delphische Volk als erstes gesungen in Tagen,
Als du mit goldenem Bogen die Kunst, zu treffen,
                                                    bewiesest.
Stiegst nach Pytho hinab, da ist dir das Untier begegnet,
Greulicher Drache. Doch du hast ihn vernichtet; du sandtest
Pfeil auf Pfeil ihm zu, und der Schrei der Menge ertönte:
›Sende den Pfeil! Hiê Paiêon! Als Helfer gebar dich
104 Deine Mutter schon.‹ Seither wird also gesungen.

Heimlich aber ins Ohr Apollons flüsterte Phthonos:
›Sänger, welche nicht singen, was groß wie das Meer ist,
                                                    veracht' ich.‹
Doch da trat ihn Apoll mit dem Fuß und redete also:
›Groß ist die Flut des assyrischen Stroms, zumeist aber
                                                    führt er
Schmutzigen Schlamm in seinen Gewässern und Mengen
                                                    von Unrat.
Sammeln die Bienen doch nicht beliebiges Wasser für Deo.
Sondern die unvermischt und rein aufsteigt, die geringe
Feuchte aus heiligem Quell, ist höchster Schöne Vollen-
                                                    dung.‹
113 Herr, ich grüße dich! Fahre mit Phthonos auch Momos von
                                                    dannen.

In dem Gedicht wird Kult — Ereignis und Handlung — geschildert (1—16), ein Kultlied vorgetragen (17—104) und zum
Schluß eine Götterszene enthüllt (105—113): gleichsam eine
zweifache Bühne — unten die Erde, oben der Himmel —, doch
eine, die der Dichter selbst sich baut, durch die Zaubermacht seiner Poesie, damit er auf der unteren, der irdischen, auftrete und
seinen eigentlichen Hymnus, das Kultlied an Apollon, singe. Er
zaubert dazu sogar einen Knabenchor hervor und spricht in seinem Gesang f ü r diesen, wie er d u r c h ihn reden würde, wenn
er Pindar oder ein anderer Chorlyriker wäre[582]. Der große mitt-
lere Teil des Gedichtes, der eigentliche Hymnus, ist die epische
Wiedergabe eines Chorliedes, eben jenes, das Kallimachos als
Chorliederdichter von den Knaben singen lassen würde ... Er
läßt aber in der Wirklichkeit keines singen, wie das die Dichter

auf dem Boden des gewachsenen griechischen Lebens taten, ob im alten Hellas oder in der neueren Kyrene. Denn auch in Kyrene, auf kolonisiertem Boden, wuchs das dorthin verpflanzte hellenische Leben genuiner und unmittelbarer als in der hellenistischen Großstadt Alexandrien in Aegypten, wo der griechische Gelehrte das in der Heimat Gewachsene, die geistige Blüte jenes ursprünglichen Lebens, in der Bibliothek sammelte und bewachte, der Dichter — und Kallimachos von Kyrene war beides: Gelehrter und Dichter — das in Büchern Verwahrte auf eine neue, den Büchern und ihren Lesern gemäßere Weise evozierte[583].

Den neuen geistigen Ort, wo er steht, bezeichnet er selbst in der Schlußszene. Jene Götterszene ist, rein formal betrachtet, derselben Art wie die Götterszenen bei Homer. Und seit Homer ist es der Standpunkt des Dichters, von dem aus solche Szenen erblickt werden, im Gegensatz zum Standpunkt der gewöhnlichen Sterblichen, die das Göttliche nur im allgemeinen als das Wirken eines »Gottes«, eines »Daimon« erkennen[584]. Ein »geistiger Ort«, ein Ort der klaren Erkenntnis, war schon jener Homerische. Bei Kallimachos wird er geistig noch in einem anderen spezielleren Sinne: er ist nunmehr ein Ort der Einsicht in die Regeln der Kunst, der Maßstäbe des feineren Geschmacks und einer besonderen, über die allgemeine Kultur des Volkes erhabenen, geistigen Kultur. Der gelehrte Dichter weiß sich von s e i n e m geistigen Standpunkt aus mit Apollon einig, er ist ihm ein Gott, der darüber entscheidet, was richtiges Kunsturteil — dieses subtilste Geistige — ist, und was böswillige Rüge (Momos), die den Neid (Phthonos) begleitet. Er feiert ihn, indem er mit seinem Wissen um große und kleine Festerlebnisse der hellenischen Religion und mit seiner überlegenen dichterischen Kunst das größte Ereignis eines Apollonheiligtums darstellt.

Diesem Ereignis — der Ankunft des Gottes — ist die einleitende Kultszene des Hymnus gewidmet (1—16). Die Handlung, die sich dabei auf der menschlichen Seite abspielt, besteht darin, daß der Chor der Knaben sich zu Gesang und Tanz bereitet und die Leier ertönen läßt. Der Dichter weist uns schon mit dem ersten Vers auf den Gott, dessen Ankunft diese Szene füllt. Nach Delphi kam er bekanntlich von den Hyperboreern, nach Delos aus Lykien, wohin er sich im Rhythmus seines periodischen Verschwindens und Wiedererscheinens zurückzog[585]. Sein Wiedererscheinen bewirkt, daß Chöre sich bilden, der Tanz und Gesang beginnt:

> *qualis ubi hibernam Lyciam Xanthique fluenta*
> *deserit ac Delum maternam invisit Apollo*
> *instauratque choros . . .*

So bezeugt es für Delos Vergil (Aen. IV 143), der das große hellenische Fest mit Urvölkern als Besuchern schildert:

> *mixtique altaria circum*
> *Cretesque Dryopesque fremunt pictique Agathyrsi.*

Die Chöre sind es, die durch ihr Sein und Tun die Gegenwart des Gottes bezeugen. Alkaios verkündete in einem heiligen Ruf- und Begrüßungslied, in einem Paian, die Ankunft Apollons nach Delphi: da »singen die Nachtigallen, Schwalben und Zikaden«, durch das Herannahen des Gottes gleichsam noch musikalischer geworden . . .[586]
Das Gedicht des Kallimachos hebt mit Zeichen der Epiphanie an: οἷον ἐσείσατο —

> W e l c h  ein Beben . . .

Kein bloßes Vorgefühl nur der »feinfühlenden Natur«, wie es jenem modernen Erklärer erschien, der die kraßmaterialistische Denkweise in der Exegese schon glücklich überwand[587], sondern etwas mehr. Nicht nur den Lorbeerbusch durchfuhr das Beben, sondern das »ganze Gebälk«, den ganzen Tempel ὅλον τὸ μέλαθρον. Und dann die sich süß neigende Palme! Wenn man bedenkt, daß der Dichter erst mit dem eigentlichen Hymnus, mit dem Wort:

> εὐφημεῖτε —

> Nun verstummet und hört das Lied zu Ehren Apollons . . .

sich an die von ihm selbst hervorgezauberte Festversammlung

wenden und in der Illusion der von ihm selbst geschaffenen Bühne völlig aufgehn wird, so erwartet man jetzt, daß er den Ort nennt, wo er seinen Chor anführt. Das tut er auch, indem er hier, in der Eingangsszene, noch zu uns, Hörern und Lesern, unmittelbar redet. Hier nennt er die delische Palme, die heilige, an die sich die große Göttin Leto in ihren Geburtswehen klammerte, als Apollon auf die Welt kommen sollte[588]. Für Odysseus war jene Palme noch jung (φοίνικος νέον ἔρνος, Od. VI 163), doch ausnehmend schön; sie war eben auch damals schon, in der archaischen Zeit, d i e berühmte delische Palme. Es dürfte uns nicht wundernehmen, wenn sie selbst auf Delos als die d e l i - s c h e Palme gezeigt und so angesprochen worden wäre, zur Unterscheidung von allen anderen Palmen, bei denen Apollon n i c h t geboren wurde. Sie gehörte zu Delos, die Geburtsinsel des Gottes war ohne sie undenkbar. Als dann am Anfang des 4. Jahrhunderts v. Chr. der fromme athenische Feldherr Nikias eine Palme aus Erz zu Ehren des Gottes aufstellen ließ, gab es, wie es scheint[589], zwei Palmen auf der Insel: denn die echte, die »delische«, hatte ihre lebendige Nachfolgerin. Sie stand im Heiligtum der Leto. Die neue Palme, dieser wurzellose Erzkoloß wurde einmal von den gewaltigen Winden des Meeres, deren Kraft heute die krummen Bäume und die Windmühlen der Nachbarinsel Mykonos bezeugen, umgestürzt und warf die ebenfalls kolossale Apollon-Statue der Naxier um[590]. Wieder aufgestellt wurden beide[591]: Statue und Palme.

Die Gewalt eines kolossalen, archaischen Gottes befürchteten einst all die Berge und Inseln, die die schwanger umherirrende Leto nicht aufzunehmen wagten. Sie zitterten schon beim bloßen Gedanken, daß der große Gott auf sie fallen werde und sie unter seiner Größe untergehen müssen:

αἱ δὲ μάλ᾽ ἐτρόμεον καὶ ἐδείδισαν...

So heißt es im Homerischen Apollonhymnus (47), der nun weiter erzählt, wie Delos sich eben dies von der Göttin ausbedingt, nämlich, daß es, das kleine felsige Eiland, nach einer Variation des Geburtsmythologems eine schwimmende Insel, nicht durch das geborene Kind in den Meerestiefen verschwinden müsse (66—74, übersetzt von Th. v. Scheffer):

Doch eine Kunde, die fürcht ich, Leto, ich will es nicht
bergen:
Übergewaltig und wild, so sagt man, würde Apollon
Sein und würde mächtig die ewigen Götter im Himmel
Und die sterblichen Menschen auf nährender Scholle be-
herrschen.
Drum ist auch mein Herz von Furcht und Sorge befallen,
Ob er, sobald er einmal das Licht der Sonne gesehen,
Nicht die Insel mißachte, denn ich bin steinig und öde,
Und mit den Füßen kopfüber mich stoße in Tiefen des
Meeres.
Immer wird dann mein Haupt des Meeres mächtige Woge
Überspülen...

Leto schwört darauf einen mächtigen Schwur, daß Delos für
alle Zeiten die heilige Insel Apollons bleiben wird, nach der Variation des schwimmenden Eilands schlug es erst damals Wurzeln im Boden des Meeres[592] und es galt für weniger heimge-
sucht von Erdbeben als die übrigen Inseln des griechischen Ar-
chipelagos[593]. Dennoch nennt Kallimachos nicht Delos, sondern
den Apollon »unerschütterlich«, ἀστυφέλικτος[594]. Sooft der Fuß,
der die ganze Insel unter die Wogen stoßen könnte, sie betritt,
gibt es — kein Erdbeben: Apollon ist kein Erdbebengott — sondern ein Beben von oben, von den Wipfeln der Lorbeerbäume
und der delischen Palme her, welche, wie sie die Zeugin der Geburt, der ersten Epiphanie, war, so die aller künftigen wird.
Mit dem e i n e n Fuß ist Apollon bereits da:

Phoibos schlägt ja schon mit dem schönen Fuß an die Pforte.

Plastisch angeschaut: eine riesenhafte Erscheinung. Mit dem
F u ß schlägt der Gott an die Tempelpforte, denn er müßte,
wenn er mit der Hand an sie schlagen wollte, sich tief beugen.
Und seltsam genug ist es zu bedenken, daß er mit diesem Rie-
senfuß einer archaischen Gottheit — dem literarischen Neid
einen Tritt versetzen wird. Er wird nicht mehr n u r plastisch,
n u r in der Weise des Homerischen Hymnendichters angeschaut,
dem es noch möglich war, die ganze Gewalt- und Gehaltfülle

der Götter in statuenhafte Kolossalgestalten einzufangen. Die alte Riesenhaftigkeit ist — ohne daß die Gewalt des Göttlichen dadurch kleiner geworden wäre — in einer Schönheit aufgegangen (»mit dem s c h ö n e n Fuß schlägt Phoibos an die Pforte«). Diese Schönheit dringt auch in Tönen durch. Jener ersten Epiphanie, der Geburt, gingen nach dem Homerischen Apollonhymnus neun bedeutsame Tage und Nächte der Wehen voraus[595]. Nach dem Hymnus, in dem Kallimachos die Insel Delos besingt, kreisten die Schwäne, die heiligen Vögel Apollons, siebenmal um das Geburtseiland — eine bedeutsame Zahl auch diese[596] — und sangen. Das achte Mal sangen sie nicht, denn der Gott ist hervorgesprungen. Alle Ur-Schrecken und -Dunkelheiten sind verschwunden. Nur der Rabe als einziger Zeuge der Finsternisse, die Apollon umgeben können[597], erscheint noch im »eigentlichen Hymnus« (66). Bei der Epiphanie indessen: »Der Schwan singt s c h ö n in den Lüften.« Mit seiner Gewalt, welche die Welt um den Menschen erbeben läßt, und in Schönheit, die sie musikalisch durchdringt, ist der Gott schon da. Seine volle Gegenwart wird bewirken, daß auch das jetzt noch Verschlossene sich auftut. Der Dichter ruft sicherlich nicht umsonst:

S e l b e r schiebet euch zurück, ihr Riegel der Tore,
S e l b e r öffnet, ihr Schlüssel . . .!

Da muß aber der Zuschauer und Hörer seinen Standpunkt wechseln. Bisher richtete er seine Augen auf den Tempel. Jetzt soll er sich der menschlichen Seite zuwenden: dem Dichter und dem Chor. Keine Wendung nach innen, im Sinne einer Abwendung von außen, von der umgebenden Welt, wird damit gefordert, und keineswegs ist jenes Menschliche, das nun samt dem Umgebenden zum Raum der vollen Gegenwart des Gottes wird, ein aufgewühltes Innere. Besonders wenn wir mit Erinnerungen an das Aufgewühlte der Apollon-Priesterin von Cumae, an ihr flatterndes Haar, ihre keuchende Brust und im Wahnsinn wild wallendes Herz[598], uns dieser Schilderung zuwenden, empfinden wir eine über das ganze Gedicht und seine Welt sich ergießende ruhige Klarheit unmittelbar. Und auch ausdrücklich singt der Dichter von höchster Ruhe der Elemente und alles sonst Aufgewühlten:

Auch das Meer verstummt, wenn Dichter rühmen die Leier
Und den Bogen, Gerät des Lykoreischen Phoibos.
Thetis, die Mutter, beweint nicht länger in Klagen Achilleus,
Hört sie den Ruf: Hiê Paiêon! Hiê Paiêon!

Und woher diese Wirkung des Dichtergesanges und des Paian-
Rufes, wenn nicht von der Gegenwart des Gottes, dem sie gelten? In dem Augenblick, wo Gesang und Ruf ertönen, ist Apollon nicht bloß mit dem e i n e n Fuß da. Er kommt wohl von
außen, vom Umgebenden her, ihm begegnet aber auch vom
Menschen her Verwandtes, damit die Epiphanie sich erfülle.
So werden die Verse verständlich, die auf das »Selber öffnet,
ihr Schlüssel!« folgen. Der Gott weile nicht mehr in der Ferne
(ὁ γὰρ θεὸς οὐκέτι μακρήν) — so heißt es da weiter —

Und ihr Knaben, bereitet euch zu Gesängen und Tänzen.
Nicht jedwedem, allein dem Edlen zeigt sich Apollon.
Wer ihn sieht, der ist groß, wer nicht sieht, der ist geringe.
Sehen werden wir dich, Ferntreffer, und nimmer gering sein.

Der Dichter spricht mit diesen Worten schon zu seinem Chor.
Er denkt ihn sich wohl von kyrenäischen Knaben gebildet, die
er in dieser hervorgezauberten Welt einer Apollon-Epiphanie
nach Delos geführt hat und dort zu Ehren des vom Osten her
ankommenden Gottes singen läßt. Die Worte, die er an diesen
s e i n e n Chor richtet — und sein, des Dichters, sind die Knaben
auch schon als singender, tanzender, musikalischer Chor — klin-
gen an Homerisches an:

ὡπόλλων οὐ παντὶ φαείνεται —

so lautet es bei Kallimachos. Und bei Homer, wo in der Odyssee Pallas Athene nur von Odysseus und den Hunden gesehen
wird (XVI 161):

οὐ γάρ πως πάντεσσι θεοὶ φαίνονται ἐναργεῖς

Denn nicht allen sichtbar erscheinen die seligen Götter[599].

Es ist den Menschen sogar ein schwer zu ertragender Schrecken, wenn sie ihnen erscheinen (Ilias XX 131):

.. χαλεποὶ δὲ θεοὶ φαίνεσθαι ἐναργεῖς

.. denn furchtbar sind himmlische Götter von Anblick.

Nach beiden Homerstellen gehört zur vollen Epiphanie, daß die Götter dabei klar sichtbar (ἐναργεῖς) werden. Und gerade dies wird auserwählten, glücklichen Wesen, wie die Phäaken, gefahrlos zuteil. Damit rühmt sich ihr König Alkinoos (Od. VII 201):

αἰεὶ γὰρ τὸ πάρος γε θεοὶ φαίνονται ἐναργεῖς
ἡμῖν, εὖτ᾽ ἔρδωσιν ἀγακλειτὰς ἑκατόμβας

Sonst erscheinen uns stets die Götter in sichtbarer Bildung,
Wann wir mit festlicher Pracht der Hekatomben sie
grüßen ...

Und dieses schreibt nun Kallimachos auch s e i n e n Auserwählten zu, als Vorrecht einer kleinen Schar, deren Anführer er, der Dichter, ist. Spräche er nicht mit solcher Emphase auch von sich selbst als einem der Erschauer des Gottes, so könnte man glauben, er spiele die Rolle eines pädagogischen frommen Betrügers, indem er den Knaben verkündet, nur der Edle (ἀλλ᾽ ὅ τις ἐσθλός) vermöge Apollon zu erblicken, und wer ihn erblicke, der sei groß, wer nicht, der sei unscheinbar, wesenlos (λιτός). Wer wagte dann n i c h t zu sehen?
Die Emphase, mit der sich der Dichter als ideeller Chorführer zu einer möglichen, ja sich eben völlig verwirklichenden Gottesschau bekennt —

ὀψόμεθ᾽, ὦ Ἑκάεργε, καὶ ἐσσόμεθ᾽ οὔποτε λιτοί

Sehen werden wir dich, Ferntreffer, und nimmer gering
sein —
diese Emphase gibt all dem, was folgt, einschließlich der letzten, literarischen Himmelsszene, einen besonderen Nachdruck.

So spricht der Bekenner einer Schau, die ihre Rechtfertigung aus der bewußten höheren Geistigkeit des Dichters schöpft und das Erlebnis der erwarteten Epiphanie von da aus herleitet. Kallimachos spricht ja nicht zu uns Heutigen, sondern zu Hellenen, Besuchern der delischen Feste. Und er glaubt auf diese g e i s t i g e Weise doch die delische Epiphanie, die dortige »Ankunft«[600] des Gottes zu evozieren, die er als Kyrenäer feiert. Er feiert sie alt und er feiert sie zugleich neu, von seinem bewußt-geistigen Standpunkt aus, und er fügt damit dem Phänomen dieses religiösen Erlebnisses nicht einmal eine neue Dimension in der Richtung der Innigkeit zu. Denn das Musische ist im Apollonkult als charakteristische Ausdrucksweise gerade d i e s e s Göttlichen seit alters her heimisch. Der Schwan, der Singvogel Apollons[601], erscheint nicht nur in den Hymnen des Kallimachos, sondern auf delischen Münzen, über der Palme dargestellt[602]. Die musischen Agone von Delphi sind noch berühmter geworden als die Chöre von Delos. Doch gerade von diesen ist eine Merkwürdigkeit überliefert, durch die man sie als einzige hellenische Parallele zu einem christlichen Geisteswunder, zum »Zungenreden« der Apostel, anführen könnte. Es heißt vom Chor der Jungfrauen auf Delos im Homerischen Hymnus (158):

Wenn sie nun zuerst Apollon im Liede gepriesen,
Artemis auch, die pfeilerfreute Göttin, und Leto,
Dann gedenken sie auch im Sang der Männer und Frauen
Alter Zeit, und ihr Lied bezaubert die Scharen der Menschen.
Wissen sie doch im Takte der Klappern die Stimmen von allen
Menschen nachzuahmen; es glaubt ein jeder die eigne Stimme zu hören, so schön weiß der Gesang sich zu fügen.

Kallimachos selbst setzt die Reihe dieser Art Geisteswunder, der Wunder aller illusionschaffenden musischen Künste fort. Die geistige Dimension jener aus Mensch und Umgebendem bestehenden Welt, in der sich die Apollon-Epiphanie ereignet, fordert vom Dichter viel weniger bestimmte Andeutungen, um sie auch dem griechischen Zuhörer und Leser gegenwärtig zu machen — sie ist ihm selbstverständlich da —, als das Bestreben, dieses Geistige in seiner letzten Verfeinerung mit dem Naturhintergrund zu verbinden. Von der Möglichkeit eines solchen Hintergrundes, von der Rolle etwa der Sonne im Apollon-Kult, zu reden, ist in der Altertumswissenschaft dank K. O. Müllers Bemühungen um ein historisch richtiges Apollon-Bild unschicklich geworden[603]. Das Tragische im wissenschaftlichen Schicksal dieses großen Gelehrten und bedeutenden Mythenforschers besteht darin, daß er mehr mit seinen Irrtümern als mit den schönsten Früchten seiner Gelehrsamkeit, der positiven Wertung so mancher mythologischen Überlieferungen, durchgedrungen ist[604]. Er war sich dessen bewußt, daß er mit seiner Leugnung von jeder Beziehung des Apollon zu der Naturgewalt, die die Griechen Helios nannten, in Gegensatz zur Anschauungsweise und den Äußerungen einzelner antiker Dichter geriet. Zu diesen gehörte auch Kallimachos, der — wir dürfen dies nach K. O. Müller selbst anführen — die mit Heftigkeit tadelt,

Welche Apollon noch von der allumstrahlenden Sonne
Sondern und Artemis von sanftschreitender Deione.[605]

Wir brauchen die ganze Frage nach Hintergründen, die seit Homer absichtlich verschwiegen wurden, nach den »verschwiegenen Namen der Götter« (τὰ σιγῶντα ὀνόματα δαιμόνων)[606], nicht aufzurollen, um zu merken, wie Kallimachos seine Apollon-Epiphanien vom Golde eines wahren Sonnenaufgangs durchwirkt sein läßt. So vor allem die Geburt. Bei Theognis (5—11) wird die Insel durch die Geburt des Gottes mit ambrosischem Duft erfüllt, und die Erde lacht ihm entgegen. Bei Kallimachos wird alles in jenem Augenblick goldenen Glanzes voll[607]: Delos' Felsengrund, der runde, für den Sonnenkult charakteristische künstliche Teich, der heilige Ölbaum, der sonst nur silbern glänzende[608] — anders als die Palme, deren griechischer Name (φοῖνιξ) auch die sonnenrote Farbe andeutet —, und der Fluß Inopos. Der Dichter sondert da seinen Apollon von der »allumstrahlenden Sonne« wahrlich nicht. Eine ähnliche Andeutung des Sonnenhaften wird auch in der Epiphanien-Schilderung seines Apollon-Hymnus leicht erkennbar.

Bezeichnend ist für diese Epiphanie, daß sie nicht nur einen eigentümlichen Raum hat, der sich auf das Umgebende und das ganze Menschliche, das innere und äußere, gleicherweise erstreckt, sondern daß sie sich in einer besonderen Zeit stufenweise ereignet. Die Zeit ist die Kultzeit, für die die erste Morgenstunde auch dann vor allem in Betracht käme, wenn die wachsende Gegenwart des Gottes, der zuerst nur mit e i n e m Fuße da ist, nicht von sich aus darauf wiese. Er klopft an, ehe er ganz erscheint: im Frühlicht, vor Sonnenaufgang, offenbart sich schon die Gewalt Apollons, der sich dennoch nicht den Augen des Körpers zeigen, sondern durch den ganzen, für das Geistige offenen Menschen aufgenommen werden wird. D i e s e r wird ihn im zeitlichen Augenblick der Epiphanie auf paradoxe Weise auch zeitlos erschauen, wie »er sitzt zur rechten Seite des Zeus« (29). Solche zeitlose geistige Schau meinte der Dichter, als er rief:

> Sehen werden wir dich, Ferntreffer, und nimmer gering
> sein.

Und er heißt seinen Chor doch für den Zeitpunkt der Epiphanie mit Musik und Tanz bereit sein:

> Laßt die Leier nicht schweigen und nicht verhalten das
> Schreiten
> Eurer Füße, da nun Apoll einkehrt, ihr Kinder

— — — — — — — — — — — — — — — — — — — —

> Loben muß ich die Kinder; nicht länger schweigen die
> Saiten.

Der Dichter Skythinos sagt uns, wie sehr das Präludieren mit der Leier einer Apollon-Epiphanie gemäß ist, welche erst durch den Sonnenaufgang voll wird: das Plektron, mit dem Phoibos seine Leier schlägt, ist das Licht der Sonne[609].
Als nun der Dichter mit seinem »eigentlichen Hymnus«, mit dem episch wiedergegebenen Paian seines ideellen Chors anhebt —

## Nun verstummet und hört das Lied zu Ehren Apollons

(denn verstummen soll dabei die Festversammlung und nicht etwa der Chor) —, sollen wir mit der Illusion der geistigen Gegenwart des Gottes auch die Illusion des Sonnenaufgangs haben. Der Ruf »Hiê, Hiê Paiêon«, der sogar dem Klagen der Thetis und dem Weinen der Niobe Einhalt gebietet, wenn sie ihn »hören« (21), gilt der aufgehenden Sonne, die bei diesen ersten Worten des Liedes sichtbar zu werden eben nur beginnt. Der Dichter fordert ja: »Rufet!« (25), er wünscht aber damit gleichsam ein Bekenntnis zu der und ein Eintreten für die Gottheit, die noch zu kämpfen hat mit einem Feinde. Das ist der Sinn seiner Worte:

Rufet: Hiê! Hiê! Schlimm ist's wider Selige Kämpfen.

Von diesem Kampfe, wie und gegen wen er das erste Mal ausgefochten wurde, wird uns Kallimachos noch erzählen. Hier erfüllt ihn ganz das Königliche seines Gottes und all das Herrliche, das daraus den Singenden zuströmt: die Ehre und die Fülle der Lieder. Eine Fülle nicht nur für den Epiphanientag:

Und nicht einen Tag nur wird der Chor ihn besingen.
Rühmenswert[610] ist der Gott. Wem fiele das Singen beschwerlich?

Und da steht er schon vor unserem geistigen Auge, mit der sinnlich-sichtbaren Sonne gleichsam bekleidet:[611]

Golden ist der Mantel[612] Apolls und golden die Spange,
Auch die Leier, dazu der Köcher und lyktische Bogen,
Golden sind die Sandalen: denn rein an Gold ist Apollon.

Von dieser Eigenschaft des πολύχρυσος, des auf eine eigentlichere Weise Goldenen, geht der Dichter auf die des πολυκτέανος (»Reich an Besitz . . .«) über. Auf die Epiphanie — von der allein in diesen Betrachtungen die Rede sein soll — greift er dann nur in der letzten mythologischen Partie seines Liedes zurück. Es heißt da (97):

Jetzt erschallt das ›Hiê, hiê Paiêon‹, weil diese . . .

ἰὴ ἰὴ παιῆον ἀκούομεν, οὕνεκα τοῦτο . . .

wörtlich: »Wir hören ›Hiê, hiê Paiêon‹«. . . . Das bedeutet
nicht, daß die Festversammlung erst hier, gegen Ende des »eigentlichen Hymnus«, diesen Ruf erhob. Vielleicht denkt es sich
der Dichter so, daß sie ihn jetzt, nachdem die Sonne schon mächtig am Himmel steht, besonders mächtig erhebt. Die Form
ἀκούομεν hat auch den Sinn: »Wir hören allemal . . .«. Was Kallimachos nachtragen will, das ist die mythologische Begründung.
Woher kommt es, daß so gerufen wird?

> . . . w e i l diese
> Worte das delphische Volk als erstes gesungen in Tagen,
> Als du mit goldenem Bogen die Kunst, zu treffen, be-
> wiesest.
> Stiegst nach Pytho hinab, da ist dir das Untier begegnet,
> Greulicher Drache. Doch du hast ihn vernichtet; du
> sandtest
> Pfeil auf Pfeil ihm zu, und der Schrei der Menge ertönte:
> ›Sende den Pfeil! Hiê Paiêon! Als Helfer gebar dich
> Deine Mutter schon.‹ Seither wird also gesungen.

Der Urfeind ist also das »Untier« (δαιμόνιος θήρ), der »greuliche
Drache« (αἰνὸς ὄφις), mit dem der Gott in Delphi kämpfte. Es ist
kaum zweifelhaft, daß Kallimachos dieses mythologische Wesen
von der besiegten nächtlichen Finsternis ebensowenig trennte, wie
er den erscheinenden Apollon von der aufgehenden Sonne sondern wollte. Und so sind ihm die Sonnenstrahlen, das Plektron
des seine goldene Leier schlagenden Gottes, auch Pfeile, von goldenem Bogen unaufhörlich geschossen. »Wie wäre die erwärmende und belebende Kraft durch ein so einseitiges Bild zu bezeichnen?« — fragte K. O. Müller[613], nicht bedenkend, daß Apollons zwei entgegengesetzte Aspekte durch Leier und Bogen, diese
in ihrer Struktur so engverwandten Instrumente[614], ausgedrückt
wurden, scharf hervorgehoben auch bei Kallimachos (19):

ἢ κίθαριν ἢ τόξα . . .

Und nicht bedenkend, daß das L i c h t selbst, das sinnfällige
und das geistige, die verletzende Schärfe der Pfeile haben kann,
wo immer es Finsteres trifft . . .


### 3. Aischylos' Eumenides 181/2

All die Stellen der antiken Literatur, wo Apollons Erscheinen
geschildert wird, können jetzt nicht analysiert werden. Neben
einer Epiphanie auf Delos soll hier nur eine in Delphi stehen.
Es ist Aischylos, in den »Eumeniden«, der dritten Tragödie seiner Orestes-Trilogie, der uns die ungewöhnliche Schau gewährt.
Auf der Bühne ist das Tempeltor des Apollon-Heiligtums von
Delphi sichtbar. Die Pythia, die Seherin und Priesterin des Gottes, tritt auf, um ihren Sitz, den Sitz der Prophetin, im Tempel einzunehmen und die Antworten des Orakels, die erbeten
werden, zu verkünden. Sie erst öffnet wohl das Tor, verschwindet im Inneren und kommt zurückgelaufen. Das Unerhörte, das
sie zurückgeschreckt, schildert sie mit Worten, dann öffnet sich
aber vor dem Zuschauer das Innere des Tempels, bis tief in
das Verborgenste, das Adyton hinein, und man sieht da, an
dem heiligen Steinmal — Omphalos genannt und für den Na-
bel der Erde gehalten — Orestes sitzen, den Mörder seiner
Mutter auf Apollons Befehl. Die Erinyen, mit gorgonenhaft
schreckendem Antlitz, die ihn hierher verfolgten, liegen jetzt
umher in Schlaf versunken. Apollon erscheint wie selbstverständlich in seinem Tempel, zuerst gütig, mit seinem Bruder
Hermes, dem er den Schutzflehenden zu sicherem Geleit anver-
traut. Erst als das Gespenst der ermordeten Mutter, der Kly-
taimnestra, die Erinyen erweckt hatte und diese sich gegen den
rettenden Gott erhoben, zeigt er sich wie in einer Epiphanie, in
der Fülle seiner göttlichen Gewalt, drohend mit dem Bogen
(179, in J. G. Droysens Übersetzung):

Hinaus! befehl ich; dieses Tempelhaus verläßt
Sogleich! Hinweg zieht aus des Sehers Heiligtum,
Eh diese zischende schnellbeschwingte Schlange dich
Von meines Bogens goldgeflochtner Sehne trifft . . .

So beginnt er seine Worte und es sind besonders die letzten zwei Verse, die unsere Aufmerksamkeit verdienen:

μὴ καὶ λαβοῦσα πτηνὸν ἀργηστὴν ὄφιν,
χρυσηλάτου θώμιγγος ἐξορμώμενον ...[615]

Als lichte Gottheit erscheint hier Apollon und jagt finstere Mächte, nächtliche Schreckgestalten, aus seinem Heiligtum. Gold glänzt an seinem Bogen. Man vergleiche damit seine dunkle Erscheinung am Anfang der Ilias. Da kommt er (44)

... schnell von den Höhn des Olympos zürnenden Herzens,
Auf der Schulter den Bogen und ringsverschlossenen Köcher.
Laut erschollen die Pfeile zugleich an des Zürnenden Schulter,
Als er einher sich bewegt', er wandelte, düster wie Nachtgraun;
Setzte sich drauf von den Schiffen entfernt und schnellte den Pfeil ab;
Und ein schrecklicher Klang entscholl dem s i l b e r n e n Bogen.
Nur Maultier erlegt' er zuerst und hurtige Hunde:
Doch nun gegen sie selbst das herbe Geschoß hinwendend,
Traf er; und rastlos brannten die Totenfeuer in Menge.

Angesichts dieser Schilderung einer Apollon-Epiphanie — der ersten in der griechischen Literatur — ist nicht zu leugnen, daß dieser große, bei Homer ständig mit Zeus zusammen angerufene Gott auch einen sehr finsteren Aspekt hatte. So golden er dem Kallimachos erscheinen mochte, kommt er hier wörtlich »der Nacht gleich«: ὁ δ' ἤϊε νυκτὶ ἐοικώς. Der Hinweis darauf, daß Hektors Blick, wenn er ins Griechenlager einbricht[616], oder die drohende Haltung des Herakles im Hades mit der Nacht verglichen wird[617], entkleidet Apollon von seiner Nächtlichkeit nicht. Den hellen Aspekt bezeugen andere Angaben bei Homer, so etwa dies, daß der Gott, der als nächtlicher einen silbernen

Bogen hat und daher auch den Beinamen ἀργυρότοξος trägt, zugleich auch der »mit dem goldenen Schwerte« (χρυσάορος) ist[618]. Mit diesem zweiten Beiwort in substantivischer Form als Chrysaor ist sonst jener Held benannt, der aus dem Leib der geköpften Medusa hervorsprang: ein mythologisches Wesen, dessen Bezug auf durchschneidend hervorbrechendes Licht kaum noch klarer sein könnte[619].

Apollon erschien den Griechen — das würden wir also bei Homer lernen, falls wir vom wölfischen Apollon sonst keine Kenntnis hätten[620] — auch in Nacht gekleidet und dann schickt er seine Todespfeile von mondhaft-silbernem Bogen. In den Eumeniden erglänzt sein Bogen mit dem Gold der Sonne. Für den Pfeil aber hat der Dichter eine seltsame Umschreibung: er nennt ihn eine geflügelte Schlange (πτηνὸς ὄφις)[621]. Es ist fast wie ein Kenning, eine bis zum Rätselwort gesteigerte Metapher der gehobenen Sprache des tragischen Dichters[622]. Man würde sich leicht dabei beruhigen, wenn dieses Bild für den Pfeil des Gottes gerade in Delphi, wo sein Kampf gegen die Urschlange gefeiert wurde, nicht so paradox wirkte. Wie eine Schlange ist das einst g e g e n die Schlange Gerichtete: zu solcher Paradoxie führt die Umnennung des Pfeiles zur Schlange, falls sie etwas mehr bedeutet als einen völlig individuellen Einfall des Dichters[623]. Und eben dies, daß sie etwas mehr ist, scheint auf Grund des mythologischen Stoffes der Fall zu sein. Die sachliche Gleichwertigkeit von Pfeil und Schlange kommt unter den Variationen einer Sage vor, die sich mit dem Kultkreis des Apollon berührt.

Troia, geschützt von Apollon, dem Gott mit dem silbernen Bogen, konnte ohne den Bogen des Herakles nicht erobert werden[624]. Dieser Bogen war im Besitz des Philoktetes, der durch seine schreckliche Wunde auf einer öden Insel zurückgehalten wurde. Die Ähnlichkeit jener Wunde mit der unheilbaren des Chiron, des weisen Kentauren und Ur-Arztes, des Lehrers so mancher Helden, auch des Herakles, geht so weit, daß nach einer Version der Sage Philoktetes ebenso wie Chiron durch einen der vergifteten Pfeile des Herakles verwundet wurde: der Pfeil fiel ihm auf den Fuß[625]. Nach einer anderen Version wurde er von der giftigen Schlange gebissen, die das geheime Heiligtum der Göttin Chryse hütete[626]. Geheimnisvoll ist auch die Göttin selbst. Ausdrücklich wird sie nur mit Pallas Athene identifiziert[627]. Ihre nahe Beziehung zu Apollon geht auch daraus hervor, daß eine der nach ihr benannten Stätten — die Insel Chryse, wo Philoktetes gebissen wurde, soll später im Meere untergegangen sein[628] — eben jene von Apollon besonders beschützte Stadt Chryse war, deren Priester Chryses, der Vater der Chryseis, mit seinem Gebet im ersten Gesang der Ilias den Gott bewog, mit seinen Pfeilen die Griechen zu strafen. Und es gab eine Version, nach der Philoktet bei einem Opfer für Apollon den Schlangenbiß erlitt[629].

So wurde Troia geschützt: mit Apollons Bogen und Pfeilen — er richtete auch den Pfeil des Paris gegen Achilleus — und, in einer geheimnisvolleren Sphäre, mit Schlangenbiß. Es wäre vielleicht nicht unmöglich, aus dieser Sphäre der goldenen Göttin »Chryse« etwas zur Kenntnis gerade des nächtlichen Apollon herauszuholen. Auf Grund der vorgelegten Angaben sei hier nur der Zusammenhang von Pfeil und Schlange — der Zusammenhang zwischen giftiger Schlange und vergiftetem Pfeil — noch schärfer gefaßt, als es schon durch die antiken Erklärer geschah. Denn dieser war insofern auch ein ganz realer Bezug als man mit der Vergiftung der Pfeile ursprünglich die Giftschlangen nachahmte, sie gleichsam nachbildete. Der Pfeil w a r dann eine geflügelte Schlange, zumal von dem Bogen eines Gottes gesandt, der selbst in Beziehung zu Schlangen stand. Dies ist zwar von Apollon weniger bekannt, wird aber ausdrücklich bezeugt[630]. In einem seiner heiligen Haine in Epirus wurden ihm Schlangen gehalten, ähnlich wie in Epidauros dem Asklepios: hier in einem runden Peribolos, dort im Tholos. Eine jungfräuliche Priesterin fütterte die Schlangen, und wie sie die Opferspeise annahmen galt als eine Art Orakel. Man erzählte, sie stammten von der delphischen Schlange Python ab und seien das »Spielzeug« (ἄθυρμα) des Gottes.

Diese Schlangen waren wohl ungefährliche Tiere, eben solche, die man im Kult des Asklepios findet. Die Erzählung[631], wie die nach Rom gebrachte Asklepios-Schlange vorher noch im Apollon-Heiligtum von Antium eine Palme bestieg, zeigt die Möglichkeit einer Harmonie zwischen dem delischen Baum und

dem Tiere, welches in Mythos und Kultus zu Delphi eine so
große Rolle spielte. Freilich auch im Kulte, soweit wir diesen
kennen, nicht als zahmes heiliges Tier, sondern als ein bestimmtes Urwesen, dessen mythologisches Schicksal — seine Tötung
durch Apollon — festlich vergegenwärtigt und wiederholt wurde[632]. Seine feindliche Beziehung zu Apollon scheint durchaus
eindeutig zu sein. Nach dem Homerischen Apollon-Hymnus,
der es zuerst erwähnt, war dieses Urwesen eine weibliche
Schlange: nicht δράκων, sondern δράκαινα (300). Er schildert sie
als

> Ein gar riesiges, feistes und wildes Untier, das vieles
> Elend schuf den Menschen im Lande, vielen von ihnen
> Und auch vielen stelzenden Schafen, ein blutiger
> > Schrecken (304).

Als weibliches Wesen wird sie von Hera zur Amme des Typhaon,
eines anderen mythologischen »Übels«, gewählt, so erzählt uns
der Hymnendichter weiter. Einen Eigennamen gibt er ihr auch
später nicht und erklärt (371—3) nur den Ortsnamen Pytho
und den Beinamen des Apollon Pythios[633]. Die erst bei nachklassischen Autoren übliche Benennung der Schlange als Python
kommt von der gleichen Wortwurzel, doch ist sie in ihrer genauen Bedeutung unklar. Zum »feisten« (ζατρεφής) Ungeheuer
des Hymnus paßt der anderswo überlieferte Name Delphyne[634],
aus der Wurzel δελφ- ›Bauch, Uterus‹ gebildet. Eine verschlingende Riesenschlange wurde von Apollon an dem gleichfalls
nach dem Mutterleib genannten Ort »Delphoi«[635] bald nach
seiner Geburt besiegt[636].
Nicht so eindeutig wird die Beziehung des Ungeheuers zum
Orakel selbst überliefert. Nach dem Homerischen Hymnus besiegt Apollon die Drachin, nachdem er das Orakel schon gegründet hatte. Unsere zweite klassische Quelle, Aischylos in den
Eumeniden, erzählt mit der lückenlosen Genauigkeit einer heiligen Tradition, wie der Besitz des Orakels von der Urheberin,
der Erdgöttin Gaia, über Themis und Phoibe, zum Phoibos
Apollon kam (1—9). Von einem Kampf um d i e s e n Besitz
sagt Aischylos kein Wort. Das schließt einen a n d e r e n

Kampf, einen ähnlichen wie der von den beiden Hymnendichtern, dem Homerischen und Kallimachos, geschilderte, nicht aus. Der ursprüngliche Sinn eines mythologischen Urkampfes konnte im Wesen der beiden Kämpfer, des Apollon und der Verschlingerin, begründet sein, ohne Bezug auf irgendeinen Besitz. Und es ist begreiflich, wenn später, nachdem der Sinn für diese Art Urmythologie überhaupt erlosch, Begründungen auftauchen, die aus der Ur-Verschlingerin eine Verschlingerin von Schafen, wie schon im Homerischen Hymnus, oder eine Hüterin des Orakels der Erdgöttin machen, wie wir dies erst bei Euripides lesen[637]. Es fällt indessen auf, daß in der Tradition der Charakter des Angreifers dennoch der Hüterin und Beschützerin anhaftet, so daß sie zuletzt noch zu einem Räuber und Wegelagerer namens »Python« wird[638].

Dies sind die beiden Variationen der schriftlichen Überlieferung von der Beziehung der Drachin zum Orakel. Beide, sowohl die ältere, die den Kampf für sich schildert, als die andere, die ihn mit dem Besitz des Orakels verbindet, lassen Apollons Gegnerin auf eine ihr zukommende Weise untergehen, ja der möglichen Bedeutung des Namens Python entsprechend: verfaulen. Es wurde auch die Meinung geäußert[639], der Omphalos zu Delphi sei das Grabmal der Schlange, und es werden merkwürdige Angaben über ihre Haut, ihre Zähne und ihre Knochen und deren Verknüpfung mit dem auch sonst so rätselhaften Dreifuß[640] überliefert. Keine dieser Angaben[641] aber stimmt mit einer Reihe von Monumenten überein, die den Omphalos in Verbindung mit der Schlange zeigen. Die Mehrzahl aller Omphalosdarstellungen[642] bildet eine besondere monumentale Überlieferung, eine dritte, in dem zufällig erhaltenen Material erst seit nachklassischer Zeit[643] in Erscheinung tretende Variation der Beziehungen von Schlange und Orakel. Die Texte über die Tötung und Beseitigung der Drachin sind zur Erklärung dieser Darstellungen ohne Gewaltsamkeiten in der Interpretation des Dargestellten nicht verwendbar. Die auf den Denkmälern sichtbare feste Verbindung des apollinischen Kultmals mit der Schlange, der schlangenumwundene Omphalos, weist uns auf die Möglichkeit einer durchaus positiven Beziehung des Gottes zu diesem Tier, auf eine Schlange im Dienste Apollons.

Daß der antike Betrachter beim Erblicken einer Schlange, die den Omphalos umwunden hält, an ein freundliches, ja heilbringendes Tier denken mochte, beweist uns eine pergamenische Münze, die auf der einen Seite den Asklepios-Kopf, auf der anderen den schlangenumwundenen Omphalos trägt[644] (Tafel 9, 1—2). Eine Münze von Delphi mit derselben Schlangenomphalos-Darstellung[645] zeigt (Tafel 9, 3), daß mit dieser im Sinne des Gottes wirkenden Schlange — denn nur eine solche kam für eine Asklepios-Münze in Betracht — eine delphische Schlange gemeint war. Dem delphischen Münzbild entspricht eine auf Delos gefundene kleine Marmornachbildung des Omphalos[646] (Tafel 10), dieser wiederum ein Relief aus Delos[647] und eine Gruppe von Omphalosdarstellungen auf etruskischen Aschenkisten[648]. Auf einem pompeianischen Wandgemälde senkt das Tier seinen Kopf vor dem leierspielenden Apollon[649], besiegt, wie die Texte es berichten, doch dem Sinne nach auch dem Relief einer römischen Kandelaberbasis[650] entsprechend, wo Apollon die Leier auf dem von einer Schlange umwundenen Omphalos ruhen läßt. Da ist die Leier die obsiegende Macht, und die Schlange erscheint, ihr unterlegen, im Bannkreis der selben Gewalt. Sie ruht um den Omphalos gewunden, unter dem Bogen des Gottes wie geschützt, auf einem Relief aus Milet[651] (Tafel 11,1). Auf einem weniger bekannten pompeianischen Wandgemälde erhebt das um den Omphalos gewundene Tier seinen Kopf sogar drohend gegen eine nahende Riesenschlange, ein angriffslustiges Ungeheuer[652] (Tafel 11,2). Es ist ein Beispiel dafür, daß die Schlange selbst die Rolle des Kämpfers g e g e n die Schlange übernehmen kann[653]. Und es sei auch an die Schlange eines berühmten Bildwerkes erinnert, das zwar keine andere, besondere Beziehung zu Delphi aufweist, doch den Gott in einer seiner bekanntesten Epiphanien darstellt: an die Schlange, die — ob vom griechischen Meister oder erst vom römischen Kopisten dort angebracht — klein und bescheiden, mit dem Kopf nach oben gerichtet den Baumstamm im Hintergrund des Apoll von Belvedere schmückt[654].
Der Apoll von Belvedere hatte seinen Pfeil vom Bogen schon abgeschossen[655]. N e b e n den Pfeilen aber, die sein Köcher enthält, ist auch seine Schlange da. Aischylos' leicht zu lösendes Rätselwort: die »zischende geflügelte Schlange«, vereinigt was

sonst nebeneinander existiert, zwei Mittel und Ausdrucksformen von Apollons Wirkung. Beide können tödlich sein: beißende Schlange, scharfer Pfeil. Und beide sind auch heilend: der gegen finstere Mächte gerichtete Pfeil und die Schlange des Arztes und Propheten, des ἰατρόμαντις, wie ihn die Pythia in den Eumeniden nennt (62). Die Pfeile konnten auch als lichtbringende Sonnenstrahlen einen geistigen Sinn haben. Und die Schlange? Wir wollten sie nicht deuten, sondern die Aufmerksamkeit auf ihre Vieldeutigkeit lenken. Sie ist — unter anderem — gleichfalls eine mögliche Ausdrucksweise für Sonnenhaftes. »Feuergeborene Schlange« (πυριγενὴς δράκων) war Helios einem großen Tragiker[656]. Angesichts der Gesamtüberlieferung, von der nur ein kleiner Teil in diesem Rahmen vorgelegt werden konnte, besteht dennoch keine Nötigung, die helle u n d dunkle Gestalt des Apollon auf irgend etwas zu reduzieren, das auch mit einem anderen Namen — etwa mit »Helios« — benannt werden könnte. Apollon war den Griechen etwas Besonderes, über den Himmelskörper Sonne, ja über den männlichen und väterlichen Sonnengott hinaus. Gleichsam ein Weltmittelpunkt ist auch er, wie alle großen Olympier[657], von dem aus das ganze Sein anders erscheint. Von Apollon aus: heller und dunkler, durchsichtiger, aber auch reicher an Gefahren und Leiden, deren Quelle der »Geist« ist.

Von solchen Gefahren spricht schon der Homerische Hermeshymnus, in dem Apollon die Gabe der wahren, den Nus (νόος) des Zeus[658] offenbarenden Weissagung sogar seinem Bruder Hermes versagt (553):

Gabe der Weissagung aber, du Göttlicher, drum du mich
angehst,
Kannst weder du noch der Ewigen einer nach göttlichem
Willen
Je erlangen. Nur Zeus ist wissend. Ich habe mich selber
Nickend verbürgt und habe mit schwerem Eide geschwo-
ren:
Keiner außer mir von den ewig lebenden Göttern
Solle je erfahren des Zeus tiefsinnigen Ratschluß.
Heiße mich nicht, mein Bruder mit goldenem Stabe,

384

Göttliches dir vertraun, was Zeus der Berater, ersonnen.
Werde drum einem der Sterblichen helfen, dem anderen
s c h a d e n

(δηλήσομαι). Und vom Leiden, dessen Quelle der Geist ist, spreche zum Schluß ein Zeugnis aus völlig profaner, doch rein und tief griechischer Sphäre, und zugleich aus Allgemeinmenschlichem, uns allen Gemeinsamen. »Auch geht es« — so erzählt uns Alkibiades von seinem philosophischen Erlebnis mit Sokrates, in Platons Symposion (217e) — »wie den von der N a t t e r Gebissenen gerade auch mir. Denn man sagt ja, wem dies begegnet sei, der wolle niemandem sagen, wie ihm gewesen, als den ebenfalls Gebissenen, weil diese allein verstehen und verzeihen könnten, was einer vor Schmerz alles getan und geredet hat. Also auch ich, der ich noch empfindlicher gebissen bin und am empfindlichsten Ort, wo einer nur gebissen werden kann; denn am Herzen oder an der Seele oder wie man es nennen soll, bin ich verwundet von den Reden der Weisheit, die sich an eine junge, nicht unedle Seele, die sie einmal ergriffen, heftiger als eine Natter ansaugen und sie in Wort und Tat zu allem bringen können . . .«

1945

# DAS MYTHOLOGEM VOM ZEITLOSEN SEIN IM
# ALTEN SARDINIEN

Die Religion, die ein religionsgeschichtlicher Vortrag über das alte Sardinien als seinen besonderen Gegenstand zu betrachten hat, ist nicht die Religion später Zeitalter: es ist weder das Christentum, noch die Staatsreligion Roms oder Karthagos, welche Punier und Römer in geschichtlichen Zeiten als Eroberer nach Sardinien gebracht haben. Nicht als ob die Denkmäler jener semitischen Religion, die von Karthago und vielleicht früher schon von Phönizien aus die Küsten der Insel erreicht hatte, das Interesse der Besucher der Ausgrabungsstätten und Museen Sardiniens mit ihrer Fremdartigkeit nicht erweckten! Man fragt aber vor allem danach, was von der vorrömischen und vorsemitischen, ja in ihrer Beziehung zur Religion der griechischen Kolonisten: vorgriechischen Religion der alten Sarden zu wissen sei. Nach dem Verfasser des grundlegenden Werkes über sie, einem anerkannten großen Meister der religionsgeschichtlichen Forschung, R. Pettazzoni, stellte sie einen Sonderfall der »primitiven Religion« überhaupt dar: »La religione primitiva in Sardegna« — so heißt das Buch, von dem jede wissenschaftliche Betrachtung über die altsardische Religion auszugehen hat[659]. Das Werk drückt den damaligen Standpunkt der Wissenschaft aus: eine Auffassung, die lediglich davon ausging, daß die Verhältnisse, die die Archäologen und Ethnologen auf der Insel aufgedeckt haben, primitiver sind als die der mehr östlich liegenden Gebiete des Mittelmeerraumes. Sie erinnern an den Zustand afrikanischer Stämme im Altertum oder noch in der nächsten Vergangenheit, überhaupt an den der primitiven Völker. Dementsprechend stand auch die altsardische Religion den afrikanischen oder auch australischen Religionen näher als der griechischen, punischen oder römischen.

Diese fast unbekannte Religion wird im Werke Pettazzonis so musterhaft dargestellt, wie es nur wenigen besser dokumentierten Religionen zuteil geworden ist. Ja, wer sich über die Gottesideen der primitiven Religionen orientieren will, dem kann das Buch von Pettazzoni als Einführung empfohlen werden. Es gibt dennoch einen Grund, der uns hindert, von »primitiver Religion« schlechthin zu reden, wenn es die Denkmäler altsardischer Zustände zu interpretieren gilt. Jene Zustände gehören in das viele örtliche und zeitliche Varietäten umfassende Bild der altmediterranen Welt, welches uns heute viel zu kompliziert erscheint, als daß die Bezeichnung »primitiv« ohne irgendwelche Beschränkung oder Konkretisierung genügen könnte. Es begegnet uns da ein Bilderreichtum, namentlich in dem am meisten bekannten Ausstrahlungspunkt der altmediterranen Kulturwelt, auf Kreta, dem gegenüber die Denkmäler der geometrischen Periode in Griechenland und die der Nuraghen-Kunst auf Sardinien, obwohl sie aus späterer Zeit sind, »primitivere« Züge tragen. Doch wäre das Wort »primitiv« in bezug auf diese Kunst anders zu verstehen als in bezug auf die Religion: es bedeutet einen neuen Stil, dem bereits eine entwickeltere und gerade weniger »primitive« Religion entsprechen kann. Man denke an das »Primitive« in der christlichen Kunst, das keineswegs eine »primitive Religion« voraussetzt. Wir versuchen daher, die Bezeichnung »primitiv« im Folgenden möglichst auszuschalten und unser Augenmerk auf jenen besonderen Zug zu richten, der uns im altmediterranen Raum eben durch den Bilderreichtum der kretischen Kultur nahegelegt wird: auf die Verbindung von Religion und Mythologie. Gab es eine Mythologie überhaupt in Verbindung mit der altsardischen Religion?

Pettazzoni ging von der Unterscheidung zweierlei Götter der »primitiven Religionen« aus: solcher, die kultisch verehrt werden und solcher, die keine kultische Verehrung genießen. Die erste Gruppe und ihren Kult führte er auf den Animismus, auf die Verehrung der Ahnengeister zurück. Darüber kann man verschiedener Meinung sein. Richtig bleibt wohl seine Feststellung, daß das mythologische Element in den »primitiven Religionen« vor und neben diesem »animistischen« Element existiert. Neben den kultisch verehrten Göttern kennen primitive Völker auch höhere Wesen, die man besser nicht »höhere Götter«, sondern »das höchste Wesen« oder »den universellen Vater« nennt. »Die höheren Wesen der primitiven Völker« — sagt er — »haben im allgemeinen neben dem himmlischen Aspekt auch den Aspekt eines Demiurgos: sie sind Natur und Mensch.«

Durch diese beiden Aspekte sind jene höheren Wesen eben mythologisch: »Geboren gleichsam durch einen Akt der intuitiven Synthese, die von den Gesetzen der Logik unabhängig ist und in allem dem geistigen Prozeß der Mythenentstehung entspricht, vereinigen die primitiven höheren Wesen zwei Elemente in sich: das Menschliche und das Himmlische. Bestehend, wie es scheint, aus Himmel und Menschentum, lassen sie manchmal ihren himmlischen Aspekt wie einen verschwindenden Nebel sich verflüchtigen und auflösen, ihren menschlichen Aspekt hingegen so betont erscheinen, daß er sich bis zum Tode wie zu einem Höhepunkt erhebt.«

Klassische Worte, die die Wissenschaft der Mythologie von manchen Göttern der Religionen des Altertums auszusagen genötigt ist. Die griechischen Göttergestalten — abgesehen von Helios und Selene und von anderen, in den Gestirnen erblickten mythologischen Figuren — haben ihren himmlischen Stoff so weit hinter sich gelassen, sie sind in derart reiner, geistiger Form ihren Verehrern erschienen, daß es die Verfälschung der griechischen Religion wäre, wenn man sie mit Himmelskörpern gleichsetzen wollte. Hinter den Gestalten von Apollon und Artemis, von Zeus und Hera, von Zeus und Prometheus steht der Himmel nur als Hintergrund da und wir dürfen höchstens von sonnenhaften oder mondhaften Elementen in ihrem Wesen reden. Die römischen Dichter scheuten sich dennoch nicht, in Phoebus die Sonne, in Phoebe oder Diana den Mond erkennen zu lassen. Und je mehr im späten Altertum die Fähigkeit zur Aufnahme, zum Verstehen und zur Verehrung geistiger Gestalten verschwand, desto mehr fielen die verschiedensten Götter in ihren himmlischen Urstoff zurück und identifizierten sich nunmehr völlig mit der Sonne und mit dem Mond. Keine Gleichsetzung war aber in der Geschichte der antiken Religion gänzlich grundlos. Irgendeinen Grund haben auch die Gleichsetzungen, die die Religionsgeschichte als *interpretatio Graeca* oder *interpretatio Romana* kennt: die Bezeichnung nichtgriechischer und nichtrömischer Götter mit griechischen und römischen Götternamen. Es begegnen uns in Sardinien mythologische Namen wie Aristaios oder Iolaos, hinter denen sich auch nichtgriechische Gottheiten verbergen können, keinesfalls aber solche, zu denen der Name in irgendeinem Punkt nicht passen würde.

Ein sardischer Göttername, der nicht als *interpretatio Graeca* oder *Romana* gelten darf, ist *Sardus pater,* griechisch Sardos oder Sardopator. Von der Analogie der primitiven Religionen ausgehend, erkennt Pettazzoni in ihm das »höchste Wesen« und den »universellen Vater« der Ur-Sarden. Die Analogie der primitiven Religion wird hier auch durch römische Münzen unterstützt, die den Kopf des *Sardus pater* mit einem Federbusch geschmückt zeigen: mit einem Kopfschmuck, der von einer antiken Quelle für den afrikanischen Stamm der Nasamonen bezeugt wird. Auf Grund der genannten Analogie müßte *Sardus pater* derjenige sein, der im Mittelpunkt einer alt-sardischen Mythologie stand als ein Hauptthema mythologischer Erzählungen. Kein solches Mythologem ist erhalten geblieben. Die lateinischen und griechischen Quellen, Sallustius und Pausanias, erzählen von einem Heros mit dem Namen Sardus, dem Sohn des Herakles oder Makeris, eines libyschen Herakles, der ein Volk aus Libyen nach Sardinien führte und der Insel einen Namen gab. Das ist keine genuine Mythologie mehr, sondern Pseudo-Historie. Die Archäologen führen heute *Sardus pater* samt seinem Kopfschmuck auf semitischen Ursprung zurück und erblicken in ihm einen Baal, dessen Kultort nicht umsonst gerade die punische Südwestküste der Insel beherrschte[660]. Sein Name ist nicht der einzige, der mit der Bezeichnung »Vater« verbunden erscheint: dasselbe ist der Fall — wahrscheinlich im südwestlichen Teil der Insel — mit dem Heros Iolaos. Hinter diesem Namen, einer *interpretatio Graeca,* versteckt sich wohl ein ähnlich lautender nichtgriechischer Göttername, wie Pettazzoni und Graf Baudissin[661] dies unabhängig voneinander vermuteten, hinter dem nichtgriechischen Namen wiederum ein Heilgott, den man semitisch Esmun nannte, ein Name, den man griechisch auch mit Asklepios übersetzte. Die Beispiele zeigen jene Kompliziertheit der religionsgeschichtlichen Verhältnisse, die uns sehr fraglich erscheinen lassen, ob man hier noch von einem »höchsten Wesen« im Sinne primitiver Religionen reden dürfte.

Die älteste Überlieferung, die wie ein altsardisches Mythologem anmutet, steht bei Aristoteles und wurde von Pettazzoni als

Zeugnis eines animistischen Kultes und nicht etwa einer präanimistischen Mythologie gedeutet. Aristoteles erwähnte in seinen Vorlesungen über die Physik, daß man von Leuten erzählte, die in Sardinien bei den Heroen schliefen. Simplikios fügt in seinem Kommentar, wahrscheinlich dem gelehrten Alexander von Aphrodisias folgend, die Zahl der Heroen hinzu — es waren neun — und die *interpretatio Graeca:* sie waren Söhne des Herakles von den Thespiaden, den 50 Töchtern des Thespios. Sie kamen unter der Führung von Iolaos nach Sardinien, um die Insel zu kolonisieren und starben dort, doch blieben ihre Körper — so erzählt Simplikios die Sage weiter — von der Verwesung unberührt, als lägen sie schlafend da[662]. Eine relativ alte Überlieferung, in der Erwin Rohde das Wandermärchen vom Typ der »Sieben Schläfer« zu entdecken glaubte[663]. Pettazzoni erblickt darin — in Übereinstimmung mit einem Erklärer des Aristoteles — eine Kultlegende, die sich aus einem animistischen Brauch, dem Schlafen im Grab der Ahnen, entwickelt hat. Das Ziel dieser *incubatio* war, mit den Ahnengeistern in Verbindung zu treten und von ihnen Weisungen zu erhalten. Aus der großen Zahl der ethnologischen Parallelen, mit denen Pettazzoni seine These unterstützt, seien nur zwei antike Beispiele angeführt. Von den schon erwähnten Nasamonen berichtet Herodot (VI 172): »Sie erbitten sich Orakel, indem sie die Gräber der Ahnen besuchen und, nachdem sie gebetet haben, da einschlafen; und was man im Traume schaute, danach handelt man.« Von einem anderen afrikanischen Stamm, den Nachbarn der Nasamonen und Bewohnern der Oase Augila wird in den antiken Quellen ausdrücklich überliefert, daß sie nur die Ahnengeister verehren: *Augilae inferos tantum colunt* (Plin. Nat. hist. V 8, 45); *Augilae manes tantum deos putant* (Pomp. Mela I 46). Der Bericht über die *incubatio*, der sich daran anschließt, stimmt wörtlich mit dem des Herodot überein. Die Schilderung des animistischen Ritus könnte nicht klarer sein: man schläft bei den Toten, damit sie im Traume erscheinen. Wenn der Sinn des sardischen Brauches, bei den Heroen zu schlafen, derselbe war, haben wir mit einem Denkmal des sardischen Animismus zu tun. Ist aber wirklich dies der Sinn der Sage?
Lesen wir die Worte des Aristoteles im Zusammenhange seiner

Ausführungen[664]: »Wenn unser Denken nicht weitergeht oder wir nicht merken, daß es weitergeht, scheint uns, als ob die Zeit nicht wäre, wie es auch denen so erschien, von denen man erzählt, sie schliefen in Sardinien bei den Heroen, nachdem sie erwacht sind: sie fügen nämlich das frühere ›jetzt‹ mit dem späteren ›jetzt‹ zusammen und machen aus den beiden eins, indem sie das, was dazwischen war — da sie es nicht wahrgenommen haben — ausfallen lassen.« Aristoteles führt die Sage als Beispiel für das vollständige Aufhören des Zeitgefühls an: das frühere »jetzt« berührt sich mit dem späteren »jetzt«, es ist ein Zustand da — ohne Zeit. Die Statuierung eines Zustandes ohne Ablauf, ohne Geschehen: das ist der Sinn des sardischen Mythologems. Die Sage erzählte von Leuten, die bei den sardischen Heroen schliefen und in diesen Zustand kamen. Die neun Heroen selbst waren mit ihrem von der Verwesung unberührten Leib — »als lägen sie schlafend da« — die Ur- und Vorbilder dieses Zustandes. Ur- und Vorbildlichkeit ist mehr als Sage: sie ist Mythologie. Es gab ein sardisches Mythologem vom Herausfallen aus der Zeit. Daran schloß sich die Sage von den Leuten an, die bei jenen mythologischen Heroen schliefen. Falls ein entsprechender Kultbrauch in Sardinien wirklich existierte und die Nachricht darüber nicht nur aus den Worten des Aristoteles konstruiert wurde, so kann der Sinn auch jener *incubatio* nur das gewesen sein: die Schlafenden sollten aus der Zeit herausfallen und auf solche Weise Heilung finden. Heilung aus welcher Krankheit? Es stimmt, wenn auch nicht in der Angabe der Zahl, so doch in der Angabe des Sinnes, mit Aristoteles überein, was uns Tertullian aus zweiter Hand darüber berichtet (de an. 49): *Aristoteles heroem quendam Sardiniae notat, incubatores fani sui visionibus privantem.* Man wurde in Sardinien durch *incubatio* von seinen Visionen befreit! Falls es also den Ritus gab, so übertrug er den Inhalt jenes Mythologems in die Seele, dessen Helden die nie verwesenden, unveränderlichen, ewig schlafenden sardischen Heroen waren und nicht umgekehrt: die Visionen der Seele, ihre Begegnungen mit Gespenstern in die Mythologie. Wohin gehört aber das Aufhören der Zeit, das Außenbleiben, außerhalb der natürlichen Abläufe und Vorgänge, als mythologischer Vorgang? Zweifellos nicht in die Welt des

Animismus, in der die Geister in der Geschichte wiedererscheinen und in den Geschehnissen mitwirken. Das sardische Mythologem ist nicht animistisch, und wir müssen noch untersuchen, wo der Ort seines Gehaltes ist, in welcher Welt, wenn nicht in der Welt des Animismus.

Die antike Legende, die dem Mythologem der sardischen Heroen in der Religionsgeschichte am nächsten steht, wurde von Rohde und Pettazzoni aufgezeigt: die Geschichte vom kretischen Schläfer Epimenides. Rohde sah auch darin ein Wandermärchen, welches erst nachträglich einen kretischen Helden und kretische Szenerie erhielt. Auf die Fragen, warum gerade einen kretischen Helden, und warum die kretische Szenerie — eine Höhle als Ort des übermenschlichen Ereignisses — so sehr zur Geschichte paßt, antwortet Rohde mit der Vermutung, vielleicht übte man in den heiligen Höhlen von Kreta — in der diktäischen oder idäischen, in welcher immer Zeus geboren wurde — die *incubatio*. Pettazzoni schloß sich dieser Vermutung an, da sie seiner eigenen These am meisten entsprach. Wir sahen aber, daß das sardische Mythologem die Hypothese der *incubatio* weder fordert, noch begründet: sie bleibt auch da eine unsichere Vermutung. Die kretische Legende ist unabhängig von dieser Annahme zu prüfen, ob sie nicht Elemente enthält oder ob sie nicht auf Elemente hinführt — Elemente der kretischen oder einer im Mittelmeerraum auch sonst verbreiteten Religiosität —, die den Inhalt des sardischen Mythologems verständlich machen?

Der junge Epimenides — so lesen wir von diesem sagenhaften Priester und Weisen in den Philosophenbiographien des Diogenes Laertios (I 109) — ist auf der Suche nach den Schafen seines Vaters in der Mittagsstunde vom Wege abgewichen, um sich in einer Höhle zur Ruhe zu legen. Da schlief er ein. Nichts kann natürlicher erscheinen als die Wahl dieses Zeitpunktes, mit dem dann doch eine Wundergeschichte beginnt. Die Mittagsstunde ist hier nicht weniger wichtig als die Szenerie. Es ist die Mittagszeit, in der die Schatten der Dinge aufhören, durch Länge und Richtung zum Zeitmesser zu dienen: sie ziehen sich zurück und verschwinden. Die Kulmination der Sonne erweckt den Schein, als hörte die Zeit auf: der eigentliche Zeitmesser, die Sonne steht auf ihrem Höhepunkt und sie scheint wirklich zu »stehen«.

Darum nennen die Römer die sommerliche Kulmination der Sonne auf ihrer jährlichen Bahn *solstitium:* das Stehenbleiben der Sonne. Diesem Höhepunkt entspricht der Tiefpunkt, die winterliche Sonnenwende wiederum so, als hörte mit ihr die Zeit auf und es begänne eine neue Zeit. Daher verbanden sich Neujahrsfeste leicht mit der Sonnenwende. Mit dem Tiefpunkt des kleineren Kreises der Sonne, mit der Mitternacht, ist der Glaube verbunden, es höre mit ihr die Weltordnung auf, die die Lebenden und die Toten auseinanderhält, und alles fließe zeitlos zusammen. Das sind bekannte religionsgeschichtliche Daten, die verständlich machen, wieso die Vorstellung vom Aufhören der Zeit auch ohne Spekulation über die Zeit — ja g e - r a d e ohne Spekulation über die Zeit — sich an solche Zeitpunkte knüpfen konnte. Höhepunkt und Tiefpunkt sind einander entgegengestellt und dennoch verwandt. Der Mensch erlebt in sich selbst beide: Tiefpunkte seines Daseins und auch Höhepunkte. Kulminationen seines Lebens, die ihn die Seinsform ahnen lassen, welche der Himmel ihm in regelmäßigen zeitlichen Abständen zeigt. Die Depressions- und Kulminationserlebnisse primitiver Völker sind kollektiv und sie kommen in Riten von periodisch wiederkehrenden Festen zum Ausdruck. Die Seinsform indessen, um die es hier geht, spiegelt sich doch am klarsten in der Mythologie: sie ist eine mythologische Seinsform, eine Seinsform von Göttern, eine, die der M e n s c h vom H i m m e l abliest. Epimenides schlief also zur Mittagszeit in der Höhle ein. Aufgewacht suchte er die Schafe seines Vaters weiter. Er merkte nicht, daß er 57 Jahre lang schlief: eine bedeutsame Zahl nach dem Prinzip einer Zeitrechnung, welche in Griechenland vor der uns bekannten Fassung der Legende längst schon in Geltung war, nämlich das dreifache des 19 Jahre umfassenden Metonischen Zyklus, der größten griechischen Zeiteinheit. 57 Jahre sind d i e Zeit, dreifach gesteigert. Epimenides durchschlief sie, suchte umsonst die Schafe und, heimgekehrt, fand er von seiner Verwandtschaft nur einen jüngeren Bruder am Leben als greisen Mann. Er hatte noch viel zu leben und starb 157 Jahre alt, was gerade 100 Jahre Lebenszeit bedeutet, da er, während er in der Höhle schlief, außerhalb der Zeit war. Im Gegensatz zu den kretischen Männern trug er das lange Haar der Epheben und wurde für den liebsten Freund der Götter gehalten. Das Herausfallen aus der Zeit, dieser außerordentliche Vorfall, machte ihn dazu und nicht erst Visionen oder Offenbarungen, die er etwa im Traum erhalten hätte. Es ist natürlich, daß in sekundären Versionen der Legende auch solches vorkommt. Nach Maximos von Tyros (Diss. XVI 1) begegneten Epimenides, während er in der diktäischen Zeus-Höhle schlief, Götter, die Logoi der Götter, Aletheia und Dike: die späte, philosophische Ausschmückung ist darin handgreiflich. Die Verbindung der Legende nicht bloß mit einer Höhle, sondern mit einer Kulthöhle des kretischen Zeuskindes scheint älter zu sein. Auf Grund dieser Verbindung wurde ein Lehrgedicht über die Kureten und Korybanten dem Epimenides zugeschrieben. Die Kureten gehörten zum Zeuskind, und die Nachricht, die Kreter hätten Epimenides selbst einen »Kureten« genannt, bezeugt, daß auch das Wunder, welches mit ihm geschah, etwas war, das im Kultbereich jenes in kretischen Höhlen verehrten göttlichen Kindes eben als glaubhaft erschien. Die Lokalisation selbst bleibt dabei unsicher und schwebend. Manche Höhlen waren auf Kreta Kultorte, und weder das ist zu wissen, in welcher der Höhlen der Schlaf des Epimenides ursprünglich gedacht wurde, noch darin ist die Überlieferung eindeutig, in welcher Zeus geboren wurde. Weiter führen uns die Legenden selbst, die sich auf die Geburtsstätten des Zeus beziehen, wo diese immer lagen. Jene Erzählungen in ihrer Gesamtheit spiegeln erst die mythologische Seinsform, von der in Verbindung mit der Mittagszeit die Rede war: Erzählungen von heiligen Höhlen, voll Honig, und von heiligen Höhen, voll des Lichtes.

Wir dürfen in der Mythologie keinen abstrakten, theoretischen Ausdruck dessen erwarten, was wir eine Seinsform von Göttern nannten. Um so weniger darf uns überraschen, wenn zum Ausdruck etwas Nahrhaftes und Schmackhaftes dient, eine zugleich sinnvolle und sinnliche Ausdrucksweise. Mit Honig nährt sich die Menschheit seit der älteren Steinzeit. Und der Honig war zugleich ein Genußmittel, das in der Sphäre, wo er wirkte, sicherlich die Ursache einer Kulmination und nicht der Depression war. Darum ist er die Nahrung der Götter auf einer roheren und urtümlicheren Stufe, vor der poetischen Ambrosia. Der an archaischen mythologischen Elementen reiche homerische Hymnus auf Hermes zeugt davon (560—562). Archaische Elemente sind auch in der orphischen Dichtung erhalten geblieben, so in der Erzählung, Kronos sei vom Honig berauscht in die Macht des Zeus gefallen (154 Kern). Aus Honig und Wasser bereitete man ein berauschendes Getränk, das für altertümlicher gehalten wurde als der Wein (Plin. Nat. hist. XIV 113). Nach Varro nahmen die Götter Honigopfer überhaupt gern (De re rust. III 16), nach Pausanias war dies ein besonders altertümliches Opfer (V 15, 10). Die am meisten charakteristische Angabe ist vielleicht die, nach der die Sonne dieses Opfer auch erhielt[665]. Andererseits bekamen die Unterirdischen Honigopfer. Daß die Toten Honig erhalten, ist dennoch kaum aus der Grundanschauung des Animismus, aus dem gegebenen göttlichen Rang der Totengeister zu erklären: dagegen spricht das Honigopfer an die Sonne. Sondern umgekehrt: aus der Anschauung, daß jene Geister aus dem Honig gesteigertes Dasein, eine göttliche Seinsform schöpfen sollten. Die Beisetzung der Toten in Honig — eine Art der Einbalsamierung, die in Griechenland von spartanischen Königen und von Alexander dem Großen überliefert ist — ist Apotheose. So wurden auf Kreta — dies mindestens ist sehr wahrscheinlich — Kinder beigesetzt. Darauf beruht wohl die Erzählung, das Kind Glaukos, ein Sohn des Minos, sei in einem mit Honig gefüllten Gefäß ertrunken, so daß seine Wiedererweckung nötig wurde, die Wiedererweckung aber geschah nach einer Version der Sage eben durch Honig[666]. Solche Gefäße, große Pithoi, in denen Tote, hauptsächlich Kinder, bestattet wurden, fanden sich auf Kreta und auf anderen Ausgrabungsstätten der ägäischen Kultur[667]. Diodor schildert eine wilde Art der Pithos-Bestattung bei den Bewohnern der Balearen, einem den Ur-Sarden nahestehenden Volk. Spuren solcher Beisetzung sind auch sonst im westlichen Mittelmeerraum, etwa in Korsika, erhalten geblieben (Pettazzoni S. 168).

Wir haben uns mit dieser Digression nur scheinbar von unserem Thema entfernt. Es sei jetzt doch noch etwas hinzugefügt, worin sich unter einem griechischen Namen vielleicht Sardiniens Teilnahme an diesem Honig-Mythologem verbirgt. Der Gründer der antiken Stadt Caralis, des heutigen Cagliari, war nach der Tradition Aristaios, nach Pettazzoni nicht einmal eine »interpretatio Graeca« irgendeiner einheimischen Gottheit, sondern die bekannte Figur der griechischen Mythologie, ein Beschützer der Agrikultur überhaupt, auf den fruchtbaren Boden von Sardinien übertragen. Pettazzoni versäumte andererseits nicht, die Aufmerksamkeit bereits auf die Mythologie eines iberischen Volkes zu lenken, welche zu demselben westmediterranen Kulturkreis gehört, wie vermutlich auch die Religion der Ur-Sarden. Es kommt in jener tartessischen Mythologie ein unverwüstliches göttliches Kind vor, das nach seinem mythologischen Typ mit dem kretischen Zeuskind vergleichbar ist: Habis, dessen Vater, der König Gargoris, nach unserer Quelle (Pomp. Trog. nach Just. Epit. XLIV 4) über »Kureten« herrscht. *Curetes* als Volksname ist hier wohl *interpretatio Graeca*[668] und Gargoris, der seinen Sohn vernichten will, ein iberischer Kronos, nach tartessischer Überlieferung der Entdecker des Honigs: *mellis colligendi usum primus invenit*. Ähnliches wird dem Aristaios zugeschrieben: die Erfindung des Bienenkorbs (Diod. IV 81) und der Mischung von Honig und Wein (Plin. Nat. hist. XIV 6). Weiteres berichtet uns Vergil (Georg. IV 539), samt der Angabe des Ortes: auf der arkadischen Geburtsstätte des Zeus, auf den Höhen des Berges Lykaion, weideten die Herden des Aristaios, aus denen er vier Stiere und vier Kühe opferte, um Bienen entstehen zu lassen. Sie entstanden aus den verwesenden Tieren. Eine Statuette des Aristaios, aus später römischer Zeit, mit Bienen auf dem Leib, befindet sich im archäologischen Museum von Cagliari. Sie wurde in Oliania, an einem durch seinen Honig bekannten Ort[669] gefunden. Wir sind wohl berechtigt, hinter dem Namen Aristaios eine einheimische mythologische Gestalt zu vermuten, die vornehmlich mit dem Honig zu tun hatte und ebenso zu Sardinien gehört, wie Gargoris zu Tartessos.

Die kretische Höhle, in der Zeus geboren wurde, blieb nach einer Sage mit Honig gefüllt. Vier Räuber sind — so wurde es erzählt — um dieses Honigs willen in die Höhle eingedrungen, geharnischt gegen die heiligen Bienen des Zeus, doch der Panzer fiel von ihrem Leib (Ant. Lib. 19). Eine schwarzfigurige Vase aus Vulci zeigt wohl diese vier Räuber, dem Angriff riesenhafter Bienen nackt ausgesetzt (Corp. Vas. Ant. Great. Brit. IV 32).

Die Erzählung weiß auch, daß es Zeus nicht erlaubt war, die Räuber mit seinem Blitz zu töten, da in der Höhle n i e m a n d s t e r b e n d u r f t e. Das weist ebenso wie der Reichtum an Honig auf die mythologische Seinsform, die den Ort beherrscht. Weiteres wird von der arkadischen Geburtsstätte des Zeus, dem Lykaion überliefert. Mensch oder Tier, was immer in den heiligen Bezirk trat, verlor seinen Schatten. Es ist dieselbe Erscheinung, fügt unsere Quelle, Pausanias hinzu (VIII 38, 6), wie die im äthiopischen Syene um die Zeit des *solstitium,* der sommerlichen Sonnenwende: die Schatten verschwinden da, außerhalb des Wendekreises des Krebses, gänzlich. Wessen Schatten auf der Höhe des Lykaion ähnlich verschwand, starb zwar nicht an demselben Ort, doch konnte er auch nicht am Leben bleiben, höchstens noch ein Jahr lang. Und wie der Tod von jenem heiligen Ort ausgeschlossen war, ebenso die Geburt: weder schwangere Frauen noch trächtige Tiere durften sich dorthin begeben. Zeus allein wurde da geboren (Kall. Hymn. I 12/3). Ohne einen einzigen abstrakten Begriff wird so eine über Leben und Tod stehende, höhere Seinsform umschrieben.

Die Sage von den sardischen Schläfern schließt ein Mythologem in sich, das als der negative Ausdruck derselben Seinsform betrachtet werden kann. Wo sind aber die gleichsam außerhalb der Zeit liegenden neun Heroen vorzustellen: in einer Höhle oder auf einem Berggipfel? Wurden Statuen oder natürliche Felsgebilde für neun Schläfer gehalten? Wir wissen es nicht. Wir können nur an ein ähnliches Rätsel erinnern: wie wurden die Kinder der Niobe von den Göttern begraben? Niobe selbst wurde, nach der bekannten Sage, versteinert. Von ihren Kindern lesen wir seltsame Sachen in der Ilias: sie müssen zuerst 9 Tage lang unbegraben daliegen. Zeus versteinert um sie herum die Menschen, am zehnten Tag werden sie von den Göttern selbst bestattet, von den Göttern des Himmels (XXIV 605—612). Dieses mythologische Beispiel bei Homer enthält gleichsam unorganische Elemente aus einem älteren Mythologem nichtgriechischen Stils: eine Zeitangabe — die 9 Tage —, Versteinerung und Bestattung durch die Himmelsgötter, Elemente, die einmal vielleicht sinnvoll miteinander zusammenhingen[670]. Der Zusammenklang mit dem sardischen Mythologem ist sehr vag: dort ist 9 die Zahl der toten Heroen, doch der Zustand ihrer von der Verwesung unberührten Körper gibt uns vielleicht eine Vorstellung davon, was dieses Ungriechische — Bestattetsein durch die Götter des Himmels — bedeuten konnte.

Was kann aber — dies sei noch gefragt — der positive Gehalt dieses Mythologems gewesen sein, ein Gehalt, der jenem bloß Negativen, dem Herausfallen aus der Zeit, entsprechen würde? Ein Beispiel von solch Positivem ist der Augenblick des scheinbaren Stehenbleibens der Sonne am Mittag, noch mehr bei Solstitium, ein Phänomen, gemeinsames Produkt von Himmel und Menschen, in dem sich eine höhere Seinsform, das Über-Geburt-und-Tod-Stehen einer für die Himmelszeichen empfänglichen Menschheit unmittelbar zeigt. Unsere Frage bezieht sich also auf das Wesentlichste: auf den religiösen Kern der sardischen und jeder mit ihr verwandten mediterranen Mythologie. Denn das Wesentlichste in einer Religion ist offenbar die Begegnung mit einer solchen höheren Seinsform. Die Antwort hängt in diesem Falle mit anderen, noch unentschiedenen Fragen zusammen: Woher die Zahl 9 im sardischen Mythologem? Warum sind die 9 Heroen Söhne des Herakles und der Töchter des böotischen Thespios? Auf diese Fragen können wir nur eine hypothetische Antwort geben: die Zahl der Daten ist zu klein. Die Geschichte des Epimenides und die Erzählungen von den Geburtsstätten des Zeus haben uns die Richtung gezeigt. Versuchen wir den letzten hypothetischen Schritt!

Die literarische Überlieferung von der Kolonisation Sardiniens ist eine Konstruktion, die in ihren Hauptzügen auf Timaios, einen griechischen Geschichtsschreiber zurückgeht, der im 3. Jahrhundert v. Chr. in Sizilien lebte. Hinter einer jeden *interpretatio Graeca* — denn jene Konstruktion besteht aus lauter solchen — kann sich bereits auch punische Sage, ein semitisches religiöses Element verbergen: Semiten trugen viel mehr zur historischen Modifikation der altsardischen Kultur bei als die Griechen. Um so bedeutsamer ist ein böotischer Zug in der griechischen Umdeutung. Der Name eines thebanischen Heros, des Iolaos, wurde schon erwähnt: eine *interpretatio Graeca*, hinter der sich der nichtgriechische Name einer Gottheit verbirgt, die ihrerseits auch mit dem semitischen Esmun, einem heilenden und wie Adonis sterbenden und auferstehenden Gott gleichzusetzen war. Unter den Helden um Herakles war Iolaos der einzige, von dem die griechische Sage eine Auferstehungsgeschichte erzählte (Pind. Pyth. IX 79 ff.). Die Umdeutung beruhte also auf einer Kenntnis des griechischen Mythos, in der nicht die klassischen Züge im Vordergrund standen, sondern die verwandten Züge der griechischen und nichtgriechischen, punischen und sonstigen mediterranen Gottheiten. Nicht einmal in Herakles darf man in sardischem Bezug den Herakles der griechischen Dichter sehen, sondern eine mythologische Gestalt, die mit einem semitischen Sonnengott, etwa dem karthagischen Baal Chamman, nicht ohne Grund identifiziert wurde. Nach Diodor, dessen Erzählung auf dem Bericht des Timaios beruht, war es Herakles selbst, der seine von den Töchtern des Thespios geborenen Söhne mit Iolaos zur Kolonisation Sardiniens aussandte. Thespios herrschte in Thespiai, in der Nähe von Theben, die Hochzeit des Herakles mit seinen 50 Töchtern war ein böotisches Mythologem, ebenso wie es mit Iolaos der Fall war. Zu Böotien hatte die italische Griechenstadt gegenüber Sardinien: Cumae, Beziehungen. Nach Diodor übersiedelten die am Leben gebliebenen Söhne der Thespiaden aus Sardinien dorthin: der Weg des Mythologems mag umgekehrt gewesen sein. Die Hochzeit mit 50 — nach einer Variante mit 49 — Töchtern, aus der 50, nach einer anderen Variante 52 Söhne geboren wurden, weicht vom Stil der klassischen griechischen Mythologie jedenfalls ebenso ab, wie die Auferstehung des Iolaos oder der Sonnencharakter des Herakles. Es ist ein Zug, der uns ungriechisch anmutet, der es aber möglich machte, sardische Heroen von den Töchtern des böotischen Königs abstammen zu lassen.

Mythologische Zahlen aus kalendarischen Zahlen zu erklären war einmal große Mode in der Altertumswissenschaft: allerdings eine Mode, der große Philologen huldigten, Gründer der Altertumswissenschaft wie Boeckh und Welcker. Darauf kam die Gegen-Mode, die in keiner einzigen mythologischen Zahl mehr eine kalendarische Zahl erkennen will. Als methodisches Prinzip ist gegen beide Extreme Vorsicht zu empfehlen. Wo nur e i n e mythologische Zahl bloß mit e i n e r kalendarischen Zahl übereinstimmt, ist darauf nichts aufzubauen. Wenn aber

die kalendarischen Variationen einer Zahl mit variierenden mythologischen Zahlen übereinstimmen, so dürfen schon gewisse
Folgerungen gezogen und himmlische Elemente zur Erklärung
der Mythologeme verwendet werden. Ein positives Argument
ist es ferner, wenn das himmlische Element im Mythologem auch
unmittelbar zum Ausdruck gelangt. Ein grundlegendes Problem
der griechischen — und nicht nur griechischer, sondern auch se-
mitischer und wohl auch anderer, altmediterraner — Kalender
war, die Sonnen- und die Mondperioden in einer großen Periode, in einem »großen Jahr« restlos zu vereinigen. Solch ein
»großes Jahr« bildeten die vier Jahre der Festperiode von
Olympia: es bestand aus 50 Monaten, bzw. — jede zweite
Olympiade — aus 49[671]. Endymion, nach einer Überlieferung
König von Elis und Sohn des Aethlios (zu ἄθλον »Wett-
kampf«), hatte von der Selene 50 Töchter. Nach Boeckh (ad
Pind. Ol. 3, 18) können diese 50 Töchter nur die 50 Monate
einer Olympiade sein. Seine Auffassung kann sich darauf stützen, daß die Mutter der Töchter nach dem Mythologem selbst
ein himmlisches Wesen, Selene, der Mond ist. Die Gegenbemer-
kung (von Bethe, P.-W. 2558), Endymion sei ursprünglich nicht
in Elis, sondern in Kleinasien zu Hause, ist kein Gegenargument:
der kleinasiatische Endymion konnte eben darum mit den olympischen Wettkämpfen in Verbindung gebracht werden, weil seine 50 Töchter bereits in der mythologischen Überlieferung als
die 50 »Monde«, d. h. Monate eines »großen Jahres« galten. Die
Identifizierung hat darin ihre Schwäche, daß jede zweite Olympiade eben nur aus 49 Monaten bestand.

Die Zahl der Thespiostöchter wurde von Preller (Gr. Myth. ² II
180) ähnlich erklärt. Die Periode der Eros-Feste, der Erotidia
von Thespiai war mit den Olympiaden gleich: sie bestand
gleichfalls aus vier Jahren. Der wechselnden Zahl der Monate
— bald 50, bald 49 — entspricht der Umstand, daß im Mythologem von den Thespiaden neben 50 auch die 49 eine Rolle
spielt: sie waren zwar 50, doch eine von ihnen vereinigte sich
nicht mit Herakles. Diese Unterscheidung in einem Teil der
Überlieferung wurde zur Zeit des Pausanias (vgl. IX 26, 6)
nicht mehr verstanden. Die kalendarische Situation spiegelt sich
aber gerade darin genau, daß die 50. Mondjungfrau zwar da

war, doch fiel sie aus der Reihe der Schwestern irgendwie heraus. Aus den Hochzeiten wurden jedenfalls 50 Söhne geboren, ja nach einer Version sogar 52. Man erreichte diese Zahlen so, daß man Zwillingsgeburten annahm. Die Variation von 50 und 52 entspricht dem Unterschied zwischen Mondjahr und Sonnenjahr: das eine besteht aus 50 Wochen, das andere aus 52. Die Söhne der Mondjungfrauen bezeichneten kleinere Zeiteinheiten: ob immer Wochen, ist unwahrscheinlich. In Thespiai wurden nur 7 von ihnen, in Theben 3 oder 2 als Heroen verehrt. Nach Sardinien kamen dementsprechend 40 oder 41, eine Gruppe, die auch der semitischen Vorliebe für die Zahl 40 entgegenkommt[672]. Die Zahl 9 der Heroen des sardischen Mythologems ist mit diesen Zahlen schwer zu vereinigen: sie könnte höchstens als eine Variante der Zahl 7 der in Thespiai verehrten Herakliden aufgefaßt werden. Die Vier- und die Dreiteilung der Mondmonate, woraus die Zeiteinheiten von 7 und von 9 Tagen entstanden, konnten im griechischen Kalender auch nebeneinander laufen[673]. Den Söhnen der Thespiaden würden in beiden Fällen Tage entsprechen. Wie könnten aber mythologische Gestalten aus der Zeit herausfallen, in denen sich Zeiteinheiten spiegeln?

Eine Antwort auf diese Frage findet sich in jener Weise der Vereinigung der Sonnen- und Mondjahre, die C. O. Müller in Böotien in Verbindung mit dem alle 60 Jahre zurückkehrenden großen Daidalafest aufgewiesen hat[674]. Das aus 60 Sonnenjahren bestehende »große Jahr«, eine Periode, die auch in der Zeitrechnung der Babylonier auftaucht, enthält 63 Mondjahre, doch nur so, daß 9 Tage — 9 »Mondtage« — außerhalb bleiben. In der Sprache der Mythologie heißt dies: es fallen 9 Mondsöhne aus dem »großen Jahr«, d. h. aus der »Zeit«, heraus: sie s i n d zwar, doch sind sie außerhalb der Zeit. Sie bilden eine Gruppe von 9 Gliedern, eine Gruppe, der sich eben jenes religiöse Erlebnis bemächtigen konnte, welches der altmediterranen Welt in den konkreten Wirklichkeiten des Mittags und des Solstitiums, des Honigs und des traumlosen Schlafens bekannt war: die Begegnung mit einer höheren Seinsform, dem Sein außerhalb der Zeit, über Leben und Tod. V i e l l e i c h t verkörperten die neun sardischen Heroen jenes Sein, sei es in Statuen, sei es in Naturgebilden, die man als tote Heroen deutete, sei es unabhängig von jeder Darstellung in jener Welt der Mythologie, der sich die antike Religion bedient, wenn sie Unaussprechliches bildhaft vergegenwärtigen will — in diesem Fall eben das, von dem in der Ausdrucksweise unserer Zeit gesagt wurde:

The point of intersection to apprehend of the timeless
With time, is an occupation for the saint . . .

(T. S. Eliot)

*1948*

# DIE GÖTTIN MIT DER SCHALE

Für Dildil

*Heard melodies are sweet, but those unheard — Are sweeter.*
Es ist fast diese Erfahrung, die der Interpret jenes mythologischen
Gemäldes zu machen meint, dem unsere Betrachtung gilt. Hörbar
werden mythologische Melodien durch Namen. An dem Bilde,
das wir aufsuchen, finden nur die Augen Nahrung, der erlösende
Name fehlt. Oder er wird umstritten, und wir sind versucht auf
ihn zu verzichten, wo die dargestellte göttliche Szene ihren
menschlichen Sinn so klar ausspricht, als stünden wir vor einem
einzigartigen symbolischen Gemälde, zu dessen Verständnis die
genaue mythologische Interpretation kaum etwas hinzufügen
könnte. Eben darum möchten wir aber eine solche Interpretation
versuchen, in der Hoffnung, dadurch etwas auch über die Bedeutung der Mythologie um 150 n. Chr. — die Zeit unseres Gemäldes — zu erfahren.
Es ist die Zeit, um die Apuleius von Madaura seinen Roman
schrieb, in dem das Märchen von Eros und Psyche erzählt wird.
Der Romanschriftsteller aus dem römischen Afrika könnte unser
Gemälde in demselben Hause, in dem wir es betrachten, bewundert haben, falls er bei einem Besuch in der Hauptstadt zufällig einmal bei den vornehmen Besitzern am Clivus Scauri
seine Aufwartung machte. Seine eigene literarische Kunst war
freilich noch neuartiger, blumiger und zweideutiger, drastischer
und mystischer zugleich, als dies damals wohl modische mythologische Bild. Es ist aber doch gut, wenn wir bei unserem Besuch auf dem Mons Caelius, auf den der Clivus Scauri gegenüber dem Palatin hinaufführt, die »Metamorphoses« oder wie
sie später genannt wurden: den »Goldenen Esel«, den Roman
des Apuleius, als unseren Begleiter mitnehmen.
Ein Wort nur über die Straße, die heute Via Santi Giovanni
e Paolo heißt. Sie beginnt bei den schönen, breiten Treppen von
San Gregorio Magno und führt zwischen alten Mauern unter
den Stützbögen der Kirche der Heiligen Johannes und Paulus
zum unteren Gartenportal der Villa Mattei. Dem gegenüber

steht das antike Haus mit unserem Gemälde. Es bildet die Unterkirche der eben genannten zwei Märtyrer und ist von oben, von der auf ihm erbauten christlichen Basilica her zugänglich. Durch seinen letzten Besitzer, Pammachius, der es im 4. Jahrhundert den Reliquien der beiden Märtyrer weihte, hat dieses Römerhaus einen Bezug zu unserem intimsten Europa, von dem seit dem Altertum Briefe zeugen, Briefe gewisser zu dieser Art der Selbstmitteilung geborener Leute, in unserem Fall des heiligen Hieronymus, zu dessen Freundeskreis Pammachius gehörte. Aus den Briefen des Kirchenvaters ist uns die fromme Familie bekannt, die das reichbemalte Patrizierhaus bewohnte.

Mauer und Gewölbe erzählen uns in der Sprache der dekorativen Kunst von der stufenweise vor sich gehenden religiösen Wandlung vom 2. Jahrhundert n. Chr. an in diesem Haus. Um die Mitte jenes Jahrhunderts, dessen künstlerische Blüte vor allem mit dem Namen Hadrians verknüpft ist, wurden die Wände im Nymphäum des später dem Pammachius gehörenden Hauses mit lauter Meeresszenen bemalt. Der Raum, der sich damals nach dem Garten hin öffnete, sollte die Atmosphäre des göttlichen feuchten Elementes atmen. Der etwa dreißig Meter lange Figurenfries mußte dann in der christlichen Zeit des Hauses unter einer Tünche verschwinden, die die Nachahmung einfacher Marmorbekleidung zeigte. Diese wurde erst in unserem Jahrhundert von einem der Vergangenheit des Märtyrerheiligtums eifrig nachforschenden Passionistenmönch, dem P. Germano di Santo Stanislao entfernt. So leuchtete im März 1910 unser Gemälde mit anderen, weniger bedeutenden Spuren des von mythologischen Wesen wimmelnden Meeres in dem verlassenen Raum unter der Basilica unerwartet auf[675].

Mehrschichtig ist das Gebäude, in dem die weiß strahlende Schönheit einer Göttin vor dem Hintergrunde dunkelblauer Wogen den Besucher der christlichen heiligen Stätte überrascht, mehrschichtig das Bild selbst in seiner Komposition. Den Mittelpunkt — und zugleich den Vordergrund — des Gemäldes nimmt eine göttliche Frauengestalt ein, in durchsichtigem Kleide, auf einem Inselchen mitten in dem von kleinen Eroten bevölkerten Meere, die gleichsam eine zweite Schicht der Darstellung bilden. Mit der Rechten umarmt die Reichgeschmückte eine strenger gekleidete Gefährtin, die mit ihr auf der kleinen Insel sitzt, mit der Linken hält sie die Schale einem herannahenden dunklen Götterjüngling hin, der ihr aus einem hornförmigen Gefäß, einem Rhyton, einschenkt (Tafel 12 und 13).

Er könnte der jugendliche Dionysos sein, der aus der Tiefe des Meeres kommt, auf die Insel wie auf die Stufe einer Treppe tretend. Und er i s t wohl dieser Gott, in dem Augenblick seines Wiedererscheinens aus der Meerestiefe. Denn dorthin, zu Thetis, rettete er sich bekanntlich als zarter Knabe vor seinem gottlosen Verfolger Lykurgos[676]. Ein Zeichen dieser frühen, noch nicht triumphalen Epiphanie ist in unserem Bilde, daß er nicht den Thyrsos trägt, sondern ein Bündel von Reben, die erst angepflanzt werden sollen. Das Rhyton, von dem zahlreiche, mit deutlicher Beziehung auf Dionysos gestaltete und geschmückte Exemplare bekannt sind und dessen Gebrauch (wohl auch der kultische) bis auf Alt-Kreta zurückgeht, paßt zum Gotte, der den Wein auf diese Weise in seiner Hand vor unseren Augen entspringen läßt.

Die Göttin, die die Schale ihm hält, könnte Aphrodite sein: »wegen der Zurschaustellung ihres schönen Körpers, wegen des auffallenden Schmucks und wegen der typologischen Übereinstimmung mit der Venus auf einigen pompejanischen Bildern« — wie ein Archäologe diese sprechenden Züge zusammenfaßt[677]. Die strenger gekleidete Frau neben ihr ist viel weniger bedeutend, doch hat sie sicher eine wichtige Funktion zu erfüllen, vielleicht als die Göttin der Insel: sie hält eine scharlachrote Binde in der Hand, die wir hochzeitlich zu nennen allen Grund haben. Die strenge Demeter und die schöne Persephone, eine große Göttin und ihre große Tochter kann dieses ungleiche Frauenpaar nicht sein, obwohl unter dem Namen *Liber pater* und *Libera* sowohl Dionysos und Persephone[678] als auch Dionysos und Ariadne vereinigt wurden. Wie kam aber diese *Libera* als Persephone auf eine verlassene Insel? Doch wohl nur als Ariadne. Aber wie anders, wie triumphal, durch seinen Schwarm begleitet, erscheint Dionysos nach den bekannten Schilderungen, um die von Theseus verlassene Ariadne in seinem Wagen gen Himmel zu fahren[679]! Keinen Text kennen wir, der unserem Bilde genau entsprechen würde.

Es bleibt uns nichts anderes übrig, als das Gemälde selbst für einen Text zu nehmen, für ein Mythologem, das auch ohne Namen etwas erzählt und ausdrückt. Es erzählt, wie gesagt, mehrschichtig, gleichsam auf zwei Ebenen, so daß die Erzählung von der einen Ebene auf die andere übergeht und dann wieder zurückkehrt. Von den Eroten, die das Meer bevölkern — der eine lagert angelnd auf einem Hafenbau im Hintergrund —, bilden zwei Gruppen in Nachen eine Art Barkenzug und verdeutlichen die Handlung der großen Gestalten. Der stehende Eros der einen Gruppe, zwischen zwei rudernden im Nachen hinter dem Rücken des ankommenden Götterjünglings, hält ein ähnliches Bündel wie eben dieser große Gott im Vordergrund. Stolz und selbstsicher kommt er an mit dem im Verhältnis zu ihm mächtigen Rebenbündel, das ihn als einen kleinen Nachahmer des großen Götterjünglings ausweist. Er spielt die Rolle des Dionysos. Welche Rolle ist diese auf unserem Bilde?

Die Antwort wird durch die große Begegnungsszene im Vordergrund gegeben und dann durch die kleine Szene im zweiten Nachen verdeutlicht. Einer der drei Eroten war ausgestiegen und er bringt nun einen neuen Fahrgast mit. Nur der Kopf dieses vierten kleinen Wesens ist sichtbar, sonst liegt es eingehüllt in ein scharlachrotes Tuch auf dem Rücken des mit ihm Ankommenden. Eine Tänie, ein Band flattert vom Hals des also Getragenen, nicht scharlachrot, wie die Binde in der Hand der Inselgöttin: diese Farbe erscheint hier als die Farbe des *flammeum,* jener Hülle, in der die römischen Bräute heimgeführt — gleichsam geraubt — wurden, und spricht um so deutlicher. So wird die Erzählung des Bildes im Hintergrunde fortgesetzt: mit dem Spiel des Brautraubs nach der Ankunft des Bräutigams und der Begegnung des Brautpaars. Es wird hier eine Götterhochzeit dargestellt: im Hintergrund durch eine gespielte Hochzeit in der kleinen Welt der Eroten angedeutet, während sich eine andere Variation desselben mythologischen Themas im Vordergrund abspielt, mit anderen göttlichen Personen, indessen in der gleichen Atmosphäre.

Kann sie ein Hieros Gamos, eine heilige Hochzeit mit Dionysos und Aphrodite in den Hauptrollen sein? Die literarische Überlieferung weiß von Nachkommen, die von diesem Götterpaar abstammten. So erzählte man angeblich in Lampsakos, einer Stadt am Hellespontos, aus der sich der Kult des Priapos verbreitet hatte, der derbe Gott der Gärten sei der Sohn der Liebesgöttin und des Weingottes[680]. Diese Tradition ist vielleicht noch echter als die andere, nach der ein Kind der Aphrodite und des Dionysos der Hochzeitsgott Hymenaios war[681]. Solcher Art Genealogien können auch bloß begriffliche Konstruktionen sein, Ableitungen der »Begriffe« des Priapos und des Hymenaios aus der Vereinigung der »Begriffe« der Aphrodite und des Dionysos und setzen nicht notwendigerweise ein Mythologem von der Begegnung der beiden großen Gottheiten auf einer verlassenen Insel voraus. Nach einer dritten Überlieferung, die gleichfalls eine bloß-begriffliche Genealogie sein kann, stammten die Chariten von Aphrodite und Dionysos ab[682]. Nach dem orphischen Hymnenbuch war Hermes Chthonios, der Seelenführer, ein Sohn des Götterpaares[683], und diese Tradition geht wenigstens auf eine mystische Lehre, wenn nicht auch auf ein besonderes Mythologem zurück.

Auf eine verlorene Erzählung von der Hochzeit der Aphrodite und des Dionysos hat Hermann Usener, der unübertreffliche Kenner mythologischer Texte gefolgert. Der Hinweis fand sich in seinem unpublizierten Nachlaß[684]. Die Thomasakten erzählen, wie der Apostel, nach langer Fahrt auf dem Meere, in einer Stadt Indiens ankam, wo gerade eine königliche Hochzeit gefeiert wurde. Die christliche Gestaltung der Geschichte, die Bekehrung des Brautpaares, gehört in einen anderen, gleichfalls nicht unmythologischen Zusammenhang als Nachhall eines orientalischen Seelenmythologems[685]. Es interessiert uns nur der Umstand — und darauf wies Usener hin, — daß in der lateinischen Übersetzung der Acta Thomae der Bräutigam Dionysios und die Braut Pelagia heißt. Der Verfasser der berühmten Studie über die Legenden der heiligen Pelagia glaubte auch in dieser Pelagia die Aphrodite und im Dionysios den Dionysos zu entdecken. Indien galt als Schauplatz dionysischer Triumphe: vielleicht ließ sich der christliche Autor durch eine heidnische Erzählung von der Hochzeit des Gottes mit Aphrodite inspirieren, als er das Brautpaar so benannte.

Kümmerliche Spuren einer dürftigen literarischen Überlieferung, welche jedoch durch die monumentale Tradition gewissermaßen unterstützt wird. Gegenüber dem Hause des Pammachius, auf der anderen Seite des Clivus Scauri, sind zwei Wandgemälde gefunden worden, die eine Art Ergänzung zum unsrigen bilden. Sie füllten die Lünetten eines Raumes, gleichfalls in einem reichbemalten Haus, sind aber nicht erhalten geblieben. Man stieß auf sie am Anfang des 18. Jahrhunderts. Sie wurden vom Maler Pietro Santi Bartoli glücklicherweise nachgezeichnet, mit den Ungenauigkeiten eines unhistorischen Jahrhunderts, im wesentlichen indessen richtig. Die Übereinstimmung unseres viel später entdeckten Gemäldes mit einer der Zeichnungen geht so weit, daß gefragt wurde, ob Bartoli nicht ins Nymphäum des Pammachius-Hauses eingedrungen sei und seine Zeichnung nach unserem Bilde gemacht habe. Dagegen sprechen die genauen topographischen Angaben[686] und die falsche Marmorbekleidung, von der unser Gemälde erst befreit werden mußte. Und so erhalten gerade die Abweichungen der Bartolischen Zeichnung eine besondere Bedeutung. Nicht so sehr der Umstand, daß Bartoli die Eroten in ihren Nachen und in ihrem Spiel auf den Klippen oder an der Küste als gewöhnliche Menschenkinder darstellt: dies kann als Modernisierung auf seine Rechnung fallen oder eine Variation der antiken dekorativen Verwendung sein. Wichtiger ist das Fehlen eines ankommenden großen Gottes. Ihm und seinem Erscheinen mußte ein besonderes Gemälde in demselben Raum gewidmet sein, sonst wäre das Bild der Göttin mit der Schale daselbst sinnlos gewesen. Daraus folgt weiter, daß es eine inhaltlich zusammenhängende Bilderreihe ist, die uns auf dem Monte Celio, in zwei verschiedenen antiken Häusern, bekannt wurde. Die inhaltlich letzte Stelle nimmt das Gemälde im Pammachius-Hause ein, die vorletzte die in der Nachzeichnung nur wenig abweichende Variation des selben Themas, und die erste: vielleicht das andere, von Bartoli in demselben Raume nachgezeichnete Lünettenbild (Tafel 14 und 15).

Dieses Bild zeigt uns eine halb schwimmende, halb mit ausgebreiteten Armen schwebende Göttin im Meere. Mit ihr schwimmen zwei nackte Knaben: Eroten, denen Flügel in der Nachzeichnung ebenso versagt wurden, wie denen, die in der Luft schweben. Beide halten verzeichnete Tänien, der eine gleichsam ein Gängelband, an dem er die Göttin führt. So wird das Wesen der Schwimmenden und das Ziel ihres Hinschwebens angedeutet: sie ist wohl Aphrodite, doch nicht als die Auftauchende, die Anadyomene dargestellt, sondern nach einem Liebesziel hin schwimmend. Über ihrem Kopf halten zwei Eroten in der Luft eine Tänie, an das gleiche hochzeitliche Begrüßungs- und Siegeszeichen mancher Vasenbilder erinnernd. Wollte man solchen Zeichen eine bloß dekorative Bedeutung beimessen, auch dann ist dieses Bild mit dem anderen, von Bartoli nachgezeichneten — und zugleich mit unserem Gemälde — durch seine Atmosphäre derart verbunden, daß der Betrachter nur dies der Anschauung entnehmen kann: so schwimmt die Göttin der kleinen Felseninsel zu, wo sie das andere Lünettenbild Bartolis zeigt.

Sie sitzt da neben einer strenger gekleideten Frauengestalt, in der Rechten einen Kranz, in der Linken eine Schale haltend. Sie reicht die Schale dem noch nicht Sichtbaren, dem Erwarteten. Alles andere ist auf der Zeichnung Bartolis mit zu viel modernen Zügen, zu sehr italienisch umkostümiert wiedergegeben, als daß es über den Sinn des Originals mehr Aufschluß geben könnte. Irrtümlich wurde das Frauenpaar in der Mitte als Dionysos und Ariadne verstanden[687]: es ist in seiner Situation, seiner Kleidung und seinen Gesten mit den beiden Frauengestalten auf unserem Bilde sicher zu identifizieren. Die Geste der Göttin mit der Schale erscheint sogar, ohne den Herannahenden, in ihrer Bedeutung noch betonter. Sie kennzeichnet eine Frau, die der Erfüllung bedürftig ist.

Das Wort »Erfüllung« hier auszusprechen fordert die ganze Situation. Nicht nur, weil die Schale gefüllt werden soll. Man könnte von diesem, zum Akt des Einschenkens besonders passenden Wort auch absehen und »ergänzende Vollendung«, griechisch: Telos, sagen. Eine Figur, die eine Schale so hält, bedarf rein sachlich des Einschenkenden als der ergänzenden. Wäre also hier Aphrodite, auf die die ganze Atmosphäre und alle einzelnen Zeichen weisen, als der Erfüllung, des Telos bedürftig dargestellt? Dieser Göttin, wie wir sie aus Homer und den homerischen Hymnen kennen, eignet keine solche Bedürftigkeit. Sie wird im größeren Aphrodite-Hymnus von Zeus mit der Sehnsucht nach Anchises besonders bestraft und für jenes Mal ins Joch gezwungen; sonst war sie es, die alle Götter, Menschen und Tiere unterjochte. In ihr suchen alle Wesen ihre Erfüllung, vor allem die sterblichen Frauen. Und das weist doch auf einen bedürftigen und hälftenhaften Aspekt von ihr und auf ein Mythologem, dessen Ausstrahlung die ganze literarische Überlieferung von einer Hochzeit der Aphrodite und des Dionysos, einschließlich der mystischen Lehre der orphischen Hymnen, sein kann. Es ist das Mythologem von Aphrodite als Ariadne, als welche sie unter dem Namen Ariadne Aphrodite in Amathus auf Cypern[688] und sicherlich auch auf Delos,[689] verehrt wurde. Es handelt sich dabei um eine andere, ihrerseits wiederum mehrere Variationen aufweisende mythologische Überlieferung, als jene allbekannte, nach der sie, von Theseus auf der Insel Naxos verlassen, zur Frau des Dionysos wurde. Nach dieser anderen Tradition war die Fahrt mit Theseus schon Untreue gegen Dionysos, der also schon früher seine Hochzeit mit Ariadne auf irgend einer Insel des Ägäischen Meeres gefeiert hatte: nur so sind die homerischen Verse zu verstehen, die besagen, Artemis tötete Ariadne auf der Insel Dia auf das Zeugnis des Dionysos hin[690]. Man zeigte das Grab der Ariadne in Argos in dem unterirdischen Heiligtum des »kretischen Dionysos«[691] und man zeigte es auch in Amathus auf Cypern im Hain der Aphrodite Ariadne[692]. Auf Delos soll Theseus das von Ariadne mitgebrachte Aphroditebild geweiht und jenen berühmten Geranos-Tanz aufgeführt haben, den die Françoisvase zeigt, und zwar so, daß »die Stellung, in der Ariadne ihm zuschaut, schließen läßt, daß er eigentlich unter ihrer Aufsicht oder zu ihren Ehren stattfinden sollte«[693]. Vielleicht richtiger als eine »menschliche Aphrodite«[694] darf diese Ariadne eine »sterbliche Aphrodite« genannt werden, die der Erfüllung durch Dionysos bedürftig war und sie mit dem jungen, aus den Meerestiefen auftauchenden Gott als einen geheimen Hieros Gamos feierte . . .

Ein altes, fast vergessenes Mythologem, als Wandgemälde in vornehmen römischen Häusern des 2. Jahrhunderts n. Chr. wiederaufglänzend, vielschichtig, erotisch und symbolisch auf das Menschliche hin durchsichtig: ist das möglich? Vergessen wir nur nicht das Märchen von Eros und Psyche, auf das der Barkenzug der Eroten auf unserem Gemälde geradezu hinweist! Es ist sicher kein Zufall, daß zu den dekorativen Elementen des Märchens, wie Apuleius es uns im »Goldenen Esel« erzählt, eine mythologische Meeresszene gehört: die Schilderung des Zuges der Liebesgöttin durch die offene See, eine der literarischen Quellen, die Raffael zu seinem »Triumph der Galatea« in der Villa Farnesina inspirierten. Der Afrikaner brauchte nicht unbedingt die Reise nach Rom zu machen, um sein Werk durch solchen Schmuck dem Zeitgeschmack anzupassen. Das orientalische Mythologem, das aus dem Märchen von Eros und Psyche herausgeschält werden kann, ging schon längst vor ihm, durch griechisch-orientalische Erzähler und durch die Kunst Alexandriens, in ähnliche, es verewigende Bilder der griechischen Mythologie ein. Dank den Bemühungen eines kühnen Bahnbrechers der religionsgeschichtlichen Forschung[695] dürfen wir dieses Beispiel der Umgestaltung eines alten Mythologems zu einem Prachtstück erotischer und zugleich symbolischer Erzählung neben das Gemälde der Göttin mit der Schale stellen.

Es ist kein altmediterranes Thema, wie jene Hochzeit, doch vielleicht ein verwandtes: das Thema auch der altindischen Liebesgeschichte von Pururavas und Urvashi und der vielen Märchen vom Schicksal eines Liebespaares, dessen eine Hälfte in bald angenommener, bald abgestreifter Tiergestalt einen erschreckenden, dunklen Aspekt zeigt. Die Erzählung des Apuleius, mit bewußter Kunst in ihrer Mehrschichtigkeit durchsichtig gehalten, entfaltet das Mythologem nach sinnvoller Struktur in drei Akten. Der zweite von diesen erinnert uns namentlich an den babylonischen Mythos von der Unterweltsfahrt der Göttin Ischtar. Und da es griechisch-orientalische Texte sind, in denen Psyche ihren ursprünglichen Rang als Göttin zeigt, und ihr Gatte Eros in einem Zauberpapyrus auf orientalische Weise als »der auf dem schönen Lager, der im reizvollen Palast« und zugleich als »der geflügelte Drache« angerufen wird, darf der rekonstruierbaren ältesten Fassung — eben jener, deren Struktur sinnvoll genannt wurde — orientalischer Stil zugesprochen werden. Es sei zuerst eine Art Rekonstruktion und deren sinngemäße Würdigung vorgelegt.

Wird das weibliche Prinzip in einem nur-lichtvollen Wesen, wie

die Göttin hier, betrachtet, so ist es sinnvoll, daß das sie um-
armende männliche Wesen die Dunkelheit der Welt zu tragen
hat, es sei die Vereinigung kosmisch gesehen als Verschlungenwerden eines lichten Himmelskörpers durch die Finsternis, oder
menschlich als Anheimfallen des lichten Mädchens an einen erschreckenden tierischen Räuber. Und es ist sinnvoll, daß diese
Umarmung den ersten Akt bildet in der Entfaltung eines Licht-
Schicksals, das zugleich Frauenschicksal ist und das im Orient
bald unmißverständlich ausgesprochen zum Seelenschicksal wird.
Daher die noch vor der griechischen Übernahme erfolgte Umnennung der Göttin zur weltbeseelenden Seele, ins Griechische
übersetzt: zur Psyche, in theologisch-philosophischen Texten:
*psychosis*. Es ist ferner sinnvoll, daß die ausgelieferte Jungfrau,
die das Lichte, das sie ist, vor dem Verschlungenwerden zu bewahren hat, mit einem Dolch zum dunklen Ungeheuer geht, um
seine schlangenhafte Umarmung durchzuschneiden. Eine hellenistische Terrakotta zeigt die Psyche stolz in dieser Absicht, stark
abweichend von der Fassung des Apuleius, nach welcher die bösen
Schwestern sie zum Mordversuch und zur Verwundung des Gatten verführten.

Sinnvoll ist endlich in diesem ersten Akt, daß die Göttin im
Verwundeten — ursprünglich wohl: zeitweilig getöteten — den
Doch-nicht-Dunklen, den geheimnisvollen Licht-Tragenden erkennt, den es wieder zu erwecken gilt. Sinnvoll ist danach der
ganze zweite Akt: Dienst und mühsame Wanderung der Göttin durch alle Schrecken der Unterwelt, auf der Suche nach dem
Wasser des Lebens oder nach einem anderen Mittel zur Erwek-
kung des toten Geliebten, bis sie selbst wie tot hinsinkt und
der Wiedererweckung bedarf. Diese kommt aber — sinnvoll
wiederum, als dritter Akt — von dem durch irgendwelche göttliche Periodizität wiedererstarkten Geliebten, dem sie, den eigenen Tod befürchtend, den Tod gab und von dem sie, seinetwe-
gen sterbend, das Leben empfängt, in Wiedervereinigung nicht
mehr in der Finsternis, sondern im hellen Lichte des Himmels.
Der »Sinn« eines echten Mythologems ist nie etwas, das auch
philosophisch oder auf irgendwelche lehrhaft-begriffliche Weise
ebensogut ausgedrückt werden könnte: etwa als Ergebnis einer
Spekulation, in diesem Falle einer astral-mythologischen, ero-

tisch-mythologischen oder seelenmythologischen Spekulation. Gerade darin zeigt sich das Mythologische, daß es nie nur in einer Richtung deutbar ist, sondern daß es eine wahre Sinnfülle in sich schließt, mehrere mögliche Aspekte: hier den kosmischen, den sinnlichen und den seelischen, alle drei in einer und derselben unaussprechlichen Atmosphäre, als Spiel des Geistes und als Erleuchtung zugleich. Die Spekulation ist einem derart undifferenzierten Gebilde gegenüber immer nur sekundär. Sie kann erst nachträglich einen der möglichen Aspekte ausbeuten, wie dies hier die dualistische Lehre von der Gefangenschaft der Seele in der Welt des Bösen bereits vor der Aufnahme des Psyche-Mythologems in die griechische Kunst und Literatur getan hatte. Dieselbe Sinnfülle kann höchstens in der gleichen kosmischen oder menschlichen Situation erfahren werden, zumal wenn das Mythologem demjenigen schon vertraut ist, der die Erfahrung macht. Oder es kann das Mythologem auch in eine aus ähnlicher menschlicher Erfahrung entstandene mythologische oder nur künstlerische Schöpfung eingegossen werden wie in eine passende Form und so zu neuer Geltung gelangen.

Es würde uns allzuweit von unserem Thema führen, wenn wir die Geschichte jener Flügelgestalten der griechischen Mythologie, wenngleich nur skizzenhaft, rekonstruieren wollten, die in diesem Fall zum Träger eines orientalischen Mythologems wurden. Wir möchten hier nur die Erzählung des Apuleius kurz in Erinnerung rufen, wiewohl wir nicht einmal darin sicher sind, ob das Verdienst des ersten lateinischen Übersetzers ihm gehört[696]. Es ist ein stilgerechtes Märchen, das erste Mal in der europäischen Literatur, das in dem ersten Satz erklingt: »*Erant in quadam civitate rex et regina; hi tres numero filias forma conspicuas habuere* — es lebten einmal in einer Stadt ein König und eine Königin mit drei schönen Töchtern ...« Dieser Märchenton wurde möglicherweise schon von Cornelius Sisenna, einem Erzähler des I. Jahrhunderts v. Chr., in die lateinische Literatur eingeführt: Apuleius läßt ihn sofort unter dem koketten Stil seiner eigenen Bearbeitung, unter der üppigen Oberfläche eines recht vielschichtig gewordenen Kunstwerkes, verschwinden.

Das Märchen selbst stand mit seinem Rahmen wahrscheinlich schon im griechischen Original des Romans, der Geschichte des

413

zum Esel verwandelten Jünglings, die von einem gewissen Lukios von Patrai als eigene Leidensgeschichte erzählt wurde, ebenso da, wie wir es bei Apuleius lesen. Griechisch ist uns nur eine sehr verkürzte Fassung der Haupterzählung, unter den Schriften des Lukian, erhalten geblieben. Sogar dieser knappe Auszug enthält indessen noch die Situation, die zum Rahmen des Märchens von der Psyche, der ausgelieferten, gequälten und dann doch erlösten Königstochter, bestimmt war. Die Räuber, die hier wie in der ganzen griechischen Romanliteratur eine große Rolle spielen, hatten zuerst den Esel, zu dem Lukios verwandelt wurde, erbeutet, dann aber auch eine junge Braut in ihrer Hochzeitsnacht selbst. In der Räuberhöhle bleiben nun eine alte Frau — die typische Märchenerzählerin der Antike —, das weinende Mädchen und der Esel allein: zwei Erlösungsbedürftige, die durch die Erzählung getröstet werden. Die unvergeßliche Gruppe ist die einzigartige Schöpfung einer sonst wenig bekannten volkstümlich-griechischen Erzählerkunst zur Einführung und Einfügung des gleichfalls schon griechisch gewordenen orientalischen Märchens.

Zum Märchen ist das Mythologem geworden, das wir eben kennengelernt haben, und es beginnt als Märchen in rein menschlicher Sphäre: Psyche ist da nicht mehr eine große Göttin, sondern die schönste Tochter des erwähnten Königs. Mit der Schilderung ihrer außerordentlichen Schönheit setzt bei Apuleius sofort die Technik des griechischen Romans ein, die dem Schriftsteller ermöglicht, seine Geschichte gleichsam zweischichtig spielen zu lassen. Der griechische Roman erzählt gewöhnlich von menschlichen Begebenheiten. Er läßt aber durch immer dieselben Kunstgriffe den Held oder die Heldin doch so erscheinen, als ob sie verfolgte, leidende, sterbende und wieder auferstehende Gottheiten wären, als ob ihre Liebe sie alle durch den Tod und erst danach zur glücklichen Vereinigung führte. Psyche ist zwar ein sterbliches Mädchen, sie ist aber so schön, daß sie vom Volk verehrt wird, als wäre sie die Liebesgöttin. Diese fühlt sich beleidigt und befiehlt ihrem Sohn Eros, er solle das Mädchen in Liebe zu einem unwürdigen Gegenstand entflammen lassen, und sie selbst zieht, von Meeresgottheiten gefeiert, zum Vater Okeanos. Eros indessen verliebt sich selbst in die Psyche.

Er läßt sie sich durch ein doppeldeutiges Orakel als Braut auf einen hohen Berg aussetzen, als wäre er ein geflügeltes, schlangenförmiges Ungeheuer. Der Brautzug der Psyche wird so geschildert, als würde sie nicht zum Liebesgott, sondern zum Todesgott geführt, Liebe und Tod, Tod und Liebe gehen da schillernd ineinander über, im Geiste der ganzen griechischen Romanliteratur.

Die zweischichtige, romanhafte Behandlung gerade dieses Stoffes ist durchaus sinngemäß. Die Märchenfigur Psyche gehört sowohl zur Menschenwelt, in die sie hineingeboren wurde, als auch zur Götterwelt, in die sie zurückkehrt. Sie schwebt zwischen Leben und Tod: aus Liebe zum fast getöteten Gatten muß sie schließlich eine wahre Unterweltsfahrt antreten, den Nachen des Charon besteigen, über den Todesfluß gesetzt werden und zur Totenkönigin gelangen. Es entspricht dabei wiederum der Technik des griechischen Romans, mit der Apuleius ebenso spielt, wie mit allen anderen literarischen Mitteln, wenn das ursprünglich ernst gemeinte Töten und Wiedererwecken, In-den-Tod-Gehen und Wiedererstehen gemildert werden. Psyche bringt nicht mit ihrem Dolch dem schlafenden Gatten eine tödliche Wunde bei, sondern die Lampe in ihrer Hand läßt einen Tropfen glühenden Öles auf die Schulter des in seiner Schönheit erkannten Gottes fallen und davon wird er schwer krank.

Die Aufgaben, die die rachsüchtige Liebesgöttin daraufhin der ihr als Sklavin anheimgefallenen Psyche auferlegt und deren ursprünglicher Sinn der »Dienst für den Geliebten« ist, sollen die junge Frau ins Verderben bringen. Es ist nicht etwa das Wasser des Lebens, das sie holen soll, sondern ein Fläschchen aus dem Wasser des tödlichen Styx. Auf diese, schon dritte Aufgabe folgt als ihre Wiederholung in anderer Form — wie eben Variationen desselben Themas in der Mythologie üblich sind — die Fahrt zur Unterweltskönigin, deren Schönheitszauber die Herrin der armen Psyche angeblich haben will. Sie selbst darf das verschlossene Gefäß des Zaubermittels nicht öffnen. Gerade dieser letzten Prüfung unterliegt Psyche. Aus der Unterwelt schon glücklich zurückgekehrt, lüftet sie den Deckel, und aus dem tödlichen Schlaf, welcher dem Gefäß entströmt, wird sie durch Eros, den unterdessen wieder gesund gewordenen, erweckt. Das Paar vereinigt sich zu einem ewigen Hieros Gamos im Himmel. Und diese Hochzeit wird da oben, von allen Göttern gefeiert.

Die Göttin mit der Schale steht in ihrer Erfüllungsbedürftigkeit der Heldin dieser erotisch-seelisch, menschlich-göttlichen Geschichte nah. Doch bleibt sie auf ihrer Felseninsel in dieser Welt und innerhalb einer Grenze, über die die Gestalt der Psyche hinausreicht. Bedürftig sein der Erfüllung, ihr, dem Telos, zustreben und es in dieser Welt der Liebe und des Todes erreichen, ist griechisch. Bedürftig sein der Erlösung, der Soteria, der Errettung, wie Psyche durch Eros errettet und erlöst wurde — erlöst durch Einen, der durch sie fast starb —: das greift in eine andere Welt über, in eine orientalische und christliche. Die Trennung beruht auf dem wesentlichen Unterschied von zwei Arten der Religion, doch ist sie nicht immer scharf durchzuführen: hie Erfüllung — hie Erlösung. Die durch Erlösung erreichte Einheit des Paares Eros und Psyche ist selbst ein Urbild der Erfüllung. Es sei neben dieses Schicksal der Psyche das Beispiel der Göttin Persephone gestellt, der Totengöttin Kore, mit der sich Ariadne als »sterbliche Aphrodite« ebenso eng berührt[697], wie mit der Aphrodite selbst.

Psyche war erfüllungsbedürftig, ehe sie dem dunklen Bereich des Eros ausgeliefert wurde. In diesem Bereich, in dem Liebe wie Tod erschreckt und in die Unterwelt führt, ist sie erlösungsbedürftig. Denn es gibt da ohne die Überwindung des Todes in allen seinen Formen — ohne Erlösung — keine Erfüllung. Irgendwelche Bedürftigkeit kennzeichnet das Mädchendasein der Persephone nicht. Es wird jedoch zu einem erfüllten Dasein erst, indem es ein Ende nimmt: ein Ende durch den Todesgott, den Gott des »Endes«. Sie wird geraubt oder sie zieht freiwillig-hochzeitlich in das Reich des Todes. Sie bleibt jenem Reich für immer verfallen, selbst wenn sie zurückkehrt: sie herrscht darin und zeigt mit ihrem Beispiel, daß Tod und Erfüllung sich gegenseitig nicht ausschließen. Der in ihre Mysterien Eingeweihte erblickte sie in ihrem Erfülltsein als Königin und setzte seine Hoffnung auf sie. Persephone hält indessen ihrem Räuber und dem Totenreich die Treue. Der Tod ist hier eben das Telos selbst: als »Ende« des Lebens (das ist e i n e Bedeutung des Wortes »Telos«) gehört der Tod zum Leben strukturell wie des Lebens Rand und Umfassung und zugleich als dessen Erfüllung, wenn nämlich das Leben wirklich voll war und seinen Rand und Umfassung erreichte. Dann hat der Tod gleichsam das Recht, in Bildern des erfüllten Lebens zu erscheinen (wie auch in Szenen heroischer Lebensüberfülle und tragischer Lebensüberspannung) und es dürfen andererseits Höhepunkte des Daseins wie Hochzeit und Liebe, die fähig sind, in einem einzigen Augenblick fast den Rand des Lebbaren zu erreichen, sich gleichsam zum Tode als der unvermeidlichen Erfüllung alles Lebendigen bekennen und den Gedanken an ihn erträglich machen, ja freundlich gestalten.

Als Bild der Erfüllung fand das Gemälde der Göttin mit der Schale seinen Weg auf die Via Appia, unter die Grabmäler. Der Barkenzug der Eroten — ein Detail aus der großen malerischen Komposition, die zuerst die Vorlage von Wandgemälden auf dem Mons Caelius und dann auch von Sarkophagreliefs bildete — ist der großen Darstellung möglicherweise sogar vorausgegangen. Längst vor der Zeit unseres Gemäldes schon umgaben Eroten die Gräber mit der Atmosphäre der Erfüllung. Der Barkenzug erscheint in manchen Varianten, doch kaum vor der Hadrianischen Zeit[698]. Als kleines Mädchen mit Schmetterlingsflügeln — entsprechend der zweiten Bedeutung des griechischen Wortes »Psyche«: »Seele« und »Schmetterling« — nimmt die Psyche früh Platz in den Barken. Ob auch schon ursprünglich, in der großen Komposition, an der Stelle des in das *flammeum* der Bräute gewickelten Kindes, können wir nicht sagen und somit auch nicht genauer bestimmen, wie und wann der Einfluß des Märchens von Eros und Psyche auf diese Darstellungen begann.

Er ist auf jenen Sarkophagreliefs wohl schon da, wo Psyche ein Gefäß hält: das Gefäß, in dem sie ursprünglich das Lebenswasser, in der Fassung des Apuleius das Zaubermittel der Persephone brachte. Die Darstellung hat sicher keine bloß dekorative, sondern religiöse Bedeutung. Die Gegenwart der Psyche läßt da Erfüllung und Erlösung sich wie zwei Fäden miteinander verweben. Der Sarkophag des Filokyrios, der dies besonders klar zeigt, wurde am Ende des 2. Jahrhunderts verfertigt und stand einmal im Palazzo Vaccari. Vom Hafenbild im Hintergrund erinnerte der Leuchtturm an den von Ostia[699], die Palme und vielleicht auch die übrigen Gebäude an Alexandrien. Hafenbauten sind im Hintergrunde auch unseres Gemäldes sichtbar. Hier aber nahm der Barkenzug den ganzen Vordergrund ein. In einem Nachen ruderte ein kleiner Eros die Psyche. Sie saß mit der bekannten Trauergebärde da: die Rechte an das sinkende Haupt gelegt, in der Linken das Fläschchen. In dem dritten Nachen ruderte wieder ein Eros die Psyche, die aber bereits frohlockend die dionysische Doppelflöte blies.

In der Eingangshalle des Museo delle Terme zeigt ein Sarkophag ungefähr aus derselben Zeit eine andere Variation derselben Szene (Tafel 16,1). Im Hintergrund erkennt man Spuren des gleichen Hafenbildes. Das Wasser wird durch Krokodile als der Nil gekennzeichnet. Die Psyche ist einmal mit ihren Schmetterlingsflügeln vollständig da, zweimal ist ihre kleine Frauengestalt in den Nachen nur fragmentarisch erhalten. Ihr Gefährte ist jedesmal ein kleiner Eros. Zuerst blickt sie — in der Hand ein dionysisches Instrument — sehnsüchtig zurück. Dann steht sie mit der Trauergebärde da: sie ist die Märchenfigur und zugleich die Seele, die dem diesseitigen Leben entrafft und in das jenseitige heimgeführt wird. In der dritten Barke nähert sie sich dem anderen Ufer, wo das hochzeitliche Gelage auf sie wartet.

Mit Heiligtümern, Göttern und Menschen überladen erscheint das Hafenbild — nicht mehr der Hafen von Alexandrien oder der von Ostia oder die beiden vereinigt, sondern d e r Hafen als Bild des Telos, des erreichten »Zieles« — das ist eine andere Bedeutung des Wortes »Telos« — an einem dritten Sarkophag (Tafel 16,2). Er wurde unweit vom Monte Celio im Gräbergebiet gefunden, das man von der Villa Mattei, der Villa Celimontana, aus überblickt und ist nur etwas mehr als 50 Jahre jünger als das Gemälde im Nymphäum des Pammachius-Hauses. So wenig Zeit — ja vielleicht noch weniger — brauchte es, bis die Begegnungs- und Erfüllungs-Szene in das Bilderbuch der Sarkophage aufgenommen wurde. Das imposante Relief ist heute in der Vatikanischen Galerie, im Belvedere, zu bewundern. In der Mitte des an Sehenswürdigkeiten überreichen, bewegten Hafens erblickt man drei Gestalten: die Göttin mit der Schale — Schale und Rhyton waren auch da, doch sind sie abgebrochen und im heutigen Zustand des Denkmals sieht man nur die Bruchstelle —, neben der großen Göttin auch die kleinere Gefährtin und ihnen gegenüber den jungen Gott mit dem mächtigen, sehr deutlich gemachten Rebenbündel. Die Identität mit den Hauptgestalten des Gemäldes wurde von Walter Amelung erkannt und die Einzelheiten des Sarkophages von ihm gedeutet[700]. Die Gesichter der beiden sich begegnenden Gottheiten sind leer: sie sollten als Portraits des Menschenpaares ausgeführt werden, das seine Ruhe im Sarkophag fand. Die Ausführung ist unterblieben. Die Absicht beweist, daß das Relief für die Menschen, die mit solchen Gemälden lebten, sich solche Sarkophage machen und aufstellen ließen, einen bestimmten Sinn hatte. Nicht bloß den einer Apotheose. Denn nicht nur die Göttlichkeit des Paares wird durch diese reiche Komposition ausgedrückt, sondern es wird darüber hinaus noch e r z ä h l t : erzählt von einer Erfüllung des Daseins, klar und eindrucksvoll, in der auch ohne Worte vernehmbaren Sprache der Mythologie, durch ein bildhaftes und vorbildhaftes Ereignis.

*1948*

Der römische Kalender des Philocalus aus dem Jahre 354 n.
Chr. verzeichnet die festlichen Begebenheiten[701]:

15. März CANNA INTRAT — das Schilf tritt auf
22. März ARBOR INTRAT — der Baum tritt auf
24. März SANGUEM — Blut
25. März HILARIA — Freudentag
26. März REQUETIO — Ruhe
27. März LAVATIO — Bad
28. März INITIUM CAIANI — Beginn der Spiele in
dem Circus Caianus, den der Kaiser Caius Caligula im vatikanischen Gebiet erbauen ließ. Daneben stand, zur Zeit dieses
Kalenders, das Phrygianum, ein Heiligtum der phrygischen
Göttermutter Kybele, deren Geliebter, der schöne Attis, auf diese Weise mit Schilf und Baum, mit Blut und Freude gefeiert
wurde. Und gefeiert auch die große Göttin: aus dem Bad, das
ihrer silbernen Statue zuteil ward, erhob sie sich in kriegerisch-
jungfräulicher Gestalt als Ma Bellona, um die Zirkusspiele in den
Montes Vaticani entgegenzunehmen, gereinigt von den Blut-
spuren eines orientalischen Frühlingsfestes. Doch geht uns jetzt
nicht der Ort, sondern die Zeit dieses Festes an.

Man sieht aus den Daten: die Festtage umgeben die Frühlingsnachtgleiche, der Freudentag folgt auf diese fast wie der christliche Ostersonntag. Der Unterschied zwischen dem kalendarischen Ort des christlichen Leidens- und Auferstehungsfestes und
dieses Frühlingsfestzyklus besteht nur darin, daß die Kirche den
Vollmond nach dem Aequinoctium noch erwartet und erst danach ihren Ostersonntag feiert, die Tradition des jüdischen
Mondkalenders bewahrend, während im römischen Kalender
der Vollmond vor dem Freudentag, dem 25. März, schon einge-
treten sein mußte: am 15. März, den Iden, die einmal praktisch
und theoretisch immer das Vollmondfest waren. In manchen Inschriften, die bei dem Bau der Peterskirche gefunden worden
sind, wird Attis als Menotyrannus, »Herrscher des Mondes« angerufen, und wie das Kultbild der Göttin aus Silber verfertigt

war, weihte man dem Attis silberne Monde. Das Gold fehlte dabei auch nicht: der Göttin wurde die Statue vergoldet, ihm das Haar. Der Attis im lateranischen Museum trägt die phrygische Mütze mit einer Mondsichel und mit Sonnenstrahlen geschmückt: kaum als Zeichen der Unsterblichkeit, deren Symbol er selbst auf so vielen Grabdenkmälern ist, sondern als die Gottheit, welche nach dem Vollmond aus der Frühlingsnachtgleiche hervortritt.

Doch gab es vorher noch »Blut« — SANGUEM sagt der Kalender in der Volkssprache der Spätzeit wie auch REQUETIO statt »requies« —, und dazu fand man die Analogie auf demselben orientalischen Gebiet, zu dem die Heimat des phrygischen Kultes, Kleinasien gehört, ja man fand da das Weiterleben dieser blutigen Ekstasen der Kybelediener. Denn wie die Mitglieder gewisser Derwisch-Orden in ihren wilden, ekstatischen Tänzen, so zerfleischten die Galli, die Priester der Kybele, sich mit Messern die Arme und Schultern, mit scharfen Knöchelpeitschen den Rücken. Der Ton von Flöten und Zymbeln, von Klappern und Handpauken begleitete den rasenden Tanz, in dem sie das »Blut«, das eigene, opferten, um von dem noch schrecklicheren Opfer, der Selbstverstümmelung des Archigallus, des Oberpriesters, der in der Nachahmung des Attis sich selbst entmannte, nicht zu reden. Selbsthenker und Opfer des Teufels in den Augen der Christen, die ungeachtet dieses orgiastischen Blutvergießens diabolisch nachgeahmte Züge ihrer eigenen Ostermysterien im heidnischen Frühlingsfest zu entdecken wähnten. Nicht nur weil der Priester den Eingeweihten in der Nacht nach dem Tage des Blutes vor der Bahre des Attis zuflüsterte:

Getrost, ihr Mysten, da auch der Gott errettet ist:
Auch euch wird Rettung aus der Mühsal sein!

— sondern schon, weil der Baum einhergetragen wurde!
Da der Teufel vorauswußte, daß die Menschen am Holz des Kreuzes erlöst werden, so lesen wir bei Firmicus Maternus, dem zum Christentum bekehrten Astrologen, wollte er sie auf diese Weise betrügen: jährlich wurde zum Fest der angeblichen »Mutter der Götter« ein Baum — eine Pinie oder Fichte — gefällt

und mitten daran das Bild eines Jünglings befestigt. Der Baum »trat auf«, wie es im Kalender heißt, getragen von eigens diesem Dienst geweihten Männern, den Dendrophori, wie es auch für das Einhertragen des Schilfes am ersten Festtag besondere Cannophori gab. Und es gab auch Collegia, den Confraternità des christlichen Italiens gleiche Vereine sowohl der Cannophori wie der Dendrophori. Bei dieser Wichtigkeit des Einhertragens religiöser Gegenstände, und gerade in der heiligen Zeit eines schmerzensreichen Frühlingsfestes, taucht eine für uns gespenstische Ähnlichkeit mit christlichen Osterbegehungen auf. Nicht mit den streng rituellen, sondern mit freien und volkstümlichen, welche man in der Karwoche, namentlich am Karfreitag oder an seinem Vorabend, in Italien erlebt. Was alles wird da nicht in Prozession auf den Straßen einhergetragen! Nicht nur das Kreuz, sondern alle Requisiten zum blutigen Drama der Passion, die Werkzeuge der Henker, der Isop mit dem Schwamm und die Lanze. Ja in manchen Städten des Südens tragen die Männer auch die Szenen des Dramas, die der Kreuzigung vorausgingen, in plastischen Nachbildungen auf den Schultern, in d e r Weise, die man an einem Sarkophag im Kreuzgang des San Lorenzo fuori le mura in Rom als Kybelezug dargestellt sieht. Das Bedürfnis, die Bilder großer, heiliger Begebenheiten zu tragen, zu tragen wenigstens körperlich und äußerlich, ist im Süden nicht gestorben.

Von den Begebenheiten, die man mit dem Schilf und dem Baume, zugleich Personen und Requisiten eines mythologischen Dramas, bildhaft einhertrug, erzählt uns eine heilige Geschichte, am ausführlichsten vom Kirchenvater Arnobius überliefert. Das Schilf gehört zu einer Szene im Wasser. Diese wird so geschildert, daß Attis von der Tochter des Flußgottes, oder Königs, Sangarios aus wunderbarer Empfängnis geboren und am Fluß ausgesetzt wurde. Die Flußtochter trägt den babylonischen Namen der großen vorderasiatischen Muttergöttin: Nana. Und sie, die »Mutter der Götter« ist es auch, die sich in den am Fluß ausgesetzten oder — das ist der Ausdruck Kaiser Julians für diesen Zustand — »erblühten« Attis verliebt. Nach dem spätlateinischen Dichter Publilius Optatianus Porfyrius erwuchs da Attis sogar als Schilf. Im Bilde dieser Pflanze, oder in der Szenerie, zu der das Schilf gehörte, war Attis keineswegs noch von der Mutter und Geliebten getrennt. In der Form solchen Ungetrenntseins variiert die heilige Geschichte jenen Zustand der glückseligen Vollkommenheit, der auch in der Zweigeschlechtlichkeit eines und desselben Urwesens: der Göttermutter selbst, zum Ausdruck kommt.

Der Baum deutet eine andere Szenerie und eine andere Situation an: einen anderen Zustand des Attis, dessen Bild er nach Firmicus Maternus trägt und dessen pflanzliche Erscheinungsform er nunmehr eben als gefällter Baum ist. Ein Baum war der Zeuge, ja er war auf der verwandlungsreichen Bühne der Mythologie der Mitverwirklicher des neuen Zustandes: der Trennung. So hören wir in den beiden Variationen dieses Themas, welche die heilige Geschichte uns so vorträgt, als wären sie zwei Akte desselben Dramas. Nach der ersten Variation — dem ersten Akt des Dramas — ist es das zweigeschlechtliche Urwesen Agdistis, die »Mutter der Götter« selbst, welche oder welchen die Götter entkräften wollen, indem sie ihn von seiner Männlichkeit trennen. Der schlafende Agdistis wird so an einen Baum gebunden, daß er erwachend und aufspringend sich selbst entmannt. Dieser Baum erscheint da wichtiger als die Pflanze, die aus dem Blut und der verlorenen Männlichkeit des Agdistis entsteht.

Nach der einen Version der heiligen Geschichte war jene Pflanze ein Mandelbaum, nach der anderen ein Granatapfelbaum. Wichtig ist dabei nur die kernige oder samenreiche Frucht, von der die Göttermutter schwanger wird und den Attis gebiert. Das führt zum zweiten Akt — der zweiten Variation — über. Auch darin kommt es zur Selbstentmannung, auch darin ereignet sich die Tat unter einem Baum — einer Pinie oder Fichte — und auch darin entstehen aus den blutigen Spuren Pflanzen: ein Mandelbaum oder jene Veilchen, mit denen der heilige Baum des Attisfestes bekränzt wird. Die Begründung, daß Attis sich das Schreckliche in der Raserei antat, mit der ihn die liebende Agdistis wegen Untreue bestrafte, ist nicht mehr mythologisch, sondern romanhaft, das Urmythologische in menschliche Verhältnisse umsetzend. Vielsagend ist wiederum der Schluß der Geschichte: Attis ist nach der Selbstentmannung tot und Agdistis kann nur soviel für ihn erreichen, daß seine Haare weiter wüchsen und daß sein »kleinster Finger« lebendig bleibe und sich stets bewege . . .

Die Denkmäler fügen noch ein Element hinzu, welches in dieser Erzählung fehlt. Sie führt sichtbar willkürlich und unorganisch andere Pflanzen ein, wo es um das Weiterbestehen des Männlichen geht. Der Baum der Trennung wurde in der zweiten Version als Pinie oder Fichte bestimmt: in den nördlicheren Gegenden scheint die Fichte, in den südlicheren die Pinie der Attisbaum gewesen zu sein und der Mandelbaum im Süden mythologisch gleichwertig mit der Pinie. Der Granatapfel wurde wohl aus der heiligen Geschichte der Persephone übernommen, Schilf und Veilchen aus anderen, verwandten Mythologemen. Die Denkmäler, unzählige Grabmonumente, zeigen uns den Samenträger des Attisbaumes selbst, den Pinien- oder Fichtenzapfen als Symbol des Weiterlebens nach dem Tode. Die klassizistische Kunst nahm das Motiv als Ornament auf, und viele Gartentore und Gartengebäude, Tore von Kirchhöfen und christliche Monumente tragen es heute noch. Das mächtigste von allen, der kolossale Pinienzapfen aus Bronze im Garten des Vatikan, steht in demselben Gebiet, wo in der Zeit des Philocaluskalenders Attis und seine gefährliche Geliebte, die große Muttergöttin gefeiert wurden. Schmückte sie ursprünglich einen Kybeletempel oder ein riesiges Grabgebäude? Ihre Verwendung als Springbrunnen scheint jedenfalls sekundär zu sein[702]. Daß päpstliche Künstler sie endlich mit den zwei bronzenen Pfauen vom Mausoleum des Hadrian vereinigten, beweist, daß man wußte: es ist ein heidnisches, eher in den Garten als in die Kirche gehörendes Symbol der Unsterblichkeit.

Eine heidnische Art der Unsterblichkeit ist es, welche darin besteht, daß das Männliche sich verausgabt, mit seiner Blüte in den lebentragenden Samen eingeht und sich dann zur Ruhe legt, wie der Baum, die Pinie oder die Fichte, die einmal gefällt wird und in den unzähligen Zapfen dennoch unsterblich bleibt. Ist das wohl das ganze Geheimnis der Leidensgeschichte des Attis, von der der spätantike Religionsphilosoph Salustios sagt: »Solches geschah nie, sondern es i s t immer«? — Attis liegt in der dritten Nacht noch, seitdem der gefällte Baum einhergetragen wurde, tot auf der Bahre. Die Trauer um ihn überschritt ihren

424

blutigen Höhepunkt. Seine Mysten fasteten. Was sie jetzt, nachdem Licht hereingebracht und ihr Hals gesalbt wurde und nachdem der Priester das Trostwort vom erretteten Gotte ihnen zugeflüstert hatte, trinken werden, erfahren wir von Salustios: es ist Milch, und man ist wie wiedergeboren. Aus welchen Tiefen? In denen auch Attis seine Errettung fand. Nicht bloß aus dem Männlichen, das er von sich warf und in dem er doch weiterlebte. Das Mythologem, welches im Kult dramatisiert wurde, erzählte von einem ursprünglichen zweigeschlechtlichen Wesen, das sein Männliches verlor. Attis kehrte zu dieser Urmutter zurück, er paßte sich ihr an, die Trennung von seiner Männlichkeit war zugleich auch die Wiedervereinigung mit der Muttergöttin.

Das letzte Vertrauen wurde in dieser Religion nicht in das Männliche, das sterbende und wieder auferstehende gesetzt, sondern in ein unerschöpfliches, umfassenderes Weibliches, das in den wildesten Ekstasen gesucht und auch in der tiefsten Todesruhe gefunden wurde. Die bloß-männliche, intermittierende Art der Unsterblichkeit erscheint hier auf einer tieferen, ununterbrochenen, doppelten Periodizität beruhend: auf dem Kreislauf der Sonne und des Mondes.

Und damit ist unsere kurze Betrachtung wieder zu jenen beiden prinzipiellen Punkten angelangt, welche schon am Anfang angedeutet wurden: zu dem Zusammenhange des Frühlingsfestes der Attisverehrer sowohl mit dem Sonnenkalender als auch mit dem Mondkalender und zu der Parallele im christlichen Festkalender. Diese Parallele beschränkt sich nicht auf die Koinzidenz mit Ostern. Das Frühlingsfest bildete nur eine Phase im großen Kult der phrygischen Mutter der Götter. Sie, die Agdistis und Kybele, die Göttin felsiger Gebirge thront, gleichsam das Symbol eines das Weibliche und das Männliche umfassenden, ewigen Bestehens, über den Geschehnissen des Attisfestes, in dem die Wende in der Nacht zwischen dem 24. und 25. März erfolgte. Dieser Tag, der Tag der Hilaria, war nach antiker Auffassung der erste, der länger ist als die Nacht. Denselben Tag feiert die Kirche aus einem anderen Grunde: als das Marienfest der Annunziation. Aber sie feiert ihn gleichfalls. Und gerade weil der Sinn der beiden Feste so völlig verschieden ist, verdient auch diese

Koinzidenz die Würdigung aus einem allgemeinen Gesichtspunkt.

Zur Erklärung selbst genügt die Tatsache, daß beide Feste im seit Julius Cäsar gültigen Sonnenkalender untergebracht wurden: die Feier des Attis so, daß sie mit dem Frühlingsäquinoctium fest verbunden wurde, die Feier der Annunziation hingegen dadurch, daß das Weihnachtsfest auf das Wintersolstitium gesetzt wurde. Dieses geschah bekanntlich absichtlich, und die Folge davon war, daß die Annunziation — entsprechend der Zeit der Entwicklung des lebendigen Körpers im Mutterleib — auf den 25. März fallen mußte. Nichts einfacher! — wird man sagen. Einfach erscheint es hier in der Tat, daß das Göttliche, das der Mensch in dieser Welt erkennt — ob in einem wachsenden Körper oder in einem wachsenden Baum — auf eine gewisse Weise seine Entsprechung findet im goldenen und silbernen Spiel, welches ihm Sonne und Mond nach i h r e n Gesetzen vorführen.

Diese Weise ist in den Religionen, deren Feste wir betrachteten, nicht die der Identität. Nicht einmal in der Kybelereligion ist sie das, obwohl Attis in Kleinasien oft mit Men, dem Mondgott identifiziert wird. Er konnte aber auch als Helios, der Sonnengott aufgefaßt werden. Eine Parallele zu der Androgynität der Agdistis steht in einer bekannten Erzählung, von der nicht behauptet werden kann, daß sie vom phrygischen Mythologem inspiriert wurde, aber auch nicht umgekehrt, daß die Attisverehrer sie als Muster gewählt haben: im Mythos des Aristophanes in Platons Symposion. Der androgyne Himmelskörper ist da der Mond, wie auch die Kybele vornehmlich eine Mondgöttin bleibt. Doch stellt in demselben Mythos das zweigeschlechtliche Wesen zugleich eine Urform des Menschen dar . . .

Ihn, den Menschen darf man nicht vergessen, wenn man vor den Geheimnissen einer Religion steht. Er ist es, der unter seinen vielen Möglichkeiten auch diese hat: seine eigenen Geheimnisse vom Himmel abzulesen, eine immerfort bestehende archetypische Möglichkeit, die sich in derart verschiedenen Formen verwirklichen kann, wie die Feste, die Rom früher feierte und heute noch feiert.

*1947*

# DER MENSCH
## IN GRIECHISCHER ANSCHAUUNG

Eine Fragestellung wie diese: Wie war die Auffassung der Griechen vom Menschen? — ergibt sich daraus, daß alle humanistischen Strömungen sich gern auf die Griechen als ihre Vorläufer berufen. Eben darum muß aber noch ein Wort, das Wörtchen »eigentlich« hinzugesetzt werden: Wie war jene Auffassung »eigentlich«? Oder dieselbe Frage so gestellt, daß wir des griechischen Hanges zur Schau und Visualität von Anfang an Rechnung tragen, ohne uns zum voraus auf ein griechisches »Bild des Menschen« als ein einziges zu fixieren: Wie stand der Mensch durch die Griechen angeschaut, durch griechische Augen gesehen und gemessen, gleichsam in eine besondere griechische Perspektive hineingestellt, »eigentlich« da? Das Wörtchen »eigentlich« soll dabei die Forderung nach einer besonderen Schärfe und Gründlichkeit — Gründlichkeit im Sinne von »Radikalität« — und zugleich Beschränkung auf das Wesentliche ausdrükken. Wir wollen auf das Recht, von dem nicht grundlos behauptet wurde[703], mit ihm stehe oder falle der Humanismus, nicht von vornherein verzichten, auf das Recht nämlich, »einen objektiven Menschen durch die ganze Geschichte hindurch festzuhalten und im antiken Menschen eine besonders starke und reine Form dieses Menschen überhaupt zu sehen«. Wir möchten aber vor allem wissen, wie dieser »Mensch« in Griechen verkörpert, durch die Griechen selbst gesehen wurde?
Daraus folgt bereits eine notwendige Beschränkung. Wir schalten damit den Gesichtspunkt einer Anthropologie aus, für die der Mensch nur ein Gegenstand ist wie jeder andere Gegenstand auch: ein Objekt, als welches der fremde Mensch, ja noch der nächstverwandte, besser taugt als ich, das mir als Gegenstand objektiver Beobachtung ewig entschlüpfende Subjekt. Die forschende Neugier der Ionier hat bekanntlich früh schon den Grund zu einer solchen Anthropologie gelegt oder, um einen anderen modernen Terminus zu gebrauchen: den Grund zur Ethnologie. Der Mensch in seiner Mannigfaltigkeit als ein Gegenstand des Wissens — nicht des Wissens um sich selbst, son-

dern des Wissens um die »Völker« — ist nicht der »Mensch«, der in dieser Untersuchung als der durch die Griechen angeschaute Mensch gemeint wird. Wir schalten damit eine Art der Betrachtung aus, gegen die sich schon das Wort des ionischen Philosophen Heraklit gerichtet hatte (fr. 101): »Ich habe mich selbst gesucht.«

Mit Recht betont der Verfasser des Werkes über die griechische Menschenbildung, das den Titel »Paideia« trägt, daß Heraklit eben damit die Hinwendung der griechischen Philosophie zum Menschen am schärfsten ausspricht[704].

Andererseits darf auch jener Mensch, der nicht schlechthin Gegenstand, sondern das Ich ist, das Subjekt, das sich selber als Menschen begreift, nicht für den durch die Griechen angeschauten Menschen gehalten werden. Heraklit behauptet zwar (fr. 116), es sei allen Menschen gegeben, sich selbst zu erkennen. Aber das Ergebnis der Selbsterkenntnis ist für ihn etwas Allgemeineres als der Mensch. Es ist etwas »Gemeinsames«: gemeinsam nicht nur allen Menschen, insofern sie »wach« sind, sondern gemeinsam auch Menschen und Göttern. Sogar der Unterschied zwischen »Sterblichen« und »Unsterblichen« kommt dabei in Wegfall. Das berühmte Γνῶθι σαυτόν, der in der Vorhalle des Apollontempels zu Delphi eingemeißelte Spruch: »Erkenne dich selbst«, zielte sicherlich nicht auf solches Verwischen der Grenzen des Menschen ab. Ganz im Gegenteil. Dennoch könnte gerade jener Spruch uns dazu verleiten, in ihm die Aufforderung zu einer Selbsterkenntnis zu sehen, deren Ergebnis eben der »Mensch« auf dem subjektiven Pol — im Gegensatz zum »Menschen als Gegenstand« auf dem objektiven Pol — wäre und so die Grundlage zu einer philosophischen Anthropologie im modernen Sinne bilden könnte.

Goethe kritisierte den Spruch, und seine Kritik beruht eben darauf, daß er darin so etwas beargwöhnte. Er versäumt nicht, auf die antike Tradition hinzudeuten, der delphische Spruch sei nicht göttlichen Ursprungs, sondern stamme von einem der sieben Weisen:

»Erkenne dich.« Was soll das heißen?
Es heißt, sei nur, und sei auch nicht.

Es ist eben ein Spruch der lieben Weisen,
Der sich in Kürze widerspricht.

So zeigte Goethe spielerisch-unwillkürlich jene Schwierigkeit der Frage nach dem Menschen auf, die eine philosophische Anthropologie ähnlich fassen muß[705]. Denn welche Antwort auch gegeben wird, bleibt der Zweifel da: »Ist dies eine Antwort auf die ursprüngliche Frage?« — so lautet es beispielshalber in der Anthropologie von Groethuysen[706]. — »Ich wollte mich selbst erkennen. Bin ich es aber noch selbst, den ich erkannt habe?« Durch den delphischen Spruch wird der Blick nicht auf den »Menschen als Problem« gerichtet. Immerhin bedeutet das Γνῶϑι σαυτόν nicht weniger als Heraklits »Ich suchte mich selbst« eine Hinwendung zum »Menschen«, den wir aber, falls wir ihn im Sinne der Griechen betrachten wollen, weder auf dem objektiven, noch auf dem subjektiven Pol sehen dürfen. Wo steht er also?

Auf diese unvermeidliche präliminare Frage — eine präliminare Frage nicht nur unserer Untersuchung, sondern jeder historischen Begründung des Humanismus — finden wir eine Antwort in dem genannten Werke von Werner Jäger. Er geht da von einer Zusammenfassung der ganzen Geschichte der Griechen aus[707]: »Schon von den ersten Spuren an, die wir von ihnen haben, finden wir den Menschen im Mittelpunkt ihres Denkens stehend. Die menschenförmigen Götter; die unbedingte Vorherrschaft des Problems der menschlichen Gestalt in der griechischen Plastik und selbst in der Malerei; die folgerichtige Bewegung der Philosophie vom Problem des Kosmos zum Problem des Menschen ... die Poesie, deren unerschöpfliches Thema von Homer alle Jahrhunderte hindurch der Mensch ist ... schließlich der griechische Staat ... alles dies sind die Strahlen eines und desselben Lichtes. Es sind die Äußerungen eines anthropozentrischen Lebensgefühls, welches nicht weiter abzuleiten und zu erklären ist und das alle Gestaltungen des griechischen Geistes durchdringt. So wurde der Grieche der Anthropoplast unter den Völkern.« Die englische Übersetzung des Werkes führt diese letzte Bezeichnung mit aller Deutlichkeit aus: »Other nations made gods, kings, spirits: the Greeks alone made men.«

Es geht in der griechischen Geschichte um eine einzigartige Bewußtwerdung des Menschen, um seine Entdeckung und Verwirklichung. Welches »Menschen«? — fragten wir. Es handelt sich da nicht um die Entdeckung des subjektiven Ich schlechthin und nicht um die Verwirklichung des Menschen als Gegenstand. Was in Griechenland geschah, war die Bewußtwerdung der allgemeinen Wesensgesetze des Menschen, die Orientierung nach der Idee des Menschen und das Ausgehen von ihr. »Über dem Menschen als Herdenwesen wie über dem Menschen als angeblich autonomen Ich« — das sind die Worte von Jäger — »steht der Mensch als Idee und so haben die Griechen ihn stets gesehen. Der Mensch als Idee aber heißt: der Mensch als allgemeingültiges und verpflichtendes Bild der Gattung. Die Prägung des Einzelnen geht bei den Griechen bei immer zunehmender Bewußtheit von einem solchen Bild des Menschen aus . . .« Der von den Griechen angeschaute Mensch gehört nach dieser Auffassung von vornherein schon, ehe der Begriff der Idee, ja ehe die Philosophie in Griechenland überhaupt aufkam, in das Reich der Ideen.

Es lag dann in der inneren Konsequenz dieses Begriffs — des Menschen als präkonzipierten Idealbildes —, daß er in der neueren Forschung und im weiteren Nachdenken darüber entweder mehr platonisch oder mehr aristotelisch aufgefaßt wurde. Das letztere war der Fall bei Werner Jäger, der da ein formendes und zugleich sich entfaltendes, lebendiges und formhaftes Prinzip sieht, das er zur gleichen Zeit relativiert, indem er es vor allem von geschichtlichen Faktoren abhängig macht, etwa von einer »Volksgemeinschaft«, ein Begriff, deren Zeitbedingtheit und Relativität kaum betont zu werden braucht: »Das Menschenideal der Griechen, in das das Individuum hineingeformt werden sollte, ist kein leerer Schemen, es steht nicht außerhalb von Raum und Zeit. Es ist die auf dem mütterlichen Boden der Volksgemeinschaft erwachsene lebendige Form, die fortdauernd dem geschichtlichen Wandel unterlag. Sie nahm alle Schicksale der Gesamtheit und alle Stufen ihrer geistigen Entwicklung in sich auf. Das hat der ungeschichtlich denkende Klassizismus und Humanismus früherer Zeiten verkannt, wenn er die ›Humanität‹, die ›Kultur‹, den ›Geist‹ der Griechen oder

der Antike als den Ausdruck eines zeitlos absoluten Menschentums auffaßte.«

Diese langen Zitate sollten zugleich die Schwierigkeit einer wissenschaftlich haltbaren Stellungnahme in unserer Frage: »Wie war die Auffassung der Griechen vom Menschen ›eigentlich‹?« — zeigen. Der des Aristoteles-Forschers Jäger steht notwendigerweise eine Stellungnahme platonischen Typs entgegen: die Zuerkennung der zeitlosen Gültigkeit an die durch die Griechen entdeckte neue Idee des Menschen, das Aufzeigen einer wahren ›Seinsgestalt‹ in dem Idealbild. Dies geschah mit aller Nachdrücklichkeit in W. F. Ottos Schrift über den »Europäischen Geist und die Weisheit des Ostens«[708]. Der »Mensch als Idee« verleihe nach Otto der griechischen Religion jenen besonderen Charakter, der ihn namentlich von den orientalischen Religionen unterscheide: »Es ist erstaunlich, mit welcher Macht und Entschiedenheit die Idee ›Mensch‹, lange bevor sie in der Form des Humanismus ausgesprochen werden sollte, das Leben, Wollen und Denken der Griechen ergriffen hat. Der Mensch tritt frei neben seinesgleichen und sein Ziel ist: das Beste, was in der Natur der Menschengestalt liegt, zu sein und zu wirken. Nicht der Gehorsam gegen die Gebote eines Gottes treibt ihn dazu, nicht der Wille, Macht zu gewinnen, sei es natürliche oder magische, nicht der Glaube, durch Vollkommenheit das ewige Glück und Heil zu erringen, sondern der Glanz vollendeten Menschentums selbst, dessen einziger Lohn das rühmende Gedächtnis sein wird: Immer der Beste zu sein und hoch über andre zu ragen!«

Der Hinweis auf den Humanismus und auf dessen antike Form, auf die *humanitas* als bewußt gewordene, ursprünglich griechische, dann auch römische Orientierung nach dem Menschen als Idee, konnte auch im Werke Jägers nicht fehlen. Denn das sei die echte griechische Paideia: die Erziehung des Menschen zu seiner wahren Form, dem eigentlichen Menschsein. Warum gibt es aber keinen griechischen Namen dafür, der wie das lateinische Wort den »Menschen« in sich schließt? Warum erlangte das griechische Wort ἀνθρωπισμός nie denselben Verehrung erweckenden Klang und Ruhm wie das lateinische *humanitas*? Eine Frage, die schon Wilamowitz-Moellendorff stellte und dahin beantwortete[709], griechisch lasse es sich schlechterdings nicht sagen, denn von der alten Zeit her klebe an dem Menschen — gerade auch für die Griechen — zu fest das Irdische, Vergängliche, Niedrige, der Gegensatz zum Göttlichen. Daß der »Kulturmensch« darin nicht gehört werden konnte, wie Wilamowitz noch bemerkt, trifft weniger zu: in jenem Spruch des Sokratesschülers Aristippos, in dem das Wort ἀνθρωπισμός zuerst vorkommt, ist es gleichbedeutend mit παιδεία[710]. Fraglich erscheint uns aber, ob der Mensch, wie er durch die Griechen angeschaut und gesehen wurde, in einem Reich der Ideen überhaupt stehen kann, das zugleich ein Reich von Idealgestalten sein soll, ob ihn nicht schon seine Benennung mit dem Namen des Menschen, ἄνθρωπος, aus einem solchen Reich ausschließt. Was freilich nicht bedeuten würde, daß die Beschäftigung mit dem Menschen nicht der charakteristische Grundzug der griechischen Kultur bleiben oder daß der Mensch als zeitlose Gestalt nicht zur Gestalt von Göttern, ja zu dieser oder jener besonderen Gestalt unter den Göttern hätte werden können.

Es ist doch der delphische Spruch, der uns den Ort zeigt, auf dem der Mensch in griechischer Anschauung steht: weder auf dem subjektiven Pol als unfaßbares Ich, noch auf dem objektiven als ein beliebiger Gegenstand des Forschens, noch im Reich der Ideen als »allgemeingültiges und verpflichtendes Bild der Gattung«, sondern im Reich des Konkreten als konkretes Element einer Weltordnung, die den Menschen — griechischer gesprochen: das Menschengeschlecht — nicht etwa nur in sich schließt, wie ein umfassender Begriff einen ihm untergeordneten Begriff, sondern auch faktisch als ihre eigene Grundlage enthält. Faßt man den griechischen Kosmos objektiv als eine bestehende Ordnung, so gehört das Menschengeschlecht in diese Ordnung. Faßt man dieselbe Weltordnung subjektiv, so entstand sie eben dadurch, daß der Mensch sich als Untergeordnetes erkannt hatte. Nicht als untergeordneten Begriff in einem Begriffssystem und nicht bloß als den mehr oder weniger vollkommenen Träger des allgemeingültigen Bildes seiner Gattung, ja einer ewigen Seinsgestalt, der Menschengestalt! Sondern vor allem als den notgedrungenen Träger eines Zustandes, des menschlichen Zustandes, einer besonderen Seinsart, der menschlichen Seinsart, deren Eigenheit ist, daß sich von ihr aus eine wirkliche oder täuschende Aussicht auf eine vollkommenere, nicht-menschliche Seinsart eröffnet. Die menschliche Seinsart ist weder die ans Ich geknüpfte Existenz — die »jemeinige« — noch schlechthin »Gegenstand Sein«, noch bewußtes, halbbewußtes oder unbewußtes »Verwirklicher Sein« — Verwirklicher der Idee »Mensch« —: diese unsere Seinsart ist etwas Getragenes und Mit-Getragenes, nämlich gemeinsam mit dem ganzen Menschengeschlecht Getragenes, das, indem es sich als das meinige mir aufzwingt, zugleich als das allen Menschen Gemeinsame erkannt wird.

Das Γνῶθι σαυτόν mahnt nicht an die Beschäftigung mit dem Ich, geschweige denn mit dessen letzter Problematik: es ist ein Denkmal der archaischen Spruchweisheit der »lieben Weisen«, wie Goethe die vorphilosophischen praktischen Denker der Griechen nennt. Die Fassung des Spruches erlaubt in ihrer orakelhaften Mehrdeutigkeit auch die Deutung, die ihn auf die Notwendigkeit einer Selbsterkenntnis im Sinne der Erkenntnis des eigenen Charakters bezog. Doch bedurfte gerade diese Deutung erst der Vertiefung und der Unterstützung durch Sokratischen Ernst und durch Sokratisches Interesse dafür, was der Mensch in sich birgt. Sonst hörte der gewöhnliche Grieche in der Forderung solcher Selbsterkenntnis eine Stimme, die wir allzu reflektiert und der archaischen Welt des delphischen Gottes fremd nennen würden. Eine des Apollon würdige Mahnung war das Γνῶθι σαυτόν nur, wenn es — sprachlich richtig und durch Paralleltexte erwiesen[711] — im Gedanken durch ἄνθρωπον ὄντα ergänzt wurde: »Erkenne dich selbst — nämlich daß du Mensch bist!« Was bedeutet aber dieses »Mensch Sein«, dessen man zu vergessen so geneigt war?

»Mensch Sein« hebt sich von »Gott Sein« ab, auf welches sich von ihm aus eine Aussicht eröffnet. Die Homerische Dichtung trennt die beiden Seinsarten durch bestimmte ständige Beiwörter und Bezeichnungen. Die Götter sind unsterblich und ewig (ἀθάνατοι, αἰὲν ἐόντες), sie altern nicht und leben leicht (ῥεῖα ζώοντες). Die Menschen sind die »Sterblichen« (βροτοί): ein Wort das für ἄνθρωπος ohne Unterschied in der Bedeutungsnuance steht. Und es steht ausschließlich für »Mensch«, so daß es für »Tier« zu sagen unmöglich wäre. Dementsprechend fügt auch das Beiwort »sterblich« (θνητός) weder zum Sinn noch zur Stimmung des Wortes ἄνθρωπος etwas hinzu. Näher charakterisiert wird dann die Seinsart der Götter durch das Beiwort μάκαρες, die »glückseligen«, »beati«, die Seinsart der Menschen hingegen durch die dem entgegengesetzten Beiwörter δειλοί und ὀϊζυροί die »armen« im Sinne von »miseri«. »Beatus« μάκαρ ist bei Homer auch der große König Agamemnon (Il. III 182), ein vornehmer Fremder und königlicher Gast wie Mentes (Od. I 217) oder ein reicher Mann, der viele Äcker pflügt (Il. XI 68), was einerseits bezeugt, daß das ewige Sein der Götter für die Griechen keine leere Abstraktion ist, sondern eine gesteigerte Form dessen, wessen der Mensch in seinem Leben teilhaftig werden kann, andererseits gleichsam die Gefahrzone zeigt, in der der Mensch seiner eigenen Seinsart leicht vergißt: es ist die Zone jenes königlichen Glücks, das so manche Gestalten des Griechentums umwehte und berauschte.

Was ist hingegen der Mensch? Das sagt Zeus in der Ilias den unsterblichen Pferden des Achilleus mit jener komparativen Wendung: »Nichts gibt es Ärmeres« oder: »Nichtigeres«, worauf wir noch zurückkehren werden (Il. XVII 443—447):

ἆ δειλώ, τί σφῶϊ δόμεν Πηλῆϊ ἄνακτι
θνητῶι, ὑμεῖς δ᾽ ἐστὸν ἀγήρω τ᾽ ἀθανάτω τε
ἦ ἵνα δυστήνοισι μετ᾽ ἀνδράσιν ἄλγε᾽ ἔχητον;
οὐ μὲν γάρ τί πού ἐστιν ὀϊζυρώτερον ἀνδρὸς
πάντων ὅσσα τε γαῖαν ἔπι πνείει τε καὶ ἕρπει —

»Ach, ihr Armen! Warum haben wir euch dem König Peleus geschenkt, einem Sterblichen, wo ihr nicht alternd und unsterblich seid! Wohl um Leiden zu tragen mit den unglückseligen Menschen? Denn es gibt sicherlich nichts Ärmeres unter den Wesen, die auf der Erde atmen und kriechen, als den Menschen ...« Das Beiwort ὀϊζυρός bedeutet genauer den Qualbeladenen, namentlich die Qual der durchweinten Nächte, der νύκτες ὀϊζυραί liegt im Worte. All das, was solche Beiwörter — nicht nur ὀϊζυρός, sondern auch δειλός — enthalten, wird uns in einer nächtlichen Szene vor die Augen geführt. Ein großer König erscheint da seines Glückes entblößt: Priamos vor Achilleus, die

Hände küssend, die so viele seiner Kinder getötet hatten. »Ach, du Armer (ἆ δειλέ) « — so redet ihn der erschütterte Achilleus an und tröstet ihn mit den Worten (Il. XXIV 525—527):

ὡς γὰρ ἐπεκλώσαντο θεοὶ δειλοῖσι βροτοῖσι,
ζώειν ἀχνυμένοις αὐτοὶ δέ τ' ἀκηδέες εἰσί —

Also bestimmten die Götter der elenden Sterblichen
    Schicksal,
Bang in Gram zu leben; allein sie selber sind sorglos.

Die beiden besprochenen Beiwörter — J. H. Voß übersetzte δειλοί mit »elenden« — werden bei Homer dort gebraucht, wo außer der Sterblichkeit noch ein besonderer Schatten auf den Menschen fällt: der des aktuellen Todes (Od. IV 167, XII 341, Il. XXI 464), der Verwundung und Krankheit (Il. XIII 569, XXII 31, Od. XV 408) oder der Mißhandlung nach dem Tode (XXII 76). Ein Beiwort, das ebenso einfach und sachlich neben »Mensch« steht wie »sterblich« (θνητός), ist das mythologische Wort μέροπες. Mythologisch darf es genannt werden, weil sein Sinn nur durch die mythologische Gestalt des Urkönigs und ersten Menschen Merops faßbar wird, des namengebenden Vertreters eben der Meropes, eines ersten Volkes, mit dem das Menschengeschlecht in die Erscheinung trat. Merops war ein Erdentsprungener (γηγενής), wie die übrigen Urmenschen, von denen die griechische Mythologie sonst noch weiß[712]: wie Pelops in Arkadien, Dysaules in Attika oder die aus Ameisen in Menschen verwandelten Aigineten. Außerdem figurierte Merops auch in der Rolle des Deukalion als König der Menschen nach der Sintflut[713]. Nur war er als Urmensch und König außer der Insel Kos hauptsächlich mit nicht-griechischen Landschaften verbunden, sogar mit dem Sonnenland Aithiopien. Vielleicht hielt man ihn nicht mit Unrecht für ein mythologisches Sonnenwesen[714]. Dafür spricht die Geschichte seiner Verwandlung in einen Adler. Dieselbe Geschichte erzählte aber auch von seiner Trauer um die jung verstorbene Frau, die wohl als Ur-Frau zu ihm gehört.
Nach der einen Version bildeten Merops und Klymene ein Paar,

nach der anderen Klymenos und Merope: Klymene ist ein Beiname der Totenkönigin Persephone, Klymenos ein Beiname des
Totenkönigs Hades. In den beiden Paarbildungen kommt eine
wesenhafte Verbundenheit des Menschengeschlechts mit Tod und
Totenreich zum Ausdruck. Das Entsprungensein aus der Erde
würde allein das nicht bedeuten. Die Erde verbindet das Menschengeschlecht mit dem Geschlecht der ewigen Götter: von ihr,
der gemeinsamen Mutter stammen Götter und Menschen ab. Das
Menschengeschlecht ist daher für die Griechen ebenfalls ewig.
Der Erde entstammen aber auch die Tiere, ja sie kriechen
manchmal vor unseren Augen aus dem Boden hervor. Mythologisch bedeutsam ist daher der Umstand, auf den P. Chantraine
hingewiesen hat[715]: der Bienenspecht, von dem die Griechen
wußten, daß er seine Eier in kavernenartigen Nestchen unter
der Erde legt, heißt gleichfalls μέροψ. Eben darin sei dieser
Vogel den Menschen, den μέροπες ähnlich: auch er käme aus
der Erde. Worin unterscheidet sich aber der Mensch von jenen
Sprößlingen der Erde, den Tieren, die der Grieche bezeichnenderweise nur »Lebewesen« (ζῶια) und nie auch »Sterbewesen«
(βροτοί) nennt?
Eine Antwort auf diese Frage wird in der bereits erwähnten
komparativen Wendung gegeben: »Nichts gibts Ärmeres unter
den Wesen, die auf der Erde atmen und kriechen.« Der Mensch
bewegt sich in Gegensatz zu den himmlischen Göttern, den
οὐρανιῶνες, auf der Erde, er ist χαμαὶ ἐρχόμενος und irdisch,
ἐπιχθόνιος. Das bedeutet indessen nach der Anschauung, die in
dieser Wendung zum Ausdruck kommt, keine Festigkeit für ihn.
In der Odyssee sagt es uns der über so vielen Abgründen schwebende Held (XVIII 130—137): »Kein nichtigeres Wesen nährt
die Erde unter allen denen, die auf ihr atmen und kriechen, als
den Menschen« —

οὐδὲν ἀκιδνότερον γαῖα τρέφει ἀνθρώποιο
πάντων ὅσσα τε γαῖαν ἔπι πνείει τε καὶ ερπει
οὐ μὲν γάρ ποτέ φησι κακὸν πείσεσθαι ὀπίσσω
ὄφρ᾽ ἀρετὴν παρέχωσι θεοὶ καὶ γούνατ᾽ ὀρώρηι·
ἀλλ᾽ ὅτε δὴ καὶ λυγρὰ θεοὶ μάκαρες τελεσωσι,
καὶ τὰ φερει ἀεκαζόμενος τετληότι θύμωι.

τοῖος γὰρ νόος ἐστὶν ἐπιχθονίων ἀνθρώπων
οἷον ἐπ᾽ ἦμαρ ἄγηισι πατὴρ ἀνδρῶν τε θεῶν τε —

Denn solange die Götter ihm Heil und blühende Jugend
Schenken, trotzt er und wähnt, ihn treffe nimmer ein
    Unglück.
Aber züchtigen ihn die seligen Götter mit Trübsal,
Dann erträgt er sein Leiden mit Ungeduld und Verzweiflung.
Denn wie die Tage sich ändern, die Gott vom Himmel uns
    sendet,
Ändert sich auch das Herz der erdebewohnenden Menschen.

Die Tragödie des Aischylos nimmt diese Form des Vergleichs
auf:

πολλὰ μὲν γᾶ τρέφει
δεινὰ δειμάτων ἄχη . . .
ἀλλ᾽ ὑπέρτολμον ἀν-
δρὸς φρόνημα τίς λέγοι
καὶ γυναικῶν φρεσὶν τλημόνων
παντόλμους ἔρωτας ἄ-
ταισι συννόμοις βροτῶν; . . .

Der Sinn dieses Chorliedes (Choeph. 585—601) ist, daß die
Erde zwar viele schreckenerregende Ungeheuer nährt, sie werden aber alle übertroffen durch den Wagemut der Männer und
die Liebestollheit der Frauen. Durch Sophokles wird dann dieselbe komparative Wendung wiederum auf den Menschen im
allgemeinen bezogen, in einem Lobgesang auf ihn — aber mit
welcher tragischen Ironie! In der Sophokleischen Tragödie
herrscht das Γνῶθι σαυτόν im Sinne der strengsten Selbstbescheidung. Dem Zuschauer muß es vor der nahenden Katastrophe
bangen, wenn er solches hört (Ant. 332—364 in Emil Staigers
Übersetzung):

Ungeheuer ist viel und nichts
Ungeheurer als der Mensch.
Der nämlich, über das graue Meer

Im stürmenden Süd fährt er dahin,
Andringend unter rings
Umrauschenden Wogen. Die Erde auch,
Der Göttlichen Höchste, die nimmer vergeht
Und nimmer ermüdet, schöpfet er aus
Und wühlt, die Pflugschar pressend, Jahr
Um Jahr mit Rössern und Mäulern.
Leichtaufmerkender Vögel Schar
Umgarnt er und fängt, und des wilden Getiers
Stämme, das Wassergeschlecht des Meeres
Mit reichgewundenem Netzgespinst,
Er, der überaus kundige Mann,
Und wird mit Künsten Herr des Wilds,
Des freien, schweifenden auf den Höhn,
Und zwingt den Nacken unter das Joch,
Den dichtbemähnten des Pferdes, und
Den immer rüstigen Bergstier.
Die Rede auch und den Gedanken,
Gleich der Luft, und städtegründenden
Eifer lernt' er und unwirtlicher
Klippen Himmelsgluten und
Geschosse des Regens zu meiden,
Allerfahren; unerfahren
Schreitet er nirgends ins Künftige; nur
Den Tod zu fliehn, ist ihm versagt,
Ob er gleich Entrinnen rat-
Loser Krankheit ersonnen.

So lautet die ausführlichste Darstellung dessen, wie der Mensch durch die Griechen angeschaut wurde. Nur muß auch die Haltung des Darstellers mit in Betracht gezogen werden. Diese kann auch die der Selbstbescheidung sein und vom strengen apollinischen Standpunkt ausgehen, wie dies bei Sophokles der Fall ist oder wie es bei Pindar war, für den der Mensch auch bloß der Traum eines Schattens sein kann: σκιᾶς ὄναρ ἄνθρωπος. Sie könnte aber auch die Haltung der Selbstidentifizierung sein: die Identifizierung mit den höchsten Möglichkeiten des Menschen ungeachtet der Gefahrzone, in die der Betrachter selbst dadurch hineingerät. Diese Haltung war die der Philosophen vor Sokrates und nach Sokrates, während der Weg, den Sokrates selbst betrat, das apollinische Γνῶϑι σαυτόν letzten Endes doch mit der Selbsterkenntnis des Heraklit verband: mit der Erkenntnis des Menschen und Göttern gemeinsamen G e i s t e s , des λόγος oder des νοῦς, der nunmehr eine neue Gefahrzone bedeutet. Man denke an die Verachtung der Menschen durch Heraklit und Parmenides, während sie selbst, die Weisen, die höchste Möglichkeit des Menschen, das φρονεῖν und νοεῖν, das »bewußt Sein« — nämlich jenes gemeinsamen Geistes »bewußt Sein« — verwirklichend, sich über die Menschen erheben. Man denke an das Selbstbewußtsein gefallener göttlicher Seelen bei Pythagoreern, namentlich bei Empedokles, den Orphikern und in gewissen Erzählungen und Beweisführungen des Sokrates bei Platon!

Es ist für die griechische Menschenauffassung überhaupt bezeichnend, daß die mythologische Anschauung von der Ewigkeit des Menschengeschlechts nicht etwa nur von Pythagoreern und Platonikern, sondern auch von Aristoteles und Theophrastos beibehalten wird. Aristoteles teilt die Tierwelt so ein, daß die Tierklassen eine Stufenleiter aufsteigender Vollkommenheit darstellen, die ihre Spitze im Menschen erreicht, dies aber nicht durch eine langwierige Evolution, sondern so, daß der Mensch als Ziel und Ende der Stufenleiter von Anfang an dasteht. Er gehört — so lautet die Lehre des Aristoteles[716] — seinem leiblichen Dasein nach zu den Tieren, aber schon seine Körperbeschaffenheit selbst kündige das Höhere an. Er habe die größte Lebenswärme und das größte Gehirn. Bei ihm allein sei das richtige Ebenmaß der Gestalt und die aufrechte Stellung zu finden. Die Tiere seien, mit dem Menschen verglichen, zwergartig, νανώδη, weil in ihnen die oberen Teile des Körpers mit den unteren nicht in richtigem Verhältnis stehen. Bei dem Menschen sei der Unterschied des Rechts und Links am bestimmtesten entwickelt. Sein Blut sei das reinste, und er habe deshalb das feinste Gefühl, das ausgebildetste sinnliche Unterscheidungsvermögen und den schärfsten Verstand. Zum Gebrauch des Menschen als des ersten und vollkommensten seien alle anderen Lebewesen bestimmt, wie ja das minder Vollkommene immer an dem Vollkommenen seinen Zweck hat. Was dem Menschen unter allen Wesen auf der Erde allein zukomme, das sei der Geist, der νοῦς. Der Geist sei das Beste im Menschen, das Göttliche in ihm. Darum soll man — so nimmt Aristoteles ausdrücklich Stellung gegen die Selbstbescheidung des Menschen[717] — »nicht nach dem Spruche leben, der Mensch soll menschlich gesonnen sein, der Sterbliche sterblich, nein, unsterblich soll man sich machen, soweit es uns möglich ist, und alles tun, um dem gemäß zu leben, was das Beste in uns ist«. Das dem Menschen Zukommende und daher Wichtigste und Angenehmste sei eben das Leben nach dem Geiste. Das sei ihm also das höchste Glück.

Die stoische Anschauung vom Menschen als Träger eines Funkens des weltdurchdringenden, geistigen Feuergottes, konnte dies kaum noch überbieten. Sie ist uns aus ihren verschiedenen römischen Fassungen besonders bekannt. »Denn während die Natur« — lesen wir bei Cicero[718] — »alle anderen Lebewesen so hingeworfen hat, daß sie weiden müssen, hat sie den Menschen allein aufgerichtet und zur Schau des Himmels wie eines Verwandtensitzes und einer früheren Heimat angeregt (*nam cum ceteros animantes abiecisset ad pastum, solum hominem erexit ad caelique quasi cognationis domiciliique pristini conspectum excitavit*).« Ein Zug, der hier nur deshalb wiederholt sei, weil der Epikureer Lukrez ihn — auf einen einzigen Griechen bezogen — noch überbietet und damit die äußerste Grenze des Menschseins in der der Selbstbescheidung entgegengesetzten Richtung der griechischen Philosophie zeigt. Epikur sei es gewesen, der sich zuerst erkühnte, das sterbliche Auge gegen die Furcht vor den Göttern und nicht bloß zur Schau des Himmels zu heben und — so heißt es weiter im Lehrgedicht (65—77), hier in der Diels'schen Übersetzung, — kühn sich entgegen zu stemmen.


Nicht die Götterfabel, nicht Blitz und Donner des Himmels
Schreckt' ihn mit ihrem Drohn. Nein, um so stärker nur
    hob sich
Höher und höher sein Mut. So wagt er zuerst die verschloßnen
Pforten der Mutter Natur im gewaltigen Sturm zu erbrechen.
Also geschah's. Sein mutiger Geist blieb Sieger und kühnlich

Setzt' er den Fuß weit über des Weltalls flammende Mauern
Und er durchdrang das unendliche All mit forschendem
  Geiste.
Dorther bracht' er zurück als Siegesbeute die Wahrheit:
Was kann werden, was nicht? Und wie ist jedem umzirket
Seine wirkende Kraft und der grundtief ruhende Grenzstein?

*primum Graius homo mortalis tollere contra*
*est oculos ausus, primusque obsistere contra;*
*quem neque fama deum nec fulmina nec minitanti*
*murmure compressit caelum, sed eo magis acrem*
*inritat animi virtutem, ecfringere ut arta*
*naturae primus portarum claustra cupiret.*
*ergo vivida vis animi pervicit, et extra*
*processit longe flammantia moenia mundi,*
*atque omne immensum peragravit mente animoque,*
*unde refert nobis victor quid possit oriri,*
*quid nequeat, finita potestas denique ciuque*
*quanam sit ratione atque alte terminus haerens.*

Es sei dabei nicht vergessen, daß das Sein der Götter sowohl
für Epikur als auch für Lukrez feststeht! Was hier in später,
vom Orient her beeinflußter Form dargestellt wird — denn
orientalisch sind die Pforten, die ein mächtiger Himmelsstürmer
aufbricht[719] —, das ist das Wiedererscheinen eines Mythologems,
welches wir an den Anfang dieser Untersuchung hätten stellen
können: des Prometheusmythos. Das Mythologem vom Feuerraub ist nicht etwa n u r griechisch. Seine allgemeine Bedeutung
faßte G. van der Leeuw in seinem anthropologischen Versuch
»Mensch und die Religion« wohl am schärfsten[720]. Das Feuer
sei nicht nur die unersetzliche Bedingung aller menschlichen
Kultur, sondern auch das Merkmal, das das Tier vom Menschen endgültig unterscheidet: »sozusagen seine zweite Geburt«. Darum nennen die alten Inder den Feuergott Agni den
»zweimal geborenen«. Nicht umsonst habe die Symbolik des
Feuers überwiegend geschlechtlichen Charakter, es stelle den
Menschen als eine »neue Schöpfung« dar, es sei »der Anfang
seiner Wiedergeburt« und darum auch der Anfang der Anthro-

441

pologie. Denn die Anthropologie beginnt natürlich dort, wo der Mensch beginnt. Und wir durften noch hinzufügen, daß das Werden des Menschen, die Anthropogonie, nach griechischer Anschauung in zwei Phasen vor sich ging[721]: die erste war die Geburt aus der Erde, die zweite die Heiligung durch die Geschenke der Demeter, nämlich durch das Brot, die »menschliche Speise«, und durch die Mysterien, die außer der Nahrung auch mit Ehe, Fortpflanzung und Tod zu tun hatten. Eine solche zweite und eigentliche Phase des Menschwerdens war auch das Geschenk des Prometheus, das den Göttern entwendete Feuer: eine nicht ungefährliche, ja neue Leiden mit sich bringende Gabe, die in der griechischen Mythologie weit über jede geschlechtliche Symbolik hinausweist und die auch als der Vorläufer gerade jener Leistungen der Philosophie angesprochen werden darf, welche Lukrez besingt.

Das Mythologem vom Feuerraub des Prometheus — widerspruchsvoll wie jedes große Mythologem — vereinigt all die Züge, die wir am Menschen, wie er durch die Griechen angeschaut wurde, bemerkt haben, die unheilbare Qualbeladenheit und die titanische Mächtigkeit, in einem bildhaften Zusammenhang und ist geeignet, einen weiteren Zug, der dazu gehört, deutlich zu machen. Es ist ein Zug, dessen exemplarischer Träger eben der Feuerentwender ist: nicht etwa der Zug des Empörertums, der neben diesem Zug logisch nur die zweite Stelle einnehmen kann, sondern der der Humanität. Bei unserer Fragestellung: Wie war die Auffassung der Griechen vom Menschen »eigentlich«, mußte es sich eben darum handeln, worüber jenes Mythologem erzählt: um die konkrete Menschheit, um das Menschengeschlecht, das wir und samt uns alle Menschen sind und das auch unabhängig von uns da ist und die objektive Grundlage jedes Humanismus bildet. Menschsein ist δειλόν und δεινόν: es gibt kein ärmeres, nichtigeres, qualbeladeneres Sein als das Mensch-Sein, es ist aber zugleich ein »Prometheisch-Sein«. Prometheus ist ein Gott und als Vertreter des Menschengeschlechts wurde er qualbeladen, eben weil er als Vertreter des Menschengeschlechts den Menschen half. Seine Humanität besteht darin, daß er die Partei der Menschen ergriff.

Welche Partei soll aber der Mensch ergreifen, wenn er dessen bewußt wird, daß er nicht die Seinsart der Natur- und Schicksalsmächte trägt, sondern die der Menschen? Das Bewußtwerden eines konkreten, in der Berührung mit dem Nicht-Menschlichen, auch mit den Tieren unmittelbar erfahrenen Menschseins führte im Laufe der nicht immer leicht zu tragenden griechischen Geschichte zu einer Art Solidarität nicht mit Göttern, nicht mit Tieren, sondern mit den »eigentlich« Seinesgleichen, führte in seiner späteren Auswirkung zum Humanismus. Die *humanitas*, der die Römer den Namen gaben, reifte in der Atmosphäre jener griechischen Bewußtwerdung des Menschseins. Das von einer Komödienperson bei Terenz als Gemeinplatz hingeworfene *homo sum, nil humani a me alienum puto* bezeugt gerade mit seiner Emphaselosigkeit die angedeutete Solidarität. Und wie ist wohl das Menandrische ὡς χαρίεν ἄνθρωπος ὅταν ἄνθρωπος ἦι (Was für ein liebes Ding ist doch der Mensch, wenn er Mensch ist!) zu verstehen? Zu verstehen nicht nur als Haltung[722], sondern auch als Gedanke? Eine Komödienperson eines anderen Komödiendichters, des Diphilos, gibt uns die Antwort: ἂν γνῶις τί ἐστ' ἄνθρωπος, ἡδίων ἔσηι[723]. Wenn du erkennst, was der Mensch ist, wirst du selbst angenehmer! Denn Mensch ist im eigentlichen Sinne — und dann auch »ein liebes Ding« — wer mit Selbsterkenntnis Mensch wird, die gemeinsame Sache des ganzen Menschengeschlechtes vertretend: eine gemeinsame Sache, wie es eben die Solidarität der Menschen untereinander ist.

*1948*

# NACHWORT DER HERAUSGEBERIN

Nach dem Erscheinen des Bandes VIII der Werkausgabe[724] scheint es sinnvoll zu sein, zur ursprünglichen Reihenfolge der Bände zurückzukehren, die durch die noch von Karl Kerényi veranlaßte Vorwegnahme der Bände VII und VIII unterbrochen worden ist. Dies geschieht in der Bestrebung, die Grundsätze des Verfassers nach Möglichkeit zu befolgen. Seine Grundsätze wurden in den Vorworten zu den Bänden *Humanistische Seelenforschung* und *Tage- und Wanderbücher*[725] aus den Gesichtspunkten der Chronologie, der Zeit- und Unzeitgemäßheit bzw. der sozialen und der privaten Sphäre im Zusammenhang mit einer Veränderung oder Bewahrung der Anordnung der Werke dargelegt. Er spricht dort von den »Lebens- und Stoffsphären, die in (seinem) Werk tief zusammenhängen« und darauf hinweisen, wie er selber seine hier nun vorliegenden Bücher in die eigenen Lebens- und Stoffsphären hineinstellte.

In seinem »Selbstbericht über die Arbeiten der Jahre 1939–1945«[726] sagt Karl Kerényi, seine Forschungsweise möchte »der richtigen Darstellung der Mythologie als eines *historischen* und zugleich *menschlich anziehenden Stoffes* dienen und auch jene Anziehungskraft *erklären*. Diese doppelte Aufgabe ist keine morphologische und keine bloß historische. Sie ist aber *auch* historisch, indem sie davon, was historisch überliefert ist, nichts zu vernachlässigen duldet, selbst wenn dieses oder jenes Element in das sonst überzeugende Idealbild einer Gottheit nicht hineinpassen würde«.[727] Das ist das Prinzip des Verfassers in seinem *Apollon*[728]. Die titelgebende Studie »Unsterblichkeit und Apollonreligion« (in diesem Band S. 31 ff.) »wies schon das dunkle Element in der Gestalt eines Gottes nach«[729] und führte zu den Studien, die zum größten Teil im Band I der Werkausgabe zu finden sind. Zusammenfassend heißt es im »Selbstbericht« weiter: »Das sind Arbeiten aus finsteren Jahren, in denen die mythologischen Studien des Verfassers unter dem Druck von Bedrohungen aller Art in Ungarn heranreiften. Die Rekonstruktion der Helle und Dunkelheit vereinigenden Gestalt des Psy-

444

chopompos[730] schließt diese Periode ab«.[731] Die Arbeiten, die im Band *Niobe*[732] vereinigt wurden, sind in den Schweizer Jahren 1946–1949 entstanden und beziehen sich mehr oder weniger alle auf ein neues Grundthema: »der Mensch in der antiken Religion«.

Zusammen erhielten diese Bände einen Untertitel, den Karl Kerényi in seinem Plan für den vorliegenden Band der Gesamtausgabe seiner Werke selbst angegeben hatte. Darin kommt wohl seine Absicht zum Ausdruck, die zwei hier vereinigten Bücher[733] nicht als Göttermonographien über Apollon und Niobe erscheinen zu lassen, sondern als Sammlung seiner religionsgeschichtlichen Studien, welche er seinerzeit aus einem gewissen, in seinem Selbstbericht zutage tretenden Gesichtspunkt unter diesen zwei Götternamen vereinigte. Ein weiterer Band der Urbilder der Werkausgabe hingegen soll unter dem Titel *Apollon und Artemis — Bruder und Schwester* die Veröffentlichungen vereinigen, die anstelle eines vom Verfasser nicht mehr vollendeten monographischen Werkes die Gestalten von Apollon und Artemis behandeln.

Die Einteilung in zwei Hauptteile ergab sich aus der Notwendigkeit, mangels eines vom Verfasser für Band IV der Werkausgabe geschriebenen Vorwortes — wie es für Band VII[734] vorlag —, die ursprünglichen Vorreden von *Apollon* und *Niobe* mit zu veröffentlichen. Die Vorreden leisten nun den Dienst, den »Lebensgrundriß durchscheinen zu lassen«, wie Karl Kerényi es im ersten Vorwort zu seiner Werkausgabe[735] wünschte. Das herausgeberische Nachwort liefert zu ihnen lediglich die Angaben, welche schwer oder nur im Archivmaterial zu erreichen sind.

Der Plan des Verfassers schließt — bereits in der allerersten, für den Verlagsvertrag angelegten Fassung — in den Band *Apollon und Niobe* den Vortrag »Der Geist« mit ein, den er stets als Ergänzung zum Aufsatz »Unsterblichkeit und Apollonreligion« betrachtete. Ebenfalls hat er die in der 3. *Apollon*-Ausgabe fortgelassene Studie »Platonismus« in den vorliegenden Band hineingeplant. Dazu nun die »Einführung in das Lesen Platonischer Werke« hinzuzufügen, schien der Herausgeberin naheliegend, zumal der letztgenannte Aufsatz ausdrücklich auf den »Platonismus« hinweist. Ausschlaggebend war aber die Einsicht, daß die Darstellung der Dialog-Form Platonischer Werke als Literaturgattung der Griechen die Behandlung des Gehaltes des Platonismus sinnvoll ergänze.

Auf einige Passagen der Vorreden von *Apollon* soll in diesem den Lebensgrundriß möglichst bewahrenden Nachwort etwas näher eingegangen werden. Das Vorwort zur 1. Ausgabe von *Apollon* schließt mit den Namen derer,[736] denen Karl Kerényi zum Dank verpflichtet war, »ganz besonders dem Verlag Franz Leo & Comp., dem der Verfasser nicht nur die Möglichkeit dieser Veröffentlichung, sondern auch die Anregung dazu verdankt«. Die Anregung zu einem ersten deutschen, für eine weitere Öffentlichkeit bestimmten Buch, nach dem streng philologischen über *Die griechisch-orientalische Romanliteratur*[737], kam nach Kerényis Vortrag an der Sommeruniversität in Debrecen (Ungarn) unter dem Titel »Humanismus und Hellenismus«. Außer den Angaben in der Bibliographie zu diesem Aufsatz ist zu erwähnen, daß beim deutschsprachigen Vortrag, insbesondere bei den Sätzen, die im vorletzten Absatz des Textes zu lesen sind[738], die anwesenden deutschen Studenten des Ferienkurses ihrem Gefallen so eindeutig und laut Luft machten, daß diese gar nicht ungefährliche Kundgebung in Wiener Zeitungen berichtet wurde. Der sonst in Holland wirkende Verleger Dr. Koloman Kollár, ein gebürtiger Ungar, dessen Firma in Wien Franz Leo & Comp. hieß, las die Zeitungsmeldungen in Wien und wandte sich mit dem Vorschlag an Kerényi, den genannten Vortragstext zusammen mit anderen Essays in seinem Verlag zu veröffentlichen. Die 1. Ausgabe von *Apollon* erschien daraufhin 1937.

Das Schicksal der 2. Ausgabe dieses Werkes kommt in der Datierung der Vorrede und in der Andeutung am Schluß der 3. Vorrede (1953) zum Ausdruck, wo der Verfasser schreibt: »Immer eilig, in der zweiten Ausgabe sogar halb im Geheimen, wurde es gedruckt und, als humanistisch-oppositionelles Gelegenheitsbuch entstanden ...« Obwohl diese 2. Ausgabe nunmehr das bewußt falsche Erscheinungsdatum 1941 trägt, ist es in dieser Werkausgabe angezeigt, die historische Tatsache genau nachzuzeichnen. Daß das Datum der 2. Vorrede — vgl. Anm. *2 —

fiktiv ist, folgt aus der biographischen Konstellation und konnte daher nur einem engsten Personenkreis auffallen. Datiert wurde nämlich diese Vorrede am Tag der Geburt unserer Tochter Kornélia, am 6. Juli, die aber erst ein Jahr nach diesem Datum, also 1942 auf die Welt kam, jedoch in der Widmung der selben *Apollon*-Ausgabe schon als 4. der Kerényi-Töchter aufgezählt wird. (Die erste Ausgabe von *Apollon* trägt die Namen der aus erster Ehe stammenden Töchter »Kató und Grácia«.) Die Korrespondenz zwischen dem Verleger und dem Verfasser belegt die Rückdatierungsfrage in aller Deutlichkeit, woraus hier nur das Wichtigste wiedergegeben sein soll. Am 13. Juli 1942 schreibt Dr. Kollár aus Amsterdam nach Ungarn: »Das Ms. ›Apollon‹ habe ich schon erhalten. In diesem Augenblick kann ich Näheres noch nicht mitteilen. Erst müsser die Papier- und andere Möglichkeiten untersucht werden«. Beim »Ms. Apollon« handelt es sich um die durch mehrere Studien erweiterte 2. Ausgabe. In den folgenden Monaten scheint der Druck der seit 1940 in Holland waltenden deutschen Besatzungsmacht auch im Verlagswesen stark zugenommen zu haben, so daß in einem ungarisch geschriebenen Brief Dr. Kollárs vom 15. Febr. 1943 von Amsterdam nach Szeged steht: »Die erste und wichtigste Frage ist, ob man das Vorwort nicht auf den Anfang 1942, ja sogar etwa auf Ende 1941 zurückdatieren könnte. — Aus gewissen administrativen Gründen wäre es notwendig. Freilich ist die Frage nur in diesem Augenblick praktisch, denn es ist gut möglich, daß ein schnelles Ende des Krieges die Frage selbst illusorisch machen wird«. Daraufhin wird Kerényi, statt irgendein beliebiges Datum einzusetzen — zumal eine telegraphische Antwort erbeten wurde —, das schon im Ms. befindliche Datum der Vorrede um ein Jahr zurückverlegt haben. Der Amsterdamer Verlag meldet nunmehr nach Ascona am 10. August 1943, während der Abwesenheit von Dr. Kollár, daß die 2. Ausgabe *Apollon* erschienen und die Autorenexemplare bereits abgeschickt worden seien.

Die Chronik der fiktiven Zeit innerhalb der historischen Zeit zwischen dem angeblichen und dem tatsächlichen Datum des Erscheinens eines Buches stellt den Hintergrund von zwei Bemerkungen Kerényis dar. In den *Tage- und Wanderbüchern*[739]

447

steht die Eintragung am 6. 10. 1954, auf der Reise nach Holland, wo der Verfasser am folgenden Tag einen Vortrag an der Hundertjahrfeier der Buchhändlervereinigung von Den Haag unter dem Titel »Geistiger Weg Europas« zu halten hatte: »Woher kam diese holländische Einladung, Auftreten neben Toynbee und Camus? So war es von jenem Phantasten, dem ›Krull‹ unter meinen Verlegern, gedacht, zur Zeit, als er mein Buch in Holland drucken ließ«. Dr. Kollár hat nämlich zur selben Zeit auch Toynbee und Huizinga als Verlagsautoren gehabt.[740]

Die andere Bemerkung Karl Kerényis findet sich am Anfang seines eben erwähnten Vortrages[741]: »Eine Zeitlang schien es so, als erhielte sich das alte geistige Europa bloß noch an den Rändern oder dann später fast nur in wenigen Alpentälern. Der einzige Trost eines Autors war, der glaubte, mit seinen Büchern der Offenheit des Geistes zu dienen, daß sie in den Niederlanden noch gedruckt werden konnten! Dies sei heute in dankbarer Erinnerung gesagt . . .«

Noch etwas Biographisches, ja sogar erst recht den »Lebensgrundriß« Betreffendes wäre auch zum Bild des Apollon von Veji (abgebildet in diesem Band) zu vermerken. Im Bildernachweis des Verfassers in den ersten zwei *Apollon*-Ausgaben — in der von 1953 fortgelassen — steht die Bemerkung: »über sein (des Apollon von Veji) Lächeln schrieb Aldous Huxley in der Novelle ›After the Fireworks. Brief Candles‹, Tauchnitz-Ausg., 1930, 212 ff.« Es ist hier nicht der Ort, die erstaunliche Ähnlichkeit der Einsichten über den Gott Apollon beim Dichter und beim Gelehrten zu analysieren, es genügt auf den Wendepunkt-Charakter der Begegnung mit diesem etruskischen Kunstwerk hinzuweisen, den Huxley beschreibt und Kerényi in bezug auf sein Leben empfand. Seinen Schülern, Hörern und Reisegefährten — falls ihr Weg sie ins etruskische Museum der Villa Giulia in Rom führte — gab er diese Empfindung überzeugend weiter. Dies klingt auch in seiner Eintragung zum 27. Januar 1953 nach[742], als er einem Kieler Kollegen die Arbeitslinie nachzeichnet, »die auch für mich von der Wilamowitzschen Philologie ausging — bis zur Begegnung mit dem Apollon von Veji. Da verschwand allmählich die Todeslinie in meinem Schaffen und fand ihre aufhebende Erfüllung im Apollinischen, wie ich es beinahe im Gegensatz zu Nietzsche begriff«.

Die ursprünglichen Anmerkungen des Verfassers wurden sorgfältig übernommen und ihnen einige — unter den mit einem * versehenen Ziffern — vorausgeschickt. Die Werke des Verfassers sind in den Anmerkungen — in eckigen Klammern — auf den heutigen Stand gebracht worden.

Das Verlegen von Büchern eines Gelehrten und gar seiner gesammelten Werke ist auch unter weniger widrigen Umständen als denjenigen während des Krieges in einem besetzten Land ein Wagnis. Nachdem wir nun beim sechsten veröffentlichten Band der Reihe angelangt sind, spreche ich meinen Dank, stellvertretend für den Verfasser, dem Langen-Müller Verlag aus. Für wissenschaftliche und praktische Hilfe bei der verantwortungsvollen Arbeit der Herausgabe bin ich persönlich Prof. Dr. Hans Peter Isler (Zürich) zu großem Dank verpflichtet. Für Bilderbeschaffung, aber auch für Gedankenaustausch in bezug auf das Werk von Karl Kerényi, sei Prof. Dr. Hellmut Sichtermann (Rom) gedankt. Schließlich darf die freundschaftliche Hilfe des Verlegers der 3. *Apollon*-Ausgabe, Dr. Peter Diederichs (Düsseldorf), nicht unerwähnt bleiben, der mir ein letztes Archivexemplar des völlig vergriffenen Buches für die Arbeit zur Verfügung gestellt hatte. Wie auch immer dieser Band der Werkausgabe den Weg zu den Lesern finden wird, für mich bringt die »freimütige Hingabe« an die hier zu lesenden Schriften, im Sinn des in der Vorrede 1941 Gesagten, gewiß »die Wiederaufnahme längst verlorener Möglichkeiten des Lebens und Weltverstehens«.

Ascona, den 29. Januar 1979

Magda Kerényi

# ANMERKUNGEN

Die mit * versehenen Ziffern sind Anmerkungen der Herausgeberin.

## Vorreden zu Apollon 1937, 1941 und 1953

*¹ Die Vorrede zur 1. Ausgabe von *Apollon,* Wien 1937, war datiert: Budapest, Januar 1937.

*² Die Vorrede zur 2. Ausgabe von *Apollon,* Amsterdam, Leipzig 1941, trägt das Datum: Budapest, Virányos den 6. Juli 1941.

*³ Von den fünf Beiträgen »Über Mysterien des Humanen« in der 3. Ausgabe von *Apollon,* Düsseldorf 1953, hat Karl Kerényi drei — »Das Geheimnis der Hohen Städte« S. 220—225, »Gedanken über die Pythia« S. 357—362, »Lob des Konkreten« S. 383—388 — in Band I der Werkausgabe, *Humanistische Seelenforschung,* den Beitrag »Mythologisches Mädchenbildnis« in Band VII, *Antike Religion* S. 224—231 aufgenommen. Der fünfte Beitrag, »Hölderlins Mysterien«, wird im Band V der Werkausgabe erscheinen.

*⁴ In der 2. Ausgabe war der Aufsatz »Ergriffenheit und Wissenschaft« *Memoriae Leonis Frobenii,* »Korfu und die Odyssee« *Den königlichen Seelen / die Korfu gewählt haben / um Ihre Phäakenträume / dort zu träumen,* »Die Papyri und das Wesen der Alexandrinischen Kultur« *Dem Gedächtnis Oswald Spenglers,* »Catullus« *Meinen Reisegefährten* und »Humanismus und Hellenismus« *Dem Geiste Shelleys* gewidmet. Das weggelassene Motto zu »Landschaft und Geist« war das Novalis-Zitat: *Das Höchste ist das Verständlichste.*

## Antike Religion und Religionspsychologie

¹ S. Wide, »Griechische und römische Religion«, S. 24 der 4. Aufl. von Gercke-Norden, *Einleitung in die Altertumswissenschaft,* II.

² M. P. Nilsson, *Röm. Mitt. 48,* 1933, S. 252.

³ Vgl. J. Wach, *Religionswissenschaft,* Leipzig 1924, S. 193 ff.

⁴ Erweiterte Auflage, herausgegeben von Werner Gruehn, 1930.

⁵ *Die Götter Griechenlands,* S. 13.

⁶ »Der Durchbruch zum antiken Mythos im 19. Jahrhundert«, im Sammelband: *Vom Schicksal des deutschen Geistes,* I., Berlin 1934, S. 38.

⁷ Z. B. J. H. Leuba, Verfasser von *A Psychological Study of Religion* u. a.

⁸ Deutsche Bearbeitung von G. Wobbermin, 2. Aufl., Leipzig 1914, S. 42 ff.

[9] *Vom Ewigen im Menschen,* I., 2, Leipzig 1925, S. 90 ff.

[10] Théophile Delaporte (Julien Green) in seinem »Pamphlet contre les catholiques de France, 15 octobre 1924«. § 53.

[11] Verf. hat dieses, wie in Hauptzügen auch die Lehre von zwei Arten seelischer Realitäten, zuerst ausgeführt in »Gedanken über Dionysos«, *Studi e materiali di storia delle religioni,* 1935. Ebendort behandelte er den Zustand des Gebundenseins an Wahnvorstellungen (z. B. das ›Tabu‹), der für gewisse Nervenkranke und »Primitive« charakteristisch ist.

[12] Melissos fr. 8,5 Diels.

## Unsterblichkeit und Apollonreligion

[15] Plat. *Phaedr.,* 279 b.

*Plato,* London 1929, S. 174 ff.

[14] *Platos Mythen,* Bonn 1927, S. 23 ff.

[15] Plat. *Phaedr.,* 279 b.

[16] 439 b.

[17] Vgl. Taylors *Plato,* S. 120, 1.

[18] Verf., »Eulabeia«, *Byzantinisch-Neugriechische Jahrbücher,* 1931.

[19] Vgl. Verf., *Die antike Religion* S. 100 ff. [Werkausgabe VII *Antike Religion,* München 1971, S. 97 ff.]

[20] Vgl. Verf., »Pythagoras und Orpheus«, 3. Ausg. *Albae Vigiliae* N. F. IX., Zürich 1950, S. 14 ff. [Werkausgabe I *Humanistische Seelenforschung,* München 1966, S. 18 ff.]

[21] *Die Dorier,* I, S. 309.

[22] Das Wort ›Transzendenz‹ ist hier im Sinne der Studie »Antike Religion und Religionspsychologie« (S. 15 ff.) als Hinausreichen über das Nur-Seelische in das Reich der Natur oder des Geistes oder in beide Reiche zugleich zu verstehen.

[23] *Die Götter Griechenlands,* S. 78 ff.

[24] Eine Bestätigung durch Otto bei F. Altheim, *Römische Religionsgesch.,* III., 1933, S. 45.

[25] Apoll. Rhod., II., 686.

[26] Pomp. Mela, III., 5.

[27] S. 99. Über die Wirkung der apollinischen Musik (Ende des Absatzes): Pindar, *Pyth.,* I., 1 ff.

[28] Nach Hesych s. v. ᾿Αδμήτου κόρη ist die große thessalische Göttin Pheraia, mit anderem Namen Hekate, die Kore des Admetos. Über die Identität dieser drei Gestalten, die alle in Beziehung zur Unterwelt

stehen, vgl. Jung-Kerényi, *Einführung in das Wesen der Mythologie*, 4. Ausg., Zürich 1951, S. 161.

[29] Von F. Altheim, *Römische Religionsgesch.*, I., 1931, S. 46 ff.; *Epochen der römischen Geschichte*, 1934, S. 45 ff., S. 110 ff.

[30] Altheim, *Römische Religionsgesch.*, I., S. 52 ff.; *Epochen*, S. 142.

[31] Verg. *Aen.*, II., 355.

[32] P. Kretschmer, *Kleinasiatische Forschungen*, I., 1937, S. 1 ff.

[33] Aristot. *Hist. an.* VI, 29.

[34] Pomp. Mela, III., 36.

[35] U. v. Wilamowitz-Moellendorff, *Der Glaube der Hellenen*, I., 1931, S. 145 ff.

[36] K. Reinhardt, *Platos Mythen*, S. 95.

[37] Sanyuttanikâyâ, V., 10.

[38] *Anth. Pal.*, XIV., 71.

[39] Verf., »Pythagoras und Orpheus«, *Albae Vigiliae* II, S. 26 ff. [Werkausgabe I, S. 31 ff.]

[40] Anon. *Vita Plat.*

[41] Apul. *de Plat.*, I., 1.

[42] H. Usener, *Das Weihnachtsfest*, S. 72.

[43] Olympiod. und Anon. *Vita Plat.*

[44] Suet. *Aug.*, 94; Weiteres bei O. Immisch, *Aus Roms Zeitwende*, Leipzig 1931, S. 22 ff.

## Hippolytos

[45] In einem Essay des ungarischen Schriftstellers L. Németh, *Tanu* 3, 1935, S. 247.

[46] Zu dieser Auffassung von Aischylos und Sophokles vgl. K. Reinhardt, *Sophokles*, Frankfurt a. M. 1933, S. 13.

[47] 1137 ff.

[48] Verf., »Dionysos und das Tragische in der Antigone«, *Frankfurter Studien z. Relig. u. Kultur der Antike* XIII, 1935, S. 10 ff.

[49] 189 ff., übersetzt von U. v. Wilamowitz-Moellendorff.

[50] Verf., *Die Töchter der Sonne*, Zürich 1944.

[51] Verf., *Die Mythologie der Griechen*, Zürich 1951. [dtv. 1977]

[52] L. Radermacher, *Hippolytos und Thekla*, Sitzungsber., Wien 1916; über Hippolytos als Jäger. Verf., »Pythagoras und Orpheus«, 3. Aufl. Zürich 1950, S. 50. [Werkausgabe I, S. 325 ff.]

[53] Vgl. F. Altheim, *Griechische Götter im alten Rom*, Gießen 1930, S. 122 ff.

[54] Eur. *Hipp.*, 78–81.

[55] Nach der Übersetzung von E. Ebeling in H. Greßmann, *Altorientalische Texte zum Alten Testament*, Berlin 1926, S. 154.


### Ergriffenheit und Wissenschaft

[56] Abgebildet bei L. Frobenius, *Das unbekannte Afrika*, München 1923, S. 29.
[57] S. 34 f.
[58] *Paideuma*, 3. Aufl., Frankfurt a. M. 1928; vgl. *Schicksalskunde*, S. 147 ff., und an dieses Beispiel anschließend: *Kulturgeschichte Afrikas*, S. 24 f.
[59] Vgl. die Studie »Antike Religion und Religionspsychologie«.
[60] Das war eine These der Studie »Antike Religion und Religionspsychologie«.


### Unsinnliche und sinnliche Tradition

[61] *The Present and Future of Classical Scholarship*, Essays in Honour of Gilbert Murray, London 1936, S. 279 ff.
[62] Zitiert nach der Übersetzung H. Henneckes, *Eur. Revue* Novemberheft 1936.
[63] Vgl. die nächste Studie.


### Landschaft und Geist

[64] *Histoire de la littérature anglaise*, B. I., S. XI.
[65] *Paideuma*, S. 221 ff.
[66] *Paideuma*, S. 241 ff.
[67] *Paideuma*, S. 225.
[68] *Die Welt als Geschichte*, 1., 1935, S. 113.
[69] F. Altheim, *Epochen der römischen Geschichte*, S. 29 f.
[70] *Crome Yellow*, Albatros-Ausgabe, S. 59.
[71] Altheim, S. 30 f.


### Der antike Dichter

[72] *Stefan George und die Blätter für die Kunst*, Berlin 1930, S. 539.
[73] *Selected Essays*, London 1932, S. 21.
[74] S. 19.

[75] *Dionysos*, Frankfurt a. M. 1933, S. 28.
[76] *Die Zukunft*, Februar 1898; angeführt von Fr. Wolters, S. 158.
[77] *Theogonie*, 77 ff.
[78] Es sei hier auf Gottfried Hermanns grundlegenden Aufsatz hingewiesen, der auch zum Folgenden zu vergleichen ist: »De Musis fluvialibus Epicharmi et Eumeli«, *Opuscula*, II., 1827, S. 288 ff., und Verf., *Die Mythologie der Griechen*, Zürich 1951, S. 103 ff. [dtv, 1977, S. 83 ff.]
[79] Angeführt von Fr. Wolters, S. 106.
[80] *Theog.*, 83–85.
[81] Weiteres darüber in der Studie »Die Papyri und das Wesen der alexandrinischen Kultur«.
[82] *Theog.*, 27 f.
[83] Fr. Wolters, S. 536.

### Korfu und die Odyssee

[84] »Korfu. Eine ionische Idylle«, u. a. in *Athen und Athenais*, Dresden 1927, S. 851.
[85] III., 70, 4 und I., 25, 4.
[86] »Die Homerischen Phäaken und die Inseln der Seligen«, *Rhein. Mus.*, I, 1832, S. 219; *Kleine Schriften*, II., S. 1.
[87] *Die Ilias und Homer*, S. 501.
[88] Italien und Rom, *Die Welt als Geschichte*, 1937.
[89] Im angeführten Werke.
[90] *Ilias*, XVIII., 98.
[91] E. Schwartz, *Zur Entstehung der Ilias*, 1918.
[92] 385.
[93] R. Hennig, *Die Geographie des homerischen Epos*, Leipzig 1934. Gegen seine These, Korfu sei Ithaka, vgl. F. Ott, *Korfu ist nicht Ithaka*, Würzburg 1934.
[94] Völcker, *Homerische Geographie und Weltkunde*, S. 108; angeführt von Welcker, *Kl. Schr.*, II., S. 15.
[95] F. Altheim, *Die Welt als Geschichte*, 2, 1936, S. 92.
[96] *De bello Gothico*, IV., 20, 42 ff.
[97] A. O., S. 22.
[98] Bei Welcker, a. O., S. 61.
[99] *Mil. glor.*, 1177–79.
[100] Verg. *Aen.*, VI., 303.
[101] *Od.*, V., 35 und VII., 205.
[102] VII., 32 f.

[103] VIII., 566 und XIII., 174.
[104] VIII., 247.
[105] 448.
[106] *Poet.*, 24.
[107] XIII., 80.
[108] 2, 20.
[109] VII., 8 f.
[110] VII., 286.
[111] Vgl. die Studie »Landschaft und Geist«.
[112] XXIV., 11.
[113] Vgl. Verf., *Archiv für Religionswissenschaft*, 24, 1926, S. 61.

### Sophron oder der griechische Naturalismus

[114] M. Norsa und G. Vitelli, *Studi italiani di filol. class,* 1933, S. 119 ff. und S. 247 ff. Von der weiteren philologischen Erklärungsarbeit sei hier nur das im folgenden öfters Zitierte angeführt: S. Eitrem, *Symbolae Osloenses,* 12, 1933, S, 10 ff.; C. Gallavotti, *Rivista di filol. class.,* 1933, S. 459 ff.; K. Latte, *Philologus,* 88, 1933, S. 259 ff.

[115] Vgl. O. Crusius – R. Herzog, *Die Mimiamben des Herondas,* Leipzig 1926, S. 3. Die antiken Zeugnisse über Sophron und die schon bekannten Fragmente findet man bei Kaibel, *Com. Graec. Fragm.,* I., 152 ff.

[116] W. F. Otto, *Dionysos,* S. 28. Vgl. die Studie »Landschaft und Geist«.

[117] a) bei Gallavotti.

[118] Eine männliche Partizipform in unserem Mimos, wie ποτιβάντες ist also nicht unbedingt mit Latte als allgemeine Form des Verbaladjektivs aufzufassen.

[119] Das sah schon R. Herzog, *Hessische Blätter für Volkskunde,* 1927, S. 226.

[120] *De superstit.,* 170 b. Vgl. (nach Bergk und Wilamowitz) Herzog, S. 219.

[121] Nach Eitrem mit einer Korrektur Gallavottis.

[122] Herzog, S. 226, und nach ihm Wilamowitz *Hermes,* 63, 1928, S. 376, während Latte, S. 263, 6, in der Beurteilung des Fragments allzu skeptisch ist.

[123] Ammonius *De diff.,* 122. Lesung nach Gallavotti, S. 473.

[124] Für einen Szenenwechsel, den im weiteren Verlauf der Handlung N. Festa, *Il Mondo Classico,* 1933, N. 6, S. 8, annimmt, ist kein Anzeichen in den Fragmenten. Die Möglichkeit, daß noch ein weiteres

Bruchstück mit den Anfangsworten oder -wortteilen von 5 Zeilen (bei Norsa und Vitelli, S. 119) zu diesem Mimos gehört, ist nach den Bemerkungen von B. Lavagnini, »Virgilio, Teocrito e Sofrone«, *Atti della R. Accademia di Palermo*, 1935, nicht ausgeschlossen, jedoch nicht wahrscheinlich.

[125] Latte, S. 261. Über die Bedeutung von ὥσπερ ἔχει Norsa e Vitelli, S. 253.

[126] *Quaest. conv.*, 709 a; angeführt von Festa.

[127] Vgl. Soph. *Oed. Col.*, 490.

[128] Philostr., *De vita Apollonii*, I., 2.

[129] Vgl. im allgemeinen Otto, *Dionysos*, S. 16 ff.

[130] Vgl. Gallavotti, S. 464. Er führt außer Sophron fr. 111 K. treffend Anacr., 16 an: ὡς δὴ πρὸς Ἔρωτα πυκταλίζω. Das Wort ist familiär, aber nicht so sehr derb volkstümlich, wie Latte meint.

[131] Vgl. E. Tabeling, *Mater Larum*, Frankfurt a. M. 1932, S. 30 ff., 93 f.

[132] Diese, wie es scheint notwendige, Änderung des Textes hat mir Gallavotti empfohlen; κα codd.

[133] Herzog; μολοῦσα Wilamowitz.

[134] Ich kann mich zu einer Änderung des Textes nicht entschließen. Es scheint nicht nur der Hauptsatz zu fehlen, sondern vor ihm noch 1 oder 2 weitere vorbereitende Glieder (vielleicht auch etwas zwischen den letzten zwei mitgeteilten Zeilen).

[135] Die Übersetzung dieser letzten Zeile ist unsicher, vgl. Anm. 138.

[136] *Pap. Gr. Mag.*, IV., 2441 ff., 2575 ff., VII., 605 ff., angeführt von Eitrem.

[137] Von dieser Seite her geschildert von Otto, *Die Götter Griechenlands*, 102 ff.

[138] Im großen *Pariser Zauberpapyrus* (Bibl. Nat. suppl. gr. 574; K. Preisendanz; *Papyri Graecae Magicae*, Leipzig 1928, I, P IV) heißt es in einem Hymnus an Selene, die da auch Hekate genannt wird, von dieser Göttin (2807): σφιγγομένη κατὰ νῶτα παλαμναίοις ὑπὸ δεσμοῖς.

[139] Vgl. Eitrem, S. 20, wo auch die Belege zu finden sind.

[140] Ap. Rhod., II., 288.

[141] Vgl. die Studie »Unsterblichkeit und Apollonreligion« S. 40.

[142] II., 12–3, 35–6.

[143] *Od.*, XVI., 162.

[144] 255 ff.

[145] Latte, S. 264, der auch im folgenden zitiert wird.

[146] Die sprachliche Begründung dieser Übersetzung findet man in der italienischen Fassung: *Rivista di filol.*, 1935, S. 14 f.

147 Verf., »Satire und satura«, *Studi e Mat. di Storia delle Rel.*, 1933, S. 142. [Auch in: *Die römische Satire*, Darmstadt 1970, S. 96 f.].
148 *Pyth.*, VIII., 95–6. »Aber wenn Glanz . . .« ist die Fortsetzung.
149 *Nem.*, VI., 2–4.
150 Vgl. K. Reinhardt: *Sophokles*, Frankfurt a. M., 1933.
151 Vgl. die Studie »Unsterblichkeit und Apollonreligion«.
152 Verf., »Dionysos und das Tragische in der Antigone«, S. 6 f.
153 Béla Hamvas, im Jahrbuch *Sziget*, I, 1935, S. 55 ff.

### Platonismus

154 Vgl. Verf., *Die antike Religion* S. 105. [Werkausgabe VII *Antike Religion*, München 1971, S. 100.]
155 Vgl. das Ende der Studie »Hippolytos«.

### Zur Einführung in das Lesen platonischer Werke

156 Ulrich von Wilamowitz-Moellendorff, *Platon I*, Berlin 1919. S. 357.
157 Über sie und ihre Lehre Verf., »Der große Daimon des Symposion«, Amsterdam 1942, *Albae Vigiliae* XIII. [Werkausgabe I. *Humanistische Seelenforschung*, München 1966, S. 289–310.] Nur würde der Verfasser heute öfter den Sokrates nennen, wo er da den Platon genannt hatte.
158 Vgl. darüber Verf., »Astrologia Platonica«, *Archiv für Religionswissenschaft*, XXII. S. 249 ff.
159 J. Burnet, *Plato's Phaedo*, Oxford 1925, IX ff.; A. E. Taylor, *Plato*, London 1929, S. 174 ff.; *Varia Socratica*, Oxford 1911; vgl. Verf., *Apollon*, 2. Ausg. Amsterdam, 1941, S. 32 ff. [in diesem Band die Studie «Platonismus«.] Romano Guardini vertritt mit seinem *Tod des Sokrates*, Bern 1945, einer Interpretation der platonischen Schriften Euthyphron, Apologie, Kriton, Phaidon praktisch gleichfalls den Standpunkt der Geschichtlichkeit.

### Die Papyri und das Wesen der alexandrinischen Kultur

160 Vgl. G. Pasquali, *Storia della tradizione e critica del testo*, S. 123, u. a.
161 Berlin 1918, S. 6 ff.
162 2, 4, 2–5; Erman-Ranke, *Ägypten und ägyptisches Leben im Altertum*, S. 374.
163 Erst seit hellenistischer Zeit kommt das Wort φιλόβιβλος ›Bücher-

freund‹ vor (βιβλιοφιλία gibt es im Altgriechischen überhaupt nicht). Es ist aber kein Lob, wenn Strabon, XIII., 1, 54 von einem Buchsammler sagt, er sei mehr φιλόβιβλος als φιλόσοφος gewesen.

[164] 2, 29; Norden, *Die Geburt des Kindes*, 135, 1.

[165] *Münchener Beiträge zur Papyrusforschung*, 1934, S. 42 ff.

[166] Wilcken, S. 54.

[167] Erman-Ranke, S. 397; vgl. S. 380, 1.

[168] *Scripta Minoa*, I., S. 19 ff.; *Palace of Minos*, I., S. 271 ff.

[169] *Les écritures Minoennes au palais de Mallia*, Paris 1930.

[170] Daran änderten auch die Deutungen von A. W. Persson nichts: *Schrift und Sprache in Altkreta*, Upsala 1930. Weitere Literatur bei H. Jensen, *Die Schrift*, S. 88 ff. Das Wesentliche wurde hier am schärfsten gesehen von Oswald Spengler. Die Bemerkung ist eine seiner letzten (*Die Welt als Geschichte*, 1935, S. 197),, »Viel wichtiger ist etwas N e g a t i v e s , das in seiner Vollendung nie beachtet worden ist. In der Gesamtmasse der kretischen Funde fehlt jede Andeutung von historischem, politischem und selbst biographischem Bewußtsein, wie es gerade den Menschen der ägyptischen Kultur von den frühesten Zeiten des Alten Reiches an vollkommen beherrscht hat.« Es ist sehr fraglich, ob die von C. W. Blegen und K. Kuruniotis i. J. 1939 in der Nähe von Navarin auf dem Peloponnes in einem mykenischen Palast gefundenen etwa 600 Schrifttafeln etwas an dieser Beurteilung der minoischen Kultur ändern. Nach P. Meriggi, *Die Antike* 17, 1941, S. 171 ist die Struktur der von ihm untersuchten Urkunden ähnlich wie die der meisten knossischen Täfelchen: eine Reihe von »Namen«, deren jedem eine Zahl beigefügt ist. Tatsächlich änderte sich dieses Bild bis zum Jahre 1952 nicht. Falls sich die Entzifferung, die danach erfolgte, bewährt, ist die Sprache der meisten Aufzeichnungen griechisch sogar in Kreta.

[171] Nogara, *Gli etruschi e la loro civiltà*, S. 430.

[172] Nogara, S. 405 ff.

[173] »Etrusker« in Pauly-Wissowa-Krolls *Realenzyklopädie*, VI., S. 769 f.

[174] Nogara, S. 408.

[175] Vgl. die geschichtlichen und prinzipiellen Ausführungen F. Altheims über dieselbe Frage: *Epochen*, S. 216 ff.

[176] *Strena Helbigiana*, S. 170; *Realenz.*, VI., S. 770.

[177] Eva Fiesel, *Namen des griechischen Mythos im Etruskischen*, Göttingen 1928.

[178] F. Messerschmidt, *Archiv für Religionswiss.*, 29, 1931, S. 60 ff.

[179] *Egyetemes Philologiai Közlöny*, 57, 1933, S. 162 [deutsch]. »Über ein scheinbar widersprechendes Beispiel«. Verf., *Studi etruschi*, 9, 1935, S. 421 f.

[180] Vgl. die Studie »Catullus«.

[181] *Homerische Untersuchungen*, S. 239.

[182] Vgl. Th. Birt, *Das antike Buchwesen*, S. 433.

[183] Birt, S. 438 ff.; *Die Buchrolle in der Kunst*, S. 215 ff.; *Kritik und Hermeneutik*, S. 295 ff. Vgl. dagegen W. Schubart, *Das Buch bei den Griechen und Römern*, Berlin 1921, S. 43.

[184] 274 f.

[185] Birt, S. 477.

[186] Suidas s. v. φιλόσοφος.

[187] Birt, S. 431 f.

[188] Vgl. die Studie »Unsinnliche und sinnliche Tradition«.

### Die Papyri und das Problem des griechischen Romans

[189] E. Rohde, *Der griechische Roman und seine Vorläufer*, Leipzig 1876, 3. Aufl. 1914. Dieser Vortrag, gehalten 1937, gehört in den gleichen Zusammenhang wie zwei andere Veröffentlichungen des Verfassers: *Die griechisch-orientalische Romanliteratur*, Tübingen 1927 [3. Auflage Darmstadt, 1973] und Romandichtung und Mythologie, ein Briefwechsel mit Thomas Mann, *Albae Vigiliae* N. F. II, Zürich 1945 [der vollständige Briefwechsel 1934—1955, *Gespräch in Briefen*, Zürich, 1960; Frankfurt, 1974; dtv 1967].

[190] B. Lavagnini, *Eroticorum fragmenta papyracea*, Leipzig 1922; F. Zimmermann, *Griechische Roman-Papyri und verwandte Texte*, Heidelberg 1936. Dieses Werk macht das ersterwähnte nicht überflüssig. Weitere Literatur und philologische Begründung zum Folgenden in meinem Romanbuch, Neueres bei Zimmermann.

[191] M. Braun, »Griechischer Roman und hellenistische Geschichtsschreibung« (*Frankfurter Studien* VI), Frankfurt a. M. 1934.

### Geist der römischen Literatur

[192] Vgl. den ersten Ansatz einer neuen Wertung gegen diese Auffassung bei G. Jachmann, *Die Originalität der römischen Literatur*, 1926, und die kühnen Arbeiten von F. Altheim zur römischen Literaturgeschichte auch in seinen Geschichtswerken.

[193] Altheim, *Epochen der römischen Geschichte* I, S. 16 ff.

[194] Die geistige Auffassung des römischen Kalenders hat F. Altheim eröffnet; vgl. seine *Römische Religionsgeschichte*, Neuausgabe Baden-Baden 1951, S. 83 ff.

[195] Vgl. W. F. Otto, *Rhein. Mus.*, 64, 1909, S. 449 ff.; Verf., *Studie Mat.*, 1933, S. 20 f.

[196] Vgl. die Studie »Die Papyri und das Wesen der alexandrinischen Kultur«.

[197] Vgl. darüber die Studie »Humanismus und Hellenismus«.

## Catullus

[198] O. Weinreich, *Die Distichen des Catull*, Tübingen 1926, S. 40 f. Die folgende Übersetzung stammt von E. Norden, vgl. Weinreich S. 42.

[199] Vgl. P. Ducati, *Storia di Bologna* 1, Bologna 1928, Abb. 133.

[200] Ducati, Abb. 131.

[201] Vgl. die nächste Studie.

[202] Grundlegend R. Reitzenstein, *Zur Sprache der lateinischen Erotik*, Sitz.-Ber. Heidelberg 1912.

[203] Vgl. Verf., *Die antike Religion*, Neuausgabe 1952, S. 165 ff., besonders über die »Vergegenwärtigung in zeitlichem Stoff« [Werkausgabe VII. *Antike Religion*, München, 1971, S. 147 ff.].

[204] Es geht da um einen etruskischen Zug, welcher der gesellschaftlichen Umwelt der catullischen Dichtung eigen ist. Im bekannten Epigramm (84) wird ein Parvenu deshalb von Catull verspottet, weil er aspirierte Aussprache (*chommoda* statt *commoda* u. ä.) affektiert, als ob schon seine mütterlichen Ahnen so gesprochen hätten. A. J. Bell, *Class. Rev.* 29, 1915, S. 137, erkannte, daß jene Aussprache (auf etruskischem Gebiet, in der Toscana, sagt man heute noch *chasa* statt *casa*) und die Berufung auf mütterliche Vorfahren miteinander in Zusammenhang stehen. Er hob auch hervor, daß letztere in Italien eine etruskische Eigentümlichkeit ist. Bedenken wir also: hätte Arrius eine etruskisierende Aussprache affektiert, wenn die etruskische Weise nicht zum vornehmen Stil der damaligen römischen Gesellschaft gehört hätte? So etruskisch war das Leben um Catull innerhalb der römischen Form des Staates.

## Horatius — Horatianismus

[205] Vgl. darüber die Studie »Geist der römischen Literatur«.

[206] Vgl. Verf., »Das persische Millenium im Mahâbhârata, bei der Sibylle und Vergil«, *Klio*, 1936.

[207] »Musisch« und »Vitalität« wie in der Studie »Der antike Dichter«.

[208] I. Waldapfel in den Nachbemerkungen zum lateinisch-ungarischen *Horatius Noster*, Budapest 1935.

[209] Vgl. E. Stemplinger, *Horaz im Urteil der Jahrhunderte*, Leipzig 1927; *Das Fortleben der horazischen Lyrik*, Leipzig 1906. Diesem Werk wird der Hinweis auf Friedrich den Großen verdankt.

[210] Herders *Sämtliche Werke*, Berlin, XXIV., 1886, S. 199.

[211] »Rettungen des Horaz«, 1754, Lessings *Sämtliche Schriften*, V., Stuttgart 1890, S. 272 ff.

[212] F. Klingner, »Gedanken über Horaz«, *Die Antike*, V., 1929, S. 24. Der Verf. las sie erst, nachdem die Vorrede zum *Horatius Noster* gedruckt war.

[213] *Œuvres de Frédéric le Grand*, Berlin 1849, XII., S. 15.

[214] Klingner, a. O., S. 26.

[215] A. O., S. 213.

[216] *Neque enim si tu superbus amicitiam nostram sprevisti, ideo nos quoque* ἀνθυπερηφανοῦμεν.

[217] Klingner, »Die Einheit des virgilischen Lebenswerkes«, *Röm. Mitt.*, 1930, S. 51.

[218] Ihr Vertreter ist F. Altheim, *Römische Religionsgeschichte*, III., S. 67 ff. und 87 ff.

[219] In Übereinstimmung mit dem Horazkommentar von Kießling und Heinze, Berlin 1930.


## Humanismus und Hellenismus


[220] Für die Benennung dieses Ideals hat man die antike Bezeichnung παιδεία, die schon Gellius, XIII., 17, mit der *humanitas* gleichsetzt, aufgegriffen; vgl. besonders W. W. Jäger, *Paideia* I, Berlin 1934 (engl. Übersetzung Oxford 1939), wo das Wichtigste über diesen Begriff steht; die weitere Ausführung meiner Auffassung des griechischen Bildes vom Menschen: *Niobe, Neue Studien über antike Religion und Humanität*, Zürich 1949, S. 240 ff. [Die Studie »Der Mensch in griechischer Anschauung« in diesem Band.]

[221] Vgl. M. Schneidewin, *Die antike Humanität*, Berlin 1897, und I. Heinemann in Pauly-Wissowa-Krolls *Realenzyklopädie*, Supp., V., S. 302.

[222] R. Harder, *Hermes*, 69, 1934, S. 68.

[223] Vgl. über dieses Wort O. Weinreich, *Archiv f. Religionswiss.*, 18, 1915, S. 50.

[224] Vgl. E. Petersen: *Athen*, S. 71.

[225] Vgl. die Studie »Der antike Dichter«.

[226] Vgl. die Studie »Sophron oder der griechische Naturalismus«.

[227] Vgl. die ausgezeichnete Charakteristik der hellenistischen Kunst von F. Altheim, *Epochen der römischen Geschichte*, II., S. 129 ff.

[228] Fr. 761 K. Die Überlieferung ist nicht ganz einstimmig, aber in der Hauptsache sicher. Der gleich zu zitierende Dante-Vers: *Par.*, III., 85, ist auch mit kleinen Varianten überliefert.

[229] R. Reitzenstein, *Werden und Wesen der Humanität im Altertum*, Straßburg 1907.

[230] Vgl. R. Pfeiffer, *Humanitas Erasmiana*, Leipzig 1931, S. 2, Anm. 3. Der Budapester Professor und Kulturphilosoph L. Prohászka verfolgte in einer ungarischen Abhandlung diese Spuren bis zu Platon zurück.

[231] Pfeiffer, S. 3.

[232] R. Harder, *Die Antike*, 5, 1929, S. 300 ff.

[233] Reitzenstein, S. 8.

[234] Polyb. *Hist.* XXXI., 23–30.

[235] *Hist.* XXXV., 4, 13.

[236] Vgl. die Studie »Unsterblichkeit und Apollonreligion« mit Anm. 18.

[237] *Isthm.*, V., 14.

[238] Vgl. die Studie »Catullus«.

[239] Reitzenstein, S. 5. Die Beobachtungen an dem Wortschatz: S. 23.

[240] *Cäsar. Geschichte seines Ruhms*, Berlin 1924, S. 15.

## Niobe

[241] *Met.* VI 146–316.

[242] Die Dokumente sind abgedruckt bei K. B. Stark: *Niobe und die Niobiden*, Leipzig 1863. Dieses Werk, vielleicht das schönste Beispiel einer humanistisch-archäologischen Forschung, fand keine richtige Fortsetzung mehr. Es bietet den ganzen, damals bekannten, literarischen, künstlerischen und mythologischen Stoff. Die letzte gute Übersicht des Materials ist die von Lesky in Pauly-Wissowas *Realencyclopädie*.

[243] Nach einer öffentlichen Vorlesung, angeführt von E. Maas, »Die Schmerzensmutter der Antike«, *Neue Jahrbücher* 14, 1911, S. 23 ff.

[244] Vgl. K. Schefold, »Tochter der Niobe«, *Phoebus* 1, 1946, S. 49 ff.

[245] Paus. V 11.

[246] G. van der Leeuw, »Der Mensch und die Religion«, in H. Schmalenbachs *Philosophia Universalis* 2, Basel 1941, S. 122.

[247] Übersetzung von Emil Staiger, die vorletzte Zeile dem Original nähergebracht. Das Wort von der für das Christentum charakteristischen Vorstellung des »unendlichen Abstandes zwischen dem Göttlichen und Menschlichen« stammt von Rudolf Kaßner.

²⁴⁸ Athenag. *Leg. pro christ.* 14.

²⁴⁹ Vitelli-Norsa, *Papiri greci e latini* XI, Firenze 1935, Nr. 1208, bei R. Cantarella, *Eschilo* I, Firenze 1941, S. 328 ff.; die entscheidenden Zeilen bei Plat. *Rep.* 380 B.

²⁵⁰ Erkannt von K. Reinhardt, *Hermes* 69, 1934, S. 233 ff. Er denkt an Leto, vgl. auch seinen *Sophokles,* Frankfurt a. M., 1933, S. 23. An Hermes, jedoch nur am Ende des Stückes, denkt Lesky a. O. 651. Als Parallele führt Pfeiffer, *Philol.* 89, 1934, 1 ff., die Worte des Apollon Aisch. *Eum.* 314 an. Hermes zum grollenden Achilleus hintretend und mit ihm sprechend in den Hektoros Lytra des Aischylos: *Vita Aesch.* 23/24 Murray.

²⁵¹ Abgebildet bei Roscher, *Lex.* III, S. 407 f.

²⁵² Die Homerzitate werden in der Übersetzung von J. H. Voß angeführt.

²⁵³ Vgl. R. Reitzenstein, *Hellenistische Wundererzählungen,* Leipzig 1906, S. 84 ff.; Verf., *Die griechisch-orientalische Romanliteratur,* Tübingen 1927, S. 2 ff. [3. Auflage Darmstadt 1973, S. 2 ff.]

²⁵⁴ Artem. *Oneirocrit.* IV 47.

²⁵⁵ E. Samter, »Le pitture parietali del Colombario di Villa Pamfili«, *Römische Mitteilungen* 8, 1893, S. 142.

²⁵⁶ Stark, S. 164 f.; O. Jahn, *Abh. Ak. München* 7, 1857, S. 231 ff.

²⁵⁷ Stark, S. 165.

²⁵⁸ Paus. V 11, 6.

²⁵⁹ Vgl. S. Eitrem, »De Prometheo«, *Eranos* 44, 1946, S. 16.

²⁶⁰ *Tim.* 706 B.

²⁶¹ Euseb. *Praep. ev* p. 55; Apollod. *Bibl.* II 1.

²⁶² Schol. ad Hom. *Il.* XXIV 602; Stark, S. 354 ff.

²⁶³ Stark, S. 361 ff.

²⁶⁴ Oben S. 267.

²⁶⁵ Stark, S. 445.

²⁶⁶ Stark ebenda.

²⁶⁷ Vgl. G. van der Leeuw, *Der Mensch und die Religion* 21; ganz genau bedeutet »Welt«, ahd. w e r a l t, engl. w o r l d, niederl. w e r e l d »das Zeitalter des Menschen«.

²⁶⁸ In Verf. »Prometheus, das griechische Mythologem von der menschlichen Existenz«, *Albae Vigiliae* Neue Folge IV, Zürich 1946. [*Prometheus. Die menschliche Existenz in griechischer Deutung,* rowohlts deutsche enzyklopädie, Reinbek bei Hamburg 1959; Nachdruck 1962]

²⁶⁹ C. Meinhof, *Afrikanische Märchen,* S. 200; Verf., *Die antike Religion,* Amsterdam 1940, S. 34 f. [Werkausgabe VII *Antike Religion,* München 1971, S. 30 f.]

[270] Hesiod *Erga* 108; Verf., »Prometheus«. 15. [*Prometheus*, Reinbek bei Hamburg 1962, S. 27 f.]

[271] Hesiod *Theog.* 521/522; man vergleiche das archaische Schalenbild des Museo Gregoriano, abgebildet in Verf. »Prometheus«. Die Vereinigung von Atlas und Prometheus ist eine Parallele zur Komposition des Panainos, wie sie oben S. 270 aufgefaßt wurde. Hinter Atlas bezeichnet eine Schlange den Bereich der Hesperiden.

[272] 1025 κελαινόβρωτον δ' ἧπαρ ἐκθοινήσεται.

[273] *Inc. fr.* 27 Lobel.

[274] τοὺς δ' ἄρα τῆι δεκάτηι θάψαν θεοὶ Οὐρανίωνες.

[275] XXIII 175.

[276] λαοὺς δὲ λίθους ποίησε Κρονίων.

[277] Vgl. unten S. 303.

[278] Vgl. Lesky a.a.O. Sind die Zahlen 18 und 19 so zu erklären, daß die verschonte Tochter oder zwei verschonte Kinder nicht mitgerechnet wurden, so bleibt als Grundzahl 20, die regelrechte Monats-Zweidrittel.

[279] Vgl. W. H. Roscher, »Die enneadischen und hebdomadischen Fristen und Wochen der ältesten Griechen«, *Abh. Sächs. Ges. Wiss.*, Leipzig, 21, 1903, S. 4 ff. und »Enneadische Studien«, ebenda 26, 1907, S. 1 ff.; über die Niobiden S. 16.

[280] Es seien die am Daidala-Fest verbrannten 14 Holzpuppen, die in Korinth der Medeia »geopferten« 14 Kinder, die dem Minotauros in Kreta dargebrachten 14 athenischen Jünglinge und Jungfrauen erwähnt.

[281] Hom. *Hymn. in Apoll.* 91; unten S. 369.

[282] Vgl. M. P. Nilsson, *Gesch. d. griech. Rel.* I, München 1941, S. 611

[283] Vgl. unten S. 378.

[284] Vgl. Nilsson, »Die Entstehung und religiöse Bedeutung des griech. Kalenders«, *Lunds Univ. Årsskrift* 1918, 33, 1.

[285] Belege ihrer Flucht in Wolfsgestalt bei Nilsson, *Gesch. d. griech. Rel.* I, S. 506.

[286] Vgl. C. Robert, »Die Knöchelspielerinnen des Alexandros«, XXI. *Hallisches Winckelmannsprogramm,* Halle a. S. 1897; unsere Taf. 8.

[287] Paus. VI 24, 6.

[288] Ovid *Fasti* V 700; Hyg. *fab.* 80.

[289] Zusammen dargestellt: Paus. IV 31, 12.

[290] Nach den *Kypria*: Paus. III 16, 1.

[291] Paus. IV 3, 2.

[292] Paus. III 16, 1; II 22, 5.

[293] Hesych s. v.

[294] Vgl. Eitrem in P.-W. »Phoibe«.

[295] Paus. III 14, 6.

²⁹⁶ Paus. III 18, 6; IX 35, 1.
²⁹⁷ Vgl. die römischen K a l e n d a e , die das gleiche Verbum in der gleichen Bedeutung voraussetzen.
²⁹⁸ Paus. IX 35, 2.
²⁹⁹ Paus. III 14, 6; VIII 37, 1.
³⁰⁰ *Pyth.* IX 90.
³⁰¹ Paus. IX 35, 5.
³⁰² Suidas s. v.

*Bild, Gestalt und Archetypus*

³⁰³ Veröffentlicht von G. Bendinelli, »Le pitture del Columbario di Villa Pamfili«, in den *Monumenti della Pittura Antica* III, Roma V.
³⁰⁴ S. oben S. 269.
³⁰⁵ In der Zeitschrift *Chimera* 4, 1946, Nr. 3. New York.
³⁰⁶ Angeführt von K. Hoenn, *Artemis,* Zürich 1946, S. 17.
³⁰⁷ *Myth in Primitiv Psychology,* London 1926; Jung-Kerényi, *Einführung in das Wesen der Mythologie,* Amsterdam und Zürich 1941, S. 14 ff. [Werkausgabe I *Humanistische Seelenforschung* München 1966, S. 156 ff.]; vgl. G. Van der Leeuw, *L'homme primitif et la religion,* Paris 1940, S. 107.
³⁰⁸ Ada Thomsen, »Der Trug des Prometheus«, *Nordisk Tidskr. f. Filol.* 1907; *Arch. Rel.-Wiss.* 12, 1909, S. 460 ff.
³⁰⁹ K. Meuli, »Griechische Opferbräuche«, *Phyllobolia* für Peter von der Mühll, Basel 1945, S. 250 ff.
³¹⁰ S. Eitrem im oben Anm. 259 angeführten Aufsatz; vgl. Verf., »Die Geburt der Helena«, *Alb. Vig.* N. F. III, Zürich 1945, 88 f. [Werkausgabe VII *Antike Religion,* München 1971, S. 222 f.]
³¹¹ P. Ehrenreich, »Götter und Heilbringer«, *Zeitschr. f. Ethnol.* 38, 1906, S. 536 ff.
³¹² Oben S. 272.
³¹³ Verf., »Prometheus«, 17 ff. [*Prometheus,* Reinbek bei Hamburg 1962, S. 38 ff.]
³¹⁴ Vgl. die folgende Studie S. 311 ff.
³¹⁵ Apollon. Rhod. *Arg.* III 1085/85.
³¹⁶ S. oben S. 270 f.
³¹⁷ Oben S. 273 ff.
³¹⁸ P. W. Schmidt, *Der Ursprung der Gottesidee* II, Münster i. W. 1929, S. 562.
³¹⁹ Verf., »Mythologie und Gnosis«, *Eranos Jahrbuch,* Zürich 1940/41, 192 ff., *Alb. Vig.* XIV, Amsterdam 1942. [Werkausgabe I S. 150 ff.]

466

[320] Vgl. das allzuwenig gewürdigte Werk von H. Jonas, *Gnosis und spätantiker Geist* I, Göttingen 1934, S. 331 ff.

[321] Jonas, S. 106 ff., der die Parallele mit der Heideggerschen Philosophie in allen Einzelheiten ausarbeitet.

[322] Jaspers, *Nietzsche*, S. 325 und S. 330; Verf., *Bachofen und die Zukunft des Humanismus*. Mit einem Intermezzo über Nietzsche und Ariadne, Zürich 1945, S. 28 ff. [In Verf.s *Der höhere Standpunkt*, München 1971, S. 38 ff.]

[323] Vgl. Verf.s Versuche in der Zeitschrift *Paideuma* I 158 und *Apollon*, 2. Aufl. Amsterdam 1941, S. 64 ff. [Die Studie »Ergriffenheit und Wissenschaft« in diesem Band]

[324] Oben S. 270 und Anm. 267.

## Urmensch und Mysterium

[325] Hesiod, *Erga* S. 108 ff.; fr. 82 Rzach; vgl. dazu Verf. *Die antike Religion*, S. 154 ff. [Werkausgabe VII. *Antike Religion*, München 1971, S. 134 ff.]

[326] Osborn, *From the Greeks to Darwin* (1874), angeführt von W. A. Merrill in seinem Lukrez-Kommentar (New York 1907) zu V 787; vgl. dagegen E. E. Sikes, *Lucretius Poet and Philosopher*, Cambridge 1936, S. 144 und *The Anthropology of the Greeks*, London 1914, S. 53 ff.

[327] Diese Übersetzung beruht auf der Zweideutigkeit des lateinischen Wortes *uterus*, das hier eher Mutterleib, Gebärmutter bedeutet.

[328] K. Reinhardt, »Hekataios von Abdera und Demokrit«, *Hermes* 47 (1912), S. 492 über Diodor I 7, 8.

[329] Censorinus *De die nat.* 4, 9; Usener, *Epicurea* S. 333.

[330] Vgl. Sikes, *The Anthropology of the Greek* 107, 12 und C. Bailey in seinem Lukrezkommentar (Oxford 1947) zu V 837—854, S. 837.

[331] Freilich nicht vom »survival of the fittest« im Sinne Darwins, wie es Sikes, *The Anthropology of the Greeks*, S. 53 mit Recht bemerkt.

[332] Vgl. außer den bereits angeführten Kommentaren den *Lucrèce* von Ernout und Robin zu V 837 ff. und 855—877.

[333] Nach H. Diels, *Fragmente der Vorsokratiker*, 5. Aufl., herausgegeben von W. Kranz, Berlin 1937; die Übersetzungen sind im großen und ganzen die von Diels.

[334] Die οὐλοφυεῖς τύποι des Empedokles sind nicht anthropomorph, und sie sind geschlechtslos (fr. 62, 7/8):

οὔτε τι πω μελέων ἐρατὸν δέμας ἐμφαίνοντας
οὔτ' ἐνοπὴν οἶόν τ' ἐπιχώριον ἀνδράσι γυῖον.

Der Hinweis auf Plat. *Symp.* 189 e (J. Burnet, *Early Greek Philosophy*[4], London 1930, 243, 2) ist falsch.

[335] Vgl. H. Güntert, »Eine etymologische Deutung von griechisch ἄνθρωπος« *Sitz.-Ber. Heidelberg* 1915, 10. Abh. S. 4 ff., der ἄνθρωπος als »den mit dem stacheligen Gesicht« erklärt. Diese Etymologie ist gerade auf der Ebene ihrer Trivialität leicht zu widerlegen: stachelig wird das bärtige Gesicht erst durch das Rasieren, das also die Voraussetzung des griechischen Wortes für »Mensch« wäre! Das entsprechende hettitische Wort, worauf E. Schwyzer, *Bursians Jahresb.* 201, S. 120, 3 hinwies, scheint ein Lehnwort aus dem Griechischen zu sein. Vgl. A. Braun, *Atti Istit. Veneto* 95, 1935–36, 2, S. 386.

[336] Der Umstand, daß sich die Benennung nur auf die Männer und nicht auch auf die Frauen beziehen würde, — Fälle aus anderen Sprachen bringt Güntert S. 7 — wäre übrigens nur in einer Mythologie verständlich, in der die Frauen eine andere Abstammungsgeschichte hatten als die Männer.

[337] Dies ist heute die allgemein angenommene wissenschaftliche Auffassung, vgl. Walde-Hofmann, *Lat. Etym. Wörterbuch* I, Heidelberg 1938, S. 655.

[338] Vgl. L. Preller, »Die Vorstellungen der Alten, besonders der Griechen, von dem Ursprunge und den ältesten Schicksalen des menschlichen Geschlechts«, *Philologus* 7, 1852, S. 1 ff. und in seinen *Ausgewählten Schriften*, S. 1 ff.

[339] XXIV 611, vgl. Tümpel in P.-W. *Realenc.* V, 1, S. 266; Pindar fügt zur Erzählung von Deukalion und Pyrrha und ihrer Tochter Protogeneia, *Ol.* IX 44 hinzu: ἄτερ δ' εὐνᾶς ὁμόδαμον κτισσάσθαν λίθινον γόνον· λαοὶ δ' ὀνύμασθεν, vgl. Hesiod fr. 115 Rzach. Auf Grund eigener Kombination hält Güntert, »Labyrinth«, *Sitz.-Ber. Heidelberg* 1932/33 1. Abh. S. 39, die Etymologie sogar in einem gewissen Sinne für richtig: λαοί wären danach ursprünglich die vorindogermanischen Völker der »Steinburgherren« gewesen.

[340] *Met.* I. 2; vgl. Usener, *Die Sintflutsagen*, Bonn 1899, S. 43.

[341] Das Werfen (λαβεῖν κόνιν καὶ ῥῖψαι εἰς τοὐπίσω) im *Etymologicum Magnum* 465, 26 nach Stesimbrotos, das Bilden (ἐποίησε) im Scholion zu Apollonios Rhodios *Arg.* I 1126 und das Entsprießenlassen (ἐβλάστησε) im Epos selbst I 1130.

[342] Deshalb kann die Interpretation des archaischen und klassischen Prometheusbildes diesen Zug beiseite lassen. (Verf. »Prometheus«, *Alb. Vig.* N. F. IV, Zürich 1946, S. 12). [*Prometheus*, Reinbek bei Hamburg 1962 S. 17 ff.] Außerdem muß die Erschaffung der Frau für sich betrachtet werden; die beiden Tragikerstellen Aisch. fr. 359 und Soph. fr.

468

441 (aus einem Satyrspiel, vgl. C. Robert, »Pandora«, *Hermes* 49, 1914, S. 35) beziehen sich wohl darauf. Doch heißt es in der systematischen Mythologie bei Apollodor I 7, 1 schon selbstverständlich: »Prometheus bildete die Menschen aus Wasser und Erde . . .« vgl. die Stellen in Frazers *Apollodorus* z. St. und C. Robert, *Die antiken Sarkophagreliefs* III, 3, Berlin 1919, S. 136 ff.

³⁴³ Aristophanes, *Av.* 686, vgl. unten S. 310.

³⁴⁴ Plat. *Prot.* 320 d τυποῦσιν αὐτὰ θεοὶ γῆς ἔνδον . . . ἐπειδὴ δ᾽ ἄγειν αὐτὰ πρὸς φῶς ἔμελλον, προσέταξαν Προμηθεῖ καὶ Ἐπιμηθεῖ κοσμῆσαι . . .

³⁴⁵ Plat. *Polit.* 414 e ἡ γῆ αὐτοὺς μήτηρ οὖσα ἀνῆκεν. A. Dieterich, *Mutter Erde²*, Leipzig 1913, Nachtrag S. 130.

³⁴⁶ Vgl. Apollodor III 4, 1 mit Frazers Kommentar und Preller a. O.

³⁴⁷ Paus. VIII 1, 4; Apollod. II 1, 1, 5 und III 8, 1, 1 erwähnt auch die Abstammung von Zeus und Niobe, das Mythologem einer andern Anthropogonie. Vgl. dazu die Studie »Niobe« in diesem Band.

³⁴⁸ Vgl. »Pelasgos« von J. Krischan in P.-W.

³⁴⁹ Harpokration und Suidas s. v. αὐτοχθόνες.

³⁵⁰ Lukian *Philopseudes*, der zu ἀναφῦναι noch hinzufügt: »wie das Gemüse« (καθάπερ τὰ λάχανα). »Gegeneis«, Erdentsprossene sind in der mythischen Urgeschichte der Athener auch Kekrops und Erechtheus, von dem die *Ilias* sagt (II 547), die gesegnete Erde habe ihn geboren: τέκε δὲ ζείδωρος ἄρουρα. Die bildhafte Interpretation des »Emporreichens« zeigt uns eine attische Terracotta mit Athena, der Göttin Ge, die das Kind Erichthonios emporreicht und mit dem halb schlangengestaltigen Kekrops, *Archäol. Zeitung* 1873, Taf. 63.

³⁵¹ Hesiod fr. 76 Rzach; Ovid *Met.* VII 523 ff.

³⁵² Ein etymologischer Zusammenhang ist möglich, vgl. J. Schmidt »Myrmidones« in P.-W.

³⁵³ Auch in Korinth und auf eleusinischem Gebiete, vgl. Wilamowitz, »Aus Kydathen«, *Philol. Unters.* I, Berlin 1880, S. 146; J. Schmidt s. v. »Myrmex« in P.-W.

³⁵⁴ Μύρμηκες gab es von den Komikern Platon und Kantharos, doch sind sie bis auf den Titel verloren gegangen, vgl. Koch, *Com. Att. Fragm.* I 623 und 765; die Fragmente aus dem Μυρμηκάνθρωποι des Pherekrates bei Koch I 17 8 ff. Aus dem Μύρμηξ des Poesidippos blieb ein Zitat erhalten: Koch III 341.

³⁵⁵ Vgl. Herod. VII 161; Thukyd. I 2, 5; II 36, 1; Eur. *Ion* 29; fr. 360, 8; Aristoph. *Vesp.* 1076; Isokr. *Paneg.* 24 f.; *Panath.* 124 f.

³⁵⁶ Vgl. die Orakel bei Herod. I 66; Paus. VIII 42, 6.

[357] Vgl. die Kommentare von Ernout-Robin und von C. Bailey zu Lucr. 925 ff.

[358] Es ist so, wie S. Eitrem, »Eleusinia – les mystères et l'agriculture«, *Symbolae Osloenses* 20, 1941, S. 148 bemerkt: »Au don du blé on ne trouve pas allusion dans notre hymne. Il est, à ce qu'il semble, à dessein écarté.«

[359] »Der Leser kann nicht ahnen, daß Demeter etwa früher einmal die Saat auf dem rarischen Feld veranlaßt hätte, wie sie es nach der parischen Chronik getan hat« – so bemerkt U. v. Wilamowitz-Moellendorff, *Der Glaube der Hellenen* II, Berlin 1932, 50, 1 und fügt noch hinzu, daran erkenne man die Verarbeitung von Stoffen, die sich miteinander nicht vertragen. Es ist richtiger, zu sagen, der homerische Stil der Verarbeitung verträgt gewisse Züge nicht, die wir aus andern Überlieferungen kennen.

[360] Vgl. die parische Chronik Ep. 12–13 mit dem Kommentar von F. Jacoby, *Das Marmor Parium*, Berlin 1904, der S. 64 das selbe feststellt.

[361] L. Malten, »Altorphische Demetersage«, *Arch. f. Rel.-Wiss.* 12, 1909, S. 430 auf Grund von Asklepiades von Tragilos, *Tragod.* B. 4 bei Harpokration s. v. Δυσαύλης.

[362] *Orph. fr.* 49 Kern; Malten a.a.O. S. 417 ff.

[363] Vgl. J. E. Harrison, *Themis*, Cambridge 1912, S. 101 und Verf. *Gnomon* 10, 1934, S. 137.

[364] Verg. *Georg.* I 165; Ovid *Fasti* IV 507 ff.

[365] Vgl. Malten a.a.O. S. 431.

[366] Fr. 153 Diels, vgl. H. Diels, »Arcana Cerealia«, *Miscellanea Salinas*, Palermo 1907, S. 10.

[367] Nach Clem, Alex. *Protr.* II 17, 1 (*Orph. fr.* 50 Kern) hieß dieser Sohn Eubuleus; nach Paus. I, 14, 3 (fr. 51) waren Eubuleus und sein Bruder Triptolemos die Wegweiser. Nach der sonst bekannten attischen Tradition war die Göttin hauptsächlich dem Triptolemos dankbar (vgl. E. Schwenn in P.-W. s. v. »Triptolemos«), der seinem Namen nach freilich nicht Hirt, sondern der Ur-Krieger sein mußte, dessen wilde Sitten durch die Geschenke der Göttin gezähmt wurden. Der Bezug auf den Krieg blieb im homerischen *Demeterhymnus* in Verbindung mit dem jüngsten Bruder des Triptolemos, dem Demophon erhalten (265–67), vgl. auch das, was über die Parallele mit Mars in *Gnomon* 1934, 137 gesagt wurde, und was schon Fr. Marx, »Ein neuer Aresmythos«, *Arch. Ztg.* 43, 1885, S. 175 bemerkte.

[368] Darin stimmen heute alle Deuter der eleusinischen Mysterien überein; vgl. außer Eitrems oben Anm. 358 zitiertem Aufsatz auch Nilsson, »Die Eleusinischen Gottheiten«, *Arch. f. Rel.-Wiss.* 32, 1935. S. 101 ff.;

Verf. in Jung-Kerényi, *Einführung in das Wesen der Mythologie*, Amsterdam 1941, S. 164 ff. [4. Ausg. Zürich 1951, S. 168 ff.] und A. Brelich in der Zeitschr. *Doxa*, Rom 1948, S. 77.

369 Ob die Analogie des Getreideschicksals bei der Handlung mit hineinspielt, wie es Verf. in Jung-Kerényi, *Einführung* S. 165 ff. [4. Ausg. Zürich 1951, S. 170 ff.] erschien? Prometheische Weihe verbindet sich hier mit der demetrischen im Sinne einer zweiten Geburt: vgl. unten S. 441 f.

370 Vgl. *Od.* I 32 ff., wo aber nicht das Nichtwissen, sondern die Verwegenheit (ἀτασθαλίη) der Menschen angeschuldigt wird.

371 *Orph. fr.* 49, 95 Kern.

372 *Orph. fr.* 233 Kern.

373 ... λύσιν δὲ κακῶν παῦροι συνίσασιν, Pyth. *Aur. Carm.* 55 p. 207 Nauck, bei Kern zu *Orph. fr.* 233.

374 Fr. 124 und die Anrede in fr. 141 Diels.

375 Parm. 6, 4—7, wo außer Unwissenheit (εἰδότες οὐδέν) auch Taubheit und Blindheit (κωφοὶ ὁμῶς τυφλοί τε) den Menschen vorgeworfen wird. Bei Heraklit beachte man, wie verächtlich das Wort ἄνθρωπος ausgesprochen wird in fr. 1, 27, 56, 78, 83, 87, 107; vgl. auch die Fragmente, in denen nur die Schmähung erhalten ist, das Wort ἄνθρωπος zufällig nicht. Eine Art Taubheit und Blindheit wird den unwissenden, ungebildeten Menschen gleichfalls vorgeworfen, vgl. fr. 34 und 107.

376 Arist. *Aves*, 685–86; von Kern in die *Orphicorum Fragmenta* (zu fr. 1) nicht aufgenommen, da die Parodie der orphischen Mysterienprädikation darin nicht erkannt wurde.

377 Vgl. Hom. *Il.* VI 146; dieses sehr bekannte Gleichnis und das Beiwort ἀμενηνά in der nächsten Zeile (bei Homer von den Schatten der Verstorbenen und den Träumen gesagt) vertreten hier gleichsam den epischen Stil.

378 Dies steht, wie wir schon wissen, nicht in Gegensatz zum Geborensein aus der Erde und entspricht mit der folgenden Betonung der Schattenhaftigkeit dem εἴδωλα τετυγμένα im oben angeführten orphischen Fragment.

379 Dieser Vorwurf ist der einzige, der auf genuine, nicht parodistische Weise von den Vögeln erhoben werden kann.

380 Vgl. Pind. *Pyth.* VIII, 95 mit Verf. *Apollon*, Amsterdam² 1941, S. 158 [S. 134 in der Studie »Sophron oder der griechische Naturalismus«]; bezeichnenderweise versteht der Scholiast dieses Beiwort samt dem folgenden ταλαοί im Sinne des orphischen Demeterhymnus: τληπαθεῖς καὶ τὰ καθημερινὰ εἰδότες, μὴ προορώμενοι δὲ τὰ μέλλοντα. Zu ταλαοί vgl. das δυστλήμονας im Hymnus.

[381] *Tusc. disp.* II 10, 23.

[382] Steph. Byz. s. v. Λῆμνος.

[383] So im heidnischen Text von den verschiedenen Urmenschen verschiedener Landschaften bei Hippol. *Ref.* V, 6, 3 ff.

[384] Vgl. Bapp in Roschers *Lexikon* III 3040 f., der den Bezug des lemnischen Kultes auf die Flutsage mit Recht hervorhebt.

[385] Zu diesem Aspekt der lemnischen Kabiren vgl. C. Fredrich, »Lemnos«, *Ath. Mitt.* 31 (1906) S. 77 ff.

[386] Das Suffix-αξ müßte in diesem Fall so aufgefaßt werden, wie in βῶλαξ = βῶλος, δίφραξ = δίφρος, d. h. als eine bedeutungslose Variation, die im Compositum auch wegbleiben konnte. Die von Güntert (vgl. oben Anm. 335) zusammengestellte Wortgruppe hätte danach als Grundbedeutung nicht »stachelig«, sondern »brennend«, vgl. den deutschen Pflanzennamen »Brennessel«.

[387] *Erga* 50 (κρύψε); in der *Theogonie* 563 heißt es οὐκ ἐδίδου, doch spielte sich da vorher schon das erste Opfer ab, bei dem das Feuer schon da sein mußte: wenn Zeus es »nicht gab«, so bedeutet das soviel, daß er es »nicht mehr gab, sondern vorenthielt«.

[388] *Hymn. in Cer.* 307.

[389] *Erga* 51; vgl. auch die Version bei Serv. *ad Verg. Ecl.* VI 42, wonach Prometheus das Feuer von der Sonne stahl.

[390] Kritias, *Sisyphos* fr. 1 Nauck; fr. 25 Diels; Moschion fr. 6 Nauck; Stob *Ecl.* I 8, 38.

[391] Fr. 292 Kern.

[392] Vgl. Kern *Orph. Fragm.* S. 303 ff.

[393] Man vergleiche *Ez.* 12, 2; *Marc.* 8, 18; freilich nur als Beispiele derselben Form der religiösen Rede.

[394] Vgl. oben Anm. 375.

[395] Fr. 6, 23—25.

[396] Verg. *Georg.* I, 7:

> *Liber et alma Ceres, vestra si munere tellus*
> *Chaoniam pingui glandem mutavit arista,*
> *Poculaque inventis Acheloia miscuit uvis . . .*

Am Schluß des zweiten Gesanges erhebt sich der Ton des Dichters sogar zu einer Art Mysterienprädikation (458):

> *O fortunatos nimium, sua si bona norint,*
> *Agricolas . . .*

und 490–93; vgl. *Hymn. in Cer.* 480; Pind. fr. 121 Bowra; Soph. fr. 752 Nauck und über die religiöse »Seligpreisung« überhaupt E. Norden, *Agnostos Theos,* S. 100, 1.

[397] Bei Hippol. *Ref.* V, 6, 3 ff., angeführt oben Anm. 383.

[398] Paus. IX 25, 6; vgl. dazu und zum Folgenden Verf. »Mysterien der Kabiren«, *Eranos Jahrbuch* 1944 und »Die Geburt der Helena«, *Alb. Vig.* N. F. III Zürich 1945, 63 ff.

[399] Wolters-Bruns, *Das Kabirenheiligtum von Theben* I Berlin 1940 Tf. 5; O. Kern, »Die boiotischen Kabiren«, *Hermes* 25, 1889, S. 7.

[400] Wolters-Bruns, Tf. 27 ff.

[401] Vgl. den orphischen *Hymnus an die Kurete*n XXXVIII 20/21; Gleichsetzung der Kureten und der idäischen Daktylen: Paus. V 7, 6.

[402] Vgl. oben S. 303 mit Anm. 341.

[403] Vgl. Hesych. *Lex.* s. v. Βερεκύνδαι· δαίμονές τινες. καὶ ῥόμβοι. Diese wichtige Stelle ist bei Verf., »Mysterien der Kabiren« bzw. »Die Geburt der Helena«, *Alb. Vig.* N. F. III, 65 Anm. 3 vor Schol. in Ap. Rhod. *Arg.* I 1139 ausgefallen.

[404] Apollonios Rhodios I 1130 nennt die Nymphe Anchiale in dieser Funktion; Nonnos, *Dion.* XIV 24 ff. und Schol. Hephaist. p. 158 die Muttergöttin Rhea selbst.

[405] Vgl. G. Kaibel, ΔΑΚΤΥΛΟΙ ΙΔΑΙΟΙ *Gött. Gel. Nachr.* 1901, 480 ff., in einem von Wilamowitz herausgegebenen Aufsatz, der gar nicht ins Bodenlose führt, wenn man das gleich zu nennende gestaltende Prinzip mit in Betracht zieht.

[406] Ap. Rhod. 1127 mit Schol.

[407] *Arch. f. Rel.-Wiss.* 9, (1906) 89.

[408] Es sei wenigstens eine, ganz genaue ethnologische Parallele angeführt: Strehlow und von Leonhardi, *Die Aranda und Loritja-Stämme* I 2, S. 4 ff.; I 1 S. 3, zitiert von Söderblom, *Das Werden des Gottesglaubens* 1926, S. 150. Nach dem Glauben der Australier seien die noch nicht Eingeweihten formlose Gebilde, erst durch die Mysterien werden sie fertig.

[409] Ausgedrückt durch Kranz und Ring, vgl. Verf., »Prometheus«, S. 77 f. [*Prometheus*, Reinbek bei Hamburg 1962, S. 127 ff.]

Die Göttin Natur

[410] »Ode auf den Zürichsee«; vgl. E. Hoffmann-Krayer, *Die Entwickelung des Naturgefühls in deutscher Dichtung und Kunst*, Berlin 1901, S. 148.

[411] Angeführt von W. Dilthey, *Ges. Schriften* II, Berlin 1914, S. 395 f.

[412] *Der griechische Göttermythos bei Goethe und Hölderlin*, Berlin 1939, S. 25.

⁴¹³ Verf., *Die antike Religion,* Amsterdam 1941, S. 114. [Werkausgabe VII *Antike Religion,* München 1971, S. 107 f.]

⁴¹⁴ Verf., *Bachofen und die Zukunft des Humanismus.* Mit einem Intermezzo über Nietzsche und Ariadne, Zürich 1945, S. 34. [In Verf.s *Der höhere Standpunkt,* München 1971, S. 46 f.]

⁴¹⁵ Angeführt von P. Wernle, Sonntagsblatt der *Basler Nachrichten* vom 11. Jan. 1920, S. 8, vgl. F. Schultz in der *Festschrift für Julius Petersen,* Leipzig 1938, S. 97 ff. Über Tobler H. Funck im *Zürcher Taschenbuch* 1924, S. 71 ff. und R. Herrich, *Jahrbuch der Goethe-Gesellschaft* 13, 1927, S. 138 ff.

⁴¹⁶ *Schweitzerisches Museum* 3, 1784, März.

⁴¹⁷ F. Dornseiff, *Die Antike* 15, 1939, S. 274 f.

⁴¹⁸ Angeführt von P. Wernle *Der schweizerische Protestantismus im 18. Jh.* II. Tübingen 1926, S. 424.

⁴²⁰ Epiktet *Enchirid.* 53.

⁴²¹ Karl Kraus, *Sprüche und Widersprüche,* München 1909.

⁴²² K. Riezler, *Parmenides,* Frankfurt a. M. 1934, S. 15, Weitere Literatur im großen Artikel »Physik« von H. Leisegang in Pauly-Wissowas *Realenc.* XX, 1, S. 1129 ff., der den besten Überblick bietet.

⁴²³ Aristot. *Met.* Δ 4 mit W. D. Ross' Kommentar, Oxford 1924, der nach J. Burnet, *Early Greek Philosophy,* 3. ed. London 1920, S. 363, die Sinnverwandtschaft mit lat. *fu-* und engl. *be* betont.

⁴²⁴ Diese Voreingenommenheit charakterisiert H. Dillers Vortrag: »Der griechische Naturbegriff« *Neue Jahrbücher für Antike und deutsche Bildung,* 2, 1939, S. 241 ff. und vor ihm schon die weniger durchdachte Göttinger Dissertation von O. Thimme, ΦΥΣΙΣ ΤΡΟΠΟΣ ΗΘΟΣ, 1934.

⁴²⁵ Bei den späteren Pythagoreern heißt dies in umgekehrter Fassung so, die Menschen seien göttlich, denen die »heilige Natur« ein jegliches zeige (*Carm. aur. Pyth.* 64):

ἀλλὰ σὺ θάρσει, ἐπεὶ θεῖον γένος ἐστὶ βροτοῖσιν
οἷς ἱερὰ προφέρουσα φύσις δείκνυσι ἕκαστα.

⁴²⁶ Dies geschah durch Felix Heinimann, *Nomos und Physis,* Basel 1945, S. 11 und S. 36, in einer sonst überaus fleißigen Arbeit.

⁴²⁷ Vgl. K. Reinhardt, *Parmenides und die Geschichte der griechischen Philosophie,* Bonn 1916, S. 82 ff.

⁴²⁸ *Phys.* 193 b 12.

⁴²⁹ Aristot. *Met.* Δ 4.

⁴³⁰ *Leg.* 892 c; es ist sehr lehrreich, wie Platon selbst das Wort »Physis« im großen *Brief an die Freunde um Dion* 341 d ff. verwendet, vgl. Leisegang a.a.O. Danach muß auch die Ideenlehre als eine Lehre von der

Physis bezeichnet werden. Ein Ausdruck wie αὐτοῦ ὃ ἔστι ἑκάστου τῆς φύσεως ἅψασθαι ist offenbar pleonastisch zu verstehen: »dessen, was ein jegliches *ist*, seiner Physis nämlich, gewahr werden.«

[431] Simplic. *ad Aristot. Phys.* 1318, 33; Reinhardt, *Parmenides*, S. 85.

[432] Cic. *De nat deor.* II 32, 82.

[433] Riezler, *Parmenides* S. 78.

[434] *Aet.* II 7, 1 (A 37 Diels-Kranz).

[435] Arist. *Met.* 1015 a 13 ff.

[436] *Symp.* 178 b 10; die Folgerung, Parmenides selbst hätte die Göttin »Genesis« benannt, geht jedoch allzuweit.

[437] *Ad Phys.* 39, 18.

[438] Vgl. Verf.: »Pythagoras und Orpheus«, 2. Ausg. *Albae Vigilae* II, Amsterdam 1940, S. 37 [Werkausgabe I. *Humanistische Seelenforschung*, München 1966, S. 42 f.] nach A. Olvieri, *Civiltà Greca nell'Italia Meridionale*, Napoli 1931, S. 41 ff. und A. Delatte, *Etudes sur la littérature Pythagoricienne*, Paris 1915, S. 114 f. Auf Grund pythagoreischer Zahlenmystik ergibt sich die Gleichheit dieser Göttin mit der Göttin Physis und mit der Isis, die seit hellenistischer Zeit ebenfalls mit der göttlichen »Physis« und »Genesis« identifiziert wird. Zur zahlenmystischen Grundlage Delatte 145, zur Isis-Physis R. Reitzenstein, *Poimandres*, Leipzig 1904, S. 44, mit weiterem Hinweis. Diese in die Hermetik, Gnosis und Alchemie führende orientalische Linie wird hier nicht verfolgt.

[439] Cic. *De nat. deor.* I 11, 28 erwähnt – unklar genug – *multa eiusdem (modi) monstra: quippe qui Bellum, qui Discordiam, qui Cupiditatem ceteraque generis eiusdem ad deum revocat quae vel morbo, vel somno vel oblivione vel vetustate delentur.* Reinhardt, *Parmenides* S. 17, folgert wohl mit Recht, unter diesen sonderbaren Worten stecken die Gestalten Thanatos, Hypnos, Lethe, Geras. Wollte man eher — oder auch — auf ihre Gegensätze, auf Personifikationen der Gesundheit, Wachheit, Erinnerung, Jugend schließen, so wären das keine *monstra*.

[440] *Theog.* 211–228.

[441] *Orph. fr.* 1 sq. Kern.

[442] *Amat.* 756 F.

[443] *Aet.* II 7; A 37 Diels-Kranz.

[444] So macht schon Reinhardt, *Parmenides* S. 15, durch Empedokles die Kosmogonie des Parmenides anschaulicher.

[445] Text und Übersetzung nach H. Diels.

[446] Vgl. auch Ernout-Robins Kommentar: *Lucrèce*, Paris 1925.

[447] *Georg.* II 338; vgl. *Pervigilium Veneris* 2: *vere natus orbis est.*

[448] Vgl. Leisegang a.a.O.

[449] Wie P. Friedländer, *Hermes* 67, 1932, S. 45.

[450] Munro zu VI 31; vgl. C. Krücke, *Unklarheiten im Begriff der Natur bei Epikur*, Diss. Göttingen 1906, S. 10.

[451] Die inschriftlichen Zeugnisse von einer *Venus Fisica* in Pompeii (*CIL* IV 1520 und X 928) genügen nicht, um einen kultischen Hintergrund zu rekonstruieren. Dürftig sind auch die Zeugnisse vom Kult der Mefitis, die *CIL* X 203 gleichfalls *Fisica* heißt. Dürfte man sie für eine Höhlengöttin halten, wozu Verg. *Aen.* VII 568 *specus horrendum et spiraculi Ditis etc.* (vgl. VII 84) Anhaltspunkte bietet, würde das zum Bilde, welches wir von der Göttin Physis gewinnen werden, passen.

[452] Die Texte und Übersetzungen nach K. Preisendanz, *Papyri Graecae Magicae* I, Leipzig 1928. Leisegang a.a.O. weist außer IV 2915 und 3230 auch auf I 310 hin, einen mit jüdischen heiligen Namen durchwobenen Zauberhymnus an Apollon, in dem auch Physis und Adonai gleichgesetzt werden.

[453] Vgl. Plutarch, *Amat.* 19; Roscher, *Über Selene und Verwandtes*, Leipzig 1890, S. 83.

[454] Vgl. über ihn K. Horna, »Die Hymnen des Mesomedes«, *Sitz.-Ber. Wien, Phil.-hist.* 207, 1, 1928, nach dem der Text zitiert wird, und P. Maas, »Epidaurische Hymnen«, *Schriften der Königsberger Gel. Ges. Geisteswiss.* 9, 5, 1933, S. 155 f.

[455] Vgl. Verf., »Pythagoras und Orpheus«, 2. Ausg. *Albae Vigilae* II Amsterdam 1940. [Werkausgabe I. *Humanistische Seelenforschung*, München 1966, S. 15–51.]

[456] Das mit »Ursprung« wiedergegebene Wort ›Genna‹, gleichbedeutend mit ›Genesis‹, ist in der Kosmopoeie des Leidener Zauberpapyrus (Preisendanz: *Pap. Gr. Mag.* II, XIII 176 und 492) der Name einer Göttin, welche Albrecht Dieterich, *Abraxas*, Leipzig 1921, 72, als »die alte Aphrodite Genetrix« deutete.

[457] Zu den Worten, die hier zwischen Kreuze gesetzt werden, bemerkt auch Maas a.a.O. 156, 5, trotz des Versuches von Wilamowitz, *Griech. Verskunst*, Berlin 1921, S. 595 f., sie zu verbessern und zu deuten –: »unverständlich«.

[458] Nach Horna S. 11.

[459] Eine wörtliche Übersetzung ist schwierig und überflüssig: sie würde nichts mehr sagen als die vorausgeschickten Worte.

[460] So noch E. Norden, *Die Geburt des Kindes*, Leipzig 1924, S. 42.

[461] Vgl. *Rapt. Pers.* III 33 und 45, *In Eutrop.* II 293. Mit Recht bemerkt dazu Birt (im Index): »Et Natura et Cybele mater Iovis, ergo eadem est.«

[462] F. Cumont, »L'éternité des empereurs Romains«, *Rev. d'hist. et de litt. rel.* I, S. 445.

[463] Erkannt von Norden a.a.O. S. 39. Wilamowitz dachte noch nicht daran, als er in der *Griech. Verskunst* den »Aion« des Mesomedes rein griechisch erklären wollte.

[464] Von A. Dieterich, *Nekyia*, Leipzig 1893, S. 159. Ihm widersprach Wilamowitz, vgl. das Vorwort der 2. Ausg., der *Nekyia*, S. XII.

[465] Nach Birt (bei Dieterich a.a.O.) O. Kern, *Orphicorum fragmenta*, Berlin 1922, S. 68.

[466] Hesiod, *Theog.* 468 ff.; Preller-Robert: *Griech. Mythol.* I, Berlin 1894, S. 132 ff.

[467] Fr. 60 ff. Kern.

[468] Fr. 97 ff. Kern.

[470] Hermias *in Plat. Phaedr.* 248 c; Fr. 105 Kern.

[471] In den Handschriften wird der Name Ide Εἴδη geschrieben, wohl in Hinblick auf die platonischen Ideen (εἴδη).

[472] Preller-Robert I S. 137 und S. 538; vgl. H. Posnansky: »Nemesis und Adrasteia«, *Breslauer Philol. Abh.* V 2.

[473] Hermias interpretiert freilich eher die orphischen Verse durch den Platonischen Phaidros als umgekehrt. Er geht von der Etymologie des Namens Adrasteia aus, gibt die Situation der Göttin »vor der Höhle der Nacht« an – eine Situation, die nicht die Erfindung eines späten Philosophen sein kann, da sie bei Claudian wiedererscheint und bei Mesomedes vorausgesetzt wird –, führt dann Verse an, in denen das Instrument der Rhea in die Hände der Adrasteia gegeben wird, und legt die Pauken- und Kymbelnmusik der Göttin in Hinblick auf den Phaidros so aus, daß Adrasteia auf diese Weise die Menschen unter den Gesetzen hält, die sie ihnen gab:

αὕτη ἐστὶν ἡ θεὸς ᾽Αδράστεια διὰ τοῦτο κεκλημένη διὰ τὸ τὰ ὑπ᾽ αὐτῆς τεθέντα καὶ νομοθετηθέντα ἀναπόδραστα εἶναι· διὸ καὶ πρὸ τοῦ ἄντρου τῆς Νυκτὸς ἠχεῖν λέγεται·

παλάμῃσι δὲ χάλκεα ῥόπτρα δῶκεν ᾽Αδρηστείαι.

ἐν τοῖς προθύροις γὰρ τοῦ ἄντρου τῆς Νυκτὸς ἠχεῖν λέγεται τοῖς κυμβάλοις, ἵνα πάντα αὐτῆς τῶν νόμων κατήκοα γένηται. ἔνδον μὲν γὰρ ἐν τῶι ἀδύτωι τῆς Νυκτὸς κάθηται ὁ Φάνης· ἐν μέσωι δὲ ἡ Νὺξ μαντεύουσα τοῖς θεοῖς· ἡ δὲ ᾽Αδράστεια ἐν τοῖς προθύροις πᾶσι νομοθετοῦσα τοὺς θείους θεσμούς.

[474] Vgl. *Arch.-Epigr. Mitteil. aus Österreich* 1, 1877, 14. Taf. III und G. Radet, *Cybélé*, Bordeaux-Paris 1909.

[475] Fr. 54 Kern.

[476] ... τὴν 'Ανάγκην, Φύσιν οὖσαν τὴν αὐτὴν καὶ 'Αδράστειαν ...
Das nächste Wort (ἀσώματον) scheint korrupt zu sein, vgl. den Apparat
bei Kern zum Fr. 54. Kern, *Die Rel. der Griechen* II, Berlin 1935, 151,
2, traut mehr dem Text. Er verweist auf H. Gomperz, *Hermes* 67,
1932, S. 155 ff.

[477] Plut. *De Stoic. repugn.* 47; vgl. Plut. fr. 15; Posnansky a.a.O. S. 73.

[478] *Stoic. fragm.* I 44 n. 176 und mit ihm übereinstimmend Chrysippos
*Stoic. fr.* II 269, 12 n. 937 (Plut. *De Stoic. rep.* 34). Philodemos *De
piet.* 11 *(Stoic. fr.* II 319,9 n. 1076) stellt folgende Liste der gleichwer-
tigen Benennungen zusammen: Zeus, »die allen gemeinsame Natur«
(ἡ κοινὴ πάντων φύσις), Heimarmene, Ananke, Eunomia, Dike, Ho-
monoia, Eirene, Aphrodite.

[479] Es gibt freilich auch andere Übersetzungen, die letzte von J. O.
Plaßmann: *Orpheus.* Altgriechische Mysteriengesänge, Jena 1928, wo
auch die älteren Übersetzer des Hymnenbuches aufgezählt werden.

[480] Die stoischen Elemente des Hymnenbuchs hat bereits Chr. Petersen,
*Philologus* 21, 1868, S. 384 aufgewiesen und die Frage nach der Entstehungszeit des Hymnenbuchs damit verbunden. Nachdem diese Frage
auf Grund anderer Kriterien so verschieden beantwortet wurde, wie
man dies aus L. Van Liempt, *De vocabulario Hymnorum Orphicorum
atque aetate,* Diss. Utrecht 1930, ersieht, wird man wohl wieder davon
ausgehen müssen, in welcher Zeit das stoische Weltbild so selbstverständlich hingenommen war, wie in diesem Hymnenbuch. Augusteische
Zeit, die O. Kern, *Die Religion der Griechen* I, Berlin 1926, S. 270 vor-
schlug, wäre dann möglich, doch die Zeit der Antoninen oder spätestens
der Anfang des III. aus Gründen des Wortgebrauchs wahrscheinlicher.

[481] Die Anrufungen, die im Hymnenbuch unter den Göttinnen nur der
Physis zukommen, werden mit einem *, die, welche überhaupt nur sie
und keine Gottheit sonst im Hymnenbuch erhält, mit zwei** bezeichnet. Der Text, mit wenigen Abweichungen, nach Gu. Quandt, *Orphei
Hymni,* Berlin 1941.

[482] Mit dem orphischen Hymnus wird unserer jetzigen Betrachtung die
Grenze gesetzt. Claudian und die späten Zaubertexte wurden nur zur
Erklärung dieses Hymnus, bzw. seiner orphischen Quelle herangezogen. Nonnos, dem die Göttin Physis wohlbekannt ist (vgl. *Dion.* II 650
und XLI 52, 58, 103) und andere, spätere Dichter werden in dieser eng
begrenzten Studie nicht berücksichtigt. Ebensowenig die mit Rhea
Kybele verwandten Urgestalten der altmediterranen Religion, wie die
Leto Phytia, von der zuletzt U. Pestalozza, *Pagine di religione medi-
terranea,* Milano-Messina I, 1942, S. 9 ff. gehandelt hat.

[483] Demeter XL (mit römischen Zahlen werden hier die Hymnen des orphischen Hymnenbuchs bezeichnet) 1.

[484] Hekate I 2; Nyx III 8; Aphrodite LV 1; aber auch Nomos, das Gesetz, dessen Hauptepithet dieses ist LXIV 2. Nach dem Traumbuch des Artemisdor II 37 wurde Aphrodite als Urania für die φύσις καὶ μήτηρ τῶν ὅλων gehalten.

[485] Die Mutter der Götter XXVII 13; sie ist mit Rhea identisch, erhält aber auch unter diesem Namen einen Hymnus (XIV).

[486] Die Mutter der Götter XXVII 12; vgl. auch die letzte Zeile des oben S. 338 f. mitgeteilten Zaubergebetes: »Damno« ist eine kürzere Form für Pandamator und (später, Vers 26) Pandamateira.

[487] Komplement zu »Pandamator«, sonst Beiwort des Uranos IV 7 und der »stärksten« Gottheiten, wie Herakles XII 2 und Ares LXV 2.

[488] Persephone als Todesgöttin XIX 10; »Pantokrator«, »Allbeherrscher« ist ihr Mann, der Totenkönig Pluton XVIII 17.

[489] Überliefert ist τετιμενεα; ich verbinde τετιμένη mit πᾶσι, vgl. LIV 2.

[490] Uranos IV 8; Helios VIII 17; Herakles als Sonne (Titan) XII 1; Hephaistos als All-Feuer LXVI 5 und Nemesis LXI 9; Adrasteia erhält keinen besonderen Hymnus im Hymnenbuch und die ihr sonst sinngemäß am nächsten stehende Göttin ist eben die Nemesis.

[491] Zeus XV 1 und Okeanos LXXXIII 1.

[492] »Protogonos« ist Phanes VI und Dionysos XXX 2 und LII 5; »Protogenes« Proteus XXV 2, im Hymnenbuch gleichsam die männliche Form der Physis als πρώτη φύσις, vgl. XXV 2 und 9; das Proteusartige der Physis kommt (später, Vers 23) in der Anrufung ἀλλοτριομορφοδίαιτε »In-fremden-Gestalten-Erscheinende« zum Ausdruck.

[493] Im oben S. 338 f. angeführten Zaubergebet die Mondgöttin.

[494] Selene IX 3 und die Sterne VII 11.

[495] In dieser überlieferten Form hat das Wort gerade an dieser Stelle einen Sinn: es bezieht sich auf die Sternbilder.

[496] Aither V 5.

[497] Beiwort des reinen Lichtes, der Sterne und des Blitzes, der Demeter und Persephone und hauptsächlich der Mysteriengottheiten, ja der Mysterien selbst; vgl. die Stellen in Quandts Index verborum.

[498] »Kosmetores« sind die Kureten, der Schwarm der Rhea Kybele.

[499] Das Beiwort ἀτελής besagt, daß die Physis kein Ende, das heißt: kein wahres Ende, kein »Tod« ist. Wir werden bald sehen, daß die Physis im Hymnenbuch gerade mit dem Thanatos, dem Tode, der gleichfalls einen Hymnus erhält (LXXXVII), gemeinsame Züge aufweist. Toblers Übersetzung (»endloses Ende«) verwischt dies ein wenig.

[500] Uranos IV 2; Zeus XV 7 und ähnlich von Apollon XXXIV 15. Bei allen diesen wird »Ende« mit »Anfang« verbunden und auf solche Weise schon im voraus aufgehoben und durch die beiden das Ewige ausgedrückt.

[501] Bei den Stoikern Beiwort der Physis als der »gemeinsamen Natur«, im orphischen Hymnenbuch außer der Physis nur des Thanatos LXXXVII 6. Hera als »Luft« nach den Stoikern, »mit der Luft vermischt« im Hymnenbuch XVI 6, ist auf eine andere Weise allen Lebewesen gemeinsam.

[502] Diese Textgestaltung steht dem Archetypus am nächsten, Abel hat in seinem kritischen Apparat auf Grund der Codices ἀρετῆι. Der Sinn von πολύγηθος ist aktiv (»der sich sehr freut«) in Gegensatz zu πολυγηθής (»an dem man sich sehr erfreut«).

[503] Bei den Stoikern kann es als ἡγεμονικόν, *principatus naturae* (vgl. den Apparat von Quandt) verstanden werden. In der Mythologie ist es das Beiwort mondhafter Göttinnen (vgl. meine »Niobe« in der Zeitschrift *Centaur,* Amsterdam 1946, S. 690) [und die Studie »Niobe«, S. 264 ff. in diesem Band] so im Hymnenbuch der Hekate I 8 und der Tyche als »Artemis Hegemone« LXXII 3.

[504] Die Mutter der Götter XXVII 2 und die Tyche LXXII 1.

[505] Helios VIII 12.

[506] Ge, die Mutter »Erde« XXVI 2.

[507] Anrufung vieler Göttinnen, so der Hekate, Selene, Rhea, Ge, Demeter, Persephone, Artemis, Semele, Hipta, Aphrodite, der Themis, der Nymphen und der Eumeniden, vgl. Quandts Index verborum.

[508] Das »Auge der Dike« erhält im Hymnenbuch einen besonderen Hymnus, als Hymnus der Dike betitelt (LXII), Dike heißt eine der Horen XLIII 2. Mit der Göttin Selene Physis wird sie im oben S. 338 f. angeführten Zaubergebet identifiziert, samt den Chariten, die auch hier folgen.

[509] Hier als das Gemeinsame in den verschiedene Namen tragenden Chariten verstanden, als ihre überzeugende, verführende, aphrodisische Kraft. Als Peitho wird Aphrodite selbst angerufen LV 9, bekanntlich werden sie auch als zwei Göttinnen miteinander verbunden und Peitho gilt auch als Tochter der Aphrodite (darauf stützt sich Toblers Übersetzung).

[510] Nicht dieses Beiwort an sich ist hier wichtig, sondern die dreifache Macht der Göttin im Himmel (Aither), im irdischen Bereich (Chthon) und im Meere: im Hymnenbuch außer der Physis nur der Hekate I 2 und den Kureten, dem mit den Kabiren identischen Schwarm der Rhea XXXVIII 2 zuerkannt.

[511] Der ganze Vers stoisch, vgl. Epiktet *Enchirid* 53 (in Quandts Apparat), im Sinne von *volentem ducunt fata, nolentem trahunt.*

[512] Selene IX 10.

[513] Ge XXVI 2.

[514] Chthon XI 2 und XVIII 6; Rhea XIV 7; Hera XVI; Artemis XXXVI 11; Semele XLIV 1; Hygieia LXVIII 1; »Pambasileus« ist Zeus als chthonischer Daimon LXXIII 3. Vgl. dazu *Eranos-Jahrbuch* 10, 1943, S. 122; meine *Töchter der Sonne*, Zürich 1944, S. 59.

[515] Die Nymphen LI 13.

[516] Rhea ist λυτηριάς XIV 8, Artemis λυτηρία XXXVI 7.

[517] In diesem Vers ist Physis Vater und Mutter, und auch als Amme weiblich (wie die Mutter der Götter XXVII 1; Hipta, die Amme des Bakchos XLIX 1 und die Nymphen, gleichfalls Ammen des Bakchos LXI 3) und männlich (wie Silenos, τιϑηνός des Bakchos LIV 1). Doch nicht das Geschlechtliche wird in dieser Zweigeschlechtigkeit betont (wie bei Selene IX 4; Athena XXXII 10; Mise XLII 4 mit ϑῆλυς und ἄρσην oder wie bei Adonis LXVI 4 mit κούρη und κόρος) sondern eben das, was Lactant. *Inst.* IV 8, 4 ausspricht: *deum ... Orpheus putavit et marem et feminam, quod aliter generare nequiverit*, vgl. Liempt a.a.O. S. 26 f. Solche Zweigeschlechtigkeit wurde dem Zeus in einem orphischen Gedicht zugeschrieben, das bereits dem Platon bekannt sein dürfte, vgl. Kern Fr. 21 und 21 a. Da für die Stoiker »Zeus« und »Physis« gleichbedeutend waren, kam das Selbstzeugend-vaterlos-Väterliche in der Physis schon vorhin (Vers 10) zum Ausdruck; Quandt verglich damit auch das oben S. 476 Anm. 452 erwähnte Zaubergebet, in dem ein männlicher Gott als Φύσις αὐτοφυής beschworen wird.

[518] »Schnelle Geburtshelferin« (nicht »schnelle Gebärerin« wie bei Tobler) ist die Prothyraia, eine Erscheinungsform der Artemis (und nicht weniger der Hekate) II 4 und die Artemis selbst XXXVI 8.

[519] Protogonos oder Phanes VI 10.

[520] Die ὁρμή ist ein stoischer Begriff, vgl. Cic. *De nat. deor.* II 22 nach Zeno: *sic natura mundi omnis motus habet voluntarios, conatusque et ad petitiones, quas* ὁρμὰς *Graeci vocant.* Vorhin war bei Zeno (wie Cicero ihn wiedergibt) von *semina* die Rede (vgl. πολύσπορος) und davon, daß die Natur *non artificiosa solum, sed plane artifex* ist, was im Hymnus unmittelbar folgt (Vers 20). Man sieht, wie die mythologische Gestalt der Prothyraia — der Göttin »vor der Türe« — mit dem stoischen Naturbegriff verbunden wird.

[521] Ge XXVI 6; Nemesis LXI 3; die Eumeniden LXX 8; Hestia LXXXIV 6.

[522] Herakles XII 13 und der Nomos LXIV 10.

⁵²³ Der Name der Rhea wurde von ῥοή abgeleitet, vgl. *Orac. Chald.*, angeführt von Kern zu Fr. 132.

⁵²⁴ Möglich ist auch εὔθρονε. Überlieferte Titel orphischer Gedichte, die Thronismoi Metrooi und Enthronismoi (Kern: *Orph. fragm.* S. 298), bezeugen die Rolle eines Thrones und den Ritus einer Inthronisation in den Mysterien der großen Mutter Rhea Kybele. Darauf spielt im orphischen Hymnenbuch außer dieser Stelle noch XXVII 5 an, wonach die Mutter der Götter den Thron im Mittelpunkt der Welt einnimmt, und XL 15, wonach Demeter, die nach Fr. 145 mit Rhea identische Göttin, um ihren eigenen Thron wie im Mysterientanz kreist. Das tut hier die Physis (Vers 7 und 22), die aber andererseits selbst »rund« (κυκλοτερής) ist und »unerschütterlich« (ἄτρομος) bleibt.

⁵²⁵ Dem entsprechend wird vom Thanatos LXXXVII gesagt: ἐν σοὶ γὰρ μούνωι πάντων τὸ κριθὲν τελεοῦται. Der Tod wäre danach das Ziel der Physis, wenn wir nicht wüßten, daß dies nur scheinbar so ist (Vers 8).

⁵²⁶ Es scheint eine Anspielung auf die große Mysteriengöttin Brimo zu sein, auf eine Erscheinungsform sowohl der Demeter und Persephone, wie der Hekate und Artemis (vgl. meine Schilderung in Jung-Kerényi: *Einführung in das Wesen der Mythologie*, Amsterdam-Zürich 1941, S. 199) [4. Ausg. Zürich 1951, S. 205 f.]. Der Name »Brimo« wird bei *Hipp. Ref.* V 8 als »die Starke« übersetzt, klingt aber auch mit dem Verbum βριμάζειν zusammen, das brüllen und schnauben bedeutet. Das Beiwort βαρυβρεμέτειρα meint wohl das. Das andere Beiwort (κρατίστη) ist die genauere Übersetzung des Namens.

⁵²⁷ Die Wiederholung des Beiwortes »Pandamator« (Vers 3) in der Femininform ist hier bedeutsam. In dieser Form scheint es ein stereotypes Beiwort der Nemesis zu sein (vgl. Nonnos *Dion.* XLVIII 416, angeführt von Quandt), die manchmal nur ein Synonym der Adrasteia ist. (Auch Nonnos meint sicherlich die Adrasteia, als er die Nemesis ebenda κυβερνήτειρα γενέθλης, »Lenkerin der Genesis« nennt.) Im Hymnus folgen auf das Nemesis-Beiwort unmittelbar zwei Anrufungen, die die Physis stoisch als das »Schicksal«, Pepromene und Aisa, bezeichnen, zugleich aber, ebenfalls für die Stoiker, mit Adrasteia gleichbedeutend sind: Chrysipp bei Plutarch *De Stoic. repugn.* 47

τὴν δ' Εἱμαρμένην αἰτίαν ἀνίκητον καὶ ἀκώλυτον καὶ ἄτρεπτον ἀποφαίνων αὐτὸς ῎Ατροπον καλεῖ καῖ 'Αδράστειαν καὶ 'Ανάγκην καὶ Πεπρωμένην, ὡς πέρας ἅπασιν ἐπιτιθεῖσαν.

⁵²⁸ Das kann auch stoisch verstanden werden, vgl. Cicero a.a.O.: *Zeno naturam ita definit ut eam dicat ignem esse* (angeführt von Quandt),

und es kann auch auf die Selene in ihrer schrecklichen Hekate-Gestalt bezogen werden, vgl. *Pap. Graec. Mag.* I, IV 2560 und 2727.

[529] »Leben«, aber auch »Tod« den »viel sich plagenden Sterblichen« ist außer der Physis nur Persephone XXIX 15, und zwar ausdrücklich nur sie allein: ζωὴ καὶ θάνατος μούνη θνητοῖς πολυμόχθοις.

[530] Mit der gleichen Prädikation feiert Zeno die Natur bei Cic. a.a.O.: *talis igitur mens mundi cum sit, ob eamque causam vel prudentia vel providentia appellari recte possit (Graece enim* πρόνοια *dicitur), haec potissimum providet et in iis maxime est occupata, primum ut mundus quam aptissimus sit* etc. − wie am Anfang des Vortrags schon angeführt.

[531] Überliefert ist: πάντα σοι εἰσί. Vorgeschlagen wurde von Gottfried Hermann, vielleicht richtig: πάντα σὺ ἔσσι.

[532] Verdorbene Stelle, die Tobler in seiner Übersetzung umgeht.

[533] »Selbergeborene«, Tobler, weniger genau.

[534] Hier übersetzt Tobler eine andere Lesart (»Zerstörerin alles Gewachsnen«: ὀλέτειρα statt λύτειρα).

[535] »Schnelle Gebärerin«, Tobler, doch vgl. oben, Anm. 518.


*Wolf und Ziege am Lupercalienfest*


[536] Quint. *Inst. or.* I 5, 66; ähnlich Serv. *in Aen.* VIII, 343.

[537] Für die sprachwissenschaftliche Literatur sei im allgemeinen auf Walde-Hoffmann, *Etymologisches Wörterbuch der lateinischen Sprache* I, Heidelberg 1938, hingewiesen. Zur adjektivischen Bildung vgl. F. Altheim, *A History of Roman Religion,* London 1938, S. 213.

[538] Altheim, S. 261.

[539] II, London 1929, S. 338.

[540] *Römische Geschichte* I, Tübingen 1853, S. 361.

[541] *Mythologische Forschungen,* Straßburg 1884, S. 90 ff.

[542] A. v. Blumenthal, *Hesychstudien,* Stuttgart 1930, S. 38; Altheim, S. 206 ff.; Walde-Hofmann, S. 468.

[543] Justin. 43, 1, 7.

[544] Von W. F. Otto in Pauly-Wissowas *Realenc.* VI 2056.

[545] Serv. *in Aen.* XI 785.

[546] Altheim S. 212.

[547] Verf., *Apollon,* 2. Ausg. Amsterdam 1941, S. 44 [in diesem Band S. 40] und 378 f.

[548] Dion. Hal. *Ant. Rom.* II 10, 3.

[549] Ovid, *Fasti* III 437; vgl. C. Koch: *Der römische Juppiter,* Frank-

furt a. M. 1937, S. 67 ff.; Verf.: *Die antike Religion*, Amsterdam 1942,
S. 188. [Werkausgabe VII. *Antike Religion* München 1971, S. 154 f.]

550 Gellius V 12, 12.

551 Vitruv, III 2, 3; Frazer II 321.

552 Ovid, *Fasti* I 290; Frazer 130; Verf., *Der göttliche Arzt*, Basel
1948 (Geschenkausgabe der Ciba AG., auch französisch: Le *médecin
divin*) und Zürich 1949, 22. [4. Ausg. Darmstadt 1975, S. 14.]

553 Dio Cass. 44, 6, 2; 45, 30, 2; Suet. *Jul.* 76, 1; Cicero *Phil.*,
XIII 15, 31.

554 Altheim S. 352 f.

555 Wie K. Meuli, *Schweizer Masken*, Zürich 1943, S. 59.

556 Schol. in Soph. *El.* 6.

557 G. Kretschmar, *Hundestammvater und Cerberus*, Stuttgart 1938.

558 Der da allerdings sich in Symbolwert mit der Schlange berührt;
vgl. Verf., *Der göttliche Arzt* 43. [4. Ausg. Darmstadt 1975, S. 35.]

559 *Quaest. Rom.* 68; 111; *Romul.* 21.

560 Die Belege bei Frazer II, S. 330.

561 A.a.O.

562 *Parallel. min.* 35.

563 *Paroem.* II 736, 28; Verf., *Der göttliche Arzt* 12 ff. [4. Ausg. Darmstadt 1975, S. 4 ff.] mit weiterer Literatur.

564 Hyg. *fab.* 101.

565 Serv. *in Aen.* XI 785.

566 Vgl. Taf. 2 in diesem Band.

567 H. Jordan, *Topogr. d. Stadt Rom* I 1, Berlin 1878, S. 455.

568 Frazer II S. 352 ff.

569 Frazer II S. 344.

570 Serv. *in Aen.* VIII 343, wahrscheinlich nach Livius, vgl. Frazer II
S. 331 f.

571 Festus s. v. Februarius.

572 494 n. Chr.; vgl. Frazer II S. 328.

573 Festus s. v. Februarius; *eius feriae erant Lupercalia*, heißt es da ausdrücklich.

574 Frazer II S. 331.

575 Walde-Hofman S. 650.

576 Walde-Hofman S. 157.

577 *Dict. de l'Acad. Française* s. v. Loup.

[578] Heinrich Barth, an der Schweizerischen Hochschultagung, 30. Juni 1945, abgedruckt in *Basler Studentenschaft*, 1945, S. 131 ff.; ausführlich zitiert im *Eranos-Jahrbuch* 13, 1945, S. 12 f.

[579] In Verf.s »Die Geburt der Helena« (*Albae Vigiliae* N. F. III S. 29 ff.). [Die Studie »Der Geist« dieses Bandes].

[580] R. M. Rilke, Briefe aus Muzot, Leipzig 1940, S. 114; ähnlich S. 116 und S. 118, wo sogar die Ausdrucksweise gebraucht wird: »in einem *strahlenden* Nachsturm«.

[581] Der griechische Text bei U. v. Wilamowitz-Moellendorff, *Callimachi hymni et epigrammata*, Berlin 1907; die Übersetzung im Atlantis-Almanach 1945; von ihr weichen wir nur Z. 34—35 in der Interpunktion (nach Wilamowitz) und in den Z. 97—98 und 100 ab.

[582] Vgl. Wilamowitz, *Hellenistische Dichtung*, Berlin 1924, II, 77 ff.

[583] Vgl. dazu Verf., »Die Papyri und das Wesen der alexandrinischen Kultur«, in seinem *Apollon*, 2. Ausg. Amsterdam 1941, S. 173 ff. [Die gleich betitelte Studie in diesem Band].

[584] O. Jörgensen, *Hermes* 39, 1904, S. 357 ff.; E. Hedén, *Homerische Götterstudien*. Uppsala 1912; M. P. Nilsson, *Gesch. der griech. Rel.* I München 1941, S. 203; Verf., *Die antike Religion*, Amsterdam 1942, 104. [Werkausgabe VII, S. 99 f.].

[585] Preller-Robert, *Griech. Mythologie* I Berlin 1894, S. 224 ff.; L. R. Farnell, *The Cults of the Greek States* IV Oxford 1904, S. 288 ff.

[586] Vgl. Him. Or. XIV 10.

[587] Ernst Howald, *Der Dichter Kallimachos von Kyrene*, Erlenbach-Zürich 1943, S. 87 gegen Wilamowitz S. 78 f.

[588] Hom. *Hymn. in Ap.* 117; Kallimachos *Hymn. in Delum* 210.

[589] Vgl. E. Bethe, »Leto auf Delos«, *Hermes* 71, 1936, S. 358.

[590] Plutarch *Nic.* 3; W. A. Laidlaw, *A History of Delos,* Oxford 1933, S. 69 ff.; nach dem Delier Semos (bei Ath. XI 502), der später als 250 v. Chr. schrieb, war die eherne Palme gleichfalls von den Naxiern als Weihgeschenk aufgestellt; vgl. dazu Roß, *Inselreisen*, I, Stuttgart 1840, S. 34.

[591] Der archäologische Befund bei Laidlaw S. 72.

[592] Pindar fr. 78—79 Bowra.

[593] Vgl. Herodot VI 98; Thuk. II 8; Plin. *Nat. hist.* IV 12; Sen. *Nat. Quaest.* VI 26.

[594] *Hymn. in Del.* 26.

[595] Vgl. oben S. 274.

596 Nach hebdomadischer Zeitrechnung, die mit Apollon engstens verbunden ist, vgl. Nilsson, *Geschichte der griechischen Religion* I 611.

597 Verf. *Apollon*, 2. Ausg. Amsterdam 1941, S. 45. [S. 40 in diesem Band].

598 Verg. *Aen.* VI 48: *non comtae mansere comae, sed pectus anhelum et rabie fera corda tument* ... in E. Nordens Übersetzung: Es flattert ihr Haar — es keucht ihre Brust Im Wahnsinn wild — wallet ihr Herz.

599 Übersetzung von J. H. Voß. Zur Sache vgl. Verf., *Die antike Religion* S. 103 f. und S. 153. [Werkausgabe VII *Antike Religion*, München 1971, S. 99 f. und S. 134.]

600 Z. 13 steht dafür der auch sonst bekannte Ausdruck Φοίβου ... ἐπιδημήσαντος, vgl. Menandros *De encom.* 4.

601 Platon *Phaidon* 85 b.

602 *Brit. Mus. Cat. Coins »Delos«:* S. 99, Nr. 2., 3.; pl. 23, 2.

603 Hier wird nur gegen die Einseitigkeit dieser Auffassung Einspruch erhoben. Die Problematik der Apollon-Religion ist von großer Spannweite und erheischt eine Lösung, die keinen der bezeugten Aspekte des Gottes ausschließt.

604 Zeitgenössische Gelehrte fanden, daß seine wissenschaftliche Sonnengegnerschaft sogar seinem menschlichen Schicksal einen besonderen und seltsamen tragischen Zug hinzufügte. »L'infortuné« — so schrieb (nach Renan, *Etudes d'histoire religieuse* S. 44) F. G. Welcker an J. D. Guigniot — »il avait toujours méconnu la divinité solaire d'Apollon; fallait-il que le dieu se vengeât en lui faisant sentir, des ruines mêmes de son temple, combien ses traits sont encore redoutables pour qui ose les braver!« Er hatte sich bei einem Besuch in Delphi der Sonne allzusehr ausgesetzt und starb an den Folgen des Sonnenstichs.

605 *Geschichten Hellenischer Stämme und Städte* II, Die Dorier I, Breslau 1844, S. 291. Das Zitat aus der Hekale des Kallimachos, fr. 48, Schneider.

606 Ein solcher Name des Helios soll Apollon sein: Eur. *Phaethon.*

607 *Hymn. in Del.* 260–63. Zur Sache vgl. Verf., *Töchter der Sonne*, Zürich 1944, 29 und im *Eranos-Jahrbuch* 1943, S. 97.

608 Vgl. Eur. *Iph. in T.* 1098 ff. mit J. E. Harrison, *Themis*, Cambridge 1927, S. 191 f., die den delischen Ölbaum der mondhaften Artemis nicht unbegründet zuweist.

609 Skythinos fr. 14.

610 Das Wort des Kallimachos: εὔυμνος bedeutet eher den leicht reichlich zu Rühmenden, mit Liedern zu Besingenden.

611 Zur Vision der *Johannes-Apokalypse* 12, 1 »Ein Weib mit der

Sonne bekleidet . . .« suchte man schon die Parallelen im Mythenkreis des Apollon, vgl. Dieterich, *Abraxas* S. 118 f.; dagegen F. Boll, *Aus der Offenbarung Johannis,* S. 108 f.

[612] Bei Kallimachos bedeutet: τὸ ἔνδυτον überhaupt das Kleid.

[613] *Die Dorier* S. 286.

[614] Vgl. W. F. Otto, *Die Götter Griechenlands,* 2. Aufl. Frankfurt a. M. 1934, S. 95.

[615] Die Fortsetzung lautet: ἀνῆις ὑπ᾽ ἄλγους μέλαν᾽ ἀπ᾽ ἀνθρώπων ἀφρόν — Vor Schmerzen du ausströmst schwarzen, Menschen entsogenen Schaum . . .

[616] *Ilias* XII 463 νυκτὶ θοῆι ἀτάλαντος ὑπώπια.

[617] *Odyss.* XI 606; beide Hinweise bei Otto S. 96.

[618] *Ilias* V 509; XV 256.

[619] Den gleichen Beinamen erhalten freilich auch Göttinnen, die der Medusa am nächsten verwandt sind, wie Demeter (Hom. *Hymn. in Cer.* 4) und eine Artemis-Gestalt (Herod. VIII 77), gewissermaßen vergleichbar mit der Situation auf dem Gorgo-Giebel von Korfu, wo die geköpfte und doch unversehrte Göttin den Chrysaor als ihren Stolz neben sich hat.

[620] Die wichtigsten Angaben in den Handbüchern, das Neuere und das Ganze in Zusammenhang gebracht mit Apollons Wesen bei Verf., *Apollon* S. 44 f. [S. 39 f. in diesem Band].

[621] Das Wort ἀργηστής, das Droysen mit »zischende« übersetzt, ist auch Beiwort des Blitzes.

[622] So schon die antike Erklärung: τραγικώτερον ὄφιν εἶπεν τὸ βέλος διὰ τὸν ἰόν. Die Ähnlichkeit sah man schon also im Giftigen. Wir kommen darauf noch zurück.

[623] Bei Horaz, *Carm.* III 17, 5/6, heißt es umgekehrt: *serpens . . . similis sagittae.*

[624] Die Belege zum Folgenden bei Robert in Prellers *Griech. Myth.* II 24, S. 1093 ff. und S. 1207 ff.

[625] Serv. *Aen.* III 402.

[626] Soph. *Philokt.* 1326 ff.

[627] Schol. *in Iliad.* II 722.

[628] Paus. VIII, 33, 4.

[629] Apollod. *Epit.* 3, 27.

[630] Aelian *De nat. an.* XI 3. Eine Wundergeschichte vom Tode des Herakleides Pontikos beruht auf der Annahme, im Adyton von Delphi seien Schlangen gehalten: Hermippos bei Diog. Laert. V 91.

[631] Bei Valerius Maximus I 8, 2. Weiteres in Verf., *Der göttliche Arzt,* S. 19. [4. Ausg. Darmstadt 1975, S. 11.]

632 Bei dem Fest »Septerion«, welches mit einer Untersuchung über die apollinische Drachentötung in eine besondere Betrachtung gehört.

633 Aus πύθεσθαι verfaulen und danach riechen.

634 Ap. Rhod. II 706 mit Schol. Die männliche Form »Delphynes« ist davon abgeleitet: die Ursprünglichkeit der weiblichen steht durch den Homerischen Hymnus fest.

635 Die Beziehung des eben geborenen Gottes zu einem derart benannten Ort hat auch einen positiven Aspekt, vgl. Verf. in Jung-Kerényi, *Einführung in das Wesen der Mythologie*, Amsterdam-Leipzig 1941, S. 77 ff. [Werkausgabe I *Humanistische Seelenforschung*, München 1966, S. 97 ff.]

636 Vgl. die Stellen bei Th. Schreiber, *Apollon Pythoktonos*, Leipzig 1897, S. 4 f.

637 *Iph. in T.* 1247.

638 Mindestens seit Ephoros, vgl. Plut. *Quaest. Graec.* 12, mit W. R. Hallidays Kommentar, Oxford 1928.

639 Varro *De lingua Lat.* VII 17 und Hesych s. v. Τοξίου βουνός.

640 Serv. *Aen.* III 360 und VI 347; Hygin *Fab.* 140.

641 Lukian *De astrol.* 23 beruht auf der Anschauung eines Sternbildes, Hesych und Suidas s. v. πύθων auf keiner Anschauung.

642 Eine Zusammenstellung, die heute sicher schon der Ergänzung bedürftig ist, in den drei Abhandlungen von W. H. Roscher, I, »Omphalos«, *Abh. Sächs. Ges. Wiss.* Leipzig 1913; II, »Neue Omphalosstudien«, *Abh. Sächs. Ges. Wiss.* Leipzig 1915; III, »Der Omphalosgedanke bei verschiedenen Völkern, besonders der semitischen«, *Ber. Verh. Sächs. Ges. Wiss.* Leipzig 1918.

643 Eine weiter in ältere Zeiten hinaufreichende Untersuchung wird auch das Weihgeschenk der Platäer beachten müssen: ein Feld, wo noch viel archäologische Vorarbeit zu leisten ist. Vgl. A. B. Cook: *Zeus* II, Cambridge 1915, S. 193 ff.

644 *Brit. Mus. Cat. Coins* »*Mysia*« pl. 27,4 aus dem 2.–1. Jh. v. Chr., vgl. unsere Taf. 9,1–2.

645 *Brit. Mus. Cat. Coins* »*Central Greece*« pl. 14,3 aus dem IV. Jh. v. Chr.; Roscher II, Taf. II 14 nach einem Gipsabdruck Imhoof-Blumers, vgl. unsere Taf. 9,3, Obv.: Kopf der Demeter mit Schleier.

646 Roscher II, Taf. V 2 nach M. Bulard, *Mon. et Mém. Piot* 14, 1907, Fig. 19, vgl. unsere Taf. 10.

647 Roscher II, Taf. III 3 nach Bulard Fig. 20.

648 Roscher II, Taf. IV 1,3,5 nach Brunn-Koerte, *Rilievi di urne etrusche* II Taf. XCIV 2, I Taf. XLVII und II. Taf. LXXV 1.

649 Roscher I, S. 93 nach P. Herrmann-Bruckmann, *Denkmäler der*

*Malerei des Altertums* III Taf. 20, Farbentafel II. Daß die Schlange
»sterbend oder eben gestorben« sei, ist die Meinung Roschers, J. E.
Harrison, *Themis*, Cambridge 1927, 424 spricht genauer von einem
»wounded und bleeding« beast. Die Farbentafel bei Herrmann-Bruckmann zeigt aus dem Mund des Tieres entströmtes Blut.

[650] Roscher II, Taf. IV 2 nach *Annali dell'Inst.* 1850 Tav. d'agg. B.;
Brunn sagt in der Beschreibung des in den Thermen des Titus gefundenen Kandelabers: »il serpente sagro ad Apolline«.

[651] Roscher II, Taf. V 4 nach Kawerau-Rehm: *Das Delphinion in Milet*, Berlin 1914, Fig. 101, vgl. unsere Taf. 11,1. Ein »großer, konischer,
von einer Schlange umwundener Marmoromphalos aus der Nekropole
Milets, nach einer Photographie Br. Schröders« bei Roscher I, Taf. VI 5.

[652] Roscher II, Taf. IV 4 nach Bulard Fig. 21, der da nur eine Skizze
veröffentlicht »destinée à donner une idée suffisamment précise de la
representation«, vgl. unsere Taf. 11,2. In der Tat entspricht der auf
viereckiger Basis stehende, fast halbkugelförmige Omphalos auf der
Skizze genau der Gestalt des Omphalos auf dem Wandgemälde mit der
»sterbenden« Schlange. Bulards Kombinationen S. 72 werden schon dadurch widerlegt.

[653] Roscher, der Bulards Kombinationen, eine Herleitung aus der römischen Religion, gleichfalls so unbegründet findet, daß er sie nicht
einmal erwähnt, meint S. 55 »Vielleicht beruht die Darstellung nur auf
einer phantasievollen Spielerei«. Das glaubt er, weil das Bild ein »ganz
singuläres Motiv« darstellt. Dieser Glaube setzt den völlig unbegründe-
ten Glauben voraus, daß uns alle Variationen der delphischen Mythologeme restlos überliefert sind. Gerade dies ist aber nicht der Fall.

[654] Die Schlange ist keine moderne Ergänzung, vgl. die Zeichnung eines
unbekannten Künstlers aus dem späten 15. Jh. von der noch nicht er-
gänzten Statue bei C. de Tolnay: *The youth of Michelangelo*, Prin-
ceton 1943, Fig. 113. Der besiegte Riesentyphon mit herunterhängen-
dem Kopf an einer Apollonstatue im Louvre (Farnell IV Taf. 45) ist
antik, vgl. W. Fröhner, *Notice de la sculpture antique du Musée Na-
tional du Louvre*, Paris 1876, S. 97 ff., wo aber auch eine ganze Reihe
von Apollonstatuen (freilich: »römischen Kopien«) mit dem kleinen
»serpent familier« aufgezählt wird. Man hat die Existenz dieses, den
früheren Ärchologen wohlbekannten Attributs in der neuen Literatur
wie vergessen.

[655] In der abgebrochenen rechten Hand hielt er wohl den Lorbeerzweig,
vgl. Helbig, *Führer durch die öffentlichen Sammlungen klassischer Altertümer in Rom*, Leipzig 1912 I S. 105 f.

[656] Euripides fr. 937; vgl. Verf., »Vater Helios« in *Eranos-Jahrbuch* 10, 1943, S. 88; *Töchter der Sonne*, Zürich 1944, S. 18.

[657] Verf.: »Hermes der Seelenführer«, *Albae Vigilae* N. F. I, Zürich 1944, S. 64 ff.

[658] Die Interpretation der Stellen, wo νοεῖν »erkennen« und das zu ihm gehörende Erkennende, der Nus, in der Homerischen Dichtung und bei Hesiod vorkommt, ist unerläßliche Vorbedingung der wissenschaftlichen Untersuchung über »Geist« in der Geschichte der griechischen Philosophie, gehört aber nicht in unsere Betrachtungen. Vgl. über beides Verf., *Die antike Religion* S. 111 ff.; 161 f. [Werkausgabe VII *Antike Religion*, München 1971, S. 137 f.]; »Prometheus«, *Albae Vigilae* N. F. 4, Zürich 1946, S. 30 [*Prometheus*, Reinbek bei Hamburg 1962, S. 53.]. Hier sei nur hinzugefügt, daß der Nus mit dem väterlichen Gott Zeus, das Ereigniswerden der Erkenntnis, eben das am Geiste, daß er »weht«, »es geistet«, die Epiphanie, mit dem Sohn Apollon verknüpft erscheint.

## Das Mythologem vom zeitlosen Sein im alten Sardinien

[659] Piacenza 1912. Die anzuführenden Sätze S. 228 und 236.

[660] Vgl. C. Albizzati, *Sardus Pater*, Convegno Archeologico in Sardegna 1926, 2. ed. Reggio Emilia 1929, S. 87 ff., dessen Ansicht die Fachleute, Kenner und Forscher wie Motzo und Lilliu teilen. Für chronologische und Ursprungsfragen sind besonders wichtig die Arbeiten des letzteren, vgl. *Studi Eruschi* 18, 1944, S. 323 ff.

[661] *Adonis und Esmun*, Leipzig 1911, S. 282 ff.

[662] *Ad. Arist. Phys.* IV 10 p. 218 b 21: ἄσηπτά τε καὶ ὁλόκληρα διαμένειν τὰ σώματα καὶ φαντασίαν καθευδόντων παρεχόμενα.

[663] *Kleine Schriften* II S. 197 ff.

[664] *Phys.* IV p. 218 b 21: ὅταν μηδὲν αὐτοὶ μεταβάλλωμεν τὴν διάνοιαν ἢ λάθωμεν μεταβάλλοντες, οὐ δοκεῖ ἡμῖν γεγονέναι χρόνος, καθάπερ οὐδὲ τοῖς ἐν Σαρδοῖ μυθολογουμένοις καθεύδειν παρὰ τοῖς ἥρωσιν, ὅταν ἐγέρθωσιν. συνάπτουσι γὰρ τὸ πρότερον νῦν τῶι ὕστερον νῦν καὶ ἓν ποιοῦσιν, ἐξαιροῦντες διὰ τὴν ἀναισθησίαν τὸ μεταξύ.

[665] Vgl. E. Maaß, *Griechen und Semiten auf dem Isthmos von Korinth*, Berlin 1903, S. 29 und Polemon im Schol. Soph. *Oed. Col.* 100, wahrscheinlich auch Phylarchos bei Athen. 693, fr. 25 Jacoby nach der Überlieferung. Weiteres bei A. B. Cook, »The Bee in Greek Mythology«, *Journ. Hell. Stud.* 15, 1895, S. 19.

⁶⁶⁶ Nach dem Sprichwort bei Apost. Cent. V 48. Die Hauptquellen sind sonst Apollod III 3, 1 und Hygin *Fab.* 136, vgl. A. W. Persson, *The Religion of Greece in Prehistoric Times,* Univ. Cal. Press 1942, S. 9 ff.

⁶⁶⁷ So in Asine, vgl. Persson a.a.O. S. 14 und im Werk: *Asine,* Stockholm 1938, S. 350 ff.

⁶⁶⁸ Maaß 31, 4. Es waren die Kureten um Zeus, die die Bienen heranlockten: Verg. *Georg.* IV 151; vgl. Ch. Picard *Rev. Et. Anc.* 42, 1940, S. 281, der ebenda vielleicht auch die Verbindung mit der christlichen Legende der Ephesischen Sieben Schläfer fand.

⁶⁶⁹ Bouchier, *Sardinia in Ancient Times,* Oxford 1917, S. 161. Eine Interpretation bei A. B. Cook 19; nach ihm G. W. Elderkin, *Am. Journ. Phil.* 60, 1939, S. 213. Über Zeus Aristaios in Arkadien vgl. E. Norden *Sitz. – Ber.* Berlin 1934, S. 644 ff.

⁶⁷⁰ Vgl. oben S. 273.

⁶⁷¹ Die Lösung des Problems bilden eigentlich je zwei Olympiaden von 8 Jahren, bzw. 49 Monaten, eine Periode, die nach G. Thomson, »The Greek Calendar«, *Journ. Hell. Stud.* 53, 1943, S. 52 ff. wahrscheinlich schon »Mykenisch« war. Für die Theorien von Bœckh und Welcker vgl. W. H. Roscher, »Die Zahl 50 in Mythus, Kultus usw.«, *Abh. Sächs. Ges. Wiss.* 33, 1917, V 1 f.

⁶⁷² Vgl. W. H. Roscher, »Die Zahl 40 im Glauben, Brauch und Schrifttum der Semiten«, *Abh. Sächs. Ges. Wiss.* 27, 1909, S. 91 ff.

⁶⁷³ Vgl. Roscher, »Die enneadischen und hebdomadischen Fristen und Wochen der ältesten Griechen«, und: »Enneadische Studien«, angeführt oben, Anm. 279.

⁶⁷⁴ *Geschichten Hellenischer Stämme und Städte* I, Breslau 1844, S. 216 ff. Vom babylonischen Zyklus von 60 Jahren — genannt σῶσσος bei Berossos — vgl. F. K. Ginzel, *Handbuch der mathematischen und technischen Chronologie* I, Leipzig 1906, S. 129. Die Voraussetzungen, von denen die Berechnung von C. O. Müller ausgeht, sind im Einzelnen historisch nicht zu erweisen. Doch der Umstand, daß die komplizierte Rechnung mit der ebenfalls komplizierten Überlieferung über die Daidala-Feste so genau übereinstimmt, erlaubt nicht, eine Erklärung wegzuwerfen, an deren Stelle man bis jetzt nichts Besseres setzen konnte.

### Die Göttin mit der Schale

⁶⁷⁵ Vgl. J. Wilpert, *Die römischen Mosaiken und Malereien der kirchlichen Bauten vom IV. bis XII. Jh.* II³, Freiburg i. B. 1924, S. 631 ff.

⁶⁷⁶ Hom. *Il.* VI 135/6.

[677] F. Wirth, *Römische Wandmalerei,* Berlin 1934, S. 80.

[678] Daran dachte der anonyme Verfasser, Un Religioso Passionista, *Pittura Romana scoperta nella Casa dei SS. Giovanni e Paolo al Clivo Scauro sul Celio,* Roma 1911.

[679] Properz III 17, 8; Ovid *Fasti* III 510 ff.

[680] Paus. IX 31, 2; H. Herter, *De Priapo,* Rel.-gesch. Versuche und Vorarb. Gießen 1932, S. 62 ff.

[681] Herter, S. 63, 1.

[682] Herter, S. 99.

[683] LVII 3/4.

[684] Herter, S. 63, 1.

[685] Vgl. Reitzenstein, *Hellenistische Wundererzähl.,* Leipzig 1906.

[686] Vgl. Rostowtzev, *Archiv f. Rel.-Wiss.* 10, 1907, S. 560 ff. und die dort angeführte Literatur. Über den Mons Caelius: A. M. Colini, *Acta Pontif. Acc. Rom. d'Arch.* Ser. III, Mem. VII 1944.

[687] Von Rostowtzev a.a.O. S. 361.

[688] Plut. *Thes.* 20.

[689] Vgl. W. F. Otto, »Dionysos«, *Frankfurter Studien* IV², 1939, S. 169f. [vgl. Verf.s Werkausgabe VIII *Dionysos* München 1976, S. 97.]

[690] Hom. *Od.* XI 321–325 mit Otto a.a.O. S. 172.

[691] Paus. II 23, 7.

[692] Plut. a.a.O.

[693] Otto, S. 173.

[694] Otto, S. 171.

[695] R. Reitzenstein, *Das Märchen von Amor und Psyche bei Apuleius,* Leipzig 1912; »Eros und Psyche in der ägypt.-griech. Kleinkunst«, *Sitz.-Ber.* Heidelberg 1914; »Die Göttin Psyche in der hellenist. und frühchristlichen Lit.«, *Sitz.-Ber.* Heidelberg 1917; »Noch einmal Eros und Psyche«, *Arch. Rel.-Wiss.* 28, 1930, S. 42 ff. und L. Bieler, *Arch. Rel.-Wiss.* 30, 1933, S. 242 ff., wo die übrige Literatur.

[696] Vgl. darüber und über das Romanhafte, wie es im Folgenden verstanden und gekennzeichnet wird, Verf., *Die griechisch-orientalische Romanliteratur in religionsgeschichtlicher Beleuchtung,* Tübingen 1927. [3. Ausg. Darmstadt 1973.]

[697] Otto, a.a.O. S. 171. [vgl. Verf.s *Dionysos.* S. 104 ff.]

[698] Ich verdanke die chronologische Prüfung des Materials der Archäologin Dr. V. von Gonzenbach.

[699] Vgl. Stuhlflauth, *Röm. Mitt.* 53, 1938, S. 147, wo weitere Literatur.

[700] *Die Skulpturen des Vat. Museums* II, Berlin 1908, S. 49 ff. und *Diss. Pont. Acc. Rom. di Arch.* Ser. II, Tom. X 1, S. 20 ff.

701 Man findet diesen und die später anzuführenden Texte bei Hepding: *Attis,* Religionsgesch. Versuche und Vorarbeiten, Gießen 1903. Man vgl. auch die Monographie von H. Graillot, *Le culte de Cybèle,* Paris 1912.

702 Die Geschichte der »Pigna« seit dem Mittelalter und die Hypothesen von ihrer Herkunft findet man bei W. Amelung, *Die Skulpturen des Vatikanischen Museums* I, Berlin 1903, S. 900 f. und H. Jordan, *Topographie der Stadt Rom im Altertum* II, Leipzig 1871, S. 367 ff.

### Der Mensch in griechischer Anschauung

703 Von Julius Stenzel, *Die Antike* 4, 1928, S. 44.

704 W. Jäger, *Paideia* (engl. Übersetzung) I Oxford 1939, S. 178.

705 Dies wurde damals noch nicht erkannt, als Wilamowitz in seiner Rede »Erkenne dich selbst« die Goethe-Verse heranzog, vgl. seine *Reden und Vorträge* II[5] S. 171.

706 *Philosophische Anthropologie,* Handbuch der Philosophie, Abt. III, 1931, S. 38; G. van der Leeuw, *Der Mensch und die Religion,* Basel 1941, S. 16.

707 *Paideia* I, Berlin 1934, S. 13 ff.

708 Frankfurt a. M. 1936. Das Zitat: S. 13.

709 A. a.O. S. 177.

710 Diog. Laert. II 70.

711 Vgl. die Stellensammlung bei Stob. *Flor.* III 21.

712 Vgl. oben S. 303 f.

713 Vgl. über Merops, Merope, Klymenos und Klymene Verf., *Töchter der Sonne.* Zürich, 1944, S. 70, und die Stellen in Roschers Lexikon.

714 Paton and Hicks, *The Inscriptions of Cos,* Oxford 1891, S. 360 f.

715 *Mélanges Cumont,* Bruxelles 1936, S. 126 f. Vgl. die Liste der Vogelmenschen bei W. R. Halliday: *Greek Divination,* London 1913, S. 279 f.

716 Vgl. Zeller, *Philosophie der Griechen* II 2[3] S. 561, 563 u. ff.

717 *Eth. Nik.* X 7; übersetzt von Wilamowitz a.a.O.

718 *De leg.* I 9, 26.

719 Verf., »De teletis Mercurialibus«, *Egyetemes Philologiai Közlöny* 47, 1923, S. 157, 43.

720 In H. Schmalenbachs *Philosophia Universalis* II, S. 187 f.

721 Vgl. oben S. 313 f.

[722] Vgl. darüber Verf., *Apollon*, 2. Ausg. S. 264 ff. [S. 233 in diesem Band]

[723] Fr. 113 Koch; Stob. *Flor.* III 21.


*Nachwort*

[724] *Dionysos*. Urbild des unzerstörbaren Lebens, Werkausgabe VIII, München 1976.

[725] Werkausgabe I, München 1966, S. 9 und 13; Werkausgabe III, München 1969, S. 7 ff.

[726] *La Nouvelle Clio*, Bruxelles I, 1949 1/2, S. 23–31.

[727] A.a.O. S. 25–26.

[728] *Apollon*. Studien über antike Religion und Humanität, 1. Ausg. Wien 1937; 2. erw. Ausg. Amsterdam-Leipzig 1941; 3. nochmals erw. Ausg. Düsseldorf 1953.

[729] *La Nouvelle Clio*, Bruxelles I, 1949 1/2, S. 29.

[730] »Hermes der Seelenführer«, *Eranos-Jahrbuch* (1942), Zürich 1943; *Albae Vigiliae* N.F.I, Zürich 1944.

[731] *La Nouvelle Clio*, Bruxelles I, 1949 1/2, S. 30.

[732] *Niobe*. Neue Studien über antike Religion und Humanität, Zürich 1949.

[733] s. Anm. 728 und 732.

[734] *Antike Religion*, Werkausgabe VII, München 1971.

[735] *Humanistische Seelenforschung*, Werkausgabe I, München 1966, S. 9.

[736] Die Namenliste war aus zeitbedingten Rücksichten in der 2. Vorrede durch eine generelle Danksagung ersetzt.

[737] vgl. Bibliographie zum Aufsatz »Die Papyri und das Problem des griechischen Romans«, Nr. 5.

[738] S. 242 f. in diesem Band.

[739] Werkausgabe III, München 1969, S. 72.

[740] Als Übersetzungsunterlage für die deutschsprachige Ausgabe sollte Kerényi den I. Band von Toynbees *A Study of History* in Ungarn besorgen und dem Amsterdamer Verleger zukommen lassen, wie es dem Brief Dr. Kollárs vom 1. Juni 1942 zu entnehmen ist.

[741] »Geistiger Weg Europas«, *Albae Vigiliae*, Neue Folge XVI, Zürich 1955.

[742] *Auf Spuren des Mythos*, Werkausgabe II, München 1967, S. 100.

494

# BIBLIOGRAPHIE

(Die Übersetzungen der deutschen Urtexte
sind in dieser Bibliographie nicht berücksichtigt.)

## ZU DEN VORREDEN ZU APOLLON

»Gedanken über Dionysos«
*Studi e materiali di storia delle religioni* XI, 1935, S. 11—40; vgl. Hinweise auf diese Studie in Verf.s *Dionysos*, Werkausgabe VIII, München 1976, S. 9 und 312.

»Dionysos und das Tragische in der Antigone«
Vortrag. Gehalten am 22. Juni 1934 in Frankfurt a. M. zu W. F. Ottos 60. Geburtstag, *Frankfurter Studien zur Religion und Kultur der Antike* XIII 1935, S. 5—19.

»Orphische Seele«
*Gedenkschrift für Ákos von Pauler*, Berlin-Leipzig 1936, S. 237—244; aufgenommen in:

»Pythagoras und Orpheus«
1. *Aufsätze zur Geschichte der Antike und des Christentums*, Berlin 1937, S. 16—51.
2. *Pythagoras und Orpheus*, 2. Aufl. Albae Vigiliae II, Amsterdam-Leipzig 1940.
3. *Pythagoras und Orpheus*, 3. erweiterte Ausg., Albae Vigiliae N.F. IX, Zürich 1950, S. 11—45.
4. *Humanistische Seelenforschung*, Werkausgabe I, München 1966, S. 15—51.

## ANTIKE RELIGION UND RELIGIONSPSYCHOLOGIE
Vortrag. Gehalten am 1. April 1936 an der Universität Rom und am 29. Mai 1936 in der Ungarischen Philosophischen Gesellschaft, Budapest.
1. ungarisch: »Valláslélektan és antik vallás« (Religionspsychologie und antike Religion), *Athenaeum* XXII, 1936, Heft 3—4, S. 139—152.
2. italienisch: »La religione antica e la psicologia religiosa«, *Studi e materiali della storia delle religioni* XII, 1936, S. 166—180.
3. *Apollon*, Wien 1937, S. 15—36.
4. *Apollon*, Amsterdam-Leipzig 1941, S. 15—32.
5. *Apollon*, Düsseldorf 1953, S. 15—32.

# UNSTERBLICHKEIT UND APOLLONRELIGION

Vortrag. Gehalten am 21. Mai 1933 in der Ungarischen Philosophischen Gesellschaft, Budapest.

1. ungarisch: »Halhatatlanság és Apollonvallás«, *Athenaeum* XIX, 1933, S. 106–118; deutsche Zusammenfassung (Unsterblichkeit und Apollonreligion. Zum Verständnis von Platons Phaidon) ebenda S. 177–178.
2. deutsch: *Die Antike* X, 1934, S. 46–58.
3. *Apollon*, Wien 1937, S. 37–58.
4. *Apollon*, Amsterdam-Leipzig 1941, S. 33–51.
5. *Apollon*, Düsseldorf 1953, S. 33–50.

## HIPPOLYTOS

Zusammenfassung zweier Vorträge, gehalten im Winter 1935/36 an der Universität Budapest.

1. ungarisch; *Sziget* II, 1936, S. 33–43.
2. deutsch: *Apollo*n, Wien 1937, S. 59–73.
3. *Apollon*, Amsterdam-Leipzig 1941, S. 52–63.
4. *Apollon*, Düsseldorf 1953, S. 51–62.

## ERGRIFFENHEIT UND WISSENSCHAFT

Vortrag. Gehalten im Sommer 1936 im Forschungsinstitut für Kulturmorphologie zu Frankfurt a. M. aus Anlaß der Eröffnung der Felsbilderausstellung »Das Urbild«.

1. *Apollon*, Wien 1937, S. 74–85.
2. *Apollon*, Amsterdam-Leipzig 1941, S. 64–73.
3. *Apollon*, Düsseldorf 1953, S. 63–71.

## UNSINNLICHE UND SINNLICHE TRADITION

1. ungarisch: »Ókortudomány«, *Válasz* I, 1934, 5, S. 304–314.
2. erweitert deutsch: »Über Krise und Möglichkeit der klassischen Altertumswissenschaft«, *Mühely* I, 1937, S. 259–267 und II, 1938, S. 3–8.
3. »Über Krise und Möglichkeit der klassischen Altertumswissenschaft«, *Europäische Revue* XIII, 1937, S. 965–976.
4. »Unsinnliche und sinnliche Tradition«, *Apollon*, Amsterdam-Leipzig 1941, S. 74–92.
5. »Unsinnliche und sinnliche Tradition«, *Apollon*, Düsseldorf 1953, S. 72–89.
6. »Unsinnliche und sinnliche Tradition«, *Humanismus*, Wege der Forschung XVII, ed. Hans Oppermann, Darmstadt 1970, S. 190–205.
   vgl. Hinweis auf diese Studie in Verf.s *Auf Spuren des Mythos*, Werkausgabe II, München 1967, S. 9.

## LANDSCHAFT UND GEIST
Vortrag. Gehalten im Sommer 1935 im Ferienkurs der Universität Pécs (Fünfkirchen) in Keszthely am Plattensee.
1. ungarisch: »Táj és Szellem«, *Sziget* II, 1936, S. 9–24.
2. deutsch: *Die Welt als Geschichte* II, 1936, S. 1–11.
3. mit kleinen Änderungen: *Apollon*, Wien 1937, S. 86–104.
4. *Apollon*, Amsterdam-Leipzig 1941, S. 92–108.
5. *Apollon*, Düsseldorf 1953, S. 90–104.

## DER ANTIKE DICHTER
Vortrag. Gehalten am 1. Januar 1935 im Budapester Radio.
1. ungarisch: »Az antik költő«, *Válasz* II, 1935, 3, S. 186–192.
2. deutsch, ergänzt und teilweise überarbeitet: *Apollon*, Wien 1937, S. 105–120.
3. *Apollon*, Amsterdam-Leipzig 1941, S. 109–121.
4. *Apollon*, Düsseldorf 1953, S. 105–117.

## KORFU UND DIE ODYSSEE
Antrittsvortrag. Gehalten am 19. Nov. 1936 an der Elisabeth-Universität in Pécs (Fünfkirchen).
1. ungarisch: »Korfu és az Odysseia«, *Mühely* I, 1937, 1, S. 3–16.
2. deutsch: *Die Welt als Geschichte* III, 1937, 1, S. 25–37.
3. *Apollon*, Wien 1937, S. 121–141.
4. *Apollon*, Amsterdam-Leipzig 1941, S. 122–138.
5. *Apollon*, Düsseldorf 1953, S. 118–133.

## SOPHRON ODER DER GRIECHISCHE NATURALISMUS
Vortrag. Gehalten im Herbst 1935 in der Budapester Philologischen Gesellschaft.
1. ungarisch: »Sophron«, *Sziget I*, 1935, S. 76–99.
2. italienisch: »Sofrone ovvero il naturalismo greco«, *Rivista di Filologia Classica* XIII, 1935, S. 1–19.
3. deutsch (mit Einschränkungen in der Teilrekonstruktion): *Apollon*, Wien 1937, S. 142–170.
4. *Apollon*, Amsterdam-Leipzig 1941, S. 139–162.
5. *Apollon*, Düsseldorf 1953, S. 134–156.

## PLATONISMUS
Vortrag. Gehalten im Herbst 1940 in der Ungarischen Philosophischen Gesellschaft, Budapest, als Eröffnung einer Diskussion über den Platonismus.

1. ungarisch: »Platonizmus«, *Athenaeum* XXVII, 1941, S. 64–69.
2. deutsch: *Europäische Revue* XVII, 1941, S. 619–623.
3. *Apollon*, Amsterdam-Leipzig 1941, S. 163–172.
4. erweitert: »Platonismus, ein phänomenologischer Versuch«, *Liber Amicorum*. Festschrift für Salvador de Madariaga zu seinem 80. Geburtstag, ed. H. Brugmans und R. Martinez Nadal, Bruges 1966, S. 215–223.

ZUR EINFÜHRUNG IN DAS LESEN PLATONISCHER WERKE
*Über Liebe und Unsterblichkeit.* Die Sokratischen Gespräche Gastmahl, Phaidros, Phaidon, Zürich 1946, S. 5–32.

DIE PAPYRI UND DAS WESEN
DER ALEXANDRINISCHEN KULTUR
Vortrag. Gehalten im Frühjahr 1935 beim IV. Internationalen Papyrologenkongreß in Firenze.
1. ungarisch: »Könyv és görögség«, *Sziget* I, 1935, S. 13–27.
2. deutsch: *Atti del IV. Congresso di Papirologia, Firenze 1934*, Milano 1936, S. 27–37.
3. mit kleinen Ergänzungen: *Apollon*, Wien 1937, S. 171–187.
4. *Apollon*, Amsterdam-Leipzig 1941, S. 173–186.
5. *Apollon*, Düsseldorf 1953, S. 157–169.

DIE PAPYRI UND DAS PROBLEM DES
GRIECHISCHEN ROMANS
Vortrag. Gehalten beim V. Intern. Papyrologenkongreß im St. Johns College, Oxford, am 2. Sept. 1937.
1. *Actes du Ve. Congr. de Papyrologie, Oxford 1937*, Bruxelles 1938, S. 192–209.
2. »Der hellenistische Roman« (mit einem falschen, nicht vom Verf. herrührenden Untertitel), *Neue Rundschau* XLIX, 1938, S. 393–405.
3. ungarisch: »Regények papyruson« (Romane auf Papyri), *Sziget* III, 1939, S. 7–27. (Laut Anm. des Verf.s ist der Text in der ung. Formulierung etwas ausführlicher.)
4. *Apollon*, Amsterdam-Leipzig 1941, S. 187–204.
5. *Apollon*, Düsseldorf 1953, S. 170–185.
6. als Nachbetrachtung I zu Verf.s *Die griechisch-orientalische Romanliteratur in religionsgeschichtlicher Beleuchtung* (1. Ausg. Tübingen 1927, 2. Ausg. Darmstadt 1962, 3. Aufl. 1973), S. 279–289. Vgl. Nachbetrachtung II. »Nachwort über die Methode« (geschr. für die Ausg. 1962), ebenda S. 289–296.

## GEIST DER RÖMISCHEN LITERATUR
Vortrag. Gehalten im April 1932 in der Budapester Philologischen Gesellschaft.

1. ungarisch: »A római irodalom szelleme«, *Egyetemes Philologiai Közlöny* LVI, 1932, 5/6, S. 77—92.
2. deutsch, gekürzt und umgearbeitet mit Heranziehen des Vortrages »La filologia latina nell'Ungheria del dopoguerra« am 6. April 1935 im Oratorio dei Filippini, Rom, Istituto di Studi Romani: *Gli Studi Romani nel mondo* III, 1936, S. 357–372; ungarisch: »Római ókortudományunk a háboru után«, *Pannonia* II, 1936, S. 214—225; »Geist der römischen Literatur«, *Apollon*, Wien 1937, S. 188—207.
3. *Apollon*, Amsterdam-Leipzig 1941, S. 205—221.
4. *Apollon*, Düsseldorf 1953, S. 186—199.
5. *Römertum*. Wege der Forschung XVIII, ed. Hans Oppermann, Darmstadt 1962, S. 142—154.

## CATULLUS
1. ungarisch: »Iter Catullianum — Út Catullushoz«, Vorrede zu einer lateinisch-ungarischen Catullus-Ausgabe, *Kétnyelvü Klasszikusok* 4, 1938 (2. Ausg. 1942), S. 5—14.
2. deutsch: »Katull«, *Pester Lloyd* 5. Juni 1938.
3. *Apollon*, Amsterdam-Leipzig 1941, S. 222—231.
4. *Apollon*, Düsseldorf 1953, S. 200—210.

## HORATIUS — HORATIANISMUS
Vortrag. Gehalten im 9. Dez. 1935 im Budapester Radio.

1. ungarisch: »Horatius noster«, Vorrede zur lateinisch-ungarischen Horazanthologie *Horatius noster — Magyar Horatius*, Kétnyelvü Klasszikusok I, 1935 (2. Ausg. 1940, 3. Ausg. 1943), S. 9—19.
2. ungarisch: »Horatius — Horatianizmus«, *Válasz* III 1936, S. 25—33.
3. deutsch, etwas gekürzt: *Apollon*, Wien 1937, S. 208–235.
4. *Apollon*, Amsterdam-Leipzig 1941, S. 232—254.
5. *Apollon*, Düsseldorf 1953, S. 210—231.

## HUMANISMUS UND HELLENISMUS
Vortrag. Gehalten am 10. und 11. Aug. 1936 im Ferienkurs der Universität Debrecen sowohl deutsch als auch ungarisch.

1. ungarisch: »Humanizmus és Hellenizmus«, *Válasz* III, 1936, 11, S. 604—614.
2. deutsch: *Apollon*, Wien 1937, S. 236—262.
3. *Apollon*, Amsterdam-Leipzig 1941, S. 255—276.
4. *Apollon*, Düsseldorf 1953, S. 232—252.

## DER GEIST

Vortrag. Gehalten auf Einladung der Studentenschaft im Auditorium Maximum der Universität Zürich am 28. Mai 1943.

1. als Sonderdruck von 120 numerierten Exemplaren für den Freundeskreis des Verf.s, hrsg. von Theodor H. von Hoch, Budapest 1944.
2. *Schweizer Monatshefte* XXIV, 1944, 6, S. 368–376.
3. *Die Geburt der Helena samt humanistischen Schriften aus den Jahren 1943–45*, Albae Vigiliae N.F. III, Zürich 1945, S. 29–41.


## ZUR VORREDE ZU NIOBE
### »Die Geburt der Helena«

*Die Geburt der Helena samt humanistischen Schriften aus den Jahren 1943–45*. Albae Vigiliae Neue Folge III, Zürich 1945.

»Die Geburt der Helena« *Humanistische Seelenforschung*, Werkausgabe I, München 1966, S. 52–67.

»Der Geist«: in diesem Band.

»Mysterien der Kabiren. Einleitendes Studium antiker Mysterien« wird in einem Band der Urbilder der Werkausgabe erscheinen.

»Castello di Tegna. Eine archäol. Parallele zu einem Heiligtum in der Gegend von Theben« wird im Band V der Werkausgabe erscheinen.

»Die Heiligkeit des Mahles im Altertum«, *Antike Religion*, Werkausgabe VII, München 1971, S. 218–223.

»Mnemosyne — Lesmosyne. Über die Quellen ›Erinnerung‹ und ›Vergessenheit‹ in der griechischen Mythologie«, *Humanistische Seelenforschung* Werkausgabe I, München 1966, S. 311–322.

»Selbstbekenntnisse des Livius«, *Humanistische Seelenforschung*, Werkausgabe I, München 1966, S. 363–367.

»Über das Klassische. Aus Anlaß einer Sophokles-Übersetzung« wird im Band VI der Werkausgabe erscheinen.

»Grundbegriffe und Zukunftsmöglichkeiten des Humanismus. Ein Brief an junge Humanisten«, *Humanistische Seelenforschung*, Werkausgabe I, München 1966, S. 368–382.


### »Die antike Religion«

1. *Die antike Religion*. Eine Grundlegung. Pantheon Akademische Verlagsanstalt, Printed in Germany, 1940.
2. dasselbe, Printed in Holland, 1942.
3. *Die antike Religion*. Ein Entwurf von Grundlinien. Neue verbesserte Ausgabe, Düsseldorf 1952.
4. *Antike Religion*, Werkausgabe VII, München 1971, S. 13–192, wo die weitere Bibliographie.

## NIOBE

Vortrag. Gehalten in der Casa Hutchinson bei Solduno (Locarno) zu Pfingsten 1946.

1. *Centaur* I, Amsterdam 1946, 11/12, S. 681–692.
2. *Niobe*. Neue Studien über antike Religion und Humanität, Zürich 1949, S. 13–33.

## BILD, GESTALT UND ARCHETYPUS

Vortrag. Gehalten bei dem IX. Internationalen Philosophenkongreß zu Rom im November 1946.

1. italienisch: »Prometeo e Niobe«, *Atti del IX. Congresso Intern. di Filosofia* II, Milano 1948.
2. *Niobe*. Neue Studien über antike Religion und Humanität, Zürich 1949, S. 34–52.

## URMENSCH UND MYSTERIUM

Vortrag. Gehalten bei der Eranos-Tagung in Moscia (Ascona) am 19. August 1947.

1. *Eranos-Jahrbuch* XV, 1947, Zürich 1948, S. 41–74.
2. *Niobe*. Neue Studien über antike Religion und Humanität, Zürich 1949, S. 53–86.

## DIE GÖTTIN NATUR

Vortrag. Gehalten bei der Eranos-Tagung in Moscia (Ascona) am 26. August 1946.

1. *Eranos-Jahrbuch* XIV, 1946, Zürich 1947, S. 39–86.
2. *Niobe*. Neue Studien über antike Religion und Humanität, Zürich 1949, S. 87–135.

## WOLF UND ZIEGE AM LUPERCALIENFEST

1. *Mélanges de philologie, de littérature et d'histoire anciennes offerts à J. Marouzeau* par ses collègues et élèves, Paris 1948, S. 309–317.
2. *Niobe*. Neue Studien über antike Religion und Humanität, Zürich 1949, S. 136–147.

## APOLLON-EPIPHANIEN

Vortrag. Gehalten bei der Eranos-Tagung in Moscia (Ascona) am 2. Sept. 1945.

1. *Eranos-Jahrbuch* XIII 1945, Zürich 1946, S. 11–48.
2. *Niobe*. Neue Studien über antike Religion und Humanität, Zürich 1949, S. 148–184.

## DAS MYTHOLOGEM VOM ZEITLOSEN SEIN
## IM ALTEN SARDINIEN

Vortrag. Gehalten an der Universität Cagliari im Rahmen des Corso Internazionale di Studi Sardi am 10. Mai 1948 unter dem Titel: »La religione in Sardegna e la mitologia nel Mediterraneo«.

Deutscher Vortragstext: »Das Mythologem vom zeitlosen Sein im alten Sardinien«, *Niobe*. Neue Studien über antike Religion und Humanität, Zürich 1949, S. 185—207.

## DIE GÖTTIN MIT DER SCHALE

Vortrag. Gehalten in Rom vor ungarischen Stipendiaten im Mai 1948.

*Niobe*. Neue Studien über antike Religion und Humanität, Zürich 1949, S 208—230. vgl. Hinweise bzw. gedankliche Weiterführung in Verf.s *Tage- und Wanderbücher*, Werkausgabe III, München 1969, S. 70 (Aufz. zum 13. 9. 1954) und *Dionysos*, Werkausgabe VIII, München 1976, insbesondere S. 333 Anm. 125.

## ARBOR INTRAT

Vortrag. Gehalten an der Accademia d'Ungheria in Rom am 26. April 1947 unter dem Titel: »Arbor intrat. Una festa primaverile nella Roma orientalizzante.«

1. italienisch: *Janus Pannonius* I, 1947, S. 313—319
2. deutsch: *Das Buch*, I, Zürich 1946/7, S. 4—6.
3. *Niobe*. Neue Studien über antike Religion und Humanität, Zürich 1949, S. 231—239.

## DER MENSCH IN GRIECHISCHER ANSCHAUUNG

Vortrag. Gehalten bei dem X. Internationalen Philosophenkongreß zu Amsterdam, 11.—18. August 1948.

1. *Proceedings of the Congress* I, Amsterdam 1948, S. 13—25.
2. *Niobe*. Neue Studien über antike Religion und Humanität, Zürich 1949, S. 240—261.

502

# ABBILDUNGSVERZEICHNIS

Tafel 12   Die Göttin mit der Schale und ihr Gott. Wandgemälde des Pammachius-Hauses. Photo DAIRom, Neg. 31.2896 (Ausschnitt). Vgl. S. 405 ff.

Tafel 13   Wandgemälde des Pammachius-Hauses. Photo DAI Rom, Neg. 31.2896. Vgl. S. 405 ff.

Tafel 14   Schwimmende Göttin. Nachgezeichnetes Wandgemälde vom Monte Celio. Nach P. S. Bartoli, Recueil de peintures antiques, Taf. XXV. Vgl. S. 408 f.

Tafel 15   Die Göttin mit der Schale ohne den Gott. Nachgezeichnetes Wandgemälde vom Monte Celio. Nach Bartoli a. O. Taf. XXIV. Vgl. S. 408 f.

Tafel 16, 1   Erotensarkophag im Thermenmuseum, Rom. Photo DAIRom, Neg. 63.532. Vgl. S. 418.

Tafel 16, 2   Die Göttin mit der Schale und ihr Gott auf einem Sarkophagrelief im Vatikan. Photo DAIRom, Neg. 31.1138. Vgl. S. 418 f.

# NAMEN- UND SACHVERZEICHNIS

508

511

514

518

529